U0492662

经时济世
继往开来
贺教育部
重大攻关项目
启动

季羡林
时年九十有八

教育部哲学社會科学研究重大課題攻關項目 中石题

"十三五"国家重点出版物出版规划项目

中国社会福利理论与制度构建
——以适度普惠社会福利制度为例

SOCIAL WELFARE THEORY AND INSTITUTION DEVELOPMENT IN CHINA
——BUILDING A MODERATE UNIVERSALIST SOCIAL WELFARE SYSTEM

彭华民

等著

中国财经出版传媒集团

经济科学出版社

Economic Science Press

图书在版编目（CIP）数据

中国社会福利理论与制度构建：以适度普惠社会福利制度为例/彭华民等著．—北京：经济科学出版社，2019.2

教育部哲学社会科学研究重大课题攻关项目“十三五”国家重点出版物出版规划项目

ISBN 978-7-5218-0260-3

Ⅰ.①中…　Ⅱ.①彭…　Ⅲ.①社会福利-研究-中国
Ⅳ.①D632.1

中国版本图书馆CIP数据核字（2019）第026549号

责任编辑：杨　洋
责任校对：曹育伟
责任印制：李　鹏

中国社会福利理论与制度构建
——以适度普惠社会福利制度为例
彭华民　等著
经济科学出版社出版、发行　新华书店经销
社址：北京市海淀区阜成路甲28号　邮编：100142
总编部电话：010-88191217　发行部电话：010-88191522
网址：www.esp.com.cn
电子邮件：esp@esp.com.cn
天猫网店：经济科学出版社旗舰店
网址：http://jjkxcbs.tmall.com
北京季蜂印刷有限公司印装
787×1092　16开　41印张　780000字
2019年11月第1版　2019年11月第1次印刷
ISBN 978-7-5218-0260-3　定价：138.00元
（图书出现印装问题，本社负责调换。电话：010-88191510）

课题组主要成员

首席专家　彭华民

主要成员　陈　佳　陈　玲　崔坤杰　曹丽莉
冯　元　顾东辉　龚茴茴　高丽茹
关信平　黄　君　黄晓燕　胡小武
计巍巍　刘军强　刘玉兰　马军杰
潘佩佩　齐　麟　秦永超　宋祥秀
孙睿雯　孙维颖　谭贤楚　万国威
韦克难　吴　炜　王梦怡　王　云
熊跃根　许小玲　杨　琨　姚进忠
闫金山　袁同成　朱　力　周林刚
翟敬朋　臧其胜

编审委员会成员

总 序

哲学社会科学是人们认识世界、改造世界的重要工具，是推动历史发展和社会进步的重要力量，其发展水平反映了一个民族的思维能力、精神品格、文明素质，体现了一个国家的综合国力和国际竞争力。一个国家的发展水平，既取决于自然科学发展水平，也取决于哲学社会科学发展水平。

党和国家高度重视哲学社会科学。党的十八大提出要建设哲学社会科学创新体系，推进马克思主义中国化、时代化、大众化，坚持不懈用中国特色社会主义理论体系武装全党、教育人民。2016 年 5 月 17 日，习近平总书记亲自主持召开哲学社会科学工作座谈会并发表重要讲话。讲话从坚持和发展中国特色社会主义事业全局的高度，深刻阐释了哲学社会科学的战略地位，全面分析了哲学社会科学面临的新形势，明确了加快构建中国特色哲学社会科学的新目标，对哲学社会科学工作者提出了新期待，体现了我们党对哲学社会科学发展规律的认识达到了一个新高度，是一篇新形势下繁荣发展我国哲学社会科学事业的纲领性文献，为哲学社会科学事业提供了强大精神动力，指明了前进方向。

高校是我国哲学社会科学事业的主力军。贯彻落实习近平总书记哲学社会科学座谈会重要讲话精神，加快构建中国特色哲学社会科学，高校应发挥重要作用：要坚持和巩固马克思主义的指导地位，用中国化的马克思主义指导哲学社会科学；要实施以育人育才为中心的哲学社会科学整体发展战略，构筑学生、学术、学科一体的综合发展体系；要以人为本，从人抓起，积极实施人才工程，构建种类齐全、梯队衔接的高校哲学社会科学人才体系；要深化科研管理体制改革，发挥高校人才、智力和学科优势，提升学术原创能力，激发创新创造活力，建设中国特色新型高校智库；要加强组织领导、做好统筹规划、营造良好学术生态，形成统筹推进高校哲学社会科学发展新格局。

哲学社会科学研究重大课题攻关项目计划是教育部贯彻落实党中央决策部署的一项重大举措，是实施“高校哲学社会科学繁荣计划”的重要内容。重大攻关项目采取招投标的组织方式，按照“公平竞争，择优立项，严格管理，铸造精品”的要求进行，每年评审立项约40个项目。项目研究实行首席专家负责制，鼓励跨学科、跨学校、跨地区的联合研究，协同创新。重大攻关项目以解决国家现代化建设过程中重大理论和实际问题为主攻方向，以提升为党和政府咨询决策服务能力和推动哲学社会科学发展为战略目标，集合优秀研究团队和顶尖人才联合攻关。自2003年以来，项目开展取得了丰硕成果，形成了特色品牌。一大批标志性成果纷纷涌现，一大批科研名家脱颖而出，高校哲学社会科学整体实力和社会影响力快速提升。国务院副总理刘延东同志做出重要批示，指出重大攻关项目有效调动各方面的积极性，产生了一批重要成果，影响广泛，成效显著；要总结经验，再接再厉，紧密服务国家需求，更好地优化资源，突出重点，多出精品，多出人才，为经济社会发展做出新的贡献。

作为教育部社科研究项目中的拳头产品，我们始终秉持以管理创新服务学术创新的理念，坚持科学管理、民主管理、依法管理，切实增强服务意识，不断创新管理模式，健全管理制度，加强对重大攻关项目的选题遴选、评审立项、组织开题、中期检查到最终成果鉴定的全过程管理，逐渐探索并形成一套成熟有效、符合学术研究规律的管理办法，努力将重大攻关项目打造成学术精品工程。我们将项目最终成果汇编成“教育部哲学社会科学研究重大课题攻关项目成果文库”统一组织出版。经济科学出版社倾全社之力，精心组织编辑力量，努力铸造出版精品。国学大师季羡林先生为本文库题词：“经时济世　继往开来——贺教育部重大攻关项目成果出版”；欧阳中石先生题写了“教育部哲学社会科学研究重大课题攻关项目”的书名，充分体现了他们对繁荣发展高校哲学社会科学的深切勉励和由衷期望。

伟大的时代呼唤伟大的理论，伟大的理论推动伟大的实践。高校哲学社会科学将不忘初心，继续前进。深入贯彻落实习近平总书记系列重要讲话精神，坚持道路自信、理论自信、制度自信、文化自信，立足中国、借鉴国外，挖掘历史、把握当代，关怀人类、面向未来，立时代之潮头、发思想之先声，为加快构建中国特色哲学社会科学，实现中华民族伟大复兴的中国梦做出新的更大贡献！

教育部社会科学司

摘　要

在中国社会改革发展的大趋势中，有种种社会问题需要解决，并需要进行相应的社会福利理论与制度构建。在人民的福利需要不能充分满足的背景下，本项目以中国适度普惠社会福利理论以及制度构建为整体研究对象展开研究。总体研究框架以此为核心，形成理论逻辑与制度安排互构的四个层面：中国社会福利理论和中国社会福利制度演进；适度普惠社会福利制度的制度要素分析；适度普惠社会福利人群和政策研究；迈向共享的组合普惠社会福利制度。

本书采用定量与定性相结合的研究方法。以分层定比加目标抽样方法对华东地区的南京、华北地区的天津、西北地区的兰州、西南地区的成都四个城市的老人、残疾人、儿童和流动人口（农民工）开展了问卷调查。实际发放问卷 4 853 份，回收有效问卷 4 541 份，回收率 93.57%。另外完成各种类型焦点小组访谈 24 组；访谈各种类型的被访问者共 147 位；实地观察儿童服务的社会组织等 24 个。对社会福利组织（社会工作服务机构）进行调查，调查了 20 个社会工作机构。建立了适度普惠社会福利资料库。

项目的主要研究发现和创新如下：

本书首次提出需要为本的组合普惠社会福利理论。需要为本就是民生为本。组合普惠社会福利制度应该依据弱势民众的福利需要以及福利态度来建构。对中国适度普惠社会福利数据库分析发现，中国儿童、老人、残疾人和流动人口（农民工）四大群体社会福利需要具有分化的特征。福利态度既具有中国本土特点也符合东亚福利体制结构性特征，社会福利态度的分化并非源于个体认知能力与福利依赖心理，而是源于个体—社会因素。基于此，建议加速推进满足福利需要的社会福利制度建设，动态提升社会福利水平，优化社会福利提供体系的外在环境。

本书突破了传统社会福利制度理论限制，首次提出中国社会福利制度构成要素理论。福利需要、福利态度、福利责任、福利政策、福利治理、福利体制、福利提供、福利组织和福利接受是社会福利制度的基本构成要素，为社会福利制度发展拓展理论空间、政策空间和服务空间，为适度普惠社会福利转型提供强有力的理论支持。

中国政府承担的社会福利责任虽然有扩大但仍然有限。国家福利责任开始从补缺转型到普惠。政府主导多元部门参与福利提供形成多元责任结构的基础。社会成员基于他们的社会公民权利、福利资源拥有和生活中的风险，有表达自己福利需要的权利，有选择社会福利的福利态度，由此形成福利制度构建的社会拉力。福利需要和福利态度是政策制定的前提和基石。福利治理是中国适度普惠社会福利制度构建中的新议题。福利治理是从管理向公民参与的转型。中国福利体制兼有国家威权、去商品化、福利文化、生产主义特征，其互相影响，凸显了适度普惠的本土意义。福利组织是福利生产和福利传输的关键。专业化、落地化、资源整合的民间力量正在推动福利组织发展。最后，福利提供和福利接受的逻辑关系和现实构建，成就了中国适度普惠社会福利理论与制度安排创新的全景画面。

本书首次提出共享型组合普惠社会福利理论，其包括四个逻辑相关的制度内容：(1) 功能组合。制度必须有安全网功能、需要—资源再分配功能、共享—整合功能。(2) 发展组合。整合经济社会的发展，实施市场经济制度和社会福利制度双向发展，实施相互促进的双向运动，帮助弱势群体满足福利需要，同时帮助全体公民防范和应对社会风险，共享发展成果。(3) 收入组合。市场收入和社会收入双重收入并行和互补，通过市场工资和社会工资两种截然不同的分配方式动态提升弱势群体社会所得，有效地共享发展蛋糕。(4) 特殊和普惠组合。共享发展的组合式安排有针对特殊人群的特殊福利提供，还要与普惠全体人民的福利结合。在共享改革成果原则的指引下，建立有差别、有层次、有分标的多种福利组合的普惠型社会福利制度，快速、动态、高质地提升人民福祉。

共享发展组合普惠社会福利是中国特色概念和制度安排，其终极目标是提升人民福祉（well-being）。从广义视角将组合普惠社会福利定义为人类美满存在的一种状态或条件，社会问题受到控制、人类需要得到满足、社会流动机会得到最大保障，这种美满存在状态就是福祉。共享型组合普惠社会福利核心是提升人民福祉，其包括五个理论要素：积极思考，有效地提出制度安排规划；积极行动，通过福利提供行动实现福祉目标；美好拥有，即人民共享发展成果，满足福利需要，拥有绿色的环境、富裕的生活和良好的人际关系等；成功避免风险，即成功避免经济社会包括自然风险；共享和获得的幸福感。

通过研究，我们提出建立组合普惠社会福利制度的政策建议。在儿童政策领域：建立家庭为本的儿童福利制度；建立儿童福利标准化专用术语体系；优化儿童福利人才体系与行政体系；推动多元化儿童福利社会组织建设。在老人政策领域：健全老年群体的收入保障机制，动态提升老人津贴；进一步改进养老服务的供给模式；推动长照服务的发展；推进社区、企业和社会组织在养老服务提供中的作用；构建完善的医养结合的养老服务体系；加强老年福利管理。在残疾人政策领域：塑造和强化残疾人社会福利理念与责任；对残疾人民生保障体系进行倾斜性的制度设计；完善残疾人基本公共服务体系，优先建设残疾人迫切需要的服务项目；加强残疾人服务组织与人才队伍建设；提高服务的专业化水平。在流动人口特别是农民工政策领域：目前中国适度普惠制度没有覆盖流动人口不符合共享理念。对在城市里获得《居住证》的流动人口，其直系亲属也有权获得《居住证》；在惠及三类人的各项优待、优惠和其他社会服务中逐步取消对流动人口的限制；根据福利需要向其提供专门化服务。

Abstract

As part of the trend of China's social reform and development and against a background of various social problems and welfare needs of people, the overall research object of this project is the social welfare theory and institution construction of China's appropriate universal social welfare system. The overall research framework identifies four components for the construction of the appropriate universal social welfare system that uses both theoretical logic and institutional arrangements: the social welfare theory of China and the evolution of the social welfare system in China; the analysis of the institutional elements of the appropriate universal social welfare system; the appropriate universal social welfare target group and policy research; and movement towards a shared and combined universal social welfare system.

This study adopts quantitative and qualitative integrated research methods. The stratified ratio and target sampling method was adopted, and a questionnaire survey was conducted on the elderly, people with disabilities, children and the floating population (migrant workers) in four cities: Nanjing in East China, Tianjin in North China, Lanzhou in Northwest China, and Chengdu in Southwest China. 4 853 questionnaires were handed out and a total of 4 541 valid questionnaires were collected, with a recovery rate of 93.57%. In addition, 24 focus group interviews were completed, 147 individual interviews were done, and 24 social organizations for children's services were surveyed. Twenty social work service institutions were investigated. The social welfare database was established.

The main research findings and innovative points of the project are as follows:

This study proposes, for the first time, the theory of the appropriate universal social welfare - based needs. Need is the foundation of people's livelihood. Appropriately, a universal social welfare system should be constructed on the basis of the welfare needs and welfare attitudes of the disadvantaged. Analysis of China's appropriate universal social welfare database found that the social welfare of four large groups (children, the elderly, people with disabilities and the floating population [migrant workers]) needs to be divided. The welfare attitudes of the four groups are affected by both local characteristics and overall structural characteristics of the East Asian welfare regime. The differentiation of social welfare attitudes is not derived from individual cognition and welfare dependence but originates from individual status and social factors. Based on this, the construction of a social welfare system should be accelerated to meet the needs of welfare recipients and improve the level of welfare provision dynamically, and establish a benign interaction with the system of welfare provision.

This study breaks through the limitation of traditional social welfare institution theory and puts forward the theory of elements of the appropriate universal social welfare institution in China for the first time. These elements are welfare needs, welfare attitudes, welfare responsibilities, welfare policies, welfare governance, welfare regime, welfare provision, welfare organization and welfare acceptance. They are the basic elements of the social welfare institution. New elements of institution expand the theoretical space, policy space and service space for the development of the social welfare institution and provide strong theoretical support for the transformation from residual to appropriate universal social welfare in China.

Although the social welfare responsibility undertaken by the Chinese government has expanded, it is still limited. National welfare responsibility has begun to shift from residual to appropriately universal. Government-led and multi-sector participation in welfare provision is the foundation of a multiple responsibility structure. Members of society, based on their social civil rights, welfare resources and risks in life, have the right to express their welfare needs and welfare attitudes when choosing social welfare, thus forming a social pull built by the welfare system. Welfare needs and welfare attitudes are prerequisites and cornerstones of social policy formulation. Welfare governance is a new topic in the construction of appropriate universal social welfare systems in China. Welfare governance is a transformation from management to citizen participation. China's welfare system has the characteristics of state authoritarianism, de-commercialization, Chinese welfare culture and productivism. The mutual influences highlight the local significance of moderate and universal benefits. Welfare organization is the key to welfare production and welfare transmission. The civil forces of specialization, indigenization and resource integration are promoting the development of welfare organizations. Finally, the logical relationship and realistic construction of welfare provision and welfare acceptance have made a panoramic view of the innovation of social welfare theory and institutional arrangement in China.

This study is the first to propose a shared and combined appropriate universal social welfare theory, which includes four logically related institutional components: (1) Functional combination. There are security network functions, needs-resource redistribution functions and sharing-integration functions. (2) Development combination. We integrate economic and social development. There is implementation of the two-way development of the market economic and social welfare system. The implementation of mutual promotion of two-way movement helps the disadvantaged groups meet welfare needs while helping all citizens guard against and respond to social risks and share the results of development. (3) Double income complementation. Market wage and social wage are parallel and complementary. The social gains of the disadvantaged groups, which are dynamically promoted through the two different distribution modes of market wage and social wage, can effectively share the benefits of development. (4) The mix of special and universal benefits. The arrangement of sharing and combining development includes special welfare provision for special groups of people while remaining to integrate with the welfare of all the recipients. Under the guidance of the principle of sharing the results of reform, we should establish a universal social welfare system with different, hierarchical and sub-standard welfare combinations to improve people's well-being rapidly, dynamically and qualitatively.

The purpose of having a mix of appropriate universal social welfare is to share the results of development. This type of welfare is a concept and institutional arrangement with Chinese characteristics. The ultimate goal is to enhance the well-being of the people. From a broad perspective, the combination of appropriate universal social welfare is defined as a state or condition for the existence of human beings wherein social problems are controlled, human needs are met, and the opportunity for social mobility is guaranteed to the greatest extent. This state of existence is well-being. The core aim of shared social welfare is to promote the welfare of the people, which includes five theoretical elements: Well-thinking is the effective planning of institutional arrangements. Well-doing is the achievement of welfare goals through welfare action. Well-have is the people sharing the development results, meeting welfare needs, and having a green environment, rich life and good interpersonal relationships. Well-off is success in avoiding economic and social risks, including natural risks. Well-being is the feeling of happiness from sharing and achieving.

Through this study, we put forward policy proposals for establishing the appropriate universal social welfare system. (1) In the field of policy for children, we should establish a family-based welfare system, establish a special terminology system for the standardization of child welfare, optimize the system of children's welfare personnel and administration, and promote the construction of a pluralistic social organization for children's welfare. (2) In the field of policy for the elderly, we should improve the income security mechanism of the elderly and the elderly subsidy in a dynamic way, as well as improve the supply mode of old-age service, the development of long-term care service, the role of various communities, and enterprises and social organizations in the provision of old-age service, as well as build a perfect pension service system for the integration of medical care, enhance the management of the elderly's welfare. (3) In the field of policy for the people with disabilities, we should shape and strengthen the concept and responsibility for the social welfare of people with disabilities by designing the incline system of the people's livelihood security system, improving the basic public service system for the people with disabilities, giving priority to the construction of the service items urgently needed by people with disabilities, strengthening the construction of service organizations (and their personnel) for people with disabilities and improving the professional level of service for people with disabilities. (4) In the field of policy for the floating population, especially migrant workers, China's appropriate universal system does not cover the floating population. The policy should be changed. The direct relatives of members of the floating population who have obtained a residence permit in the city should also have the right to obtain a residence permit. We should gradually eliminate the restrictions on the floating population from the preferential treatment, preferences and other social services that benefit the three other groups of people in the welfare system and provide special services to them in accordance with their welfare needs.

目录

Contents

Contents

第一编

研究设计、历史与理论

第一章

导　论

第一节　研究背景

一、政治背景

本书的研究具有广阔而深远的政治、经济和社会背景。中国进入了注重民生的政治制度建设新时期。2004 年中国共产党第十六届中央委员会第四次全体会议正式提出了“构建社会主义和谐社会”的概念，把和谐社会作为政党建设和社会发展目标，以实现国家富强、民族振兴、社会和谐、人民幸福。社会主义和谐社会的内涵包括：政治要民主法治和公平正义，社会要诚信友爱、充满活力、安定有序、人与自然和谐相处。而人民幸福与社会和谐需要国家提供更高水平的社会福利。党的第十八次全国代表大会报告创新性地提出了经济建设、政治建设、文化建设、社会建设、生态文明建设五位一体总体布局。社会建设的地位与其他四个建设并列，与其他四个建设相辅相成。五个建设的格局是对中国特色社会主义建设事业的新诠释。社会建设成为链接社会福利政策研究和社会福利制度构建的核心概念，兼有重要的学术意义和制度创新意义。2015 年，党的十八届五中全会提出坚持人民主体地位，必须坚持发展为了人民、发展依靠人民、发展成果由人民共享，做出更有效的制度安排，使全体人民在共建共享发展中有更多获得感。坚持共享发展，着力增进人民福祉。按照人人参与、人人尽力、人人享有的要求，坚守底线、突出重点、完善制度、引导预期，注重机会公平，保障基本民生，实现全体人民共同迈入全面小康社会。在中国经济、社会快速发展的过程中，通过社会福利制度建设和完善来提升人民福祉的目标得到愈来愈多的重视。社会福利是践行公平和共享理念的制度，是中国社会建设发展的主题。

二、经济背景

中国完成了从计划经济向社会主义市场经济的转型，达到中等发展水平。2009 年 1 月，国家统计局公布 2007 年中国 GDP 最终数据比上年增长 13%，GDP 为 257 306 亿元（国家统计局，2009）。2007 年的人均 GDP 已经达到 2 800 美元（国家统计局，2008）。根据国家统计局（2015a）发布的《2014 年国民经济和社会发展统计公报》数据，2014 年中国国内生产总值为 636 463 亿元，截至 2014 年末总人口为 136 782 万人，2014 年全年人民币平均汇率为 1 美元兑 6.1428 元人民币，据此可计算出 2014 年全国人均 GDP 为 7 575 美元。国际通行的标准是把人均 GDP 3 000 美元作为中等发展水平的标志，而其社会福利含义是人均社会福利接受水平的提高。因此，经济发展为中国适度普惠社会福利制度和理论发展创新提供了物质基础。

三、社会背景

新时期的中国社会进入了经济建设和社会建设并重的时期。党的十七大报告特别提出“社会建设与人民幸福安康息息相关。必须在经济发展的基础上，更加注重社会建设，着力保障和改善民生”。社会建设具体目标是努力使全体人民学有所教、劳有所得、病有所医、老有所养、住有所居。而社会建设具体目标实现要以社会保险、社会救助、社会福利为基础，重点是基本养老、基本医疗、最低生活保障制度的建设，加上以慈善事业、商业保险为补充，最终加快完善社会保障体系。民生为本是社会建设政策的核心原则。社会建设是建设为民服务、为民谋利、共享发展成果的事业。社会建设政策是适度普惠社会福利理论的基础，是适度普惠社会福利制度发展创新的基础，其在改善民生方面具有非常重要的意义。

新时期我们面临着一些社会风险和问题。在中国急剧变迁过程中出现了新的社会风险和社会问题。我们面对多元化的风险，包括市场风险、社会风险和家庭风险，还有自然风险。从服务对象需要来看，中国需要照顾的老人急剧增加；儿童问题日益突出；新时期女性和家庭问题出现了新特点；残疾人的福利待遇相对较低；流动人口的社会福利缺乏问题日益突出；少数民族的社会福利问题值得重视；一般社会成员新的社会福利需要产生；城乡分割社会福利带来新的不平等问题；地区间社会福利差异也带来社会问题；社会福利管理不能适应新时期的要求；社会福利人才队伍建设需要创新机制等。改革开放以来，收入差距不断扩大，社会风险和社会问题要求我们必须重点回答的是如何建立共享发展的机制，如何通过适度普惠的社会福利制度建设，保障弱势群体的生活质量。我们既面临就业、教育、医疗、养老、社会治安等利益矛盾问题的社会治理，也面临价值观念冲突、社会心态焦虑等引发的新型社会风险。如何创新社会治理特别是福利治理机制，强化社会福利提供？如何通过适度普惠社会福利制度建设，实施社会治理特别是福利治理的创新？上述问题既是背景，也使本书具有了突出的现实意义。

四、国际背景

中国社会福利理论与制度建设研究的国际背景是：发达国家在与中国经济发展水平相同的时期，在社会福利制度建设方面进行了多项创新：1948 年，英国在人均 GDP 还不到 1 000 美元时，就宣布政府承担社会福利提供责任，建成了从摇篮到坟墓的保障民生的福利国家。美国也在人均 GDP 大大低于我国现在水平的 1935 年制定了《社会保障法》，发展了多个社会福利项目。日本 1965 年的人均 GDP 为 1 071 美元，但在 1947 年就通过了《儿童福利法》，1951 年颁布《社会福利事业法》，1957 年设置老人年金和母子年金制度。国外的经验说明，社会福利制度发展创新是中国成长为中等经济发展水平国家后的首要任务。近十多年来特别是 2008 年国际金融危机前后，福利国家都在寻找社会福利适应性发展道路，如东亚国家及地区建设嵌入本土的福利社会，在社会福利理论研究领域，有多个具有创新性的理论出现。社会福利已不仅仅是消除社会问题、减少贫困的手段，而是作为社会投资、伙伴关系、社会融入、社会质量、人类幸福的制度手段。批判性地借鉴国外社会福利发展创新经验，发展创新中国社会福利制度已经势在必行。

第二节　研究对象与研究问题

一、研究对象

在中国社会改革发展的大趋势中，在种种社会问题频频出现和福利需要不能满足的背景下，本书选择的总体研究对象是中国适度普惠社会福利理论以及制度。具体可将研究对象分为四个层次：(1) 中国社会福利制度发展轨迹及适度普惠社会福利制度转型与创新；(2) 中国适度普惠社会福利理论演进与创新；(3) 中国适度普惠社会福利制度的构成要素；(4) 中国分人群的具体适度普惠社会福利制度安排与创新。

二、研究问题

对应本书的总体研究对象和四个具体层次的细分研究对象，本书研究的问题是：(1) 中国社会福利制度发展和适度普惠制度转型轨迹和本土特征是什么？未来中国的普惠型社会福利制度范式是什么？(2) 中国适度普惠社会福利理论的核心内容是什么？理论基础和逻辑发展路径是什么？(3) 中国适度普惠社会福利包含哪些制度要素？这些制度要素在适度普惠福利制度中的作用是什么？(4) 中国适度普惠社会福利制度按人群的社会福利提供和接受状况如何？适度普惠社会福利政策结构和创新是什么？在此基础上讨论并提出未来的社会福利政策发展方向。

三、研究目的与意义

(一) 研究目的

中国适度普惠社会福利理论与制度构建研究的目的是：探索中国适度普惠社会福利制度构建的核心理论，研究本土化中国社会福利理论的逻辑发展路径和内容，形成理论创新对制度转型的有力支撑；研究并提出中国社会福利制度发展的阶段、特征与创新，分析中国补缺型社会福利制度向适度普惠社会福利制度转型的过程和内容，提出中国适度普惠社会福利制度的构成要素、普惠创新模式以及未来制度构建发展方向。

（二）研究意义

关于国内外社会经济政治背景的分析以及我们面对的风险和问题说明本书的研究具有紧迫性，它既具有突出的现实意义，也具有理论创新的意义，它既是理论型研究，也是应用型研究。本书的研究意义和价值可以分为以下几个方面：

中国适度普惠型社会福利理论发展研究的创新意义：本书的研究将重新认识中国现代社会福利体系对传统社会福利理念的传承与创新关系，研究新马克思主义福利国家理论，重点借鉴国内外社会福利理论中的福利多元主义理论、人类需要理论、福利体制和类型理论等，寻找适合新时期中国社会经济发展的社会福利理论，提出组合式普惠型社会福利制度理论，推动中国迈向减少社会风险、资源合理分配、社会能力建设、共享发展的宏伟事业。

中国适度普惠型社会福利制度构建研究的创新意义：研究国外社会福利制度转型和发展创新的实践过程，比较借鉴不同社会福利制度的特点和发展经验；重新定位中国经济发展与社会福利关系；提出适度普惠型社会福利制度的内在结构要素和特征，构建适应中国中等经济发展水平、需要为本的适度普惠型社会福利制度。建立国家承担重要责任，市场、社区和家庭积极参与，共担风险的满足社会需要的发展型社会福利政策；基于公民权利与责任，强调社会成员权利与责任紧密联系型的积极社会福利政策；通过适度普惠型社会福利政策的发展创新，推动社会福利从补缺向适度普惠转型。

中国适度普惠型社会福利分人群制度安排研究的创新意义：在国家层面，强化与适度普惠社会福利体系相适应的社会福利部门；在具体服务层面，提出政府、市场、机构、社区以及各种类型公益—慈善事业多元福利提供方式；建设以民生需要为本的适度普惠型社会福利服务管理平台和体系。基于适度普惠原则，将社会福利服务从三类特殊人群扩大到流动人口特别是农民工等更广泛的有福利需要的人群，建立多元福利服务提供平台；适度普惠型社会福利体系建设以人才为本，建设适度普惠的社会福利体系需要的政策与管理、教学研究、服务专业技能人才以及社会工作人才和志愿者队伍，通过人才队伍建设来推动可及性高、服务质量高的社会福利服务。

第三节 文献回顾

根据本书的研究对象与研究目的，项目团队完成了大量学术文献回顾，并进行了内容分析和评价工作，因为内容多而单独形成本书附录一“中国社会福利研究轨迹”。简而言之，与本书有关的研究观点综述如下：

一、作为制度基石的中国社会福利思想

中国有丰富的社会福利思想。中国社会福利思想为适度普惠型社会福利理论建设提供了基石。（1）古代。《周礼》等早期传统文献中记载了大量重民、保民、养民、安民的社会福利思想。无论是关于大同的设想，还是慈幼、养老、振穷、恤贫、宽疾，以及安富、优抚、安辑流民、邻里互助等思想都是社会福利思想的发展萌芽（张新华、王文涛，1993）。天子的德政——福利社会的理想和民间的宗法制度——福利社会的渠道是传统福利制度的两大基础（刘华丽、李正南，2003）。（2）近代。从19世纪中叶到20世纪初，很多思想家从中西社会比较研究入手，批判和借鉴结合，掀起了近代中国思想史上第一次社会福利思想的研究高潮（田毅鹏，2001）。如康有为在接触西方社会福利思想后与中国古代大同思想结合，设计了公养、公教、公恤的大同社会（康有为，《大同书》）。孙中山（《孙中山选集》）则将实现民生主义作为其理想社会的奋斗目标。近代的社会福利思想从“民有”“民享”意识出发，在吸收传统社会福利思想有益成分的基础上结合西方社会福利思想提出了构建新的社会福利体系。民国时社会福利是通过政府立法并组织实施的具有现代意义的社会福利制度（李瑞，2009）。李锋敏（2007）则把中国近代福利思想视为一种独特的中国式的“补救型”福利思想。（3）现代。中国共产党对中国社会福利思想进一步创新。邓小平提出的“共同富裕”和胡锦涛提出的和谐社会的六点内涵都为社会福利发展创新提供了指导思想。毕云天（2005）从福利文化概念来描述社会福利实践中的价值观念和作用，认为任何一个国家的福利制度建设，都必须充分考虑本国民族的福利文化传统。改革开放初期的社会福利思想研究被纳入经济体制改革中来加以讨论（何建章，1981）。中国社会福利思想和历史是我国社会福利研究的宝库，在这个领域一直使用广义社会福利的概念。王子今、刘悦斌和常宗虎（2013）从国家政策、社会组织和文化思想等方面系统地考察了中国社会福利史的发展状况及历史

特点。中国福利思想突出国家负责与家国一体，秉承等级差序与中庸之道，依靠传统文化柔性传承，与社会安定和政权兴亡密切关联，维护家庭保障的特殊地位，构成了数千年来中国社会保障发展的本土特征（郑功成，2014）。中国传统福利体系以国家、社会和家庭为主要构成因素。诸如大同、民本、和谐等福利思想以及儒释道三家相互补充构成中国传统福利体系的哲学基础（潘屹，2014）。近几年国内学界对中国社会福利思想探讨相对多了一些，但成果少且缺乏影响，存在诸多问题。

二、作为借鉴的国外社会福利发展理论

国外社会福利发展理论为适度普惠社会福利理论提供了参考资料。其内容丰富，主要包括：

（1）社会福利模式与演进理论。①补缺性社会福利与制度性社会福利（residual and institutional welfare）。威伦斯基和莱比克斯（Wilensky & Lebeaux, 1958）认为工业化破坏了家庭、亲属支持网及社区的福利提供功能，导致种种社会问题的产生；国家承担责任解决问题进而发展出两种模式：补缺性社会福利基于家计审查提供暂时和补偿性福利；而制度性社会福利依据公民身份提供社会福利，满足社会需要，提高社会生活质量。②蒂特马斯（Titmuss, 1974）提出社会福利三模式：剩余性社会福利模式、工业成就——表现模式、制度再分配模式。他还根据福利提供方式把福利分为社会福利、财政福利和职业福利。③选择性福利与普惠性福利（selective welfare and universal welfare）。前者是经过家计审查后提供给部分社会成员的有限福利；后者是基于公民权利的、制度安排的、为全体公民提供福利的模式（Marshall & Bottomore, 1992）。④艾斯平—安德森（1999）根据去商品化等指标将福利体制分为社会民主主义体制、自由主义体制和保守主义体制。中国学者也比较各国社会福利体制差异（彭华民、顾金土，2009；李迎生，2003），探索西方社会福利发展的渊源（丁建定，2006；王章佩，2004），分析社会福利产生和发展的历史根源（张志诚，2008）、经济根源、社会政治根源（刘芳芳，2007），研究西方社会福利架构对中国社会福利的启示（王卓祺、霍加，1998；罗桂芬，2001；彭华民，2009）。国外社会福利发展理论的形成有很强的社会背景，因此我们需要批判和借鉴相结合。

（2）社会福利的适应性发展道路理论。①发展性社会福利（developmental welfare）。针对福利危机问题，米德格雷（1995）强调经济与社会的协调发展，提出建立社会资本的发展型社会福利模式，将福利定位为人类追求的目标。②福利社会（welfare society）理论。罗杰（2002）认为福利国家并非唯一道路，福利

多元主义的社会是新发展模式。③福利国家的新发展方向如新福利国家（new welfare state）、新混合福利经济（new mixed economy of welfare）、志愿福利国家（voluntary welfare state）、新工业福利国家（neo-industrial welfare state）、助人自助国家（enabling state）、福利国家私有化（privatization of the welfare state）、公私部门合作（public-private sector partnerships）、福利多元主义（welfare pluralism）、福利社会（welfare society）、组合主义的福利国家（corporatist welfare state）、市场社会主义（market socialism）等（林万亿，1994；彭华民，2009）。公众的福利态度是影响一个国家福利制度或体制的重要因素，然而，不仅态度影响政策，政策也影响态度（Hedegaard，2014）。④东亚国家及发展中国家强调自己的福利道路，既不是选择性福利也不是普惠性福利模式，而是在其特有经济社会路径下的儒家福利社会（Fujimura，2000）。社会福利适应性发展道路强调各国国情，其对中国的借鉴意义比较突出。

（3）社会福利理论带来研究的新切入点。学者认为社会福利理论研究应该以社会正义和公民权利概念为逻辑起点。福利权是现代公民的基本国民待遇之一。（钱宁，2011；杨伟民，2014）。新发展主义福利观强调经济发展成果惠及各个阶层（方巍，2011）。社会福利制度必须具有合法性和包容性。合法性机制转型与我国政府福利责任承诺变迁是对应关系（袁同成，2013）。包容性发展强调人人有责、全面协调、机会均等、利益共享。依据此理论，中国近期突破的重点应该是建立覆盖全民的社会保障体系，充分优化国民收入分配政策（高传胜，2012）。福利治理是近些年来兴起的新理念和实践模式，政策来源于科学，科学建基于证据；公民参与是福利治理的核心要义，是福利治理与证据为本的交集，福利治理的行动准则应以证据为本（臧其胜，2014）。随着第三部门在社会福利领域的规模化和专业化，福利治理才开始被普遍采纳为西方福利国家改革的新思路。这形成了对既有政府范式的解构，并促进了福利领域向治理范式的转型（韩央迪，2012）。

三、从沉寂到创新的社会福利研究领域

从沉寂到创新是中国社会福利概念解析和转型研究的主线，其内容包括：

第一，社会福利概念解析。社会福利在中国学术界有多个不同层面的定位和许多争议，这是没有形成有国际影响和重大国内影响的社会福利制度转型支撑研究的重要原因之一（彭华民，2009）。（1）中国政府定义的社会福利是中国社会保障的一个方面，和社会保险、社会救助、优抚保障、个人储蓄保障、社会互助并列。而多数国家社会福利体系主要是由收入维持计划（社会保险、社会救助、社会津贴）和社会福利服务（提供劳务、实物和其他形式的服务）组成。民政

部将社会福利主要视为对老人、困境儿童和残疾人的服务。这个范围主要是从条块分割的行政管理来定位的，强调福利服务，弱化现金、物资、机会的提供。从中国社会建设发展的视角看，不利于中国社会福利制度发展创新（彭华民，2009）。尚晓援（2001）和刘继同（2004）也指出，民政社会福利限制了社会福利发展。(2) 学术界还将社会福利作为一种状态进行研究，社会福利以提高人类幸福水平为主旨；将社会福利作为一种体制进行研究，突出了依附不同经济、政治、文化等的社会福利发展道路的不同，强调本土经验的重要性；将社会福利作为一种具体制度进行研究等。

第二，中国社会福利模式研究。常宗虎（2001）和成海军（2008）指出改革开放前中国实行二元化的补缺型社会福利模式。黄黎若莲（2001）认为中国属于补缺性模式，政府承担有限责任，社会福利制度功能范围有限，不能满足社会成员的福利需要。王思斌等（1998）批评之前的中国社会福利是政府主导下的非专业化福利模式。周沛（2007）认为社会福利社会化标志着中国社会福利模式的转型。我国经济快速增长，社会转型中风险增加（李友梅，2008；杨敏、郑杭生，2007）。彭华民（2008）提出中国社会福利必须从以社会问题取向转向以社会需要满足取向；建立需要为本的社会福利目标定位，推进适度普惠型社会福利模式的建立。"底线公平"提出了中国社会福利新发展的理念（景天魁，2008），中国社会福利发展机制得到了关注与研究（郑功成，2008；韩克庆，2008；王思斌，2009），公共服务均等化进入理论界的视野（丁元竹，2008），普惠型社会福利体系得到初步的研究（成海军，2008）。基于改革中遇到的问题和对社会公平的追求，建立适度普惠型社会福利，是与我国地区性特征、经济和社会状况相关的面向全体国民（或居民）提供的、覆盖其基本生活主要方面的社会福利（刘珊，2013）。对中国发展模式已有研究的问题不够深入，理论多于政策，抽象分析多于制度实践研究。

第三，中国社会福利转型探讨。王思斌（2009）提出适度普惠型社会福利制度是面向全体国民同时又涵盖社会生活基本领域的社会制度。关信平（2010）认为普惠型社会政策有三个重要的特点：一是广覆盖；二是普遍社会权利；三是福利均等化。彭华民（2010a）提出社会需要将成为中国社会福利制度目标定位最基本的方式，即满足社会成员多元需要、社会质量的提高、社会成员能力的发展、社会成员拥有接受社会福利的公民权利、在社会福利制度满足社会成员需要的同时社会成员也承担帮助他人的社会责任和义务等。许小玲、汪青（2009）提出城市社区服务与适度"普惠型"社会福利具有服务目标的一致性、服务内容对象的契合性以及实践途径的融合性特点，进而从操作性层面提出依托城市社区服务体系实现适度普惠社会福利的策略。代恒猛（2009）认为，我国社会福利的目标定位是“普惠型”的社会福利发展模式，同时也兼顾“补缺型”的一些理念和特征，因此可以称之为一种适度“普惠型”的社会福利发展模式。刘旭东（2008）认为，中国的社会保护制度也面临着战略性的转型，即由补缺型保障模式转向适度普惠型保障模式，而这种转型的思想基础和物质基础都已具备。适度普惠型保障是全民性的福利改善，现阶段应实现低保制度由生存保障上升为发展保障，社会保险由体制性保险扩展为国民保险，社会福利由特殊群体福利转变为公共福利。邓悦、孟颖颖（2009）提出构建“合作主义模式”下的适度普惠型福利模式是当前我国的社会福利模式选择。江志强（2010）认为，发展适度普惠型社会福利应将政府、市场、家庭、社区连接成为地位有别、功能互补、相互支持、互为补充的既满足社会成员的福利需求，又能体现中国传统文化价值与现代福利观念的社会福利发展格局。

第四，适度普惠社会福利制度研究。“普惠”理念源于北欧各国社会民主党关于“人民之家”建设的思想，其倡导国家基于公民需要，为公民提供高水准的、综合的、制度化的福利和服务（潘屹，2012；张佳华，2017）。建构适度普惠型社会福利制度正是基于社会福利观的转变。与传统的家庭责任社会福利观不同，支撑适度普惠社会福利制度设计的是公民的社会权利观，即居民应该享受来自政府和社会的保护，以免遭受基本的生命方面的威胁（王思斌，2009）。适度普惠社会福利制度的目标定位应该是以社会成员的需要为本，从国家为本转型到民生为本（彭华民，2011）。适度普惠社会福利制度设计背后的价值模式是“需求”与“应得”价值导向的整合，以“应得”为主的普惠型价值导向，同时也兼顾部分“需求”的价值理念和特征（徐毅成，2013）。福利价值观变化体现的是公众对社会福利的需求变化。社会福利理念变化导向下的社会福利制度转型就是站在保障人的生存权、维护人的发展权的高度，本着人人可享、均等普惠的原则，朝着打造社会建设基础性机制的方向，加快从救济性社会福利向制度性社会福利转型，逐步提升社会福利普惠度（江治强，2010）。在这样价值导向的模式下，中国政府确立以权利为核心的社会福利理念，紧紧围绕民生需要促进社会公平正义，全面保障公民享受基本社会福利的权利。政策实践上便是建设适度普惠型社会福利制度，构筑涵盖社会防护、基本保障、能力发展多层次的社会福利内容框架，满足个体全面需要的同时促进积极福利发展（姚进忠，2016）。

第五，中国社会福利政策的价值体系和政策内容研究也有所推进。有关社会福利政策的价值基础的探讨中关于社会公正的研究最多（唐钧，2003；顾昕、李海燕，2005；夏学銮，2006）。景天魁（2008）通过对中华人民共和国成立以来中国社会政策发展脉络、特征和走向的梳理，认为改革开放以来我国社会政策由以往平均主义的基本取向转变为现代公正的基本取向。李培林（2006）提出和谐是社会政策建设的主旋律。李春成（2004）以美国公共政策改革为个案阐明了价值对政策选择的基础作用。钱宁（2004）主张建立平等和多元发展的福利主义价值观。学者们在社会政策价值框架中讨论社会福利发展（杨团、关信平，2007；景天魁、张志敏，2007）。

第六，社会福利政策的分析框架讨论也有一定内容：（1）从福利国家到福利社会。彭华民等（2006）主张社会福利来源的多元化，既不能完全依赖市场，也不能完全依赖国家，福利是全社会的产物，福利的规则、筹资和提供由不同的部门共同负责完成。徐月宾和张秀兰（2005）认为政府不仅不能退出，还必须在社会福利领域中发挥主导作用，要承担起社会福利的投资主体角色。徐道稳（2006）在讨论农村社会福利的制度转型和政策选择时认为，政府要积极、适度地介入农村社会福利，从市民政府转向公民政府、责任政府。（2）从再分配到社会投资。以投资为导向的社会政策是资产而不是负担，经济政策与社会政策不是相互排斥的，应该实现二者（效率和公平）的协调发展（梁祖彬，2004）。张秀兰（2004）提出了发展型社会政策作为科学发展观在社会政策领域的操作化模式。由于社会政策和社会福利嵌入社会中发展（彭华民、宋祥秀，2006），因此学者们试图设计政策嵌入的社会框架，如彭华民等（2006）提出中国社会政策的新社会框架需要包括责任提倡、政治能动、民主对话、积极福利等内容。社会福利政策的实施存在各种问题，当前社会政策在制定程序中存在着明显的不规范性，民主参与、公开性和技术手段方面都存在问题（吴忠民，2004）。近年来我国社会政策出现从无过程决策向咨询式决策的转变（刘继同，2006）。此外，一些学者还对政策实施中的筹资和服务进行了具体分析（顾昕、李海燕，2005；李培林，2006）。文献回顾说明政策探索的论述多而具体政策的实证分析少，因此对社会福利服务与管理发展的指导性不足。

四、细化改革的社会福利服务多元议题

对传统层面的民政社会福利服务的研究在多个方面展开。

中国民政社会福利覆盖儿童、老人和残疾人三大类人群。在儿童福利方面，陆士桢（2001）从政策、儿童需要和社会工作的角度出发对儿童社会福利服务问题予以研究。转型期间的儿童社会福利服务机制研究也得到讨论。仇雨临、郝佳（2009）提出我国儿童福利多元发展、存在问题与政策建议。尚晓援（2008）认为中国儿童保护制度迫切需要从基于亲权保护原则的制度向基于公民社会权利制度的转变。在老人福利方面，闫青春（1999）从农村养老保障情况的审视和研究角度，对我国农村社会福利乃至社会保障做出一些研究。周志凯（2005）针对我

国农村老年人社会福利事业存在的诸多问题如覆盖面狭窄、地区发展不平衡、缺乏统一的组织管理等，提出了一些发展构想。在残疾人福利方面，一些学者对国外残疾人社会福利经验进行了介绍研究（赵永生，2009；王化全，1997；李德昌，1997）。周林刚（2008）的一项实证研究结果表明，虽然以公民权利为核心理念的残疾人福利制度体系基本建构起来，但残疾人福利实践的传统色彩还比较浓厚。应寻求社会工作支持并把它作为残疾人社会福利建设的基本内容之一（周庆行、张新瑾，2008；马洪路，2008）。文献回顾说明，社会福利服务问题研究多，发展创新服务模式和实施研究少。

其他人群的社会（福利）服务也被纳入学者的研究视野。在关于妇女与家庭福利的研究中，雷杰（2008）指出从结合马克思主义和社会主义女性主义两种理论的视角才能更好地解释和研究现时中国女性福利的问题。潘锦棠（2002）的观点是国家要保证市场公平竞争、健全女性社会保障。关于流动人口福利已经逐渐成为新议题。陆杰华、王茗萱（2008）对当前我国流动人口的福利提出了对策建议。彭希哲、郭秀云（2007）从权利回归与制度重构视角对城市流动人口管理模式创新进行思考，使福利制度与普遍的公民身份而不是歧视性的户籍制度相联系。在这个领域的文献回顾说明，社会福利服务发展创新有社会需要，有必要建立政府主导下的创新服务机制；学术界对新社会群体的研究应该以需要为导向，研究需要—服务提供机制。

社会福利服务提供有多种内容。其一是城市社区福利提供，有关这方面的研究文献相对较多。借鉴西方先进的经验（丁建定，2004），沈洁（2002）探讨了城市社区福利服务的体系结构以及如何提供城市社区福利等问题。江立华、沈洁（2008）认为社区福利是被冠以社会福利体系中非保障福利的组成部分。王思斌（2009）提出我国城市社区福利服务在总体上具有弱可获得性特点，认为政府应该提高社区福利服务的可获得性程度。李占乐（2005）认为互助性福利成为近代中国城市社会福利事业的本质特征。高灵芝（2008）认为现阶段城市边缘社区福利呈“内卷化”特征，社区福利对象的资格条件规定得异常繁缛和复杂。王培刚、王旭辉（2003）认为社区服务的功能主要是社会保障功能、社会整合功能和价值实现功能。黄少宽、林琳（2000）指出老人社区服务在解决人口老龄化问题中发挥着重要的作用。徐晓军（2004）分析了城市社区福利建设的影响因素。刘继同（2003）分析了政治化社区向社会化社区的重大转变，论证了中国社区福利由身份化福利向生活化福利模式的战略转变。李占乐（2008）认为中国将要建立的社区福利模式是一个社会化、开放型的福利体系。詹火生、黄协源、彭华民（2009）讨论了社区从集中居住福利型转型为可持续发展型的过程。其二是农村社区福利服务管理。吕雁归（2009）认为当前我国农村社区公共服务供给不足、服务水平较低的根本原因是公共服务的体制和机制不完善，因此应建立以政府为主体的多元化农村社区服务体制、“上下”结合的决策机制、资金保障机制和科学的监督考核机制来加以改善。田华（2006）分析了农村社区公共服务体系的基本框架，创建了农村社区公共服务体系的理论与实践需求及在其过程中需要解决的若干问题。村庄经济与村民福利（左鹏，2003）、农村社区福利的产生与促进（董海宁，2003）相继进入社会福利的研究之中。

社会福利机构定位与功能在社会福利制度转型中有了一些研究。高灵芝、崔恒展、王亚南（2004）认为组建起来的社会福利类行业组织是既不同于政府，又不同于企业的非政府、非营利组织，其至少具有服务、管理、沟通协调三个职能。研究者对社会福利企业的转型（吴崇常，1994）、企业效率与国有福利企业职工下岗问题（曾云，1997）、社会福利企业的资产管理（张云泽，1998）等问题进行了研究，张莉、曹建交、风笑天（2000）从我国第三部门参与社区化社会福利服务的角度，分析说明第三部门在我国社区化社会福利服务中的地位和作用。沈美华（2003）指出非营利组织是社区服务产业化发展的重要环节。中国学者还开展了对市场、家庭、志愿部门在社会福利中功能、方式的研究（彭华民，黄叶青，2006），以及社会企业和非政府组织（NGO）、志愿组织的资源整合问题研究（张肖敏，2006）。社会福利基金是指国家为实施社会福利制度建立起来的法定的、专款专用的货币资金（陈银娥，2004）。何平、李实、王延中（2009）分析了发展型社会福利体系建设对公共财政资金的需求和公共财政支持社会福利体系建设的能力测算。易艳阳（2007）认为当前我国社会福利基金筹集与发放方式单一，妨碍了福利事业的发展，应拓宽社会福利基金收入渠道，拓展支出领域。贾康、王敏（2009）梳理了中国社会福利筹资的历史演变，分三种假设方案预测了未来中国财政对社会福利筹资的支持能力。

对社会福利人才队伍建设的研究在社会政策的引领下不断展开。党的十六届六中全会提出“要建设宏大的社会工作人才队伍”，政府计划要建设200万～300万社会工作人才队伍。学界紧随其后研究了社会工作者职业资格认证制度、设置社会工作职业岗位、建立社会工作的职业和薪酬体系、建立社会工作者在职培训制度、建立社会工作者职业管理机构等（文军，2007）。在农村社会工作队伍建设的研究上，解决问题的策略因地制宜，较有代表性的是“县乡村三级联动”管理模式和“民间协会”服务模式（李静，2009）。志愿者队伍建设也是社会福利人才队伍建设的一个内容。志愿活动研究（丁元竹，2007）、全球化与中国青年志愿服务的发展（谭建光，2004）成为志愿服务研究的重要内容。有关志愿者培育的研究，较多的是针对某一具体活动而开展，如重大灾害（祁国栋、朱炜、陈光，2008）、志愿者的激励以及社会工作介入的大学生志愿者培养（彭华民、陈学峰、高云霞，2009）等。社会福利人才队伍建设有若干几乎没有研究的领域，如社会福利专业技能人才、社会福利政策和管理人才、社会福利教学研究人才都是社会福利体系创新发展必需的人才，应该纳入我们的研究范畴。

对社会福利发展评估和指标研究涉及多学科，有宏观有微观，有相当地难度，但在老人、儿童、残疾人服务中和机构建设中十分需要评估工作。社会福利机构绩效考核问题被提出来（孙洪锋，2006），朱晨海、曾群（2009）提出，通过构建基于结果导向的社会工作服务评估体系，能够对服务质量进行有效监管与控制，从而促使提供服务的社会工作服务机构保持活力，以及提升服务品质与服务效率。杨立雄和李超（2014）以中国社会保障的面板数据等为基础进行了研究，提出中国社会福利发展指数构成，测度与监测中国社会福利发展进程。万树（2012）考察了我国1996～2009年国民福祉的演进历程和时空分布，对我国各地区在福祉水平上所存在的发展不平衡矛盾进行了实证分析和研究，构造出我国国民福祉分布的金字塔。以省级地方政府社会保障投入—产出的视角测量发现，尽管财政性社会保障投入的省际差异减小，但社会福利主观感受的省际差异和财政性社会保障投入与社会保障覆盖面间的不均衡发展状况仍然十分明显，已经在省际形成逆向分配的趋势（果佳，唐任伍，2013）。国外社会福利指标不仅有政府、国际组织资料，而且有一些学者在进行研究（Summer，2004；黄晨熹，2009）。文献回顾显示，国内对社会福利评估和指标越来越关注但现有研究很少；评估和指标研究对研究者对方法应用的水平要求高，这个领域还需要更多的学者和实务工作者的介入和深入研究。

第四节　研究框架与研究内容

一、总体研究框架

基于对中国社会福利理论与制度构建的研究背景、研究对象、研究目的和意义的提出，在对中西方社会福利文献回顾的陈述和评论基础上，本书总体研究框架采用制度主义视角，以社会福利理论和制度构建为两个互构的核心，在逻辑、内容和时序层面交叉展开。总体研究框架的逻辑层面分为四层（见图1－1）：第一个层面分为中国社会福利理论与制度演进两个方向，从理论中寻找制度的理念支撑，从制度演进来推动理论发展，发现社会福利的中国理论创新，指出中国社会福利制度的独特模式。第二个层面是社会福利的制度要素分析，在前期研究的基础上，首次提出中国社会福利的制度构成要素，分要素类型来深度分析中国社会福利制度构成，其包括福利责任、福利需要、福利态度、福利提供、福利组织、福利治理和福利体制。第三个层面是按照人群类型的适度普惠社会福利具体制度安排研究，包括儿童适度普惠社会福利、老人适度普惠社会福利、残疾人适度普惠社会福利以及流动人口（农民工）。这个部分从另外一个角度来看，实际上是制度要素分析的补充，包括两个制度要素即福利人群和福利接受。第四个层面是迈向共享的组合式普惠型社会福利制度。宏大而深远的中国政治、经济、文化是各个层面研究的背景内容，依次展开的是理论传承与创新、制度发展创新、社会福利制度要素、社会福利具体服务发展创新、共享发展的组合式普惠型社会福利等逻辑上互相关联、支持而又具有独立内容的四个子课题板块。

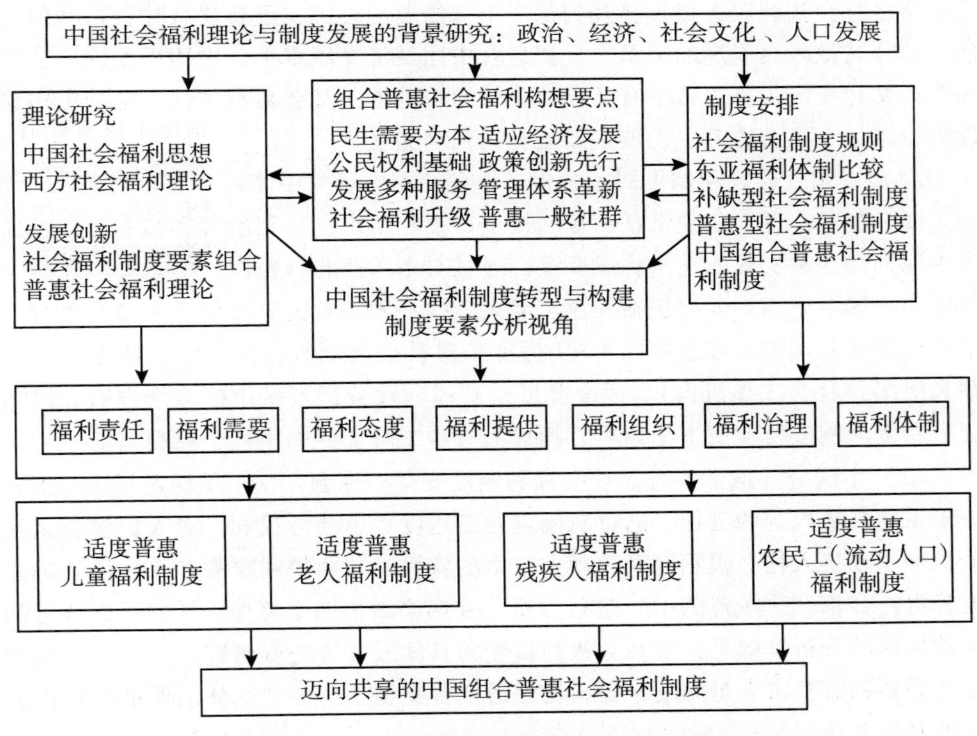

图 1-1　中国社会福利理论与制度构建研究框架

二、具体研究内容

通过提出本项目研究问题与总体研究对象，设立研究目的，构建了本项研究的研究框架。简而言之，本项目研究目的是：探索中国社会福利制度构建的核心理论，提出中国社会福利制度的构成要素、普惠创新模式以及未来制度构建发展方向。通过研究目的和研究框架引导开展后续研究并实现预设研究目标。在研究目标和研究总体框架下，我们建立了项目研究的内容结构，形成四个相对应的子课题板块，它们之间既具有逻辑关联又具有制度与服务发展的顺序关系。

（1）中国社会福利理论与制度转型研究子课题。通过理论和制度比较借鉴研究，提出中国民生需要为本、普惠社会福利制度建设总目标；适度是指适合中国民生政治、中等经济发展水平、人口发展状况、注重慈善和家庭的文化传统；普惠是指将社会福利服务提供普及到每一个有需要的公民；重新定位社会福利的内涵以及和其他社会制度的关系；发展适合中国经济发展水平、中国民生政治、中国悠久文化传统、普惠每个有需要的公民的中国本土社会福利理论，推动中国建设需要满足、能力提升、发展创新型社会福利制度。

（2）中国社会福利制度要素分析子课题。本书研究中国社会福利制度中的福利需要、福利态度、福利责任、福利提供、福利组织、福利治理和福利体制，提出中国社会福利制度的基本构成要素。通过对中国西北、西南、华东和华北四个地区四个城市中四类人群包括儿童、老人、残疾人、农民工（流动人口）的分层定比抽样问卷调查，建立中国 4×4 适度普惠社会福利数据库，结合四个城市的福利组织（社会工作机构）、适度普惠儿童福利政策试点城市等多个调查，以实证资料发现制度要素的本土内容，构成具有本土特征的中国社会福利制度。

（3）中国分人群适度普惠社会福利制度安排子课题。这个子课题板块是上一个子课题板块内容的延伸。通过对困境儿童适度普惠社会福利、老人适度普惠社会福利、残疾人社会福利以及流动人口中的农民工社会福利政策（未在民政部适度普惠社会福利政策范围中）进行分析，在四个城市四个类型人群的适度普惠问卷数据库的分析基础上，对社会福利接受的具体服务等进行研究，关注社会福利接受需要和需要未满足问题，提出构建适度普惠型社会福利具体制度的可操作的政策和服务建议。

（4）最后一个子课题内容将聚焦于共享的组合式普惠型社会福利制度。这个子课题是总结前面三个子课题的研究和发现，提出中国社会福利制度的未来发展模式。其具体研究目的是使广大社会成员能够通过组合式普惠社会福利制度的建设分享中国改革开放的成果，减少社会风险，提高社会成员的生活质量，凸显中国特色社会主义伟大实践的意义。该子课题将突出共享共治的积极意义，将社会福利提供者和社会福利接受者都视为社会治理的主体。将共享视为社会福利的原则。在共享共治的指引下，建立有差别、有层次、有分标的中国特色的组合式普惠型社会福利制度。

三、研究方法与资料收集

在中国适度普惠社会福利理论与制度构建项目总体框架下，在子项目的各个具体研究内容的细化实施中，我们采用社会科学研究方法，将实证方法与非实证方法结合，以实证方法为主。将制度主义分析与社会政策分析结合，突出制度和社会政策之间的密切关系。在资料收集方法上，将定量方法与定性方法结合，定量资料和定性资料分析结合。同时，将整体研究与个案研究结合，多元方法收集分析资料方法技术结合。

根据研究对象、研究目的和研究框架，我们设计的研究路线是：国内外社会福利文献分析—社会福利理论研究—社会福利制度（体制）比较研究—福利需要与福利态度研究—福利责任与福利提供—福利组织—福利治理—社会福利接受人群的组合式普惠社会福利制度研究—共享发展的组合式普惠社会福利制度。这个分析路线不是直线型，而是互相交叉和互相支持。具体技术路线会根据研究内容和社会调查实施进行一些微调（见图1-2）。

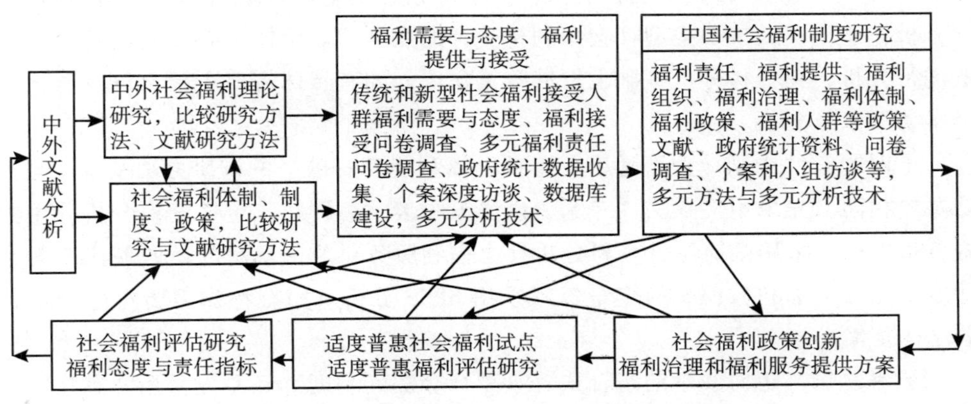

图1-2　中国社会福利理论与制度构建研究技术路线

由于研究内容丰富，因此本项目具体方法的采用将视各个子课题内容而定，研究手段和调研计划也因各个子课题的研究内容和研究方法不同而不同：

子课题一“中国社会福利理论与中国社会福利制度模式”的研究方法有：中

外社会福利理论传承借鉴与创新研究将采用文献法、专家访谈法等收集资料，资料分析将采用内容分析方法，建立中外社会福利理论资料库。宏观社会福利制度研究采用文献法、专家访谈法等收集资料，资料分析将采用内容分析方法；收集分析中国社会福利政策，对我国政府公布的社会发展和经济发展资料进行收集、统计分析，建立社会福利模式统计资料库。同时将对联合国、世界劳工组织、欧盟、世界银行等国际组织的资料进行收集分析，以建立社会福利体制比较研究的统计资料库，形成比较研究的基础。

子课题二“中国社会福利制度构成要素”的研究仍然先采用文献法、专家访谈法等收集资料，资料分析将采用内容分析方法。在部分章节中还采用了知识图谱软件 CiteSpace（版本 3.7.R7）进行文献资料分析（朱亮、赵瑞雪、寇远涛、鲜国建，2012）。初始条件设置如下：时间域 1989～2014 年（1989 年世界银行报告开始使用“治理”一词），术语来源默认全选。关键词分析时，术语类型为名词短语与爆发词，节点选择了关键词，分析对象为区间内被引排在前 50 位的关键词，剔除项选择了路径算法（pathfinder）；引用分析时术语类型为爆发词，分析对象为区间内被引排在前 50 位的引文（在分析经典文献时扩展到前 100 位），节点选择了参考文献，剔除项（pruning）为空；可视项（visualization）选择“静态聚类图”（cluster view-static）与“显示合并网络”（show merged network）为默认。同时对西南地区的成都、西北地区的兰州、华北地区的天津、华东地区的南京四个城市分别进行儿童、老人、残疾人、农民工（流动人口）300×4＝1 200 份的社会福利接受人群问卷调查，定量资料采用 SPSS 软件进行统计分析，建立四城市四类型社会福利接受者的数据库。定性资料采用内容分析方法进行分析，在资料分析基础上发展政策建议。如有特殊需要再配合进行若干个个案访谈以及分析。

子课题三“中国分人群适度普惠社会福利制度安排”的调研方法基本上与子课题二相同。先采用文献法、专家访谈法等收集一般资料，定性资料分析采用内容分析方法；采用政府统计资料分析社会福利服务对象一般状况，四城市四类型适度普惠社会福利数据库的定量资料采用 SPSS 分析。如有特殊需要再配合进行若干个个案访谈。

子课题四“迈向共享的组合式普惠型社会福利制度”还是先采用文献法、专家访谈法等收集资料，定性资料分析采用内容分析方法；定量资料采用 SPSS 分析。在前面三个子课题的调研基础上，采用归纳法和演绎法，力求提出有针对性的制度发展创新方案。

本书设计并实施了子课题中国社会福利理论与适度普惠制度模式、中国社会福利制度构成要素、中国分人群适度普惠社会福利制度安排、迈向共享的组合式普惠型社会福利制度不同的研究方法和资料收集分析技术，问卷调查法（四城市四类社会福利接受人群）、文献法（包括政府部门从中央到地方多层次社会政策、政府部门统计数据、前期研究文献收集等）；个案访谈法（含政府部门官员、社会福利机构负责人、社会福利服务人员、社会福利接受者等）；焦点小组访谈法（含政府部门官员、社会福利机构负责人、社会福利服务人员、社会福利接受者等）；观察法，包括到社会福利接受者家中、社会福利机构的参与式观察和间接观察方法等。定量资料采用 SPSS 软件进行统计分析，定性资料采用内容分析方法等进行分析。在资料分析基础上提出政策建议。

中国适度普惠社会福利问卷调查考虑到地区、行业、年龄、性别、社会福利接受特征等，多层次目标抽样，选择了华东地区的南京、华北地区的天津、西北地区的兰州、西南地区的成都四个城市。问卷调查于 2012 年 7 ~ 11 月在四个城市展开。首席专家彭华民教授带领团队做了大量的前期准备工作，负责设计问卷以及调查方案，深圳大学周林刚教授负责兰州地区调查，西南财经大学韦克难教授负责成都地区调查，天津师范大学曹莉莉副教授、南开大学万国威副教授负责天津地区调查，彭华民教授负责南京地区调查。彭华民到兰州、成都、天津以及南京各个调查点讲解调查方案并督导问卷调查工作。由于调查对象特征差异大，问卷调查工作异常艰辛。本次调查计划每个城市发放问卷 1 100 份，总计 4 400 份，实际发放问卷 4 853 份，回收有效问卷 4 541 份，回收率 93.57%。问卷录入及数据库建设时间为 2012 年 12 月。

在中国社会福利理论与制度前期项目设计时，安排了专题调研的内容。实际开展调查时发现项目经费和人力资源都不足以支持专题调研的开展。项目团队为了保证本项目的完成，整合其他资源，开展了适度普惠儿童福利政策试点城市评估专题调查，由彭华民、王梦怡、刘玲、冯元带队。一共完成各种焦点小组访谈 24 组；访谈各种类型的被访问者共 147 位；实地观察儿童福利院、救助站、未成年人保护中心、市级儿童福利中心、社区儿童福利站以及儿童服务的社会组织等 24 个；收集政策文献、政府统计数据、儿童研究报告、困境儿童研究论文约 40 万字。资料分为文字资料、数据资料、图片资料、录音资料等。丰富的资料为项目总报告的完成提供了有力的支持。

社会福利组织（社会工作服务机构）专题调查由彭华民、许小玲带队。第一批次调查时间为 2011 年 7 ~ 9 月，主要调查了 20 个社会工作机构，资料整理时间为 10 月和 11 月。2013 年 5 月至 2014 年 7 月进行了第二次调研，此次调研总共有 11 个民办社会工作机构参与，其中包括第一次调研中的 6 个民办社会工作机构和新增加的 5 个民办社会工作机构。随着研究的不断深入，后续调查者还经常以电话采访和网上交流的方式对相关资料进行必要补充，这样不仅提高了访谈的效率，也节约了访谈的时间与成本。2014 年 8 月第三次调研增加了一个新的民办社会工作机构即 HM 社会工作服务中心。访谈对象包括机构负责人和机构资深社会工作者。资料类型有政策文献、机构文献、访谈记录、图片等。研究者收集了丰富的一手资料，为项目的完成打下了基础。

研究资料收集和分析整理严格遵循研究伦理原则。研究伦理是研究进行中必须面对的一个重要问题（Rubin & Babbie，1997；Lofland & Lofland，1995）。本书研究者结合洛芙兰（Lofland）提出的伦理议题，并根据项目收集资料，制定在资料收集、整理、分析以及报告撰写中伦理原则并遵循之：被研究者自愿参与原则；不伤害研究参与者原则；被调查者匿名和保密原则；没有从研究者仇恨、厌恶的人那里收集资料等。

虽然本书力求按照社会科学研究的原则进行研究设计，按照研究伦理原则开展资料收集工作，但是由于研究人员、研究经费、研究时间、研究地点的限制，资料收集工作仍然存在如下的局限：（1）本书的问卷调查样本虽然建立在多层次多目标的抽样基础上，四城市四类调查对象填写的有效问卷已经达到 4 541 份，但是问卷样本覆盖面还是比较小。在今后时间和财力允许的情况下，研究者希望能把本次研究的结果发展成为适度大样本的调查问卷，进行四类群体总体的研究。（2）在时间、财力有限的情况下，聚焦小组和个案的访谈数量、访谈对象的选取和访谈时间有限，可能导致资料解释的局限性。（3）本书中遇到的其他一些问题，例如社会文化等因素对于四个城市中四类人群的排斥，由于研究时间和经费的限制，在本书中不进行分析或者不会展开深入的分析。后续工作将在另外的研究中进行。

本书将由研究者组织大学教师和研究生完成资料收集和登录。每一个参与者的社会价值观念和工作态度将直接影响资料的真实性。特别是在深度访谈中，访谈者本人可能改变被访者资料的原始状态。为了尽量减少这类影响，首先，研究者以督导身份对参加资料收集工作的调查员进行了严格培训。其次，研究者实行资料录入中的督导制度、转录复核制度，坚持逻辑核查每份问卷和每个访谈个案记录，以减少资料收集中出现误差的可能性。最后，研究者的女性性别角色可能会影响资料收集和分析，研究者将使用和未参加本项研究的其他研究者交流校对的方式来降低性别角色的影响。

四、研究难点与研究重点

本书的重点也是难点。本书的重点是如何构建和发展中国社会福利理论，并从理论和制度双重视角开展对中国社会福利制度要素以及针对服务人群的社会福利研究。重点和难点包括：（1）在对中外社会福利理论的传承借鉴研究中发展创新中国社会福利从补缺向适度普惠转型理论，界定适度和普惠的关系，提出迈向组合普惠的社会福利理论，设计中国福利社会的愿景。（2）在基于对中外社会福利理论和制度的比较研究中，发展创新体系化的中国社会福利制度要素结构，包括福利责任、福利需要、福利态度、福利提供、福利组织、福利体制、福利人群和福利接受等，整合并形成中国社会福利制度体系。（3）提出针对四类人群（儿童特别是困境儿童、老人、残疾人和流动人口特别是城市农民工）的适度普惠型社会福利政策发展创新的具体内容。在适度普惠社会福利原则指导下扩大社会福利服务至有需要的社会群体，发展创新民政传统服务人群的服务；发展社会福利服务。（4）提出福利治理战略升级的原则。开展社会福利体系建设相对应的社会福利人才队伍建设研究，包括人才队伍的构成、人才培养和激励等；社会工作者对适度普惠型模式建设的贡献等。

中国社会福利理论与制度发展创新是贯穿于本书研究始终的旋律和特色。项目成果包括几个创新和特点：（1）民生需要为本，福利治理战略升级。从目前安定为本的补缺型社会福利转型到民生需要为本的组合式普惠型社会福利，建立与中国社会经济协调发展的社会福利模式；升级社会福利在社会建设中的意义，发展中国福利社会理论，为中国社会主义建设理论做出贡献。（2）政策服务并行，适度普惠福利。提出民生需要为本的适度普惠型社会福利阶段发展目标，分析其多元依赖路径；提出分阶段渐进式社会福利实施战略，在社会福利政策建设创新和社会福利服务建设创新方面采用并重的策略。（3）扩展福利服务，普惠需要社群。丰富并创新传统的社会福利服务，普惠需要社群。在老人服务、困境儿童服务、残疾人和流动人口（农民工）服务中加入社会工作三大方法，提高福利服务质量，提高服务的普惠性；扩大并创新社会福利服务的范围和内容，建立特殊人群社会福利工作站；提高一般人群的普惠型福利服务的质量。（4）多元福利提供，政府社会责任。在社会福利服务管理框架下，提出福利多元提供的创新思维，建立正式社会福利提供与非正式社会福利提供两个子体系；除了政府提供社会福利的体系之外，还强调社区、家庭、社会组织、慈善与公益以及市场在社会福利提供中的作用；国家进行规范管理，推动非正式社会福利的发展。（5）社会工作介入，多元人才战略。提出五大人才队伍同时建设的战略：建设宏大的社会工作人才队伍，同时建设社会福利政策制定和管理人才队伍、社会福利教育与研究人才队伍、社会福利专门技能人才队伍、志愿者队伍建设创新的理念和战略。

第五节 结论与建议

本书的研究具有广阔而深远的政治、经济和社会背景。中国进入了注重民生的政治制度建设新时期。2004 年中国共产党第十六届中央委员会第四次全体会议正式提出了“构建社会主义和谐社会”的概念，把和谐社会作为政党建设和社会发展目标，实现国家富强、民族振兴、社会和谐、人民幸福。在社会主义市场经济时期，中国人均 GDP 达到中等收入水平，社会建设与经济建设等五个建设一起构成中国发展新格局。西方福利国家危机后，社会福利走向福利多元主体和多元提供新阶段。

本书的研究问题是：什么理论构建了中国社会福利制度的理论基础？中国社会福利理论的核心内容是什么？逻辑发展路径是什么？中国社会福利包含哪些制度要素？这些制度要素在组合式普惠福利制度构建中的作用是什么？中国适度普惠社会福利制度按照人群的社会福利提供和接受状况是什么？制度构建内容以及发展路径是什么？未来发展方向是什么？

中国社会福利理论与制度构建的研究目的是：探索中国社会福利制度构建的支撑理论，研究并创新本土化中国社会福利理论的逻辑发展路径和内容。探索并提出中国社会福利制度发展的阶段、特征与创新，分析中国补缺型社会福利制度向组合式普惠社会福利制度转型的过程和内容，提出中国社会福利制度的构成要素、创新模式以及未来发展方向。

基于对研究背景、研究对象、研究目的和意义、文献回顾的陈述，总体框架以适度普惠型社会福利制度构建为核心，在逻辑、内容和时序层面交叉展开，总体研究框架的逻辑层面分为四层：第一个层面是中国社会福利理论与制度演进。第二个层面是中国社会福利制度的制度要素分析，主要分析中国社会福利制度构成，包括福利责任、福利需要、福利态度、福利提供、福利组织、福利治理和福利体制。第三个层面是适度普惠社会福利制度按照人群的提供与福利接受的研究，这个层面是第二个层面内容的延续，福利人群和福利接受也是适度普惠社会福利制度构成要素，其包括儿童适度普惠社会福利、老人适度普惠社会福利、残疾人适度普惠社会福利以及流动人口（农民工）适度普惠社会福利。第四个层面是迈向共享的组合式普惠型社会福利制度。宏大而深远的中国政治、经济、文化是各个层面研究中的背景内容，依次展开的是理论传承与创新、制度发展创新、社会福利制度要素、社会福利具体服务发展创新、共享发展的组合式普惠型社会福利等逻辑上互相关联、支持而又具有独立内容的四个子课题板块。

在研究问题和研究框架的指引下，在选取和采用何种研究方法的原则上，我们采用社会科学方法论，将实证方法与非实证方法结合，以实证方法为主。将制度主义分析与社会政策分析结合，突出制度和社会福利服务之间的密切关系。资料收集分析方法上，将定量方法与定性方法结合，定量资料和定性资料分析结合。同时，整体研究与个案研究结合，多元方法收集分析资料方法技术结合。我们设计了 4×4 目标抽样与分层抽样结合的问卷抽样框架，对华北、华中、华东和西南四个区的四个城市中的老人、儿童、流动人口、残疾人进行了问卷调查；还进行了社会福利政策、社会福利统计数据的收集和分析；进行了社会福利部门政府官员、社会福利组织负责人以及服务提供者等的聚焦小组访谈、个案的深度访谈；建立了中国社会福利数据库，保证研究发现得到实证资料的支持。

关于国内外社会经济政治背景的分析以及我们面对的风险和问题说明，本项目的研究具有紧迫性，它既具有突出的现实意义也具有理论创新的意义，它既是理论型研究也是应用型研究。中国适度普惠型社会福利理论发展的创新意义在于：本书的研究将重新认识中国现代社会福利体系对传统社会福利理念的传承与创新关系，研究新马克思主义福利国家理论，批判地借鉴国内外社会福利理论，提出组合式普惠的理论界定，提出适合新时期中国社会经济发展的社会福利的理论，发展中国本土的社会福利理论，推动中国迈向减少社会风险、资源合理分配、社会能力建设、共享发展的宏伟事业。另外，本书的政策和实践意义有：中国组合式普惠型社会福利制度构建的创新意义和中国组合式普惠型社会福利服务发展的创新方面的意义。

第二章

社会福利理论演进与创新

第一节　中国古代与近代社会福利思想演进

一、古代朴素的社会福利思想

中国古代的社会福利制度往往伴随着两个方面的内容而出现，一个是赈灾济荒，另一个是济贫扶困，而其背后都深刻体现出了统治阶级的“民本”思想和朴素的人道主义理念。其中，赈灾济荒是在由于灾害或战争引起普遍灾难的特殊时期对百姓进行的救济，大致相当于当下救灾、减害方面的措施与制度，与我国现存民政领域的灾害救助具有较为密切的联系；而扶贫济困是指日常对弱势群体的帮扶，如对“鳏寡孤独废疾者”以及“妇女儿童”等社会成员进行的救助与扶持，这一制度类型与当前民政领域下辖的社会救助和社会福利具有较为密切的联系。两者在实际的制度演进过程中都深刻体现出了较强的民生福祉观，都深刻彰显出了社会福利思想对于古代政府管理工作的巨大影响，且在嬗变过程中都无一例外地体现出了封建社会注重“保民安民”的基本取向。

受到“尊孔崇儒”和“民本”思想的广泛影响，亦为了有效缓和及调节统治阶级与非统治阶级之间的社会矛盾，自周代以来的历代统治者在社会福利建设方面都有一定的作为，并由此产生了宏观脉络上的“螺旋式进步”。早在周朝时期，政府层面就设置了“孤儿救济”，即对失去父母的儿童进行集中的食物供应，并由此开启了现存民政领域中三大典型福利制度（残疾人福利、老人福利和儿童福利）建构的先河。自汉代以来，政府开始有计划地增设常平仓来平抑物价及备荒赈恤，其本质虽然从属于灾害救助系统，但是仍然有少量特殊人群可以享受到政府的常年供养。从隋代开始，“民间寄纳在官”的义仓则在政府监督下直接承担着地方的赈恤责任，其比常平仓等官方性质的仓廪更加强调官方与民间的结合，并在灾害与战争时期能够发挥更为全面的功效。到了宋代，以慈善救济事业为主导、特殊人员养恤为辅助的制度得到了进一步的深化，尽管官方机构的名称略有变化，但是其无论在组织设置还是职能建设方面都更加趋于稳定，老人、儿童、残疾人和妇女也往往成为社会福利制度关注的主要群体。至明代以后，官方性质的救济制度和特殊人群养恤制度已经日臻完善，作为中央机构的“户部”基本承担起了较强的民生保障功能，地方上也设置了专门的职位负责管理地域性的民生事务，并成为考核一个区域内政绩的核心指标。

中国古代社会福利制度的建构主要缘于早期理论家与思想家们的呼吁，即对弱势民众生活予以特殊关照的人道主义思想是形成官方性质社会福利制度的历史源头，而这一历史进程的开端不晚于周代。从纵向历史维度来看，早在西周时期不同思想家就已经提出了有关社会福利的思想，并自春秋战国以来在“治国安邦”的大论争之下形成了百家争鸣的社会福利观。其中，周公主张“怜小民、行教化”，成为我国历史上较早系统性提出民生福祉思想的思想家。孔子提及应当“使老有所终，壮有所用，幼有所长，鳏寡孤独废疾者皆有所养”（孔子，《礼记·礼运篇》）。孟子则表示“是故明君制民之产，必使仰足以事父母，俯足以蓄妻子，乐岁终身饱，凶年免于死亡”（孟子，《孟子·梁惠王章·第八节》）。墨子认为“民有三患，饥者不得食，寒者不得衣，劳者不得息”（墨子，《墨子·非乐》）。庄子也在论述中明确阐明“以衣食为主，蓄休息蓄藏，老弱孤寡为意，皆有以养，民之理也”（庄子，《庄子·杂篇·天下》）。管子则指出“国有十年之蓄，而民不足于食，皆以其技能望君之禄也”（管子，《管子·国蓄》）。而荀子主张“故水旱不能使之饥渴，寒暑不能使之疾，祆怪不能使之凶”（荀子，《荀子·天论》），显示出至少自春秋战国以来中国的早期思想家就已经开始形成了有争议但体系化的社会福利思想，这一方面为后来各个朝代社会福利制度的建设提供了重要的理论基础，另一方面也为各代统治者民生福祉观念的系统塑造创造了时代契机。

与古代思想家们在社会福利思想上的创建相类似，另一些思想被以经典书籍的方式加以记载。《礼记·王制》中明确申明“养耆老以致孝，恤孤老以逮不足”（戴德，2015），体现出其对“孤老”的物质和精神关怀；孔子对于为政者的劝导为“不患寡而患不均，不患贫而患不安”（孔子，《论语·季氏》），体现出早期治国理政过程中的平均主义倾向；曾参认为“所谓平天下在治其国者，上老老而民兴孝，上长长而民兴弟，上恤孤而民不倍，是以君子有絜矩之道也”（曾参，《大学·第十章》），着力体现出了传统领域内对养老、恤孤事宜的关注；而刘安云“故古之君人者，其惨怛于民也，国有饥者食不重味，民有寒者而冬不被裘”（刘安，《淮南子》），反映出社会福利思想受到了当时学者们较为广泛的认同。在这些书籍及其内在思想的影响之下，古代杰出帝王如汉文帝、隋文帝、唐太宗、宋太宗、清圣祖等都对民本事务进行了积极的关注，司马迁、房玄龄、王安石、朱熹、文天祥等著名学者也都在社会福利思想方面进行了积极的拓展。

这一时期的社会福利思想有三个典型特点：

（1）早期的社会福利实践往往深受民本思想的影响。中国古代的社会福利思想先于社会福利制度而全面形成，因而后者在发展过程中积极吸收与借鉴了思想家们的民生福祉思想，并逐步构建出了符合中国古典伦理的制度类型；当然，由于早期思想家们对于民生福祉理念的理解和阐明具有较强的时代束缚，因而其本质上仍然是统治阶级缓解阶级矛盾的重要工具，君主“赐予”而非个人“权利”仍然是伴随着制度建设过程中的核心价值观，“民本”而非“民权”思想仍然是其价值传承的基础。

（2）早期社会福利思想主要依赖个体而非组织来构建。纵观各代思想家与理论家的观点，可以发现早期社会福利思想的维护也具有极强的不稳定性，往往会随着君主好恶与统治者意识的转移而在某一特殊阶段存在严重的倒退或滞后，因而其整体上并不能保证连续的上升态势；且其社会福利思想的创立与建设往往依赖于某一个个体而非组织力量，因而其社会福利思想的连贯性往往受到较大程度的局限，对于国家制度性地践行社会福利思想存在障碍。

（3）中国古代社会中社会福利思想的整体论述仍然是片面的。从目前的有关记载来看，古代理论家对于社会福利问题的认知仍然停留在社会救助层面，仅对于“灾害救助”“基本生活保障”和狭义社会福利制度有所认识，而对于更为广阔的社会福利事务缺乏实质性的了解；同时，尽管经过理论家的锤炼，中国古代的社会福利思想逐步趋于完整，但是受制于封建伦理制度和分割性的社会阶层，早期理论家有关“民本”思想的论述均没有能够完整地阐释出现代社会福利思想的核心意涵，在具体观念的阐明方面，虽然理论家都涉及了社会福利思想，但是往往将其作为治国理政的一项具体内容，因而本质上仍然无法形成完整且全面的理论再造。

二、后鸦片战争的社会福利思想

鸦片战争之后，中国近代社会面临着封建统治者的残酷统治与西方列强的肆意欺凌，加之灾难频发、民不聊生，战争与灾荒导致大量民众面临着严重的福祉缺失，也使得社会福利思想的完善具有了更强的时代迫切性。与此同时，鸦片战争又使得中国人开启了"睁眼看世界"的时代，西方社会福利的先进理念与制度设计也开始为部分中国的有识之士所关注，建立更符合现代社会意涵的社会福利制度亦成为这一时期重要的理论追寻。在此基础上，以农民运动领袖、封建地主阶级和资产阶级维新派为代表的政治势力纷纷提出了自身的社会福利思想，并为系统地借鉴西方国家的社会福利制度提供了前期积淀。

这一时期，封建地主阶级中的有识之士开始率先提出自身的社会福利主张，且尤其热衷于介绍国外社会福利制度。其中，早在19世纪50~60年代，思想家冯桂芬在"中体西用"的思想源流下就曾探讨过荷兰等西方国家的社会福利制度，在书中他记载有"荷兰有养贫、教贫二局，途有乞人，官若绅辄收之，老幼残疾入养局，廪之而已"（冯桂芬，《收贫民议》），并在此基础上进一步提出了"救助贫民""兴办教育"等基本观点。清代学者王韬在其著作中提出，"平日治民之要，在抚字以结其心，勇敢以作其气，忠孝结义以厉其心志，轻徭薄赋以养其身家，务使其安其居，乐其业，可静而不可动，而忠孝爱国之新自然生于其中"（王韬，《弢园文录外编·卷一》），显示出其对于"轻徭薄赋"和"安居乐业"的向往。随着国门的打开，清朝驻外官员也开始对国外的社会福利制度表现出了浓厚的兴趣，清朝驻英国官员刘锡鸿在日记中就记载曾经考察过英国的《济贫法》，他提到"（英国）人无业而贫者，不令沿街乞丐，设养济院居之，日给飨餐，驱以除道造桥诸役"（钟舒河，1989：211），显示出其对英国济贫制度的关注。另一位驻外官员张德彝对英国济贫制度的运行也产生了浓厚的兴趣，他表示"（英国）各项经费，率为绅富集款。间有不足，或辟地种花养鱼，或借地演剧歌曲，纵人往观，收取其费，以资善举"（钟舒河，1989：304-305）。

几乎与此同时，中国近代的农民运动领袖也为这一时期社会福利思想的发展提供了一定的支撑。洪秀全、洪仁玕等太平天国领袖在早期斗争过程中于《原道醒世训》《天朝田亩制度》和《资政新篇》等文献中分别提出过部分社会福利思想。其中，洪秀全曾经对"有无相恤，患难相投，门不闭户，道不拾遗，男女别途，选举上德"的理想社会大加褒奖（洪秀全，《原道醒世训》），其"有无相恤"的说法直接体现出了农民运动领袖对于均等福祉的向往。他更为明确地主张"有田同耕，有饭同食，有衣同穿，有钱同使"的大同社会（洪秀全，《天朝田亩制度》)，其用较为简朴的民间语言为系统性地建构社会福利制度提供了时代标准。洪仁玕明确提出应当“兴医院以济疾苦”“兴跛盲聋哑院”“兴鳏寡孤独院”“禁溺子女”和“禁卖子为奴”，反映出其明确的社会福利主张；且他希望能够成立社会福利的监督机构“士民公会”，即“至施舍一则，不得白白妄施，以沽名誉，恐无贞节者一味望恩，不自食其力，是滋弊也。宜合做工，以受所值，惟废疾无所者准白白收施”（洪仁玕，《资政新篇》)，显示出其对于社会福利建设的可行性具有深入思考。当然，由于战争环境及农民运动的时代局限性，这一时期农民运动领袖的社会福利思想仍然带有典型的封建社会的“小农意识”，其社会福利思想不但并未在实践中加以履行，而且在本质上也带有强烈的“平均分配”的空想色彩。

与农民运动领袖主张采取暴力革命推翻现有政权相比较，资产阶级改良派及其后继者资产阶级维新派试图采取更为柔和的方式缓和阶级矛盾，而社会福利思想的建构显然有利于实现这一目标。清代学者郑观应在探讨了西方社会的福利制度后认为，“夫泰西各国乞丐、盗贼之所以少者，岂举国皆富民无贫民哉？好善者多，而立法纂密，所以养之者无不尽，所以恤之者无不周耳”（郑观应，《盛世危言》)，这种基于不同国别比较而产生的社会福利思想显然体现出了其更为广阔的洞察力。在他之后的康有为不但构想出了“公养、公教、公恤”等带有浓厚理想色彩的慈善公益体系，而且也提出“人人相亲，人人平等，天下为公，是谓大同”的基本观点（康有为，《大同书》)。梁启超的观点则更为激进，他不但主张建构较为广泛的扶助政策，而且更加强调民众的权利意识，并试图通过“民德”“民智”和“民力”的提升来增强其福祉保障，这说明其观点已经逐步实现了“民本”向“民权”的转移（梁启超，《论新民为今日中国第一急务》)。相比于农民运动领袖和封建地主阶级，尽管资产阶级维新派在社会福利思想的形成过程中更为先进，且梁启超等学者的观点已经出现了明显嬗变，但是整体而言其“民本”思想的出发点也试图采取更为柔性的绥靖政策来实现统治阶级的长治久安，这与现代社会以民众权利为核心的“民权”理念仍然具有本质上的不同。

三、民国时期的社会福利思想

与封建地主阶级、农民运动领袖及资产阶级维新派相比较，以孙中山为代表的资产阶级革命派不但完全实现了传统“民本”理念向新时代“民权”理念的转型，而且对于民国期间的社会福利制度也产生了深刻影响。从其历史维度来看，孙中山等革命党人的社会福利理论发轫于其早期治国理念，并自 19 世纪末期开始了较为明晰的思想阐释。早在 1890 年的《致郑藻如书》中，孙中山就发出了“今天下之失教亦已久矣。古之痒序无闻焉，综人数而核之，不认识丁者十有七八，妇女识字者百中无一”的感慨，并认为“教之有道，则人才济济，风俗丕丕，而国以强”（孙中山，《致郑藻如书》：2），从而成为其最早间接论述民生事务的文献资料。四年之后，他进一步提出，“窃尝深维欧洲富强之本，不尽在于船坚炮利，垒固兵强，而在于人能尽其才，地能尽其利，物能尽其用，货能畅其流。此四事者，富强之大经，治国之大本也”（孙中山，《上李鸿章书》：8）。1897 年，孙中山在《中国的现在和未来》一文中第一次直接阐释了与社会福利相关的社会问题，“中国所有一切的灾难只有一个原因，那就是普遍的又是有系统的贪污。这种贪污是产生饥荒、水灾、疫病的主要原因，同时也是武装盗匪常年猖獗的主要原因”（孙中山，《中国的现在和未来》：89）。

进入 20 世纪，孙中山等革命领导人的社会福利理论不但变得更为丰沛，而且也逐步与中国同盟会及其后继者中国国民党的纲领相融合，并逐步实现了组织纲领上“民本”理念向“民权”理念的转型。在 1905 年 8 月颁布的《中国同盟会总章》中，中国同盟会的发展目标被淬炼成了“驱除鞑虏、恢复中华、创立民国、平均地权”的十六字宗旨，从而表明其民生福祉思想已经成为中国同盟会的建设目标（孙中山，《中国同盟会总章》：160）。在 1906 年秋冬制定的《中国同盟会革命方略》中，中国同盟会以组织形式对“平均地权”这一宗旨进行了说明，“文明之福祉，国民平等以享之。当改良社会经济组织，核定天下地价。其现有之地价，仍属原主所有；其革命后社会改良进步之增价，则归于国家，为国民所共享。肇造社会的国家，俾家给人足，四海之内无一夫不获其所。敢有垄断以制国民之生命者，与众弃之”（孙中山，《中国同盟会革命方略》：297 – 301）。同时，在这一早期文件中，残疾人保障政策和优抚安置政策也均得到了明确的规定。而在同年 12 月发表的演说中，革命党人不但再次重申了“为众生谋幸福”的革命目标，而且将其详述为“因不愿少数满洲人专利，故要民族革命；不愿君主一人专利，故要政治革命；不愿少数富人专利，故要社会革命；这三样有一样做不到，也不是我们的意愿”（孙中山，《在东京〈民报〉创刊周年庆祝大会的演说》：329）。

1911 年辛亥革命以后，资产阶级革命派利用执政机会迅速颁行了具有法律法规性质的《对外宣言书》《咨参议院辞临时大总统职文》《中华民国临时约法》及《公布南京府官制》等政策，以期适应新时代下民众的社会福利诉求。其中，1912 年 1 月 5 日颁布的《对外宣言书》第六条就明确提出，“吾人必求所以增长国民之程度，保持其秩序，当立法之际，以国民多数幸福为标准”（孙中山，《对外宣言书》：10），显示出革命党人在执政之初就具有极强的社会福利施政取向。一个月后，在《咨参议院辞临时大总统职文》中又再次明确申明，“当缔造民国之始，本总统被选为公仆，宣誓、誓书，实以倾覆专制，巩固民国，图谋民生幸福为任”（孙中山，《咨参议院辞临时大总统职文》：84）。而同年3月颁行的《公布南京府官制》则从政府机构建制角度进行了规范，其中民治科负责“关于教育学艺”和“公益善举”等事项，庶务科主要负责“兵事优抚”及“公共卫生”等事项，使得其社会福利政策的落实具有了更好的实现途径（孙中山，《公布南京府官制》：202－203）。1920年，社会福利的专门管理机构及其基本职能得到了调整，社会事业局、劳动局、教育局等部门分别担负起了社会福利的部分事务，且“育孤”“养老”“救灾”“卫生防疫”“收养废疾”“慈善公益”等核心事业均被纳入（孙中山，《在南京同盟会会员饯别会的演说》：432－434）。1924年1月23日颁行的《国民政府建国大纲》再一次明确重申“土地之岁收，地价之增益，公地之生产，山林川泽之息，矿产水力之利，皆为地方政府之所有，而用以经营地方人民之事业，及育幼、养老、济贫、救灾、医病与夫种种公共之需”（孙中山，《国民政府建国大纲》：126－128）。

除了以政府名义颁行的大政方针以外，中国同盟会及其后继者中国国民党也特别强调了社会福利制度建设和实际运作。1912年3月3日修改的《中国同盟会总章（草案）》就已经明确表明“本会以巩固中华民国，实行民生主义为宗旨”，并在具体规定中将“采用国家社会政策”“普及义务教育”“主张男女平权”和“励行征兵制度”作为中国同盟会的主要政纲（孙中山，《中国同盟会总章（草案）》：164）。同年孙中山发表的演说中，明确提出了资产阶级革命派的社会福利建设方案，“法定男子五六岁入小学堂，以后由国家教之养之，至二十岁为止，视为中国国民之一种权利。设有不幸者半途蹉跎，则五十以后，由国家给与养老金”（孙中山，《在上海中国社会党的演说》：323－324）。10月革命党人进一步针对养老保障、医疗保障和孤残保障进行了细致阐述，其中养老保障方面提出“垂暮之年，社会当有供养责。遂设公共养老院，收养老人，供给丰美，俾之愉快，而终其天年，则可补贫穷者家庭之缺憾”，医疗保障方面主张“设公共病院以医治之，不收医治之费，而待遇与富人纳资者等，则社会可少屈死之人矣”，而孤残保障方面则认为“其他如聋哑残废院，以济天造之穷，如公共花园，以供暇时之戏。人民平等，虽有劳心劳力之不同，然其为劳动则同也”（孙中山，《内政方针》：510－524）。1913年后，由于战乱环境使得民生福利建设的财政资源遭到现实挑战，革命党人进一步提出通过“发展实业”来更有效地为民生实业积累资金，并于《在宁波各界欢迎会上的演说》《复叶独醒函》和《致北京民友会等电》中都突出了两者之间的密切联系。在1919年发布的《国民政府建国大纲》中，中国国民党明确提出“实业陆续发达，收益日多，则教育、养老、救灾、治疗，及夫改良社会，励进文明，皆有实业发展之利益举办。以国家实业所获之利，归之国民所享，庶不致再蹈欧美今日之覆辙，甫经实业发达，即孕育社会革命也。此即吾党所主张民生主义之实业政策也。凡欲达真正国利民福之目的者，非行此不可也”（孙中山，《国民政府建国大纲》：135）。

随着早期社会主义思想进入中国，资产阶级革命派也较早地接触、肯定并吸收了其民生福祉思想的精髓，并成为其后期社会福利思想的源泉。1912 年 10 月中旬，孙中山代表革命党人首次对“社会主义”的核心内涵进行了阐释，“社会主义者，人道主义也。人道主义，主张博爱、平等、自由，社会主义之真髓，亦不外此三者，实为人类之福音”（孙中山，《在上海中国社会党的演说》：510 – 524）。同时，对“社会主义”福利观革命党领袖也给予了极大程度的肯定与拥护，“鄙人对于社会主义，实欢迎其利国福民之神圣，本社会之真理，集种种生产之物产，归为公有，而收其利。实行社会主义之日，即我民幼有所教，老有所养，分业操作，各得其所。我中华民国之国家，一变而为社会主义之国家矣。予言至此，极抱乐观”（孙中山，《中国实业如何能发展》：510 – 524）。

俄国十月革命胜利之后，中国国民党对于社会主义及其福利观具有了更为清晰的追寻，并在深化原有思想的同时最终确立了“三民主义”的建设方针。在 1919 年颁布的《三民主义》中，中国国民党明确提出“民生主义者，即社会主义也。贫富不齐，豪强侵夺，自古有之，然不若欧美今日之甚也。欧美自政治革命而后，人人有自由平等，各得肆力于工商事业，经济进步，机器发明，而生产之力为之大增”（孙中山，《三民主义》：191）。1920 年，孙中山作为中国国民党领袖又提出了“民生主义，即是扫除社会之公平。这种种的不平，既然都在眼前，所以我们同时就要解决。免得枝枝节节，而且不如是，就永远不能适应世界的潮流”（孙中山，《在上海中国国民党本部会议的演说》：393）。至 1924 年，革命党人参照“社会主义”对于《三民主义》又进行了重新阐释，“照欧美近几十年来的社会上进化的事实看，最好的是分配之社会化，消灭商人的垄断，多征资本家的所得税和遗产税，增加国家的财富，更用这种财富来把运输和交通收归公有，以及改良工人的教育、卫生和工厂的设备，来增加社会上的生产力”（孙中山，《三民主义》：298 – 311）。

第二节　西方社会福利理论发展前沿

在民政部提出适度普惠社会福利制度转型政策之前，一些学者对西方社会福利理论进行了研究，出版了社会福利思想教材和专著（陈红霞，2002；张士昌等，2005；丁建定等，2005；钱宁，2006），其主要内容都集中在福利国家危机之前的理论。改革开放后中国社会福利研究的起始阶段，学界对福利国家危机之后的社会福利理论研究甚少、成果零散的状况令人担忧。

在福利国家建设过程中，学术界形成了不同的理论和流派。福利国家危机后，西方社会福利界进行了理论革命（见表2－1）。其中有几个各自发展但对社会福利制度改革有影响的理论板块：改革国家视角下的社会福利理论板块、制度—结构视角下的社会福利理论板块、人本主义的社会福利理论板块、社会—发展视角下的社会福利理论板块。它们实际上从不同角度、不同时间、不同国家和不同社会政策内容等方面产生了对社会福利制度演进的影响。

表2－1　　　　欧美主要社会福利理论流派分类比较

理论流派分类学者	年份	理论流派名称与分类
Titmuss，R. T.	1974	剩余主义　制度性再分配　社会主义
George，V. & P. Wilding	1976	反集体主义　勉强的集体主义　费边社会主义　马克思主义
Mishra，R.	1977	社会改革　公民权　趋同理论　功能主义　马克思主义
Pinker，R.	1979	古典经济学理论　新重商主义　马克思主义
Room，G.	1979	市场自由主义　政治自由主义　社会民主主义　新马克思主义
Forder，A. & T. Caslin	1984	新古典微观经济学　宏观经济理论　功能主义　多元主义　马克思主义
George，V. & P. Wilding	1994	新右派　中间道路　民主社会主义　马克思主义　女性主义　绿色主义
George，V. & R. Page	1995	新右派　中间道路　民主社会主义　马克思主义　女性主义　后工业绿色主义　反种族福利理论
O'Brien，M. & S. Penna	1998	自由主义　马克思主义　新自由主义　后结构主义　政治经济学　政治生态学　后现代福利理论
Midgely，J. & M. B. Tracy	2000	制度性取向　保守主义取向　激进或批判理论　女性主义　福利多元主义　社会发展取向、种族和政治取向的福利理论

续表

理论流派分类学者	年份	理论流派名称与分类
彭华民	2009	福利三角理论　福利多元主义理论　社会需要理论　人类需要理论　社会权利与社会责任理论　新马克思主义的福利国家理论　福利体制理论　第三条道路的社会福利理论　性别视角的理论　发展性社会福利理论　社会排斥与社会融入理论　资产建设理论　制度主义的社会福利理论　风险社会理论　社会质量和社会和谐理论　贫困问题理论　社会福利研究方法等

资料来源：彭华民等，2009，《西方社会福利理论前沿》，北京：中国社会出版社。

一、国家视角下的社会福利理论

新马克思主义的福利国家理论（Neo - Marxism welfare state theory）认为新马克思主义是分析福利国家的一个非常重要的路径。高夫（Gough，1995）打破了传统的福利国家理论分析模式，他认为资本主义内在的矛盾促成了福利国家的成长，同时福利国家的危机也是资本主义内在矛盾的彰显。高夫采用了马克思主义阶级、阶级矛盾、资本主义的生产方式概念，以批判精神指出：资本主义国家内在的资本与劳工阶级的矛盾推动福利国家的产生和发展；社会开支减缓了资本的累积但是也维护了资本的再生产；社会工资（social wage）是社会开支回流到资本主义生产和流通过程中的形式；资本主义福利国家矛盾促使福利国家重组和寻找替代性策略。高夫社会工资理论对中国社会福利开支扩大具有借鉴意义。

福利体制理论（welfare regimes theory）又称为资本主义三个世界理论。该理论是近二十多年来在社会福利研究中影响最大的理论之一，是关于福利体制类型的最著名的划分。艾斯平—安德森（Esping - Andersen，1990）认为在先进资本主义民主体制的国家群中，彼此之间对福利的制度安排有着明显的差异，国家的历史性对福利国家的形成扮演了决定的角色。他用去商品化（de-commodification）等概念工具把资本主义福利国家划分为三种福利体制，即自由主义福利国家体制、保守主义福利国家体制和社会民主主义福利国家体制，并分析了三种福利国家体制下的社会阶层化现象和劳动力市场政策。他的理论一方面对福利国家理论的发展做出了贡献，另一方面对东亚国家以及发展中国家的适用性也引起了争议。在福利体制的研究基础上，一些学者对福利国家未来发展道路进行了研究，提出了福利国家适应性道路理论（welfare state adaptations theory）：艾斯平—安德森等（Esping - Andersen et al.，2003）通过利用双层次比较研究方法，对欧美福利国家危机的影响因素进行了深入的分析。他们认为福利国家如果要解决危机就不能避免在社会平等和就业（市场）之间的选择问题。因此，三种福利体制国家发展了三条不同的适应性道路：斯堪的纳维亚道路（北欧模式）注重人力资源发展的社会投资的道路；实现了充分就业但同时充满严重不平等的新自由主义道路（美国模式）；维护了平等的精神但失业问题依然存在的减少劳动力的道路（欧洲大陆模式）。与此同时，非传统福利国家发展了具有独特性的福利体制：中东欧、智利和阿根廷等的新自由主义福利体制，巴西和哥斯达黎加等国家不成熟的社会民主福利体制，东亚混合福利体制。艾斯平—安德森等认为社会投资是总体积极的解决福利国家危机的道路。

第三条道路的社会福利理论（social welfare theory in third way）在福利国家危机的背景下兴起，第三条道路理论实际上不仅仅局限在社会福利领域。首先，吉登斯（2000；2003）解构了后传统社会，由此而提出了六面向社会框架的超越构想；其次，吉登斯将社会福利模式的超越构想嵌入社会框架中，界定了外部风险和人为风险，由此而提出了消极福利转化到积极福利的超越构想。借鉴嵌入社会框架的社会福利模式的超越构想，学者们提出了中国社会政策的新社会框架即责任提倡、多元部门发展、社会政策议题对话等，提出了中国社会福利模式转化与社会政策改革的原则（彭华民，2009）。

二、制度—结构视角下的社会福利理论

福利三角理论（welfare triangle theory）是福利国家危机后西方社会福利研究领域中的重要理论。福利国家危机之后，伊瓦思（Evers，1988；1993）从社会福利的视角讨论福利三角的含义，研究福利三角理论包含的制度内容，区别福利三角与福利多元组合的不同。社会政策是通过国家力量介入社会过程提升人民社会福利水平的一种方式。三角中的家庭、市场与国家三种不同的制度与它们之间的互动（见图2-1），不仅仅表示了社会政策产生的动力机制，而且支持了社会政策的制定。福利三角在不同的研究中有不同诠释。一些学者（Abrahamson，1994；De Neubourg & Weigand，2000；Duffy，1998）在使用福利三角理论作为他们的分析框架时其侧重点和表述略有不同。阿布瑞汉森（Abrahamson）的福利三角是提供权力（power）的国家、提供财源（money）的市场和提供团结（solidarity）的市民社会的组合。杜非（Duffy，1998）的研究是国家一角提供保障和被动性（security and passivity），市场一角提供机会和风险（opportunity and risk），市民社会一角提供团结和分离（solidarity and fragmentation），由此组成一个分析社会排斥和社会融合的福利三角。德柳波格和魏甘德（De Neubourg，C. &

Weigand, C., 2000）在讨论作为社会危机管理安排的社会政策时指出，社会福利产生于社会中的福利三角制度之中，这三种主要的制度是市场、家庭和公共权威（public authorities）；社会福利是关于满足人的需要的经济能力，以及管理造成人们需要满足危机的能力；福利三角制度的角色和制度之间的互动关系是理解社会政策作为社会危机管理安排的关键。将福利三角范式嵌入社会排斥与社会政策的实证研究中，能更清楚地阐述福利三角和社会政策的关系以及社会政策发展对和谐社会建立的意义。

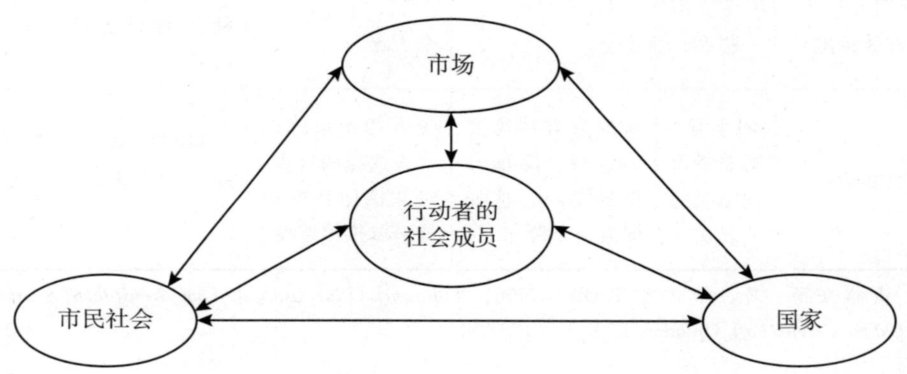

图 2-1　福利三角与行动者

福利多元主义理论（welfare pluralism theory）是继古典自由主义、凯恩斯—贝弗里奇范式之后为解决福利国家危机，于20世纪80年代新兴的理论范式。福利多元主义概念首先源于1978年英国《沃尔芬德的志愿组织的未来报告》（Wolfenden, 1978）。沃尔芬德报告主张把志愿组织也纳入社会福利的提供者行列，将福利多元主义运用于英国社会政策的实践（Gilbert, 2000）。然而对福利多元主义有明确论述的应该是罗斯，他在《相同的目标、不同的角色——国家对福利多元组合的贡献》一文中详细剖析了福利多元主义的概念（Rose, 1986）。罗斯和伊瓦斯主张社会福利来源的多元化，既不能完全依赖市场，也不能完全依赖国家，福利来源于国家、市场、社区、非政府组织和家庭（见表2-2）。从福利国家的历史演进和对福利国家的批判两个方面可以清楚地看到福利多元主义兴起的背景，福利多元主义理论有三个不同的发展趋势，该理论中提出的多元福利提供对中国社会福利政策发展以及中国适度普惠社会福利制度转型具有重要意义。

表 2-2　　伊瓦斯福利多元主义四个部门的特征

分类	市场	国家	社区	民间社会
福利生产部门	市场	公共部门	非正式部门/家庭	非营利部门/中介机构
行动协调原则	竞争	科层制	个人责任	志愿性
需方的角色	消费者	有社会权的公民	社区成员	市民/协会成员
交换中介	货币	法律	感激/尊敬	说理/交流
中心价值	选择自由	平等	互惠/利他	团结
有效标准	福利	安全	个人参与	社会/政治激活（activation）
主要缺陷	不平等、对非货币化结果的忽视	对少数群体需要的忽视，降低自助的动机，选择的自由下降	受道德约束降低个人选择的自由，对非该团体的成员采取排斥态度	对福利产品的不平等分配，专业化缺乏，低效率

资料来源：Evers, A. & T. Olk, 1996, *Wohlfahrts Pluralismus: Vom Wohlfahrts Staat Zur Wohlfahrts Gesellschaft*. Opladen. P23.

社会福利的制度主义理论（institutionalism theory of social welfare）是社会福利理论中比较异端的一支。社会福利理论中的制度主义一直没有被清楚地定位。制度主义取向的社会福利理论从马歇尔的公民权理论中获得合法性，从蒂特姆斯的集体利他主义中获得合理性，从实用主义和中间道路的结合中获得现实性，从而使得这一理论取向在社会政策发展中起到了不可替代的作用（Midgley, J., 2000）。社会福利理论中的制度主义理论具有丰富画面：其一，有对社会政策制定以及推动制度建设的研究；对社会福利制度类型化的研究；社会福利与公民权利的研究以及国家通过社会政策的集体行为实现利他主义的观点。其二，对社会政策和社会福利制度演进的研究。其三，福利制度结构和制度之间的互动也是制度主义理论的主要内容。其四，对社会福利制度转型的研究。沿着制度主义的观点进行中国社会福利制度改革的分析，中国应该采用多元福利部门提供的福利来回应不断增加的福利需要。

三、人本主义视角下的社会福利理论

公民身份与社会权利理论（citizenship and social right theory）的影响远远超出了社会福利领域。公民身份或公民资格是现代社会的重要议题，因为它显示公民个人应得的权利（Marshall，T. H.，1950）。公民身份的前提是政治与社会的分离——社会有它的独立的空间，社会中的个体有本身存在的价值及地位，不受政治或政府的控制。公民身份是国家（代表政治）与它的公民所签署的契约。公民身份的重要在于公民与国家所订的契约是可以付诸实践，其具体表现在国家需要提供社会福利，保障公民的生活质量。最新的理论发展中强调了公民身份与公民社会责任的对应关系（Dwyer，P.，2004；Etzioni，A.，1995；Espada，J. C.，1996；Faulks，K.，2000）。不同公民身份的理论对公民权责的看法有一些不同。西方的公民身份及社会权利理论与实践经验对中国社会的适用性需要认真讨论。

社会需要理论（social need theory in social welfare perspective）在20世纪70年代至90年代有很大的影响。需要研究的是社会福利理论的核心内容。需要理论是当代社会福利理论的重要组成部分。但是，定义需要却十分困难。社会福利研究将需要视为在社会中生活的人在其生命过程中的一种缺乏的状态。人的基本需要如果不能满足，这种缺乏状态将损害人的生命意义。因此，需要为本是社会福利的目标定位原则。社会福利中的需要特征是自然特征与社会特征结合，个体性与社会性结合，主观性与客观性结合，它是普世性的。以社会福利制度为背景，需要可以分成终极需要、中介需要和个人需要；社会福利供给者的需要和社会工作者服务的对象的需要；人类基本需要和中介需要。在社会福利服务的过程中，人类的需要可以分为感觉性需要、表达性需要、规范性需要和比较性需要。社会需要理论和人类需要理论（human needs theory）密切相关。多伊和高夫（Doyal & Gough，1991）提出，健康和自主是人类基本需要，也是人参与社会生活的要件。对于需要的最适满足是每一个人的基本权利，如果遭到剥夺或拒绝不仅是道德上的问题，也会造成社会成员在政治上的困境。他们从人类需要满足的过程角度出发，建构了人类需要满足的社会前提，指出基本需要的内容及其满足途径，以及以基本需要满足为普适性目标的理论架构。多伊和高夫的人类需要理论以跨文化比较的方式，结合理论与实务，以指标体系呈现不同国家对人类福利的实践层次；为需要满足的最适模式提出了社会政策创新的“双元策略”，一方面承认市场经济的重要，另一方面也指出国家计划的必要性。

女性主义的社会福利理论（feminist theory in social welfare）是和女性主义运动兴起分不开的。女性与福利是当代社会涉及面广和影响大的社会福利核心议题。更为重要的是，女性主义福利理论为我们理解女性与福利议题提供了独特的视角。女性主义对社会科学诸多研究领域的批评都是因为它们未将女性主义视角纳入其主流的研究范式之中，对于社会福利和福利国家的研究，当然也不例外。

自英国在第二次世界大战后首先宣布自己为福利国家，福利国家的研究便开始成为社会政策领域中的一个重要的议题，然而，相关研究却很少关注女性。桑思巴瑞（Sainsbury，1994）指出，福利国家研究的主流范式关注的是与经济发展、社会结构以及国家制度安排相关的解释，而这些主流研究所存在的一个主要缺陷就在于对社会性别的忽视。从对蒂特马斯的批评——把社会阶级看作社会福利分析中最重要的变量，而忽略了社会性别和种族（Alcock，Erskine & May，2003），到对艾斯平—安德森的批评——在对福利国家进行分类和解释时，所采用的分类标准无视性别（Orloff，1993；Sainsbury，1994），女性主义对福利国家研究的批评都围绕着“性别盲视”（gender blind）或“性别中立”（gender neutral）的问题（Bryson，1992；Orloff，1993，1996；Sainsbury，1994，1996；Pascall，1997；Hyde，2000）。20 世纪 80 年代以来，女性主义对福利国家的研究日益发展起来。女性主义对福利国家研究中存在的“性别盲视”问题进行批评，开始挑战主流的社会福利意识形态。自由主义、社会主义和激进主义女性主义的福利主张各有异同。近十多年来，理论界对福利国家的研究取向从女性主义转移到社会性别视角，并依据社会性别建构理论对社会福利进行了分析。社会性别视角的研究发现，社会福利通过国家、市场和家庭三个领域，维持、塑造、生产和再生产性别差异和性别不平等。因此，中国建立社会性别视角下的社会福利政策和社会福利提供体系十分有必要。

四、社会与发展视角下的社会福利理论

发展性社会福利理论（developmental social welfare theory）和发展研究基本上属于同一领域。社会发展具有微观和宏观两种取向，既表示个人的发展或自我的实现过程，也代表一种着重于社区组织、社会政策制定、社会规划和社会行政的实践形式（Midgley，1994；1995）。然而，作为一种社会实践，社会发展概念在 20 世纪的 60 年代才在联合国得到广泛的运用（Elliott，1993）。关于社会发展水平的度量，最有影响的是美国学者埃斯蒂斯（Richard Estes）的社会发展指数（Social Development Index）和联合国开发计划署（United Nations Development Programme）的人类发展指数（Human Development Index，HDI）。早在 1984 年，埃斯蒂斯便在《国家的社会进步》（*The Social Progress of Nations*）一书中提出了社会发展指数，并先后用于对世界主要国家和地区社会发展水平进行评估（Estes，1984）。该理论不同于传统的社会福利理论，社会发展或发展性福利注重福利项目的生产性和投资性取向，认为经济和社会是发展不可分割的组成部分，注

重发展成果惠及所有的社会阶层。发展性福利理论引导了社会政策三个原则的发展：在社会开支方面，发展性福利重效益、主张社会福利项目的生产主义或社会投资取向；在关于福利对象态度方面，发展性福利改变了传统社会福利模式及其方法对福利对象的维持性救助形式，试图促使福利接受者的自立和自强；在组织形式上，发展性福利继承了费边主义和社会行政学派政府干预的观点，主张实施政府、社区和个人共同参与的多元化制度主义模式。在此基础上，该理论发展出了人力资本建设、社会资本建设、个人和社区资产建设、生产性就业、消除经济参与障碍等具体政策策略，其政策策略对中国社会政策发展有诸多的借鉴意义。

社会排斥与社会融入理论（social exclusion and social including theory）缘起欧洲。社会排斥与社会融入已经成为20世纪90年代在社会福利领域里广为传播、应用的理论，它不仅仅支持社会政策的发展，而且也支持社会福利服务的改革。社会排斥指社会成员愿意参与社会活动但是被不可控制的因素阻止的事实（Burchardt et al.，1999）。社会排斥问题的存在影响社会成员公民权利的实现（Richardson & Grand，2002）。社会排斥的概念主要有三种不同的表述：社会分化和社会整合；社会参与和参与不足；社会中心与边缘。社会排斥理论研究的发展支持了社会政策和社会福利服务的推进。欧盟的研究表明，社会排斥在健康、就业、社会保护、教育和住房五个与社会政策相关的领域中存在。社会政策是反社会排斥达到社会融入的手段。欧盟希望通过社会政策调整和实施去消除社会排斥。中国也存在多种类型的社会排斥问题如对农民工群体的排斥，建设推进社会融入的政策十分有必要。

资产建设理论（asset building theory）是研究、政策与福利服务整合的典型。资产建设理论是当代社会政策领域的一个重要的新理论。谢若登（2005）提出了以资产建设为基础的社会政策：凡是广泛地和普遍性地促进公民和家庭尤其是穷人获得不动产和金融资产以增进他们的福利的方案、规则、法规法律，都属于资产社会政策。以资产建设为基础的社会政策是针对以收入维持为基础的社会政策提出的。收入是流动的，资产是相对稳定的。传统的反贫困政策只重视维持穷人较低水平的收入和消费，从长期来看，这并不能让其走出贫困困境。资产建设理论提出帮助穷人建设资产解决贫困问题。借用资产建设理论，本书分析了我国现有社会保障制度中的个人账户，构想了适合中国国情的“低保+能力建设+个人发展账户”政策模式。

风险社会理论（risk theory）在近年来的影响愈来愈大。社会福利研究者发现我们已经进入了风险社会。如果从历史的演进和制度结构的分析开始，对三种历史性变化和现代意义的风险理论进行研究，风险社会理论研究可分为现实主义、文化和制度主义三条路径。风险社会理论的代表贝克、拉什和吉登斯提出了对风险进行复合治理的建议（贝克，2003；吉登斯，2000；拉什，2002）。风险社会理论有不同的研究范式。社会风险研究是一个从社会风险到公共危机的连续谱，是从现实主义到建构主义的连续谱。由此形成了风险社会理论研究的四个范式。学术界需要打破学科分割，总结中国经验，实现国际对话。

社会质量理论（social quality theory）也是缘起欧洲的新社会理论，基于对福利国家的反省以及社会福利制度在提升人民福祉方面的不足，由社会政策学、社会福利、公共行政和法学等领域的学者所推进。1999 年 7 月多名专家学者签署并发表了《社会质量阿姆斯特丹宣言》（The Amsterdam Declaration On Social Quality of Europe）。该宣言称“我们希望欧洲社会是一个经济上获得成功的社会，同时也希望通过提升社会公正和社会参与，使欧洲社会成为具有高度社会质量的社会”（Beck et al.，2001：385）。基于这一价值导向，他们对于社会质量展开研究，并逐渐发展成为一个新理论和指标体系（见表 2－3 和表 2－4）。按照欧洲社会质量基金等（Beck et al.，2001；European Foundation of Social Quality，2006）的界定，社会质量可以被定义为公民在那些能够提升人们的福利状况和个人潜能的环境条件中参与其社区的社会经济生活的程度。该理论倡导建立一种以公民权、民主、平等和社会团结为核心价值的可持续的有福利保障的社会。王卓祺和彭华民（2009）指出，社会和谐理论的研究有中西的理论渊源。和谐社会的建设实际上是社会质量提高的表现。社会质量指标可整合在社会和谐的指标体系中。中国在经济快速发展和社会转型的背景下建立了社会和谐的理念和发展道路，它包括的内容较社会质量理论更丰富；而社会质量作为西方的理论，还需要更多的本土化工作才能应用在中国社会福利研究与制度建设中。

表 2－3　　社会质量因素

建构因素	条件因素	规范因素
个人安全	社会经济	社会公正
社会认可	社会融合	团结
社会响应	社会凝聚	个人尊严
个人能力	社会赋权	民主公民权

资料来源：Walker，A.，2007，Presentation of CASS Seminar，Beijing，26 October.

表 2-4 衡量社会质量的基本指标（以社会融合维度的指标为例）

领域	子领域	具体指标
公民权利	宪法/政治权利	拥有公民身份的居民所占的比例
		在地方选举中有投票权的人所占的比例，以及实际投票的人所占的比例
	社会权利	有权获得公共养老金（例如由政府组织和管理的国家养老金）的人所占的比例
		女性收入占男性收入的比例
	市民权利	有权获得免费法律援助的人所占的比例
		遭遇歧视的人所占的比例
	经济和政治网络	少数民族群体在议会、私营公司董事会和基金会中所占的比重
		女性在议会、私营公司董事会和基金会中所占的比重
劳动力市场	获得有偿工作的机会	长期失业（12 个月以上）
		非志愿性兼职或临时性就业
社会福利服务	医疗服务	有权使用基本公共医疗服务的人所占的比例
	住房	无家可归者所占的比例
		等待社会性住房（廉租房或经济适用房）的平均时间
	教育	小学、初中、高中入学率和高校入学率
	社会照顾	需要获得社会照顾服务的人所占的比例
		获得社会照顾服务的平均等待时间（包括儿童照顾）
	财政服务	由于收入差别而导致的那些被拒绝贷款的人所占的比例
		在需要时获得财政援助的机会
	交通	有机会使用公共交通系统的人所占的比例
		公共交通系统密度和公路密度
	市民/文化服务	每 10 000 市民所拥有的公共体育设施数量
		每 10 000 市民所拥有的公共或私有的市民和文化设施（例如：电影院、戏剧院、音乐厅）的数量

续表

领域	子领域	具体指标
社会网络	邻里参与	与邻里进行经常性互动的人所占的比例
	朋友互动	与朋友保持经常性联系的人所占的比例
	家庭生活	感觉到孤独或被隔离的人所占的比例
		与亲属进行互动的持续时间（共同居住和非共同居住）
		不同类型家庭接受的非正式救助（非货币性）

资料来源：Walker，A. et al（2003）：Indicators of Social Quality：Outcomes of the European Scientific Network，*The European Journal of Social Quality*，Vol. 5（1&2）：20.

新贫穷理论（new poverty theory）缘于传统的贫穷理论又不局限于传统研究。贫穷概念涉及了众多学者的理论。研究贫穷的传统理论经历了不断的发展演变，新贫穷理论是对过去理论的发展和对今天问题的回应。该领域的研究重点是讨论从传统的贫穷定义到新贫穷概念的演变；研究贫穷问题的结构范式理论和文化范式理论；分析在发展过程中出现的对新贫穷问题研究的理论观点（Gordon，D. et al.，2000；Silverman，B. & Yanowitch，M.，1997）。结构范式强调社会结构和贫穷问题之间的联系，将新贫穷视为一种社会问题。文化范式注意到了贫穷群体产生的亚文化，以及这种亚文化和新贫穷状态之间的联系。发展范式提出了经济发展并不等于每个阶层都能够分享经济发展的成果，不等于新贫穷问题解决的观点。这些理论引导研究者们更加深入地分析发展中国家的新贫穷问题。中国改革中出现的新贫穷群体有结构和文化的原因，他们没有能够享受经济发展的成果，因此需要社会政策进行资源再分配。

西方社会福利理论最新发展和研究影响了中国社会福利研究。中国学者借鉴西方社会福利理论最新研究成果，立足本土经验，研究中国社会福利发展道路，定位社会福利与相关制度以及学科的关系。在适度普惠社会福利制度转型之前，有王思斌（1999）、唐钧（2003）、成海军等（2003）、景天魁（2004）、毕天云（2004）、易松国（2006）、彭华民（2007；2008）、钱宁（2007）、周沛（2007）、吴桂英（2007）、江立华和沈洁（2008）等，介绍了国外社会福利理论与制度发展，初步探讨了中国社会福利制度问题与改革的基本思路。

在适度普惠社会福利制度转型开始后，学界对社会福利研究的成果逐渐增多，有彭华民（2009），郑功成（2011），钱宁（2011；2016），景天魁、毕天云、高和荣（2011），张秀兰、王振耀（2012），韩克庆（2012），王爱平（2012），胡薇（2012），曹艳春（2013），彭华民、曹兴植、白泽政和（2014），杨巧赞、王云斌（2014），杨立雄、李超（2014），贡森、葛延风、王雄军

(2015)，杨巧赞、郭名 (2015)，彭华民、曾洁雯 (2015)，刘敏 (2015)，景天魁 (2016)，李炜 (2016)，彭华民、平野隆之 (2016)，毕云天 (2016)，秦莉 (2016)，田毅鹏 (2017) 等①。研究者们讨论了从适度普惠视角探讨中国福利现代化问题，阐释了中国社会福利制度转型理念与西方福利主义的不同要义，立足于社会福利制度顶层设计，以实现国民通过福利制度安排合理分享国家发展成果为战略目标，从全局与长远的发展视角，分析了中国社会福利现状及所面临的挑战与任务，内容包括社会福利发展及其路径、综合型社会救助、慈善事业、老年津贴、老年服务体系、教育福利、儿童福利、残疾人福利、城乡社区服务的发展战略等。从覆盖面、保障度、规模性、包容性四个方面构建了社会福利评价指标，考察中国社会福利发展成效及面临的问题，提出增支、扩面、提标、充权、均化、共享，做大并分好福利"蛋糕"，最大限度发挥福利所蕴含社会投资的长期效应，建设与中等收入水平相适应的中国特色福利社会。但是，与其他成熟学科或研究领域相比较，社会福利界仍然缺乏有效的对话机制、缺乏充足的理论研究，成果、理论发展与实际研究脱节的现象仍然突出。相对其他成熟学科和领域，高水平的研究成果还很少。

第三节　中国社会主义建设时期的社会福利理论创新

一、经济匮乏时期的补缺型福利思想

中国共产党的社会福利理念最早发轫于工人阶级的劳动保障诉求而非弱势人口的治理，并随着各地"增加工资、缩短工时"等斗争口号的提出孕育而生。随后，这一理念在工人运动的过程中被逐步组织化和明朗化，中国共产党第二次代表大会和共青团第一次代表大会就分别将"八小时工作制"和"每周 36 小时休息时间"设定为劳资谈判的基础（中共中央文献研究室，2011：74－75），最低工资制度也成为工人运动的六大核心议题之一（中共中央文献研究室，2011：339－344），并得到了之后各项文件的普遍坚持。在工人运动的过程中，女工和童工两类群体的特殊诉求尤其被加以关注。其中，女工的特殊保护主要体现在三个特定领域：一是同工同酬问题，1922 年的政策就规定女工与男工的工资相等

① 更多的社会福利研究文献分析见本报告附录中国社会福利研究轨迹。

（中共中央文献研究室，2011：74－75），随后有关妇女运动的指导方略又更为明确地倡导“平等工价”（中共中央文献研究室，2011：161）。二是生育保护问题，创党时期的生育保护政策主要体现为维持女工生育期间的工资待遇（中共中央文献研究室，2011：176－177），至1925年又进一步扩展到了有害工种保护、怀孕与哺乳期保护、产前产后服务等多项内容（中共中央文献研究室，2011：355－358）。三是继续教育问题，教育自建党以来就被中共中央视为“改良社会的最好工具”（中共中央文献研究室，2011：33），并以《劳动法案大纲》为契机积极推动性别机会均等的法定继续教育。

国民革命失败以后，中国共产党在原有工人政策的基础上突出了涉农政策和涉军政策思想和制度建设。1932年发布的《红军抚恤条例》正式建立起了较为完善的军人优抚制度（中共中央文献研究室，2011：170－173），同时，特殊群体的福利服务机构相继成立，1928年提出要“组织儿童院和幼稚院”以来（中共中央文献研究室，2011：500－503），政府相继对儿童医院、婴儿院补习学校、残废院、保育院和托儿所等福利机构的建设进行了详细的规定。

“七七事变”之后，面对国内国外的窘困局面，中国共产党提出了民间互助理论观点，并对早期慈善组织进行了管理。规定地方农田水利、预防灾荒、救济贫弱、低利贷款、农村教育和公共医院等公益事务均“由地主和地方政府加以承担”（中共中央文献研究室，2011：247）。自1938年开始，民间互助开始在各地实践中得到了更为明确的鼓励，其中华北战区在工作经验的总结过程中曾经谈到“此外还可以举行募捐，自愿捐，要绝对禁止用强迫的派捐”等政策主张（中共中央文献研究室，2011：203－204），陕甘宁边区在1939年也提出要通过依靠广大群众“实行互助互济”的办法来解决经济问题（中共中央文献研究室，2011：50－72），晋察冀边区一年之后也开始建议“发挥高尚的民族有爱的互助精神，以县区或村为单位，建立大众互助的储蓄互相救济组织”（中共中央文献研究室，2011：501－503）。在此基础上，民间互助也得到了中共中央的高度认可，不但在资金互助以外发展出了“生产互助”形式，而且在陕甘宁边区、晋察冀边区、豫鄂边区等地都分别建立起了形式多样的民间互助小组（中共中央文献研究室，2011：50－72）。

抗日战争胜利以后，中国共产党社会政策的社会福利理论伴随着实践而初步定型，即相关政策安排业已由简单且分散的单一社会政策走向体系且关联的社会政策框架。自创党以来，中国共产党虽然在社会福利理论的制定过程中具有较强的宏观指导力，但是各个阶段往往会依循当时的斗争环境而设计出差异性的施政重点，因而使得其社会福利制度本身不但未能反映不同阶层的保障诉求，而且在各个具体政策之间也缺乏有效整合。抗日战争即将获胜之际，中共中央颁布的

《论联合政府》第一次较为全面地阐述了和平年代各项社会福利事务的建设重点，该文件不但对劳动保障、社会保险、优抚安置、社会救济、灾害救助、失业保障、妇幼保护等具体问题都进行了明晰的阐释，而且对税收制度、行政体系和基金设置等具体管理制度也进行了有益的探索（中共中央文献研究室，2011：161－185），从而成为中国共产党进行社会政策整合的关键文件。在此基础上，1946年发布的《和平建国纲领草案》进一步对军人优抚、难民救助、疾病救助、劳动保障和妇幼保护等事宜进行了详细的规定，并对原有政策进行了积极的细化（中共中央文献研究室，2011：54－61），这使得各项单一社会政策逐步优化成为一项综合的社会政策。至1949年9月，中国共产党领导下的政治协商会议开始着力提出“中华人民共和国境内各民族，均有平等的权利和义务”，且在劳动保障、社会保险、灾害救助、基础教育、妇幼保护、少数民族权利等方面均做出了直接且清晰的规定（中共中央文献研究室，2011：767）。

整体来看，中国共产党早期社会福利理论的建构既受到了资产阶级革命派的影响，同时也在形成过程中具有更为明显的进步。（1）中国共产党早期的社会福利理论在“民权”理念与组织程度等方面与资产阶级维新派具有较大契合。与资产阶级革命派相类似，中国共产党早期的社会福利理论也体现出了“民本”理念向“民权”理念的转型，其社会福利思想并不仅仅带有传统社会的人道主义观点，而是在人人平等的基础上形成了以权利为基础的社会福利设计思路，这就在很大程度上具有更为明确的先进性，并与现存的社会福利理论保持了高度的契合；同时，与资产阶级革命派的理论建设相类似，这一时期中国共产党的社会福利理论也不再以个人为基础提出，而是以组织的形式来形成，这不但容易凝聚组织内的共识与建议，而且也使得其社会福利理论的稳定性大大增强。（2）中国共产党早期的社会福利理论同比资产阶级革命派在层次性与体系性方面仍然具有较大程度的领先性。资产阶级革命派所提出的社会福利理论囿于时代的观点往往仅仅停留在社会救助和狭义社会福利的阶段，对于社会保险、军人优抚、慈善建设和劳动保护等广义社会福利领域均涉及较少，这就使得其社会福利理论的建设仍然停留在低层次阶段；同时，与资产阶级革命派相比较，中国共产党早期社会福利在体系化程度上更强，其不但充分考虑了社会福利建设的覆盖内容，而且在组织建设、财政支撑与人事安排等方面也都有明晰的考虑，这就使得其整体的理论与实践具有更为密切的内在联系。

二、社会主义计划经济时期的社会分配理论

中国在计划经济时代实施了马克思主义满足社会需要的社会分配原则，形成

了计划体制下的社会分配理论以及关于福利资源的分配方式。马克思对需要研究的贡献被归入社会主义思想体系，在中国社会主义建设中得到发展。他提出了按劳分配和按需分配的原则，但关于需要论述的社会主义的思想并非全部地源于马克思的科学社会主义。马克思自己在总结他的思想体系时就指出，他的哲学源于黑格尔、康德的德国古典哲学；他的经济学源于斯密等人的贡献；他的科学社会主义源于圣西门（Saint - Simon）、欧文（Owen）和傅立叶（Fourier）的空想社会主义（列宁，1982：580）。在空想社会主义者的著作里，我们可以看到空想社会主义者把生产资料和生活资料的分配原则作为社会主义优于资本主义特点而加以赞扬。空想社会主义的分配方式是对社会各个不同职业和地位成员的需要一视同仁（高放、黄达强，1987：212 - 232）。

在科学社会主义的构想中，马克思提出各尽所能、按劳分配的原则，把需要满足放到了社会主义的目标中，把需要的满足与人的全面发展结合在一起。“由此可见，‘按能力计报酬’这个以我们目前的制度为基础的不正确的原理应当——因为这个原理仅就狭义的消费而言——变为‘按需分配’这样一个原理，换句话说：活动上、劳动上的差别不会引起在占有和消费方面的任何不平等，任何特权”（马克思，《马克思恩格斯全集》第1卷）。在马克思社会主义理想中的社会分配中占有重要位置的是社会福利。社会总产品如果被视为一种社会资源，那么，社会资源在分配和再分配中，要扣除各种公共开支。扣除这些被国家制度化为满足社会成员需要的工具，不仅保障了社会生产的正常运行，也保障了社会成员基本需要的满足。计划经济时代的中国努力实现各种公共开支的扣除，扣除化为满足社会成员需要的工具，不仅保障了社会生产的正常运行，也保障了社会成员基本需要的满足，即在经济发展过程中，实施低水平的补缺型社会福利提供制度。

在科学共产主义的设想中，马克思提出了各尽所能按需分配的原则。马克思的按需分配并不是社会富裕和社会资源丰富以后的一种慈善行为。按需分配是马克思根据人的全面发展的人道主义原则而实行的分配方案。需要是人的本质，因此，满足人的需要就是满足人的充分发展。马克思是这样来描绘按需分配的意义的：“共产主义不同于反动的社会主义的原则之一就是下面这个以研究人的本性为基础的实际信念，即人们的头脑和智力的差别，根本不应引起胃和肉体需要的差别”（马克思，《马克思恩格斯全集》第3卷）。马克思描绘的一个社会达到需要满足而且一个终极平等的状态，是否是我们所能达到的社会？社会资源能否达到极大的丰富以满足社会成员的一切需要？目前人们所能回答的只能是，在一个富裕的社会中，在某种需要方面，可以在社会政策制定过程中部分地实现按需分配的原则。

中国计划经济时代的社会分配原则，在满足需要方面既实行了按劳分配的原则，如与工资挂钩的社会福利、与工作挂钩的社会福利等，又在一些领域中实施了按需分配原则，如对贫困群体的社会救济、对孤儿收养和老人五保制度等，使社会中没有能力获得足够的收入以满足基本需要的成员能够在社会获得基本需要满足的福利。在社会福利制度的发展过程中，按需分配并不是一个遥远的理想，它可以在限制性条件下实施（见表2-5）。中国补缺型社会福利制度是一个按劳分配和按需分配原则结合的制度，是按需分配原则在实施范围、实施程度上的区别。在按劳分配和按需分配的原则实施过程中，马克思理论不仅是一个理论，而且可以在操作中成为一个社会福利政策发展的理念工具。改革开放之前的补缺型社会福利制度，都是用整合按劳分配和按需分配原则来解决社会成员的生活问题的。

表2-5　按劳分配与按需分配混合的补缺型社会福利思想与实施

社会福利制度	按劳分配和按需分配原则，补缺型社会福利需要满足原则
社会救助	按需分配原则（例如灾害救助、医疗救助、低保、五保等）
医疗制度	按劳分配原则（例如基于个人贡献的职工医疗制度）
住房制度	按劳分配原则（国有企业、集体企业职工福利住房分配制度）
	部分的按需分配原则（例如提供给贫困者的廉租房）
教育制度	按需分配原则（义务教育制度）
社会服务	按需分配原则（例如国办的孤儿院、养老院等）
	按劳分配原则（例如收费福利服务等）

资料来源：作者根据相关材料自行归纳总结。

在这个阶段，国家承担了计划经济的责任，而且还全面承担了保障民众基本生活、提供社会福利的责任。中华人民共和国成立之初至“文化大革命”之前，我国建立单位制下的社会福利提供制度，同时中央人民政府内务部（1954年改为国务院），内设民政司、社会司、优抚司，主要目标定位在维护国家政权的稳定，管理其他政府部门不管的事务。这是一种以维稳为目标的国家为本的社会福利定位。以国家为本的社会福利，服务于社会稳定目标在多个场合被强化。由此归纳出我国社会福利体系的国家为本目标定位的特征是：社会福利服务于国家政权的建设重于满足人民的需要；社会福利服务于国家形势的稳定重于社会公平与发展。在国家承担社会福利提供责任，社会福利发展服务社会稳定的同时，社会福利提供以满足社会成员需要的目标也被提出，但是从属于社会稳定的政治目标，具体来说是从属于国家政权建设的，是补缺型社会福利模式。

三、社会主义市场经济时期的社会建设理论

中国创新性地提出了五位一体布局的小康社会建设总体框架，即经济建设、政治建设、文化建设、社会建设、生态文明建设。社会建设的地位与其他四个建设并列，与其他四个建设相辅相成（胡锦涛，2012）。五个建设的格局是对中国特色社会主义建设事业的新诠释。社会建设成为链接政策研究和政策制定的核心概念，兼有重要的学术意义以及政策创新意义。

社会建设政策的具体内容是民生事业建设以及在这个建设中的社会福利发展。在社会建设政策设计中制度安排内容包括：（1）建设人民满意的教育制度。全面实施素质教育，深化教育领域综合改革，着力提高教育质量，培养学生社会责任感、创新精神、实践能力。（2）建设更高质量的就业制度。引导劳动者转变就业观念，鼓励多渠道多形式就业，促进创业带动就业，完善就业服务体系，构建和谐劳动关系。（3）建设好收入分配和再分配制度，千方百计增加居民收入。完善按贡献参与分配的初次分配机制，加快健全以税收、社会保障、转移支付为主要手段的再分配调节机制。（4）建设整合型社会保障制度，改革和完善企业和机关事业单位社会保险制度，整合城乡居民基本养老保险和基本医疗保险制度，建立兼顾各类人员的社会保障待遇确定机制和正常调整机制。要完善社会救助体系，健全社会福利制度，支持发展慈善事业，建立更加便民快捷的服务体系等。（5）建设好健康保障制度。要为群众提供安全有效方便价廉的医疗服务。健全全民医保体系，促进人民身心健康，促进人口长期均衡发展。（6）建设好社会管理制度。改进政府提供公共服务方式，加强基层社会管理和服务体系建设，增强社会各个单位在社会管理和服务中的职责，引导社会组织健康有序发展（胡锦涛，2012）。

民生为本是社会建设政策的核心原则。社会建设是建设为民服务、为民谋利、共享发展成果的事业。其包括教育制度、就业机制、收入分配、社会保障、健康保障五大民生领域。保障民生事业发展的社会管理制度第一次被纳入社会建设框架中，为民生为本的实现提供制度保障。为了实现社会建设以及五位一体的总体布局，要充分调动各方面积极性，努力形成全体人民各尽其能、各得其所而又和谐相处的局面。因此，人是社会建设的规划者，人是社会建设的工作者，人也是民生为本的社会建设成果的分享者。一切为民，民生为本是五位一体总体布局建立的原则；人的发展是五位一体总体布局中的核心；生产发展、生活富裕、生态良好是以人为本的五位一体布局实现的表现。

民生为本是中国社会建设政策的核心理念。民生为本理念实现的途径和保证

是遵循科学发展的思路，社会成员全面发展、经济与社会等多方面协调发展、经济社会和环境要可持续发展。为了把全面协调可持续发展作为落实科学发展观的基本要求，对应形成经济、政治、文化、社会、生态文明建设五位一体总体布局。这是中国政府第一次将五位一体总体布局纳入政策框架中，也是中央政府在“猫论”之后明确阐明经济、政治、文化、社会、生态建设之间的关系，强调各方面协调发展，不断开拓文明发展道路。民生为本的社会建设的创新发展与五位一体总体布局思路相辅相成。社会建设创新发展必须更加自觉地把民生为本作为深入贯彻落实科学发展观的核心立场，始终把实现好、维护好、发展好最广大人民根本利益作为社会建设的出发点和落脚点，保障人民各项权益。不断在实现发展成果由人民共享、促进人的全面发展上取得新成效。

四、需要为本的适度普惠社会福利理论

社会主义市场经济体制改革之初，中国政府于1978年在原来内务部的工作职能上建立民政部，设优抚局、农村社会救济司、城市社会福利司、民政司和中国盲人聋哑人协会，主管优抚、复退安置、生产救灾、社会救济和社会福利，并承办行政区划、婚姻登记和殡葬改革等工作。直到现在民政部功能加强，设政策法规司、社会组织管理局（社会工作司）、优抚安置局、救灾司、社会救助司、基层政权和社区建设司、社会福利和慈善事业促进司、社会事务司等部门，但是，国家为本的社会福利目标定位依然没有改变。改革开放后多个改革阶段都体现了国家为本目标定位：民政工作要更好地为人民服务，为最需要帮助的困难群众服务，为改革发展稳定的大局服务（新华社，2002）；加强和做好新形势下的民政工作，是维护改革、发展和稳定大局的迫切需要（翟伟、李薇薇，2002）；以国家为本的社会福利，服务于社会稳定目标在多个场合被强化。由此归纳出我国社会福利体系的国家为本目标定位的特征是：社会福利服务于国家政权建设同时满足人民的需要；社会福利服务于社会形势稳定同时兼顾社会公平与发展。这种目标定位在中国政府建立初期对稳定社会局面、解决社会问题起到了非常积极的作用；在中国从计划经济向市场经济转型的过程中，对于解决改革带来的社会问题和稳定社会也起到了相当大的作用。但是，社会成员的需要满足目标始终隐藏在国家为本的目标下，缩小了国家在社会福利提供方面的责任，限制了社会福利的提供，影响了中国社会福利从补缺型向普惠型的转变，与社会福利的终极目标即满足人类需要的目标相差甚远。

改革开放后，按照社会主义市场经济理论和原则，国家角色发生转变，国家不再强力指导和干涉经济的运行。这种转变也延伸到了社会福利领域。一方面，

原来在单位制内的劳动就业、住房分配、医疗服务等转化为市场运作，另一方面，国家也不再完全承担社会福利服务的责任。民政部于2000年提出了社会福利社会化[①]。社会福利社会化是一种政策引导的正在成长的本土理论，包括三大福利提供支撑点：家庭服务社会化、单位福利社会化和政府社会福利提供社会化。在政府社会福利提供社会化的框架下，家庭、社区、社会组织、市场等共同分担了社会福利提供的责任。西方福利国家危机之后福利多元主义盛行，中国在走向市场经济之后，也开始福利多元提供之旅。

适度普惠社会福利既是制度转型的社会福利政策思路，又是与政策密切相关的中国社会福利理论的创新发展。2007年民政部提出适度普惠社会福利制度建设构想，中国低水平的补缺型社会福利将向中等水平的适度普惠型社会福利转变，由补缺型社会福利针对老年人、残疾人、孤儿，向适度普惠社会福利覆盖全体老年人、残疾人和处于困境中的儿童转变。在社会福利服务项目和产品的供给上，要满足他们不同层次的多样化的需要。社会福利提供责任第一是政府主导和社会参与的结合，社会福利社会化。广泛动员社会力量，政府和社会互动、互补。社会福利提供责任第二是居家、社区和福利机构的结合。居家是基础，社区是依托，机构是补充。通过三位一体的结合构成福利服务体系，同时可能还有其他的制度的配套。社会福利提供责任的依据是法治和专业标准的结合（窦玉沛，2007）。

适度普惠社会福利最初是政策倡导概念，是制度构建的目标概念，真正建成适度普惠社会福利制度，还需要学界有深度的、有理论创新的、有操作化意义支持的研究。从民政部提出的适度普惠社会福利制度构建顶层设计来看，其还是传统的社会福利制度构建思路，主要针对福利提供与福利接受来制定相关政策。这种传统思路限制了适度普惠社会福利制度的发展，也限制了中国社会福利转型理论的创新建设。针对这一问题，本项目把研究中国适度普惠社会福利制度构成要素作为理论研究的创新点，当然这也是本项目的难点。基于国内外前期研究以及本项目团队的工作，我们首次提出：从制度主义理论视角切入，中国适度普惠社会福利制度由福利责任、福利需要、福利态度、福利提供、福利组织、福利治理、福利体制等制度要素构成。从具体制度安排切入，中国适度普惠社会福利制度还包括按照人群类型化的社会福利政策和福利接受人群即儿童特别是困境儿童、老人、残疾人的福利接受，以及急需福利提供的流动人口中的城市农民工的社会福利政策和福利接受，尽管他们现在还没有被纳入适度普惠社会福利政策范

① 2000年4月中旬，民政部在广东省召开了全国社会福利社会化工作会议，会议提出的“社会福利社会化”就是政府在倡导、组织、支持和必要的资助下，动员社会力量建设社会福利设施，开展社会福利服务，满足社会对福利服务的需要。

围。从制度发展的整个过程来切入，还应该有福利评估内容，受限于本项目人力、经费、时间，福利评估不单独列章分析，其内容分散嵌入相关部分中。

适度普惠社会福利制度是需要为本目标定位的体现，它的核心是将社会福利的目标定位从国家维稳回归到人本需要。这里的人不是单个社会成员，而是整体的社会成员。社会福利制度的服务对象是行动着的社会成员，国家建立社会福利制度是为了满足社会成员的社会需要。因此，社会需要是社会福利制度目标定位的依据。社会群体的多元性和社会行动的动态性使社会需要的含义丰富而深刻，使社会需要满足的制度手段多样而具有弹性。需要理论成为当代社会福利理论的重要组成部分，成为社会福利目标定位的理论基础（Taylor - Gooby，1980；Plant，1980）。社会成员的福利需要（welfare need）是适度普惠社会福利制度构建的重要因素。

适度普惠社会福利制度必须基于社会成员的福利态度（welfare attitude）来建设。西方福利国家建成之初，福利态度没有被视为重要研究内容。福利国家合法性危机是引发福利态度研究的首要动机（Gelissen，2000；Sihvo & Uusitalo，1995a）。福利态度是制度合法性的核心（Svallfors，2012a），社会福利制度安排设计与范围形塑并决定它们自身的合法性（Edlund，1999）。因此，在社会福利政策的设计上，积极回应公众对自身福祉的关切与期望，政府的权威和管理的合法性才能得以持续维持与增进。在这个意义上，本项目将福利态度视为适度普惠社会福利制度的构成要素。

福利提供（welfare provision）是社会福利制度最核心的要素。自福利国家危机以来，有关社会福利制度如何提供福利曾经出现一段时间的迷茫和彷徨，但福利多元主义理论（welfare pluralism theory）的出现，最终打破了国家福利提供中心主义与市场经济中心主义的二元选择，从而开启了一个全新的福利提供结构理论时代。福利多元主义认为福利的提供应当由多个主体而非两个主体来完成（Rose，1986；Evers，1988），而国家、社会（社区、社会组织及其他）、市场及家庭均被广泛视为福利提供主体，各自承担不同的福利提供内容（Johanson，1999）。随着理论学者对其关注越加频繁，福利多元主义已经逐步超乎一种理论框架而上升为一种制度实践范式，并得到越来越多的学者的实证检验（Laville，2003；Meijs，2004）。中国在市场经济体系的建设过程中，为了有效地满足社会成员日益增长的福利需要，推动福利社会化，强调动员国家之外的力量来提供福利。在适度普惠社会福利制度构建中，多元提供成为制度转型安排设计的重要内容。

社会福利组织（又称福利组织，welfare organization）是与福利责任、福利需要、福利态度、福利提供、福利治理、福利体制对接的社会福利制度安排概念。

中国福利组织有国办、民办、国办民营等多种形式，其重要性在适度普惠社会福利制度建设中被提到了前所未有的高度。建立与中国社会发展相适应的适度普惠福利制度成为社会的共识，而如何实现适度普惠社会福利也成为学者探讨的焦点。在适度普惠社会福利构建中的责任分担应是政府责任优先、需要导向的制度建构、企业社会责任的承担、家庭福利责任的保护与激活、社会福利机构的培育与发展。福利需要为本应该成为中国社会福利制度目标定位最基本的方式（彭华民，2010a）。在社会问题类型多样化，福利资源有限，福利需要满足愈来愈难的情景下，政府逐渐认识到仅依靠自己的力量难以满足社会成员的福利需要，需要广泛动员社会力量，形成政府和多元福利主体互动互补的社会福利提供机制。这个机制的实现路径之一是建立和发展多元福利组织，整合资源，提供多元福利来解决福利需要不能满足的社会问题，因此，福利组织在适度普惠社会福利制度构建中扮演着不可替代的角色，一并承担着福利生产、福利传输、福利提供以及部分福利服务评估的责任，成为制度构建重要因素之一。

福利治理（welfare governance）是近年来西方福利国家改革中的新兴议题和行政方式。“治理”概念最早出现在1989年世界银行相关报告中（杰索普，2000：52）。在此后十多年中逐渐被发展为一个内涵丰富、适用广泛的理论，并在许多国家政治和社会管理改革中得到广泛运用，不仅拥有了其理论框架和逻辑体系，还形成了一套评估社会发展和管理优劣的价值标准。“更少的统治，更多的治理（less government，more governance）”还成了一些国家改革发展的原则（胡仙芝，2001）。21世纪之初，治理进入社会福利政策领域，用以描述政府与社会间正在改变的关系以及管理方式的改革（Fenger，2006：73）。当治理用在保证社会福利制度功能正常发挥、提高国民社会福利水平的管理中时，则称为福利治理（Stepan & Müller，2012）。一般而言，福利治理涉及三个相关主题：变化中的福利定义、变化中的福利传递制度、福利传递过程中的实践（Jessop，1999；韩央迪，2012）。当治理的目标与模式发生变化时，制度机制与现实实践也会随之改变，在此意义上，可将适度普惠社会福利制度视为由多个治理目标构成的有机体系，而不仅仅是对既有的经济与社会问题的简单回应。

福利体制（welfare regime）是指在综合考察不同国家福利组合、福利输出与分类效应的基础上归纳出差异性福利制度的学理思考，其本质属于福利类型比较学。从其理论溯源来看，威伦斯基和查尔斯（Wilensky & Charles，1958）等基于剩余型社会福利（residual social welfare）和制度性社会福利（institution social welfare）的二分法在理论上清晰地阐释了西方工业化国家福利制度的内在差异。蒂特马斯（Titmuss，1968）将福利制度划分为选择型福利（selective benefits）和普惠型福利（universal benefits）的二元类型。之后，蒂特马斯（1991）又进一步修正了自身的福利类型理论，并将残补型模式（residual model）、工业成就表现型模式（industrial achievement-performance model）和制度再分配型模式（institutional redistributive model）作为三种福利类型。福利体制研究真正走入人们的视野源于艾斯平—安德森（Esping - Anderson）提出的三种类型福利体制理论。艾斯平—安德森（1999：38）从理论入手以去商品化为指标构建出了一套可供界定的福利体制类型的标准。在艾斯平—安德森的理论逻辑中，如果社会公民权是福利国家的核心概念，那么它必须包括社会权的授予；同样，如果社会权在法律上和事实上被赋予了财产所有权的性质并且不可侵犯，而赋予社会权的基础是基于公民权利而非其工作成就，那么社会权将带给个人去商品化的地位并借以对抗市场力量。这种能够支持公民在“必要时选择不工作而无须担心失去工作、收入与一般福利”的去商品化水平就成为衡量一个国家社会福利制度是否具有更强社会权赋予与公民权获得的关键指标（艾斯平—安德森，1999：40）。福利体制概念在某种意义上比社会福利制度概念边界大，但其理论基础和概念内核是适度普惠社会福利制度的有力支撑，且在国际比较分析中得到更多的本土制度特质的意义，因此成为适度普惠社会福利制度要素分析内容。

经典的社会福利制度分析是以按照人群类型划分的社会福利政策（social welfare policy）以及福利提供等具体制度安排内容为主。在适度普惠社会福利制度构建中，困境儿童的适度普惠社会福利、老人的适度普惠社会福利、残疾人的适度普惠社会福利，以及未获得平等社会公民权的城市农民工的适度普惠社会福利都属于这个类型。其特点是从政策到服务，直接而且具体，是制度构建的核心内容。不足之处是其社会福利制度分析内容单薄，缺乏适度普惠社会福利制度构建的理论高度和深度，因此要和其他制度要素分析结合。

以需要为本的适度普惠社会福利理论是对传统社会福利思想和西方社会福利制度理论的传承，但更有本土创新。在中国五个建设布局中，社会建设与经济建设等并行，具有提升社会成员福祉的显著社会意义。社会福利转型发展是社会建设的重要内容。适度普惠社会福利制度并非基于维持社会稳定而建立，而是基于社会成员的福利需要未能满足而引发的社会问题，国家承担福利责任，从补缺转型到普惠。社会成员基于他们的社会公民权利、福利资源拥有和生活中的风险，无论是已有的福利接受者，还是潜在的福利接受者，表达选择社会福利项目的态度，形成福利制度构建的社会拉力，因此，福利态度是社会福利政策制定的重要基石。福利国家危机之后，西方国家福利提供发生了从国家主导到多元提供的重大转型，重构了社会福利提供结构体系。中国的适度普惠社会福利制度设计也应该是由国家、社会、市场和家庭多元提供。国家福利提供不能替代其他三方福利提供。其他三方也必须与传统家庭福利结合，中国文化传统下的家庭伦理和家庭照顾是福利多元结构不可分割的部分。在适度普惠社会福利转型中，我们既要提升制度化社会福利的水平，又要保持传统福利的作用，同时鼓励各种社会组织的福利功能发挥，问题解决和风险预防并重。福利组织是福利生产和福利传输的"最后一公里"机制和枢纽。专业化、落地化、资源整合的民间力量正在成为福利组织发展的新趋势。福利治理是中国适度普惠社会福利制度构建中的新议题，是从管理向参与的转型。福利制度构建中的每一个社会成员都可能成为参与者，兼有管理者、提供者和接受者的多元角色，从而使管理不仅仅是从上到下，而且也可以从下到上，从垂直到平面，形成能增权的积极福利。福利体制是比较视角下的理论模式。国家威权、去商品化程度、福利文化、生产主义互相影响，在传统福利制度分析之外凸显了一个国家福利体制的社会文化特征，更凸显了适度普惠的本土社会福利发展道路的意义。

第四节　结论与建议

中国需要为本的适度普惠社会福利理论是基于中国传统的社会福利思想与理论的发展，是对西方社会福利理论前沿观点的批判性借鉴，是社会福利理论的本土创新。

一、中国古代与近代社会福利思想的发展

（一）中国古代社会福利思想的特点

中国古代社会福利思想有三个典型特点：

（1）早期的社会福利实践往往深受民本思想的影响。中国古代的社会福利思想先于社会福利制度而全面形成，因而后者在发展过程中积极吸收与借鉴了思想家们的民生福祉思想，并逐步构建出了符合中国古典伦理的制度类型；当然，由于早期思想家们对于民生福祉理念的理解和阐明具有较强的时代束缚，因而其本质上仍然是统治阶级缓解阶级矛盾的重要工具，君主"赐予"而非个人"权利"仍然是伴随着制度建设过程中的核心价值观，"民本"而非"民权"思想仍然是其价值传承的基础。

（2）早期社会福利思想主要依赖个体而非组织来构建。纵观各代思想家与理论家的观点，可以发现早期社会福利思想的维护也具有极强的不稳定性，往往会

随着君主好恶与统治者意识的转移而在某一特殊阶段存在严重的倒退或滞后，因而其整体上并不能保证连续性的上升态势，且其社会福利思想的创立与建设往往依赖于某一个个体而非组织力量，因而其社会福利思想的连贯性往往受到较大程度的限制，对于国家制度性地践行社会福利思想存在阻碍。

（3）中国古代社会中社会福利思想的整体论述仍然是片面的。从目前看到的有关记载可知，古代理论家对于社会福利问题的认知仍然停留在社会救助层面，仅对于“灾害救助”“基本生活保障”和狭义社会福利制度有所认识，而对于更为广阔的社会福利事务缺乏实质性的了解；同时，尽管经过理论家的锤炼，中国古代的社会福利思想逐步趋于完整，但是受制于封建伦理制度和分割性的社会阶层，早期理论家有关“民本”思想的论述均没有能够完整地阐释出现代社会福利思想的核心意涵，在具体观念的阐明方面虽然理论家都涉及了社会福利思想，但是往往将其作为治国理政的一项具体内容，因而本质上仍然无法形成完整且全面的理论再造。

（二）鸦片战争时期中国社会福利思想的进步性和局限性

纵观后鸦片战争时期的社会福利思想，可以发现其同时具有时代进步性和时代局限性：

（1）从时代进步性来看，这一时期理论家已经开始普遍反思既有社会福利思想的不足，部分人还试图通过国际对比的方式来为中国民生福祉的构建提供更为多元的思考。以传统“民本”为主体的社会福利内涵尽管得到了较广泛的继承，但是这一阶段学者们普遍对中国原有的社会福利思想展开了持续思考，利用公共资源为弱势民众提供基本保障开始成为国家建设的“基本义务”；同时，无论其采取的政治立场如何，这一时期利用西方社会福利制度的优势来弥补中国社会的不足成为重要倾向，“士民公会”“慈善公益机构”的设想就充分体现出了福利理论家对于西方部分福利建设项目的肯定。

（2）从时代局限性来看，这一时期福利理论家们仍然囿于传统的“民本”福祉观，明确表现出了在小农意识之下的“空想色彩”。无论是封建地主阶级、农民运动领袖抑或资产阶级维新派，都不能认识到社会福利的建构乃是民众的基本权利，而是将其视为一种封建权力维系的重要工具，如“平日治民之要，在抚字以结其心”等论述就毫不避讳地体现出了社会福利在政府管理工作中的本质意涵，“有田同耕，有饭同食，有衣同穿，有钱同使”则充分体现出了农民运动在社会福利供应方面的基本取向，因此整体看来这种“民本”而非“民权”的福祉思想仍然反映出落后阶级在解决福利问题方面的羸弱感及滞后性，折射出“小农意识”在福利建设中的根本性基调。

（三）民国时期中国社会福利理论的进步性

纵观民国时期的宏观概貌，可以发现这个时期的社会福利理论已经具有了较为现代化的时代理念，资产阶级革命派同地主阶级、农民运动领袖和资产阶级维新派相比，在以下几个方面具有明显的进步：

（1）以人民权利为核心的社会福利理念开始成为指导社会福利理论构建的现实基础。中国传统上的社会福利理论往往基于统治阶级的“民本”思想而形成，带有较为纯粹的人道主义痕迹，因而其本质上属于统治阶级维护统治利益的现实工具；而资产阶级革命派在社会福利理论的设计过程中更为强调民众的基本权利，逐步形成了以人民权利为核心的福利理念，并由此成功实现了社会福利理论中人道主义向国家义务、“民本”向“民权”的转型。

（2）组织而非个人观念为先进社会福利理念的践行提供了现实基础。传统领域的社会福利理论往往依托统治者或思想家的个人意见而形成，其福利理论的稳定性存在较大问题，这也是中国古代及近代社会福利理论难以持续践行的主要原因。而资产阶级革命派在取得政权之后，立刻以法律或者制度的形式规范落实了其主要的社会福利理论，使得社会福利理论的践行具有了良好的保障；同时，政党领袖作为国家领袖将个人的社会福利理论有效地转化为组织理念，这也为指导和推动其先进福利理论的固化奠定了重要基础。

（3）在借鉴“社会主义”福利观的基础上提出了较为先进的社会福利理论。这一阶段的社会福利理论不单单借鉴了西欧各国的福利制度和福利观点，对于俄国的“社会主义”观点也进行了初步的接触和融合；特别是在俄国十月革命之后，中国国民党的主要领袖对于“社会主义”的核心内涵及其社会福利观予以了较高程度的认同，在制度设计与理念构造方面都起到了非常积极的推动作用，这为全面增进工人阶级的劳动保障权利、降低社会阶层的贫富分化及推动国民均等教育注入了动力。

二、西方社会福利理论前沿

对西方社会福利前沿理论研究的目的是博采众长，为中国适度普惠社会福利制度构建所用。研究西方社会福利理论不是要照搬西方的经验，而是要更深刻地反思西方社会福利发展，借鉴它们的经验，少走弯路，推动和促进中国社会福利的发展。在民政部提出适度普惠社会福利制度转型政策之前，一些学者对西方社会福利理论进行了研究，其主要内容都集中在福利国家危机之前的理论。基于中国社会福利政策发展的意识形态和实证研究缺乏的状态，采用反思性的借鉴方法，将多个西方社会福利前沿理论研究纳入中国适度普惠社会福利理论研究内容中，系统地研究前沿理论发展十分有必要。选取这个主题最重要的意义是希望具有后发性的中国社会福利研究能够在全球化背景下，站在和国外社会福利研究学者同一起跑线上，讨论社会福利发展模式及其理论；使中国社会福利研究能够站在一个互相借鉴推动的起点上，对中国适度普惠社会福利制度构建提供理论支持。

西方福利国家建设过程中，学术界形成了不同的理论和流派。福利国家危机后，西方社会福利界进行了一场静悄悄的理论革命，涌现了福利三角理论、福利多元主义理论、社会需要理论、人类需要理论、社会权利与社会责任理论、新马克思主义的福利国家理论、福利体制理论、第三条道路的社会福利理论、性别视角的理论、发展性社会福利理论、社会排斥与社会融入理论、资产建设理论、制度主义的社会福利理论、风险社会理论、社会质量和社会和谐理论、贫困问题理论等。其中有几个各自发展但对社会福利制度改革有影响的理论板块：改革国家视角下的社会福利理论板块、制度—结构视角下的社会福利理论板块、人本主义的社会福利理论板块、社会—发展视角下的社会福利理论板块。它们实际上从不同角度、不同时间、不同国家和不同社会政策内容等方面产生了对社会福利制度演进的重要影响。部分内容如需要理论、福利三角和福利多元主义理论、福利体制理论等都对中国适度普惠社会福利理论的形成起到了不同的推动作用。

三、以需要为本的适度普惠社会福利理论

中国的社会福利理论缘起马克思主义的按劳分配和按需分配理论，包含了传统的济贫解困思想，服务经济发展，是低水平的补缺型社会福利理论。适度普惠社会福利既是制度转型的社会福利政策思路，又是与政策密切相关的中国社会福利理论创新发展。2007 年民政部提出适度普惠社会福利制度建设构想，中国低度水平的补缺型社会福利将向中等水平的适度普惠型社会福利转变。在转型过程中，由补缺型社会福利针对老年人、残疾人、孤儿，向适度普惠社会福利覆盖全体老年人、残疾人和处于困境中的儿童转变。在社会福利服务项目和产品的供给上，要满足他们不同层次的多样化的需要。社会福利提供责任第一是政府主导和社会参与的结合，社会福利社会化。广泛动员社会力量，政府和社会互动、互补。社会福利提供责任第二是居家、社区和福利机构的结合。居家是基础，社区是依托，机构是补充。通过三位一体的结合构成福利服务体系，同时可能还有其他制度的配套。社会福利提供责任的依据是法治和专业标准的结合（窦玉沛，2007）。

适度普惠社会福利最初是政策倡导概念，是制度构建的目标概念。本项目把研究中国适度普惠社会福利制度构成要素作为创新点，我们首次提出：从制度主义理论视角切入，中国适度普惠社会福利制度由福利责任、福利需要、福利态度、福利提供、福利组织、福利治理、福利体制等制度要素构成。从具体制度安排切入，中国适度普惠社会福利制度还包括按照人群类型化的社会福利政策，以及福利接受人群即儿童特别是困境儿童、老人、残疾人的福利接受，以及急需福利提供的流动人口中的城市农民工的社会福利政策和福利接受，尽管他们现在还没有被纳入适度普惠社会福利政策范围。

以需要为本的适度普惠社会福利理论是对社会福利制度理论的借鉴和创新。在中国五个建设布局中，社会福利转型发展是社会建设的重要内容。适度普惠社会福利制度并非基于维持社会稳定而建立，而是基于社会成员的福利需要未能满足而引发的社会问题，国家承担福利责任，从补缺转型到普惠。社会成员基于他们的社会公民权利、福利资源拥有和生活中的风险，无论是已有的福利接受者还是潜在的福利接受者，表达选择社会福利项目的态度，形成福利制度构建的社会拉力，因此，福利态度是社会福利政策制定的重要基石。中国适度普惠的社会福利制度设计应该是由国家、社会、市场和家庭多元提供的。国家福利提供不能替代其他三方福利提供。福利组织是福利生产和福利传输的“最后一公里”机制和枢纽。专业化、落地化、资源整合的民间力量正在成为福利组织发展的新趋势。福利治理是中国适度普惠社会福利制度构建中的新议题，福利治理是从管理向参与的转型。福利制度构建中的每一个社会成员都可能成为参与者兼管理者、提供者和接受者的多元角色。福利体制中国家威权、去商品化程度、福利文化、生产主义互相影响，凸显了一个国家福利体制的社会文化特征，更凸显了适度普惠的本土社会福利发展道路的意义。最后，具体社会福利政策、社会福利接受人群、社会福利服务和相关资源分配的逻辑关系和现实构成，成就了中国适度普惠社会福利制度安排的全景画面。

第三章

中国社会福利研究转型与论争

改革开放后中国社会福利制度转型是社会福利研究的背景，也是适度普惠社会福利理论与制度研究的拉力和推力。本章将讨论与研究与主题相关的中国社会福利研究转型与论争，重点分析中国社会福利研究转型，通过对适度普惠社会福利制度转型前与转型后研究的论争的探索，提升适度普惠社会福利理论与制度研究的高度，提出社会福利领域中的中国概念和中国理论。

第一节　适度普惠社会福利制度转型前研究

社会科学研究水平体现人类对公平正义以及人类幸福的认识和实现。社会福利是每个国家社会经济发展的核心议题之一，它积极回应了人类发展进程中的公平与正义问题。随着中国经济的增长，中国社会福利也有了长足的进步。建立于实践基础之上的中国社会福利研究，不但见证了中国社会福利的进程，其本身也是中国社会福利体系的重要组成部分。因此，回溯中国社会福利研究进步的学术轨迹，反思学者们在社会福利发展进程中的研究，研究中国社会福利的发展趋势，对于中国社会福利转型——从问题解决取向的补缺型转到民生需要满足的适度普惠型社会福利制度发展具有重要的作用。

一、转型前中国社会福利学术研究轨迹

改革开放以来的40年发展过程中，中国社会走过了转轨的道路：从计划经济体制过渡到市场经济体制，同时，社会福利体系也发生了许多变化。伴随着经济的快速发展与政治制度的逐步发展，对中国社会福利的研究走过了从沉寂到反思的道路。总体而言，对社会福利的研究伴随着中国改革开放，虽历经波折但却一直保持着不断前进的走势。

对社会福利主题/关键词的文献研究发现，社会福利转型前有关社会福利研究的论文数量明显不能和社会保障、社会学、行政管理等主题/关键词发表的论文相比，但也有一定的数量和规模。这些论文对社会福利改革、社会福利制度、社会福利政策、社会福利服务、社会福利管理等内容进行了讨论，提出了一些新观点。

与其他学科不一样，改革开放早期学术界对社会福利的研究很少。通过研究可以看到社会福利有这样的发展脉络：早期少数的研究由于所处的社会经济改革背景，学者们更加倾向于关注经济体制，因此社会福利研究被纳入经济体制改革中来加以讨论（何建章，1981），还没有完全将市场经济下的社会福利作为独立的学科领域来加以深入研究。之后，随着改革开放中出现的一些突出的社会问题，逐渐形成了具有中国特色的将社会福利纳入社会保障的制度结构，即：社会保障是现代国家社会政策和社会立法的重要内容，是国家和社会为补偿现代化过程中被削弱的家庭保障功能，帮助全体社会成员应对现代社会中的社会经济风险，运用社会化的保障手段，依法保障全体社会成员基本生活的制度（王思斌，2004）。当时，社会福利仅仅作为解决当时大量出现的社会问题的手段而出现，而不是以实现公民权利、提高社会质量的制度而存在。

自20世纪90年代后期以来，社会福利研究才开始真正复苏。这一时期，经济发展与社会发展失调的矛盾使中国改革陷入了巨大的争议与波动中。当时与社会保障特别是社会福利有关的社会问题大规模显现，重新设计社会福利的供给制度成为社会福利研究的重点，关于社会福利社会化的讨论引入了社区福利服务提供的重要议题。在民政部提出社会福利社会化的背景下，社区等非正式福利提供主体的作用得到了较多的讨论。研究中国社会福利的具体问题、推动社会福利社会化（史国山，1997）的呼声开始出现，有关社会福利制度和改革问题的讨论开始成为社会学和社会工作中的学术发展指向（王思斌等，1998）。

自2003年起我国“效率优先、兼顾公平”状况开始转向“公平与效率的协调发展”，这是社会福利研究“大地回春”的标志。在收入和财产不平等快速增

加的背景下，“基础整合、底线公平”展示了中国社会保障和社会福利发展的理念（景天魁，2003），“和谐社会”建设开始走入中国改革的大舞台。对中国社会福利的改革基本结束了公平与效率孰先孰后的争议，开始走向了对实质性的社会福利如何发展的讨论时期。社会福利从一般性探讨开始转向社会福利理论、社会福利政策和社会福利服务发展并行的研究，社会福利开始走向更具体的实践领域，中国社会福利的机制创新得到了一些学者的关注与研究（刘继同，2003；王世军，2004）。在不同社会福利模式对比中，学者们提出了一些社会福利改革建议（邓大松、张建伟，2003；彭华民、宋祥秀，2006）。尽管如此，社会福利仍然具有很强的依附性，没有形成独立的研究机构和学术研究群体，没有形成独立的声音。

2007～2008 年对社会福利而言是重要的时间节点。社会福利作为独立学科领域的几个标志在这个时间点同时出现。首先，中国政府提出要构建适度普惠型社会福利制度，中国社会福利逐步从三大传统弱势群体的补缺型福利提供转型到惠及更多公民的普惠型福利提供；社会福利机构的建设工作得到进一步加强。其次，民政部在 2008 年中国社会福利研讨会上宣布中国社会福利中心网站开始运作，提供了政府部门全面传递社会福利政策和服务信息的国家级窗口。再次，中国社会学会批准了社会福利专业委员会成立的申请，社会福利的学科地位得到了认可。最后，学术界提出民生需要满足基础上的多元社会福利构想逐步得以明晰，政府、市场、社会三位一体提供社会福利构想得到更进一步深入思考①，社会需要满足是社会福利行动的原则的观念开始在中国社会福利的进程中重新发酵，公共服务均等化伴随着社会福利转型的呼声也高调进入理论界的视野（韩央迪，2008；丁元竹、杨宜勇、李爽、严浩、王元，2008）。

审视中国社会福利研究的发展轨迹，可以看出社会福利研究的阶段性特点。早期的研究主要针对解决经济体制改革产生的社会问题，社会福利依附于经济学，是小众和小范围的探讨。20 世纪 90 年代中后期的社会福利研究主要转向社会福利与市场、公平与效率关系的讨论，并逐步过渡到社会福利问题解决方案的研究。进入 21 世纪，社会福利改革的视角转移到了怎么样深化社会福利改革和体制建设上来。经济发展与社会公正并行的民生视角得到彰显，民生取向成为社会福利研究和建设的主要取向，社会福利体制建设开始升级为社会科学研究的重要主题，社会福利研究成为适度普惠社会福利制度转型方向和制度建设的理论支撑。从这个脉络不难看出，中国社会福利研究的轨迹正从一种生存保障的社会福利建设向需要满足的社会福利建设进行转移；沉寂的社会福利领域开始喧嚣，有

① 2009 年国家社会科学基金委将“中国社会福利体制发展创新”列为该年度重大项目选题。

一定数量的、具有创新性的研究形成了中国社会福利学科独立的声音。

二、从政府定位到民生为本定位的创新

不同的社会福利发展和转型模式是建立在一定的经济社会发展阶段上的产物。随着中国经济制度由原先的计划经济体制向社会主义市场经济体制过渡，国家经济政策与社会政策关系模式发生了结构性的变化，社会福利体系改革的必要性、紧迫性和重要性日趋明显。在社会建设成为时代主题的背景下，需要对社会福利重新定位并确定相应的发展模式与发展目标。社会福利在中国学术界有多个不同层面的定位。国内学界对社会福利的含义和定位有许多争议，这是没形成中国化的、有影响的、与经济建设和社会建设相适应的社会福利研究的重要原因之一。

对中国社会福利的政府定位将社会福利作为社会保障制度的一个部分。中国政府使用的社会福利和社会保障概念与国外大多数国家的概念内容有所不同。中国的社会福利制度包含在社会保障体系框架内，主要包括六个方面：社会保险、社会救助、社会福利、优抚保障、个人储蓄保障和社会互助。如果从现代社会的制度内容结构来分析，提供福利的主要是由收入维持计划和社会福利服务两大部分组成。前者有社会保险、社会救助、社会津贴，收入维持计划是以货币为核心形式帮助社会群体解决需要满足问题的制度；后者包括针对各种人群和社会需要的社会福利服务，通过提供劳务、实物和其他形式的服务满足社会成员的社会需要。尚晓援（2001）指出，根据西方国家和亚洲新兴工业国家、地区的实践经验，以及国际社会福利制度的比较研究经验，中国把社会福利定义为社会保障制度安排的一个部分是不恰当的，这容易造成比较研究的困难。将社会福利归入社会保障体系，实际上带来的不仅仅是学术研究的困难，还会形成中国迈向福利社会的障碍。延续我国行政体制，根据民政部的部门划分方式，社会福利主要被视为对老人、困境儿童和残疾人的服务。目前民政部的社会福利定位的范围非常狭小，不利于中国社会建设的发展，不利于社会福利学科发展，建议将其定义范围的社会福利称为民政福利，作为中国社会福利的一个部分。

由于中国社会工作的开展带来对普惠型社会福利模式及其服务的思考，以及福利国家危机和东亚社会福利转型等研究的传入，学者们开始了以下方面的研究：（1）将社会福利作为一种状态进行研究，社会福利以提高人类幸福水平为主旨。近年来的相关研究回归社会福利状态和终极目标，提出社会需要满足、发展型社会福利和社会投资等观点。社会福利是有价值取向的，充满关怀、付出、责任等价值内容，是人类幸福实现的手段（沈洁，1996；马广海、许英，2008）。该主题如何将社会福利发展与中国价值体系、意识形态的发展结合起来，还需要

深入研究。(2) 将社会福利作为一种体制进行研究，这个研究包括的内容是多方面的，特别是国际比较研究突出了依附不同经济、政治、文化等的社会福利发展道路的不同，强调本土经验的重要性。其中，东亚福利体制的提出对我们的借鉴意义十分突出，中国是否也是一种福利体制类型？这个问题值得我们深入研究。(3) 将社会福利作为一种具体制度的研究，在此，社会福利具体化为国家与社会中的制度安排（陈良瑾、唐钧，1992），以此推动普惠型社会福利服务和社会工作的空间（陈劲松，2008）。相关联的有正式的和非正式的社会福利制度，制度之间的互动与对社会福利总量增加的贡献已经有了一些研究。

实事求是地说，在短时期内推动政府从将社会福利视为社会保障的一个子体系的定位中跳出来，提升社会福利服务在中国社会建设中的地位和作用是相当困难的。但是，学界的研究可以不限于民政社会福利的范围。在中国经济建设和社会建设并重的背景下，学者们如果将社会福利研究限制在某个层面上，将是中国社会福利学科发展最大的误区。权宜之计是中国社会福利研究可以在上述不同的定位层面推进；从中长期的发展来看，急需政府和学者对话，对中国社会福利进行新定位。

三、中国社会福利研究转向趋势与特征

总结改革开放到适度普惠社会福利制度转型期间中国社会福利研究几十年的历程，可以看到中国社会福利研究具有明显的学术转型态势，社会福利的研究具有鲜明的内容创新特征。

（一）从社会福利对经济学的依赖分析型研究转向社会福利独立学科的细分深化型研究

新兴的中国社会福利涉及的方面众多，社会福利制度、社会福利政策、社会福利服务、社会福利体制比较研究以及社会福利理论等诸多内容都直接影响到中国社会福利研究的发展轨迹[①]。专题研究的细化既体现了中国社会福利研究在发展中形成了一定的规模，也体现了学术界在不断回应中国社会福利制度转型的需要。改革开放后早期的社会福利研究依然坚持了中国社会主义特色的社会福利体系的传统，依然将社会福利纳入社会主义经济建设中来论述。在经济转型和社会

① 该部分属于中国社会福利发展轨迹中的专项社会福利研究。专项研究还包括各项社会福利服务专项研究、社会福利机构和管理专项研究、社会福利财政和基金专项研究、志愿服务和慈善事业专项研究等，这些内容将另外行文。

转型的热烈讨论中，几乎没有学者将中国社会福利作为独立的体系进行独立的研究。随着改革的日益深入，到20世纪90年代初，学术界开始探讨中国特色社会主义社会福利制度的理念，但是研究甚少（邵雷，1988）。20世纪90年代中期，伴随着市场经济的残酷竞争，改革的浪潮此起彼伏，城市贫困、失业等社会问题开始显现出来，关于城市社会问题的研究成为社会福利学界的主轴，问题取向的研究成为这一时期社会福利研究的时代标志。社会福利是为经济快速发展保驾护航，解决经济发展中的问题，所以学者在研究中多从经济学视角去思考社会福利问题（朱荣科，1998），对中国社会福利自身发展规律和独立性的思考十分不足。从21世纪初开始，社会福利研究开始脱离对经济学和其他体系的依赖，形成了社会福利价值与理论、社会福利体制比较、社会福利政策与社会福利规范、社会福利服务与社会福利机构、社会福利资金、慈善与志愿服务等专题研究领域，出版了一批数量不多但体现了学科特点的专著和教材。

（二）从国外社会福利介绍性研究转向关注中国社会重大转型的本土化社会福利研究

改革开放的初期到中期，中国对于国外社会福利发展经验的简单介绍在学术界占据主流，在综述各国社会福利制度特征基础之上，探索国外社会福利体制的本质和发展道路是这一时期社会福利的主要研究内容（戴英姿、朱棱，1992）。进入20世纪90年代中期，社会问题的加剧吸引了中国学者进一步加大对国外经验借鉴性研究的力度，在对国外社会福利的研究中更强调比较，从反思中借鉴，提出中国社会福利发展的新路径（范斌，2006）。通过对国外社会福利发展经验的反思，国外模式不再被视为中国社会福利改革的模板。发现在中国社会福利发展过程中的问题，借鉴西方的经验教训寻求解决问题的途径，为中国社会福利发展提供参考和经验成为研究的主轴（孙志祥，2007；徐恒秋，2007）。从文献研究中可以看出，改革开放初到20世纪90年代这一时期，学者们主要研究的问题是“是什么”，探索各国社会福利制度的状态是什么，以及社会福利走向如何。2000年以后，学者关于国外社会福利的研究更多侧重其实践性，即在探索“为什么”的前提下，寻求解决中国问题的实证方案，寻求社会福利本土化的途径，为中国社会福利制度建设提供具有创新性的建议。

如果说早期中国学者对国外社会福利研究侧重欧美福利国家，那么社会福利领域发展新特征就是对亚洲国家和地区社会福利的研究。亚洲研究主要集中在东亚国家日本、韩国、新加坡。学者们提出了东亚社会福利从“典型构造”或“旧公共性”转向新公共性、生产主义的衰落、新东亚社会福利体制的建构等观点（田毅鹏，2001；熊跃根，2007）。由于东亚国家和中国有相似的文化以及地缘关系，东亚社会福利体制对中国社会福利体制发展的借鉴意义更为突出。另外社会福利界还对中国香港地区社会福利体制与社会福利政策进行了比较研究，对中国台湾地区的社会福利体制与社会福利政策也进行了比较研究。这些比较研究初期成果主要侧重于不同国家和地区体制的比较和对中国大陆的借鉴启示，研究侧重于对不同框架下社会福利体制的分析，特别是东亚经验对中国的意义。

以中国本土化社会福利为主题的研究在中国社会发展大背景下产生：中国社会福利制度建设的新起点之一是1999年城市低保制度的建立，缓解了城市贫困问题；从2003年起，全国范围的城市低保网络建立起来；同年中央逐步加大了对农村地区的社会福利供给力度；2007年以来，适度普惠型社会福利制度转型的提出是政府对社会福利定位的新思维，它逐步提升了社会福利在中国社会发展中的地位。学者们通过不同方式进行探讨：一是提出福利病不是中国社会福利建设中的问题（郑功成，1997），研究中国现实社会福利制度，提出了中国社会福利的制度结构和特征（周进萍，2007），我们面对的是如何建设具有中国特色的福利社会。特别值得一提的是，学者们还对具有典型地区社会福利体制特征的我国香港地区、台湾地区和澳门地区的社会福利进行了研究。二是讨论全球化背景下中国社会福利政策发展方向（刘继同，2004）以及中国社会福利供给的政府定位问题（周沛，2008）等。一些学者由社会福利机制本身的研究转向社会福利新定位和政府的社会福利提供机制和管理问题的研究，多元部门提供社会福利被寄予新的思考与重视。中国社会福利提供机制从“小福利”提供迈向“大福利”供给的趋势被学者们关注。社会福利以社会需要满足为目标的机制建设在此背景下得到了研究和发展（彭华民，2008）。

（三）从描述研究走向社会福利理论与实证研究并重、制度转型与服务发展研究并重

在社会福利还没有形成独立的研究领域时，为数不多的社会福利研究以现象和问题描述分析为主。随着社会福利研究的深入，理论导向的研究和实证导向的研究开始并重；从研究内容来看，该领域不仅仅出现了一定数量的积极回应社会发展的社会福利转型发展研究，同时，近几年还出现了社会福利指标与评估的研究，这个发展深化了社会福利研究，社会福利开始形成独特的学科领域。因为社会福利指标和我国经济社会发展指标体系连为一体，学者们开始了对社会福利指标的具体解读。在20世纪90年代，围绕中国政府的社会福利工作内容，学者们讨论了社会福利测评框架以及社会福利指标（朱荣科、韩基圣，1992；余华银、陈春钱、万寿桥，1993），为社会福利政策制定和社会福利服务的发展提供了支持。但是，这种综合指标的提出往往只从经济视角展开，因此研究中带有很强的

经济模式主导的观点，而忽视了经济发展与社会福利协调关系等分析。21 世纪以来，社会福利发展提出了对社会福利预测和评估要求，这个时期的研究为社会福利的指标分析加入了更多的社会元素（刘长生、郭小东、简玉峰，2008），以往的经济视角被经济与社会的双重视角所代替。

另外，近年兴起的比较各国社会福利的体制与差异研究，探索了西方社会福利价值和体系发展的渊源，分析了社会福利产生和发展历史根源、福利国家发展的理论根源，研究了西方社会福利政策架构和理念等。学界对社会福利最新理论研究成果如社会权利与责任、福利多元主义、发展型社会福利、福利社会、社会排斥与社会融入、新马克思主义论福利国家、第三条道路的社会福利观、资产建设、社会风险、社会质量等都进行了研究，理论研究的发展对中国社会福利研究产生了积极的影响。在社会福利理论研究发展的同时，作为社会福利制度的社会政策发展加快。由于社会政策领域研究启动较早，一些社会福利研究的政策取向十分明显（王卓祺、雅伦·霍加，1998；熊跃根，1999；彭华民，2006）。文献中关于社会福利政策的分析呈现出快速增长的趋势。社会福利政策研究内容也出现了巨大的变化。早期研究中依托经济路径来讨论社会福利政策的取向被改变，回应社会需要解决社会问题的社会福利政策、以人为本的发展型社会政策、在社会政策框架中讨论社会福利问题成为重点发展方向（杨团、关信平，2007）。同时，通过范式化的理论模式来分析社会福利政策也逐步成为学界研究的新亮点。与社会工作和社会福利互动发展的关系相似，社会福利政策和社会福利服务研究相辅相成，成为社会福利研究发展的新特点。

社会服务通过社会工作者传递到服务对象手中。社会工作研究和实务的发展有力地推动了社会福利研究。我国一些高校在 20 世纪 80 年代就开始建立社会工作专业。社会政策（社会福利政策分析）、社会福利思想被定为中国大学社会工作专业的核心课程，比较社会福利制度被定为社会工作专业的选修课程，另外，社会服务管理（社会福利服务管理）、社会项目管理（社会福利项目管理）等都进入了社会工作专业课程的目录。中国社会工作教育、实务和研究发展推动了一些学者关注社会福利问题并从事社会福利研究。社会工作在传递社会福利服务中的重要角色推动了学者对社会福利制度转型的思考。社会工作者推崇的以人为本、公平正义等价值给中国社会福利服务带来了新的生命力。在以人为本、需要为本取向的影响下，怎样建立新的社会福利机制推动社会工作发展、城乡社区社会福利建设等问题被一些来自社会工作教育领域的学者们关注与讨论。

（四）中国社会福利学术发展未来轨迹展望

在中国从计划经济体制到市场经济体制发展过程中，在和谐社会建设提上重要日程的背景下，中国学者开始了对社会福利的创新性研究。反思中国社会福利研究的学术发展轨迹，需要对社会福利做重新定位并确立社会福利研究的新发展目标，这既是将以需要为本取代以问题为取向的中国社会福利制度的必然选择，也是以适度普惠再造中国社会福利发展模式的客观要求。

本节先对中国社会福利进行了定位分析，发现多种社会福利定位同时并存于中国学者对社会福利研究和现实中。虽然如此复杂的定位阻碍着中国学者开展和深化社会福利研究，但仍然形成了中国社会福利的宏观学术发展轨迹。从中国学者对社会福利研究的宏观轨迹和学术发展特点可以看出，基于改革开放以来的经验，中国的社会福利研究者开始提出自己独立研究领域的诉求，相关的研究从介绍到借鉴，从问题研究到理念的提出，是一个不断发展的进程。但是，和经济学、社会学、政治学等学科相比，社会福利研究队伍还十分薄弱，积极回应中国社会发展和社会福利转型、开展有规模的学术研究还做得很不够。从回首到展望，思考中国社会福利研究发展的未来，有一些议题特别值得关注和研究：

第一，对中国社会福利发展 40 年的研究。总结其中的经验与教训，客观审视已经取得的成果以及现存的问题，社会福利研究的路途依旧漫长。在机遇与挑战面前加快发展社会福利事业需要新观念、新思路、新举措。提出与时代特征相吻合的中国社会福利理念，提出中国社会福利发展道路构想，促使社会福利机制与市场机制相协调，依旧是社会福利建设的重中之重。

第二，对中国社会福利体制特点以及与其他体制类型异同的研究。提出中国福利社会发展的意识形态、文化依赖路径，与经济发展水平一致性等。构建中国福利社会模式不是一个简单的问题，而是一个庞大复杂的工程，需要不同的学科、更多的学者参与其中。

第三，对社会工作与社会福利关系的研究。和国外学术发展的路径不一样的是，中国社会工作的开展带动了社会福利研究的发展。一些学者是从社会工作学科视角开始研究社会福利的。对社会工作有深入的认识后，开展对社会福利服务的研究就有了很好的基础。在这个方面应该研究的主要议题是社会工作和社会福利关系，社会工作如何传递社会福利到接受者，社会工作者如何作为社会福利的传递者、评估者、建议者、管理者发挥作用。

第四，重视对社会福利政策和社会福利提供关系的研究。社会福利不等同于社会福利政策，但是社会福利发展和社会福利政策发展紧密相依。福利多元提供固然重要，社会福利发展中政府角色和责任承担必须通过社会福利政策来表现；社会福利服务的主要提供者和社会福利服务的监督者仍然是政府的主要角色。

第五，对社会福利政府部门改革和新政府部门以及职能产生的研究。目前，狭义的社会福利属于民政部管理，是民政社会福利，广义社会福利提供涉及多个政府部门：教育部、卫计委、人保部、建设部、财政部、妇联、工会、共青团等。如果仅将社会福利限制在对三类特殊人群的提供，就会大大降低社会福利对和谐社会建设的意义。另外，民政部目前的行政功能中除了行政区划和地名管理等小部分内容不属于国际上通用的社会福利内容外，其他部分如困难救助、救灾工作、社区工作、拥军优属等为民服务为民解困的服务都与社会福利提供密切相关。因此，建议从政府部门设计和功能发挥上理顺关系，确立社会福利在中国社会主义建设中的重要作用。

对中国社会福利的研究是中国适度普惠社会福利转型发展的重要基石。与社会福利发展和研究具有优势的国家相比，中国的社会福利研究水平还相对较低。对社会福利的定位、对社会福利的理解、对社会福利的设计、对社会福利的政策等问题还需要进一步研讨。伴随着适度普惠型社会福利发展战略思想的提出，中国社会福利研究应该有更大的飞跃。

第二节　适度普惠社会福利制度转型后研究

一、社会保障发展中的社会福利研究（2007～2010年）

2007～2010年是中国社会保障制度深化改革的几年，如新型农村社会养老保险试点、深化医药卫生体制改革、基本养老保险关系转移接续试行、廉租住房保障、《中华人民共和国社会保险法》出台；也是中国社会福利制度从补缺型转向适度普惠的几年，如普惠老人福利、福利扩大到困境儿童、残疾人福利增加、社会福利职业和行业规范不断出台等。这几年也是社会保障和社会福利研究大发展的几年。如果以2007～2010年论文为例，以社会保障为关键词，通过中国知网（CNKI）对2007～2010年发表的论文进行查询①，有25 266篇；以社会福利为关键词，有3 040篇论文。其作者学术背景和工作单位结构复杂，显示了该领域研

① 查询时间为2010年4月6日。

究跨学科、跨专业的突出特点①。

（一）社会保障学科与社会福利研究组织发展

2007～2010 年，社会福利和社会保障学科及组织发展有重大突破。例如，中国社会学会社会福利专业委员会筹备组于 2008 年向中国社会学会提出申请成立社会福利专业委员会，旨在推动中国社会福利研究和国内外交流。中国社会学会社会福利专业委员会主办了“中国社会福利 60 年论坛”（2009 年）、“东亚社会福利发展与创新论坛”（2010 年）。景天魁、彭华民主编，多位国内外著名学者撰写的《社会福利思想与制度丛书》（景天魁、彭华民主编，2009），彭华民、陈树强、顾东辉主编，多位年轻学者撰写的《社会福利服务与管理丛书》（彭华民、陈树强、顾东辉主编，2010），凸显了当今中国社会福利研究的走向和代表性观点。另外有民政部管理干部学院主编的期刊《社会福利》（曾用名《民政论坛》，1992 年创刊）；由高鉴国、黄智雄主编的《社会福利研究》在 2009～2010 年间已经出版两辑。

又如，“中国社会保障 30 人论坛”是由中国社会保障学界的有识之士于 2009 年在北京共同发起并正式组成的高层学术群体。郑功成主编了凝聚多位专家学者集体智慧的四卷本《中国社会保障改革与发展战略》（2011）。在这个领域中，有人力资源和社会保障部、社会保险事业管理中心主编的学术期刊《中国社会保障》（曾用名《中国社会保险》，1954 年创刊），郑功成主编的《社会保障研究》从 2005～2010 年已经出版了 11 辑。邓大松主编的《社会保障研究》2008～2010 年已出版了 3 期。

2007～2010 年是中国社会福利研究发展极其重要的时期。社会福利作为独立学科的几个重要标志同时出现。首先，2007 年中国政府提出要构建适度普惠型社会福利体系，社会福利开始从补缺型转型到低度或者适度普惠型；社会福利机构的建设工作得到进一步加强。其次，有关社会福利的学术论文数量快速增长，学术界提出“民生需要满足基础上的社会福利目标”构想逐步得以明晰，政府、市场、社会三位一体提供社会福利构想获得更进一步的深入思考，“社会需要满足是社会福利行动的原则”的观念开始在中国社会福利的社会实践中重新发酵，公共服务均等化伴随着社会福利转型的呼声也高调进入理论界的视野，普惠型社会福利体系的思考得以推进。再次，社会福利研究受到空前的重视，社会福利第一次成为国家级别重大课题的独立立项主题。“中国社会福利制度发展创新”和

① 社会保障研究回顾内容见《中国社会学年鉴 2003－2006》（杨团，2008）。由于没有专门对社会福利研究进行回顾，因此，本书将对社会福利研究多一些回顾，使读者能够从中了解到社会福利研究脉络。

"中国适度普惠型社会福利理论和制度构建研究"分别成为2009年国家社科基金重大招标项目和2010年教育部哲学社会科学研究重大课题攻关项目，景天魁和彭华民分别担任首席专家，组成国家级团队开展专门研究。最后，大学社会福利教学得到大力推进。"社会福利思想"在2004年被教育部定为中国大学社会工作本科专业的主干课程，社会政策分析（社会福利政策分析）、比较社会福利制度、社会服务管理（社会福利服务管理）、社会项目管理（社会福利项目管理）等在2009年被定为中国社会工作硕士（MSW）的课程。社会工作教育发展推动了更多的学者关注社会福利问题并从事社会福利研究。

（二）社会福利与社会保障基本理念的论争

自党的十七大报告提出加快建立覆盖城乡居民的社会保障体系，使人人享有基本生活保障的重要任务后，学者们提出了不同的改革主张和现实模式。有的认为社会保障目标模式应该满足三个要求：适度性、适当性和适用性。为此，应该建立底线公平的福利模式，它是一个福利水平适当、机制灵活、责任共担、切实可行、持续性强的福利模式（景天魁，2007）。消除城乡不平等已经成为打破社会保障城乡分割壁垒的核心理念。城乡居民社会保障统筹制度改革成功与否取决于制度设计、制度条件、技术方案等诸要素。有的学者认为中国现行社会保障管理体制应当通过用集中管理取代分散管理、用垂直管理取代属地管理，让责任主体参与管理加以完善。无漏洞、集中垂直管理和主体参与的社会保障可归类为城乡一体化模式（郑功成，2007）。还有的观点认为要做到城乡社会保障的完全统一，既不必要也不可能。应构建城乡整合模式或有差别的统一模式（李迎生、韩央迪、张瑞凯，2008）。在社会保障项目中可根据轻重缓急划分不同层次。其中，社会救助中的低保制度、医疗保险项目中的大病统筹保险、养老保险项目中的基本养老保险属于最基本的层次。可优先实现三个基本层次的城乡完全统一。至于其他层次或内容可以保留一定的差异。

社会福利在中国学术界有多个不同层面的概念定位和许多争议，这是没有形成支持我国社会福利重大转型研究成果的重要原因之一。福利的本质就是个人因有真实机会实现自己有价值的功能导致的快乐、幸福。社会发展的目的是增进所有社会成员的福利（杨伟民，2008）。社会福利可以被视作为一种状态，也可将社会福利作为一种体制进行研究，还可将社会福利视作一种具体制度的研究。中国政府将社会福利划为社会保障的一个方面，将社会福利主要视为对老人、困境儿童和残疾人的服务，是小社会福利。而多数国家社会福利体系主要是由收入维持计划（社会保险、社会救助、社会津贴）和社会福利服务（提供劳务、实物和其他形式的服务）组成，是大社会福利。近些年来学者们不断批评小社会福利的定位，因为它混淆了国家提供基本保障和国家提供福利的意义。社会保障制度是向因年老、疾病、失业等原因影响收入的民众提供社会保险和社会救助等的制度安排，其目标是保障公民基本生活。而社会福利则是通过物质的、精神的、服务的等多种形式，为全体国民提供福利，其目标是提高生活质量，社会福利是人类社会的永恒目标追求。一些学者疾呼：小社会福利体系限制了中国社会福利制度转型和创新，我们不是要建立有保障的社会，而是要建立追求平等、公正、幸福的福利社会（尚晓援，2001；周沛，2007；彭华民，2008）。

关于社会福利最重要的讨论是对中国社会福利模式的研究。改革前，中国实行二元化的补缺型社会福利模式。政府承担有限责任，接受社会福利的群体有明显的局限性（常宗虎，2001；王思斌等，1998）。社会福利社会化标志着中国社会福利模式开始转型。2007 年民政部提出我国社会福利要从补缺型向适度普惠型发展。学者提出构建适度普惠型社会福利制度的主要因素包括政府责任优先、民众需要导向、企业社会责任的承担、家庭的支持作用、非营利组织及社会福利机构的发展等（王思斌，2009a）。需要为本应该成为中国社会福利制度目标定位最基本原则，其目标既要满足社会成员多元需要、社会质量的提高、社会成员能力的发展（彭华民，2010），社会成员拥有接受社会福利的公民权利，也要承担帮助他人的社会责任和义务等（钱宁，2004）。适度普惠型社会福利制度是面向全体国民同时又涵盖社会生活基本领域的社会制度（成海军，2008；代恒猛，2009）。

如果说改革开放早期对社会福利研究侧重欧美福利国家的经验，那么该领域发展新特征之一则是对亚洲国家和地区社会福利实践的研究。中国福利社会与西方福利国家在历史进程、本质属性、意识形态、根本目的和福利水平五个方面存在着重大差别（毕天云，2010）。学者们以独特的视角提出了东亚社会福利从典型构造或旧公共性转向新公共性、生产主义的衰落、新东亚社会福利体制的建构等观点（林卡，2008）。研究发现中国福利体制只是东亚福利体制多种类型中的一种，中国的社会政策也具有明显的政党—国家既有的体制惯性导致的效应（熊跃根，2007）。由于东亚国家和中国有相似的文化以及地缘关系，东亚社会福利体制对中国社会福利体制的发展的批判性借鉴意义更为突出。

以往的社会福利研究更多地关注政治与经济视角，而缺乏社会的视角。景天魁等学者第一次提出了中国特色福利社会学体系，指出应该从社会学角度分析社会福利（景天魁，2009a；高和荣，2008）。社会福利制度安排不但是社会秩序的基本保障，还是有序社会流动的制度基础。社会分层和不平等推动了社会福利制度的发展，社会分层和平等是社会福利评估的依据，因此，社会福利制度发展成为中国改革成败的关键因素（宋宝安、李艳艳，2009）。社会福利的覆盖对象也不是简单的类群集合体，而要充分考虑其社会分层特征，形成网状福利结构，不能成为阶层间社会流动的障碍，并充分考虑利用经济政策和市场机制实现个人福利的最大化（韩克庆，2008）。还有的学者以新型农村合作医疗制度为例，探讨了制度信任的形成过程，提出制度环境是制度信任形成的最终决定因素（房莉杰，2009）。

（三）中国社会保障问题和制度改革研究

以反映中国社会保障改革主要进程和主要研究创新为原则，学者对中国社会保障制度改革设计研究主要思路以及存在问题的研究内容呈现为以下五个方面。

1. 城乡低保与社会救助制度安排问题与改革研究

我国《城市居民最低生活保障条例》运行10多年来，在保障城市居民最低生活等方面发挥了非常重要的作用。但学者批评该条例在制度设计上缺乏可操作性，主要表现在：（1）城镇低保的主体定位滞后。把城镇低保主体限定为城镇居民，不能实现真正意义上的应保尽保；申领程序存在制度隐患；核算方法与核算标准确定存在弊端。（2）低保资金总量不足，来源单一。政府用于社会救助的支出不仅在总量上不足，而且占整个社会保障支出的比重也相当有限。（3）行政管理水平有待进一步提高。政府部门不仅缺乏有效调查统计手段，还缺少一套有效的管理办法。学者提出应该确立积极的社会救助理念，完善社会保险制度以减轻社会救助制度的压力，采取积极促进就业以减少贫困人口的数量等措施（丁建定，2008）。城市社会救助制度的发展和完善应该在遵循救助主体多元化、救助内容综合化、救助标准动态化和救助管理协调化的原则基础上，构建一种新型的城市社会救助制度。

构建农村最低生活保障制度是非常必要的（邓大松、刘昌平，2007）。如何建立农村低保制度有不同的观点：一种观点认为，从目前到今后一段很长的时间里，建立农村最低生活保障制度是不可行的，原因在于资金不足；另一种观点认为资金不足是一个表象，只要标准适宜，操作得当，在财力上是可行的。建立农村低保制度主要是对现有扶持农村脆弱群体的公共资源进行结构调整，而不会对财政资金的总量产生很大的影响。

农村低保制度在运行中存在不少的问题：（1）实施和完善农村低保制度的资金问题。财政不仅应当且有可能扩大农村低保支出的规模，充分利用并发挥民间资本和慈善组织的救助作用，应当将低保资源向中西部农村倾斜（童星、王增文，2010）。（2）农村低保对象确定问题。农村低保线划定的结构和标准单一，没有考虑贫困家庭种类的差异性，高估了土地的保障功能，低保覆盖面较小且保障水平较低，低保标准的任何微小变动都会引起低保目标群体规模的巨大变化。

(3)农村低保标准确定问题。有学者对辽宁、河北两省的农村低保制度的救助水平进行了考察和比较，发现如果低保标准绝对水平太低或相对水平（城乡）相差太大，则可能无法保障农村低保对象最起码的生活水平（张时飞、唐钧，2007）。(4)农村社会救助和医疗保障结合。缺少劳动力、残疾患病，以及家庭依赖成员多是农村贫困家庭的显著特征；而农村社会救助制度则由于资金的制约，其效果有限。因此，学者呼吁在增加中央转移支付的基础上，以建立一个覆盖全部农村人口的医疗保障制度为优先发展的方向，在此基础上实施针对绝对贫困人口的社会救助制度（徐月宾、刘凤芹、张秀兰，2007）。

2. 医疗保险制度改革批评与公平性研究

随着《中共中央　国务院关于深化医药卫生体制改革的意见》的出台，我国医疗保障制度建设步伐明显加快。学者们的研究主要集中在以下几点：(1)对新医改方案的评价。有学者指出新医改还面临着实现政府预期控费目标、实现公立医院“公益性”、建立有效医疗卫生监管体制等一系列挑战（林闽钢，2009）。(2)全民医疗保险战略研究。我国已经确立了“人人享有基本医疗卫生服务”的医药卫生体制改革目标。全民医保成为医疗保障制度发展的战略选择，涉及财政、社会、卫生领域一系列核心议题（刘继同，2009）。影响全民医保发展的因素可以归纳为四类，包括宏观经济社会背景、国家、政策对象、制度设计和运行等方面（刘军强，2010a）。(3)统筹城乡医保研究。学界肯定了统筹城乡发展对于医疗卫生事业发展的促进作用，认为这一制度设计维护了社会公平，降低了运行成本，有效整合了医疗卫生资源，分歧主要在于具体的制度设计和政策选择。如有研究表明：合作医疗筹资体系保证了水平公平却牺牲了垂直公平，商业保险筹资体现了轻度的垂直公平，而自负支出筹资同时存在着严重的垂直不公平和水平不公平问题（王晶，2008）。

3. 养老保险制度改革设计论争

养老保险方面的研究可以简单分为城市养老保险、农村养老保险和城乡社会养老保险统筹三个方面。目前，对统筹城乡社会养老保险改革讨论最多。(1)城乡统筹的含义。有的认为城乡统筹不是城乡划一而是建立整体的保障体系，拥有不同的保障水平，灵活的保障方式，多样化的保障模式；有的认为城乡统筹不是城乡统一，而是指财政统筹安排，其中包括各级财政合理分担，明确责任。但是，还有的认为统筹主要是强调统一，应建立统一的社会养老保险制度。(2)如何建立统一的社会养老保险制度？有的主张城乡有别论，有的主张渐进统一论。(3)政府在统筹城乡社会养老保险制度中的角色。有的学者将其提高到宪法确定的权利保障层面，强调政府责任；有的则强调个人及家庭应当承担起自己的责任。多数人同意建立社会养老保险机制的共担机制，即政府、企业（集体）、个人甚至社会均应分摊相应的责任（黎民、傅征，2009；陈颐，2009；郑秉文，2009）。

我国社会养老基金严重短缺问题严重，因为参保人口增长低于退休人口增长。解决社会养老基金短缺的出路在于改变传统筹资模式，建立参保补贴制度，提高社会养老制度公信力和吸引力，有效扩大社会养老参保覆盖面，快速扩大社会养老基金积累规模，奠定应对人口老龄化高峰的物质基础。面对中国养老的特大难题，养老模式应当选择养老保障加居家养老加社区支持的模式。居家养老就是努力使老年人口生活于家庭之中，使家庭发挥养老的辅助功能。社区支持是指居住于家庭中的老年人必须有一整套养老的服务，而社区是最为基本的载体（邹农俭，2007）。

4. 农民工和农村社会保障制度模式选择和论争

在建立农民工社会保障制度的基本思路上，学界存在较大分歧和争论。(1)“进城方案”亦称进城模式，即把农民工纳入城镇社会保障体系，这样有利于消除二元结构，促进在全国范围内建立基本统一的社会保障制度。(2)“部分进城、部分独立”方案亦称不完全进城模式。在社会保险方面，将有雇主且职业稳定、有固定收入的农民工完全纳入城镇社会保险体系；对没有雇主、职业不稳定、无固定收入农民工应有不同的社会保险种类供选择，工伤保险纳入城镇体系，其他则建立独立的保险体系。在社会救助方面，对有雇主且职业稳定、有固定收入的农民工实施城镇最低生活保障，对职业不稳定、无固定收入农民工采取公共劳动形式的最低生活保障制度。(3)“回乡方案”亦称农保模式，即把农民工纳入农村社会保障体系。加快改革农村社会保障制度，并在适当时机，与城镇社会保障制度统一接轨。(4)“相对独立方案”亦称综合保险模式。这是专门为农民工量身定做的一种社会保障模式。数量庞大的农民工既然已经构成了转型时期我国社会结构的独立社会单元，因此，应构建一种作为过渡形态的三元社会保障模式（华迎放、徐红勤，2008；李迎生、韩央迪、张瑞凯，2008）。

“土地换保障”一直是学界争论的问题。研究表明，基本保障不可换，不能混淆补偿和保障以逃避政府的责任；但补充保障可以换，能够利用地上权利及其资产收益来添置非基本保障利益（郑雄飞，2010）。另外，应该加强配套制度的改革与完善（钟涨宝、狄金华，2008）。失地农民职业缺失存在多重风险，如个人风险、家庭风险和社会风险等，为此，政府与社会必须进一步加强失地农民的就业援助（谢俊贵，2010）。学者们还提出了水库移民社会保障管理机构与经营机构分离，以及通过市场竞争机制和人员组成设置加强对此类部门的监督，移民社会保障的具体内容也应由相关主体在第三方监督下通过协商解决（陈华东、施国庆、陈广华，2008）。

5. 住房保障制度问题与改革设计论争

住房一直是改革热点问题。住房保障改革研究的主要观点有：（1）住房保障对象的划分。学者提出确立经济适用房购买标准线和廉租房租住标准线两条线，分别为中低收入居民家庭、最低收入居民家庭提供不同保障水平的、分层次的住房保障。（2）住房保障模式的选择。多数学者都认为，应该由“补砖头”变为“补人头”。“补人头”的优越性在于能够避免对住房市场的直接干预；财政补贴的作用直接到达需要补贴的人头，并全部转化为消费者的福利满足。但有部分学者认为目前我国大部分地区还不具备“补人头”的政府财力和条件，并以经济学分析推导证明了在房价持续明显上涨的情况下，“补砖头”优于“补人头”，并给出该政策实施的理论阈值（方建国，2008）。（3）住房保障资金的来源。住房保障属于公共产品，其资金安排应该出自财政，我国尚未有稳定的财政资金预算渠道，学者们提出成立专门的廉租房信托投资基金，以未来的出租收入作为现金流保障等建议（张建平，2008）。（4）住房保障房源的获得。可以借鉴发达国家经验适时推出一种可支付租赁住房。这种住房委托有关机构（公房管理部门）或组建一个住房中心，收购符合廉租住房标准的“二手房”和普通商品住房，作为租售房源等（陈柳钦，2008）。（5）住房保障信息、管理机构的完善。应该建立健全个人收入信息记录系统和住房档案；应该把住房保障纳入政府考核体系。通过法律或行政法规的形式，明确各级政府在住房保障方面的责任（白贵秀，2008）。

（四）中国社会福利研究转型与创新观点

回溯中国社会福利发展和研究的历程，可以看到中国社会福利研究发生了明显的学术转型，形成了以下三大特征。一是从社会福利对经济学的依赖分析型研究转向社会福利独立学科的细分深化型研究。从21世纪初开始，社会福利研究开始脱离对经济学和其他体系的依赖，形成了社会福利价值与理论、社会福利体制比较、社会福利政策与社会福利规范、社会福利服务与社会福利机构、社会福利资金、慈善与志愿服务等专题研究领域。二是从国外社会福利介绍性研究转向关注中国社会重大转型的本土化社会福利研究。中国本土化社会福利研究主要有：提出了中国社会福利的制度结构和特征，如何建设具有中国特色的福利社会；讨论中国社会福利从小福利迈向大福利的趋势（景天魁，2009b）；社会福利以社会需要满足为目标的机制建设；中国社会福利供给的政府定位问题（周沛，2008），多元部门提供社会福利被寄予新的思考与重视。三是从描述研究走向社会福利理论与实证研究并重、制度转型与服务发展研究并重。社会工作与社会福利研究互动频繁，社会福利理论与社会福利服务研究相辅相成，成为社会福利研究发展的新特点。

在社会福利具体领域中，主要有以下一些研究和创新观点：

一是创新理念提升三大群体社会福利水平。(1) 儿童福利。我们需要从儿童权利和儿童需要角度出发对儿童问题予以研究，建立对针对全体儿童的福利体系(尚晓援、陶传进，2009)。流浪儿童使得社会文化已确定的规范性儿童照顾模式与儿童的实际生活条件之间产生明显的断裂(程福财，2009)。中国儿童保护制度迫切需要从基于亲权保护原则的制度向基于公民社会权利制度的转变。通过对艾滋病儿童的研究发现，农村社会支持结构有从非正式支持为主向正式支持为主的转型方向和趋势，现代农村是正式支持主导的多元系统(杨生勇，2010)。(2) 老人福利。我国农村老年人社会福利事业存在的诸多问题，如覆盖面狭窄、地区发展不平衡、缺乏统一的组织管理等，需要积极发展适度普惠型老人服务。(3) 残疾人福利。通过对当前城市残障人福利实践的透视发现尽管一套以社会权利为基本理念的残障人福利制度体系在我国已基本形成，但是，残障人社会福利实践逻辑有时仍然奉行“怜悯”“同情”等传统人道主义理念(周林刚，2008)。寻求社会工作支持并应该把它作为残疾人社会福利建设的基本内容之一(马洪路，2008)。

二是加强多种弱势群体社会福利提供。(1) 妇女社会福利。有学者指出，在马克思主义指导下，以社会主义女性主义理论为视角，才能更好地解释和研究现时中国女性福利的问题(雷杰，2008)。国家要保证市场公平竞争，才能健全女性社会保障(潘锦棠，2009)。(2) 流动人口的社会福利。学者从权利回归与制度重构视角对城市流动人口管理模式创新进行思考，强调社会福利制度与普遍的公民身份而不是与歧视性的户籍制度相联系(彭希哲、郭秀云，2007)。(3) 灾区群体的社会福利。在如地震等灾害造成的诸多问题中，“三孤”问题即孤老、孤残、孤儿的赡养问题最为紧迫，也是与社会保障制度关系最为密切的社会问题(唐钧，2008)。我们需要从生命价值、生命能量激发与制度保障的视角，对灾后社会工作和社会福利保障进行多元反思(顾东辉，2009)，完善针对灾区的社会福利服务。

三是提升社区福利服务可获得程度。社区福利是社会福利体系中非保障性福利的组成部分。我国城市社区福利服务在总体上具有弱可获得性特点，政府应该提高社区福利服务的可获得性程度(王思斌，2009b；高灵芝，2008)。中国政治化社区转向社会化社区，社区福利由身份化福利向生活化福利模式转变。当前我国农村社区公共服务供给不足、服务水平较低的根本原因是公共服务的体制和机制不完善，因此应建立以政府为主体的多元化农村社区服务体制。

四是标准化、规范化社会福利机构管理。我国社会福利经历了从法制化到标准化的进程。在社会福利标准化进程中，标准化的组织机构、管理体制、标准的研究是重要内容（徐道稳，2009）。组建起来的社会福利类行业组织至少要具有服务、管理、沟通协调三个职能。非营利组织是社区服务产业化发展的重要环节。

五是多元化的慈善与公益事业和社会福利基金。学者们分析了发展型社会福利体系建设对公共财政资金的需求和公共财政支持社会福利体系建设的能力（何平、李实、王延中，2009）。当前我国应拓宽社会福利基金收入渠道，拓展支出领域（易艳阳，2007）。慈善组织是社会福利供给的重要主体，在福利供给中扮演福利生产者、筹集者、输送者和分配者等角色，发挥募集慈善资源、实施慈善救助、架起慈善桥梁和传播慈善文化等作用（高鉴国，2010）。社会体制内外的动员对于个体捐助行为的作用有显著差异。这种模式展示了后单位制时代大众动员的特点（毕向阳、晋军、马明洁、何江穗，2010）。

六是重塑社会福利发展评估和指标。从注重评估价值取向、强调弱势群体发展、关注项目过程机制和重视评估过程影响四个方面进行社会服务项目评估，能够提高社会福利服务品质与效率，促使提供服务的机构保持活力（方巍，2010）。学者们提出重塑综合社会福利统计指标体系：福利能力描述评价体系、收益主体描述评价体系、福利实现评价分析体系、福利发展评价分析监测体系；研究设计了政府社会保障绩效总体概况评估指标、社会保险评估指标、社会救助评估指标、社会优抚评估指标和社会福利评估指标体系。

二、社会保障发展中的社会福利研究（2011～2014年）

社会福利与社会保障研究中不仅存在制度主义分析，而且具有丰富内容：包括对再分配资源解决社会问题、满足社会需要、实现公民权利、体制路径、服务实践的研究。近几年社会福利与社会保障变迁，无一不是学术研究的重要议题。根据中国知网（CNIK）检索（2015年5月31日），2011～2014年以社会福利为关键词的论文有4 279篇，以社会保障为关键词的论文有2 875篇，作者背景各异，形成了最大的社会科学跨学科研究成果群之一。根据组织建设和大型学术活动、社会福利与社会保障体制构建论争、社会福利与社会保障提供领域、社会福利与社会保障接受人群分成不同板块。

（一）跨学科学术组织与大型学术活动

组织建设与大型学术活动是学术研究发展的重要支撑内容之一。中国社会学会社会福利研究专业委员会连续组织了七届社会福利研究年会，扩大了社会福利研究队伍，大大提升了社会福利研究水平。中国社会科学院社会学所、南京大学社会学院社会工作与政策系与MSW教育中心、复旦大学社会工作学系、中国青年政治学院社会工作学院、江西财经大学人文学院、云南大学社会工作系、黑龙江大学社会学系、宁夏大学经管学院、中国社会科学院研究生院MSW教育中心、中国社会科学院社会政策研究中心等在2011～2014年联合或独立承办年会："中国适度普惠福利社会与国际经验研究"（江西南昌，2011年）、"社会福利制度创新：政府责任与社会组织责任"（宁夏银川，2012年）、"社会福利制度：分立与整合"（北京，2013年）、"福利治理：本土创新与国际经验"（江苏南京，2014年）。在2014年年会开幕式上还举行了南京大学社会建设与社会工作研究院揭牌仪式。我们和韩国社会福利协会、日本社会福利协会连续互派代表参加年会，形成东亚社会福利研究交流网络。

中国社会学会社会福利研究专业委员会组织出版了两套丛书。景天魁和彭华民主编的国家"十二五"重点书目《社会福利思想与制度丛书》已经出版了四本：《西方社会福利理论前沿：论国家、社会、体制与政策》（彭华民等，2009）、《当代中国社会福利思想与制度：从小福利迈向大福利》（景天魁等，2011）、《欧美福利制度：挑战、改革与约束》（李秉勤等，2011）、《东亚国家和地区福利制度：全球化、文化与政府角色》（王卓祺，2011）。彭华民、顾东辉、陈树强主编的《社会福利服务与管理丛书》出版了四本：《社会福利项目管理与评估》（方巍、张晖、何铨著，2010）、《社会福利行业和职业标准》（徐道稳，2010）、《社会工作人力资源管理》（唐斌尧，2011）、《社区组织管理》（韦克难，2012）。另外，高鉴国等主编的《社会福利研究》（中国社会出版社）、彭华民等主编的《社会福利评论》（中国社会科学出版社）以连续出版物的形式推出了社会福利主题系列研究成果。彭华民和李秉勤主编的《解析福利：社会问题、政策与实践丛书》（上海人民出版社）、岳经纶主编的《社会政策与社会保障前沿译丛》（北京大学出版社）系统地介绍了国外最新社会福利与社会保障理论、制度建设以及福利运动发展和实践。

在社会保障30人论坛以及社会保障教学研究发展的基础上，2015年中国社会保障学会宣布成立。原社会保障三十人论坛成员中具有社会学研究背景的学者景天魁、王延中、丁元竹、陆仕桢、关信平、青连斌、丁建定、唐钧等在新成立的中国社会保障学会继续发挥着重要的作用：促进中国社会保障理论的学术繁荣；推动社会保障学科建设和人才培养；致力于社会保障改革和制度建设；推动平等参与国际社会保障学术交流。郑功成主编的四卷本的《中国社会保障改革与发展战略》（2011）是上述专家与其他学者和官员的集体智慧结晶。全书对中国社会保障改革与发展的战略目标、步骤与措施进行了宏观规划。

此外，中国社会科学院社会学所建立了中国—北欧福利实验室，召开首届中国—北欧福利论坛，论坛名为“老人福利与社会政策”。中国台湾中华文化社会福利事业基金会本着增进华人社会福祉的宗旨而举办的“两岸社会福利学术研讨会”自2002年开始举办，其中与中国大陆大学联合举办，包括：“中华文化与社会福利”（2002）、“人口老化与老年社会福利”（2004）、“社会安全制度：普世价值与面对的挑战”（2005）、“当代中国社会救助与慈善事业理论与实务的探讨”（2006）、“社工专业与福利服务”（2007）、“社区福利服务新取向”（2008）、“妇女儿童权益保护”（2009）、“金融海啸下两岸社会福利与劳动保障之展望”（2009）、“人口高龄化与养老服务”（2010）、“灾害救助与社会工作”（2010）、“社会福利模式——从传承到创新”（2011）、“社区工作的理论与实务”（2011）、“非营利组织的发展与社会服务创新”（2012）、“社会政策与社会质量”（2013）、“应对人口老龄化：两岸的理论与实践”（2013）、“剧变时代的社会福利政策”（2014）以及“高龄化社会的应对及挑战”（2015）。

本领域中标志性学术成果之一是多支高水平国家级研究团队获得重大项目。其中，国家社会科学基金重大项目有“普遍型社会福利体系的基础和设计研究”（景天魁）、“未来十年中国城市养老人口居家养老保障研究”（桂世勋）、“中国特色现代社会福利制度框架设计研究”（岳经纶）等。教育部哲学社会科学研究重大课题攻关项目有“中国适度普惠社会福利的理论与制度构建”（彭华民）、“流动人口管理和服务对策研究”（关信平）、“推进以保障和改善民生为重点的社会体制改革研究”（范明林）、“中国社会保障制度整合与体系完善研究”（丁建定）、“完善社会救助制度研究”（慈勤英）等。还有的项目中包含了社会福利与社会保障子课题或内容，如“城市流动人口服务管理问题研究”（江立华）、“社会养老服务体系建设研究”（米红）、“新生代农民工群体研究：基于流动人口服务与管理的视角”（陆汉龙）、“户籍限制开放背景下促进农民工中小城市社会融合的社会管理和服务研究”（刘林平）等。项目相关学术论文和研究报告在社会上产生了重大影响。

（二）中国社会保障与社会福利体制研究论争

本领域论争核心仍然是中国未来实行大社会保障还是大社会福利体制。持大福利观点的学者认为中国已进入从小福利迈向大福利的新阶段，关键在于选择一个符合中国国情的福利模式。从中国的历史经验看，平均主义走不通，福利国家道路不可取，小福利模式已被突破，体制范式选择就是我们面对的最大课题。景天魁（2013）认为我国今后发展的重点是逐步实现制度整合，并进一步实现体系整合。他的团队首次提出普遍整合福利体系和普遍整合福利模式概念，系统论述了普遍整合福利模式的理论基础、基本特征、科学依据、制度构成和运行机制，探讨了社会福利体系普遍整合的制度设计，为推进各项社会福利制度的普遍整合提供了对策建议（景天魁、高和荣、毕天云，2014）。彭华民（2011）认为中国社会福利不是简单地从补缺型转型到普惠型，而应建成组合式普惠型社会福利制度，即以普惠型福利为主，选择型福利为辅，分需要、分目标、分人群、分阶段逐步构建，形成政府、市场、家庭、社区连接成为层次有别、功能互补、相互支持、互为补充的满足社会成员福利需要、体现中国传统文化价值与现代福利观念的社会福利体系。

愈来愈多的学者认为中国应从如下三个方面来重塑福利体制：建立和发展新型福利体制的责任共担的模式；通过风险管理确立国家、非营利部门与家庭的福利三角关系；建立和发展新型社会契约下的公民权利保障机制（熊跃根，2010）。基本公共服务均等化为中国构建普惠型社会福利制度提供了可行性与操作空间，整合模式可以作为普惠型社会福利制度的中国选择（李迎生，2014）。我国社会福利体系整合包括管理整合、制度整合、政策整合、类型整合、主体整合、机制整合、经办机构整合、信息系统整合、体系城乡整合以及监控机制整合十个方面（毕天云，2012）。中国社会福利发展语境是建立在社会福利供给的宏观与微观的对立统一基础之上。从传统与现代、政府与社会组织、社区服务与社区照顾等建立本土发展模式（赵一红，2013），福利需要是嵌入在经济社会环境中的，随其变化而发生相应的变化。要通过“市民社会”和“有限责任政府”的结合，建立综合多元福利体系（房莉杰，2013）。

一些学者继续研究导致当前我国社会保障公平性不足问题的原因，主要观点有：社会保障制度的碎片化、普惠性福利不足、政府公共资源“逆向调节”。要解决问题就要从公平性的角度重新建构社会保障制度（关信平，2013）。中国社会保障制度从“国家—单位制”逐步转变为“国家—社会制”。新改革就应该体现出从身份化到去身份化、从地域化到去地域化的整合态势（高和荣、夏会琴，2013）。巨额社会保障资金收支缺口引发了社会保障制度财务不可持续性危机。中国应坚持保基本、多路径的重要原则，实现从人口红利向资本红利的转型（张思锋、雍岚、王立剑，2012）。中国社会保险经办服务体系改革应该实行社会保险经办人员编制动态配比制，工作人员数量与参保人次挂钩，社保经办服务系统的经费预算全部纳入社会保险基金中列支；建立全国社会保险事业管理总局，社保经办系统应定性为特殊类公益事业单位（郑秉文，2013）。

中国社会福利思想和历史是我国社会福利研究的宝库。在这个领域一直使用广义社会福利的概念。王子今、刘悦斌和常宗虎（2013）从国家政策、社会组织和文化思想等方面系统地考察了中国社会福利史的发展状况及历史特点，其对于认识现今中国社会福利状况的文化源流和社会条件具有重要的学术和现实意义。

中国福利思想突出国家负责与家国一体，秉承等级差序与中庸之道，依靠传统文化柔性传承，与社会安定和政权兴亡密切关联，维护家庭保障的特殊地位，构成了数千年来中国社会保障发展的本土特征（郑功成，2014）。中国传统农村福利也有丰富的思想逻辑。中国传统福利体系以国家、社会和家庭为主要因素构成。诸如大同、民本、和谐等福利思想以及儒释道三家相互补充构成中国传统福利体系的哲学基础（潘屹，2014）。

社会福利理论带来研究的新切入点。学者认为社会福利理论研究应该以社会正义和公民权利概念为逻辑起点。对公民权利阐述最为系统的是马歇尔和罗尔斯，但他们的理论存在各自的问题。每个人对自然资源的平等权利则为国家福利政策提供更为充分、坚实的基础，福利权是现代公民的基本国民待遇之一。农民的福利获得是检验中国现代化进程的标尺。要完全实现农民的这一现代国民福利待遇，需要在国家主导下构筑起由不同福利主体有机组合的多元治理框架（韩央迪、李迎生，2014；钱宁，2011；杨伟民，2014）。新发展主义福利观强调经济发展成果惠及各个阶层，中国社会福利具有新发展主义走向，在注重社会政策的投资和发展效应的同时，更强调对福利对象保障水平及其福利水平的提升（方巍，2011）。社会福利制度必须具有合法性，合法性机制转型与我国政府福利责任承诺变迁是对应关系，我国逐步确立了民生为本的合法性机制（袁同成，2013）。国家是社会福利中的重要概念，中国社会福利制度改革在积极向西方取经的背景下，构成了当代中国的“安抚型国家”（郑广怀，2012）。包容性发展强调人人有责、全面协调、机会均等、利益共享。依据此理论，中国近期突破的重点应该是建立覆盖全民的社会保障体系，充分优化国民收入分配政策（高传胜，2012）。在社会支持理论视角下分析发现，社会支持在现代社会保障制度建设中受到了不同程度的忽视和削弱，它们应该是互补而不应该是互替关系（梁君林，2013）。以互构性思想为视角，社会福利与社会工作之间具有同源、同构、共变和共生的内在逻辑关系。应建立互构性关系机制，以实现两者之间良性互动和谐共生的发展目标（徐选国、阮海燕，2013）。

本阶段研究中特别值得注意的是福利治理讨论，福利治理是近些年来兴起的新理念和实践模式。福利治理的目标是建构新福利体制，福利体制的生成应该遵循特定的逻辑，提升人类福祉是其必然的价值追求。福利治理的核心问题是科学与政策的关系问题。政策来源于科学，科学建基于证据；公民参与是福利治理的核心要义，是福利治理与证据为本的交集。福利治理的行动准则应以证据为本（臧其胜，2014）。随着第三部门在社会福利领域的规模化和专业化，福利治理才开始被普遍采纳为西方福利国家改革的新思路。这形成了对既有政府范式的解构，并推动了福利领域向治理范式的转型（韩央迪，2012）。韩国社会福利体制建设是一个有效治理与发展过程。韩国第二次世界大战后从贫穷转变为富裕，社会安全网广泛建立。韩国威权体制的一个特点是，社会政策从一开始就处在重要地位，韩国的治理模式为国家主导的发展型福利国家（斯泰恩·林根、权赫周、李一清，2012）。

对中国社会福利与社会保障的面板数据等进行的研究能够较为全面地分析发展态势。《中国社会福利发展指数报告（2010～2012）》由中国社会福利发展指数等9个指数构成，测度与监测中国社会福利发展进程（杨立雄、李超，2014）。《国民福祉理论与实证研究》考察了我国1996～2009年国民福祉的演进历程和时空分布，对我国各地区在福祉水平上所存在的发展不平衡矛盾进行了实证分析和研究，构造出我国国民福祉分布的金字塔（万树，2012）。以省级地方政府社会保障投入—产出的视角测量发现，尽管财政性社会保障投入的省际差异减缓，但社会福利主观感受的省际差异和财政性社会保障投入与社会保障覆盖面间的不均衡发展状况仍然十分明显，已经在省际形成逆向分配的趋势（果佳、唐任伍，2013）。我国社会保障是调节收入分配的工具，社会保障调节收入分配的功能体现在收入分配的多个层次中。覆盖范围、筹资机制、补偿机制、融合性与便携性、转轨方案等因素不同程度地影响其收入分配调节作用，但还存在诸多问题（王延中、龙玉其，2013）。

（三）社会福利与社会救助提供研究

社区是社会福利提供的重要一方。社区公共服务是社会福利体系的重要组成部分。英国经历了“在社区照顾”到“由社区照顾”的转变。其经验可为我国社区服务发展提供借鉴。社区作为国家与民众互动的基本界面，既有户籍人口和流动人口的多种社会政策需求，又有丰富的组织和人力资源可资利用。可借鉴能促型国家理念，激发社区、居民的潜能，从而夯实社会管理之基（陈伟，2012；李凤琴，2011；张秀兰、徐晓新，2012）。以社区为基础的社会保障、社会福利和地域福利有四个未来发展方向：地域社会的稳定—社会资本的积累，地域协动的开展—社会治理的形成，社区开拓新市场—社会商业的培养和社区社会工作的开展（野口定久、罗佳，2012）。中国农村的“多村一社区”有其必然性与合理性，“多村一社区”通过在中心村建社区服务中心向本社区各村居民提供服务（高灵芝，2012）。改革开放初期土地成为农民最重要的福利供给，而宗族福利功能的逐渐恢复和市场功能的渐渐兴起提供了一定的福利替代；改革深化时期村庄逐渐呈现出多元化福利供给的雏形，国家强化对农村福利供给的责任，市民组织和新型集体等制度安排也提供了福利补充（吴小芳，2013）。

社会组织（或称民非企业、非政府组织、NGO、NPO等）是社会福利服务提供的重要机构。新管理主义的价值观已深植于NGO领域，但其市场化价值与组织的社会倡导价值矛盾，NGO为了获得发展资源形成妥协（田蓉，2012）。专业教育和专业支持构成了自助组织专业化的两个主要方面，问题是专业教育不足使组织发展陷入恶性循环当中。直接参与组织运作与管理和志愿性专业支持是主要专业支持的表现方式，但志愿性专业支持存在临时性的缺陷（何欣、魏雁滨，2011）。妇女是具有社会性别视角的非政府组织工作的重点，妇女在特殊社会情境中形成的性别关系与性别角色问题，可以通过福利服务的提供以及她们自身对工作的参与得到化解（裴谕新，2011）。劳工NGO动员和组织农民工的三种主要策略是法律动员、文化动员以及倡议式的介入（Xu，Y.，2012）。我国在计划经济时期有社会保障性生产企业、社会事业服务性生产企业、生产自救性企业、社会改造性生产企业四种模式，以及市场经济时期的创业型社会企业和企业投资型社会企业模式。这个结论纠正了学界认为社会企业是国外专利的认识误区（时立荣、徐美美、贾效伟，2011）。

家庭福利与性别开始成为被重视的领域。家庭政策包括直接以家庭为干预对象的显性政策和间接影响家庭福利的隐性政策。美国社会政策理念逐渐由“替代家庭功能”转向“支持家庭功能”，其可为建构中国家庭政策提供参考。在社会变迁加剧时代，家庭能力建设比以往更加依赖外部的支持。应将家庭作为社会福利政策的基本对象，积极构建家庭友好型社会环境和制度支持（何欢，2013；吴帆、李建民，2012）。独生子女不幸死亡，给独生子女的父母造成了极其沉重的身体心理创伤，构建失独群体社会保障制度是缓解失独群体后顾之忧的有效途径。应从满足失独群体需要出发，对服务的碎片化与需要的协同性、服务的长效性等核心问题进行厘定，其实现路径在于要从福利的生产、组织和输送各环节入手（许小玲，2013）。探讨中国家庭人口政策影响下的女性地位，发现孩子数量较少的女性做的家务更少并对自己家庭地位更满意。从代际影响来看，生育率下降意味着孩子的兄弟姐妹减少，因此女孩在家中更有可能获得更好的家庭福利（Xiaogang，W.，Hua，Y. & Gloria，H.，2014）。

慈善也是福利提供的来源。慈善事业的发展受多种因素的影响，是社会合力作用的结果。研究慈善事业的伦理根基和理性建构发现，它基于个体利他倾向的人性，亦是基于社会关系天然纽带和共同责任（林卡、吴昊，2012）。以韦伯的双利益驱动模型及其“扳道夫”假设对温州民营企业主慈善捐赠行为进行研究，发现企业主的政治和宗教信仰均能对捐赠行为产生积极推动作用，但不同信仰在捐赠方向、形式和结果上存在明显差异。采用竞争—承诺—服从的理论框架分析企业的捐款行为发现，企业捐款不仅仅为了市场竞争的目的，也可能基于管理者对企业社会责任的承诺或者对外部压力的服从（张建君，

2013；周怡，胡安宁，2014）。

汶川地震后灾害救助和灾害管理研究得到更多发展。灾后重建是一种综合的全社会过程，社区是其基本操作单元，社区发展则是灾后重建工程的重要路径（夏提古丽·夏克尔、李程伟，2014）。对汶川地震灾区进行实地考察发现，国家主流意识形态中的发展话语被村民巧妙地操作化运用，演绎出某种较新的草根政治版本（辛允星，2013）。灾害概念在管理实践中逐渐被突发事件概念所取代。防灾减灾的战略构想是：生命至上，减灾、安全与发展协调；预防为主，防灾、减灾与救灾结合；政府主导，政府、市场与社会合作；群防群治，自救、互救与他救互补；管理创新，领导、专家与民众共治（童星，2011）。

政府是解决贫困问题的最大责任承担者之一。在社会福利视野下，社会救助必须向高层面的发展型福利目标转变，即从单一维持基本生活的救助转变为多层级的发展型福利供给。通过测算并比较传统收入贫困识别策略和多维度贫困识别策略下的农村低保瞄准效果，发现除家庭人均收入外，影响因素还包括家庭人口结构、人力资本状况、家庭财产拥有情况。如果仅通过家庭收入来识别贫困，农村低保会存在严重的瞄准偏误（韩华为、徐月宾，2013）。城市低保对象部分因为中年下岗而陷入贫困困境，其摆脱低保的期望就是能达到法定退休年龄退休后领取退休金。由于各种原因，低保对象脱离贫困的动机可能不具备充分的主客观条件（Chen，H. L，Wong，Y. C. & Zeng，Q.，2015）。一个针对城镇低保对象的探索性研究发现街道官僚在低保审批过程中会采取工作能力、家庭单位和庇护主义原则。街道官僚主义阻碍了国家救助资源抵达生活在城镇的贫困家庭，最终对合法性产生影响（Lei，J.，2014）。在针对贫困群体的保障房体系中，廉租房由于缺乏有效的退出机制，准入制度设计存在缺陷，住房保障体系层次间流转不畅（盛婷婷、张海波，2013）。物质贫困和心理贫困既有相关性也有不同。心理贫困是指个体或群体的心理需求无法得到满足而导致的一种缺乏状况。应采取家庭、市场和社会福利提供相结合方式，选择型与普惠型福利提供相结合机制解决心理贫困问题（同雪莉，2014）。

（四）社会福利接受群体研究

农民工与流动人口是社会福利与社会保障研究中最热的对象主题。中国全国流动人口的总量为2.45亿，超过总人口的1/6（国家卫生计生委，2014）。第六次人口普查数据显示，居住在乡村的人口为6.74亿人，占总人口的1/2（国家统计局，2011）。他们是中国社会福利与社会保障提供水平最低的群体。农民工市民权的缺失表现为非正规工作、社会保障有限性与不平等性、政治参与和利益代表不足、家庭分离的居住形式、平等教育权缺失。失地农民要成为一个真正的市民，必须将身份转为市民，建立城市市民相同城市归属感以及自我新身份认同等。超时加班、工作环境有危害和强迫劳动会恶化外来农民工精神健康状况。精神健康是劳动权益的内容应该得到社会制度保护（刘爱玉，2012；刘林平、郑广怀、孙中伟，2011；王慧博，2011）。户籍类型作用于个体社会保障的可获得性，社会保障水平呈现出显著的梯级差别。要对外来人口社会福利和公共服务实行渐进性的增量改革（李涛、任远，2011）。

中国在 1999 年进入老龄社会。年龄认同与健康和福祉密切相关。2000 年中国男性感知的老年开始期为 63.70 岁；女性感知的老年开始期为 59.95 岁。年龄认同并非与年龄有着简单对应关系（Liang，K.，2014）。以发展型福利的视角重新审视中国养老制度，首先重塑养老制度安排的价值立场，在行政管理体制创新的基础上推进老年福利的适度普惠性、在机会平等的基础上促进老年人口参与发展过程、增进对未来劳动人口的人力资本投资，以及关注家庭能力发展在养老可持续性中的作用。老年人福利需求呈多样化趋势。其研究理论基础是适度普惠型福利、基本公共服务均等化及福利多元主义等理论。居家养老服务是社会养老服务体系的核心和基础，传统的居家养老力量不足，迫切需要完善老年社会福利服务制度（成海军，2012；丁建定，2013；胡湛、彭希哲，2012）。

老年社会福利与退休制度、养老保险直接相关。失能照护研究领域争议不断。学者根据自我负担系数决定退休年龄原理和世界 165 个国家的实践数据，对中国 2010～2060 年的退休年龄区间进行了测算，提出了以 5 年为周期的退休年龄调整幅度和建议的退休年龄（褚福灵，2013）。延迟退休年龄之争的背后，隐藏着中国社会政策独特的决策模式。养老保障制度改革应该在政策共识的基础上出台民生发展的好政策（韩克庆，2014）。2000 年起日本实施的护理保险制度受福利多元主义影响，实现了向“护理钻石”结构的转变，克服了社会性住院困境。此制度与 2008 年韩国实行的老人长期疗养保险制度相比，在具体制度上虽有些差异，但在通过立法确保对老龄照顾产业的公、私多元经营，实现护理结构有效转变的目标上是一致的（高春兰，班娟，2013；杨锃，2011）。为了推动中国失能老人护理补贴政策出台，学者们设计了中国失能老人护理补贴的制度框架（唐钧，2014）。中国新型农村社会养老保险呈现从群体包容到体制包容的趋向。虽然新农保仍属于初级包容，但已成功嵌入农村社会，成为农村多元养老模式重要的组成部分（高鉴国，2011；聂建亮、钟涨宝，2014）。

中国人口结构变化显示迫切需要加强儿童福利制度建设。中国儿童福利的发展战略原则就是把儿童优先发展作为国家战略来考虑，构建独立的中国儿童福利体系，完善中国儿童福利制度的行政系统，提升中国儿童福利制度的专业化水平。儿童福利制度建设应将国家政治智慧、政治承诺、责任承担转变为国家行动议程和战略规划活动，制定《儿童福利法》与《家庭福利法》（刘继同，2013；王振耀、尚晓援、高华俊，2012）。对中国31个省份的少儿教育福利状况进行综合比较之后发现，各省份的教育福利供应大体上呈现出了东优西劣的阶梯形下降格局，且现行教育福利政策未能形成反向阶梯的优化效果（万国威，2012）。困境儿童特性决定了他们的福利集合了物质保障和权利保护，包括监护支持制度、监护监督制度和儿童安置制度。理想的流浪儿童多元救助服务体系应该在市场、政府、社区和民间社会的共同参与下形成，救助服务责任分散但在服务提供上形成合力。农村艾滋孤儿的受损身份由外在建构与内在认同两方面交织而成。他们需要特别的福利提供（程福财，2012；冯元，2013；杨生勇，2013）。

中国8 000多万残疾人是特殊的弱势群体。传统的残疾人社会保障是一种消极性与消费型的福利制度。残疾人社会权利整体上还处于浅度配置和轻度配置阶段，因此，应从社会权利重度配置和深度配置的角度出发，建立健全以最低生活保障制度为基础、多层次的残疾人社会保障体系，加快残疾人由生存型保障到发展型福利转变的进程（吕学静、赵萌萌，2012；周林刚，2011；周沛，2014）。农村残疾人的社会保障与服务体系建设与城市存在巨大差别，要建立以乡镇为核心、村为依托的残疾人服务体系，解决重度残疾人和精神病残疾人集中供养问题，建立普惠基础上的特惠制度（宋宝安，2012）。智障儿童教育是儿童教育福利的重要组成部分。政府应向社会组织让渡一定的参与兴办智障儿童特殊教育的权利，或向社会组织购买智障儿童特殊教育服务（谢俊贵，2012）。比较香港、上海两地老年残障人士发现，老年人的伤障状况与其生活质量显著负相关，社区排斥表现最显著，沪港两地同类人群亦有不同境遇（Chen，H. L.，2013）。

医疗保险和医疗服务是社会保障和社会福利中问题多、专业强、技术难的研究领域。中国地方税务机构和社会保险经办机构并存，形成二元征缴局面。通过构建1999～2008年的面板数据库发现，地方税务机构征收社会保险费更有利于扩大社会保险覆盖面以及促进社会保险基金收入增长（刘军强，2011）。在农村，村民对村医和乡镇卫生院医生采取的分别是人际信任和制度信任的信任逻辑；而在农村社会从传统向现代转型、农民对医疗专业化预期提高、医疗服务更加专业化和制度化的背景下，未来村民对于村医的信任逻辑将是人际信任与制度信任的叠加。医疗体制与社会环境共同形塑了医生的行为（房莉杰、梁小云、金承刚，2013）。

（五）结论与反思

纵观中国社会保障特别是社会福利领域的发展，如果改革开放后前三十年研究是以三个趋势为特征，即从以经济分析的附属为中心转到社会保障与社会福利专业研究为中心，从对国外借鉴研究为中心转到中国社会保障与社会福利制度建设研究为中心，以宏观论述为中心转到制度研究数据实证分析结合为中心，那么2011～2014年本领域的特征是，以整合型组合式社会福利体制构建为中心，以消除城乡分割碎片化、建立一体化制度为核心，以农民工和流动人口社会保障和社会福利服务研究为热点，以福利服务和资金保障并重为制度建设内容，社会福利提供从传统三大弱势群体扩大到更多的群体。国家、社会、市场福利三角互动频繁，福利治理、性别视角、家庭福利研究等异军突起，百花齐放异彩缤纷。

从2011～2014年研究成果发表情况来看，学术成果数量出现跳跃式增长，高水平成果不断涌现。学术成果不仅仅局限在中文刊物而且也在英文刊物上发表，我们的研究正在走向世界。通过对这个阶段组织发展、学术活动和发表成果的分析，可以看到中国社会保障特别是社会福利学者的社会情怀，其研究与意识形态、经济形态和社会制度有密切的互动关系；同时可发现国家在福利保障提供责任、社会福利接受人群、社会福利体制类型等方面的变迁，其中有与西方社会福利体制发展相似之处，更明显的是有中国社会福利发展的独特轨迹。

反思这个阶段的研究，仍然存在几个问题需要在未来讨论：第一，适度普惠社会福利转型已经得到更多认同，中国社会福利体制是怎样的形态？有什么特征？第二，福利治理刚刚开始讨论，与国际相关研究领域水平有巨大差距。福利治理中的福利发展目标、福利提供精准化、福利产品市场化、福利管理科层化等内容需要深入展开。第三，社会福利理论和方法研究仍然非常薄弱，需要由国家通过有规模的科研项目支持连续性学术研究，使得本土系统理论发展成为可能。

三、社会保障发展中的社会福利研究（2015～2017年）

新时期我国社会主要矛盾已经转化为人民日益增长的美好生活需要和不平衡不充分的发展之间的矛盾。在努力补齐民生建设短板的过程中，社会福利和社会保障研究具有更为重要的意义。本部分观点主要来自社会学界学者在中国知网（CNIK）高被引论文、专家推荐、专题论文等[①]。本书分为学术组织建设和大型

① 中国学者以广义和狭义的社会福利概念为导向的研究以及中国特色社会保障研究愈来愈多地走向国际。其中北大、清华、人大、南大、南开、复旦、上大、华理、中山、厦大等学者发表了多篇有影响的SSCI论文。限于篇幅，作者将另外行文回顾SSCI论文相关研究的贡献。特别感谢姚进忠、臧其胜、拜争刚、高晶晶、陈星在资料整理方面的贡献。

学术活动、社会体制与社会保障理论制度、中国适度普惠社会福利、社会福利与保障提供人群与领域，以及特色专题创新领域，包括福利治理、福利态度和循证决策研究等板块。

（一）跨学科学术组织与大型学术活动

中国社会学会社会福利研究专业委员会在之前七届社会福利研究年会和多项大型学术交流活动的基础上，不断扩大社会福利研究队伍，大大提升了社会福利研究水平。中国青年政治学院社会工作学院、复旦大学社会工作学系、厦门大学公共管理学院分别承办了2015年“新常态背景下的社会福利治理国际研讨会”、2016年“走向治理：中国社会福利的理论建构与实践发展国际研讨会”、2017年“聚焦共享发展：社会福利新征程国际研讨会”。2017年年会分别进行了三个工作会议。中日韩社会福利协会负责人圆桌会议主题是持续推动中、日、韩三国社会福利界的交流；中国社会学会社会福利研究专委会进行了发展新理事的议程，进行了理事会负责人换届选举；通过了建立国际交流部、学术研究部和青年理事部的提议。景天魁学部委员在换届大会上发表《扩大视野、扩大领域、扩大队伍》的总结报告，为专委会的发展指出了新的方向。彭华民教授代表新一届专委会表示将继续深化社会福利研究，为民生建设推出更高水平的学术成果，提出更多的服务和政策建议。我们和韩国社会福利协会、日本社会福利协会连续互派代表参加年会。2017年10月中日韩三国社会福利协会（专委会）负责人在韩国首尔召开会议，签订了《推动中国、韩国、日本学术交流备忘录》，形成了制度化东亚社会福利研究交流网络。

南京大学社会学院MSW教育中心、中国社会科学院社会学所、中国社会科学院社会发展研究院、上海大学社会工作系2017年主办中国社会学年会共享发展的社会福利与社会工作论坛并获优秀论坛组织奖。中国台湾财团法人中华文化社会福利事业基金会在中国台湾举办“2015年两岸高龄化社会的应对及挑战社会福利学术研讨会”。中国人民大学社会与人口学院、厦门大学公共管理学院分别与该基金会联合举办了两岸社会福利学术研讨会，即2016年“人口变迁与社会福利：政策发展与实务创新研讨会”；2017年“社会福利与小区发展研讨会”。中山大学政治与公共事务管理学院2017年主办“中国福利国家建设：理念选择、制度设计与治理创新学术研讨会”。中国儿童与老年健康证据转化平台（CCET）针对重大问题，应用《国外证据可推广性评价量表》和《健康干预项目评级及推荐标准》评价中国的儿童及老年健康，为政府决策提供依据，提高干预项目水平。

（二）社会体制与社会保障：理论与改革思路

景天魁和高和荣（2016）认为我们应该客观科学地制定中国社会的治理策略，秉持兼容并包、合作共进的治理理念，坚持底线思维，构建民生为本的治理体系，在坚持社会治理主体性基础上吸收古今中外一切先进治理经验，将其创造性地转化为中国社会治理的可行策略。丁元竹、江汛清（2017）指出中国社会秩序重建和激发社会发展活力必须采取组合的政策选择，市场方法引入社会领域的创新无论是从历史惯性还是基于人们当前生活现状都已经不可避免，要鼓励和支持类似社会企业建设，但必须坚守社会的秉性与规律。关信平（2017）从转变经济发展方式条件下促进经济发展与社会福利共赢的角度论证我国进一步提高社会福利水平的合理性。中国目前既要完善社会保障体系，同时更需要与时俱进地扩大社会福利的概念，变被动消极的社会保障为多元积极的社会福利（房莉杰，2017）。20世纪90年代末以来，福利国家社会服务增长速度加快，现金给付则相对减少，社会服务已成为主要的给付方式之一，“准社会服务国家”开始出现（林闽钢、梁誉，2016）。

中西方都有丰富的社会福利思想。彭华民、黄君（2016）指出新马克思主义理论[①]独树一帜。特定阶段与福利国家环境下的资本积累、劳工阶级斗争以及国家结构集中化是社会政策发展的重要动因，这些因素的相互作用促进了现代福利国家制度的发展完善。福利国家社会政策发展逻辑研究对中国社会保障制度建设发展具有重要的借鉴意义。西方现代社会保障制度的发展基于西方政治变化。劳资协商推动了西方社会保障制度的出现和发展；利益集团政治为民众诉求提供途径，从而为社会保障政策的制定和实施提供必要的社会基础（丁建定，2017）。田毅鹏（2017）等对济贫思想、救灾救荒思想、安老怀少思想、残疾人福利思想、社会优抚思想、妇女福利思想、社会教化思想发展演进规律进行了提炼概括。通过对费孝通著述中有关“志在富民”思想源流及发展的回顾和分析可知，他强调中国农村经济和社会发展应采取不同模式，同时指出欠发达地区农村发展背后面临的更大挑战实际上是文化问题（熊跃根，2017）。传统中国福利实践中的福、命、报等观念，不是自在的象征系统，而是作为融生产性与榨取性为一体的文化，渗透于社仓、义庄、义冢、善堂等福利制度的再生产过程中（张佩国，2017）。

---

① 社会福利中的新马克思主义理论以高夫、欧费、欧肯洛、全森伯格、费格深为代表，在阶级与阶级斗争、资本主义生产方式与矛盾的分析基础上，指出资本主义福利国家内部有不可调和的矛盾。

（三）社会服务：政府购买、社会组织与慈善

社会福利和社会服务从最初的国家保障逐渐成为由政府和社会组织共同参与的治理行动。本土政府购买服务是以社会治理创新为核心使命的复合型制度，应发挥优化公共服务效能、创新社会治理体制、激发基层社会活力、重构新社会服务体系等重要功能（彭少峰，2017）。政府购买社会服务第三方评估实践中存在着结构性风险、合法性风险、有效性风险和道义性风险。应在实践中探寻一种迈向政社分开与团结取向下的第三方评估模式，重构当前基层社会治理中政社关系结构（徐选国、黄颖，2017）。以社会投资回报分析法（social return of investment，SROI）为蓝本可较全面描述利益相关方在项目中的投入、产出及成果，并将项目成本、成效和投资回报率进行量化，以检验服务项目是否创造有效率、质量、成效和公平的预设价值，构建政府购买社会服务项目的评估体系（赵环等，2017）。

自改革开放以来，我国社会组织与政府处于特殊的依赖关系中，慈善组织也不例外（毕素华，2017）。官办 NGO 是中国社会组织的重要组成部分，其改革路径可提炼概括为“从国家法团到社会法团”（崔月琴、李远，2017）。采用 2007 ~2014 年 31 个省份面板数据对中国农村社会组织生成发展的影响因素进行实证研究，发现未经满足的公共需求构成农村社会组织生成的内在动力，农村人口规模与质量、政府治理目标的转变和治理方式的选择构成农村社会组织发展的基本约束条件（谢舜等，2017）。卢玮静等（2016）认为社会组织分别为自我强化和自我超越两种价值观主导。罗婧等（2016）构建了“意向—机会—制度”的分析框架。通过“外联逻辑”来动员资源、拓展团队的弱连带等。民间组织是参与贫困治理的重要社会力量。相应地形成了项目机制和市场机制两种扶贫资源传递策略（覃志敏，2016）。

从服务资源动员、服务战略选择以及服务主体互动的角度，分析社会组织的起源对其服务递送效果的影响机制，可以看到不同社会起源的社会组织所导致的服务递送的差异化（王猋成等，2017）。社区服务中心在社区治理中扮演着“服务型治理”的角色。“融入—服务—孵化”是社区服务中心发挥服务型治理的可行路径（徐宇珊，2016）。从“自主性”和“资源来源”两个维度来看，提供居家养老服务的非营利组织形式有三种类型：政府主导型、企业附属型和公益主导型。这种合作关系兼具非营利组织形式和合作模式类型的双重特征（宋雪飞等，2017）。

通过中国 31 个省区市 2001 ~2013 年数据分析发现在制度环境越强的区域，社会捐赠水平越高；制度环境中经济环境、法律环境以及地方政府管制对社会捐

赠水平具有显著正向影响，社会信任同样对社会捐赠水平具有显著影响，但其影响受到其他三个因素的调节（颜克高等，2016）。我国慈善市场优化信息生态的主要路径包括树立"信息"意识，明确资源配置应以结果和需求为导向，认清慈善信息的独特性，加强信息制度建设，如完善信息采集、披露和共享、评估的机制，并强调应由政府领衔信息生态的建设（杨方方，2017）。我国应该坚持以慈善组织为主体开展慈善募捐，充分运用慈善组织公信力和以税收政策为杠杆，引导个人和组织以制度化方式捐赠/接收捐助，同时建立兼具约束力和激励性的有效监管制度，促进慈善组织和募捐活动的多元发展（钟晓慧等，2017）。美国建立了慈善组织信息披露的重要工具，是潜在捐赠者、政府人员、媒体、专家以及慈善组织董事会、员工和志愿者们最容易获得的数据来源（伊芙琳·布罗迪、李芳、孙旖旎，2016）。

（四）特殊群体保障与福利服务

1. 贫困群体和反贫困行动

"瞄准效率"或"瞄准偏差"是西方社会政策研究和福利效应评估的重要内容。个体瞄准机制、类型瞄准机制和区域瞄准机制都会面临相应的技术难题，从而导致瞄准偏差的产生。中国"精准扶贫"需要综合考虑技术手段、政治因素和文化因素，在政治过程考察和文化因素分析两方面建构本土性解释框架（李棉管，2017）。莫光辉等（2017）认为在贫困治理领域，更需要应用大数据思维和技术对扶贫开发资源进行高效整合。大数据技术支持对精准扶贫进程的绩效影响显著，大数据扶贫平台建构是精准扶贫实践的新模式。王雨磊（2016）提出数字下乡是技术治理在农村扶贫开发中的典型应用，通过将数字信息在地化、系统化和逻辑化，国家得以改善基层治理过程中的信息不对称，实现对社会治理的合理优化，针对社会救助托底的能力建设要全面、整合政策建构机制。全面是指社会救助的制度设计要内容综合、体系完整，覆盖所有弱势和贫困人口的不同需求。整合是指社会救助项目内部以及与其他社会保障项目之间要有机衔接，不重不漏。

我国农村低保政策执行过程存在着明显的阶段性：初期的过度放宽与后期的过度收紧。这种阶段性的变动反映了基层政府在农村低保政策执行中的"过度化执行"逻辑（寇浩宁、李平菊，2017）。运用2007～2014年贫困人口统计数据，基于低保金的替代效应和收入再分配效应研究发现，农村最低生活保障制度明显提高了贫困群体的生活水平，但2011年以后低保金对贫困家庭人均纯收入的替代作用下降。需完善收入再分配制度，加大对特殊贫困群体的支持力度（曹艳春，2016）。2007年以后，农村低保政策和扶贫开发政策成为我国反贫困的两项重要的制度安排。从协同治理的视角出发，需要通过常态化的跨部门分工协作，实现两项制度的衔接互嵌，提升整体的反贫困效果（左停等，2017）。

李威等（2016）使用倾向得分匹配法（PSM）对中国城乡困难家庭社会政策支持系统建设项目的调查数据分析，探究是否存在“福利依赖”问题。结果显示低保对城市居民就业惰性的平均处理效应不显著。反贫困应由维持性生计理念向可持续性生计理念转变。建构中国城市贫困家庭可持续生计系统的关键要素有金融资产、知识更新与职业技能培训，未成年子女贫困家庭应成为政策支持的重点对象（高功敬，2016）。借鉴工作福利的理念和路径，就业救助应注重积极救助。就业困难群体分别对应长期促进模式、快速就业模式、工作体验模式三类工作福利实施路径（韩克庆等，2017）。食物短缺是社会贫困问题的重要体现。祝玉红等（2017）以加拿大和中国香港这两个分别信奉食物权利与食物慈善的典型国家和地区作为研究对象，并基于其社会民主主义与自由主义两种不同的意识形态，对其食物银行的产生、发展和运行机制进行了详细梳理和比较，为当下正在实施精准扶贫战略中的我国发展食物银行提供有价值的参考。

2. 老人福利与长期照顾服务

根据2014年CLASS数据分析发现：空巢家庭的老人已达47.53%；有12.54%的老年人需要不同程度的照料（杜鹏等，2016）。身份治理是一种蕴含身份伦理和契约伦理的社会治理模式。应从国民身份、集体身份和个体责任三个层次建立国民年金、职业年金、企业年金和土地年金等制度，从而建构公平可持续的养老保险制度（郑雄飞，2016）。机关事业单位与企业单位养老保险制度并轨的实质是机关事业单位养老保险制度向部分积累制的转型。根据估算，养老保险制度并轨所产生的“老人”资金缺口约为3.73万亿元，“中人”的资金缺口约为1.08万亿元，总计约为4.81万亿元（魏臻等，2016）。子女在代际支持中的作用并不相同。使用中国健康与养老追踪调查数据的分析结果显示：传统性别制度的影响在农村依然存在，但女性在代际支持中作用逐渐凸显；城乡代际支持模式共性和差异性并存；子女在代际支持中均存在各自的支持优势（毛瑛等，2017）。

本着借鉴和适应的原则，戴卫东（2017）主要从政策制定与责任部门、参保对象与受益人员、保费缴纳与待遇支付、申请程序与等级认定、服务内容与供给体系、基金管理与结算办法、医养融合与信息化建设、风险控制与质量监管16个方面尝试设计长期照护保险的“中国方案”。长期照护在协同治理的解释框架下遵循两条逻辑主线——明线为绩效和风险，暗线为公平和义务。在制度绩效方面，提出了多元照护主体在照护制度框架同构过程中的照护制度效率增效链条；在服务绩效方面，选取全景式和精准化双维度来细观一站式全生命周期的长期照护连续统（陈伟、黄洪，2017）。基于福利多元主义的理论视角，我国未来社区照料发展的重点方向应放在对照料网络的支持以及社区的社会资本的构建（卢施羽、黄洪，2017）。我国居家养老服务实践缺乏科学的补贴资格识别体系与方法。依据 CEval 评估流程，首先利用德尔菲法等筛选评估指标体系；其次使用层次分析法对各指标进行赋权；最后运用可拓综合评价法，将老年人划分为无偿、低偿、有偿三类。分析表明，该居家养老服务补贴资格评估识别体系更为全面、合理。为此，提出从简单的单一脆弱削减机制向精确的综合脆弱削减机制转变，尽快调整当前单一维度确定服务补贴对象的实践做法（江海霞等，2017）。利用 2010 年中国城乡老年人口状况追踪调查数据进行分析，发现目前城市老年人购买长期照护保险的意愿并不高，并且存在较高的逆向选择；人口社会因素、经济因素、替代因素、健康因素及意识因素显著影响着城市老年人购买长期护理保险的意愿（丁志宏等，2016）。成年监护制度是一项置于民法基础上的制度，但同时具备公共属性，与社会福祉密切相关。日本成年监护制度的利用数量不断增加，但任意监护增加速度相对较慢；利用者年龄结构出现超高龄化；制度利用的目的仍然以财产管理为主，但是人身监护的比例有所上升；亲属监护人逐渐减少，第三者监护人不断增加，成为成年监护人的主体（张继元，税所真也，2016）。

社会福利体制与基本养老服务制度建设有密切关系。建立中国式混合经济的养老服务模型，必须厘清政府与市场之间的关系和界限（李兵等，2015）。要以积极老龄化的政策思维重新建构老年政策（钱宁，2015）。潘屹、隋玉杰、陈社英（2017）提出支持老人就地养老是当前老年社会服务的一个核心实践。在我国建立社区综合养老社会服务体系的框架，包括社区养老服务、机构养老服务、居家养老服务、家庭（类似家庭或模拟家庭）养老、结伴（老年公寓）养老等方面。中国农村互助型社会养老应该以低成本、广覆盖、可持续为目标，以“自助—互助”的理念与行动为核心，有效利用农村老年人力资源，在发达农村与欠发达农村差异化发展中，解决好快速增长的社会养老需求问题（刘妮娜，2017）。

3. 儿童与女性福利服务

当前我国留守儿童关爱保护政策属于一种“问题回应”型政策。应该以国家福利资源为保障，以家庭成员或类家庭成员为政策执行主体，以促进留守儿童家庭功能修复的“家庭整合”型政策安排是理性选择（董才生，2017）。长期滞留在救助保护机构内的流浪儿童面临着一系列困难。进一步改革的目标应该是整合式发展型流浪儿童救助保护新模式（薛在兴，2017）。西方儿童虐待概念几乎囊括了对儿童造成伤害的所有行为。中西方在儿童虐待认识上的差异是历史形成的，需要从历史、文化、理论和政治等各方面分析其内在逻辑和根源（乔东平等，2015）。美国儿童保护制度历经从无到有的发展历程，使受虐待和被疏忽的儿童得到了保护和支持，有效减少了儿童受伤害事件的发生（高丽茹，2016）。

抗逆力研究目前正在以跨学科、跨领域及跨国界的动态整合方式向纵深拓展，渐次出现了较有影响力的三个整合研究框架（冯跃，2017）。抗逆力研究有从个体能力入手，将之视为个体特质和能力的心理学取向，也有从环境资源入手，将之视为保护因素和危险因素相互作用的结果，两种研究取向有融合打通的趋势（张杰等，2017）。家庭抗逆力视角下的流动儿童家庭社会工作服务模式肯定和发掘流动儿童家庭及其系统的优势和潜能；建立以流动儿童家庭为中心的服务取向；提供补缺和预防相结合的综合服务；增强系统间的协同和合作，搭建社区为本的多系统服务框架，最终实现流动儿童家庭抗逆力的提升（刘玉兰等，2016）。采用回溯生命史的方法发现，对留守儿童抗逆力具有保护作用的因素一是来自个体的内部保护性因素，二是来自家庭、学校和社区等的外部保护性因素（李燕平等，2016）。采用2013～2014年中国教育追踪调查的基线数据并进行分析发现：家庭中的留守塑造了城市儿童群体的弱势特征；亲子分离作为儿童成长中的重要风险因素，独立于其他社会资源；不同留守模式的风险效应有别；个体未来信念、家庭中父母监护与亲子互动、学校生活体验及同伴支持对不同类型适应结果的保护效应存在差异；母子互动能够有效弥补留守的消极影响，提高抗逆力重组水平（同雪莉等，2016）。通过问卷调查发现青少年家庭、朋辈和社区生态子系统的社会生态资产与青少年的抗逆力都显著正相关。社会生态资产对青少年的抗逆力的个人能力和接纳自我与生活两个维度都起到良好的预测作用（周晓春，2017）。

中国当前社会福利政策的去商品化能力较弱，不足以缓解城市女性二孩生育所带来的经济压力，导致再生育意愿减低。应提升社会福利政策的去商品化能力（陈秀红，2017）。运用Probit模型与Dprobit模型对各因素影响城镇女性劳动参与的可能性及其边际效用进行分析，结果显示：个人月平均收入、提供家庭补助与税收减免、工作时间的灵活性对城镇女性劳动参与具有显著的积极影响（张樨樨等，2017）。通过剖析性别、种族、阶级和文化构成的交叉嵌入性因素对大湄公河次区域内女性移民多重边缘社会身份的塑造过程，发现这一区域内的跨境流动妇女深陷一个具有多重不平等性的社会结构中。区域内各国、各组织应当采取更有效的合作与行动，促进女性移民多元社会身份平权化，从而改善和提高其生存环境和健康水平（陈雪，2017）。

4. 残疾人福利服务

基于对残障观念从“社会模式”到“普同模式”的转变进程的理解，才能揭示障碍研究的主要问题。在这一演进过程中，社会模式与普同模式批判“健全者中心主义”的制度建构，逐渐确立起残障者作为生活主体的理念，并试图通过连带普通人的障碍体验为策略，汇聚成制度改革的合力。障碍研究的推进，改造社会，并转变人观（杨锃，2015）。成年残疾人子女家庭照顾已经显现和隐藏如下风险：生命安全、生存、未来照顾维系、身心健康损害、家庭和社会关系支持以及多重复合性因素威胁等。因此，迫切需要基于个案管理模式，建立和设计一个整合各种资源、能够根据成年残疾人子女家庭照顾需要而提供多样性和针对性服务的综融式服务框架（范明林等，2017）。

5. 流动人口福利服务

王春光（2017）指出农村流动人口本地化的最根本阻碍因素是区域社会体制，即唯利型生产体制、分离型消费体制和非均衡型公共服务体制。流动人口表现出某种"权能不足"状态。增能是应对流动人口权能不足的重要社会工作策略，治理是中国的新近国家战略，主体多元平等是其基础品性；整合两者品性可以提炼出治理型增能的基本架构（顾东辉，2015）。任远（2015）提出婴幼儿的随迁率较低，带来比较严重的留守儿童问题，同时迁移家庭的子女在学龄阶段返乡，则成为留守儿童的另一种原因。需要重视对留守儿童的生活服务和社会支持，更需要实施支持迁移流动家庭的社会政策。应着力推进城市社会服务体系建设，真正实现以人为核心的城镇化；推动以三社促服务、以协同带融合的社区服务模式（杨静，2017）。研究发现经济、文化、社会资本三类资本及社会人口特征对流动老人的居留意愿均有显著影响。在我国人口老龄化、少子化的背景下，流动老人弥补了当前社会养老育幼服务、基本公共服务的"短板"，并能延续我国家庭养老育幼的优秀文化传统（李芳、龚维斌、李姚军，2016）。

（五）创新领域的专题研究

1. 福利治理

福利治理研究在社会福利研究领域居于前沿位置。现阶段围绕福利治理的理论与实证分析均有明显增长。福利治理强调社会和公民福利责任的回归，构建多元主义福利供给机制，重新定位政府的社会福利责任（雷雨若、王浦劬，2016）。其以自由主义、新制度经济学、公共财政理论、公共选择理论、公民身份理论以及政策过程理论为福利治理的基础。以分权和参与为特征，涉及了福利提供、传递和享受的完整过程，且包含了多元化福利主体的各种角色及互动关系（计巍巍、陈财喜，2016）。在治理过程中，协调机构大致可以分为两类：自主设置型和被动设置型。议事协调机构可以有效调配权责资源、发挥集中力量办大事的优势，但是也存在行动者范围扩大化的问题（刘军强等，2015）。治理发展中还存在诸多困境：政府角色由传统的福利生产者转向规划者、购买者和监督者，面临规划权威性及可执行性差、资金使用效率低、缺乏有效可行的监督机制等难题（姜玉贞，2017）。

福利制度安排的终极目标是提升社会成员的福祉，通过对 CGSS 四年数据的比较研究发现国民幸福感与安全福利制度、机会福利制度因素之间有显著关系。深化宏观层面的福利治理改革是社会救助政策进行精准化目标定位的制度基础。农村低保执行过程中产生了目标定位偏差是因为低保治理理念、治理目标、治理关系与治理过程构成的基层福利治理结构与机制导致了上有政策下有对策的政策变通（李迎生等，2017）。福利治理实践需要综合考虑阶级分裂与代际分化以实现社会整合（张彦琛等，2016）。重塑乡村干部福利角色成为农村社会福利治理转型的一个选择（邹鹰，2017）。

社会组织介入社区福利治理是对现代社会中利益主体多元化、诉求属性多样化的现实回应（周晶、韩央迪、郝华卿，2016）。福利治理范式下的社区服务应致力于多元主体水平化的网络格局构建（刘杰，2016）。公共服务应该充分发挥不同社会主体的独特功能，通过协同治理，实现社会各个阶层共同享有发展成果的目标（方巍，2017）。儿童与老人是福利治理和服务的目标群体。可从福利提供和福利接受双重层面考虑福利资源的整合与服务供给（陈玲、黄君，2016）。以老年社会工作发展的内在机制为切入点，以政府购买社会工作服务为例，可以发现政府在福利供给方面有了新的政策视角，连接了新的社会资源（赵一红，2015）。基于社会服务项目的福利资源整合只是一种基于实践基础上的暂时的整合，而最根本的还需要在福利制度上进行整合（王才章等，2016）。

2. 福利态度

福利态度的研究兴起于欧美，以泰勒－古比（Peter Taylor－Gooby）、斯瓦尔福斯（Stefan Svallfors）与奥尔肖特（Wim van Oorschot）等为代表，在 1990 年后显著增长。研究通过考察公众对福利国家或社会政策的支持度，试图重新确立福利国家合法性的边界。而政府责任也正是中国适度普惠社会福利制度创新和转型发展的核心议题。中国港台地区学者已有较多探讨，以王卓祺、王家英、古允文等为代表。王家英、王卓祺将福利态度区分为三个维度：社会问题控制，包括贫困、犯罪与公共安全、失业三类子指标；需要满足，包括社会福利的政府供给、个人生活满意两类子指标；社会流动机会的最大化（Wong & Wong，1999）。王卓祺等依据制度与意识形态，将福利态度区分为四大维度：社会—经济平等、社会福利的制度基础、社会福利观念、社会福利的规则与条件，每一个维度又对应不同的指标（Wong & Chau，2003）。这一分类体现了本土化的努力。王家英等则借用国际社会调查项目（ISSP）与斯瓦尔福斯的指标，从社会服务与社会保障供给两个维度分析了福利态度，主要是围绕国家干预与福利开支两大方面对中国香港特区公众进行了调查（Wong et al.，2008）。和经纬（2016）对香港特区市民的福利态度以及医疗服务关系进行了研究。

福利态度是合法性的核心，福利国家政策的设计与范围决定了它们自身的合法性在社会政策上的设计，积极回应公众对自身的生活品质问题的关切与期望，政府的权威和管理的合法性才能得以持续维持与增进（江治强，2013）。在福利文化的研究中涉及福利态度概念的辨析（毕天云，2004），彭华民、龚茴茴（2012）以及黄叶青等（2014）依据国际社会调查项目（ISSP）数据库对政府福利责任类型和支持态度程度进行了比较分析。万国威等通过经验研究考察了弱势群体福利态度的影响因素（万国威，2014；2015；张军、陈亚东，2014；杨琨、黄君，2017）。臧其胜（2015）则依据中国适度普惠社会福利数据库资料讨论了公众福利态度和政府福利责任。此外，少量探讨公众对福利的认知、满意度及福利意识的研究也可归入此类研究（陈劲松，2011；赖伟良，2004；张朝雄，2007；彭国胜，2012）。

3. 循证决策

在反思福利国家建设的经验逻辑中，政府开始重视证据在决策中的重要性，循证决策研究和实践运动由此展开。以英国社会政策为例，循证决策贯穿于英国社会政策的整个生命周期，体现在政策过程的三个阶段：一是问题确认或议程议定以证据为基础；二是政策方案选择以证据为基础；三是政策评估和调整以证据为基础（李乐、周志忍，2016）。西方福利循证策略对中国发展有重要启示。将循证概念运用于福利服务领域，从而满足社会福利服务方面各种新的挑战和需求，加强回应社会福利使用者需求和提高效能的热门策略（刘春燕，2011）。世界各国政府逐渐认识到，社会资源的有限性以及公众对公共支出日益增强的监管要求对重大决策的绩效评估带来了巨大压力。要求公共支出的决策者和服务提供者评价公共支出的效果，反映了其运用有限资源解决重大问题的能力。专业人员认识到为服务对象提供有效服务对其保持专业地位的重要性，而提供有效服务的首要前提是应用科学方法证明所提供服务的有效性（齐铱，2017）。社会福利政策的制定必须有据可依，最大限度地降低政策制定者的主观随意性。资源不足和政治的压力是把双刃剑，可以作为忽略证据的借口，也可以成为循证实践的动力（吕筠、李立明，2006）。公民参与本质上是证据的参与，它是福利治理的核心要义，也是证据为本的必然要求，是福利治理与证据为本的交集。因而，福利治理的行动准则应以证据为本（臧其胜，2014）。

20 世纪 90 年代，循证决策（evidence-based policy making）逐步成为国际政策领域关注的重要主题，形成社会科学实践领域的范式转变。循证取向的社会福利服务策略虽然不可能解决福利服务供给过程中所有矛盾，但坚持有据可循的基本指导思想，强调决策的科学性和成本效果，要求福利提供者进行更多的实践为本的研究，以此来改善福利服务的供给效率与供给质量，不失为提供有效社会服务的途径之一。以“循证 or 知证 or 实证”为检索词，检索万方、CNKI 数据库。最终得到 240 篇文献，按照研究领域、研究地域、文献发表时间和研究类型提取数据。结果发现，循证研究在国内社会科学领域取得了一定的发展，但是还面临着研究地域和主题领域分布不均衡、在单个领域的渗透不完全、发展存在地区差异、研究质量不高等诸多挑战（李思源、季婷、拜争刚等，2017）。推进循证实践、实现实践领域的科学化是社会科学的科学化进程的第三阶段（杨文登、叶浩生，2012）。循证政府绩效管理是遵循最佳证据的管理过程。回顾循证政府绩效管理相关研究，探索最佳证据来源及对最佳证据的管理，设计循证政府绩效管理系统模型，得出对我国政府绩效管理的启示（黄玉玲，2017）。

（六）总结与反思

社会福利与社会保障领域的研究一直与民生大计紧密结合。除了传统的研究领域与方法外，未来的研究需要特别关注：（1）运用政府统计数据、大型数据库、大数据开展大规模实证研究，提出具有实证资料支持的政策建议，发展中国概念、中国理论和中国制度构建路径。（2）在福利治理、福利态度和循证决策三个创新领域，开展与国际接轨、具有本土特色的深度研究。（3）使用瞄准机制，针对福利人群、福利需要、福利权利进行有效的制度设计，对福利生产、福利提供、福利接受全过程进行有效管理。

第三节　适度普惠社会福利主题研究与论争

适度普惠作为中国社会福利制度设计转型的重要导向，自 2007 年由民政部正式提出后逐步成为中国社会福利研究的关注点。在中国知网以“适度普惠型”作为关键词的期刊论文总数为 29 篇，以“适度普惠”为篇名的期刊论文总数为 111 篇[①]。论文基本上都是在 2007 年后发表，说明适度普惠社会福利是典型的国家倡导、政策驱动、学术后发的学术概念。虽然文章数量不多，但无论是政界还是学界都给予了适度普惠社会福利制度转型以特别关注，从福利理念、概念、实践可能到路径进行了多个维度的论证与剖析。

① 查询时间 2017 年 1 月 28 日。

一、适度普惠社会福利制度设计的理念之论

社会福利制度设计背后都有支撑其合法性的理念，在不同的政策理念指引下会产生不同的福利制度。建构适度普惠型社会福利制度正是基于社会福利观的转变。与传统的家庭责任社会福利观不同，支撑适度普惠社会福利制度设计的是公民的社会权利观，即居民应该享受来自政府和社会的保护，以免遭受基本的生命方面的威胁（王思斌，2009）。“普惠”理念源于北欧各国社会民主党关于“人民之家”建设的思想，其倡导国家应基于公民需要，为公民提供高水准的、综合的、制度化的福利和服务（张佳华，2017）。适度普惠社会福利制度设计背后的价值模式是“需求”与“应得”价值导向的整合，以“应得”为主的普惠型价值导向，同时也兼顾部分“需求”的价值理念和特征（徐毅成，2013）。福利价值观变化体现的是公众对社会福利的需求变化。社会福利理念变化导向下的社会福利制度转型就是站在保障人的生存权、维护人的发展权的高度，本着人人可享、均等普惠的原则，朝着打造社会建设基础性机制的方向，加快从救济性社会福利向制度性社会福利转型，逐步提升社会福利普惠度（江治强，2010）。在这种价值导向的模式下，中国政府确立以权利为核心的社会福利理念，不断地完善各种社会保障与社会福利机制，紧紧围绕民生需要促进社会公平正义，全面保障公民享受基本社会福利的权利。在政策实践上便是建设适度普惠型社会福利制度，构筑涵盖社会防护、基本保障、能力发展多层次的社会福利内容框架，满足个体全面需要的同时促进积极福利发展，有效预防福利依赖症状的出现，保证社会福利体系的公平性与可持续发展（姚进忠，2016）。

二、适度普惠社会福利制度设计的概念之辩

关于什么是适度普惠社会福利制度的概念内涵并没有统一的共识。适度普惠社会福利制度设计相比之前的福利制度的不同在于：服务对象的变化、社会福利资源拓展、市场因素的导入（赵东霞，2012）。王思斌认为，这是一种面向全体国民同时又涵盖社会生活基本领域的社会政策和制度，是由政府和社会基于本国（或当地）的经济和社会状况，向全体国民（居民）提供的、涵盖其基本生活主要方面的社会福利（王思斌，2009）。这种福利模式的主要目标是：以不断改善社会成员生活质量、弥合社会断裂、促进社会和谐为旨归，走政府主导、多元合作、层次化、法制化、标准化的社会福利发展道路（江治强，2008）。彭华民（2011）指出，适度普惠福利制度是为了满足社会成员多元需要存在的具有独立

性的社会制度，是一种以普惠性福利为主、选择性福利为辅的新型组合式普惠型社会福利，这种社会福利制度的构建是以社会需要为目标定位原则，国家是社会福利责任核心主体，其他部门作为次要责任主体，政府、市场、家庭、社区多元共同连接成为层次有别、功能互补、相互支持、互为补充的满足社会成员福利需要、体现中国传统文化价值与现代福利观念的社会福利体系（彭华民，2011）。

基于学者们的论证，适度“普惠型”社会福利制度具有普遍性、多层次性和适度性等特征（代恒猛，2009），是与特定的社会发展阶段相联系，从传统的补缺型社会福利向全民普惠型社会福利转变的一种中间的社会福利状态（李丽琴、陈少晖，2015）。“普惠”是指要建立起全体国民均能享受的普享式社会福利；“适度”包含两层含义：一是指社会福利的标准要符合经济发展水平的约束线；二是福利项目和福利内容的选择要符合人的需要层次，随着经济和民主进程的发展逐步涵盖城乡社会生活的各主要方面（戴建兵，2012a）。

三、适度普惠社会福利制度设计的现实之析

福利制度的发展是对社会形态变迁和社会结构改变积极回应的结果，中国适度普惠社会福利制度设计是中国当前经济、政治、社会等各种因素综合作用的渐进式过程（江治强，2008）。

经济方面，中国人均 GDP 达到 3 000 美元以上，已有能力也有必要建立与当前中等经济发展水平相适应的社会福利体系（曹艳春、戴建兵，2012）。而且社会福利制度转型对于转变经济发展方式具有重要的支撑作用，以适度普惠为取向加快社会福利制度设计有助于在经济发展方式升级与社会福利制度转型之间保持平衡和协调（江治强，2011）。建设适度普惠社会福利制度是中国进入中等发达经济水平和制度转型的时代要求。而财政支持分析也显示：我国 GDP 在今后 40 年中要保持 4% ~8% 的增长速度，财政支出占 GDP 的比例要确保达到 21% ~27%，才能满足我国适度普惠型社会福利制度所需资金（曹艳春、戴建兵，2012）。

政治方面，中国政府提倡的科学发展观和建设和谐社会的政治理念，为建立适度普惠型社会福利体系奠定了思想和政治基础（蓝云曦、谭晓辉，2011）。陆士桢（2010）认为，发展适度普惠的福利制度是社会主义制度价值的必然选择，是共产党执政的根本目标。以人为本，强调发展是为了人民，发展要依靠人民，发展成果要让全体人民共享，是中国政府执政的核心要义。这种清晰的政治取向，构成了中国适度普惠社会福利制度设计鲜明的政治发展背景。中国自上而下的集中化行政体制和高效率的动员机制，在很大程度上能保证社会政策的实施与

新型福利体制的建立（熊跃根，2010）。

社会方面，以家庭为基础的“补缺式”社会福利模式制度设计问题突出，社会保障水平低、社会保障覆盖面窄、公共福利供给能力不足，无法回应民众的福利需要（刘旭东，2008）。基于改革中遇到的问题和对社会公平的追求，建立适度普惠型社会福利，是与我国社会政策的地区性特征有关的，与本国（或当地）的经济和社会状况相关的，面向全体国民（或居民）提供的、覆盖其基本生活主要方面的社会福利（刘珊，2013）。

四、适度普惠社会福利制度设计的路径之争

关于适度普惠社会福利制度设计的路径，民政部一开始便给出了总体的方向：采取投资主体多元化、服务对象公众化、服务方式多样化、服务队伍专业化和志愿者相结合等措施，推动社会福利事业由“补缺型”向“适度普惠型”转变（窦玉沛，2007）。在建构适度普惠型社会福利制度的过程中，应坚持政府主导、统筹兼顾、可持续发展的原则，政府不但要在社会福利资源的支出方面承担主要责任，而且还要促使企业承担社会责任，要通过一定措施支持家庭福利和社会参与，形成以社区服务为基础、以社会化福利为主体、以职业福利为补充的推进框架，实现城乡社会福利一体化（林闽钢，2011）。基于这样的导向，发展适度普惠型福利模式的责任主体应该是：横向责任架构为政府、市场、社会“衔接互补”，纵向责任架构为中央与地方各级政府“合理分担”，横纵结合共同构建适度普惠型福利制度的责任架构（江治强，2009）。适度普惠型社会福利是中国社会福利制度之重大转型，应当分需要、分目标、分人群、分阶段逐步构建起组合式普惠型社会福利制度（彭华民，2011）。郑功成（2011）提出了中国社会福利三步走战略：初步形成社会福利体系制度框架阶段；促使社会福利事业走向全面定型、稳定、持续发展阶段；使社会福利成为中国特色福利社会的重要支撑。所以建设适度普惠型社会福利的过程中，要逐步扩大享受福利的人群，并使其最终涵盖所有老人、残疾人、妇女、儿童，以及在职职工在内的全体国民。适度普惠型社会福利项目和内容包括基本生存需要、发展性需要和提高性需要（戴建兵，2012a）。

宏观整体设计，学者认为适度普惠型社会福利制度设计可以从四个角度进行：最低保障由生存保障向发展保障转型；社会保险由体制性保险扩展为国民保险；福利对象由特殊群体扩大为社会成员；保障供给形式由补贴型向服务型扩展（成海军，2008；刘旭东，2008）。适度普惠型社会福利模式由低向高发展的有效途径分三步走：发挥社区作用，推动初级适度普惠型福利模式的建构；完善“城

乡低保”，迈进中级适度普惠阶段；实现社会福利社会化，全面进入高级适度普惠阶段（赵东霞，2012）。

微观层面落实，学者主张以社区服务作为这一福利制度的实现路径和运作平台，以政府扶持、社区参与和专业服务为具体措施在社区层面实现适度普惠型社会福利的目标定位（许小玲，傅琦，2012）。改革的重点和路径是：加大社区福利的扶持力度、整合社会资源参与社区福利服务、完善社区福利服务组织、加强社区福利专业服务人才队伍建设。在社会福利保障体系建设上要加强社会福利法制建设、拓展投融资渠道和加强社会监督（成海军，2008；戴建兵，2012b）。

第四节　结论与建议

本章立足中国适度普惠社会福利制度转型前后学术研究的关注点，清楚地呈现中国适度普惠社会福利制度转型研究的演进与特点，以此提炼适度普惠社会福利研究的核心主题。中国适度普惠社会福利制度转型前的研究是中国适度普惠社会福利转型发展的重要基石，研究关注的主要议题集中在四个角度：转型背景下中国社会福利研究轨迹与特征、中国社会福利的定位转型与创新、中国社会福利研究学术转型与领域创新、中国社会福利学术发展未来轨迹展望。从这些议题的对话可以发现，中国学者对社会福利的研究从沉寂走向了创新性的研究，初步形成了中国社会福利研究体系，逐步完善，开始发出了中国社会福利学科应有的声音。这个阶段的中国社会福利学术发展未来轨迹展望也梳理出，以适度普惠再造中国社会福利发展模式是一种历史的必然。伴随着适度普惠型社会福利发展战略思想的提出，中国社会福利研究有更大的飞跃，社会保障和社会福利研究呈现大发展的态势。适度普惠社会福利制度转型后研究成果日益丰富，关注主题、研究内容、福利领域都是在不同程度的发展与扩展，中国社会福利研究的影响力逐步提升。这个阶段的社会福利研究议题主要关注：创新理念提升三大群体社会福利水平研究；加强多种弱势群体社会福利提供研究；提升社区福利服务可获得研究；标准化、规范化社会福利机构管理研究；重塑社会福利发展评估和指标研究等。研究特征表现为：以整合型组合式社会福利体制构建为中心，以消除城乡分割碎片化、建立一体化制度为核心，以农民工和流动人口社会保障和社会福利服务研究为热点，以福利服务和资金保障并重为制度建设内容，社会福利提供从传统三大弱势群体扩大到更多的群体。国家、社会、市场福利三角互动频繁，福利治理、性别视角、家庭福利研究等异军突起，百花齐放，异彩缤纷。中国适度普惠社会福利制度转型前后的现实研究为适度普惠社会福利制度研究提供了清晰的依据。适度普惠作为中国社会福利制度设计转型的重要导向，无论是政界还是学界都给予了适度普惠社会福利制度转型以特别关注，研究议题主要是适度普惠社会福利制度设计的理念、概念、现实与路径等。从宏观顶层设计到微观的政策供给，研究都给予了一定的关注。当然，适度普惠社会福利制度设计未来的纵深发展需要分阶段、分群体、精准化地进行全面的深度研究与设计，为中国建设有特色的福利体系、满足人民对美好生活的需要提供更为有力的参考与实证支持。

第四章

中国社会福利制度转型

社会福利制度的核心是：通过人为努力去建立一系列规则[①]，这些规则构成的制度可以化解、分担、防范社会成员在生活中的风险。社会福利制度发展的终极目标是满足人类需要、提升人类福祉（wellbeing），它包含着人类对美好、幸福、平等、公正的向往，是人类追求理想的产物。制度是社会福利中的最重要的核心概念之一，也应该是社会福利研究者最关心的领域之一。社会福利研究的实质是对社会制度的研究。

第一节 社会福利制度构建的基本规则

一、制度主义视角下的社会福利规则

为了厘清和讨论社会福利中的制度主义基本主题和观点，必须先讨论制度是什么。制度分析起源于18、19世纪的德国历史学派。在历史学派与经济学边际学派的争论中，历史学派发展了制度分析方法。制度分析方法将制度作为发展的要素并且强调它的重要性，并在20世纪成为经济学制度分析学派的理论核心。

① 社会制度部分是基于自然发展建立的，如亲属制度。部分是基于社会发展建立的，如社会福利制度。

20世纪，制度分析理论演变出了经济学的新制度经济学（new institutional economics）、社会学的制度主义理论（sociological institutionalism）和以对历史进行制度分析的历史制度主义（historical institutionalism）（Aoki，2001：4－9）。经过多年的研究发展，制度主义有了比较成熟的理论。比较著名的是诺思的制度定义：制度是一个社会中的博弈规则（rules of game），它被用来约束人类的行为。它包括了人类在什么情况下可以做和什么情况下不能做的限制。制度的基本成分有规范（norms）、规则（rules）、惯例（conventions）、价值、习惯和它们的实践（North，1990：1－10）。制度的功能是在一个社会中建立人类生活所稳定的结构。帕森思（Parsons，1982：117－118）也认为规则是制度的内容，规则构成社会对于个人的社会角色的期望。帕森思（1951：39－40）还认为，人们的社会角色、社会地位、社会群体和社会组织是规范和规则的集合和表现。

虽然在社会福利领域中没有人自称是制度主义学者，但仍然不能否认社会福利研究领域中存在制度主义分析。一些学者使用制度分析方法分析贫穷问题（Islam，1995；Jordan，1996；Townsend，1993；Wong，2003）。实际上制度分析一直存在于社会福利领域中，其基本的主题和观点有：

社会福利制度是再分配资源解决社会问题的规则。社会福利制度建立了人类行为的新规则。这个规则的最基本内容可以表述为：再分配资源，解决社会问题，减少社会不平，提高社会福祉，满足社会需要。米吉利（Midgley，2000）指出，该领域中制度主义最基本观点是：社会福利提供通过国家机制可以最大限度地加强和扩大。社会福利制度主义者相信：社会需要满足的目标应该通过一系列法定干预去达到，即国家通过建成社会福利制度去提供社会福利。因此社会福利项目有下列特性：法定权威、公共拨款、科层化和广覆盖性。例如德国的社会保险制度、英国的国民健康服务体系等。社会福利政策就是制度的一部分，因为它是国家制定的关于社会福利生产、传输、接受、评估行动的规则。

社会福利制度是满足社会成员基本生活需要的规则。社会福利制度其本质是用一种社会认可的制度安排方式去满足社会群体成员的需要（Smith，1990；Bradshaw，1977；Taylor，1977；Doyal & Gough，1991）。如果从需要的最本质的、可以操作的角度研究，社会福利中的需要是在社会中生活的人在其生命过程中的一种缺乏状态，人的基本需要如果不能得到满足，这种缺乏状态将损害人的生命意义（Edwards，1987：70－72）。例如，如果不能提供足够的健康照顾给老人和其他需要的社会成员，他们的生命意义将被损害。社会建立社会福利制度来满足人类需要，已经具体化了多个不同领域的具体社会福利制度，如满足社会成员健康照顾需要的医疗卫生制度；满足儿童需要的儿童福利制度提供儿童安全成长的环境；满足社会成员稳定收入需要的社会保险和救济制度保障个人的生活水平不下降到一个不可以接受的程度等。

社会福利制度是实现利他主义和公民权利的规则。社会福利中的制度主义理论因为更多的学者的努力而得到发展。提姆思（Titmuss，1974）提出了社会福利是利他主义实现的一种方式的观点，他引入了社会福利应是公民集体道德责任的讨论。国家代表公民，所以国家应该承担集体责任。国家将利他主义制度化，建立社会福利制度。社会福利制度还体现了公民权利思想。马歇尔（Marshall，1965）提出了公民权利的理论，他认为国家提供社会福利是公民权利历史演化的顶峰，国家必须保证公民能获得足够的收入、住房和教育方面的福利。国家立法并承诺实现公民的权利①。国家提供社会福利通过立法和政策而制度化。

二、选择型和普惠型的社会福利制度

1958 年，威伦斯基和勒博在其《工业社会与社会福利：美国工业化在社会福利服务提供和组织方面的影响》一书中提出了著名的两分社会福利类型，即补缺型社会福利（residual social welfare）和制度型社会福利（institutional social welfare）（Wilensky，H. L. & Lebeaux，C. N.，1958）。补缺型社会福利重视家庭和市场的作用，强调依靠家庭和市场来提供个人所需的福利，只有当家庭和市场的功能失调而难以满足个人需要时，国家（政府）才会承担社会福利提供的责任。制度型社会福利则重视国家（政府）在社会福利提供中的责任，认为国家（政府）需要建立满足社会成员的福利需要的制度，主张依靠国家（政府）的法规政策体系去保证社会成员所需的社会福利的提供（见表 4－1）。制度型提供的社会福利内容丰富程度和水平高于补缺型。

表 4－1　补缺型社会福利与制度型社会福利类型的区别

特征/类型	补缺型社会福利类型	制度型社会福利类型
国家责任	市场家庭功能都失灵时国家承担责任	国家承担保障公民权利的责任
提供内容	社会福利提供是部分的和有限的	社会福利提供是综合的和丰富的
提供时间	社会福利提供是临时的	社会福利提供是长期与稳定的
提供对象	只给部分公民提供社会福利	给全体公民提供基本社会福利
制度功能	社会问题之后的补救	社会问题的预防和事后补救结合
社会平等	促进社会平等的作用较小	促进社会平等的作用较大

① 马歇尔的公民权利理论因为福利国家危机而受到批评，因为他的理论成为过分慷慨福利提供的依据。现在的观点是，社会福利制度既建立在公民权利基础上，也建立在公民责任的基础上。

社会福利类型的另外一种划分是选择型福利和普惠型福利（selective versus universal benefits）（Titmuss，M. R.，1968），又称“选择型服务和普惠型服务”（selective versus universal services），也有的学者称之为“选择型和普惠型”（selectivity versus universality）（Reddin，M.，1969）。与补缺型和制度型社会福利不一样的地方是，选择型和普惠型是基于社会福利提供方式来划分的。它的核心是：国家是采用家计审查方式还是公民身份方式作为福利提供的依据；部分公民接受还是全体公民接受；有社会烙印还是没有社会烙印，等等（见表4-2）（Marshall，T. H.，1950）；普惠型提供的社会福利内容丰富程度和水平要高于选择型。

表4-2　选择型福利与普惠型福利类型的区别

特征/类型	选择型福利	普惠型福利
提供方式	通过家计审查，提供给部分公民	根据公民身份，提供给全体公民
提供内容	社会福利提供是部分的和有限的	社会福利提供是人人拥有和丰富的
社会烙印	有社会烙印	无社会烙印或有有限的社会烙印
福利成本	有限的支持成本	费用开支较大
国家控制	体现国家控制的重要性	国家控制相对较弱
可持续性	持续性相对较弱	持续性相对较强

无论是补缺型和制度型，还是选择型和普惠型，归根结底都是一种理念型（ideal types）（马克斯·韦伯，1999）[①]。因为纯粹的社会福利类型是不存在的。作为“理念型”的社会福利类型，它们具有三种相似的基本特征：（1）都是源于当时工业化、城市化和社会需要，源于社会福利发展的现实社会，但又不等同于现实社会中的社会福利；所代表的社会福利制度是接近于典型的，是一种抽象化的理论典型。现实中的社会福利类型只能与之近似，不一定完全与其理念型相一致。（2）都是学者提出的社会福利类型理论，是一种建构而非虚构，是以理论形式表示的社会的可能的发展方向——社会对社会福利不断增长的需要，社会福利可能向什么方向发展；都体现着时代、社会的内在发展逻辑。（3）在一定程度上是抽象的，并没有概括也不可能概括现实社会福利制度发展的所有特征，只是为了研究的目的侧重概括了事物的一组或某种特征（周晓虹，2002）。正因为如

① 理念型是社会学家韦伯（M. Weber）提出的一种概念工具，用来表述纯粹的学术的概念与负责的现实的社会的距离和联系。他在《经济与社会》等多本著作中不断使用这一概念。参见马克斯·韦伯（杨富斌译）《社会科学方法论》，北京：华夏出版社，1999。

此，各个国家在社会福利制度安排设计和社会福利类型选择发展方面，有很大的本土化创新空间，可以演变出不同的现实社会福利类型。

由于现实中的社会福利类型选择关系到每个社会成员的基本需要满足和保障，关系到每个社会成员的生活质量和幸福，所以，一个国家的社会福利提供方式是选择选择型还是普惠型，极易引起国民的争议，也是不同党派及政府执政者之间争议的核心点。例如，著名的《贝弗里奇报告》提出的普惠型福利提供方式在福利国家遭遇经济危机之后受到很多批评，但政府如果要削减福利，也会招致反对。又如，时任英国首相的撒切尔夫人要执行新自由主义的社会福利政策，将一些普惠型福利提供转向选择型福利，减少社会福利经费开支，也招来国民的一片反对声。英国上下针对普惠型福利——全民医疗体系（NHS）的低效率讨论了多年，一直在左右徘徊：如果降低普惠程度，势必会影响公民社会权利的实现；而如果保持普惠程度，又需要解决福利提供效率低下、浪费资源的问题。因此，当中国于2007年提出从补缺型迈向适度普惠型社会福利时，就不是简单的概念变换了，而是涉及社会福利制度转型。

2007年，民政部提出要建立适度普惠型社会福利制度的设想。我国在改革开放前覆盖面是比较窄的，主要是三无人员，也就是三无的老年人、残疾人和孤儿。这些年随着经济的发展，社会的进步，服务对象方面逐步得到了拓展和延伸。在服务的项目方面，过去只是关注对象的基本的抚养、生活照料问题，现在发展到医疗、保健、康复护理、文体娱乐、精神慰藉各个方面。推进我国社会福利由补缺型向适度普惠型转变来加快我国的社会福利事业发展，在这个转变过程中，一方面由特定的三无服务对象向全体老年人、残疾人和处于困境中的儿童转变；另一方面在服务项目和产品的供给上，要向满足服务对象不同层次的多样化的需要来转变（窦玉沛，2007）。但是，通过前面对两对理念型社会福利类型的分析可以发现，“由补缺型向适度普惠型转变”这一提法本身是需要商榷的。因为，补缺型应迈向的是制度型社会福利，而选择型才应该迈向的是普惠型福利，绝非是从补缺型迈向普惠型。所以，按照社会福利类型理论逻辑，正确的做法应当是：中国或从补缺型迈向制度型、或从选择型迈向普惠型。但是，由于民政部提出建立适度普惠型社会福利的设想已经成为中国社会福利转型的政策指向，已经在从中央到地方的各级民政部门工作中变成实际工作指南，学术界面对制度建设先行、理论研究滞后的现实，只能从理论和实践角度厘清中国社会福利转型前后的社会福利类型。

补缺型和制度型社会福利与选择型和普惠型福利这两对类型概念是有着明显差别的：前者是依据社会福利不同提供原则进行分类，强调国家在社会福利提供方面的责任；后者论述的是社会福利提供的不同方式，强调国家采用什么方式

（标准）来提供福利。由于威伦斯基和勒博提出的社会福利类型是补缺型和制度型，而不是选择型和普惠型，那么，要想准确定义中国社会福利类型，有必要再回到中国社会福利发展的轨迹以及社会福利理论中去寻找原本含义和可以发展的解释空间。

作为两种简单而抽象的社会福利类型理论，它们都属于社会福利制度的理念型，但现实社会可以将社会福利制度演绎成复杂的多元类型。（1）在现实社会中，往往是以某种类型为主，其他类型作为补充。在补缺型社会福利为主要特征的社会中，可能也有制度型社会福利存在。例如，在中国补缺型社会福利制度背景下，其实也存在一切儿童都接受义务教育的普惠型社会保障（福利）；而在北欧国家普惠型社会福利中，提供给贫困者的社会救助仍然是以家计审查为福利提供基础，即选择型。（2）两对社会福利类型可以形成多元组合：补缺型社会福利制度中可能存在普惠型福利提供方式，如补缺型医疗卫生制度中可能提供全民免疫医疗服务，而制度型社会福利制度中可能采用选择型服务来保证贫困群体社会福利服务的提供。（3）普惠型还可自己组成福利组合。普惠福利可基于全体公民，也可以基于某种类型公民身份和他们的需要提供福利，如提供福利给全体老人、儿童等。

三、社会福利的制度演进阶段

社会福利制度是否存在相同的演进规则，是一个具有挑战性的议题。一般的理论研究认为社会福利制度发展依附于政治制度和经济制度的发展，政治、经济和社会福利制度之间有密切的互动关系。纵观英国、美国、德国等西方国家近百年来社会福利制度历史，其建立和发展有四个相似的发展阶段，形成社会福利制度演进规则，即政治发展、经济发展与社会福利发展密切互动，形成相关的发展关系。（1）社会福利发端阶段：传统济贫法让位于新兴的社会保障制度，1886年德国采用健康保险；1911 年英国颁布国家保险法案；1921 年奥地利第一个采纳家庭津贴计划。（2）社会福利发展阶段：1941 年英国大主教坦普尔创造了“福利国家”的词语；1943 年贝弗里奇计划规划了第二次世界大战后英国福利国家的蓝图。基本社会保障、健康护理、公共援助计划和家庭津贴覆盖范围扩大。（3）福利国家成熟阶段：1966 年英国成立新的社会保障部，提供更丰富的社会福利；1971 年部分国家为慢性病患者提供新的福利援助；部分国家收入、健康护理和社会服务计划范围拓宽；到 20 世纪 70 年代中期公共开支占 GDP 的平均比重，欧洲达到 25%，美国为 20%。（4）福利国家收缩阶段：1979 年撒切尔夫人当选英国首相后，英国公共房屋私有化，养老金水平降低；各个国家基本无新社会福利计划；社会救助安全网作用减退；部分国家社会保障计划适度缩减；社会福利开支水平稳定（吉尔伯特、特里尔，2003：42）。

与社会福利制度演进阶段相对应的是这些国家政治和经济制度的发展，可以看到政治与经济制度是西方社会福利发展的依赖路径：（1）社会福利发端阶段，政治发展表现为民主的发展，普选制的推行，工会运动发展、社会民主思潮被接受、现代自由主义的发展；经济发展表现为自由主义的市场经济发展，形成自由主义经济的黄金时代。伴随着经济发展出现的社会问题，社会保险和社会救济有所发展。（2）在社会福利发展阶段，政治发展表现为政府支持和扩大社会开支（用于社会福利）的做法被广泛认同；经济发展表现为经济大萧条之后，低失业率，经济强劲增长；经济发展对社会福利发展有极大的推动。（3）在社会福利成熟阶段，政治发展表现为新政治选举提升了少数民族、妇女、残障人等公民权利；经济发展表现为20世纪70年代中期经济持续繁荣，人民生活水平稳步提高，社会成员对社会福利需要水平提高。（4）在社会福利收缩阶段，政治表现为保守主义复兴，反对提高税收，工会和社会民主党实力削弱，福利国家危机前后，福利国家不断受到挑战，合理性丧失；经济表现为经济增长由于1973年石油危机而被削弱，个人收入停滞，失业率上升，不平等增加；人口老化对社会福利的需要增强，对社会福利开支的削减限制加强。

综上所述，制度主义分析的核心是对规则的研究。从相对静态的制度分析角度来看，社会福利制度建立的基本规则是：通过制度再分配资源来解决社会问题；通过制度满足社会需要；通过制度实现利他主义，通过制度实现公民权利。从动态的制度分析角度来看，社会福利制度是不断变迁和发展的，其中的规则是，社会福利制度发展与政治发展、经济发展联动，形成互动的关系。如果将静态分析和动态分析结合，就能获得社会福利制度主义分析的完整画面①。

社会福利发展阶段和福利类型理论和可能的组合对于中国社会福利发展来说，都是积极的具有推动中国社会福利战略升级的理念，问题只是在于，目前倡导的从补缺型转型到适度普惠型社会福利在学理上有瑕疵。中国社会福利迈向新的制度类型标准正确的表述应该是：组合式普惠型社会福利制度。从学理来讲，应该这样表述更准确：中国转型到适度普惠的制度型社会福利，或者是适度普惠+适度制度型社会福利。但这样合乎理论逻辑的表述未必适合已经接受适度普惠型社会福利概念的中国社会。这是一种以适度普惠型为主、选择型为辅的本土化的社会福利制度。目前中国不可能放弃选择型社会福利，因为在特殊人群福利

① 作者认为，社会福利中制度主义理论还包括艾斯平—安德森（Gosta Esping - Andersen）的福利体制理论（welfare regime）、新马克思主义者如高夫等关于阶级冲突作为社会福利制度建立动力之一的福利国家理论等。这些内容限于篇幅将在另外的部分中讨论。

服务提供等领域，选择型原则是不能放弃的。在今后的不断改革发展中，社会福利提供方式和水平可能会根据中国社会经济发展水平而不断调整。

第二节　中国补缺型社会福利制度发展阶段

对社会福利的制度主义分析不仅仅是在西方学者的著作中，中国和东亚学者也在研究本土社会福利制度，在某种程度上形成了重视东亚社会福利制度分析的群体。例如，沃克和王卓祺（Walker & Wong，2005）等学者对亚洲国家福利体制的比较分析，陈根锦（2004）对香港自由主义经济体系和劳工职业健康及安全政策的制度主义分析；金渊明（2006）对韩国“生产主义福利体制”论的批评等。他们关于亚洲国家在后发社会背景下社会福利制度发展道路的探索中有许多值得我们深思的东西。

根据西方国家和亚洲新兴工业国家、地区的实践经验，以及国际社会福利制度的比较研究经验，中国把社会福利定义为社会保障制度安排的一个部分是不恰当的，这容易造成比较研究的困难（尚晓援，2001）①。中国政府使用的社会福利和社会保障概念与西方大多数国家的概念内容有所不同。中国的社会福利制度包含在社会保障制度体系框架内。中国社会保障制度主要包括六个方面：社会保险、社会救助、社会福利、优抚保障、个人储蓄保障和社会互助（全国人大，1995）。这不仅仅是比较研究的困难，在采用制度主义观点分析中国社会福利制度时，这个困难同样存在。为了保持比较研究和演进阶段分析逻辑的一致性，本部分在改革开放前的发展阶段采用与国际接轨的广义社会福利概念，在之后采用狭义的本土社会福利概念。

一、中国社会福利的发端阶段（1949 年前）

研究计划经济时代中国社会福利的发展与特征，不能不提到中国早期社会福利的发展。中国社会福利有相对较长的发展历史。1949 年之后的社会福利一词不是作为学术概念发展形成的，而是根据政府行政实践需要而逐渐建立起来的；

① 关于社会福利和社会保障定义的讨论一直存在。从国际经验来看，中国政府的社会福利定义只包括儿童福利（包括收养）、老人福利、残疾人福利的社会福利服务（三大困难群体），以及城市农民工服务等，限制了改革开放后社会福利制度转型和发展，社会福利提供难以满足社会成员的福利需要。

社会福利作为政府体系中的一个子系统，专指民政部门负责的各种福利事务和传统的由单位包办的职业福利以及价格补贴等。

中国社会福利是否是从社会实践中形成的约定俗成的概念？我们可以追溯到1949年前的社会，展开我们的分析。从分析中可以发现，中国社会福利沿着制度和研究两条交互影响的路径发展。1949年前，中国实行有限的市场经济制度。由于抗日战争以及解放战争，中国社会经济发展受到了很大的影响。社会非常需要建立现代社会福利制度来解决贫困等社会问题。国民党政府在一定程度上推动了社会福利制度建设。国民党政府在社会部中专门设有社会福利司，主管社会福利制度建设和社会福利服务；国民党政府出版了包括社会救济、社会服务、职业介绍、社会保险、劳工福利等内容的《社会福利统计》刊物①，反映了当时社会福利制度发展状况。

当时国民党政府在一定程度上推动了社会福利的教学研究。中国本土的社会福利制度研究发端于20世纪30年代前后。1937年《广州市救济院季刊》创刊发行，1941年《中国社会事业协会事业报告》发行，1944年国民党政府的社会部统计处出版《社会福利统计》，1946年柯象峰著的《社会救济》（专著）全面系统地讨论了中国的社会救济政策与福利服务。位于南京的金陵大学建有儿童福利系，是中国最早建立的社会福利系。国民党教育部高教司在1944年制定的社会学系必修及选修科目要点中，必修课有社会事业与行政，选修课中设有儿童福利、社会救济等课程（孙本文，1948：226－228）。中央大学建立的实习基地还有儿童福利院。

二、依附于计划经济的补缺型社会福利制度阶段（1949～1982年）

1949年中华人民共和国成立以后，中国政府就开始在新意识形态即社会主义思想的指导下进行社会福利制度建设。新中国政府对以前的教学体制进行了整改，于1950年制定的《高等学校文法两学院各系课程草案（社会学系部分）》中，专门为培养内务工作干部（相当于今天的民政部）设计了内务组课程，其中包括社会福利（中央人民政府教育部，1950）。同时，政府设有内务部，将社会福利工作纳入内务部工作之中。当时实施的是计划经济，整个国家面临着许多需要解决的社会问题，对社会福利的需要十分强烈，社会福利制度建设出现了新内容。

① 国民党政府社会部统计处编辑《社会福利统计》（期刊，1944～1947年），现存于中国国家图书馆。

在这个阶段，中国确立了社会主义意识形态为社会福利制度的指导思想。社会福利制度依附于经济公有制和计划经济制度而发展。当时的社会福利提供与生产资料所有制形式密切相关。公有化程度越高的部门，职工和家庭成员所享有的社会福利水平也越高。社会福利制度首先覆盖公有制部门（政府部门、文教卫部门、国有制企业等）。国家制定了全民所有制部门高于集体所有制部门、公有制部门的社会福利水平高于私有制部门的政策。由政府调拨社会福利资源，强化了国家行政权力，使中国能够在经济条件比较困难的情况下，发展社会福利事业。

中国建立了城乡分割和封闭的社会福利制度，即城市和农村社会福利资源提供与接受分割，城乡体系互相封闭。城市职工单位福利水平高：单位福利设施和福利项目安排是各单位在国家统一规定下自行操办的，单位福利建立在职工与单位的依附关系的基础之上。中国农村在农业合作化结束实行土地集体所有制后，农村逐步建立了以集体经济为基础，集体福利、家庭照顾和国家社会救助相结合的农村社会福利制度。农民接受的社会福利水平直接取决于所在集体的生产情况，农村社会福利水平大大低于城市，农村家庭照顾成为非常重要的私域福利。

民政社会福利制度初步形成。1955 年中国政府的内务部设立了社会福利管理机构，1959 年正式建立社会福利服务机构，主要工作按城市和农村地域不同而有所区别。城市的社会福利主要是收养无依无靠、无劳动能力、无正常生活来源的孤寡老人、孤残儿童、精神病人和残疾人，即对“三无”人员的社会救助。农村的社会福利主要是社会救助的建立。1956 年政府对于缺乏劳动能力或者完全丧失劳动能力、生活没有依靠的老、弱、孤、寡、残疾的社员保证他们的吃、穿和柴火的供应，保证年幼的受到教育和年老的死后安葬，使他们生养死葬都有依靠（全国人大，1956）。这个社会救助简称“五保”制度。“三无”和“五保”两个具有中国特色的政策概念一直沿用至今，虽然都归入今天的社会救助政策，但这两类群体仍然是社会福利的主要接受者，由此形成了具有中国特色的社会福利领域。

中国初级社会福利制度最初是致力于解决贫困问题、灾难救济和失业问题，中国政府解决大量难民、灾民、游民、乞丐、失业者的基本需要满足问题。社会救济和对困难人群的社会福利服务成了当时常规性的工作。部分福利由单位和集体企业、人民公社提供，只有那些无依无靠、无家可归、无生活来源的“三无”孤寡老人、孤残儿童、残疾人才能成为民政福利的服务对象。政府包办了这部分特殊人群的社会福利提供。由于经济发展水平的限制，社会福利领域存在物资资源和资金不足、社会福利服务机构数量不足、福利服务规模不够，福利服务质量较差的问题。中国初步建成了以国家为责任主体，通过城镇职工的单位福利提供，以集体经济为基础的农村福利提供，及对特殊社会群体的混合救助的初级社会福利制度安排。这个社会福利制度特点是福利提供低水平、福利提供覆盖范围有限，是典型的补缺型社会福利制度，但它对中国社会经济发展起到了重要的支持作用，对当时的社会稳定起到了积极的促进作用。

三、嵌入社会主义市场经济的补缺型社会福利制度阶段（1983～2006年）

中国经济体制改革于1979年起步，在经过十多年改革后确立了中国社会主义市场经济体系。改革开放期间社会经济形势发生了巨大变化：（1）中国建立了社会主义的市场经济，建立了自由流动的劳动力市场，打破了就业的“铁饭碗”制度，失业问题凸显。（2）中国人口数量不断增加，人口老龄化浪潮到来，人口问题突出。（3）中国家庭发生了巨大的变化，独生子女政策成为家庭小型化的强有力催化剂，家庭照顾问题突出。（4）中国经济体制转轨和社会转型加剧了收入分配中的不平等问题，新贫困社群数量急剧增加。这些社会变迁产生了更广泛的社会福利需要，提出了中国社会福利制度改革发展的必要性。

尽管中国社会福利制度改革的目标、方向、模式等一直争论不已，但社会福利变迁仍然不断出现，解决社会问题，满足福利需要，改变着我们的世界。在此采用社会保障概念为制度框架，从分析中可见社会福利制度的重大变迁：（1）改革国家—单位—个人的社会福利传输方式，建立现代社会保险制度。（2）建立了城乡居民最低生活保障制度，建立了城乡消除贫困问题的机制。（3）改革住房福利制度，建立城市住房公积金制度，以及住房救助制度。（4）政府提供社会福利服务逐步向社会福利多元化转变。其中最突出的是从1984年开始，中国政府将社区服务确定为重要的具有社会福利性的服务行业。政府已经认识到社会福利服务单纯依靠政府是不能满足社会需要的，必须广泛动员社会力量，形成政府和社会的互动、互补（窦玉沛，2007）。（5）改革相关法律法规，建立新的社会福利法律法规。政府相继出台了老年人保障法、残疾人保障法，未成年人保护法等；围绕这些法律制定一系列的实施办法来保障社会福利服务对象的权益。建立了社会福利机构管理规范、社会福利机构评定标准等行业规范；建立了社会福利服务领域中主要职业标准，包括社会工作职业水平评价、养老护理员职业标准等。

经过改革探索，尽管中国社会福利制度已经发生不少新变化，但这个阶段中国社会福利制度特征还是原有制度和新发展制度的混合体：（1）中国社会福利的国家责任仍然停留在提供社会福利给困难群体，国家的综合国力还不能建立面向全体社会成员的普惠型社会福利。中国社会福利仍然属于补缺型社会福利类型。（2）中国政府倡导的是重收入保障忽视社会福利服务的原则。中国较为成功地建立了失业保险、养老保险和医疗保险制度。众所周知，社会保险是重视收入保障的概念和制度。因此，改革开放推动的首先是收入保障制度的建设，而社会福利服务提供由于种种限制，仍然有很多社会群体的需要未能满足，补缺型社会福利特征仍然突出。(3) 中国政府建立的是二元的而非城乡统一的社会福利制度。中国虽然已经进入了市场经济时代，城乡劳动力自由流动的壁垒已经打破，但社会福利资源分配仍然呈现出十分鲜明的城乡分割的二元特征。20% 的城市人口占了全国 95% 的福利资源，而占全国 80% 的农村人口仅能享有 5% 的福利资源（成海军，2009）。社会福利本是减少社会不平等的制度安排，但在中国，它在一定程度上成为维持城乡社会不平等的制度安排，社会福利资源分配不平等形成补缺型社会福利的典型特征。(4) 中国民政社会福利开支逐年增加，但占国家财政支出比例相当小。1984 年中国政府财政支出 1 701.02 亿人民币，民政社会福利支出 24.2 亿，占 1.42%；2007 年中国政府财政支出 49 565.40 亿，民政社会事业开支 1 215.5 亿（社会福利包含在这个开支内），在国家财政支出快速增长的同时，民政社会事业（社会福利）支出也快速增长。这里比较突出的问题是，民政社会事业（社会福利）占国家财政支出的比例仍然很小，仅为 2.43%，而且仅仅增加了一个百分点（李学举，2008：354－355、452－453、454－455）。民政社会福利发展受到财政支出的限制，影响到了中国社会福利的发展。社会福利开支比例小也是补缺型社会福利的典型特征。

第三节　中国适度普惠型社会福利制度阶段（2007 年至今）

中国适度普惠型社会福利制度构建实际上是中国社会福利制度的第四个发展阶段。在新社会发展目标下的适度普惠社会福利阶段（2007 年至今）有如下特点：

一、适度普惠社会福利重大转型目标确立

在中国社会主义市场经济快速发展的背景下，中国政府提出建立和谐社会、追求幸福生活的社会发展目标。2007 年民政部提出中国社会福利转型的目标：即中国社会福利由补缺型向适度普惠型转型。政府界定的转型目标是由补缺型福利提供给特定的老年人、残疾人、孤儿向全体老年人、残疾人和处于困境中的儿童转变；在服务项目和产品的供给上，要满足全体老年人、残疾人和困境儿童需

要。这是中国社会福利制度转型发展的关键一年，尽管这是狭义的民政社会福利转型目标，但它带来的影响却是极大的。这意味着中国政府放弃了坚守近60年补缺型社会福利规则，转型到普惠型社会福利模式，将社会福利提供从特殊弱势群体开始转型到一般人群，并结合中国本土实际提出适度普惠的愿景。社会福利的转型需要经济的支持。除了民政部的适度普惠型社会福利制度转型目标外，在中国社会和经济都发达的城市深圳提出了在“十二五”期间实施普惠型社会福利战略，比适度普惠目标更向前迈出了一步。中国社会福利从补缺型转到适度普惠型，是一次革命性的变革，是意义重大的制度转型。

二、适度普惠社会福利提供机制

中国政府认识到社会福利服务单纯依靠政府是不能满足社会需要的，必须广泛动员社会力量，形成政府和社会互动、互补的社会福利提供规则（窦玉沛，2007）。适度普惠社会福利提供机制应该是：（1）政府主导和社会参与相结合，单纯依靠政府提供有限的社会福利是满足不了中国社会需要的。（2）居家、社区和福利机构相结合。居家是基础，社区是依托，社会福利机构是福利重要提供者和补充者。（3）法治化、专业化和标准化相结合，积极推动社会福利相关法律法规的建设，用法律保障社会福利接受者的权益。在适度普惠社会福利提供机制中，社区服务是重要的具有社会福利性的服务行业，社区服务包括多样化的服务类型。如果能动员多种社会资源投入社区服务中，就能形成本地化满足社区居民基本福利需要的福利提供机制。

三、适度普惠社会福利管理机制

在向适度普惠社会福利制度转型的过程中，改革相关法律法规，建立新的社会福利法律法规，是中国社会福利转型走上法治化、专业化和标准化相结合道路的标志。中国政府相继出台了老年人保障法、残疾人保障法，未成年人保护法等，同时围绕这些法律制定一系列的实施办法来保障社会福利服务对象的权益。同时，建立了社会福利机构管理规范、社会福利院评定标准、福利企业资格认定、老年人建筑设计规范、城市道路和建筑物无障碍设计规范、特殊教育学校建筑设计规范等行业规范，还建立了社会福利服务领域中主要职业标准，包括社会工作职业水平评价、养老护理员职业标准、保育员职业标准、育婴员职业标准、心理咨询师职业标准、健康管理员职业标准、公共营养师职业标准等。

四、适度普惠社会福利人才制度创新

除了原来在社会福利领域中就业的专业人才以外，社会工作人才制度建设与发展为适度普惠社会福利制度建设提供了强大的人才队伍保障。2007 年中国建立社会工作师考试制度。社会工作职业和教育制度建立，为社会福利服务培养了人才。在改革开放之后，社会工作教育首先在社会学的教学体系中恢复。1984 年费孝通先生主编的《社会学概论》中包含了社会工作的内容。20 世纪 80 年代末，民政部委托北京大学社会学系办社会工作研究生班，正式的大学社会工作教育恢复。2009 年教育部批准大学建立社会工作专业硕士，培养高级社会工作人才。现在中国有 380 多个大学设有社会工作专业，150 家大学设 MSW 学位点，为社会福利行业培养输送了大量专业人才。

第四节　结论与建议

中国经历了 1949 年前的补缺型社会福利制度阶段，1949 ~ 1982 年依附于计划经济的补缺型社会福利制度阶段，1984 ~ 2006 年嵌入社会主义市场经济的补缺型社会福利制度阶段，以及 2007 年在适度普惠社会福利重大转型目标确立后的适度普惠社会福利制度阶段。尽管中国社会福利发展存在各种问题，但对中国社会福利制度从发展期（1949 ~ 1982 年）、快速发展期（1983 ~ 2006 年）、重大转型期（2007 年至今）的发展轨迹进行研究后，可以从宏观层面发现中国社会福利发展存在政治制度、经济制度和社会福利制度联动并行现象。

在对社会福利制度主要规则和发展逻辑进行简单回溯后，以制度主义分析视角下的社会福利制度依赖的政治经济制度、社会福利类型、社会福利责任、社会福利对象等，分析比较中国社会福利制度转型的过程，发现：

第一，中国社会福利制度和西方社会福利的发展轨迹有一定的相似之处。政治发展和经济发展不论在西方还是在中国，都是和社会福利发展联动的。政治发展为经济发展提供意识形态支持条件，政治发展和经济发展提出社会福利发展的要求。早期的社会福利发展都是以解决社会问题、维持社会稳定为目标的，重点在解决特殊弱势群体需要满足问题。之后社会福利是为了更好地推动经济发展而发展的，保障社会成员基本生活需要满足成为重要目标。当政治和经济发展到更高阶段时，经济发展为社会福利水平提高奠定了物质基础，政治成为公民权利实

现的制度保障，社会福利成为公民权利实现的手段。

第二，社会福利制度的基本规则无论在西方国家还是在中国都是在社会福利发展过程中得到实现的。社会福利提供的资源均属于社会再分配范畴，来源于政府。部分西方国家的社会开支占国内生产总值（GDP）的20%以上。中国的民政社会福利归入民政社会事业开支，后者占国家财政开支的2.43%，比例很小，是中国达成适度普惠型社会福利目标的最大障碍。社会福利制度建立的主要目标都是解决社会问题，满足社会需要。在社会福利制度发展中，从满足特殊群体的需要发展为满足全体社会成员的需要，补缺型社会福利制度慢慢地在一定程度上被普惠型社会福利制度替代，社会成员的公民权利实现得到社会福利制度的保障。

第三，中国社会福利制度发展与其他国家有共性也有自己独特轨迹。支撑中国社会福利制度发展的政治制度是中国特色的社会主义制度，支持中国社会福利制度转型的是社会主义市场制度。在40年的改革开放过程中，中国政府承担的社会福利责任虽然有所扩大但仍然是有限的，政府主导多元部门参与社会福利提供是福利提供的规则。中国不是要建成西方福利国家一样的制度，而是要建设具有中国特色的适度普惠社会福利制度。

第二编

中国社会福利制度要素

第五章

福利责任

第一节　国家福利责任范式演变背景

一、国家福利责任的缘起

和人类自然发展过程中形成的家庭制度、经济制度等不一样的地方是，社会福利制度是完全由人类自我设计、自我建立的社会制度，因此，社会福利理念以及由此而生的社会福利理论尤为重要。现代社会福利制度建立的理念是：国家能够通过这个制度来解决社会问题满足社会需要。社会福利固然有多元的提供者，但是政府在社会福利政策制定、社会福利生产、社会福利传输、社会福利机构管理等方面的主导角色和功能没有其他部门能够替代。政府如何承担社会福利责任是社会福利制度安排的核心，也是中国社会福利制度转型和创新中最重要的议题。

讨论政府社会福利责任可以在理论范式演变和制度顶层创新设计两个密切相关的方向上展开分析。不断发展的社会福利知识体系提出的新理论范式可以用来支持制度创新。理论的演变不仅仅展现了社会福利制度的发展，最重要的是不断厘清政府在社会福利责任中的内涵和边界，定位社会福利的目标。在肯定中国政府在适度普惠社会福利转型和创新发展中主导作用的前提下，讨论中国社会福利制度转型与创新的实质是阐述政府从有限责任向适度扩大责任的转型。在中国社会主义框架下政府社会福利责任的创新，是中国适度普惠型社会福利制度构建的保障，是中国全体人民福祉水平提高的保障。

随着社会福利制度的发展，政府承担社会福利责任早已不存争议，但政府的社会福利责任范围和内容却一直存在大小之争。强调政府积极干预承担大政府责任的典型案例是英国以及北欧国家。第二次世界大战之后，英国贝弗里奇勋爵以社会民主主义思想为意识形态原则，以第二次世界大战后英国和平发展为背景，经过周密的调查研究提出《贝弗里奇报告》。这是一份关于英国建立社会保险和社会服务体系、迈向福利国家的长篇报告。贝弗里奇（Beveridge，1942）设计了一整套针对英国全体公民的从摇篮到坟墓的社会福利制度方案，并明确指出政府在社会福利制度构建中的责任。在《贝弗里奇报告》的基础上，英国政府先后出台了一系列社会福利政策，并于1948年宣布在全世界首先建成福利国家。随后，欧美各国在第二次世界大战后经济快速发展和民主社会主义思潮的背景下，纷纷扩大政府的社会福利责任，推动福利国家建设。

二、对国家福利责任的挑战

扩大政府社会福利责任的相关理论和制度安排在20世纪70年代福利国家危机中受到极大挑战和批判。石油危机引发了西方国家前所未有的经济危机，通货膨胀，失业率激增，福利开支激增，福利依赖问题严重。一方面是国家用于福利的财政开支负担加重，另一方面是社会成员的新福利需要不能得到满足。福利国家当初设计的社会福利制度目标与变化的社会实际状况产生了背离，西方国家进入福利危机时期。与此同时，支持国家承担大社会福利责任、强调国家干预的民主社会主义和凯恩斯主义理论陷入了困境（Sullivan，1994）。福利国家危机实际上也是政府社会福利责任的危机，是公民对政府的信任危机。为了化解危机，各种理论解释纷纷出台。新自由主义者或新右派追随哈耶克（Hayek，1944）和弗里德曼（Friedman，1962）的理论认为福利国家损害了市场的自发秩序，削弱了个人的责任。他们反对国家承担过多的社会福利责任，反对国家干预，主张削减国家提供的社会福利，回归市场原则。部分支持民主社会主义观点的学者则相信社会福利能够促进经济的增长，而不是成为经济的负担（George & Wilding，1985）。也有学者主张既不走自由主义的右派道路，也不走民主社会主义的左派道路，应创新出积极福利的第三条道路（安东尼·吉登斯，2000）。另外，还有主张社会福利与经济协调发展，增加社会投资，增强社会资本的发展型社会福利理论（Midgley，1995）等。深入社会福利的理论丛林，从中找出政府社会福利责任主要理论范式，可以看到，政府社会福利责任的主要范式经过了工业主义到社会权利的演变，社会需要理论是对社会权利范式的补充。

第二节　从工业主义到社会权利：责任缘起

一、工业主义范式下国家福利责任

20 世纪 70 年代以前大多数社会福利研究者是从工业主义（经济发展）范式探讨福利国家或政府在社会福利提供中的责任，以经济发展与科技发展、社会问题与社会变迁的逻辑来诠释政府社会福利责任，分析社会福利制度安排和惠及人民福利产生的原因。福利国家发展是现代社会工业化的必然结果。与经济发展密切相关的科技发展也推动了社会福利制度建设。政府的社会福利责任是对经济发展带来的社会问题和社会需要的必然回应（Galbraith，1967；Skinner，1976）。在劳动力市场这个“无形之手”的作用下，社会生活的风险增加。国家淡出“守夜人”的角色，其“有形之手”的作用不断增加。在这样的社会转型中，英国等欧洲国家由政府承担的社会福利责任开始演变成为解决社会问题的制度安排（Beveridge，1942）。

工业主义从功能视角认为政府福利责任的发展是因为市场经济的发展减弱了家庭和社区的功能。学者认为在工业化以前的西方社会中，生产力水平低下，社会成员通过家庭、邻里、社区、宗教慈善组织的自助和互助来满足需要（Pinker，1979）。在那个时代，福利提供以非正规福利为主，形成了家庭、社区、慈善组织等提供福利的模式。西方国家在工业革命以后，社会分工的发展、大型工业组织的兴起、社会财富的积累以及社会成员在劳动力市场上的参与，使得市场制度成为社会成员需要满足的重要方式；与此同时，人口流动、家庭小型化等多种因素导致家庭照顾功能和社区互助功能被削弱；因此，国家提供福利的功能是对家庭、社区等功能的补充。但 20 世纪 70 年代前后的经济危机和福利国家危机形成人们对政府福利责任的质疑，福利国家需要重新解释政府的福利责任并创新社会福利制度来解决弱势群体的基本生活保障、一般社群的社会安全等问题（Herd，2005：1365 - 1393）。新马克思主义者认为工业主义将社会福利政策视为被动地回应社会需要的过程。福利国家忽略了一个事实，即历史是不同的生产形式所构成的连续体，阶级、阶级冲突和革命在政府社会福利责任形成和变化中有重要作用（Gough，1979）。

二、公民身份范式与国家福利责任

在对福利国家一片批评声中，马歇尔提出了公民身份（citizenship，或译为公民资格）的理论范式得到了重视。他创新了社会福利提供和接受制度的理念。社会成员作为一个公民，他拥有获得社会福利的权利。他获得的社会福利并非政府的恩赐和慈善，而是社会成员遭遇社会问题或社会灾难（contingencies）时政府责任的体现。政府有责任提供解决社会问题的手段和资源。公民身份可表述为公民权利，由民事权利、政治权利和社会权利三个类型权利构成。这些权利是通过历史演变而逐步形成的。首先发展的是民事权利，然后是政治权利（如选举权），二者为社会权利（如福利权利）奠定了基础。民事权利是指那些公民个人自由保障必需的权利，如法律平等、人身自由等；政治权利是指公民参与政治权力运用的权利，如政府、政党代表选举及参选的权利；社会权利是指一系列社会福利资源的享有到充分享有、有质量生活的权利（Marshall，1950）。一个国家中公民身份存在的前提是国家（政府与政治）和社会的有机分离。社会具有独立的空间，社会中的个体有自身存在的价值及社会地位，不受政治（如君权或政府）的控制而改变其价值和社会地位。公民身份理论中的社会指与国家对应的广义社会，包括市场、社区及家庭；而作为公民的社会成员是市场、社区及家庭中的核心（Marshall，1950）。公民身份理论以社会成员拥有不可剥夺的权利作为政府责任的基础，以公民拥有获得社会福利权利与政府社会福利责任相对应，成为社会福利以及相关的政治学、行政学、社会学领域中最著名的权利—责任范式。

政府社会福利责任的进一步解释是：公民身份是国家（政府）与公民所签署的契约（Tilly，1999）。国家与公民是两个独立的个体，是关系对等的单位。基于这个理念，政府需要从人治转型到法治，从皇权结构转向科层制结构。这个转变提供了社会权利实现的空间。公民身份的重要性在于公民与国家所订立的契约是可以付诸实践的，因为政府可以通过社会福利政策，社会福利生产、传输、提供、规制去实现社会福利责任。公民有权利要求政府履行契约的内容，同时，政府有权要求公民实现与权利对等的责任，如纳税和服务。国家通过政府部门实现了公民的权利（提供和接受社会福利）与义务（纳税和服务）。社会福利制度实现了社会福利资源的再分配，不仅仅是将富裕群体的收入进行再分配，而重要的是解决社会问题，满足社会需要，提升社会公平水平，提高公民福祉水平。公民身份也有助于公民认识国家的作用，认同政府福利责任，提升公民对国家政治的认同性，减少一个国家的政治危机和社会冲突。

综上所述，早期的社会福利理论中政府责任多以工业主义范式为核心，其中政府是救助者和保护者的身份，而社会成员是接受救助和被保护的身份，因此需对政府心存感恩。直到马歇尔用公民身份、社会权利的理论解释国家的社会福利责任，从理论上确认国家责任与公民责任、社会福利提供者与接受者平等关系，社会福利中的政府责任研究范式才转型进入了一个新阶段。社会权利对社会福利制度构建十分重要，因为公民拥有社会权利，可问责政府，可监督、强制政府履行社会福利责任。公民所要求的社会福利待遇不是一种慈善机构给予穷人的救济，而是不可剥夺的权利。马歇尔公民身份范式强调了资源再分配的社会意义，公民地位平等的重要性更甚于收入平等（Marshall & Bottomore，1992）。因此，社会权利理论提供给社会弱势社群重要支持，因为不平等待遇或处境是对他们基本权利的侵犯。社会权利范式是构建国家社会福利责任的新基础，国家提供社会福利是社会权利的制度化安排。

第三节　从社会权利到社会需要：责任细分

一、需要理论的兴起与福利责任

对政府社会福利责任的另外一个解释来自需要理论。社会福利中的需要理论兴起于20世纪70年代，20世纪90年代再起研究高潮。公民不论性别、年龄、能力、种族及阶级都可享有相同的权利。社会权利是先于个人的存在，公民身份不是一种需要努力争取的事实。然而社会权利的实现容易引起多种争议（Katz，2001），因为社会权利的实现需要政府行政管理部门及财政资源的支持，例如针对弱势群体的最低生活保障、社会保险、社会津贴等。而对于社会福利的接受者或者潜在的接受者来说，无论他们处于如何的境遇，他们都有与其他人一样的平等接受社会福利的权利；但接受多少、什么时候接受等需要国家建立测量指标和分配细则。由此，需要成为与社会权利实现相关的一个重要概念。每位公民应该得到的生活方式的社会权利是由需要所界定的（Fabre，1998）。在一定意义上，社会权利相关的需要有两层含义，一是基本需要，国家有责任保障每个公民基本需要的满足，如建立贫困线、社会救助、儿童社会津贴等；二是比较的需要，公民通过比较发现自己哪个部分的福利需要还没有满足，哪个部分的福利需要得到国家提供的社会福利资源来满足。

吉尔（Gil，1992）和斯皮克（Spicker，1995）强调社会需要应该由国家来满足。通过国家建立的社会福利制度，采用制度性手段而非慈善手段去满足社会需要。由国家承担责任的理想社会福利制度可通过三条途径来发挥需要满足的作用：(1) 社会福利制度提供了人类需要满足所缺乏的资源，特别是提供资源给予有福利需要的弱势群体。(2) 通过能力建设的社会福利行动项目，增强社会成员的能力，使他们自身的需要满足努力和国家努力结合，从而更好地实现社会需要满足。(3) 减少社会生活的障碍，经济与社会协调发展，使社会成员的权利得到实现，社会生活质量得到提高。

社会需要满足是由多元制度提供的满足物来实现的。国家建立的社会福利制度只是其中的一个制度。社会成员得到的福利（需要满足物）是不同制度提供的总和。国家建立满足需要的正式社会福利制度必须和非正式的福利制度如家庭制度、社区制度以及民间慈善—公益制度协调互补。各种社会制度都可能是社会成员需要满足的提供者。20 世纪 80 年代兴起的福利多元主义（welfare pluralism）特别强调国家在满足社会需要的同时，由多元的制度安排即与市场制度、家庭制度、社区和民间慈善—公益等来共同满足社会需要（Evers & Olk，1998）。由此，福利多元主义提出国家社会福利责任不可无限扩大，政府需与其他社会制度建立需要满足的均衡关系。

二、需要理论范式下的福利目标定位

以社会需要理论作为一个分析路径，可以形成提供社会需要满足的新制度主义分析框架。以需要为本进行社会福利的目标定位和责任划分，需要从社会福利接受的群体、需要满足类型、需要满足程度的目标定位、需要为本的社会福利政策、需要满足的制度安排、需要满足物的生产和提供部门、需要满足物提供行动协调原则等多个方面进行分析，由此形成一个需要为本的社会福利定位体系。在需要为本的社会福利目标定位下，接受国家提供社会福利的是具有社会权利的全体公民，而不仅仅是老人、残疾人和儿童这些特殊群体；需要满足的具体目标是国家有责任提供适当的营养和水、经济（收入）保障、基础教育的保障、适当的医疗保障、儿童安全成长环境、住房福利保障、安全工作环境的保障、社会成员的社会参与和基本社会关系的建立、自然环境福利保障、人口与安全节育养育等。这是一个宏大的社会福利制度分析框架，但其中一些核心内容也可以演绎成为适度普惠制度中国家福利责任分析范式。

总而言之，需要理论将社会权利范式的实现向前推进了一大步。国家基于社会需要测量、分类、评估，建立需要为本的社会福利目标，寻找相应的社会福利资源，满足社会需要。尽管国家福利责任研究主要讨论构建社会福利制度即正式社会福利制度，但必须强调，社会需要满足不一定都是国家责任。正式的社会福利制度必须与非正式的社会福利制度紧密结合在一起。国家不可能承担所有的福利提供责任，因此，我们需要建立多元组合的社会福利制度。国家福利责任与福利多元主义结合，基于社会权利和社会需要理论的国家社会福利责任的边界划分和实现路径更为清晰明了。

第四节　从补缺维稳到适度普惠：责任转型

政府的社会福利责任大小与各个国家本土社会框架有密切的关系。艾斯平—安德森（Esping－Anderson，1990）将福利国家分成三类：社会民主主义福利体制国家、自由主义福利体制国家和保守主义福利体制国家。由此产生了国家社会福利责任最大化的社会民主主义福利体制，政府是最后出场者和最小社会福利责任的自由主义福利体制，以及介于两者之间的保守主义福利体制。社会福利的政府责任由于受到本土社会文化取向、政治体制、意识形态、经济结构与发展道路等因素的影响，各国政府在社会福利责任存在明显的差异。显然，中国和西方以及东亚发达国家和地区有着不同的社会经济和文化背景，国家社会福利责任不能照搬西方模式。那么，中国政府社会福利责任的发展道路过去是如何走的？未来又走向何方呢？

一、中国政府传统的社会福利责任：维稳与补缺

中国政府社会福利责任研究具有特殊的类型化意义。中国不能归于西方现有的任何一个福利体制。改革开放之前中国政府社会福利提供与计划经济紧密结合，与城乡分割的户籍制度结合。政府高度干预社会，但与欧美福利国家不一样的是，中国政府未承担大社会福利责任；作为最后出场者，中国政府建立城乡分割的低水平补缺型社会福利制度，社会福利提供给部分弱势群体。改革开放之后，政府的社会福利提供与社会主义市场经济改革结合，民政部提出社会福利社会化的口号，但仍然保留补缺型社会福利的特征。中国补缺型社会福利体系在特殊背景下建立，经历了中国经济社会发展的多个阶段，直至2007年民政部提出建立适度普惠社会福利制度，国家社会福利有限责任情况才有所改变。

在适度普惠社会福利制度构建之前，国家承担有限社会福利责任的同时，社会福利不是以满足社会需要为唯一目标，还具有维护社会稳定的政治目标，而且这个目标一直得到政府高度重视。中国社会福利责任安排从属于国家政权建设。例如，民政部提出它们从内务部之始到现在，作为国家机构其基本职能一直没有改变，“上为中央分忧，下为百姓解愁”的宗旨没有改变，社会稳定机制的作用没有改变，发展社会主义民主、维护社会主义法制、改善优抚救济对象的生活、促进国防建设、移风易俗、建立新型的社会主义人际关系的功能没有改变（民政部，2009）。但政府十分重视服务民众的社会福利责任，再次强调民政工作直接为人民群众服务、为人民群众排忧解难，是国家一项非常重要的工作（盛若蔚，2006）。毋庸置疑，这种国家社会福利责任定位在中国稳定政权发展经济的时期、在改革开放之初的市场转型时期，对解决社会问题起到了非常积极的作用。

民政部在社会福利提供上一直执行国家作为最后出场者的原则，将社会福利提供限制在部分弱势人群中。民政部对社会福利的界定是国家依据法律和相应的社会政策，向部分或全体公民提供社会服务的制度，是为增进与完善社会成员尤其是困难者的社会生活而实施的一种社会制度，旨在通过提供资金和服务，保证社会成员一定的生活水平，并尽可能提高他们的生活质量（时正新，2001）。民政部社会福利定位范围非常狭小，是一种非常有限的政府社会福利责任。社会福利成为事后解决问题满足基本需要的手段，建成了一种与计划经济以及社会主义市场经济结合、国家高度干预社会但有限提供社会福利的补缺型社会福利制度。社会成员的社会权利和社会需要满足目标始终隐藏在国家为本的目标下，中国政府承担小社会福利责任，建立补缺型社会福利制度，这个制度重城乡二元身份轻社会成员的社会权利，重社会成员的收入保障轻对弱势群体的服务提供，重特殊人群需要满足、轻一般人群需要满足，重经济发展、轻社会福利发展。国家缩小了在社会福利提供方面的责任，限制了社会成员社会权利（接受社会福利）实现，影响了中国社会福利从补缺型向普惠型的转变，与社会福利的终极目标相差甚远。这种小政府责任是对有福利需要的社会成员的最大伤害。因此，以西方国家和亚洲新兴发达国家和地区的实践经验来看，中国政府采用的小政府社会福利责任不但造成了中国社会福利发展创新的困难（尚晓援，2001），而且成了中国迈向适度普惠型社会福利的障碍（彭华民，2011）。

二、新时期中国政府社会福利责任：适度普惠

基于中国社会经济发展带来新的社会需要，中国政府社会福利责任理念应该从工业主义范式转到社会需要范式。首先，社会福利制度应当以提高人民福祉为

主旨。政府责任不应该仅仅是维稳，而应该回归社会福利价值和终极目标。社会福利是充满关怀、付出、责任等的价值内容，是人类福祉实现的手段。其次，社会福利制度应当建立政府责任和社会权利的对应关系。政府需要将社会福利作为政府最重要的责任之一，建立责任与义务的对应关系，以解决社会问题、满足社会需要和提高人类福祉水平为目标，提高公民对政府的认受性。再次，社会福利制度应当反思依附于不同经济、政治、文化等场域的发展道路。中国在重视家庭和社区的文化下，需要积极借鉴国内外经验，建立国家与公民、政府与社会的新型关系，建立一种新福利体制类型。最后，社会福利制度应当作为一种满足社会成员需要的具体制度。政府应当以建设组合式普惠型福利社会为具体目标，将社会福利发展创新具体化为制度安排，在中国经济和社会发展水平背景下建立适度扩大政府责任的目标体系，以此扩大普惠型社会福利发展空间。

中国政府从补缺型社会福利责任转向适度普惠型社会福利责任，其转型与创新包含以下几个内容：

第一，中国政府社会福利责任的扩大是从国家高度干预社会转型到政府责任与社会权利的对应。通过制度重建，中国政府需要从市场和家庭功能失灵时承担后置责任转型到国家承担保障社会权利实现的责任。在实践中，政府需要对社会权利有高度认同，不再高度干预社会，而是应建立与社会共同发展的责任。公民不仅仅要求政府保障自己福利水平的权利，而且积极承担各种义务，如积极纳税、组织社会组织、参加公益活动、加强社区互助等服务社会，增强家庭照顾功能等。特别值得一提的是社会权利实现包括建立对政府社会福利责任的监督机制。公民通过参与社会治理中问责制的方式，提高对政府社会福利责任的监督和认受性；同时也提升社会福利提供的效能。

第二，中国政府社会福利责任的扩大是从国家为本的目标定位转型到需要为本的目标定位。国家为本的社会福利具有高度的政治从属性，以服务政权稳定为主要目标；而需要为本的社会福利是以满足社会成员需要为目标。从国家为本转型到以需要为本的目标定位的主要内容有：(1) 以社会成员的基本需要作为政府社会福利责任扩大的基本动力。在实践中，政府应当积极保障社会的底线公平，增强民众在现代社会中的抗风险能力，例如规定社会福利制度必须满足弱势群体的基本生活需要，以及他们接受医疗照顾、教育培训、住房、就业、社会参与需要等。(2) 以社会环境以及自然环境的变化所产生的人类的社会需要作为政府责任扩大的重要动力。自然灾害引发的社会需要推动了中国社会福利政策的发展。社会环境变化如经济不发达地区的居民迁居到其他地区，农民工从农村向城市的流动，产生了新的社会需要。以这些新产生的福利需要为本，政府有责任不断发展普惠型社会福利制度，提供新的社会福利，解决他们的需要不能满足的问题。

(3) 以基于社会成员社会权利的新需要作为政府社会福利扩大的新动力。社会福利制度不仅仅提供需要满足的物资、货币、服务，还提供人们需要满足的机会。需要为本的政府福利责任将特别注重社会福利接受者的能力建设，注重社会机会的提供，例如保障困境儿童上学的机会，保障妇女、残障人士就业的机会，保障社会流动的机会等。

第三，中国政府社会福利责任的扩大是从补缺型社会福利转型到组合式普惠型社会福利。中国补缺型社会福利是国家高度干预但是承担有限的社会福利责任。2007 年，民政部提出从补缺型向适度普惠型社会福利制度转型。中国实际建设的是组合式普惠型社会福利制度①，这是以普惠型为主，选择型和补缺型为辅的组合，是不同适度水平的组合。组合式普惠型社会福利制度既避免了国家福利责任无限扩大，超出了经济和社会发展水平而掉入高福利的陷阱，也突出了中国在不断改革发展中，社会福利提供方式和水平会根据本国社会经济发展水平而不断调整，达到不断提高人民福祉水平的目的。组合式普惠社会福利是低度普惠和一定程度的中度普惠结合，从开始实施时较低水平普惠社会福利向较高水平普惠发展，因此也是适度普惠型的社会福利发展模式。适度就是社会福利本土化，适度就是要适合中国社会，适度就是不要重蹈福利国家之覆辙。

第四，中国政府社会福利责任的扩大是从消极福利责任转型到积极福利责任。传统上，中国政府的社会福利责任是根据外部风险组织起来的，用来解决已经发生的问题，福利责任具有被动性，其体系中包含着新的风险，是消极福利责任。当福利责任扩大，从消极福利责任转型到积极福利责任时，国家在面对多种自然和社会风险时，需要采取积极的化解风险行动，建立有效的普惠人民的社会福利制度机制。消极社会福利责任，社会福利制度仅仅作为维持社会成员生存状态、应对贫困、使社会成员不至于陷入生存危机的制度安排；积极的社会福利社会责任，政府不再单单为了应付贫困等问题支付物质或现金，而是为了推动人的发展，即强调社会福利接受者能力发展与自我实现；通过增强社会成员自身的生存能力来面对和化解各种风险。积极社会福利责任还包括对风险采取事先预防的方法，加强社会福利预防性功能，提高预防性社会福利项目开支在社会福利总体中的比例，尽量将风险化解在萌芽中②。

---

① 从学理来讲，补缺型和制度型是对应的社会福利制度。我们应该这样表述更准确：中国转型到适度普惠型社会福利应该是适度制度型社会福利，但理论逻辑的表述未必适合已经接受适度普惠型社会福利概念的中国社会。

② 吉登斯提出积极社会福利是为了解决在全球化背景下福利国家或者一个政府的社会福利责任该朝向何方发展的问题。他认为我们应当倡导一种积极的福利，公民个人和政府以外的其他机构也应当为这种福利做出贡献，而且，积极福利还有助于财富的创造，它关乎人的幸福。

三、中国政府社会福利责任的扩大：三分与重组

适度普惠型社会福利制度是为了解决新社会问题、消除原来制度的缺陷而构建的。这个新制度理想是这样的：社会需要将成为中国社会福利制度目标定位最基本的方式，将通过再分配资源来满足社会需要，减少社会不平等；适度普惠型社会福利将经济发展与社会福利发展并重；收入保障与福利服务并重；社会福利不是政治制度的附属，不是经济发展的备选条件，它是为了满足社会成员多元需要而存在的具有相对独立性的社会制度；国家是社会福利提供责任的主要承担者；其他多元部门也担负着福利提供的次要责任；政府、市场、家庭、社区连接成为层次有别、功能互补、相互支持、互为补充的满足社会成员福利需要、体现中国传统文化价值的社会福利体系；社会成员拥有接受社会福利的社会权利，同时也承担问责与监督、服务社会的责任和义务。

中国要建立组合式普惠型社会福利制度，不可能一步到位。组合式是指低度普惠到中度普惠结合、部分项目的普惠到多个项目的普惠结合及部分人群的普惠到全体人群的普惠结合。由于部分项目还须实行补缺型福利，因此补缺型和普惠型也必须组合，必须将政府（民政部）社会福利责任（即民政社会福利）变成中国社会福利责任体系的一个部分。相应的是，建立组合式普惠型社会福利制度的大政府责任。政府责任的扩大需要基于我们已有的发展基础，设立具体原则内容：(1) 政府社会福利责任扩大要按照需要分目标，即民生需要为本，按照社会成员的需要而不是按照国家政权稳定需要来设计组合式普惠型社会福利制度。分目标即根据不同的社会福利接受人群和他们需要制订组合式普惠型社会福利制度实现的目标。(2) 政府社会福利责任扩大需要分人群。分人群是指中国组合式普惠型社会福利的接受人群是分类型的，老人群体是最先接受适度普惠型社会福利的人群，儿童和残疾人群体是第二步要接受适度普惠型社会福利的人群，农民工、妇女、灾区群众、少数民族等是第三步要接受适度普惠型社会福利的人群，一般社会成员是第四步要接受适度普惠型社会福利的人群。(3) 政府社会福利责任扩大需要分阶段。分阶段是指适度普惠型社会福利实现要一步一步地实现，按照我国国民经济与社会发展一般是五年一个计划发展阶段的思路，适度普惠型社会福利制度发展也应该设计为相应阶段或有弹性地分阶段演进。

扩大国家的社会福利责任，应该从以下几个方面进行制度安排重组：(1) 政府社会福利服务管理制度安排重组。普惠型社会福利服务管理是我们面临的挑战。我们需要层次化管理体系，服务标准化和评估体系，改善服务质量，提高服务效率。(2) 政府社会福利责任与其他部门责任关系重组，即从国家提供给付项

目转为由公共部门购买服务。政府国营机构提供服务、政府购买社会福利服务、民营机构提供服务、社区服务重新组合。西方国家政府购买服务经验说明其有利于福利国家政府责任的实施和社会福利制度发展。当前美国、英国以及很多国家政府购买服务的实际状况进一步说明了社会福利再私有化（re-privatisation）的合理性。我国政府在不同地区试行的公益创投也属于这个类型，应该加大政府购买服务的投入，完善购买机制。(3) 社会福利服务与社会保险重组。调整社会保险政策使之能鼓励社会福利接受者自立自强，鼓励其重新回到劳动力市场；重组服务和保险还可将社会福利服务纳入社会保险的支付范围，打通现金支付和服务提供的隔阂，使得社会福利制度安排更能普惠到人民，提升人民的福祉。

第五节　结论与建议

总而言之，中国政府社会福利责任不仅仅是民生议题，也是政府制度改革的议题。国家社会福利责任的理论不断演变，其中主要有工业主义范式、社会权利范式以及社会需要范式。工业主义理论推动政府社会福利责任制度化。社会权利理论提高了社会成员的地位。当政府的社会福利责任与社会成员的社会权利对应时，社会成员接受的社会福利不再是来自任何人的施舍。社会成员无论属于任何阶层、任何等级，都有问责和监督政府的权利。社会需要理论以人为中心，使得政府的社会福利责任有了具体的可操作的实施依据。

中国政府传统的福利责任是维稳与补缺，是工业主义范式，是经济不发达、高度干预社会背景下的小政府责任。新时期中国经济快速发展，政府社会福利责任应该从工业主义范式转型到社会需要范式，以社会需要为本，扩大政府责任，实践社会权利，福利普惠至每个公民。中国社会福利制度创新的核心是政府社会福利责任转型，即从国家高度干预转型到政府责任与社会权利结构关系；社会福利目标定位从国家为本转型为需要为本，从补缺型转向组合式普惠型社会福利，从消极福利责任转型到积极福利责任。组合式普惠型社会福利是在政府责任创新下的顶层制度设计，包括不同社会福利类型的组合，不同社会福利项目的组合，不同社会福利提供水平的组合等。通过中国政府社会福利责任的创新实践，迈向幸福人民的福利社会。

第六章

福利需要

第一节　福利需要与社会福利制度

一、福利需要的理论探索

需要的界定是一项很难的工作，其争议性与客观事实和价值观念的涉及多少关系密切，涉及价值观念层次上的内容越多，需要概念的界定就越有争议性，而涉及的客观事实越多，争议性越小（Walton，1969：12）。人的需要是分类别分层次的，马斯洛提出了需要层次论，按照人的需要发生顺序由低到高分为五个层次，生理需要、安全需要、社交需要、尊重需要、自我实现需要（Maslow，1970）。多亚尔和高夫将人类成员的需要分为了两类，分别是基本需要和中介需要。其中基本需要包括健康和自主两个层面，基本需要的满足可以通过中间需要（最低限度的最优效果水平的）满足情况来回答，包括充足的营养食品和洁净的水、充足的具有保护功能的住房、无害的工作环境、无害的物理环境，适当的保健、童年期安全、有意义的初级关系等（Doyal & Gough，2008：215）。勒德雷尔（1988）认为需要包括人们意识到的需要、人们表达的需要和人们努力追求得到满足的需要。彭华民（2010b）指出人的需要含有社会的意义，需要是人的本质属性，人的需要在社会中得到满足，需要是人成为社会人的根本。需要具有主观性，人意识到的需要就是他的需要，人们能够感觉到的需要必须被认为是真实的。中国台湾学者詹火生认为，福利需要是人们在所处的环境下，经过客观比较和主观感受，觉察在某些方面有匮乏并产生危机感，但又缺乏通过经济解决的能力，因而需要政府或组织进行特定的行动干预，提供他们必需的物质或服务，以解决困难、摆脱困境、恢复或增进福利（詹火生，1989）。

与福利相关的需要分类大致有两种：一是采取社会行政的观点，侧重对需要的状况进行系统的分类，斯拉克（Slack）根据蒂特马斯的论点，将需要分为短期需要与长期需要，弗斯特（Foster）将需要分为供给者需要和接收者需要。二是将需要归纳后进行分类，目前研究中运用较多的是布莱德肖（Bradshaw）的四种需要类型，即规范性需要（normative need）、感觉到的需要（felt need）、表达的需要（expressed need）、比较的需要（comparative need）（Bradshaw，1972）。人的社会需要也是多层次的，在社会福利维度的社会需要即福利需要，福利需要是社会需要的重要组成部分。从需要的最本质、可以进行操作性研究的角度来看，社会福利领域的需要是社会中的个人在其生活过程中的一种缺乏状态，人的基本需要如果不能得到满足，这种缺乏状态将损害人的生命意义（彭华民，2008：14）。这种社会成员表现出的一种欲求不满的状态无法通过个人努力和能力提高来得到解决和改善，而必须通过国家或其他组织提供社会福利才能满足，以摆脱现实的困境或者增进福利。从福利需要对象上看，它包括了应该有或者必须有的物质或服务，是社会成员在生存环境中经过客观比较和主观感受而发觉的（肖萍，2012）。福利需要是在个人、家庭、市场等福利提供主体无法满足需要的情况下，社会成员向福利提供和输送系统提出的一种需要，主要通过福利制度设计、政府再分配政策、社会福利政策和各种社会服务来满足（范斌，2006）。

总之，福利需要的概念本身就蕴含着人们无法通过自身的能力解决困难、摆脱困境的意义，因而必须借助个体之外的力量来达到满足状态。福利需要的满足需要多元化的福利提供，为了达到更好的福祉状态，福利提供的内容要尽可能覆盖社会生活的各个方面。本书对福利需要概念的使用也是从福利对象的角度出发，衡量其福利需要的程度也是以接受者在相应的福利层面或福利项目上对福利资源需要的态度和主观判断为依据。

二、需要为本的社会福利制度

人类的需要是理解福利制度的关键，社会福利制度的基本功能应是回应和满足人类需要，需要满足是社会福利的基本分析视角（刘继同，2003）。这也决定了由市场主导的初次分配，由国家主导的再分配，由社会主导的多元主义福利资源分配所构筑模式的先后次序，需要是社会资源分配和福利制度运作的价值基础（刘继同，2004）。科登等（Corden et al.，1992）认为需要的分析界定是社会政策和福利工作的核心，是社会福利机构与福利制度良性运作的基础。阿克辛和莱文（Axinn & Levin，1997）指出社会福利制度的运作模式应当是及时回应社会问题，有效满足不断变迁中的社会需要。詹火生（1989）认为社会成员福利需要的满足是通过社会福利机制来实现的。吉尔（Gil，1992）认为社会成员福利需要的满足应由社会福利制度来实现，有三条实现途径：第一，社会福利制度提供满足社会成员福利需要的短缺资源，尤其是针对弱势群体的特殊需要；第二，通过社会福利行动中的赋能项目，提高社会成员的能力，把个人能力的提升与国家福利提供相结合，以此更好地满足社会成员的福利需要；第三，通过减少社会生活中存在的障碍，促进经济与社会协同发展，充分实现社会成员的权利，提升福利需要满足的水平。任何一个社会，因为社会福利资源的有限性必须要对福利提供对象进行选择，优先满足部分社会成员的福利需要，但这种社会选择一定会涉及相应的价值与原则问题，在促进所有社会成员福利的选择上应当遵循正义优先的原则（Gewirth，1982）。

社会福利制度的目标定位是国家如何将社会福利资源提供给社会群体以满足他们的需要，当前中国转型到经济建设与社会建设并重的过程中，社会福利的目标定位应由国家为本转变为需要为本（彭华民，2009）。在需要为本的原则下，中国社会福利体系要从需要满足目标群体、需要满足目标定位的具体内容、需要为本的社会福利政策、需要满足的生产和提供部门发展、需要满足的行动协调原则、需要满足物（福利提供）等方面进行发展创新，转型到适度普惠型社会福利（彭华民，2010a）。景天魁（2010）基于其提出的底线公平理论，指出中国社会福利体系的建设必须遵循循序渐进的原则，首先保障社会成员的基本生活需要，优先保障低保、义务教育和公共医疗卫生领域的福利需要，在保障基本生活需要的前提下，采取多种方式满足社会成员的福利需要。王思斌（2009）认为社会成员中贫困群体的生存需要满足应当是第一位的，与生存需要密切相关的是医疗需要，所以医疗保障福利制度的建设十分重要。刘继同、冯喜良（2005）指出在现代和后现代社会中个人主义盛行，以个人需要为导向的福利制度体系的建立条件已经成熟，该体系应包含个人精神心理健康、社会服务、物质供给、家庭、社会环境五个主要方面，体系的构建应以个人需要满足的最大化为中心，形成整体性的社会福利理论分析框架。在社会福利制度体系中，需要本身被认为是理所当然的，福利需要是一种应该有或必须有的欲求不满的状态，社会福利是解决这种状态的良好机制（肖萍，2012）。

按照福利需要的理论思路，以福利需要为导向的社会福利体制建构包含两个核心议题：第一，谁的需要与如何确定需要，目的是如何确定目标群体的福利需要以划定福利覆盖范围，即福利需要满足的优先性问题；第二，如何组织社会资源来满足社会成员的福利需要，建构合理的社会福利制度体系结构，解决社会矛盾（刘继同，2004）。自20世纪90年代起，中国社会福利制度深入改革，社会福利的建构逐渐由社会问题导向转向福利需要导向。通过国家提供社会福利满足社会成员的福利需要，也体现了社会成员的社会权利（彭华民，2009：28）。

第二节　儿童的福利需要

一、儿童福利需要的二维分析

社会福利的供给内容主要有三大类，即货币、实物和服务。结合儿童的一般福利需要和特殊福利需要，本节采用中国适度普惠社会福利调查资料，通过四个城市儿童问卷对儿童福利需要两个维度的划分基本符合社会福利的供给内容与福利需要内容。儿童福利服务和儿童活动机构层面的各项福利内容是分别基于儿童群体特殊的福利需要而提供的服务性福利和实物性福利。本节的主要因变量是儿童的福利需要，将儿童的福利需要具体操作化为儿童福利服务以及儿童活动机构层面的福利需要两个维度，每个维度下都有若干个问题来测量（见表6-1）。分析资料时采用二分量表，即用不需要和需要来描述儿童群体在福利服务、活动机构两个层面上的福利需要程度。

表6-1　　儿童福利需要的操作化指标分布表

变量	变量维度	变量指标语句
福利需要	儿童福利服务层面	（a1）学龄儿童免费配餐服务
		（a2）学龄儿童放学后的托护服务
		（a3）学龄儿童的社会监护人制度
		（a4）慈善公益组织开展的儿童服务
		（a5）学龄前儿童的免费体检服务
		（a6）儿童大病社会保险制度

续表

变量	变量维度	变量指标语句
福利需要	儿童福利服务层面	（a7）社区内的儿童之家建设
		（a8）多功能的儿童福利院建设
		（a9）帮助低收入家庭儿童的服务
		（a10）帮助农民工子女的服务
		（a11）帮助残疾儿童的服务和津贴
		（a12）帮助孤儿的服务和津贴
	儿童活动机构层面	（b1）少年宫
		（b2）儿童中心
		（b3）儿童教育基地
		（b4）图书馆
		（b5）博物馆
		（b6）城市里的公园
		（b7）科技馆

（一）儿童福利服务层面的福利需要

从表6－2可知，在儿童福利服务层面，儿童群体对各福利项目的需要程度表现在：第一，总体上，儿童对该维度12个具体的福利项目呈现比较需要的态度，选择需要的儿童比例均大于86.8%。第二，需要程度较高（98.0%以上）的福利项目集中在帮助低收入家庭儿童的服务、儿童大病社会保险制度、帮助残疾儿童的服务和津贴、帮助孤儿的服务和津贴，这些服务更多的是面向残疾儿童、孤儿等困境儿童群体。第三，需要程度最低（86.8%）的福利项目是学龄儿童放学后的托护服务项目，这可能是因为目前大多数学龄儿童在放学后一般是由父母或是爷爷奶奶照看，对社区内的托护服务需求较少。

表6－2　　儿童福利服务层面的福利需要描述统计结果

福利项目名称	占比（%）	
	不需要	需要
学龄儿童免费配餐服务（N＝1 161）	10.9	89.1
学龄儿童放学后的托护服务（N＝1 179）	13.2	86.8
学龄儿童的社会监护人制度（N＝1 188）	3.4	96.6

续表

福利项目名称	占比（%）	
	不需要	需要
慈善公益组织开展的儿童服务（N = 1 184）	3.6	96.4
学龄前儿童的免费体检服务（N = 1 227）	2.4	97.6
儿童大病社会保险制度（N = 1 208）	1.7	98.3
社区内的儿童之家建设（N = 1 090）	11.9	88.1
多功能的儿童福利院建设（N = 1 155）	5.4	94.6
帮助低收入家庭儿童的服务（N = 1 223）	1.7	98.3
帮助农民工子女的服务（N = 1 211）	3.3	96.7
帮助残疾儿童的服务和津贴（N = 1 230）	1.2	98.8
帮助孤儿的服务和津贴（N = 1 226）	1.3	98.7

资料来源：中国适度普惠儿童社会福利数据库。

（二）儿童活动机构层面的福利需要

从表6-3可以看到，在儿童活动机构层面，儿童对各个福利项目的需要程度具体表现在：第一，总体上，儿童对该维度7个具体的福利项目呈现较高程度的需要，选择需要的儿童比例均大于91.8%。第二，需要程度较高（98.0%以上）的儿童活动机构是图书馆和博物馆，其次是城市里的公园和科技馆，这表明儿童更需要承担文化教育以及娱乐功能的活动机构，这些机构既能增长他们的知识，也能放松身心。第三，需要程度最低（91.8%）的福利项目是儿童中心。

表6-3　　儿童活动机构层面的福利需要描述统计结果

福利项目名称	占比（%）	
	不需要	需要
少年宫（N = 1 227）	6.0	94.0
儿童中心（N = 1 206）	8.2	91.8
儿童教育基地（N = 1 211）	6.6	93.4
图书馆（N = 1 244）	1.1	98.9
博物馆（N = 1 240）	1.6	98.4
城市里的公园（N = 1 244）	2.1	97.9
科技馆（N = 1 225）	2.1	97.9

资料来源：中国适度普惠儿童社会福利数据库。

二、儿童福利需要的影响因素分析

在对儿童的福利需要进行影响因素分析之前，根据研究需要，将分类较多且频数很少的定类变量进行值标签合并。本书所有样本群体的自变量共分为四个维度，分别为个体因素（客观、主观）、家庭因素、制度因素、地区因素。儿童福利需要的影响因素变量的具体赋值情况如下：

1. 个体因素

（1）年龄。数据库中，年龄变量为被调查者的出生日期，结合本调查实施的年份为 2012 年，计算被访者的年龄。

（2）性别。本书根据研究需要，将性别变量进行了重新编码，0 = 男性，1 = 女性。

（3）健康状况和幸福感。问卷原赋值为，很不健康（很不幸福）= 1，比较不健康（不太幸福）= 2，一般 = 3，比较健康（比较幸福）= 4，很健康（很幸福）= 5。根据研究需要对这两个变量重新赋值为，不健康（不幸福）= 1，一般 = 2，比较健康（比较幸福）= 3，很健康（很幸福）= 4。

2. 家庭因素

（1）父亲和母亲的受教育程度。将儿童的父亲及母亲的受教育程度按照我国现有的学制规定转换为连续变量，具体的转换方式为：没有受过任何教育为 0 年，小学为 6 年，初中为 9 年，普通高中为 12 年，中专为 12 年，大专为 15 年，大学本科及研究生为 16 年。

（2）家庭经济状况。问卷原赋值为远低于平均水平 = 1，低于平均水平 = 2，平均水平 = 3，高于平均水平 = 4，远高于平均水平 = 5。本书对其重新赋值为，低于平均水平 = 1，平均水平 = 2，高于平均水平 = 3。

（3）家庭社会阶层。问卷分为下层、中下、中间、中上和上层，采用五分法。本书对其重新赋值为，中下阶层 = 1，中间阶层 = 2，中上阶层 = 3。

3. 制度因素

（1）福利获得。根据问卷"您和您的家人是否接受过以下政府提供的帮助"组题合成。接受社会保障的内容分别为城市低保/农村低保/五保、大病医疗救助、保障性住房、临时生活救助和教育救助，值标签分别为接受过、没接受过和不知道。本书通过计算变量生成福利获得自变量，具体计算过程为，接受过以上任意五种救助中的任何一种即赋值为是 = 1，任何一种都没接受过的赋值为否 = 0，其他填答形式均自动处理为缺省。

（2）户口性质。本书将户口重新赋值为农业户口 = 0，城市户口 = 1。

4. 地区因素

所在城市。数据库中对所在地区的赋值为，南京 =1，天津 =2，兰州 =3，成都 =4，本书保留该赋值方式。

同时，通过描述统计了解儿童群体样本的分布情况，描述统计结果见表6-4。可以看出，第一，个体因素的客观方面，年龄、性别这些变量的样本分布比较均匀。第二，个体因素的主观认知方面，从样本儿童的健康状况、幸福感的各分类比例看，选择一般、比较健康（比较幸福）、很健康（很幸福）的儿童的比例超过了选择不健康（不幸福）的儿童比例。第三，家庭因素方面，从家庭经济状况、家庭社会阶层这两个变量的各分类比例看，样本儿童群体选择低于平均水平（中下阶层）、平均水平（中间阶层）的比例超过了选择高于平均水平（中上阶层）儿童比例。第四，制度因素方面，样本儿童在福利获得、户口这两个二分类变量的类别比例分别为3∶1（没有接受过任何救助：至少接受过一种）和1∶2.2（农村：城市）。第五，地区因素方面，样本儿童在南京、天津、兰州、成都四个城市的分布比例为1.2∶1∶1∶1，分布均衡。

表6-4　适度普惠社会福利儿童需要研究自变量的描述统计结果

自变量	占比（%）	均值	标准差	自变量	占比（%）	均值	标准差
个体因素				家庭因素			
年龄（N=1 254）	—	14.84	0.816	父亲受教育程度（N=1 233）	—	11.18	2.86
性别（N=1 254）				母亲受教育程度（N=1 239）	—	10.74	2.90
男	51.0	—	—	家庭经济状况（N=1 250）			
女	49.0	—	—	低于平均水平	15.3	—	—
健康状况（N=1 252）				平均水平	68.0	—	—
不健康	4.5	—	—	高于平均水平	16.7	—	—
一般	17.1	—	—	家庭社会阶层（N=1 254）			
比较健康	38.5	—	—	中下阶层	20.4	—	—
很健康	39.9	—	—	中间阶层	61.3	—	—

续表

自变量	占比（%）	均值	标准差	自变量	占比（%）	均值	标准差
幸福感（N = 1 253）				中上阶层	18.4	—	—
不幸福	5.3	—	—	制度因素			
一般幸福	21.2	—	—	福利获得（N = 1 224）			
比较幸福	39.6	—	—	没有接受过任何一种援助	75.0	—	—
很幸福	33.9	—	—	至少接受过一种援助	25.0	—	—
				户口（N = 1 224）			
	—			农村户口	31.5	—	—
				城市户口	68.5	—	—
地区因素（N = 1 254）							
南京	28.0	—	—	兰州	23.8	—	—
天津	23.9	—	—	成都	24.3	—	—

资料来源：中国适度普惠儿童社会福利数据库。

本书将儿童福利服务层面、儿童活动机构层面的福利需要组题进行因子分析合成了本节的因变量，即儿童福利需要。通过将个体、家庭、制度和地区因素、依次纳入多元线性回归模型中，通过各模型的解释度（R^2）变化以及各维度下自变量的显著性和影响程度变化，分别探究上述各个维度的自变量对儿童福利需要的影响。表6－5（模型1～模型4）的各回归模型中，$0.1 < 容差 < 1$，$1 < VIF < 6.1$，说明进入回归模型的自变量之间不存在严重的共线性问题，且各回归模型均通过显著性检验，模型1～模型4对儿童福利需要变异量的解释力（R^2）也逐渐增强。

表6－5　　儿童福利需要的影响因素：多元线性回归模型①

自变量	模型1	模型2	模型3	模型4
个体因素				
年龄	0.012 (0.018)	0.012 (0.019)	0.007 (0.019)	0.009 (0.021)

① 参照组为性别 = 男，健康状况 = 不健康，幸福感 = 不幸福，家庭经济状况 = 低于平均水平，家庭社会阶层 = 中下阶层，福利获得 = 否，户口性质 = 农村户口，所在城市 = 南京。

续表

自变量	模型 1	模型 2	模型 3	模型 4
个体因素				
性别：女	0.042 (0.029)	0.033 (0.030)	0.029 (0.030)	0.028 (0.030)
健康状况：一般	0.020 (0.077)	0.030 (0.076)	0.043 (0.077)	0.043 (0.077)
比较健康	0.008 (0.073)	0.018 (0.072)	0.014 (0.073)	0.014 (0.073)
很健康	0.073 (0.073)	0.086 (0.073)	0.085 (0.074)	0.084 (0.074)
幸福感：一般	0.098 (0.072)	0.110 (0.072)	0.097 (0.073)	0.101 (0.074)
比较幸福	-0.151** (0.070)	-0.157** (0.070)	-0.146** (0.071)	-0.151** (0.071)
很幸福	-0.190*** (0.071)	-0.190*** (0.071)	-0.179** (0.073)	-0.186** (0.073)
家庭因素				
父亲受教育程度		0.001 (0.007)	0.002 (0.007)	0.002 (0.007)
母亲受教育程度		-0.003 (0.007)	-0.003 (0.007)	-0.003 (0.007)
家庭经济状况：平均水平		-0.095** (0.043)	-0.095** (0.045)	-0.095** (0.046)
高于平均水平		-0.014 (0.062)	-0.014 (0.064)	-0.011 (0.064)
家庭社会阶层：中间阶层		0.002 (0.046)	-0.004 (0.046)	-0.003 (0.047)
中上阶层		-0.237* (0.170)	-0.333* (0.180)	-0.344* (0.181)
制度因素				
福利获得：有			0.009* (0.036)	0.007* (0.036)

续表

自变量	模型 1	模型 2	模型 3	模型 4
制度因素				
户口性质：城市户口			0.013 (0.037)	0.033 (0.042)
地区因素				
城市：天津				-0.012 (0.044)
兰州				0.016* (0.048)
成都				0.042 (0.048)
常数	-0.378 (0.280)	-0.287 (0.308)	-0.222 (0.314)	-0.289 (0.338)
样本量	1 179	1 152	1 117	1 117
R^2	0.017	0.027	0.031	0.033
F	2.591***	2.921***	2.857**	2.442*

注：* 表示 $p<0.1$，** 表示 $p<0.05$，*** 表示 $p<0.01$。

资料来源：笔者基于中国适度普惠儿童社会福利数据库通过 SPSS 计算得到。

（一）个体因素对福利需要的影响

从表 6-5 中模型 1 可以看到，R^2 为 0.017，即个体因素可以解释儿童福利需要 1.7% 的变异量。从模型 1 可知，控制其他条件不变的前提下，儿童的幸福感状况对其福利需要有显著性影响。很幸福和比较幸福的儿童相比不幸福的儿童，其福利需要程度要低。在模型 2、模型 3、模型 4 引入家庭、制度和地区因素后，很幸福、比较幸福的儿童的福利需要程度相比不幸福的儿童依然要低，但影响程度略低于模型 1。这可能是因为幸福感较高的儿童在平时的日常生活中已经接受了很多的福利项目，拥有相对较多的福利资源，获取儿童福利的渠道也更多、更方便，因此他们无论对儿童福利服务层面，还是对儿童活动机构层面的福利提供项目存在较低水平的福利期待与需要。

综上可以得到，幸福感对儿童福利需要的影响在 4 个模型中的影响程度及显著性有所不同。在控制其他条件不变的情况下，幸福感对儿童福利需要的影响比较显著，幸福感较高的儿童与不幸福的儿童相比，其对各类福利项目的需要程度没有那么迫切。只是这种差异仅在很幸福和比较幸福的儿童与不幸福的儿童之间，幸福感一般的儿童的福利需要程度与不幸福儿童之间的差异并不显著。

（二）家庭因素对福利需要的影响

在控制模型1个体因素的影响下，表6-5模型2显示了家庭因素对儿童福利需要的影响。模型2的R^2为0.027，即个体因素和家庭因素模型能解释儿童福利需要2.7%的变异量。其中，家庭经济状况和家庭社会阶层对儿童福利需要有显著性影响。模型2中，家庭经济状况处在平均水平的儿童相比处于低于平均水平的儿童，其福利需要程度要低。在模型3和模型4分别引入了制度和地区因素后，家庭经济状况对儿童福利需要的影响程度和显著性并未发生改变，仍在0.05的置信水平上对因变量产生影响。家庭社会阶层对儿童福利需要的影响具体表现为，在模型2中，家庭社会阶层位于中下阶层的儿童比处在中上阶层的儿童，其福利需要得分更高。在引入制度和地区因素的模型3和模型4中，家庭社会阶层对儿童福利需要的影响程度提高，因而进一步验证了家庭社会阶层对儿童福利需要的影响。

综上可以得到，家庭经济状况、家庭社会阶层对儿童主观福利需要的影响在3个模型中的影响程度及显著性基本未发生变化。在控制其他条件不变的情况下，其对儿童福利需要的影响比较显著，体现在家庭经济状况处于平均水平（家庭社会阶层处于中上阶层）的儿童相比于家庭经济收入低于平均水平（家庭社会阶层位于中下阶层）的儿童，对各类福利项目的需要程度也没有那么迫切。这可能是因为家庭经济状况较好、社会阶层较高的儿童已经获得的福利项目或福利资源的类别更多，水平更高，获取的渠道和机会更多，因而他们对于儿童福利服务层面和儿童活动机构层面的福利供给项目存在较低水平的福利期待与需要。

（三）制度因素对福利需要的影响

在控制个体因素和家庭因素的影响下，表6-5模型3考察了制度因素对儿童福利需要的影响。模型3的R^2为0.031，即该模型能解释儿童福利需要因变量3.1%的变异量。其中，福利获得状况对儿童福利需要有显著性影响。模型3和模型4中，相比没有接受过任何一种援助的儿童，至少接受过一种援助的儿童的福利需要得分更高，更倾向于对各类福利项目表现出更多的期待。这种结论也符合福利态度领域的自利假设，自利假设指出，能从社会保护中获利以及更依赖福利国家和社会福利制度的群体对福利国家及其制度安排、各类福利项目的态度更积极、更需要（Andre β & Heien，2001；Gelissen，2000；Svallfors，1997；Wong，Wan & Law，2009）。那些福利项目和福利津贴的接受者和可能会成为福利接受者的群体，相比那些不大可能成为福利接受者的人，更会对这些福利津贴和项目持有积极的态度（Blekesaune & Quadagno，2003；Hasenfeld & Rafferty，1989）。

综上可以得到，福利获得状况对儿童主观福利需要的影响在模型3和模型4中的影响程度及显著性基本未发生变化。其对儿童福利需要的影响体现在，没有接受过任何一种援助的儿童相较于至少接受过一种社会救助的儿童，对各类福利项目的需要程度也没有那么迫切。

（四）地区因素对福利需要的影响

在控制个体、家庭和制度因素的影响下，表6－5模型4考察了地区因素对儿童福利需要的影响。模型4（综合因素模型）的 R^2 为0.033，即该模型能解释儿童福利需要因变量3.3%的变异量。所在城市对儿童的福利需要有显著性影响，儿童的福利需要程度呈现一定的地区差异。模型4中，兰州儿童相对南京儿童，福利需要程度更高，而天津、成都地区的儿童相比南京的儿童在福利需要程度上并无显著差异。这可能是由于我国的社会福利制度有其自身的特征，具体表现为由地区间经济发展水平不同导致的社会福利资源地区分配不均（郑功成，2014；万国威，2012）。因而位于东部地区、经济发展水平较高的南京的儿童，相比位于中西部地区、经济相对落后的兰州的儿童，其可以享有更多的福利资源和项目，他们对于儿童福利服务层面和儿童活动机构层面的福利供给项目存在较低水平的福利期待与需要。

第三节　老年人的福利需要

一、老年人福利需要的多层分析

社会福利的供给内容主要有三大类，即货币、实物和服务。结合老年人的一般性福利需要和特殊福利需要，本书采用中国适度普惠社会福利调查数据库资料，四个城市老年人问卷对老年人福利需要四个维度的划分基本符合社会福利的供给和需要内容。本节的主要因变量是老年人的福利需要，将老年人的福利需要具体操作化为娱乐福利、交通福利、医疗福利以及法律福利层面的福利需要四个维度，每个维度下都有若干个态度问题来测量（见表6－6），分析采用二分量表，即用不需要和需要来描述老年人群体在上述四个福利层面上的福利需要程度。

表 6-6　　老年人福利需要的操作化指标分布

变量	变量维度	变量指标语句
福利需要	娱乐福利	(a1) 免费参观娱乐公园和公益性文化设施
		(a2) 参观娱乐收取门票的旅游景点，享受票价优惠
		(a3) 部分旅游景点早晨向持证晨练的老年人免费开放
		(a4) 公共体育场馆为老年人健身娱乐提供的优惠服务
	交通福利	(b1) 购买老年月票，乘坐指定线路的公交车
		(b2) 持卡免费乘坐市内全部公交车
		(b3) 老年人优先购票、优先检票的服务
		(b4) 公交车、火车、船等设置老年人专用座位
	医疗福利	(c1) 减免老年人普通门诊挂号费
		(c2) 减免贫困老年人家庭病床费、出诊费
		(c3) 到设置老年病门诊的医院就医
		(c4) 设置“老年人优先”标志而优先看病
		(c5) 设立家庭病床，提供上门服务
		(c6) 老人全面的免费体检
	法律福利	(d1) 法律服务机构优先向老年人免费提供法律咨询
		(d2) 对侵犯老年人合法权益的申诉、控告和检举，司法机关及时受理，优先办理
		(d3) 各级法律服务组织及时对老人提供法律援助，对于诉讼费用予以减免
		(d4) 公证机关在办理老年人扶养、赡养协议公证及申办遗嘱公证时，对有《老年证》的老年人减半或免收公证费
		(d5) 公证机关在办理老年人的扶养、赡养的协议公证及申办遗嘱公证时，对有《高龄证》的老人免收公证费

（一）娱乐福利层面的福利需要

从表 6-7 可以看到，在娱乐福利层面，老年人对各个福利项目的需要程度表现在：第一，总体上，老年人对该维度 4 个具体的福利项目呈现较高程度的需要，选择需要的老年人比例均大于 88.8%。第二，需要程度最高（93.5%）的福利项目是老年人能够免费参观游览公园和公益性文化设施，而老年人对公共体育场馆为老年人健身娱乐提供优惠服务的需要程度相对较低（88.8%）。

表6-7　　老年人多层次福利需要描述统计结果

福利项目名称	占比（%）	
	不需要	需要
娱乐福利层面		
免费参观游览公园和公益性文化设施（N=1 156）	6.5	93.5
参观游览收取门票的旅游景点，享受票价优惠（N=1 160）	7.2	92.8
部分旅游景点早晨向持证晨练的老年人免费开放（N=1 144）	7.6	92.4
公共体育场馆为老年人健身娱乐提供的优惠服务（N=1 106）	11.2	88.8
交通福利层面		
购买老年月票，乘坐指定线路的公交车（N=1 153）	11.0	89.0
持卡免费乘坐市内全部公交车（N=1 157）	4.8	95.2
老年人优先购票、优先检票的服务（N=1 142）	8.5	91.5
公交车、火车、船等设老年人专用座位（N=1 145）	7.9	92.1
医疗福利层面		
减免老年人普通门诊挂号费（N=1 152）	3.2	96.8
减免贫困老年人家庭病床费、出诊费（N=1 147）	7.8	92.2
到设置老年病门诊的医院就医（N=1 122）	6.6	93.4
因医院设置老年人优先标志而优先看病（N=1 141）	5.0	95.0
设立家庭病床，提供上门服务（N=1 120）	14.9	85.1
老年人全面的免费体检（N=1 154）	2.0	98.0
法律福利层面		
法律服务机构优先向老年人免费提供法律咨询（N=999）	21.8	78.2
对侵犯老年人合法权益事项，司法机关及时受理或优先办理（N=993）	23.6	76.4
对老人提供法律援助，诉讼费用予以减免（N=979）	22.3	77.7
对办理老年人扶养、赡养及遗嘱公证的持老人证者减半或免费（N=971）	18.7	81.3
对办理老年人扶养、赡养及遗嘱公证的高龄老人全免费（N=963）	19.3	80.7

资料来源：中国适度普惠老年社会福利数据库。

（二）交通福利层面的福利需要

从表 6－7 可以看到，在交通福利层面，老年人对各个福利项目的需要程度表现在：第一，总体上，老年人对该维度 4 个具体的福利项目呈现较高程度的需要，选择需要的老年人比例均大于 89.0%。第二，需要程度最高（95.2%）的福利项目是持卡免费乘坐市内全部公交车，相比之下，老年人对购买老年月票、乘坐指定线路公交车的需要程度最低（89.0%）。第三，老年人对优先购票、优先检票的服务（91.5%）以及公交车、火车、船等设老年人专用座位的福利项目（92.1%）也比较需要。

（三）医疗福利层面的福利需要

表 6－7 显示，在医疗福利层面，老年人对各个福利项目的需要程度表现在：第一，总体上，老年人对该维度 6 个具体的福利项目呈现较高程度的需要，选择需要的老年人比例均大于 85.1%。第二，需要程度最高（98.0%）的福利项目是为老年人提供全面的免费体检项目，相比之下，老年人对设立家庭病床、提供上门服务的需要程度最低（85.1%）。第三，老年人对减免老年人普通门诊挂号费（96.8%）和因医院设置老年人优先标志而优先看病（95.0%）的福利项目也比较需要。

（四）法律福利层面的福利需要

表 6－7 显示，在法律福利层面，老年人对各个福利项目的需要程度表现在：第一，总体上，相比娱乐福利、交通福利以及医疗福利层面的各类福利项目，老年人对该维度 5 个具体的福利项目呈现较低程度的需要。第二，需要程度最高（81.3%）的福利项目是对办理老年人扶养、赡养及遗嘱公证的持老人证者减半或免费，老年人对被侵犯合法权益事项，司法机关及时受理、优先办理的需要程度最低（76.4%）。

二、老年人福利需要的影响因素分析

问卷中对被访的老年人的受教育程度进行了调查，本书根据大陆一般学制和填答的受教育程度信息，将其转换为受教育年数的连续变量。具体的转换方式为：没有受过任何教育为 0 年，小学为 6 年，初中为 9 年，普通高中为 12 年，中专为 12 年，大专为 15 年，大学本科及研究生为 16 年。个人阶层在问卷中分为下层、中下、中间、中上和上层，采用五分法。本书重新赋值为，中下阶层 = 1，中间阶层 = 2，中上阶层 = 3。

家庭变量方面，在数据库中，婚姻状况的赋值情况为未婚 = 1，同居 = 2，已婚 = 3，分居未离婚 = 4，离婚 = 5，丧偶 = 6。为了使模型更加拟合，本书将多种婚姻状况归结为两种，其中非在婚 = 0，在婚 = 1。家庭规模指老年人家庭的总人数，问卷问题是"和您一起居住的家庭成员有几位"。本书中，将数据库数据加1后作为家庭规模变量。

对老年人的福利需要进行影响因素分析之前，通过描述统计了解老年人群体样本的分布情况，描述统计结果见表6－8。可以看出，第一，个体因素的客观方面，年龄、性别的样本分布比较均匀。第二，个体因素的主观认知方面，从样本老年人的健康状况、幸福感的各分类比例看，选择一般、比较健康（比较幸福）、很健康（很幸福）的老年人的比例超过了选择不健康（不幸福）的老年人比例。第三，家庭因素方面，从家庭经济状况的各分类比例看，样本老年人群体选择低于平均水平、平均水平的比例超过了选择高于平均水平的老年人比例，而婚姻状况中在婚与非在婚老年人的比例为3.4∶1。第四，制度因素方面，样本老年人在福利获得、户口这两个二分类变量的类别比例分别为3.8∶1（没有接受过任何救助∶至少接受过一种）和1∶7.5（农村∶城市）。第五，地区因素方面，样本老年人在南京、天津、兰州、成都四个城市的分布比例为1.1∶1∶1∶1，分布均衡。

表6－8　适度普惠社会福利老年人需要自变量的描述统计结果

自变量	百分比（%）	均值	标准差	自变量	百分比（%）	均值	标准差
个体因素				家庭因素			
年龄（N = 1 212）	—	66.27	4.64	婚姻状况（N = 1 212）			
性别（N = 1 212）				非在婚	22.9	—	—
男	48.3	—	—	在婚	77.1	—	—
女	51.7	—	—	家庭经济状况（N = 1 212）			
健康状况（N = 1 210）				低于平均水平	42.2	—	—
不健康	24.3	—	—	平均水平	51.6	—	—
一般	37.9	—	—	高于平均水平	6.3	—	—

续表

自变量	百分比（%）	均值	标准差	自变量	百分比（%）	均值	标准差
比较健康	29.4	—	—	家庭规模（N = 1 178）	—	3.30	1.54
很健康	8.4	—	—	制度因素			
幸福感（N = 1 211）				福利获得（N = 1 211）			
不幸福	6.4	—	—	没有接受过任何一种援助	79.1	—	—
一般幸福	32.7	—	—	至少接受过一种援助	20.9	—	—
比较幸福	39.0	—	—	户口（N = 1 209）			
很幸福	22.0	—	—	农村户口	11.7	—	—
阶层（N = 1 212）				城市户口	88.3	—	—
中下阶层	48.5	—	—				
中间阶层	45.8	—	—				
中上阶层	5.7	—	—				
受教育程度（N = 1 211）							
地区因素（N = 1 212）							
南京	27.0	—	—	兰州	24.7	—	—
天津	24.0	—	—	成都	24.3	—	—

资料来源：中国适度普惠老年社会福利数据库。

本书将娱乐福利、交通福利、医疗福利以及法律福利层面的福利需要组题进行因子分析合成了本节的因变量，即老年人福利需要。通过将个体、家庭、地区和制度因素依次纳入多元线性回归模型中，通过各模型的解释度（R^2）变化以及各维度下自变量的显著性和影响程度变化，分别探究上述各个维度的自变量对老年人福利需要的影响。表6－9（模型5～模型8）各回归模型中，$0.1<$容差<1，$1<VIF<5.0$，说明进入回归模型的自变量之间不存在严重的共线性问题，且各回归模型均通过显著性检验，模型5～模型8对老年人福利需要变异量的解释力（R^2）也逐渐增强。

表6-9　　老年人福利需要的影响因素：多元线性回归模型①

自变量	模型5	模型6	模型7	模型8
个体因素				
年龄	0.000 (0.003)	0.001 (0.003)	-0.002 (0.003)	-0.002 (0.003)
性别：女	0.040 (0.030)	0.031 (0.031)	0.036 (0.031)	0.038 (0.030)
受教育程度	0.012*** (0.004)	0.014**** (0.004)	0.010*** (0.004)	0.008** (0.004)
健康状况：一般	0.031 (0.038)	-0.048 (0.039)	0.053 (0.039)	0.051 (0.038)
比较健康	-0.087** (0.041)	-0.066* (0.042)	-0.057* (0.042)	-0.066* (0.042)
很健康	-0.034 (0.061)	-0.014 (0.061)	-0.003 (0.061)	0.006 (0.061)
幸福感：一般	0.092 (0.064)	0.096 (0.066)	0.092 (0.065)	0.091 (0.065)
比较幸福	0.025 (0.065)	0.026 (0.067)	0.018 (0.066)	0.038 (0.066)
很幸福	-0.031 (0.068)	-0.022 (0.071)	-0.029 (0.070)	0.025 (0.070)
个人阶层：中间阶层	0.034 (0.032)	0.051 (0.035)	0.055 (0.035)	0.038 (0.035)
中上阶层	-0.018 (0.067)	0.008 (0.070)	0.010 (0.070)	-0.026 (0.069)
家庭因素				
婚姻状况		-0.052* (0.037)	-0.048* (0.038)	-0.045* (0.038)
家庭规模		-0.002 (0.010)	0.004 (0.010)	-0.003 (0.010)

① 参照组为性别=男，健康状况=不健康，幸福感=不幸福，个人阶层=中下阶层，婚姻状况=非在婚，家庭经济状况=低于平均水平，福利获得=否，户口性质=农村户口，所在城市=南京。

续表

自变量	模型 5	模型 6	模型 7	模型 8
家庭因素				
家庭经济状况：平均水平		-0.044 * (0.034)	-0.043 * (0.034)	-0.039 * (0.034)
高于平均水平		-0.068 (0.070)	-0.055 (0.069)	-0.048 (0.069)
制度因素				
福利获得：有			0.045 (0.037)	0.021 (0.037)
户口性质：城市户口			0.178 **** (0.048)	0.136 *** (0.051)
地区因素				
城市：天津				-0.055 (0.041)
兰州				0.155 **** (0.042)
成都				-0.078 * (0.045)
常数	-0.149 (0.224)	-0.089 (0.240)	-0.175 (0.241)	-0.087 (0.240)
样本量	1 209	1 176	1 172	1 172
R^2	0.033	0.039	0.053	0.079
F	3.723 ****	3.293 ****	3.6800 ****	4.748 ****

注：* 表示 p < 0.1，** 表示 p < 0.05，*** 表示 p < 0.01，**** 表示 p < 0.001。
资料来源：笔者基于中国适度普惠老年社会福利数据库通过 SPSS 计算得到。

（一）个体因素对福利需要的影响

从表 6 - 9 中模型 5 可以看到，R^2 为 0.033，即个体因素可以解释老年人福利需要 3.3% 的变异量。从模型 5 可知，控制其他条件不变的前提下，老年人的受教育程度及健康状况对其福利需要有显著性影响，老年人的受教育程度越高，其福利需要越高。在模型 6、模型 7 和模型 8 中，随着老年人的受教育程度提高，其福利需要也随之提高的结论进一步得到证实。这可能是由于受教育程度较高的老年人，更希望通过多元的福利供给方式来满足其自身较高水平的精神文化需要。同时他们的公民权利意识可能更强，期待通过更多的渠道来维护其自身的合法权益，因而相比那些受教育程度较低的老年人，表现出更高程度的福利需要。

在模型5中，健康状况对老年人福利需要的影响表现在，比较健康的老年人相对不健康的老年人，其福利需要要低。在引入家庭、制度和地区因素后，健康状况对老年人福利需要的影响程度下降，但比较健康的老年人福利需要的程度依然比不健康的老年人要低，这可能是因为比较健康的老年人在平时的日常生活中已经接受了很多的福利项目，拥有相对较多的福利资源，再加上他们本身身体比较健康，因此对娱乐、医疗、交通等福利层面的福利提供项目存在较低水平的福利期待。

综上可以得到，受教育程度和健康状况对老年人主观福利需要的影响在4个模型中的影响程度及显著性有所不同，在控制其他条件不变的情况下，上述两个变量对老年人福利需要的影响比较显著，体现在：第一，老年人的福利需要随着其受教育程度的提高而增加。第二，比较健康的老年人相比于不健康的老年人，其福利需要的得分明显要低，即比较健康的老年人与不健康的老年人相比，其对各类福利项目的需要程度没有那么迫切。只是这种差异仅在比较健康与不健康的老年人之间，健康状况一般和很健康的老年人其福利需要程度与不健康的老年人之间的差异并不显著。

（二）家庭因素对福利需要的影响

在控制模型5个体因素的影响下，表6-9模型6显示了家庭因素对老年人福利需要的影响。模型6的 R^2 为0.039，即个体因素和家庭因素模型能解释老年人福利需要3.9%的变异量。其中，婚姻状况和家庭经济状况对老年人福利需要有显著性影响。模型6中，婚姻状况为在婚的老年人的福利需要比不在婚的老年人要低。在模型7和模型8中，婚姻状况对老年人福利需要依然有显著性影响，不在婚的老年人相比在婚的老年人，其福利需要程度依然更高，但影响程度略低于模型6。这可能是因为在婚的老年人，因为有老伴的陪伴，能够在生活上相互照顾与互相沟通交流，比不在婚的老年人更能体会到晚年夕阳红的幸福，因而其对各类福利项目的福利需要程度较低。同时，模型6显示，家庭经济状况处在平均水平的老年人相比处于低于平均水平的老年人，其福利需要程度要低。在模型7和模型8分别引入了制度和地区因素后，家庭经济状况对老年人福利需要的影响程度降低，但仍在0.1的置信水平上对因变量产生影响。这可能是因为家庭经济状况较好的老年人已经获得的福利项目或福利资源的类别更多，水平更高，获取的渠道和机会更多，因而他们对于各类福利项目有较低水平的福利诉求与需要。

综上可以得到，婚姻状况和家庭经济状况对老年人主观福利需要的影响在3个模型中的影响程度略有差异，在控制其他条件不变的情况下，上述两个变量对老年人福利需要的影响较为显著，体现在：第一，不在婚的老年人相较于在婚的老年人，其对各个福利层面的福利项目表现出更需要的态度。第二，家庭经济状况处于平均水平的老年人相比于家庭经济收入低于平均水平的老年人，对各类福利项目的需要程度也没有那么迫切。

（三）制度因素对福利需要的影响

在控制个体因素和家庭因素的影响下，表6－9模型7考察了制度因素对老年人福利需要的影响。模型7的 R^2 为0.053，即该模型能解释老年人福利需要因变量5.3%的变异量。其中，户口性质对老年人福利需要有显著性影响。模型7中，相比农村户籍的老年人，城市户口老年人的福利需要更高，对各类福利项目表现出更多的期待。在模型8中，虽然户口性质对老年人福利需要的影响程度降低，但城市户口老年人的福利需要程度仍比农村户口的老年人更高。我国的社会福利制度有其自身的特征，具体表现为由户籍制度造成的城乡社会福利二元区隔（郑功成，2014；万国威，2012）。城市户口的老年人，其更希望通过多元的福利供给方式来增强其自身更丰富的精神文化需要，同时他们的公民权利意识可能较强，期待通过更多的渠道来维护其自身的合法权益，因而相比那些农村户口的老年人，表现出更高程度的福利需要。

综上可以得到，户口性质对老年人福利需要的影响在模型3和模型4中的影响程度略有差异。其对老年人福利需要的影响体现在，农村户口的老年人相比城市户口的老年人，其福利需要的程度更低。

（四）地区因素对福利需要的影响

在控制个体因素、家庭因素和制度因素的影响下，表6－9模型8考察了地区因素对老年人福利需要的影响。模型8（综合因素模型）的 R^2 为0.079，即该模型能解释老年人福利需要因变量7.9%的变异量。所在城市对老年人的福利需要有显著性影响，老年人的福利需要程度呈现一定的地区差异。模型8中，兰州的老年人相对南京老年人，福利需要程度更高；成都老年人的福利需要程度比南京老年人要低，而天津老年人相比南京老年人在福利需要程度上并无显著差异。这可能是由于我国的社会福利制度有其自身的特征，具体表现为由地区间经济发展水平不同导致的社会福利资源地区分配不均（郑功成，2014；万国威，2012）。

因而位于东部地区、经济发展水平较高的南京老年人，相比位于西部地区、经济相对落后的兰州老年人，已经获得的福利项目或福利资源的类别更多、水平更高，获取的渠道和机会更多，他们对各个福利层面的福利供给项目存在较低水平的福利诉求。

通过以老年人福利需要为因变量、所在城市为自变量进行方差分析发现，四个城市的老年人在福利需要程度上有显著差异（F 值 = 23.234，p = 0.000 < 0.001）。用最小显著差法（least significant difference，LSD）进行多重比较（见表 6 - 10），发现在不考虑其他因素的情况下，除了南京和天津两个城市的老年人在福利需要程度上的差异不显著外，其他城市间两两比较后在福利需要程度上都存在差异。且从均值差的情况来看，南京和天津的老年人的福利需要程度要低于兰州，南京老年人的福利需要略高于成都的老年人，这与表 6 - 9 中多元线性回归模型 8 所反映的情况基本一致。东部地区的南京和天津两城市的老年人的福利需要程度低于西部地区的兰州的老年人，这与地区经济发展状况和福利资源的分配有一定的关联。

表 6 - 10　四个城市老年人福利需要的 LSD 分析的多重比较

（I）所在城市		均值差（I - J）	标准误	显著性
南京	天津	0.05760	0.03983	0.148
	兰州	-0.15884*	0.03955	0.000
	成都	0.17332*	0.03969	0.000
天津	南京	-0.05760	0.03983	0.148
	兰州	-0.21644*	0.04070	0.000
	成都	0.11572*	0.04084	0.005
兰州	南京	0.15884*	0.03955	0.000
	天津	0.21644*	0.04070	0.000
	成都	0.33216*	0.04056	0.000
成都	南京	-0.17332*	0.03969	0.000
	天津	-0.11572*	0.04084	0.005
	兰州	-0.33216*	0.04056	0.000

注：均值差的显著性水平为 0.05。

资料来源：笔者基于中国适度普惠老年社会福利数据库通过 SPSS 计算得到。

第四节　残疾人的福利需要

一、残疾人福利需要的多层分析

社会福利的供给内容主要有三大类，即货币、实物和服务。结合残疾人群体的一般性福利需要和特殊福利需要，本书采用中国适度普惠社会福利调查数据库资料，四个城市残疾人调查问卷对残疾人福利需要四个维度的划分基本符合社会福利的供给和需要内容。本节的主要因变量是残疾人的福利需要，将残疾人的福利需要具体操作化为社会保障、特殊资助、残疾人服务、残疾人服务机构及设施层面的福利需要四个维度，每个维度下都有若干个态度问题来测量，具体见表6－11，采用二分量表，即用不需要和需要来描述残疾人群体在上述四个福利层面上的福利需要程度。

表6－11　　　残疾人福利需要的操作化指标分布表

变量	变量维度	变量具体指标
福利需要	社会保障层面	（a1）最低生活保障
		（a2）养老保险
		（a3）医疗保险
		（a4）失业保险
		（a5）住房公积金
	特殊资助层面	（b1）临时生活救助
		（b2）养老保险缴费补贴
		（b3）医疗保险缴费补贴
		（b4）水电气暖助残补贴
		（b5）教育专项救助补贴
		（b6）住房专项救助补贴
		（b7）护理补贴
		（b8）康复救助
		（b9）通信助残补贴

续表

变量	变量维度	变量具体指标
福利需要	特殊资助层面	（b10）减免营业税收
		（b11）减免所得税
	残疾人服务层面	（c1）医疗康复服务
		（c2）教育康复服务
		（c3）职业康复服务
		（c4）社会康复服务
		（c5）心理辅导服务
		（c6）法律援助服务
		（c7）辅助器具适配服务
		（c8）残疾预防知识普及服务
		（c9）残疾人法规宣传教育
		（c10）职业培训职业介绍服务
		（c11）残疾人文体活动服务
		（c12）残疾人托养服务与补贴
		（c13）信息无障碍服务
		（c14）慈善公益助残服务
		（c15）贫困残疾家庭危房改造
		（c16）残疾人评估与转介服务
	残疾人服务机构及设施层面	（d1）辅助器具适配服务的医院或中心
		（d2）专业康复机构或康复室
		（d3）残疾人职业介绍机构
		（d4）残疾人文娱活动中心
		（d5）残疾人托养服务机构
		（d6）残疾人学校
		（d7）居住区内无障碍设施
		（d8）残疾人社会工作机构
		（d9）残疾人联合会

（一）社会保障层面的福利需要

从表6－12可以看到，在社会保障层面，残疾人对各个福利项目的需要程度存在较大差异，具体表现在：第一，需要程度最高的福利项目是医疗保险

(93.8%)，而残疾人对失业保险的需要程度最低（57.3%）。第二，残疾人对最低生活保障（60.8%）以及住房公积金（62.4%）也表现出较低水平的需要与期待，而对养老保险福利项目有比较迫切的需要（88.9%）。

表 6-12　　残疾人社会保障层面的福利需要描述统计结果

福利项目名称	占比（%）	
	不需要	需要
最低生活保障（N=843）	30.2	60.8
养老保险（N=840）	11.1	88.9
医疗保险（N=842）	6.2	93.8
失业保险（N=827）	42.7	57.3
住房公积金（N=830）	37.6	62.4

资料来源：笔者基于中国适度普惠残疾人社会福利数据库统计得到。

（二）特殊资助层面的福利需要

从表 6-13 可以看到，在特殊资助层面，老年人对各个福利项目的需要程度有较大差异，具体表现在：第一，需要程度最高的福利项目是医疗保险缴费补贴(84.0%)，而残疾人对减免营业税收的需要程度最低（37.1%）。第二，残疾人对减免所得税（40.2%）以及教育专项救助补贴（52.9%）也表现出较低水平的需要与期待，而对养老保险缴费补贴有比较迫切的需要（77.1%）。这也与残疾人在社会保障层面呈现出的福利需要状况基本一致。

表 6-13　　残疾人特殊资助层面的福利需要描述统计结果

福利项目名称	占比（%）	
	不需要	需要
临时生活救助（N=823）	27.1	72.9
养老保险缴费补贴（N=816）	22.9	77.1
医疗保险缴费补贴（N=819）	16.0	84.0
水电气暖助残补贴（N=816）	28.2	71.8
教育专项救助补贴（N=809）	47.1	52.9
住房专项救助补贴（N=813）	33.9	66.1
护理补贴（N=801）	41.1	58.9
康复救助（N=812）	36.9	63.1

续表

福利项目名称	占比（%）	
	不需要	需要
通信助残补贴（N=808）	41.3	58.7
减免营业税收（N=807）	62.9	37.1
减免所得税（N=808）	59.8	40.2

资料来源：笔者基于中国适度普惠残疾人社会福利数据库统计得到。

（三）残疾人服务层面的福利需要

从表6-14可以看到，在残疾人服务层面，残疾人对各个福利项目的需要程度有较大差异，具体表现在：第一，需要程度最高的福利项目是医疗康复服务（70.1%），而残疾人对教育康复服务的需要程度最低（43.6%）。第二，残疾人对贫困残疾家庭危房改造（44.4%）、心理辅导服务（45.0%）、职业康复服务（46.5%）、法律援助服务（45.7%）以及残疾人评估与转介服务（46.7%）五类福利项目也表现出较低水平的需要与期待。残疾人对医疗康复服务表现出较高的需要程度，也与其在社会保障层面和特殊资助层面呈现出的福利需要状况基本一致。

表6-14　　残疾人服务层面的福利需要描述统计结果

福利项目名称	占比（%）	
	不需要	需要
医疗康复服务（N=815）	29.9	70.1
教育康复服务（N=811）	56.4	43.6
职业康复服务（N=807）	53.5	46.5
社会康复服务（N=813）	48.5	51.5
心理辅导服务（N=811）	55.0	45.0
法律援助服务（N=805）	54.3	45.7
辅助器具适配服务（N=812）	40.3	59.7
残疾预防知识普及服务（N=813）	39.0	61.0
残疾人法规宣传教育（N=811）	39.3	60.7
职业培训职业介绍服务（N=809）	46.7	53.3
残疾人文体活动服务（N=811）	35.0	65.0

续表

福利项目名称	占比（%）	
	不需要	需要
残疾人托养服务与补贴（N=803）	42.8	57.2
信息无障碍服务（N=805）	47.7	52.3
慈善公益助残服务（N=811）	32.9	67.1
贫困残疾家庭危房改造（N=802）	55.6	44.4
残疾人评估与转介服务（N=808）	53.3	46.7

资料来源：笔者基于中国适度普惠残疾人社会福利数据库统计得到。

（四）残疾人服务机构及设施层面的福利需要

从表6-15可以看到，在残疾人服务机构及设施层面，残疾人对各个福利项目的需要程度有较大差异，具体表现在：第一，需要程度最高的福利项目是残疾人联合会（79.0%），而残疾人对残疾人学校的需要程度最低（38.8%）。第二，残疾人对残疾人托养服务机构（48.0%）也表现出较低水平的需要，而对残疾人文娱活动中心（65.4%）、残疾人社会工作机构（63.1%）、居住区内无障碍设施（62.5%）以及辅助器具适配服务的医院或中心（60.0%）四类福利项目比较需要。

表6-15　残疾人服务机构及设施层面的福利需要描述统计结果

福利项目名称	占比（%）	
	不需要	需要
辅助器具适配服务的医院或中心（N=816）	40.0	60.0
专业康复机构或康复室（N=813）	41.3	58.7
残疾人职业介绍机构（N=815）	46.9	53.1
残疾人文娱活动中心（N=813）	34.6	65.4
残疾人托养服务机构（N=810）	52.0	48.0
残疾人学校（N=814）	61.2	38.8
居住区内无障碍设施（N=811）	37.5	62.5
残疾人社会工作机构（N=811）	36.9	63.1
残疾人联合会（N=816）	21.0	79.0

资料来源：笔者基于中国适度普惠残疾人社会福利数据库统计得到。

二、残疾人福利需要的影响因素分析

在对残疾人的福利需要进行影响因素分析之前，通过描述统计了解残疾人群体样本的分布情况，描述统计结果见表6－16。可以看出，第一，个体因素的客观方面，性别变量的样本分布比较均匀。第二，个体因素的主观认知方面，从样本残疾人的健康状况、幸福感的各分类比例看，选择不健康（不幸福）、一般健康（一般幸福）的残疾人的比例超过了选择比较健康（比较幸福）、很健康（很幸福）的残疾人比例；而在个人阶层认知上，样本残疾人选择中下阶层的比例超过了选择中间阶层、中上阶层的残疾人比例。第三，家庭因素方面，从家庭经济状况的各分类比例看，样本残疾人群体选择低于平均水平的比例超过了选择平均水平、高于平均水平的残疾人比例，而婚姻状况中在婚与非在婚残疾人的比例为1.4∶1。第四，制度因素方面，样本残疾人在福利获得、户口这两个二分类变量的类别比例分别为1∶1.4（没有接受过任何救助∶至少接受过一种）和1∶4.7（农村∶城市）。第五，地区因素方面，样本残疾人群在南京、天津、兰州、成都四个城市的分布比例为1.1∶1∶1∶1，分布均衡。

表6－16　适度普惠社会福利残疾人需要自变量的描述统计结果

自变量	占比（%）	均值	标准差	自变量	占比（%）	均值	标准差
个体因素				家庭因素			
年龄（N＝841）	—	48.83	15.38	婚姻状况（N＝846）			
性别（N＝846）				非在婚	41.4	—	—
男	53.7	—	—	在婚	58.6	—	—
女	46.3	—	—	家庭经济状况（N＝839）			
健康状况（N＝844）				低于平均水平	68.5	—	—
不健康	39.5	—	—	平均水平	28.6	—	—
一般	37.9	—	—	高于平均水平	2.9	—	—
比较健康	18.0	—	—	家庭规模（N＝832）	—	3.23	1.32
很健康	4.6	—	—	制度因素			
幸福感（N＝843）				福利获得（N＝843）			

续表

自变量	占比（%）	均值	标准差	自变量	占比（%）	均值	标准差
不幸福	21.6	—	—	没有接受过任何一种救助	41.2	—	—
一般幸福	42.0	—	—	至少接受过一种救助	58.8	—	—
比较幸福	26.3	—	—	户口（N=846）			
很幸福	10.1	—	—	农村户口	17.6	—	—
阶层（N=845）				城市户口	82.4	—	—
中下阶层	76.1	—	—				
中间阶层	20.5	—	—				
中上阶层	3.4	—	—				
受教育程度（N=844）	—	10.36	4.25				
地区因素（N=846）							
南京	27.0	—	—	兰州	25.8	—	—
天津	23.6	—	—	成都	23.6	—	—

资料来源：笔者基于中国适度普惠残疾人社会福利数据库统计得到。

本书将社会保障层面、特殊资助层面、残疾人服务层面、残疾人服务机构及设施层面的福利需要组题进行因子分析合成了本节的因变量，即残疾人福利需要。通过将个体、家庭、制度和地区因素依次纳入多元线性回归模型中，通过各模型的解释度（R^2）变化以及各维度下自变量的显著性和影响程度变化，分别探究上述各个维度的自变量对残疾人福利需要的影响。表6－17（模型9～模型12）各回归模型中，0.1＜容差＜1，1＜VIF＜1.9，说明进入回归模型的自变量之间不存在严重的共线性问题，且各回归模型均通过显著性检验，模型9～模型12对残疾人福利需要变异量的解释力（R^2）也逐渐增强。

表6－17　　残疾人福利需要的影响因素：多元线性回归模型①

自变量	模型9	模型10	模型11	模型12
个体因素				
年龄	0.000 (0.000)	0.000 (0.000)	0.000 (0.000)	0.000 (0.000)

① 参照组为性别＝男，健康状况＝不健康，幸福感＝不幸福，个人阶层＝中下阶层，婚姻状况＝非在婚，家庭经济状况＝低于平均水平，福利获得＝否，户口性质＝农村户口，所在城市＝南京。

续表

自变量	模型 9	模型 10	模型 11	模型 12
个体因素				
性别：女	0.060** (0.029)	0.056* (0.030)	0.055* (0.030)	0.033 (0.027)
受教育程度	0.010*** (0.007)	0.010*** (0.004)	0.011*** (0.004)	0.004* (0.003)
健康状况：一般	0.042 (0.034)	0.045 (0.035)	0.038 (0.035)	0.008 (0.031)
比较健康	0.007 (0.045)	-0.001 (0.045)	-0.019 (0.046)	-0.027 (0.041)
很健康	-0.079 (0.078)	-0.108 (0.080)	-0.121 (0.080)	-0.105 (0.072)
幸福感：一般	-0.024 (0.039)	-0.008 (0.039)	-0.004 (0.039)	0.009 (0.035)
比较幸福	-0.029 (0.044)	0.004 (0.045)	0.003 (0.045)	0.004 (0.040)
很幸福	-0.035 (0.058)	0.003 (0.059)	-0.002 (0.059)	0.002 (0.054)
个人阶层： 中间阶层	-0.189** (0.087)	-0.179** (0.088)	-0.169** (0.088)	-0.089 (0.079)
中上阶层	-0.112 (0.166)	-0.110 (0.164)	-0.113 (0.164)	-0.154 (0.147)
家庭因素				
婚姻状况		-0.088*** (0.037)	-0.073** (0.038)	-0.094*** (0.028)
家庭规模		0.023** (0.011)	0.022** (0.011)	0.021** (0.011)
家庭经济状况：平均水平		-0.104*** (0.034)	-0.101*** (0.035)	-0.078** (0.031)
高于平均水平		-0.039 (0.092)	-0.036 (0.091)	-0.127 (0.082)

续表

自变量	模型 9	模型 10	模型 11	模型 12
制度因素				
福利获得：有			0.047 (0.031)	0.095*** (0.029)
户口性质：城市户口			-0.107*** (0.039)	-0.023* (0.039)
地区因素				
城市：天津				0.263**** (0.040)
兰州				0.410**** (0.039)
成都				0.476**** (0.041)
常数	-0.120 (0.048)	-0.124** (0.058)	-0.078 (0.075)	-0.372**** (0.072)
样本量	763	751	744	744
R^2	0.030	0.053	0.066	0.256
F	2.080**	2.716****	3.018****	12.459****

注：* 表示 $p<0.1$，** 表示 $p<0.05$，*** 表示 $p<0.01$，**** 表示 $p<0.001$。

资料来源：笔者基于中国适度普惠残疾人社会福利数据库通过 SPSS 计算得到。

（一）个体因素对福利需要的影响

从表 6-17 中模型 9 可以看到，R^2 为 0.030，即个体因素（客观、主观）可以解释残疾人福利需要 3.0% 的变异量。从模型 9 可知，控制其他条件不变的前提下，残疾人的受教育程度及所属阶层对其福利需要有显著性影响，残疾人的受教育程度越高，其福利需要也更高。在模型 10、模型 11 和模型 12 中，随着残疾人的受教育程度提高，其福利需要也随之增加的结论进一步得到证实。这可能是由于受教育程度较高的残疾人，更希望通过多元的福利提供方式来满足其基本的生活保障需要、丰富多层次的精神文化需要以及与他人沟通交往的社会性需要，因而相比那些受教育程度较低的残疾人，表现出更高程度的福利诉求与期待。

在模型 9 中，所属阶层对残疾人福利需要的影响表现在，认为自己属于中间阶层的残疾人的福利需要程度比处于中下阶层的残疾人要低。在引入家庭和制度因素后，中下阶层的残疾人的福利需要程度依然比中间阶层的残疾人要高，但影响程度低于模型9。而在模型12引入地区因素后，个人阶层未对残疾人的福利需要有显著性影响。中间阶层残疾人的福利需要程度比中下阶层的残疾人低的原因可能在于，个人阶层较高的残疾人已经获得的福利项目或福利资源的类别相对更多，水平更高，获取的渠道和机会更多，因而他们对于各个福利层面的福利供给项目存在较低水平的期待与需要。

综上可以得到，受教育程度和个人阶层对残疾人主观福利需要的影响在4个模型中的影响程度及显著性有所不同。在控制其他条件不变的情况下，上述两个变量对残疾人福利需要的影响比较显著，体现在：第一，残疾人的福利需要随着其受教育程度的提高而增加；第二，认为自己处于中间阶层的残疾人相比中下阶层的残疾人，其对各类福利项目的需要程度没有那么迫切。只是这种差异仅在中间阶层与中下阶层的残疾人之间，中上阶层的残疾人其福利需要程度与中下阶层的残疾人之间的差异并不显著。

（二）家庭因素对福利需要的影响

在控制模型9个体因素的影响下，表6－17模型10显示了家庭因素对残疾人福利需要的影响。模型10的 R^2 为0.053，即个体因素和家庭因素模型能解释残疾人福利需要5.3%的变异量。其中，婚姻状况、家庭规模和家庭经济状况均对残疾人的福利需要有显著性影响。模型10中，婚姻状况为在婚的残疾人的福利需要比不在婚的残疾人要低。在模型11和模型12中，婚姻状况对残疾人福利需要的影响依然存在，不在婚的残疾人相比在婚的残疾人其福利需要程度更高。这可能是因为在婚的残疾人，因为有配偶的陪伴，能够在生活上相互照顾与互相沟通交流，比不在婚的残疾人更能体会到生活的幸福，因而其对各类福利项目的福利需要程度较低。模型10显示，残疾人的家庭规模越大，其福利需要越高。在模型11和模型12中，残疾人的家庭规模越大，其福利需要得分越高的结论进一步得到验证。

同时，从模型10可以得到，家庭经济状况处在平均水平的残疾人相比低于平均水平的残疾人，其福利需要程度更低。在模型11和模型12分别引入了制度和地区因素后，家庭经济状况对残疾人福利需要的影响程度降低，家庭经济状况低于平均水平的残疾人的福利需要程度依然比处于平均水平的残疾人要高。这可能是由于家庭经济状况较好的残疾人已经获得的福利项目或福利资源的类别更多，水平更高，获取的渠道和机会更多，因而他们对于各类福利项目有相对较低水平的福利诉求与需要。

综上可以得到，婚姻状况、家庭规模和家庭经济状况对残疾人主观福利需要的影响在3个模型中的影响程度略有差异。在控制其他条件不变的情况下，上述三个变量对残疾人福利需要的影响较为显著，体现在：第一，不在婚的残疾人相较于在婚的残疾人，其对各个福利层面的福利项目表现出更需要的态度；第二，残疾人的家庭规模越大，其福利需要程度越高；第三，家庭经济状况处于平均水平的残疾人相比于家庭经济收入低于平均水平的残疾人，对各类福利项目的需要程度没有那么迫切。

（三）制度因素对福利需要的影响

在控制个体因素和家庭因素的影响下，表6－17模型11考察了制度因素对残疾人福利需要的影响。模型11的 R^2 为0.066，即该模型能解释残疾人福利需要因变量6.6%的变异量。其中，福利获得状况和户口性质均对残疾人的福利需要有显著性影响。从模型11可以得到，相比城市户籍的残疾人，农村户口残疾人的福利需要的得分要高，对各类福利项目表现出更多的期待。在模型12中，虽然户口性质对残疾人福利需要的影响程度和显著性降低，但农村户口残疾人的福利需要程度仍比城市户口的残疾人高。这可能是由于拥有农村户口的残疾人，其获得的福利项目的类别较城市户口的残疾人更少，水平更低，获取福利资源的渠道和机会更少，因而他们对于各类福利项目有相对较高水平的福利诉求与需要。

模型12中，相比没有接受过任何一种援助的残疾人，至少接受过一种援助的残疾人的福利需要高，更倾向于对各类福利项目表现出更多的期待。这个结论也符合福利态度领域的自利假设，自利假设认为那些福利项目和福利津贴的接受者和可能会成为福利接受者的群体，相比那些不大可能成为福利接受者的人，更会对这些福利津贴和项目持有积极以及更需要的态度（Blekesaune & Quadagno，2003；Hasenfeld & Rafferty，1989）。

综上可以得到，福利获得状况和户口性质对残疾人福利需要的影响在模型11和模型12中的影响程度及显著性略有变化。其对残疾人福利需要的影响体现在，没有接受过任何一种援助的残疾人相较于至少接受过一种社会救助的残疾人，对各类福利项目的需要程度没有那么迫切；城市户口的残疾人相比农村户籍的残疾人，其福利需要程度较低。

（四）地区因素对福利需要的影响

在控制个体因素、家庭因素和制度因素的影响下，表6－17模型12考察了地区因素对残疾人福利需要的影响。模型12（综合因素模型）的 R^2 为0.256，即该模型能解释残疾人福利需要因变量25.6%的变异量，表明地区因素对残疾人福利需要的影响较大。所在城市对残疾人的福利需要有显著性影响，残疾人的福利需要程度呈现一定的地区差异。模型 12 中，天津、兰州、成都相较于南京的残疾人，其福利需要程度要高，作为参照组的南京地区的残疾人群体在四个城市中福利需要程度最低。

通过以残疾人福利需要为因变量、所在城市为自变量进行方差分析发现，四个城市的残疾人在福利需要程度上有显著差异（F 值 = 60.134，p = 0.000 < 0.001）。用最小显著差法（Least significant difference，LSD）进行多重比较（见表 6 - 18）发现，在不考虑其他因素的情况下，除了兰州和成都两个城市的残疾人在福利需要程度上的差异不显著外，其他城市间两两比较后在福利需要程度上都存在差异。且从均值差的情况来看，南京和天津的残疾人的福利需要程度要低于兰州，南京残疾人的福利需要略低于天津、成都的残疾人，这与表 6 - 17 中多元线性回归模型 12 所反映的情况基本一致。东部地区的南京和天津两城市的残疾人的福利需要程度低于西部地区兰州的残疾人，这可能是由于我国的社会福利制度有其自身的特征，具体表现为由地区间经济发展水平不同导致的社会福利资源地区分配不均（郑功成，2014；万国威，2012）。因而处于位于东部地区、经济发展水平较高的南京和天津的残疾人，相比位于中西部地区、经济相对落后的兰州的残疾人，已经获得的福利项目或福利资源的种类更多、水平更高，获取的渠道和机会更多，对各个福利层面的福利供给项目存在较低水平的福利诉求和需要。

表 6 - 18　　　四个城市残疾人福利需要的 LSD 多重比较

（I）所在城市		均值差（I - J）	标准误	显著性
南京	天津	- 0.24494*	0.03510	0.000
	兰州	- 0.41995*	0.03848	0.000
	成都	- 0.41516*	0.03549	0.000
天津	南京	0.24494*	0.03510	0.000
	兰州	- 0.17500*	0.03951	0.000
	成都	- 0.17022*	0.03660	0.000
兰州	南京	0.41995*	0.03848	0.000
	天津	0.17500*	0.03951	0.000
	成都	0.00479	0.03986	0.904
成都	南京	0.41516*	0.03549	0.000
	天津	0.17022*	0.03660	0.000
	兰州	- 0.00479	0.03986	0.904

注：均值差的显著性水平为 0.05。

资料来源：笔者基于中国适度普惠残疾人社会福利数据库通过 SPSS 计算得到。

第五节 流动人口的福利需要

一、流动人口福利需要的多层分析

社会福利的供给内容主要有三大类，即货币、实物和服务。结合流动人口（本书中的调查研究对象限于不具有工作城市的户口、在城市打工的农民工）的一般性和特殊福利需要，本书采用中国适度普惠社会福利调查数据库资料，所用的流动人口问卷对流动人口福利需要四个维度的划分基本符合社会福利的供给和需要内容。本节的主要因变量是流动人口的福利需要，将流动人口的福利需要具体操作化为社会服务层面、社会保障层面、失业后保障和服务层面、制度福利层面的福利需要四个维度，具体见表 6－19，来描述流动人口群体在上述四个福利层面上的福利需要程度。

表 6－19　　流动人口福利需要的操作化指标分布

变量	变量维度	变量具体指标
福利需要	社会服务层面	（a1）医疗保健
		（a2）子女教育
		（a3）便民利民服务
	社会保障层面	（b1）养老保险
		（b2）医疗保险
		（b3）工伤保险
		（b4）失业保险
		（b5）住房公积金
	失业后保障和服务层面	（c1）失业补助金
		（c2）职业介绍
		（c3）职业培训
	制度福利层面	（d）将户口迁入目前工作的城市

（一）社会服务层面的福利需要

问卷中对流动人口社会服务层面的福利需要的测量是让被访者选择他和家人在城市生活中迫切需要的社会服务的前三项（按照重要程度排序），涉及的社会服务共有13项，分别为：儿童照顾、婚姻介绍、子女教育、医疗保健、家政服务、就业服务、法律援助、文化娱乐、心理咨询、治安巡逻、适应城市的服务、便民利民服务以及家庭邻里关系协调。统计结果显示，26.6%的流动人口群体认为在城市生活中最迫切需要的社会服务项目是医疗保健（第一项），19.1%的被访者认为在城市生活中迫切需要的社会服务项目其次是子女教育（第二项），21.1%的流动人口认为在城市生活中迫切需要的第三项社会服务项目是便民利民服务（第三项）。这种分析结果基本符合农民工及进城务工人员这类流动人口群体的生活现状，由于户籍的限制，他们在其工作的城市中无法享受正常及合理的医疗保障及医疗卫生服务；在生活的各个方面也受到一定的影响，无法享有其他市民获得的社会福利服务，例如无法享受城市的社会保险、住房保障、养老服务，也不能与家人团聚。同时，他们的子女也由于户口的限制，在其工作地入学也存在一定的困难。

（二）社会保障层面的福利需要

从表6－20可以看到，在社会保障层面，流动人口对各个福利项目的需要程度存在较大差异，具体表现在：第一，需要程度最高的福利项目是医疗保险（92.1%），而流动人口对住房公积金的需要程度最低（61.7%）。第二，流动人口对养老保险（85.9%）以及工伤保险（80.7%）也表现出较高水平的需要与期待。流动人口群体对住房公积金项目表现出最低福利需要程度的原因可能在于：第一，在他们周围同样是进城务工人员也不缴纳住房公积金。第二，住房公积金不能跟人走，即不能实现异地转移。第三，个人需要支付的费用太高，并且不知道将来能否兑现等。

表6－20　　流动人口社会保障层面的福利需要描述统计结果

福利项目名称	占比（%）	
	不需要	需要
养老保险（N＝1 195）	14.1	85.9
医疗保险（N＝1 195）	7.9	92.1
工伤保险（N＝1 194）	19.3	80.7

续表

福利项目名称	占比（%）	
	不需要	需要
失业保险（N＝1 195）	29.2	70.8
住房公积金（N＝1 192）	38.3	61.7

资料来源：笔者基于中国适度普惠流动人口社会福利数据库统计得到。

（三）失业后保障和服务层面的福利需要

在失业后保障和服务层面，流动人口对各个福利项目的需要程度有较大差异，具体表现在：第一，在失业后，流动人口需要程度最高的福利项目是职业介绍（53.1%），而对失业补助金的需要程度最低（18.1%）；第二，其在失业后对职业培训的需要水平也较低（26.2%）。由此可以看到，相比获得失业补助金和职业培训，流动人口在失业后最希望得到的福利项目是职业介绍，也有少数被访者（2.6%）认为自己需要得到家人的关心和鼓励。

（四）制度福利层面的福利需要

问卷中对流动人口制度福利层面的福利需要的测量是通过您想不想把户口迁入现在工作的城市的问题测量的，采用五分量表的形式。42.4%的流动人口不大需要将户口迁入目前工作的城市中，而38.6%的被访者比较需要将自己的户口变为城市户口。流动人口群体对城市户口表现出比较迫切需要的原因可能在于：拥有了城市户口，就可以享受城市的医疗卫生服务、住房保障、养老服务、更好的就业服务以及所居住社区的服务等各项社会福利服务；同时，他们的子女也能获得城市的教育，在当地入学。

二、流动人口福利需要的影响因素分析

在对流动人口的福利需要进行影响因素分析之前，通过描述统计了解流动人口体样本的分布情况（见表6－21）。可以看出：第一，个体因素的客观方面，性别的样本分布比为2:1，被访者中男性所占比例较大。第二，个体因素的主观认知方面，从样本流动人群的健康状况、幸福感的各分类比例看，选择不幸福、一般幸福的流动人口的比例超过了选择比较幸福、很幸福的流动人口比例，选择比较健康、很健康的流动人口的比例超过了选择不健康、一般健康的流动人口比

例；而在个人阶层认知上，样本流动人群选择中下阶层的比例超过了选择中间阶层、中上阶层的流动人口比例。第三，家庭因素方面，从家庭经济状况在现在居住城市的各分类比例看，样本流动人口群体选择低于平均水平的比例超过了选择平均水平、高于平均水平的流动人口比例；从家庭经济状况在老家城市的各分类比例看，样本流动人口群体选择平均水平、高于平均水平的比例超过了选择低于平均水平的流动人口比例；而婚姻状况中在婚与非在婚流动人口的比例为1.5∶1。第四，制度因素方面，样本流动人口在福利获得、户口这两个二分类变量的类别比例分别为1∶17.9（没有接受过任何救助∶至少接受过一种）和4.5∶1（农村∶城市）。第五，地区因素方面，样本人群在南京、天津、兰州、成都四个城市的分布比例为1∶1∶1∶1，分布均衡。

表6-21　适度普惠社会福利调查流动人口需要自变量的描述统计结果

自变量	占比（%）	均值	标准差	自变量	占比（%）	均值	标准差
个体因素				家庭因素			
年龄（N=1 193）	—	32.91	11.14	婚姻状况（N=1 201）			
性别（N=1 201）				非在婚	40.0	—	—
男	66.6	—	—	在婚	60.0	—	—
女	33.4	—	—	家庭经济状况现在居住城市（N=1 198）			
健康状况（N=1 199）				低于平均水平	54.1	—	—
不健康	8.7	—	—	平均水平	42.9	—	—
一般	28.2	—	—	高于平均水平	3.0	—	—
比较健康	34.2	—	—	家庭经济状况老家城市（N=1 197）			
很健康	28.9	—	—	低于平均水平	34.4	—	—
幸福感（N=1 199）				平均水平	55.0	—	—
不幸福	11.9	—	—	高于平均水平	10.6	—	—
一般幸福	44.0	—	—	家庭规模（N=1 178）	—	3.80	1.90
比较幸福	26.3	—	—	制度因素			
很幸福	17.8	—	—	福利获得（N=1 198）			
阶层（N=1 181）				没有接受过任何一种救助	5.3	—	—

续表

自变量	占比（%）	均值	标准差	自变量	占比（%）	均值	标准差
中下阶层	58.3	—	—	至少接受过一种救助	94.7	—	—
中间阶层	37.3	—	—	户口（N=1 191）			
中上阶层	4.5	—	—	农村户口	81.9	—	—
受教育程度（N=1 199）	—	10.36	3.22	城市户口	18.1	—	—
地区因素（N=1 201）							
南京	25.0	—	—	兰州	25.0	—	—
天津	25.0	—	—	成都	25.0	—	—

资料来源：笔者基于中国适度普惠流动人口社会福利数据库统计得到。

由于社会服务层面和失业服务层面的福利需要问题变量层级较低，本书将社会保障层面以及制度福利层面的福利需要组题进行因子分析合成了本节的因变量，即流动人口福利需要。通过将个体、家庭、制度和地区因素、依次纳入多元线性回归模型中，通过各模型的解释度（R^2）变化以及各维度下自变量的显著性和影响程度变化，分别探究上述各个维度的自变量对流动人口福利需要的影响。表6-22（模型13~模型16）各回归模型中，$0.1 < 容差 < 1$，$1 < VIF < 3.9$，说明进入回归模型的自变量之间不存在严重的共线性问题，且各回归模型均通过显著性检验，模型13~模型16对流动人口福利需要变异量的解释力（R^2）也逐渐增强。

表6-22　流动人口福利需要的影响因素：多元线性回归模型①

自变量	模型13	模型14	模型15	模型16
个体因素				
年龄	0.000 (0.002)	0.002 (0.003)	0.002 (0.003)	0.003 (0.003)
性别：女	0.027 (0.046)	0.016 (0.047)	0.021 (0.047)	0.026 (0.047)

① 参照组为性别=男，健康状况=不健康，幸福感=不幸福，个人阶层=中下阶层，婚姻状况=非在婚，家庭经济状况（现在居住城市）=低于平均水平，家庭经济状况（老家城市）=低于平均水平，福利获得=否，户口性质=农村户口，所在城市=南京。

续表

自变量	模型 13	模型 14	模型 15	模型 16
个体因素				
受教育程度	0.026**** (0.007)	0.021*** (0.008)	0.022*** (0.008)	0.025*** (0.008)
健康状况：一般	0.229*** (0.084)	0.220** (0.085)	0.227*** (0.087)	0.232*** (0.086)
比较健康	0.274*** (0.085)	0.269*** (0.086)	0.270*** (0.088)	0.288*** (0.087)
很健康	0.125 (0.089)	0.110 (0.090)	0.111 (0.091)	0.121 (0.091)
幸福感：一般	-0.005 (0.071)	-0.009 (0.073)	-0.006 (0.073)	-0.032 (0.073)
比较幸福	0.044 (0.080)	0.032 (0.082)	0.030 (0.083)	0.015 (0.082)
很幸福	-0.017 (0.087)	-0.018 (0.090)	-0.018 (0.090)	-0.051 (0.090)
个人阶层：中间阶层	0.024 (0.046)	0.026 (0.050)	0.034 (0.050)	0.035 (0.050)
中上阶层	0.021 (0.104)	-0.022 (0.107)	-0.016 (0.108)	-0.006 (0.108)
家庭因素				
婚姻状况		-0.071 (0.056)	-0.072 (0.057)	-0.048 (0.057)
家庭规模		-0.006 (0.011)	-0.007 (0.011)	-0.014 (0.012)
家庭经济状况（现在居住城市）：平均水平		-0.053 (0.054)	-0.053 (0.054)	-0.058 (0.054)
高于平均水平		0.009 (0.139)	0.015 (0.141)	0.007 (0.140)
家庭经济状况（老家城市）：平均水平		0.086 (0.054)	0.090* (0.055)	0.103* (0.055)
高于平均水平		0.178** (0.087)	0.179** (0.087)	0.211** (0.087)

续表

自变量	模型 13	模型 14	模型 15	模型 16
制度因素				
福利获得：有			0.093 * (0.095)	0.113 * (0.095)
户口性质：城市户口			-0.052 (0.060)	-0.027 (0.060)
地区因素				
城市：天津				0.158 ** (0.061)
兰州				0.155 ** (0.064)
成都				-0.080 (0.061)
常数	-0.494 (0.152) ***	-0.443 *** (0.163)	-0.545 **** (0.185)	-0.702 **** (0.194)
样本量	1 175	1 155	1 146	1 146
R^2	0.030	0.035	0.039	0.057
F	3.272 ****	2.405 ***	2.199 ***	2.967 ****

注：* 表示 p<0.1，** 表示 p<0.05，*** 表示 p<0.01，**** 表示 p<0.001。
资料来源：笔者基于中国适度普惠流动人口社会福利数据库通过 SPSS 计算得到。

（一）个体因素对福利需要的影响

从表 6-22 中模型 13 可以看到，R^2 为 0.030，即个体因素可以解释流动人口福利需要 3.0% 的变异量。从模型 13 可知，控制其他条件不变的前提下，流动人口的受教育程度及健康状况对其福利需要有显著性影响，流动人口的受教育程度越高，其福利需要越高。在模型 14、模型 15 和模型 16 中，随着流动人口的受教育程度提高，其福利需要也随之增加的结论进一步得到证实。这可能是由于受教育程度较高的流动人口，更希望通过参加养老、医疗保险和缴纳住房公积金等措施来满足其基本的生活保障需要，同时对将户口迁入目前工作的城市表现出了更迫切的需要与期待。

在模型 13 中，健康状况对流动人口福利需要的影响表现在，健康状况一般、比较健康的流动人口相对不健康的流动人口，其福利需要的程度更高。在引入家庭、制度和地区因素后，健康状况仍对流动人口的福利需要有显著影响，健康状况一般、比较健康的流动人口相对不健康的流动人口，其福利需要更高，这与其他人群的健康状况对其福利需要的影响方向不太一致。

综上可以得到，受教育程度和健康状况对流动人口主观福利需要的影响在4个模型中的影响程度有所不同，在控制其他条件不变的情况下，上述两个变量对流动人口福利需要的影响比较显著，体现在：第一，流动人口的福利需要随着其受教育程度的提高而增加；第二，认为自己健康状况为一般和比较健康的流动人口相比不健康的流动人口，其福利需要的得分明显要高，对养老保险、医疗保险、住房公积金以及获得所在城市的户口等各类福利项目的需要程度比较迫切。只是这种差异仅在健康状况一般、比较健康与不健康的流动人口之间，很健康的流动人口其福利需要程度与不健康的流动人口之间的差异并不显著。

（二）家庭因素对福利需要的影响

在控制模型13个体因素的影响下，表6－22模型14显示了家庭因素对流动人口福利需要的影响。模型14的 R^2 为0.035，即个体因素和家庭因素模型能解释流动人口福利需要3.5%的变异量。其中，流动人口在老家城市中的家庭经济状况均对其福利需要有显著性影响。模型14中，家庭经济状况在老家城市中处在平均水平、高于平均水平的流动人口相比低于平均水平的流动人口，其福利需要程度更高。在模型15和模型16分别引入了制度和地区因素后，家庭经济状况对流动人口福利需要的影响程度提高。这可能是由于家庭经济状况在老家城市中较好的流动人口在原来的城市中，已经获得了较多的福利项目和类别较多的福利资源，例如完善的养老保险、医疗卫生服务、住房保障、更好的就业服务以及所居住社区的服务等各项社会福利服务，因而来到工作的新城市，对于各类福利项目也有相对较高水平的福利诉求与需要。

综上可以得到，在老家城市中的家庭经济状况对流动人口福利需要的影响在3个模型中的影响程度略有差异，在控制其他条件不变的情况下，其对流动人口福利需要的影响较为显著，体现在：家庭经济状况在老家城市中处在平均水平、高于平均水平的流动人口相比低于平均水平的流动人口，其福利需要更高，对各类福利项目的需要程度也比较迫切。

（三）制度因素对福利需要的影响

在控制个体因素和家庭因素的影响下，表6－22模型15考察了制度因素对流动人口福利需要的影响。模型15的 R^2 为0.039，即该模型能解释流动人口福利需要因变量3.9%的变异量。其中，福利获得状况对流动人口的福利需要有显著性影响。模型15中，相比没有接受过任何一种援助的流动人口，至少接受过一种援助的流动人口的福利需要程度更高，更倾向于对各类福利项目表现出更多的期待。这个结论也符合福利态度领域的自利假设，自利假设认为那些福利项目和福利津贴的接受者和可能会成为福利接受者的群体，相比那些不大可能成为福利接受者的人，更会对这些福利津贴和项目持有积极以及更需要的态度（Blekesaune & Quadagno，2003；Hasenfeld & Rafferty，1989）。

综上可以得到，福利获得状况对流动人口主观福利需要的影响在模型15和模型16中的影响程度略有变化。其对流动人口福利需要的影响体现在，没有接受过任何一种援助相比至少接受过一种社会救助的流动人口，其福利需要的程度明显要低，对各类福利项目的需要程度也没有那么迫切。

（四）地区因素对福利需要的影响

在控制个体因素、家庭因素和制度因素的影响下，表6－22模型16考察了地区因素对流动人口福利需要的影响。模型16（综合因素模型）的R^2为0.057，即该模型能解释流动人口福利需要因变量5.7%的变异量。所在城市对流动人口的福利需要有显著性影响，流动人口的福利需要程度呈现一定的地区差异。模型16中，天津、兰州相较于南京的流动人口，其福利需要更高，作为参照组的南京地区的流动人口群体的福利需要程度最低。

通过以流动人口福利需要为因变量、所在城市为自变量进行方差分析发现，四个城市的流动人口群体在福利需要程度上有显著差异（F值＝4.871，$p = 0.002 < 0.01$）。用最小显著差法（least significant difference，LSD）进行多重比较（见表6－23）发现，从均值差的情况来看，兰州地区流动人口的福利需要水平高于成都的流动人口，南京流动人口的福利需要程度略低于天津、兰州的流动人口，这与表6－22中多元线性回归模型16所反映的情况基本一致。东部地区的南京流动人口的福利需要程度低于西部地区的兰州的流动人口，这可能是由于我国的社会福利制度有其自身的特征，具体表现为由地区间经济发展水平不同导致的社会福利资源地区分配不均（郑功成，2014；万国威，2012）。因而处于位于东部地区、经济发展水平较高的南京的流动人口，相比位于中西部地区、经济相对落后的兰州的流动人口，已经获得的福利项目或福利资源的种类更多、水平更高，获取的渠道和机会更多，对各个福利层面的福利供给项目存在较低水平的福利诉求和需要。

表 6-23　四个城市流动人口福利需要的 LSD 多重比较

(I) 所在城市		均值差 (I-J)	标准误	显著性
南京	天津	-0.12726*	0.05965	0.033
	兰州	-0.13475*	0.05995	0.025
	成都	0.05370	0.05995	0.371
天津	南京	0.12726*	0.05965	0.033
	兰州	-0.00749	0.06000	0.901
	成都	0.18096*	0.06000	0.003
兰州	南京	0.13475*	0.05995	0.025
	天津	0.00749	0.06000	0.901
	成都	0.18846*	0.06031	0.002
成都	南京	-0.05370	0.05995	0.371
	天津	-0.18096*	0.06000	0.003
	兰州	-0.18846*	0.06031	0.002

注：均值差的显著性水平为 0.05。

资料来源：笔者基于中国适度普惠流动人口社会福利数据库通过 SPSS 计算得到。

第六节　结论与建议

首先，本章对福利需要及其与社会福利制度的关系进行了理论梳理。福利需要的概念本身就蕴含着人们无法通过自身的能力解决困难的意义，因而必须借助个体之外的力量来达到满足状态。福利需要的满足需要多元化的福利提供，为了达到更好的福祉状态，福利提供的内容要尽可能地覆盖社会生活的各个方面。人类的需要是理解福利制度的关键，社会福利制度的基本功能应是回应和满足人类需要。我国社会福利制度的目标定位应以需要为本，即国家如何将社会福利资源提供给社会群体以满足他们的需要。

其次，本章分别对儿童、老年人、残疾人和流动人口四类群体的福利需要进行了多维度分析，并探讨了各类人群福利需要的影响因素，结论如下：

第一，儿童群体对儿童福利服务和儿童活动机构两个层面的多个福利项目的需要程度均比较高。表现在，在儿童福利服务层面，儿童迫切需要的福利项目集中在帮助低收入家庭儿童的服务、儿童大病社会保险制度、帮助残疾儿童的服务和津贴、帮助孤儿的服务和津贴，这些服务更多的是面向残疾儿童、孤儿等困境儿童群体；而儿童最需要的活动机构是图书馆和博物馆。同时，儿童的福利需要受到个体因素中的幸福感、家庭因素中的家庭经济状况和家庭社会阶层的显著负向影响，且制度因素中的福利获得状况和地区因素也是影响其福利需要的重要因素。

第二，相比法律层面的福利项目，老年群体对娱乐福利、交通福利以及医疗福利层面的各类福利项目表现出较高水平的需要。且老年人对娱乐、交通和医疗福利层面需要程度最高的福利项目分别是能够免费参观游览公园和公益性文化设施，持卡免费乘坐市内全部公交车以及为老年人提供全面的免费体检项目。同时，老年人的福利需要受到个体因素中的受教育程度和健康状况，家庭因素中的婚姻状况和家庭经济状况，制度因素中的户籍以及地区因素的显著影响。

第三，残疾人群体在社会保障、特殊资助和残疾人服务三个层面上分别对医疗保险、养老保险，医疗保险缴费补贴、养老保险缴费补贴以及医疗康复服务表现出迫切需要的态度，因此其福利需要主要集中在医疗和养老两个方面，而残疾人在服务机构及设施层面需要程度最高的福利项目是残疾人联合会。同时，残疾人的福利需要受到个体因素中的受教育程度和主观社会阶层、家庭因素中的婚姻状况、家庭规模和家庭经济状况、制度因素中的福利获得状况和户籍以及地区因素的显著影响，地区因素对残疾人福利需要的影响比较大。

第四，在社会服务层面，流动人口群体认为在城市生活最迫切需要的前三项福利项目是医疗保健、子女教育和便民利民服务；在社会保障层面，流动人口对医疗保险、养老保险以及工伤保险的需要程度较高；在失业后保障和服务层面，失业后，流动人口最迫切需要的福利项目是职业介绍；而在制度福利层面，42.4%的流动人口表示不大需要将户口迁入目前工作的城市中，而38.6%的流动人口则比较需要将自己的户口变为城市户口。同时，流动人口的福利需要受到个体因素中的受教育程度和健康状况，家庭因素中的在迁出地城市中的家庭经济状况、制度因素的福利获得状况以及地区因素的显著影响。

第七章

福利态度

第一节　公民福利态度与社会福利制度

一、福利态度：概念与分析维度

态度是政策的肌肤，社会的晴雨表。政策的冷暖，社会的晴雨可以通过公众的态度知晓（臧其胜，2016）。在任何情况下，公众对福利政策的认同范围构成政治与社会科学关于福利国家争论的重要主题。一项社会政策若要成功，则社会认同达到合理的程度是其基本要求。缺乏认同则意味着合法性的危机，而福利国家的合法性危机正是福利态度研究的首要动机（Gelissen，2000；Sihvo & Uusitalo，1995a；臧其胜，2016）。

福利态度是合法性的核心（Svallfors，2012a），福利国家政策的设计与范围形塑决定它们自身的合法性（Edlund，1999）。因此，在社会政策的设计上，积极回应公众对自身的生活品质问题的关切与期望，政府的权威和管理的合法性才能得以持续维持与增进（江治强，2013；臧其胜，2016）。

公众的福利态度是影响一个国家福利制度或体制的重要因素，然而，不仅态度影响政策，政策也影响态度（Hedegaard，2014）。问题是态度应当何时追随政策，政策应当何时追随态度？如何实现“环境中的个人困扰”向“社会结构中的公众论题”转变，再向政策议程的转变？这都需要我们在适度普惠社会福利制度构建进程中正确处理好福利态度与社会政策之间的关系。欧美与港台等地学者关于福利态度的研究可以为我们提供启发与借鉴。

福利态度的研究兴起于欧美，以彼特·泰勒－古比（Peter Taylor－Gooby）、斯蒂芬·斯沃福斯（Stefan Svallfors）与维姆·冯·奥斯特（Wim van Oorschot）等为代表，20 世纪 80 年代开始从国别研究转向跨国比较研究，20 世纪 90 年代以来显著增长。研究围绕的核心是政府的责任（the role of government）或政府的边界[①]（the scope of government），关注社会福利领域内的“政府所及”（reach of state）与“政府所能”（state capacity），通过考察公众对福利国家或社会政策的支持度，试图重新确立福利国家合法性的边界。而政府责任也正是中国适度普惠社会福利制度创新和转型发展的核心议题（彭华民，2012）。

关于福利态度的研究，中国香港特区和中国台湾地区学者已有较多探讨，以王卓祺（Chack Kie Wong）、王家英（Timothy Ka－Ying Wong）、古允文（Yeun-wen Ku）等为代表，在 20 世纪 90 年代末将其作为研究的主题。内地也已有学者做出了有益的探讨（毕天云，2004a；张军，2009；彭华民、龚茴茴，2012；黄叶青等，2014；万国威，2014；2015；万国威、金玲，2015；张军、陈亚东，2014；臧其胜，2015a；2015b；岳经纶，2018；杨琨、袁迎春，2018）。此外，少量探讨公众对福利的认知、满意度及福利意识的研究也可归为其类。

总体而言，内地学界对与福利态度主题相关的讨论较少。鉴于研究的现状，本书主要基于英文文献回顾福利态度研究的文本脉络，关注其国际前沿，依据中国适度普惠社会福利数据库资料，力图为后续研究提供一个相对完整与专业的参照坐标，为学术对话提供知识基础。限于篇幅，研究主要回答以下问题：第一，福利态度的概念是如何界定的？包括哪几个分析维度？第二，福利态度生成的解释路径有哪些？第三，对中国适度普惠社会福利数据库资料分析发现四个城市四类群体的福利态度内容是什么？

（一）概念界定

福利态度的研究必须基于清晰的术语定义（Cnaan，1989）。在回顾已有文献

---

① 政府的边界（the scope of government）是指政府活动的范围与政府参与那些影响公众日常生活活动的程度。范围/广度（range）是指政府活动的全部范围（Gamut），例如在服务与纳税人上的支出，对他们行为的管制，提供保障，改善环境，有时候什么事情也不做；程度/深度（degree）是指政府追求一个特定活动的强度，例如健康照顾，不仅关心治疗疾病的健康照顾的形式，还采取健康促进项目，包括控制水质与食品添加剂等（Borre & Goldsmith，1995）。从研究内容来看，其实是在讨论政府福利责任的边界，包括介入的广度与深度，而测量则是借助公众的福利态度。

的基础上，特鲁德·桑德伯格（Trude Sundberg）引入了斯图尔特·奥斯卡姆（Stuart Oskamp）的定义，认为态度是就特定的态度对象而言以给予支持或不支持的方式做出回应的一种倾向（Oskamp & Schultz，2005；Sundberg，2014）。从性质来看，社会福利是指一种幸福和正常的状态，也是一种社会福利制度（尚晓援，2001）。制度则是多维的、动态的，其行动主体是多元的，是福利态度研究的重点。结合已有研究，福利态度可以界定为行动者对幸福状态与社会福利制度给予支持或不支持的方式或一种倾向。

（二）分析维度

福利态度的维度的构建是研究的重点，它是概念得以操作化的保证，是实证研究的基础。围绕态度的对象及其本身的维度，专家学者们提供了有益的探讨。

1. 欧美学者的研究

以1980年理查德·M. 考夫林（Richard M. Coughlin）出版的《意识形态、公共舆论、福利政策：工业化国家中关于税收与支出的态度》一书为起点，福利态度的研究从国别研究进入跨国研究（Jæger，2009），但是直到20世纪80年代末，关于福利态度研究的知识还缺乏一个清晰的术语定义（Cnaan，1989）。时至今日，关于福利态度的定义、维度等研究在欧美学者中仍未达成共识。目前的研究主要有两类：一是孤立地研究讨论与福利主题相关的意见，基本忽视了福利态度的多维问题；二是将相关福利主题的意见整合成一个单一的、附加的维度，却没有解释为何如此设计，更没有信度测试（van Oorschot & Meuleman，2012）。

针对早期研究只关注福利态度的单一因素测量的不足，克纳安使用公共支出水平、受益者数量与服务品质三个指标测量（Cnaan，1989），开启了福利国家态度研究的多维度取向。斯沃福斯参照福利国家的结果与组织的不同方面，将福利政策区分为分配、行政、成本与滥用四个维度（Svallfors，1991），由于使用旋转因子时强制定义了本存在关系的不同维度之间不存在关系，其结果也就仅仅是呈现了预先定义好的福利态度的维度，结论有待商榷（van Oorschot & Meuleman，2012）。特里尔·希沃与汉纳·乌西塔洛则将福利态度区分为福利的责任、福利国家的使用、输出、福利国家的效果（Sihvo & Uusitalo，1995b）。由于该研究仅仅是对每个维度单独做了因子分析，而不是所有维度同时处理，导致其无法寻找出福利态度的真实维度（van Oorschot & Meuleman，2012）。

斯沃福斯等较早地开展了福利态度的多维度分析，但学术界更多引用的却是来自埃德尔乔德·诺勒（Edeltraud Roller）的分类。诺勒将福利国家态度区分为两个维度：态度的对象（objects）与态度的模式（modes）。前者包括目标、输入

（方式或工具）与输出（政策）三个维度。因而，对福利国家的支持度能够参照政府为实现社会保障和社会公平而介入的目标、方式以及结果（outputs）的测量。针对福利态度模式，诺勒的分类是基于利益取向与价值取向，为众多学者采用（Roller，1995；Gelissen，2000）。这一分类与斯沃福斯有共同之处，如对结果的关注，但诺勒明确区分了态度的对象与态度的模式，后期从事福利态度研究的学者或多或少都受到了此分类的影响。

参照诺勒、希沃与乌西塔洛等的观点，汉斯－于尔根·安德斯（Hans－Jürgen Andre β）与托尔斯登·海恩（Thorsten Heien）将福利国家态度区分为福利国家的功能、福利国家的方法、福利国家有意与无意的效果、福利国家的财政能力四个维度（Andre β & Heien，2001），这一分类增加了对国家能力（state capacity）——财政能力的考察。这对分配受经济与政治限制的福利资源具有极为重要的意义，但该研究仅考察了对福利国家功能的影响。斯沃福斯根据1996年国际社会调查项目（ISSP）的政府责任模块数据将福利态度区分为三个指标：支出指标、财政指标与服务指标（Svallfors，2004），同样包含了对财政能力的考察。

既有的研究通常将福利国家视为不同要素的静态组合，而冯·奥斯特与巴特·迈乐曼则将福利国家定义为一种动态的制度，因而福利态度就不再是聚焦于福利国家静态的指标，而是整个政策执行的过程，完成了从静态视角到动态视角的转变。在此基础上，福利态度结构被区分为六个维度：对福利国家原则的支持；政府责任的偏好宽度（广度）；政府开支的偏好深度（强度）；福利政策的执行评估；福利国家结果的评估；福利国家可感知的后果（van Oorschot & Meuleman，2012）。其研究从对福利态度某环节的碎片化取景发展到对福利态度生成过程的全景式扫描，福利态度的维度也就随之从静态转向了动态。

上述研究共同的缺陷是，福利态度指向的对象——福利国家或社会福利制度（政策）的维度，与福利态度的维度混在了一起。芬克·罗斯玛（Femke Roosma）、约翰·吉利森（John Gelissen）与冯·奥斯特明确区分开了福利国家的维度与福利态度的维度。他们将福利国家的维度区分为福利混合、福利国家目标、广度、深度、再分配设计、执行过程与产出。这个框架追随社会福利制度（政策）进程发展的逻辑：从政策目标的形成，经过政策的执行，最后实现政策的产出，同样秉持了动态视角。福利态度的维度则区分为一维与多维，一维的视角提供的是关于支持或反对福利国家的总体态度；多维的视角则认为人们对福利国家不同维度的态度是不同的，而且可能是矛盾的（Roosma et al.，2013）。

罗斯玛、吉利森与冯·奥斯特的研究发现是基于欧洲社会调查 2008 年轮换模块——“变化欧洲中的福利态度”的框架与数据。根据克利斯汀·施塔克尔（Chritian Staerkl）、斯沃福斯与冯·奥斯特的介绍，该概念框架基于以下部分构成：以风险与资源作为起点，被视为主要因素；制度框架被视为强烈形塑福利意见的变量，并影响风险与资源的分配；社会价值倾向承担形塑福利态度的主要责任，涉及平等主义、传统主义与权威主义，作为一种倾向受风险与资源以及制度框架的影响。福利态度指向的对象包括：福利国家的边界与责任；税收与财政；可选择的福利国家模式以及目标群体/接受者。而福利评价是福利态度的又一系列，涉及福利国家社会福利政策的经济、社会与道德的结果（Staerkl et al.，2008）。因而前者的维度设计必然受其影响与制约。在最新的研究中，斯沃福斯提供了更为详细的概念框架（Svallfors，2012b）。

2. 华人社会福利态度的研究

由于文化上的同根性，我国港台地区学者的研究对我们的研究或许具有更直接的借鉴意义。台湾民众的社会福利态度可以概括为八个方面：对于贫穷和社会救助的态度；对于社会福利和工作伦理关系的看法；对于社会福利对象的选择的态度；对于个人（家庭）自立原则的看法；对于政府福利角色的看法；对于社会福利经费支出的看法；对社会福利的作用的看法；对于福利国家的批评（毕天云，2004a：59）。古允文则从政府政策的目的（持续快速的经济增长或社会福利追求）和政府政策的方式（国家干预或市场机制）两个维度划分出四种类型的福利态度（Ku，1997：192 - 193）。综合西方学者和林万亿关于福利态度的观点，王方将福利态度分为三种类型：经济个人主义、社会公平与传统慈善的福利态度（毕天云，2004a：60）。

基于詹姆斯·梅志里（James Midgley）关于社会福利的定义（Wong & Wong，1999），香港学者王家英、王卓祺将福利态度区分为三个维度：社会问题控制，包括贫困、犯罪与公共安全、失业三类子指标；需要满足，包括社会福利的政府供给、个人生活满意两类子指标；社会流动机会的最大化（Wong & Wong，1999）。

王卓祺依据制度与意识形态，将福利态度区分为四大维度：社会 - 经济平等、社会福利的制度基础、社会福利观念、社会福利的规则与条件，每一个维度又对应不同的指标（Wong & Chau，2003）。这一分类体现了本土化的努力，但依据的标准过于单一，难以反映福利态度对象的复杂性。王家英、尹宝姗（Shirley Po - San Wan）与罗荣建（Kenneth Wing - Kin Law）则借用国际社会调查项目（ISSP）与斯沃福斯的指标，从社会服务与社会保障供给两个维度定义了福利态度（Wong et al.，2008）。

综上所述，在福利态度维度的设计上，经历了从一维到多维、从静态到动态、从概念不清到概念清晰的转变，政府责任的边界也因依据原则的不同而有所变化，欧美学者为此做出了巨大的贡献，港台学者也在此基础上做出了本土化的努力，这为后续研究提供了知识基础与行动保障。

二、制度与文化：福利态度的解释路径

在明晰维度的基础上，我们需要进一步探讨的问题是如何解释福利态度的差异。福利态度通常是从个体特征和/或国家或体制类型背景的视角来研究（Larsen，2006；Sevä，2009；Sundberg & Taylor - Gooby，2013）。限于篇幅，本书并不回顾个体社会人口学特征对福利态度生成的影响，而将福利态度的生成从理论上区分为制度与文化两个解释路径。

（一）制度路径

社会福利研究中有两个经常导致分裂的传统：一是福利体制类型的比较研究；二是工业化国家的人口的价值观、态度与认同的比较研究（Svallfors，1997）。前者始于埃斯平 - 安德森 1990 年首次提出的“福利体制”的概念，但它不得不在很大程度上忽视在不同体制下生活的人群中发现的态度结构与价值认同而言的制度特征；后者的研究则经常忽视了历史或制度的解释以及态度或信仰体系的说明（Svallfors，1997）。目前，斯沃福斯与其他学者已经开始探寻不同福利国家体制的制度结构是如何影响公众的价值与态度结构，或是如何被影响的（Sabbagh & Vanhuysse，2006）。

福利态度研究假设每种体制与福利国家态度的特定模型有关，不同的福利国家体制意味着不同的结构，最终导致福利国家态度的不同模式。在桑德博格与泰勒 - 古比的文献回顾中，24 项研究中有 7 项明确基于体制路径，这 7 项都发现一些可支持的结论（Sundberg & Taylor - Gooby，2013）。因此要了解福利态度的不同模式就有必要先了解福利体制的类型。

福利体制可以被定义为国家、市场和家庭之间相互依赖组合来生产和分配福利资源的模式，而非营利的志愿组织或第三部门也可添加其列（Esping - Andersen，1999）。依据去商品化和阶层化两个指标，福利国家被划分为自由主义、保守主义与社会民主主义三种体制（埃斯平 - 安德森，2003）。基于不同的批判视角，学者们提出了一系列的福利国家体制类型（Deacon，1993；Holliday，2000；Arts & Gelissen，2002；Holliday & Wilding，2003；Bambra，2007）。

态度与社会政策的关系是态度与福利体制的关系的直接表现，个人或公众的

态度受社会政策/福利体制设计的影响。据此，赫泽戈尔德（Troels Fage Hedegaard）提出公众与个体对政策的支持受到政策设计的影响的政策反馈理论，认为个人或公众“接近”受益于选择型社会政策的津贴接受者的态度受到的影响很大；“接近”受益于普惠型社会政策的津贴接受者的态度几乎不受影响，而“接近”受益基于贡献的社会政策的津贴接受者的态度受到的影响介于两者之间（Hedegaard，2014）。这类研究都在一定程度上支持了福利体制/制度对福利态度存在影响的假设。

（二）文化路径

文化是“一个模糊的，令人难以界定的结构”（Triandis et al.，1986：258），可以定义为共同的价值、规则与态度的系列（Baldock，1999）。它有强弱之分，前者是严格限定的，如鲍多克关于文化的定义；后者是较少限定的，为社会政策的文化分析留下了空间。绝大多数研究者追随的是前者（van Oorschot，2007）。

福利态度的研究初期集中在态度与体制的关系上，后期才开始转向文化因素的考量。当下的文献很少直接关注文化与福利态度的关系，更多关注的是文化与社会福利政策的关系，它们之间关系的争论可归为“福利文化”研究。这一概念由英国社会福利政策专家罗伯特·平克（Robert Pinker）最早提出和使用，包括价值观和行为习惯（毕天云，2004b），现有讨论集中于东亚福利模型的研究中。凯瑟琳·琼斯（Catherine Jones）是东亚福利模型的第一代分析家，她将文化视为决定性变量，认为儒家主义是贯穿开始、现在以及未来的发展型意识形态与福利意识形态（Jones，1990，1993；Aspalter，2006）；朴炳铉在解释“为什么经济发展水平大致相同的国家却选择了不同的福利制度”的问题时，同样强调了儒家文化对东亚福利体制建设中的作用（朴炳铉，2012：14）。与之相反，戈登·怀特（Gordon White）与罗杰·古德曼（Roger Goodman）认为，尽管文化的解释在文献中是“一个或多或少显著的主题”，但它在说明东亚福利体制进化中是一个不适合量化的“无用的”变量（White & Goodman，1998：12，15）。目前富有挑战的研究主要聚焦于国家的作用，形成了国家中心说而否认文化的作用（Holliday，2000）。

（三）研究的总体态势与本土意义

从福利态度研究的历史、分析维度的变化及其解释路径的变迁，可以发现研究的总体态势是：从国别研究到跨国研究；从一维到多维；从静态到动态；从制度独尊到文化共存；从数据依附到数据专用；从简单描述到模型建构；从碎片取景到全景扫描等，绘制出了一道学术研究的繁荣景观。然而，现有的研究也存在不足，表现在以下方面：缺少理论建构，多为经验研究或政策研究；未能在福利态度的定义上达成共识；多数学者未能将态度指向的对象维度与态度本身维度区分开；未能在福利态度的维度上达成共识；维度的确定几乎都是数据驱动型（data-driven）的；研究倾向于制度主义的决定论，忽视了态度对体制的能动性建构作用；偏重制度分析而淡化了文化的作用；主要是在西方福利制度与文化或其影响的背景下探讨；较少研究关注了行动者的主体的多元性及其能动性；未能在福利态度与社会福利运动的研究之间建立有效的学术联结等。

福利态度是在回应西方福利国家合法性危机的背景下迅速发展的，围绕的核心是政府的责任，"理应成为现代社会的秩序、治理与合法性的核心成分"（Svallfors，2012a：1）。在西方工业国家，公众的支持是福利国家合法性的基本组成部分（Jæger，2006）。同理，获得公众的支持也应是中国社会福利政策或项目合法性的基本组成部分。然而，按照理论推断与政策预想应该获得良性运行与协调发展的福利中国仍未成为现实，社会福利制度时常面临合法性危机。在顶层设计的狂欢背景之下，尊重底层实践智慧的福利态度的研究对中国适度普惠社会福利制度构建和理论发展也有了特别的意义。

首先，有助于寻找出连接宏观社会结构与微观个人态度的机制。其次，有助于回答中国社会福利改革的路径选择问题，有助于判断未来福利制度改革的重点与方向。再次，有助于恢复公众在社会政策制定中的主体性地位，保证"小人物发出大声音"。最后，有助于推动跨国、跨区域的比较研究与本土研究。

三、福利态度变量选择与测量

（一）因变量

福利态度是本书的因变量，也是本书的核心变量，其研究的核心是政府责任。中国适度普惠社会福利四个城市四类人群问卷调查中设计的问题是，"整体而言，您认为下面几项应不应该是政府的责任？"这一问题模块来自国际社会调查项目（ISSP），包括10个问题，其选项为"当然应该是""应该是""不太应该是""当然不应该是"，赋值为1～4，意味着分值越高，越是持反对意见，参照既有研究，"无法选择"被设定为缺失值。

人类的需要是理解福利制度的关键，也是社会资源分配和福利制度运作的价值基础（刘继同，2004）。既有研究表明，在"应得"（deservingness）标准的"需要"（need）维度上，所有人或多或少会给予同样的权重（Jeene et al.，

2013），即在基本需要的满足上不存在偏好（多亚尔、高夫，2008：160）。如果存在差异，则是基于福利责任主体的偏好不同。因而，考察政府在基本需要满足上的责任的公共支持程度能够更好地辨析影响四类群体福利态度的多重因素。鉴于此，依据多亚尔（Len Doyal）、高夫的人类需要理论[①]，从理论上剔除了稳定物价、为工业增长提供条件、缩减贫富之间的收入差距三项，而其他七项则可视为一种可用于实现基本需要的中间需要，是人之为人的基本条件（见表7－1）。

表7－1　　四个城市四类人群福利态度与政府责任问题

政府责任的主要观点	当然应该是	应该是	不太应该是	当然不应该是	无法选择
1. 政府应提供就业机会给想要就业的人	1	2	3	4	5
2. 政府应为患病的人提供医疗照顾	1	2	3	4	5
3. 政府应为老人提供合理生活保障	1	2	3	4	5
4. 政府应为失业者提供合理的生活保障	1	2	3	4	5
5. 政府应资助来自低收入家庭的大学生	1	2	3	4	5
6. 政府应提供适当住房给买不起房子的人	1	2	3	4	5
7. 政府应制定法律，减少工业对环境的破坏	1	2	3	4	5

本书将七个变量的值以其算术平均数加以合成作为测量福利态度的复合变量，用于测量农民工对政府在满足基本需要的责任上的总体性态度，其克伦巴赫α系数（Cronbach's alpha）为0.817。限于篇幅，并基于前述理论理由，不再分析具体项目上的态度差异及其影响因素。

（二）自变量

1. 制度变量

在社会福利领域，制度主要指福利体制，西方学者的研究主要以埃斯平－安德森的分类为基础，开展的是跨国比较研究。受制于研究对象和研究目的，本书不计划进行跨国比较研究，因而沿袭威伦斯基（Harold L. Wilensky）与莱比克斯（Charles N. Lebeaux）的分类法，在一个国家体制内对剩余性（选择型）与制度

① 多亚尔与高夫（2008：215）认为，健康和自主是人类的基本需要，而满足基本需要则是通过满足一系列的中间需要而实现的。中间需要包括充足的营养食品和洁净的水、充足的具有保护功能的住房、无害的工作环境、适当的保健、童年期安全、有意义的初级关系、人身安全、经济安全、生育控制与分娩安全基础教育。

性（普惠型）福利制度参与者的福利态度进行比较研究。

从现实情况来看，中国当下仍是以广覆盖、低水平的剩余型福利模式为主，在福利体制的发展上具有较为明显的国家法团主义倾向。与体制相关的问题包括三个：您是否参加了以下社会保障项目？您和家人是否接受过以下资助（儿童组仅保留此问题）？您和您家人是否接受过如下的社会福利服务？第一个问题对应的是一种普惠型社会福利，共有6项：城市基本医疗保险/新型农村合作医疗保险/公费医疗、城市/农村基本养老保险、住房公积金、失业保险、生育保险与工伤保险；第二个问题对应的是选择型社会福利，提供的主要是现金，共有5项：城市低保/农村低保/五保、医疗救助、临时生活救助、教育救助、保障性住房；第三个问题对应的也是选择型社会福利，提供的主要是服务，共有5项：老人服务、儿童服务、家庭服务、就业服务与法律服务。选项分为参加了、没有参加，分别赋值为0、1，不适用被定义为没有参加。具体处理是将其视为制度指标，分为普惠型福利、选择型福利（合并第二个问题与第三个问题）。由于每个类别皆是问题集，因而设定只要有一项参加的都视为有相应的社会体验，获得综合变量，以此测量体制的影响。库姆林（Staffan Kumlin）认为在获得单项津贴与对政府和（或）再分配的抽象的、负载着意识形态的议题的态度改变之间没有天然的联系（Hedegaard，2014），采用综合变量可以避免此项缺陷。据此提出，假设1：不同福利体制下的福利态度是存在差异的。

2. 文化变量

文化变量通常可分解为两类子指标，一是价值观，主要是不同福利文化背景下的权利观与责任观；二是非正式规则，主要指福利资源分配中的人情法则。人们常常假设东方社会具有独特的文化背景，并由此促成了福利观念和福利体制的独特性，但这种文化直观并不能为东亚福利体制的发展和变化提供令人信服的理论解释（林卡、赵宝娟，2010）。这种独特的文化背景通常指儒家文化，更强调个体的责任，如以孝道为首的儒家伦理道德更为强调成年子女对父母的照顾；然而文化是可变的，在公民文化的冲击之下，公民的权利意识可能增强，而以权利为本的公民文化更为强调政府的责任。因而，考察文化的影响可以从家庭伦理与工作伦理入手。若偏重个人责任，可视为受儒家文化影响较大；若偏重个人权利，可视为受公民文化影响较大。由于赡养父母被视为中国儒家文化中“孝”的最重要体现，因而，若认为有权利要求政府协助则可以视为权利意识的增强。其对应的问题是：您同不同意：成年子女有权要求政府协助照顾老人？其中选择“完全不同意”与“不同意”的可视为具有儒家文化倾向，选择“完全同意”与“同意”的视为具有公民文化倾向，分别赋值0、1。西方学者的福利态度研究中，比较重视宗教文化，中国社会也有宗教因素的影响。问卷相应的题目是：您的宗教信仰是什么？共有8个选项，6个具体宗教加上中国民间中的拜神，1个是无宗教信仰，笔者将其简单地区分为无宗教信仰与有宗教信仰，分别赋值0、1，据此考察宗教文化对福利态度的影响。那么，在不同的文化背景下的福利态度是否存在差异？这也就成为我们需要考察的问题。据此提出，假设2：不同福利文化下的福利态度是存在差异的。而非正式规则由于缺乏相应的问题，因而只能放弃。

（三）控制变量

1. 身份变量

作为平等体系的公民身份是行动者自由行走在市场上的保证，它通过影响阶级差异/阶层差异这一不平等体系来重塑社会平等。在 T. H. 马歇尔眼里，相对于收入，社会地位的平等是更重要的，而接受教育的权利是公民身份真正的社会权利之一（马歇尔，2008）。因而，作为初始化资源的公民身份可以通过社会地位、财富与教育三个指标来衡量。沿着这样的思路，可以将通常纳入社会人口学指标的阶层、收入与教育独立出来，统称为身份变量，以考察其对福利态度的独立影响。阶层（阶级）分为“下层阶级”“中下阶级”“中间阶级”“中上阶级”与“上层阶级”五类，分别赋值为0～4，视为定距变量。收入为个人全年的总收入，取自然对数，为定距变量。为考察收入是否与福利态度呈线性关系，增加了收入对数平方。教育程度的赋值分别为：0＝小学及以下，1＝初中，2＝高中（含中专），3＝大专，4＝本科及以上，视为定距变量。与其他群体的研究不同，儿童群体具有特殊性，其身份通常取决于家庭，因而此处询问的是家庭所处的阶层、家庭的收入水平与父母的教育水平。据此提出，假设3：不同身份下的福利态度是存在差异的。

2. 社会人口学变量

常见变量为性别（0＝男，1＝女）、民族（0＝汉族，1＝少数民族）、婚姻状况（0＝已婚，1＝未婚，2＝同居，3＝分居未离婚，4＝离婚，5＝丧偶）、政治面貌（0＝中共党员，1＝共青团员，2＝群众，3＝民主党派或无党派人士），皆为定类变量，按虚拟变量处理。年龄为统计年龄[①]，范围在16～79岁之间，为定距变量。为考察年龄是否与福利态度呈线性关系，增加了年龄平方。除此之外，还应加上利益倾向变量，测量利己或利他倾向。自利是福利态度研究中常用的框架，在这个框架中，人的态度是基于他们自我最佳利益而形成（Kumlin，2004：28；Jeene et al.，2013）。西方学者对自利的测量主要是通过行动者在社

① 原始数据为具体的年月日，统一按照调查开始的时间20121001减去原始数据并取整数后获得现在的统计年龄。

会结构中的不同位置（部门）来实现，而不是依据受访者的主观判断，其理论依据是理性选择理论，认为福利的消费者（接受者）、纳税者（福利的承担者/受益者）或生产者（福利部门的雇佣者）的态度是存在差异的（Heien & Hofäcker, 1999；Jeene et al., 2013）。受数据库限制，无独立测量利己或利他倾向的问题，也就只能通过所在社会结构对利益的偏好来间接判断；对于本数据库而言，有单独测量利己倾向的问题，可以直接判断利己的倾向程度。对应的问题是：政府做社会福利是从我们纳税中支出，您愿不愿意多交些税让政府做更多的社会福利，共有5个选项，分别是“非常愿意”“愿意”“不愿意”“非常不愿意”与“不知道”，其中“不知道”作为缺失值处理，其他赋值为1～4分。当选择非常愿意与愿意时，设定回答者具有利他倾向，而相反则认为其具有利己倾向。据此提出，假设4：社会人口学变量对福利态度的影响是通过身份变量实现的。换句话说，如果引入身份变量，社会人口学变量对福利态度的影响将显著减小甚至消失。更为详细的变量说明及定义见表7-2与表7-3。

表7-2　老年人、残疾人与农民工组数据变量具体说明及定义

社会人口学变量	性别	虚拟变量：0=男，1=女
	年龄	定距变量
	年龄平方	定距变量
	民族	虚拟变量：0=汉族，1=其他民族
	居住城市	虚拟变量：0=南京，1=天津，2=成都，3=兰州
	婚姻状况	虚拟变量：0=已婚，1=未婚，2=同居，3=分居未离婚、离婚与丧偶
	政治面貌	虚拟变量：0=中共党员，1=民主党派与无党派人士，2=群众
	利益倾向	虚拟变量：0=利他倾向，1=利己倾向
身份变量	阶层	定距变量：0=下层阶级，1=中下阶级，2=中间阶级，3=中上阶级，4=上层阶级
	收入自然对数	定距变量
	收入自然对数平方	定距变量
	教育水平	定距变量：0=小学及以下，1=初中，2=高中（含中专），3=大专，4=本科及以上

续表

制度变量	普惠型福利	虚拟变量：0=未体验，1=体验
	选择型福利	虚拟变量：0=未体验，1=体验
文化变量	文化倾向	虚拟变量：0=儒家文化倾向，1=公民文化倾向
	宗教倾向	虚拟变量：0=无宗教信仰，1=有宗教信仰

表7-3　　儿童组数据变量具体说明及定义

社会人口学变量	性别	虚拟变量：0=男，1=女
	年龄	定距变量
	年龄平方	定距变量
	民族	虚拟变量：0=汉族，1=其他民族
	居住城市	虚拟变量：0=南京，1=天津，2=成都，3=兰州
	利益倾向	虚拟变量：0=利他倾向，1=利己倾向
身份变量	阶层	定距变量：0=下层阶级，1=中下阶级，2=中间阶级，3=中上阶级，4=上层阶级
	家庭收入水平	定距变量：0=远低于平均水平，1=低于平均水平，2=平均水平，3=高于平均水平，4=远高于平均水平
	父亲教育水平	定距变量：0=小学及以下，1=初中，2=高中（含中专），3=大专，4=本科及以上
	母亲教育水平	定距变量：0=小学及以下，1=初中，2=高中（含中专），3=大专，4=本科及以上
制度变量	选择型福利	虚拟变量：0=未体验，1=体验
文化变量	文化倾向	虚拟变量：0=儒家文化倾向，1=公民文化倾向

第二节 儿童福利态度及其影响因素分析

一、福利态度基本情况

（一）总体态度

福利态度的均值为1.82（N=1 152），标准差为0.77，77.3%的回答者总评分为2分及以下，介于“应该是”与“当然应该是”之间，即大多数儿童倾向于支持政府在基本需要满足项目上的福利责任。

（二）具体态度

从具体项目来看（见表7-4），在环境保护的责任上，儿童的支持程度最高，有71.9%的儿童选择了“当然应该是”，而在住房提供的责任上，儿童的支持程度最低，仅有23.8%的儿童选择了“当然应该是”。但令人惊讶的是同样是这两项，反对程度排在前两位，分别为12.1%、11.1%，可见在两项责任上存在较大分歧。合并“当然应该是”与“应该是”为“支持”，合并“不太应该是”与“当然不应该是”为“反对”，统计结果显示，支持程度最高的仍是政府在环境保护的责任上，占回答人数的85.5%，对政府承担为病人、老人与贫困大学生提供资助责任的支持程度与此接近；反对程度最高则是住房提供上，有36.5%的受访儿童持反对意见，其次是对就业的保障，反对比例较高，有23.9%，而对失业者提供保障责任上，反对比例也较高，占22.8%。

表7-4　　儿童对政府福利责任的态度　　单位：%

政府责任的主要观点	当然应该是	应该是	不太应该是	当然不应该是	合计
1. 政府应提供就业机会给想要就业的人	36.3	39.9	16.1	7.8	100
2. 政府应为患病的人提供医疗照顾	53.8	29.2	7.6	9.4	100
3. 政府应为老人提供合理生活保障	58.1	25.4	6.7	9.8	100
4. 政府应为失业者提供合理的生活保障	37.3	39.9	15.0	7.8	100

续表

政府责任的主要观点	当然应该是	应该是	不太应该是	当然不应该是	合计
5. 政府应资助来自低收入家庭的大学生	53.8	29.7	7.0	9.4	100
6. 政府应提供适当住房给买不起房子的人	23.8	39.7	25.4	11.1	100
7. 政府应制定法律，减少工业对环境的破坏	71.9	13.6	2.4	12.2	100

总体而言，儿童对政府在基本需要满足上的责任持支持态度，但在具体项目上存在差异，其背后的原因需要进一步探析，对政府扩大、缩小或维系相应的福利责任具有一定的参考价值。

二、影响因素分析

表7-5为各预测变量的社会人口学变量、身份变量、制度变量、文化变量的描述性统计。为了验证假设，本项研究建立了四个模型，逐步引入社会人口学变量、身份变量、制度变量和文化变量，考察其对福利态度的影响（见表7-6）。

表7-5　　儿童各预测变量的描述性统计

	均值	标准差	样本量
社会人口学变量			
性别[a]	0.4905	0.50011	1 262
年龄	14.56	0.791	1 262
年龄平方	212.63	23.425	1 262
民族[b]	0.03	0.177	1 262
居住城市[c]			
天津	0.2377	0.42585	1 262
兰州	0.2425	0.42875	1 262
成都	0.2401	0.42731	1 262
利益倾向[d]	0.20	0.403	1 130
身份变量			
阶层	1.96	0.692	1 262
家庭收入水平	2.00	0.631	1 258
父亲教育水平	2.11	1.465	1 241
母亲教育水平	2.11	1.465	1 241

续表

	均值	标准差	样本量
制度变量			
选择型福利[e]	0.23	0.420	800
文化变量			
文化倾向[f]	0.01	0.093	1 252

注：a 参考类别为“男性”，b 参考类别为“南京”，c 参考类别为“汉族”，d 参考类别为“利他主义倾向”，e 参考类别为“未体验”，f 参考类别为“儒家文化倾向”。

表 7-6　儿童福利态度影响因素的多元回归分析（标准回归系数）

	模型 1	模型 2	模型 3	模型 4
社会人口学变量				
性别[a]	0.003	0.002	0.009	0.010
年龄	0.752	0.771	0.674	0.726
年龄平方	-0.918	-0.924	-0.806	-0.856
民族[b]	0.009	0.004	-0.021	-0.022
居住城市[c]				
天津	-0.046	-0.050	-0.056	-0.059
成都	-0.062*	-0.058#	-0.075#	-0.076#
兰州	0.547***	0.559***	0.518***	0.517***
利益倾向[d]	0.053*	0.044#	0.025	-0.026
身份变量				
阶层		-0.020	-0.014	-0.011
家庭收入水平		0.054#	0.075#	0.075#
母亲教育水平		0.007	-0.005	-0.005
制度变量				
选择型福利[e]			-0.061#	-0.060#
文化变量				
文化倾向[f]				-0.039
N	1 049	1 027	675	675
R	0.580	0.589	0.544	0.546
R^2	0.336	0.347	0.296	0.298

续表

	模型 1	模型 2	模型 3	模型 4
调整 R^2	0.331	0.339	0.284	0.284
F	65.811***	48.938***	23.230***	21.564***

注：(1) #表示 $p<0.1$，*表示 $p<0.05$，**表示 $p<0.01$，***表示 $p<0.001$。

(2) a 参考类别为“男性”，b 参考类别为“南京”，c 参考类别为“汉族”，d 参考类别为“利他主义倾向”，e 参考类别为“未体验”，f 参考类别为“儒家文化倾向”。

（一）社会人口学变量对福利态度的影响

从模型 1 可以看到，R^2 为 0.336，因而模型的解释力非常高。数据显示，社会人口学特征中居住城市对儿童的福利态度呈显著影响。相对于南京，天津、成都两个城市的儿童更为支持政府在满足基本需要上的福利责任，但在兰州的儿童却持更为反对的态度。依次引入身份、制度与文化变量后，作为居住城市的天津对福利态度的影响在下降，而兰州的影响始终不变。由于缺乏宏观数据，难以分析其背后的原因。

自利是福利态度研究中常用的框架，在这个框架中，人的态度是基于他们自我最佳利益而形成的（Kumlin，2004：28；Jeene et al.，2013）。既有研究结果表明，自利与政治意识形态变量（政治面貌）在某种程度上都是支持福利国家原则的显著预测指标（Jæger，2006），在本书中，前两个模型中自利的影响得到了体现，但在引入身份变量后，影响有所减弱，引入制度变量后，自利的影响则不再具有显著性。

（二）身份变量对福利态度的影响

当引入身份变量时，可以发现，家庭收入水平越高的儿童对政府在基本需要满足的责任上越持反对态度。但阶层、母亲的教育水平没有产生影响。因而家庭收入水平对儿童的福利态度影响较大。

身份变量的引入略微提高了模型的解释力，使得 R^2 的解释力从模型 1 的 33.6% 提高为模型 2 的 34.7%，调整 R^2 也略有增加，说明身份变量的引入具有显著的统计学意义。支持了假设 3，不同身份下的福利态度是存在差异的。但身份变量的引入并没有削弱居住城市对福利态度的影响，因而本书无法支持假设 4：社会人口学变量对福利态度的影响是通过身份变量实现的。

（三）制度变量对福利态度的影响

当引入制度变量后，因缺失值较多，参与分析的样本量大幅度减少，模型的解释力下降，由 34.7% 下降为 29.6%。居住城市、家庭收入水平对福利态度的影响没有显著变化。但有选择型福利获得体验的相比较于没有体验的儿童更支持政府福利责任边界的扩大。这一结论支持了假设 1：不同制度下的福利态度是存在差异的，即有选择型福利体验的与没有体验的，在福利态度上存在显著性差异。

（四）文化变量对福利态度的影响

当引入文化变量时，居住城市、家庭收入与制度变量对福利态度仍然存在显著影响，但未能发现文化倾向对儿童福利态度的影响。因而，儿童的福利态度在不同的文化背景下并不存在差异。这一结论未能支持假设 2：不同福利文化下的福利态度是存在差异的。文化变量的引入也未能显著提高模型的解释力，R^2 几乎不变。由此可见，文化变量在儿童福利态度的生成中并没有显著的影响。

三、研究结论与讨论

本书运用 2012 年中国适度普惠社会福利调查数据，从制度、文化与身份的视角分析了影响四个城市的儿童福利态度的因素。总体而言，大多数儿童支持政府在基本需要满足上的福利责任，但受到多重因素影响，解释力也存在差异。

（一）研究结论

第一，从制度因素来看，选择型福利制度，有体验的相较于没有体验的儿童更支持政府福利责任边界的扩大。因而，福利制度区隔带来了福利态度的差异，这与既有研究保持了一致。如赫泽戈尔德（Troels Fage Hedegaard）认为个人或公众“接近”受益于选择型社会政策的津贴接受者的态度受到的影响很大；“接近”受益于普惠型社会政策的津贴接受者的态度几乎不受影响（Hedegaard, 2014）。

第二，从文化因素来看，无论是公民文化倾向还是儒家文化倾向都未能发现对福利态度的影响。尽管从频次分析来看，99.1% 的儿童具有儒家文化倾向（N = 1 252），强调成年子女对父母的照顾责任，在与福利态度交叉分析后可以发现，在儒家文化倾向的儿童中（N = 1 158）有高达 77.4% 的人支持政府在基本需要满足上的福利责任。因而，文化因素并不影响儿童对政府在基本需要满足的福利责任上的诉求。

第三，从身份因素来看，家庭收入水平始终存在显著影响，而阶层、父母的教育水平的影响没有显著性。家庭收入水平越高的儿童，越是反对政府福利责任边界的扩大。这与已有的研究结论不太吻合，特别是阶层的影响并不明显，与斯沃福斯（Stefan Svallfors）关于阶级/阶层地位是最显著的决定性变量的结论（Svallfors，1991）存在矛盾。这可能与基础教育中的去阶层化努力存在一定的联系。与其他群体的研究相比，儿童身份变量中教育水平是以父母的教育水平为指标，反映的是家庭教育环境而非儿童自身的教育水平，无法与其他群体的福利态度进行比较，缺乏显著性也可能与之相关。

第四，从社会人口学因素来看，居住城市始终存在显著性影响，利益倾向在引入身份变量后对福利态度的影响减弱，在引入制度变量后则完全消失。居住城市的影响由于缺乏宏观数据，如国内生产总值（GDP）、社会支出、福利可及性等，其背后的原因难以探析。当制度因素控制后，其影响也就消失，因而可以推断利益倾向对福利态度的影响最终是由制度因素带来的。而其他社会人口学因素，如性别、年龄、民族等的影响，在构建的 4 个模型中则始终未呈现显著性。

（二）讨论

第一，研究支持了制度的解释路径，但未能支持文化的解释路径。制度因素对儿童的福利态度产生了影响，这可能与儿童的福利体验存在较大的关系，有福利体验的儿童更能直接感受到福利的好处，因而更可能支持政府福利责任的扩大。但不足的是，有超过 1/3 的儿童并不清楚家庭是否获得过这些福利，其结论的推广需要谨慎。文化因素并未能削弱儿童对社会权利的诉求，受传统文化影响，一半以上的儿童并不认同“成年子女有权利要求政府帮助照顾父母”，但在基本需要的满足上，大部分儿童仍然支持政府扩大福利责任的边界，具有一定的社会权利的诉求，这是对政府福利责任支持的重要预测指标（Blekesaune & Quadagno，2003），是推动社会福利制度变革的重要动力，与学校公民教育可能存在关联。因而，传统文化不能成为减少政府在基本需要满足上的责任的理由，更不应成为拒绝福利制度改革的借口。

第二，儿童福利态度能否成为政策设计的依据。此问题关系到儿童能否参与到政策的制定中，或成为政策制定中需要听取声音的主体。西方研究中，受访者年龄通常在 16 岁以上，这是对低龄儿童认知能力存在不足的一种事实承认。本书中儿童的平均统计年龄为 14.56 岁（N = 1 262），年龄相对偏低，主要是受访对象集中在初三与高一年级，但他们已接受过相关的法律法规的学习（通常是初中二年级），具备一定的权利认知，能够对所涉及的满足基本需要的政府福利责任做出准确的判断。因而，其声音在福利制度的设计中应该被倾听。

本书也存在不足。首先，指标的选择是“数据驱动型”的。由于儿童群体的特殊性，因而无法选择与流动人口（农民工）、老年人以及残疾人一致的变量，其结论的比较就受到诸多限制，如缺少婚姻状况、收入、教育水平、宗教信仰等。其次，指标选择不具有本土特征，如缺少户籍制度。问卷设计有关于城乡户籍问题的询问，但出于与其他群体比较的目的，主要是流动人口（农民工），也考虑到户籍与福利关系的复杂性，如户籍所在地与常住地的分离，统一未纳入。最后，缺失值过多。在生成选择型福利复合变量时，将“不知道”视为缺少值，样本量剧减，模型的解释力不升反降。未来研究需要进一步完善调查方法，从而准确了解家庭因素对儿童福利态度的影响。

第三节　老人福利态度及其影响因素分析

一、福利态度基本情况

（一）总体态度

福利态度的均值为1.57（N＝1 063），标准差为0.40，94.1%的回答者总评分为2分及以下，介于“应该是”与“当然应该是”之间，即绝大多数老年人倾向于支持政府在基本需要满足项目上的福利责任。

（二）具体态度

从具体项目来看（见表7－7），在“为老人提供合理生活保障”的责任上，老年人的支持程度最高，有51.0%的受访者选择了“当然应该是”，与群体的特征保持了一致；而在住房提供的责任上，受访者的支持程度最低，有42.9%的老人选择了“当然应该是”，但不同选项上的差异较小，反对人数占比都不足1%。合并“当然应该是”与“应该是”为“支持”，合并“不太应该是”与“当然不应该是”为“反对”，统计结果显示，支持程度最高的仍是在“为老人提供合理生活保障”的责任上，占回答人数的98.2%，其他责任上的支持程度也很接近；反对程度最高则是住房提供上，有7.8%的受访老人持反对意见，而对失业者提供保障责任上，反对比例相对较高，占4.2%。

表 7-7　　老人对政府福利责任的态度　　单位：%

政府责任的主要观点	当然应该是	应该是	不太应该是	当然不应该是	合计
1. 政府应提供就业机会给想要就业的人	45.4	50.9	3.1	0.6	100
2. 政府应为患病的人提供医疗照顾	44.9	51.4	3.4	0.3	100
3. 政府应为老人提供合理生活保障	51.0	47.2	1.7	0.2	100
4. 政府应为失业者提供合理的生活保障	43.4	52.5	3.4	0.8	100
5. 政府应资助来自低收入家庭的大学生	47.2	49.5	2.5	0.8	100
6. 政府应提供适当住房给买不起房子的人	42.9	49.4	7.0	0.8	100
7. 政府应制定法律，减少工业对环境的破坏	49.3	47.9	2.1	0.8	100

总体而言，老人对政府在基本需要满足上的责任持支持态度，在具体项目上的态度差异比较小，其背后的原因需要进一步探析，对政府扩大、缩小或维系相应的福利责任具有一定的参考价值。

二、影响因素分析

关于老人的社会人口变量、身份变量、制度变量以及文化变量等各预测变量的描述性统计见表 7-8。为了验证假设，本项研究建立了四个模型，逐步引入社会人口学变量、身份变量、制度变量和文化变量，考察其对福利态度的影响（见表 7-9）。

表 7-8　　老人各预测变量的描述性统计

	均值	标准差	样本量
社会人口学变量			
性别	0.52	0.500	1 225
年龄	66.22	4.677	1 225
年龄平方	4 407.49	629.549	1 225
民族	0.52	0.500	1 225
居住城市			
南京	0.27	0.444	1 225
天津	0.24	0.429	1 225
兰州	0.24	0.430	1 225

续表

	均值	标准差	样本量
居住城市			
成都	0. 24	0. 429	1 225
婚姻状况			
已婚	0. 77	0. 422	1 225
未婚	0. 01	0. 081	1 225
同居	0. 02	0. 147	1 225
分居未离婚、离婚与丧偶	0. 20	0. 402	1 225
政治面貌			
中共党员	0. 27	0. 443	1 225
民主党派与无党派人士	0. 02	0. 144	1 225
群众	0. 71	0. 456	1 225
利益倾向	0. 25	0. 434	1 082
身份变量			
阶层	1. 38	0. 861	1 220
收入自然对数	9. 7879	0. 76927	1 176
收入自然对数平方	96. 3933	13. 69328	1 176
教育水平	2. 18	0. 503	1 224
制度变量			
普惠型福利	0. 13	0. 333	1 225
选择型福利	0. 32	0. 467	1 225
文化变量			
文化倾向	0. 72	0. 449	1 225
宗教倾向	0. 11	0. 314	1 220

表 7－9　老年人福利态度影响因素的多元回归分析（标准回归系数）

	模型 1	模型 2	模型 3	模型 4
社会人口学变量				
性别[a]				
年龄	－0. 195	－0. 596	－0. 578	－0. 611
年龄平方	0. 141	0. 528	0. 507	0. 537

续表

	模型 1	模型 2	模型 3	模型 4
社会人口学变量				
民族[b]	0.039	-0.000	-0.005	0.001
居住城市[c]				
天津	-0.259***	-0.270***	-0.273***	-0.269***
成都	-0.230***	-0.244***	-0.252***	-0.251***
兰州	-0.375***	-0.373***	-0.378***	-0.364***
婚姻状况[d]				
未婚	-0.022	-0.025	-0.025	-0.033
同居	-0.036	-0.042	-0.043	-0.041
分居未离婚、离婚与丧偶	0.034	0.037	0.037	0.032
政治面貌[e]				
民主党派与无党派人士	0.023	0.022	0.024	0.022
群众	0.013	-0.023	-0.024	-0.023
利益倾向[f]	-0.048	-0.042	-0.044	-0.044
身份变量				
阶层		0.113***	0.114***	0.105***
收入自然对数		0.348#	0.328#	0.338#
收入自然对数平方		-0.381*	-0.363#	-0.374*
教育水平		-0.082*	-0.083*	-0.087*
制度变量				
普惠型福利[g]			-0.035	-0.036
选择型福利[h]			-0.016	-0.011
文化变量				
文化倾向[i]				-0.127***
宗教倾向[j]				0.001
N	962	924	924	921
R	0.340	0.373	0.375	0.395
R^2	0.115	0.139	0.141	0.156
调整 R^2	0.104	0.124	0.124	0.137
F	10.323***	9.185***	8.238***	8.330***

注：（1）#表示 $p<0.1$，*表示 $p<0.05$，**表示 $p<0.01$，***表示 $p<0.001$。

（2）a 参考类别为“男性”，因容忍度低而被排除，b 参考类别为“南京”，c 参考类别为“汉族”，d 参考类别为“已婚”，e 参考类别为“中共党员”，f 参考类别为“利他主义倾向”，g 参考类别为“未体验”，h 参考类别为“未体验”，i 参考类别为“儒家文化倾向”，j 参考类别为“无宗教信仰”。

（一）社会人口学变量对福利态度的影响

从模型 1 可以看到，R^2 为 0.115，超过 0.1 的学界共识，因而模型具有较高的解释力。数据显示，社会人口学特征中居住城市对老年人的福利态度呈显著影响。在引入身份、制度与文化变量后，显著性水平没有改变，即在 $p < 0.001$ 水平之下，居住城市在四个模型中都存在显著影响。相对于南京，其他城市的老年人更为支持政府在满足基本需要上的福利责任，尤其是兰州。可能的原因是城市经济发展水平越低，老年人的基本需要的社会保障程度越低，因而对政府福利责任的诉求越是强烈。由于缺乏国内生产总值、福利体制与文化等宏观数据，无法做出合理的推断。但既有研究显示，宏观经济形势对公众福利态度并不具有决定性的影响，而公众关于分配正义的价值观对此具有更大的影响（Andre β & Heien，1998；2001），未来研究中需设置测量价值观的变量。

自利是福利态度研究中常用的框架，在这个框架中，人的态度是基于他们自我最佳利益而形成（Kumlin，2004：28；Jeene et al.，2013）。既有研究结果表明，自利与政治意识形态变量（政治面貌）在某种程度上都是支持福利国家原则的显著预测指标（Jæger，2006），但在本书的四个模型中都未能体现出影响，可以说在基本需要的满足上，利益倾向并不影响福利态度，似乎处在罗尔斯的“无知之幕”状态。这与在“应得”标准的“需要”维度上，所有人或多或少会给予同样的权重的结论保持了一致（Jeene et al.，2013），也支持了前述多亚尔、高夫关于“在基本需要的满足上不存在偏好”的论断。其他特征在四个模型中也无显著影响，性别则被直接排除在模型之外。

（二）身份变量对福利态度的影响

当引入身份变量时，可以发现，阶层认同越高，对政府在基本需要满足的责任上越是持反对意见。收入对因变量的标准回归系数为正值，而收入的平方为负值，表明收入对福利态度的影响呈“倒 U 形”，即收入最低与最高的老年人对政府在基本需要满足上的责任支持度较高，而中等收入者支持度较低。教育水平对因变量的标准回归系数为负值，表明教育水平越高，越是支持政府承担相应的责任。西方学者的研究显示，在需要（need）的标准上，教育、工作状态（在业/失业）与政治立场并没有产生影响，但收入（低中及以下收入者）产生了一定的影响（Jeene et al.，2013），但本书中收入、教育都产生了影响。身份变量的引入提高了模型的解释力，使得 R^2 从模型 1 的 11.5% 提高为模型 2 的 13.9%，说明身份变量的引入具有显著的统计学意义。支持了假设 3，不同身份下的福利态度是存在差异的。但身份变量的引入并没有降低居住城市的对福利态度的影响，因而本书无法支持假设4：社会人口学变量对福利态度的影响是通过身份变量实现的。究其原因，可能是捆绑了福利的户籍制度的存在消解了身份变量的影响。也有可能是户籍本身就可视为身份。

（三）制度变量对福利态度的影响

当引入制度变量后，阶层认同、教育水平的影响几乎没有变化，仍具有显著性；收入自然对数平方的显著性水平下降，意味着身份变量仍然是解释福利态度差异的重要指标。总体而言，制度影响并未彰显，R^2 几乎不变，模型3解释力未能产生显著变化，无法支持假设2：不同制度下的福利态度是存在差异的，即不管是否参加了普惠型福利制度还是获得过福利援助，在基本需要满足上的政府责任的福利态度上不存在显著性差异。因而，福利制度的体验对老年人的福利态度未能产生影响。

（四）文化变量对福利态度的影响

当引入文化变量时，未能发现宗教信仰对福利态度的影响，但却发现文化倾向对福利态度存在显著影响。相对于儒家文化倾向者，有公民文化倾向的老年人更加支持政府在基本需要保障上的责任。从公民文化核心要义来看，其实这是一种权利的诉求，而前者则可能是更加强调个人或家庭的责任（臧其胜，2015b：124）。因而，在老年人中并不存在统一的福利态度模式。这一结论有效地支持了假设3：不同福利文化下的福利态度是存在差异的。文化变量的引入提高了模型的解释力，使得 R^2 从模型3的14.1%提高为模型4的15.6%，具有显著的统计学意义。由此可见，文化变量在老年人福利态度的生成中起着重要的作用。

作为身份指示器的阶层、收入、教育水平的影响并没有因文化变量的引入而消失，但阶层对福利态度的影响力相对于教育水平有比较明显的下降，而收入的影响则有比较明显的上升。这意味着不同阶层的老年人在福利态度上存在差异，阶层越高的人越是持反对意见。这一结论与中国香港的情况存在一定差异，而与西方国家的情况保持了一致。中国香港学者认为就福利态度而言，香港居民的阶层之间并不存在显著的差异，在某些情况下特权阶层比非特权阶级更多地支持福利国家，而与以瑞典为代表的西方国家则是没有特权的阶层比有特权的阶层更加显著地支持福利国家并不一致（Wong，Wan & Law，2008；Wong，Wan & Law，2009）。因而，对老年人而言，身份变量与文化变量对福利态度都有着重要的影响。

三、研究结论与讨论

本书运用2012年中国适度普惠社会福利调查数据，从制度、文化与身份的视角分析了影响四个城市的老年人福利态度的因素。总体而言，绝大多数老年人支持政府在基本需要满足上的福利责任，但受到多重因素影响，其解释力存在差异。

（一）研究结论

第一，从制度因素来看，普惠型或选择型，无论是否存在体验，对老年人福利态度都无影响。也就是说并非因福利体验不同而在政府福利责任上表现出态度不同，因而福利制度区隔并未带来福利态度的差异，这与既有研究存在差异（Hedegaard，2014）。在农民工福利态度的研究中，制度影响同样明显，未获得过选择型福利体验的农民工更支持政府福利责任的扩大（臧其胜，2015b：124）。万国威的研究同样认为福利态度与福利获取因素（类似于本书中的福利体验）存在关联，但关联度较低。

第二，从文化因素来看，具有公民文化倾向者更支持政府的福利责任。儒家文化强调自立与个人的责任，但在基本需要的满足上绝大多数老年人支持政府承担责任，具有强烈的社会权利诉求。可见，文化是可变的。制度的设计需要尊重文化传统，但“那种以文化传统为借口，拒绝福利制度改革的做法应该摒弃”（臧其胜，2015a），更不能“为其披上有说服力的历史与文化的合法性外衣，从而过滤掉对社会福利需要的某些回应”（Walker & Wong，2005：215）。宗教信仰则始终没有产生影响，这与宗教在中国传统社会中的地位相吻合。

第三，从身份因素来看，阶层始终保持显著性影响，教育水平与收入影响的显著性则次第减弱。在政府福利责任的承担上，阶层认同越高，越是反对；教育水平越高，越是支持；而收入对福利态度的影响呈“倒U形”，收入最低与最高的老年人对政府在基本需要满足上的责任支持度较高，而中等收入者支持度较低。这与布隆贝格（Helena blomberg）、克罗尔（Christian Kroll）关于教育影响呈弱显著性的结论保持了一致（Blomberg & Kroll，1999），支持了斯沃福斯（Stefan Svallfors）关于阶级/阶层地位是最显著的决定性变量的结论（Svallfors，1991）。与万国威认为福利态度与教育水平、阶层相关的结论保持了一致。因而，不同身份下的福利态度是存在差异的假设得到很好的验证。但与哈森费尔德（Yeheskel Hasenfeld）与拉菲蒂（Jane A. Rafferty）关于教育、收入和福利支持存在负相关的结论存在分歧（Hasenfeld & Rafferty，1989）。

第四，从社会人口学因素来看，居住城市始终存在显著性影响。在构建的4个模型中，性别被直接排除在模型之外，年龄及其平方、民族、婚姻状况、政治面貌、利益倾向始终未呈现显著性。原因可能是指标设定存在差异，如利益倾向的设置，西方学者采用的是客观指标，依据在社会结构中的不同位置（部门）来测量，而本书采用的是主观指标，依据的是向政府纳税的态度；政治面貌也与西方学者的政治意识形态存在本质上的差异，西方学者通常将意识形态放在文化范畴。居住城市始终存在显著性影响，由于缺乏宏观层面的变量可供分析，我们无法从现有的数据库中窥探背后的原因，需要在未来的研究中进一步识别。

（二）讨论

第一，研究支持了文化的解释路径，但未能支持制度的解释路径。制度与文化是福利态度研究的两大解释路径，对它们的考察有助于政府合理设计适度普惠型社会福利制度。在文化解释路径中，对社会权利的认可是对政府福利责任支持的重要预测指标（Blekesaune & Quadagno，2003）。本书中老年人表现出更为强烈的社会权利诉求，因而更为支持政府在基本需要满足上的责任。而在制度解释路径中，多数学者支持福利体制形塑公众的福利态度的观点。但在本书的资料分析中，数据显示无论是普惠型还是选择型社会福利制度都未能有效地产生影响，与西方学者的研究结论存在明显的分歧，可能的原因是福利体制的划分标准不同。但在农民工福利态度的研究中可以发现制度是存在影响的。那么为何同样的制度分类对农民工与老年人福利态度的影响会不同呢？是因为与劳动力市场的关系不同还是其他？其背后的原因需要进一步探讨。

第二，研究指标的选择受制于数据库，未来指标设计需要优化。与既有研究的分歧部分可归因于指标的设计与西方学者存在差异，这也是数据驱动研究模式下无法逃脱的困境，在未来需要进一步改善。一是研究设计需要跨越宏观指标与微观指标的鸿沟。在社会调查中，询问受访者获得的只能是微观数据，调查地点的宏观背景难以构成问卷调查的测量指标。居住城市对老年人福利态度的影响很可能是因宏观指标的缺乏而无法检验背后真实的原因。要在宏观与微观之间建立联系，那就必须寻找到可以联结二者的测量指标。有学者将失业（unemployed）/失业率（unemployment）视为可联结微观与宏观的重要指标（Blekesaune & Quadagno，2003），但对老年人而言似乎并不适合。二是研究设计需要突破综合变量与单一变量独立测量的缺陷。本书的福利态度采用的综合变量，避免了单一指标测量的局限，但也丧失了单一指标测量的优点。有学者采用了累积尺度分析（cumulative scaling analysis）较好地处理了这一问题，并识别出框架效应（Jacoby，2000）。三是重视指标的可比较性。在与国际研究进行比较时，最大的问题是同样名称的指标其变量定义并不完全相同。如此一来，其结论的比较就存在信度与效度问题。在做比较研究时，理应辨清前人的变量定义，定量分析中的变量处理更应详细说明。除此之外，还应挖掘本土化指标。

研究发现：老人福利态度受到文化（假设2）与身份（假设3）的影响的假设能够获得支持，而制度（假设1）影响以及社会人口学特征（假设4）通过身份变量产生影响的假设未能获得有效支持。研究结论的普适性尚需进一步检验，但值得后续研究者参考。据此，本书提出以下几点建议：一是福利责任边界（广度与深度）的界定应考虑文化倾向的转变，尊重老年人对社会权利的诉求，消除身份的差异，实现基本公共服务的均等化。而居住地的影响则需要考虑区域福利公平的问题；二是社会福利政策设计不仅要重视顶层的理性设计，更要重视底层的实践智慧，福利态度应是形成社会福利政策选择的基础和动力（臧其胜，2015b：126）；三是适度普惠型福利制度的推进要突破“馈赠”，走向“权利”。“馈赠”是一种随时可以施与，又随时可以剥夺的资源，“适度”并非可以任性伸缩的边界，公众基本需要的满足应被上升为由法律加以保障的、边界清晰的福利权。

第四节　残疾人福利态度及其影响因素分析

一、福利态度基本情况

（一）总体态度

福利态度的均值为1.50（N=734），标准差为0.45，94.3%的回答者总评分为2分及以下，介于“应该是”与“当然应该是”之间，即绝大多数残疾人倾向于支持政府在基本需要满足项目上的福利责任。

（二）具体态度

从具体项目来看（见表7－10），在环境保护的责任上，残疾人的支持程度最高，有61.9%的残疾人选择了“当然应该是”，而在“政府应提供就业机会给想要就业的人”上，支持程度最低，仅有48.8%的残疾人选择了“当然应该是”，紧随其后的是在住房提供的责任上，为49.1%。而反对程度排在前两位的是住房提供与环境保护的责任，认为“当然不应该是”的分别为1.9%、1.4%。合并“当然应该是”与“应该是”为“支持”，合并“不太应该是”与“当然不应该是”为“反对”，统计结果显示，支持程度最高的仍是政府在老人照顾的责任上，占回答人数的98.0%，对政府承担为病人、老人与贫困大学生提供资助等责任的支持程度与此接近；反对程度最高则是住房提供上，有8.9%的受访者持反对意见，其次是对病人的医疗照顾，反对比例也比较高，有5.8%，而对失业者提供保障责任上，反对比例也较高，占4.6%。

表7－10　　残疾人在具体项目上的福利态度　　单位：%

政府责任的主要观点	当然应该是	应该是	不太应该是	当然不应该是	合计
1. 政府应提供就业机会给想要就业的人	48.8	47.6	2.8	0.8	100
2. 政府应为患病的人提供医疗照顾	53.7	40.6	4.8	1.0	100
3. 政府应为老人提供合理生活保障	58.3	39.7	1.1	1.0	100
4. 政府应为失业者提供合理的生活保障	54.7	40.8	3.7	0.9	100
5. 政府应资助来自低收入家庭的大学生	52.6	44.1	2.4	0.8	100
6. 政府应提供适当住房给买不起房子的人	49.1	42.0	7.0	1.9	100
7. 政府应制定法律，减少工业对环境的破坏	61.9	34.2	2.6	1.4	100

总体而言，残疾人对政府在基本需要满足上的责任持支持态度，在具体项目上也存在差异，其背后的原因需要进一步探析，对政府扩大、缩小或维系相应的福利责任具有一定的参考价值。

二、影响因素分析

表7－11为残疾人社会人口变量、身份变量、制度变量和文化变量等各预测变量的描述性统计。为了验证假设，本书建立了四个模型，逐步引入社会人口学变量、身份变量、制度变量和文化变量，考察其对福利态度的影响（见表7－12）。

表 7-11　　残疾人各预测变量的描述性统计

	均值	标准差	样本量
社会人口学变量			
性别	0.54	0.499	845
年龄	46.88	15.339	840
年龄平方	2 432.67	1 492.644	840
民族	0.04	0.205	845
居住城市			
南京		0.444	845
天津	0.24	0.425	845
兰州	0.24	0.425	845
成都	0.26	0.438	845
婚姻状况			
已婚	0.5846	0.49308	845
未婚	0.2426	0.42891	845
同居	0.0095	0.09690	845
分居未离婚、离婚与丧偶	0.1633	0.36987	845
政治面貌			
中共党员	0.1444	0.35168	845
民主党派与无党派人士	0.0367	0.18810	845
团员	0.1101	0.31315	845
群众	0.1101	0.31315	845
利益倾向	0.28	0.451	743
身份变量			
阶层	0.88	0.877	844
收入自然对数	9.3215	0.82661	682
收入自然对数平方	87.5731	15.06283	682
教育水平	1.6833	1.29426	843
制度变量			
普惠型福利	0.08	0.265	845
选择型福利	0.67	0.471	845
文化变量			
文化倾向	0.28	0.449	804
宗教倾向	0.13	0.342	845

表7－12　残疾人福利态度影响因素的多元回归分析（标准回归系数）

	模型1	模型2	模型3	模型4
社会人口学变量				
性别[a]	0.009	0.021	0.022	0.006
年龄	－0.098	0.215	0.258	0.349
年龄平方	0.093	－0.256	－0.289	－0.378
民族[b]	－0.038	－0.032	－0.034	－0.030
居住城市[c]				
天津	－0.247***	－0.211***	－0.203***	－0.203***
成都	－0.220***	－0.240***	－0.264***	－0.268***
兰州	－0.266***	－0.254***	－0.254***	－0.245***
婚姻状况[d]				
未婚	－0.086#	－0.111*	－0.116*	－0.108*
同居	－0.042	－0.050	－0.055	－0.055
分居未离婚、离婚与丧偶	－0.041	－0.034	－0.039	－0.035
政治面貌[e]				
民主党派与无党派人士	－0.024	－0.027	－0.027	－0.031
群众	0.103*	0.130*	0.130**	0.132**
利益倾向[f]	－0.016	－0.033	－0.021	－0.007
身份变量				
阶层		0.075#	0.076#	0.057
收入自然对数		－1.515**	－1.548**	－1.863***
收入自然对数平方		1.443**	1.465**	1.776***
教育水平		0.029	0.026	0.026
制度变量				
普惠型福利[g]			0.112*	0.124**
选择型福利[h]			0.053	0.065
文化变量				
文化倾向[i]				0.073#
宗教倾向[j]				－0.022
N	657	542	542	529
R	0.262	0.341	0.358	0.373

续表

	模型 1	模型 2	模型 3	模型 4
R^2	0.069	0.116	0.128	0.139
调整 R^2	0.050	0.088	0.096	0.103
F	3.641***	4.056***	4.030***	3.899***

注：(1) #p<0.1，*p<0.05，**p<0.01，***p<0.001。

(2) a参考类别为“男性”，b参考类别为“南京”，c参考类别为“汉族”，d参考类别为“已婚”，“未婚”因容忍度低而被排除，e参考类别为“中共党员”，“团员”因容忍度低而被排除，f参考类别为“利他主义倾向”，g参考类别为“未体验”，h参考类别为“未体验”，i参考类别为“儒家文化倾向”，j参考类别为“无宗教信仰”。

（一）社会人口学变量对福利态度的影响

从模型1可以看到，R^2 为0.069，低于0.1的学界共识，因而模型的解释力较低。数据显示，社会人口学特征中居住城市对残疾人的福利态度呈显著影响。在引入身份、制度与文化变量后，显著性水平没有改变，即在 $p<0.001$ 水平之下，居住城市在四个模型中都存在显著影响。相对于南京，其他城市的残疾人更为支持政府在满足基本需要上的福利责任。依次引入身份、制度与文化变量后，天津、兰州作为居住城市对福利态度的影响在下降，而成都的影响却在上升。由于缺乏宏观数据，难以分析其背后的原因。政治面貌中群众相对于中共党员更反对政府在福利责任边界上的扩大，在四个模型中都存在影响，引入身份变量后影响则有明显上升。婚姻状况对福利态度也存在影响，未婚者相较于已婚者更支持政府扩大满足基本需要的福利责任的边界，在引入身份变量后，其影响也有显著提高。

自利是福利态度研究中常用的框架，在这个框架中，人的态度是基于他们自我最佳利益而形成（Kumlin，2004：28；Jeene et al.，2013）。既有研究结果表明，自利与政治意识形态变量（政治面貌）在某种程度上都是支持福利国家原则的显著预测指标（Jæger，2006），但在本书的四个模型中都未能体现出影响，可以说，利益倾向对福利态度并不具有显著性影响。

（二）身份变量对福利态度的影响

当引入身份变量时，可以发现，收入自然对数对因变量的标准回归系数为负值，而收入自然对数的平方为正值，表明收入对福利态度的影响呈“U形”，即收入越低与越高的残疾人对政府在基本需要满足的责任上越持反对态度，而中等收入者反对程度较低，这与老年人组收入对福利态度的影响呈“倒U形”的结论相反。但教育水平则始终未产生影响。西方学者的研究显示，在需要（need）的标准上，教育、工作状态（在业/失业）与政治立场并没有产生影响，但收入（低中及以下收入者）产生了一定的影响（Jeene et al.，2013），本书支持了这一结论。而阶层在引入文化变量后影响消失，这又回到了阶层是主观建构还是客观存在的问题（王春光、李炜，2002）上来，需要我们在未来的研究进一步回应。

身份变量的引入提高了模型的解释力，使得 R^2 的解释力从模型1的6.9%提高为模型2的11.6%，满足了学界能够接受的10%的最低标准，说明身份变量的引入具有显著的统计学意义。支持了假设3，不同身份下的福利态度是存在差异的。但身份变量的引入并没有降低居住城市、婚姻状况与政治面貌对福利态度的影响，因而本书无法支持假设4：社会人口学变量对福利态度的影响是通过身份变量实现的。

（三）制度变量对福利态度的影响

当引入制度变量后，模型的解释力有了进一步提高，由11.6%上升到12.8%。居住城市、婚姻状况、政治面貌与收入对福利态度的影响没有显著变化。但由普惠型福利获得体验的相比较于没有体验的残疾人更反对政府福利责任边界的扩大。这一结论支持了假设1：不同制度下的福利态度是存在差异的，即不管是否参加了普惠型福利制度，在福利态度上都存在显著性差异。因而，福利制度的体验对残疾人的福利态度具有影响。

（四）文化变量对福利态度的影响

当引入文化变量时，居住城市、婚姻状况、政治面貌与收入对福利态度仍然存在显著影响。未能发现宗教信仰对福利态度的影响，但发现文化倾向对福利态度存在影响，即具有公民文化倾向的残疾人相对具有儒家文化倾向的残疾人更反对政府在福利责任边界上的扩大。因而，残疾人的福利态度在不同的文化背景下存在差异。这一结论支持了假设2：不同福利文化下的福利态度是存在差异的。文化变量的引入提高了模型的解释力，使得 R^2 从模型3的12.8%提高为模型4的13.9%，具有显著的统计学意义。由此可见，文化变量在残疾人福利态度的生成中起着重要的作用。

三、研究结论与讨论

本书运用2012年中国适度普惠社会福利数据，从制度、文化与身份的视角分析了影响四个城市的残疾人福利态度的因素。总体而言，绝大多数残疾人支持政府在基本需要满足上的福利责任，但受到多重因素影响，解释力也存在差异。

（一）研究结论

第一，从制度因素来看，对普惠型福利拥有体验的残疾人更反对政府福利责任边界的扩大。换句话说，“接近”或体验到普惠型福利的残疾人的更多持反对态度，而“接近”或体验到选择型福利的残疾人的态度则未受到任何显著性影响。但这与赫泽戈尔德（Troels Fage Hedegaard）的观点刚好相反（Hedegaard，2014）。结果的不同有可能与变量的界定存在差异有关。

第二，从文化因素来看，具有公民文化倾向的残疾人更反对政府福利责任边界的扩大。这与农民工、老年人两大群体的研究结论刚好相反，与常识也不一致。通常认为拥有公民文化倾向的人强调政府对社会权利保障的责任，而拥有儒家文化倾向的人更强调个人或家庭的责任，其背后的原因需要进一步探析。从宗教信仰来看，与其他群体相比较，同样不具有显著性影响。因而，西方宗教的慈悲正义对公众的影响在中国的残疾人群体中的影响未能得到体现。

第三，从身份因素来看，收入始终保持显著性影响，阶层的影响在引入文化变量后消失，而教育水平的影响则始终不明显。收入对福利态度的影响呈“U形”，收入越低与越高的残疾人对政府在基本需要满足上的责任支持度越高，而中等收入者支持度较低，与老年人群体存在差异，后者的收入对福利态度的影响呈“倒U形”。阶层与福利态度不存在相关，与万国威（2015）的研究结论刚好相反，但支持了比恩（Clive Bean）与帕帕达克斯（Elim Papadakis）的观点，他们认为阶级政治的路径，在试图识别出政治对意见的影响时，代表着一件相当迟钝的工具，而社会地位仅有边缘效应（Bean & Papadakis，1998）。

第四，从社会人口学因素来看，居住城市、婚姻状况、政治面貌始终存在显著影响。居住城市的影响始终最为显著，不受其他因素引入的影响；婚姻状况、政治面貌在引入身份变量后影响的显著性水平都有所提升。由于缺少更多更宏观数据，我们无法了解个人或家庭的福利获得是否来自居住的城市。未婚者更支持或许与其社会支持网络不足、身体残疾等级相关。政治面貌也影响了残疾人的福利态度，从现实情况来看，一个残疾人若拥有中共党员身份，往往是自强自立的典范，通常较少基本生活之忧，在价值取向上更可能强调个体与家庭的责任。这些推论，需要在未来进一步检验。

（二）讨论

第一，文化倾向相同的群体福利态度不同。根据对农民工福利态度的研究，可以发现具有公民文化倾向的农民工更支持政府福利责任边界的扩大（臧其胜，2015b），但具有同样文化倾向的残疾人却持反对态度，意味着文化与行动之间存在分离。也就是说，对残疾人而言，认为拥有权利但不代表就会使用权利，这是社会强加给残疾人的价值取向带来的“误识”，还是个人自我选择的结果，还需要进一步验证。

第二，构建基于社会权利的残疾人福利制度。从统计结果来看，直接参加了医疗保险、养老保险等一项或多项普惠型福利制度的人数合计仅占7.6%（N=845），而本人或家庭获得过一项或多项社会救助与社会服务等选择型福利的人数合计占了66.9%（N=845）。因而，总体而言，残疾人及家庭所获得的福利仍然是选择型的，是在个人、家庭及市场失灵的情况下政府才提供的支持。这种支持更多是一种随时可以施与、又随时可以剥夺的“馈赠”（臧其胜，2016），而非以法律形式必须加以保障的社会权利。当基本需要的满足上升为一项法定的社会权利时，残疾人的权益才能得到很好的保障。这种模式以“增能”为手段，强调福利主体的权利与义务的平衡，是我国今后残疾人福利发展模式的新选择（杨立雄，2013）。

第五节　流动人口福利态度及其影响因素分析[①]

一、福利态度基本情况

（一）总体态度

中国适度普惠社会福利问卷调查时，流动人口调查对象限制在非城市户口的外来务工人员，他们是生活在城市里的农民工。作为流动人口的农民工福利态度均值为1.65（N=997），标准差为0.46，86.5%的回答者总评分为2分及以下，介于“应该是”与“当然应该是”之间，即绝大多数农民工倾向于支持政府在七个项目上的福利责任。

① 本文已发表。参见臧其胜，2015，《政府福利责任的边界：基于农民工福利态度影响因素的实证研究》，岳经纶、朱亚鹏，《中国公共政策评论（第9辑）》，上海：格致出版社。

（二）具体态度

从具体项目来看（见表7－13），在环境保护的责任上，农民工的支持程度最高，有48.8%的受访者选择了“当然应该是”；而在“为失业者提供合理的生活保障”的责任上，受访者的支持程度最低，仅有39.2%的农民工选择了“当然应该是”。合并“当然应该是”与“应该是”为“支持”，合并“不太应该是”与“当然不应该是”为“反对”，统计结果显示，支持程度最高的仍是政府在环境保护的责任上，占回答人数的95.5%；反对程度最高则是住房提供上，有19.7%的受访者持反对意见，而对失业者提供保障责任上，反对比例相对较高，占10.0%。

表7－13　　流动人口（农民工）在具体项目上的福利态度　　单位：%

政府责任的主要观点	当然应该是	应该是	不太应该是	当然不应该是	合计
1. 政府应提供就业机会给想要就业的人	40.2	51.8	6.1	2.0	100
2. 政府应为患病的人提供医疗照顾	44.9	48.2	5.8	1.0	100
3. 政府应为老人提供合理生活保障	48.0	47.4	3.5	1.1	100
4. 政府应为失业者提供合理的生活保障	39.2	50.8	8.3	1.7	100
5. 政府应资助来自低收入家庭的大学生	47.4	45.7	5.4	1.5	100
6. 政府应提供适当住房给买不起房子的人	36.1	44.2	15.2	4.5	100
7. 政府应制定法律，减少工业对环境的破坏	48.8	46.7	2.8	1.7	100

总体而言，农民工对政府在基本需要满足上的责任持支持态度，但在具体项目上存在一定的差异，如失业者的生活保障、无力购房者的住房提供，其背后的原因需要进一步探析，对政府扩大、缩小或维系相应的福利责任具有一定的参考价值。

二、影响因素分析

表7－14为农民工社会人口变量、身份变量、制度变量和文化变量等各预测变量的描述性统计。为了验证假设，本研究逐步考察了社会人口学变量、身份变量、制度变量和文化变量对福利态度的影响（见表7－15）。

表 7-14　流动人口（农民工）福利态度影响因素的描述性统计

变量类型	均值	标准差	样本量
社会人口学变量			
性别[a]	0.33	0.472	1 201
年龄	32.93	11.154	1 193
年龄平方	1 208.91	824.184	1 193
民族[b]	0.05	0.216	1 201
就业城市[c]			
南京	0.25	0.433	1 201
天津	0.25	0.433	1 201
成都	0.25	0.434	1 201
兰州	0.25	0.433	1 201
婚姻状况[d]			
已婚	0.60	0.490	1 201
未婚	0.36	0.481	1 201
同居	0.02	0.143	1 201
分居未离婚、离婚与丧偶	0.02	0.143	1 201
政治面貌[e]			
党员	0.07	0.248	1 201
团员	0.20	0.398	1 201
群众	0.68	0.466	1 201
民主党派与无党派人士	0.05	0.218	1 201
利益倾向[f]	0.38	0.483	1 042
身份变量			
个人年收入自然对数	10.05	0.785	1 135
个人年收入自然对数平方	3.17	0.127	1 135
教育水平	1.53	1.083	1 199
阶层认同	2.20	0.910	1 181
制度变量			
普惠型福利[g]	0.78	0.411	1 201
选择型福利[h]	0.34	0.475	1 201

续表

变量类型	均值	标准差	样本量
文化变量			
公民文化倾向[i]	0.71	0.454	1 095
宗教倾向[j]	0.19	0.393	1 183

注：(1) a 参考类别为“男性”，b 参考类别为“汉族”，c 参考类别为“南京”（按经济发展水平由高到低排序），d 参考类别为“已婚”，e 参考类别为“中共党员”，f 参考类别为“利他主义倾向”，g 参考类别为“未体验”，h 参考类别为“未体验”，i 参考类别为“儒家文化倾向”，j 参考类别为“无宗教信仰”。

(2) 受缺失值的影响，不同模型的描述性统计结果不同，此处提供的是总体的描述性统计结果。

表 7 – 15　　流动人口（农民工）福利态度影响因素的多元回归分析（标准回归系数）

	模型 1	模型 2	模型 3	模型 4
社会人口学变量				
性别[a]	0.056[#]	0.027	0.028	0.029
年龄	−0.129	−0.064	0.048	0.026
年龄平方	0.052	−0.023	−0.111	−0.078
民族[b]	−0.025	−0.033	−0.029	−0.048
就业城市[c]				
天津	−0.207***	−0.235***	−0.245***	−0.257***
成都	−0.130**	−0.140**	−0.139**	−0.137**
兰州	−0.256***	−0.246***	−0.261***	−0.264***
婚姻状况[d]				
未婚	−0.060	−0.010	−0.013	−0.005
同居	−0.010	−0.009	−0.017	−0.022
分居未离婚、离婚与丧偶	−0.005	−0.004	−0.013	0.007
政治面貌[e]				
团员	−0.012	−0.002	0.008	0.006
群众	0.040	0.020	0.016	0.028
民主党派与无党派人士	0.091*	0.069	0.060	0.056
利益倾向[f]	0.044	0.048	0.041	0.031

续表

	模型 1	模型 2	模型 3	模型 4
身份变量				
阶层认同		0.071*	0.067#	0.056
个人年收入自然对数		0.327	0.098	0.376
个人年收入自然对数平方		-0.380	-0.145	-0.428
教育水平		-0.071	-0.062	-0.040
制度变量				
普惠型福利[g]			-0.068*	-0.074*
选择型福利[h]			0.147***	0.144***
文化变量				
公民文化倾向[i]				-0.120***
宗教倾向[j]				0.062#
N	886	824	824	771
R	0.254	0.263	0.302	0.331
R^2	0.065	0.069	0.091	0.110
调整 R^2	0.050	0.049	0.069	0.084
F	4.303***	3.337***	4.034***	4.198***

注：（1）#表示 $p<0.1$，*表示 $p<0.05$，**表示 $p<0.01$，***表示 $p<0.001$。

（2）a 参考类别为“男性”，b 参考类别为“汉族”，c 参考类别为“南京”（按经济发展水平由高到低排序），d 参考类别为“已婚”，e 参考类别为“中共党员”，f 参考类别为“利他主义倾向”，g 参考类别为“未体验”，h 参考类别为“未体验”，i 参考类别为“儒家文化倾向”，j 参考类别为“无宗教信仰”。

（一）社会人口学变量对福利态度的影响

从模型 1 可以看到，流动人口（农民工）的性别对福利态度有所影响，而就业城市在所有模型中对福利态度均有显著影响。耶格尔指出自利与政治意识形态变量在某种程度上都是支持福利国家原则的显著预测指标（Jæger，2006）。本书发现，与政治意识形态指标相关的政治面貌对福利态度有所影响，相对于中共党员，民主党派与无党派人士更反对政府扩大基本需要满足的责任，但数据分析始终未能发现利益倾向的影响。当引入身份变量后，性别、政治面貌的影响消失。除就业城市外，其他社会人口学特征在模型 2 到模型 4 中都不存在影响。相对于南京，其他城市的农民工更支持政府承担起满足基本需要的福利责任。因而，支持假设4，但仅有就业城市对农民工的福利态度具有显著影响。这与不同城市的经济发展水平可能存在关联，可能的原因是经济发展水平越低的城市，农民工的社会权利保障程度越低，因而对政府的福利责任的诉求越是强烈。然而，这种推测并非完全可靠。已有研究显示，宏观经济形势（国内生产总值、失业率）对公众的福利态度并不具有决定性的影响，而公众关于分配正义的价值观对此具有更大的影响（Andre β & Heien，1998；2001）。由于缺少相应的指标难以测量，因而需要进一步验证。

（二）身份变量对福利态度的影响

当引入身份变量时，情况发生变化。流动人口（农民工）阶层认同越高，对政府在基本需要满足的责任上越是持反对意见，可以支持研究假设3，不同身份下的福利态度是存在差异的。而收入与教育水平作为阶层重要的客观指标始终没有产生显著性影响。这一结果从直观上来看是矛盾的，但事实上，当代中国社会阶层是主观性建构还是客观实在仍是一个存在争议的问题（王春光、李炜，2002）。西方学者的研究显示，在需要（need）的标准上，教育、工作状态（就业/失业）与政治立场并没有产生影响，但收入（低中及以下收入者）产生了一定的影响（Jeene et al.，2013），但本书的研究中收入始终没有产生影响。同时，阶层的影响并不具有稳定性，而是随着制度变量的引入减弱，在文化变量引入后则完全消失。这与部分学者的研究存在一致性。正如比恩与帕帕达克斯所言，阶级政治的路径，在试图识别出政治对意见的影响时，代表着一件相当迟钝的工具，而社会地位仅有边缘效应（Bean & Papadakis，1998）。

流动人口（农民工）身份变量的引入略微提高了模型的解释力。除就业城市始终存在显著性影响外，若先引入制度变量，则政治面貌在 $p<0.1$ 水平下是显著的；若先引入文化变量，则性别在 $p<0.1$、政治面貌在 $p<0.05$ 水平下存在显著性；只有在先引入身份变量时，常见的社会人口学变量才未能呈现显著性。这部分支持了假设4，社会人口学变量对福利态度的影响是通过身份变量实现的，但尚需进一步研究其交互作用。

（三）制度变量对福利态度的影响

当引入制度变量后，流动人口（农民工）阶层认同的影响略有下降，但仍具有显著性水平。而制度影响开始彰显，R^2 从模型2的6.9%上升为9.1%，解释力有很大提升。对于拥有普惠型福利的农民工而言，相对未参加的人，他们对政府在基本需要的保障责任扩大上的反对程度要低些。对于接受过选择型福利的农民工而言，相对未接受过的人，他们对政府在基本需要保障的责任上的扩大反对程度要高，而且其显著性水平也非常高。这在一定程度上支持了假设1：不同制度下的福利态度是存在差异的。从西方学者的研究来看，后者的差异被视为一种自利行为，即福利的消费者反对政府责任的扩大以避免自己利益的损失，这是一种资源竞争（resource competition）的视角。反过来说，未接受过选择型福利的人更支持政府在基本需要保障上的责任。这也支持了西方学者的一个假设：处于很少支持的社会结构地位的人将更多地强调“应得”（deservingness）标准。这一假设采用的仍是自利的分析框架。（Jeene et al.，2013）但需要思考的是，在中国内地，公众是否能够意识到福利资源是有限的？是否能够意识到对其他群体的支持有可能意味着对自己利益的损害？从社会人口学变量中自利变量的默默无闻来看，此种解释在中国语境下可能存在问题，需要进一步验证。而罗斯坦（Bo Rothstein）认为选择型福利项目涉及程序正义，接受者不得不同意地方行政官员行使自由裁量权，导致古丁（Robert E. Goodin）所言的不可避免的、不可克服的、无法解决的武断处理公民寻求帮助的申请的严重问题（Goodin，1988：219；Rothstein，1998）。这可能带来福利消费的消极体验，从而影响福利态度。但受制于数据库，无相关问题测量福利体验的积极性与消极性，未来的研究中需要进一步补充完善。

（四）文化变量对福利态度的影响

当引入文化变量时，流动人口（农民工）态度模型中的R^2从模型3的9.1%上升到11.0%，模型的解释力有了显著突破，F检验结果显示具有很高的显著性水平。从中可以发现宗教信仰对福利态度影响的显著性水平较低，相对无宗教信仰之人，有信仰者则反对政府扩大在基本需要保障上的责任。公民文化倾向者对福利态度的影响显著性水平非常高。相对于儒家文化倾向者，有公民文化倾向的农民工更加支持政府在基本需要保障上的责任。从公民文化核心要义来看，其实这是一种权利的诉求，而前者则可能是更加强调个人或家庭的责任。因而，在农民工中并不存在统一的福利态度模式。这一结论有效地支持了假设2：不同福利文化下的福利态度是存在差异的。此时，阶层的影响已经完全消失，制度影响仍然存在，同样显著。尽管调查的对象不同，这一结论与中国香港特区的学者的研究结论一致，他们采用了同样的模块，认为就福利态度而言，香港居民的阶层之间并不存在显著的差异，在某些情况下特权阶层比非特权阶级更多地支持福利国家，这与瑞典为代表的西方国家没有特权的阶层比有特权的阶层更加显著地支持福利国家并不一致。（Wong et al.，2008；Wong et al.，2009）但这种一致，是通过引入文化变量实现的，因而文化变量对福利态度有着更为重要的影响。从文化变量引入，而阶层的影响降低或消失来看，阶层更像是一种文化的主观建构，而这种文化是权利与责任配置的文化。

三、研究结论与讨论

公众的福利态度是影响一个国家或地区福利制度的重要因素。当然，态度会影响社会福利政策，社会福利政策也会影响态度（Hedegaard，2014）。公众通常被创造于这样一个进程中，在这里人们行动于其中的制度框架与各种事件进程得以解释的历史传统具有决定性的影响（Svallfors，1997）。因而，考察社会福利制度、文化及其他因素对福利态度的影响就成为重要内容。

（一）研究结论

在基本需要满足的福利责任上，大多数农民工视政府为主要的承担者，支持政府福利责任边界的扩大，但受到制度、文化等多重因素的影响，与既有研究存在相同，也存在相异之处。由于数据库的限制，特别是福利态度复合变量所涉及的福利项目并非基于人类需要理论设计，因而其结论的应用需要审慎。

第一，从制度因素来看，未获得过选择性福利体验的农民工更支持政府福利责任的扩大。这符合耶格尔等提出的资源竞争理论的观点，农民工常常处于很少有社会支持的社会结构地位，因而更强调“应得”标准。在福利态度的测量中，也是依据多亚尔、高夫的人类需要理论对基本需要及其测量指标的界定而选择了相应的福利项目，这样，福利态度就成为对政府是否应当承担满足基本需要的责任的态度，而基本需要则成为一项必须获得保障的“自然权利”。对于一个多数成员无法自由行走在市场上的群体，他们的选择倾向于支持政府的责任那就是题中之义。

第二，从文化因素来看，具有公民文化倾向者更支持政府的福利责任。对于具有公民文化倾向的回答者而言，更多强调个人的权利与政府的责任；而对于具有儒家文化倾向的回答者而言，更多强调个人或家庭的责任。这与王卓祺的研究保持了一致。制度的设计中需要尊重文化传统，然而，“强调自立、个体责任的儒家文化”不应“成为政策的便利借口”，更不能“为其披上有说服力的历史与文化的合法性外衣，从而过滤掉对社会福利需要的某些回应”（Walker & Wong，2005：215）。而具有宗教信仰的回答者也倾向于个人责任。当然，福利的制度与文化可能共同预先结构化了公众对福利政策或项目的认知、情感与行为倾向。这种框架效应（framing effect）需要做进一步的探讨，因为它不只是改变态度分布，更重要的是诱导人们改变对福利开支项目的反应（Jacoby，2000）。

第三，从身份因素来看，身份变量在文化变量引入后未产生显著性影响。作为公民身份指示器的收入、教育与阶层，在文化变量引入之后，并没有在政府是否应当承担基本需要满足的责任上产生显著分歧；未引入前，收入、教育也未呈现显著性影响。与汉森费尔德、拉菲蒂关于教育、收入和福利支持存在负相关的结论存在分歧，与布隆贝格、克罗尔关于教育影响呈弱显著性的结论也存在差异。因而，不同身份下的福利态度存在差异的假设未能很好地得到验证，文化相对于阶层或许才是更重要的影响因素。这种影响的产生是来自于文化中对权利与责任关系的定位，而阶层认同可能只是它主观认同的结果。同时，公民文化本身就蕴含了对社会权利及公平正义的诉求，因而身份变量的影响在文化变量引入后消失也就在情理之中。

第四，从社会人口学因素来看，就业城市始终存在对福利态度的显著影响。性别变量在引入身份变量后就失去显著性，而年龄及其平方、民族、婚姻状况、政治面貌自始至终都未呈现显著性。与耶格尔的研究结论不同，自利变量始终未能产生影响，原因可能是与西方学者所采用的指标存在差异，他们主要采用受访者在社会结构中的不同位置（部门）来测量，属于客观指标，而本书却采用的是主观指标，但前述处于不同福利体制中的资源竞争背后潜藏的可能是自利的动机，因而需要在未来的研究中完善数据库，以便识别出自利或利他动机。就业城市始终具有很强显著性，但由于缺乏宏观层面的变量可供分析，其原因难以从现有的数据库中获取，也需要在未来的研究中进一步澄清。

（二）讨论

第一，福利态度应是形成社会福利政策选择的基础与动力。社会福利政策发展的动力已经从工业化逻辑转向行动者的能动作用，后者假设“是政治力量而非发展水平为福利国家的多样性负责”（Settersten & Angel，2011：322）。在一个良性运行与协调发展的社会中，公众的福利态度应是推动从“环境中的个人困扰”到“社会结构中的公众论题”，再到社会福利政策议程的主要动力。未来的研究需要进一步探讨从态度到行动，从行动再到结构转变的机制。当然，决定政策走向的不应是福利态度，而应是给以支持或不支持的福利态度所依赖的科学的证据，基于政治力量而非证据力量设计福利制度将是一场灾难。福利态度的研究可以为社会政策的设计提供相应的科学证据，“发展一个自下而上的证据为本的政策制定路径”（Carpenter，Freda & Speeden，2007：1）将是未来的发展方向。

第二，社会福利政策的设计理念应从“馈赠”走向“权利”。“馈赠”（largess）是一种随时可以施与，又随时可以剥夺的“特权”，而权利未经正当程序与公正补偿则不可以剥夺。福利权的倡导者认为，福利是一项“权利”，而不是“特权”（Reich，1964：786），社会权利如何实现被认为是社会成员需要满足的关键（彭华民，2008：75）。但在现实生活中，针对农民工及其家庭需要满足的许多政府购买服务更多是一种馈赠，而非权利，政府的自由裁量权过大，福利项目具有短暂性与功利性。研究发现，文化的框架效应并不明显，儒家文化因素并未缓解农民工对社会权利的诉求动力与福利的需要；制度的区隔导致社会权利的受损，带来福利态度的差异，但他们却无法据此提起行政诉讼或违宪审查。当下围绕社会福利权利的争议已经增多，甚至带来了突发性公共安全事件，这需要构建以福利权为核心的法律法规，从“馈赠”走向“权利”，以保障社会权利的获得与剥夺都有法可依。据此，公众可以强制要求政府承担福利责任，而社会组织也可强制要求政府订立购买服务的契约或续约，有利于政府、社会组织与福利接受者平等地位的实现，避免资源依赖或恶性竞争的出现。

第三，福利态度的分析维度及其影响因素的选择需要本土化。福利态度研究集中于欧美国家，无论是制度还是文化与中国内地都存在很大差异；我国港台地区在文化上虽与内地（大陆）同根同源，但后期发展的路径却有所差异，在福利体制上也很难完全统一在东亚福利体制之内。因而，分析维度及其影响因素的选择需要考虑到制度与文化的差异，特别是户籍制度与儒家文化。福利态度是多维的、动态的，但由于缺乏满足研究需要的数据库，内地研究在分析维度上的区分与影响因素的选择只是数据驱动式的，因而难以呈现适合的理论关怀与严谨的假设建构过程，这需要在深度的文本检视、扎实的理论分析与严谨的逻辑推论基础上建立一个独立的以福利态度为核心模块的高质量的数据库。在此基础上，我们才能更好地厘清政府福利责任的边界。

第六节　结论与建议

综合数据分析，四组人群总体上都支持政府承担起相应的福利责任，但在具体项目上存在差异。合并“当然应该是”与“应该是”为“支持”后，统计结果显示，在所有项目的责任上，儿童组的支持率都是最低，均低于90%，分化较为明显。支持率最低的是“政府应提供适当住房给买不起房子的人”项目，仅为63.5%，农民工组也较低，为80.3%，其他项目最低为90.0%，而老人、残疾人组在所有项目上都超过90%；其次是“政府应提供就业机会给想要就业的人”的为76.2%，而其他组都超过90%。在单一项目责任的支持程度上，儿童组与农民工组最支持“政府应制定法律，减少工业对环境的破坏”的责任，而老人组与残疾人组都最支持“政府应为老人提供合理生活保障”的责任。

研究不仅要描述不同群体在福利态度上的差异，更重要的是解释其背后的原因。(1) 从制度因素来看，没有获得过选择性福利体验的农民工更支持政府福利责任的扩大，相反有选择性福利体验的儿童却更支持政府福利责任边界的扩大。对残疾人群体而言，拥有普惠型福利体验的受访者却更反对政府福利责任边界的扩大。但无论是否存在福利体验，对老年人福利态度都无影响。(2) 从文化因素来看，具有公民文化倾向的农民工与老人更支持政府福利责任边界的扩大，而残疾人则持反对态度。对儿童而言，无论何种倾向都未发现有何影响。(3) 从身份因素来看，对残疾人群体而言，收入始终保持显著性影响，阶层的影响在引入文化变量后消失，而教育水平的影响则始终不明显；对老年人群体而言，阶层始终保持显著性影响，教育水平与收入影响的显著性则次第减弱；对儿童群体而言，家庭收入水平始终存在显著影响；而对农民工群体而言，收入、教育与阶层构成的身份变量未对其态度产生影响。(4) 从社会人口学因素来看，所有群体中就业城市始终存在显著的影响。对残疾人群体而言，婚姻状况、政治面貌也始终存在影响。但在西方学者研究中颇为关注的自利因素的影响在最终模型中都未能发现。

从影响因素来看，不同群体存在差异，甚至存在对立，其背后的原因需要进一步探析。但受制于研究经费和研究时间，我们无法跨样本比较各自变量对因变量影响的相对重要性，只能在特定群体的回归方程内比较各自变量之间的相对重要性（郭志刚，2015：59）。但总体而言，公众具有明显的社会权利意识，已形成诉求的社会动力，那种以文化传统为借口，拒绝福利制度改革的做法应该摒弃（臧其胜，2015a）。同时，福利态度应是形成社会福利政策选择的基础与动力，在从补缺型向适度普惠社会福利转型、从福利管理向福利治理转型的背景下，无论社会福利制度的颜色与成分如何，我们都期望公众的福利态度是形成社会福利政策选择的基础（臧其胜，2015b；2016）。

第八章

福利提供

自福利国家危机以来，有关福利制度建设的理论探索曾经出现一段时间的迷茫和彷徨，但伴随着1978年《志愿组织的未来：沃尔芬得社区的报告》而出现的福利多元主义理论（welfare pluralism theory）最终打破了国家中心主义与市场中心主义的二元选择（Wolfenden，1978），从而开启了一个全新的福利理论体系。按照福利多元主义理论的观点，福利的提供应当由多个主体而非两个主体来完成（Rose，1986；Evers，1988），而国家、社会、市场及家庭均被广泛视为是福利提供的核心载体（Johanson，1999）。2000年以来，随着理论学者对其关注越加频繁，福利多元主义已经逐步超乎一种理论框架而上升为一种实践范式，并受到了越来越多学者的实证检验（Laville，2003；Meijs，2004）。鉴于此，本章希望在1986~2015年我国政府统计资料分析基础上，采用福利多元主义分析框架，对国家福利提供、社会（主要讨论社区和社会组织）的福利提供、市场的福利提供以及家庭的福利提供进行宏观分析，对中国多元福利提供体系以及提供主体的具体内容、特征和问题进行一个较为全面研究。

第一节　国家的福利提供

一、国家履行福利责任的政策支持

从社会福利制度建设之始，国家在社会福利提供中就扮演着重要角色。按照福利多元主义理论，国家是福利提供的重要主体，且随着现代社会家庭风险的日益提高，国家提供公共产品特别是社会福利服务的能力对民众的福利需要满足具有极为核心的意义。如果考虑到中国现行体制下政府的强势地位，对于福利提供体系进行研究就有必要首先分析国家的福利提供状况。从中国的现实情况来看，2006年之前一直是“补缺型”社会福利，2007年开始向“适度普惠型”社会福利的转型，这一方面体现出巨大社会结构压力对既有福利提供体系造成的现实影响，另一方面也反映出福利多元主义以及普惠型福利理念在多方理论的推动之下已经逐步为国家所接受。然而转型过程带来的必然结果就是，对于“社会福利”及其核心概念的界定容易出现内涵与外延上的双重争论，一种是通常所言的“小福利”，即既有的民政福利制度，这一制度是“专为弱者提供的带有福利性的社会服务与保障”（陈良谨，1990），其本身管理的范围为儿童、老年人和残疾人等特殊群体的福利提供；另一种是近年来学者们讨论较多的“大福利”，即包含社会保险、社会救助等多项内容的广义福利体系（彭华民，2011），这种制度本身也包含了人力资源和社会保障部、教育部、住房与城乡建设部、国家卫生健康委员会等其他部门的管辖范围。由于必须考虑到报告本身与现实制度改革的融合性，因此本书以现行民政福利出发来开展国家福利提供的讨论。

国家福利提供的第一个重要职能在于如何规范社会福利提供体系的运行，即通过立法或者政策设计的方式来合理建构当前的社会福利制度体系。20世纪90年代之后，我国先后在立法层面推动了《公益事业捐赠法》（1999）、《残疾人保障法》（2008）、《老年人权益保障法》（2012）、《慈善法》（2016）的制定，修正了《收养法》（1998）、《未成年人保护法》（2007）、《婚姻法》（2012）等主要法律，并和《中华人民共和国宪法》（1982）、《义务教育法》（2006）、《民办教育法》（2004）等法律一并构成了我国社会福利法规政策体系的核心。论及具体的社会福利政策，主要有《社会福利企业招用残疾职工的暂行规定》（1989）、《社会福利事业发展规划》（1993）、《社会福利基金使用管理暂行办法》（1998）、《社会福利机构暂行办法》（1999）、《关于加快实施社会福利社会化的意见》（2000）、《关于印发〈“全国县（市、区）社会福利中心建设计划”实施方案〉的通知》（2008）等政策，并于2007年提出了适度普惠社会福利的政策理念。

国务院或者民政部为主牵头颁布的各项全国性法规或部门规章对于分类社会福利制度的发展与健全也具有深远的影响：（1）关于儿童福利主要有《中国公民收养子女登记办法》（1999）、《外国人在中华人民共和国收养子女登记办法》（1999）、《关于加强和改进流浪未成年人救助保护工作的意见》（2011）、《中国儿童发展纲要（2011—2020年）》（2011）、《民政部关于开展适度普惠型儿童福利制度建设试点工作的通知》（2013）、《民政部关于进一步开展适度普惠型儿童福利制度建设试点工作的通知》(2014)、《民政部关于开展第二批全国未成年人社会保护试点工作的通知》(2014)、《家庭寄养管理办法》(2014) 等政策。(2) 关于老年人福利的社会政策法规主要由《社会养老服务体系建设规划(2011—2015年)》(2011)、《关于加快发展养老服务业的若干意见》(2013)、《关于推进医疗卫生和养老相结合的指导意见》(2015)、《关于印发医养结合重点任务分工方案的通知》(2015)、《关于做好医养结合服务机构许可工作的通知》(2015)、《"十三五" 国家老龄事业发展和养老体系建设规划》(2017) 以及《养老机构管理办法》(2013) 和《养老机构设立许可办法》(2013) 等政策来构成。(3) 关于残疾人的社会福利政策法规主要有《假肢和矫形器(辅助器具)生产装配企业资格认定办法》(2005)、《残疾人就业条例》(2007)、《关于残疾人法律救助工作的意见》(2009)、《关于进一步加快特殊教育事业发展意见》(2009)、《农村残疾人扶贫开发纲要(2011—2020)》(2011)、《残疾人教育条例》(2011)、《关于加快发展残疾人托养服务的意见》(2012) 等专门性政策。(4) 涉及专业人才培养的政策法规主要包括《社会工作者职业水平评价暂行规定》(2006) 和《助理社会工作师、社会工作师职业水平考试实施办法》(2006)、《关于加强社会工作专业人才队伍建设的意见》(2011)、《社会工作专业人才队伍建设中长期规划(2011—2020年)》(2012)、《关于加强社会工作专业岗位开发与人才激励保障的意见》(2016) 等政策。(5) 而涉及综合管理事务的政策法规主要有《社会福利机构管理暂行办法》(1999)、《彩票管理条例》(2009)、《城市生活无着的流浪乞讨人员救助管理办法实施细则》(2013)、《关于改革社会组织管理制度促进社会组织健康有序发展的意见》(2016) 等政策。除此以外，各个省市也都在此基础上出台了地方性的社会福利政策，共同构成了一个相对完善的社会福利政策体系。

二、国家履行福利责任的变迁轨迹

观察30年间我国社会福利提供的整体变化，可以发现政府层面提供的社会福利资源随着社会福利制度的发展呈现出了较快的发展势头。1986年，我国拥有的各类福利院数量约为3.5万个，床位数约为58.7万个，平均每个福利院的规模约为16.8张床，年度收养各类人员47.4万人，福利院床位的使用率约为80.7%，每万人拥有的床位数量在6张以内；至1990年，我国拥有的福利院数量上升到了4.1万个，床位数达到了78.0万人，同比1986年的数据上升了32.9%，年度收养人员的数量为59.9万人，同比1986年也上升了26.4%，床位使用率达到了76.8%；1995年的数据更为乐观，其床位数和收养人数量分别达到了97.6万个和74.7万人，每万人的床位拥有量接近了8.0个，同比1990年具有较为明显的上升；2000 年的数据进一步增长，福利院的数量和床位数的数量分别达到了 4.0 万所和 113.0 万个，年度供养者的数量达到了 85.4 万人，万人床位拥有量为 9.0 个，床位使用率则下降到了 75.6%；至 2010 年，全国福利院的数量约为 4.1 万个，床位数为 349.6 万个，收养者数量为 274.4 万人，万人床位的拥有量达到了 26.1 个，同比 2000 年增长了 1.9 倍；2015 年，由于统计数据的调整，虽然我国福利院的数量下降到了 3.1 万所，床位数和收养人数量分别达到了 393.2 万张和 231.6 万人，使用率下降到了 58.9%，但是其整体的万人床位拥有量仍然远高于 1986 年。数据显示，经过改革开放后 30 多年的发展，我国社会福利机构的福利提供能力大大增强了（见表 8－1）。

表 8－1　　我国社会福利机构 30 年的发展变化情况

年份	福利院（万个）	床位数（万个）	收养人（万个）	使用率（%）	年份	福利院（万个）	床位数（万个）	收养人（万个）	使用率（%）
1986 年	3.5	58.7	47.4	80.7	2001 年	3.9	124.6	89.3	71.7
1987 年	3.7	65.0	51.8	79.7	2002 年	3.9	125.1	92.6	74.0
1988 年	3.9	69.5	54.2	78.0	2003 年	3.9	129.8	97.6	75.2
1989 年	4.0	73.8	56.9	77.1	2004 年	3.8	146.8	110.9	75.5
1990 年	4.1	78.0	59.9	76.8	2005 年	3.9	163.9	123.6	75.4
1991 年	4.2	82.8	64.6	78.0	2006 年	4.2	187.1	147.0	78.6
1992 年	4.3	89.8	69.6	77.5	2007 年	4.4	251.3	200.0	79.6
1993 年	4.4	92.7	72.4	78.1	2008 年	4.0	279.4	221.9	79.4
1994 年	4.3	95.5	73.6	77.1	2009 年	4.0	299.3	236.2	78.9
1995 年	4.3	97.6	74.7	76.5	2010 年	4.1	349.6	274.4	78.5
1996 年	4.3	100.8	76.9	76.3	2011 年	4.6	396.4	293.4	74.0
1997 年	4.2	102.6	78.5	76.5	2012 年	4.8	449.3	309.5	68.9
1998 年	4.2	105.8	80	75.6	2013 年	4.6	526.7	322.5	61.2
1999 年	4.0	108.8	82.6	75.9	2014 年	3.7	482.3	334.9	69.4
2000 年	4.0	113.0	85.4	75.6	2015 年	3.1	393.2	231.6	58.9

资料来源：（1）民政部官方网站公布的年度报告，网址为 http://www.mca.gov.cn/article/sj/tjgb/?2，2017 年 8 月 19 日；（2）年度报告的统计口径接近，但是名称不同：1986～1988 年报告名称为《民政事业发展概况》，1989～1999 年报告名称为《民政事业发展统计报告》，2000～2009 年报告名称为《民政事业发展统计公报》，2010～2015 年报告名称为《社会服务发展统计公报》。

社会福利资源的优化来自财政资源的不断注入。从社会福利领域的财政投入也可以看到（见表 8－2），近 20 年间我国社会福利的发展速度也较快。从民政事业费的支出情况来看，1996 年的数字仅为 121.0 亿元，至 2000 年达到了

230.5 亿元，同比提升了 90.5%，2005 年进一步达到了 718.5 亿元，同比 2000 年度又提升了 211.7%，2010 年其资金投入量上升到了 2 697.5 亿元，同比五年前年均又增长了 55.09%，至 2015 年度这一数据增长到了 4 926.4 亿元，同比达到了 1996 年数据的 40.7 倍，显示出其整体的增长趋势较为明显。与此情况相类似，中央转移资金量也出现了较为明显的提升，1999 年其数据仅为 246.4 亿元，至 2006 年这一数据已经达到了 404.0 亿元，同比上涨了 64.0%，而 2015 年则进一步增加到了 2 270.3 亿元，其同比 1999 年在 15 年的时间中增长了接近 10 倍。

与此相比，民政事务基础建设方面的投资则要增长得更为迅猛（见表 8-2），1996 年我国民政领域的基础建设投资仅为 10.3 亿元，至 2000 年增长到了 24.7 亿元，同比提升了超过一倍，至 2005 年这一数字提升到了 31.6 亿元，同比 1996 年的增幅超过两倍，2010 年度约有 183.0 亿元的资金运用于了民政领域的基础建设投资，此后五年又上升到了 239.9 亿元，两者同比 1996 年分别提高了 16.8 倍和 22.3 倍。同时，不但绝对数量出现了明显的变化，民政事业在全国财政中的占比方面也出现了较为明显的增长，1996 年我国政府在民政事务方面的财政投资比例仅为 1.5%，至 2003 年提高到了 2.0%，2010 年度提升到了 3.0%，而 2015 年这一比例增长到了 3.3%，这显示不但随着经济的持续健康发展我国对于社会福利事务的支持力度正在逐步变大，而且在国家财政支持过程中对于民生事务的重视度和倾向性也不断增强。

表 8-2　　我国社会福利资金 20 年的发展变化情况

年份	民政事业（亿元）	中央转移（亿元）	财政比例（%）	民政投资（亿元）	年份	民政事业（亿元）	中央转移（亿元）	财政比例（%）	民政投资（亿元）
1996 年	121.0	—	1.5	10.3	2006 年	915.4	404.0	2.3	33.5
1997 年	133.5	—	1.4	13.8	2007 年	1 215.5	517.5	2.5	47.7
1998 年	161.8	—	1.5	6.9	2008 年	2 146.5	1 181.1	3.4	66.6
1999 年	194.6	246.4	1.5	24.6	2009 年	2 181.9	1 234.0	2.9	157.0
2000 年	230.5	277.0	1.5	24.7	2010 年	2 697.5	1 500.0	3.0	183.0
2001 年	285.0	315.2	1.5	27.8	2011 年	3 229.1	1 808.0	3.0	218.5
2002 年	392.2	427.2	1.8	30.1	2012 年	3 683.7	1 794.6	3.0	235.0
2003 年	498.9	539.4	2.0	29.9	2013 年	4 276.5	2 149.7	3.1	292.8
2004 年	577.4	—	2.0	29.2	2014 年	4 404.1	2 150.0	2.9	282.2
2005 年	718.5	310.2	2.1	31.6	2015 年	4 926.4	2 270.3	3.3	239.9

资料来源：（1）民政部官方网站公布的年度报告，网址为 http：//www.mca.gov.cn/article/sj/tjgb/？2，2017 年 8 月 19 日；（2）年度报告的统计口径接近，但是名称不同：1996～1999 年报告名称为《民政事业发展统计报告》，2000～2009 年报告名称为《民政事业发展统计公报》，2010～2015 年报告名称为《社会服务发展统计公报》。

表 8-3 显示出我国社会福利人才建设的基本情况。研究首先发现，我国社会福利人员的从业往往都以小微部门作为就业单位，其平均的机构规模往往在 10 人以内，显示出目前我国社会福利机构的规模都比较有限，这既有利于其部门进行更加灵活的决策，也使得其抗风险能力较弱。因而与当前部分学理研究相同，我国社会福利机构偏小的问题仍然会制约社会福利资源的有效传递。从人才建设的维度来看，2008 年以来我国社会福利的专门性人才虽然有明显的增长，但是与我国当前的实际需要仍然具有较大程度的差距。2008 年我国首次开展社会工作资格证考试，这一年我国社会工作师和助理工作师的人数仅分别为 0.4 万人和 2.1 万人，两者叠加后约有 2.5 万人取得了专门性的资格证书，至 2010 年两者分别上升到了 0.9 万人和 3.0 万人，其人才总额也达到了 3.9 万人，同比 2008 年增长了 56.0% 左右；2013 年我国社会工作师与助理社会工作师的数量分别达到了 3.1 万人和 9.2 万人，从业资格人数进一步增长到了 12.3 万人；而 2015 年三者的数据分别达到了 5.2 万人、15.4 万人和 20.6 万人，后者同比 2008 年度的数据增长了 7.2 倍左右，显示出我国社会福利专门性人才具有较为快速的增强。

表 8-3　　我国社会福利人才建设近年来的发展变化情况

指标	2008 年	2009 年	2010 年	2011 年	2012 年	2013 年	2014 年	2015 年
社会福利机构（万所）	38.7	—	126.9	129.8	136.7	156.2	166.8	176.5
职工总数（万人）	972.2	—	—	1 129.8	1 144.7	1 197.6	1 251.0	1 308.9
机构规模（人/所）	25.1	—	—	8.7	8.4	7.7	7.5	7.4
社会工作师（人）	0.4	0.7	0.9	1.3	2.0	3.1	3.9	5.2
助理社会工作师（人）	2.1	2.5	3.0	4.1	6.4	9.2	12.0	15.4
从业资格人数（人）	2.5	3.2	3.9	5.4	8.4	12.3	15.9	20.6

资料来源：（1）民政部官方网站公布的年度报告，网址为 http：//www.mca.gov.cn/article/sj/tjgb/?2，2017 年 8 月 19 日；（2）2008～2009 年报告名称为《民政事业发展统计公报》，2010～2015 年报告名称为《社会服务发展统计公报》。

表 8-4 显示出了住宿型养老福利服务的整体情况，可以发现自 2006 年以来中国包含住宿的养老服务工作的确取得了较为明显的进步。研究观察到，2006 年我国养老服务机构及其含纳的床位数分别为 3.8 万个和 153.5 万张，收养人员数量达到了 120.3 万人，至 2010 年分别提升到了 4.0 万个、314.9 万张和 242.6 万人，其提升比例分别达到了 5.3%、105.1% 和 101.7%，2015 年度三者的数字分别上升到了 11.6 万个、672.7 万张和 393.2 万人，同比约为 2006 年的 3.1 倍、4.4 倍和 3.3 倍。由于床位的增长较为迅速，养老服务机构

的规模在2006~2013年出现了一定程度的增长，自每所31.7人增长到了每所76.8人，在2014年之后却由于统计指标的调整而出现了小幅度的下滑；同时，养老服务机构的床位利用率也出现了降低，2006年的床位利用率为78.4%，2010年则下降到了77.0%，而2015年这一比例仅为58.5%，下降幅度约20个百分点；每千人拥有的床位量也出现了逐年的增长，自2011年的每千人19.1张上升到了2015年度的每千人30.3张，五年间的年均增长幅度超过了11.7%。同时，随着社区相关建设的加速实行，社区与日间照料的床位从2012年的19.8万张迅速增长到了2015年间的298.1万张，其整体的提高比例为15倍以上。

表8-4　我国老年住宿型社会福利机构近年来的发展变化情况

指标	2006年	2007年	2008年	2009年	2010年	2011年	2012年	2013年	2014年	2015年
养老服务机构（万个）	3.8	4.0	3.6	3.8	4.0	4.1	4.4	4.2	9.4	11.6
各类养老床位（万张）	153.5	212.8	234.5	266.2	314.9	353.2	416.5	493.7	577.8	672.7
收养人员（万人）	120.3	171.9	189.6	210.9	242.6	260.3	309.5	322.5	318.4	393.2
养老床位利用率（%）	78.4	80.8	80.9	79.2	77.0	73.7	74.3	65.3	55.1	58.5
服务机构的规模（张/个）	31.7	43.0	52.7	55.5	60.7	63.5	70.3	76.8	33.9	33.9
千人拥有床位（张）	—	—	—	—	—	19.1	21.5	24.4	27.2	30.3
社区和日间照料床位（万张）	—	—	—	—	—	—	19.8	64.1	187.5	298.1

资料来源：（1）民政部官方网站公布的年度报告，网址为 http://www.mca.gov.cn/article/sj/tjgb/?2，2017年8月19日；（2）2006~2009年报告名称为《民政事业发展统计公报》，2010~2015年报告名称为《社会服务发展统计公报》。

进一步观察城市地区养老福利机构与农村地区养老服务机构的发展，可以观察到2006~2010年我国养老服务机构的整体发展是较为均衡的，农村与城市地区在实践上都具有明确的进步。首先观察城市地区的养老服务机构，2006年约有6 724个养老机构存在于城市之中，床位数为39.9万张，城市养老福利机构收养的老年人口大致为28.4万人；至2010年，虽然城市老年福利机构出现了约1 300个的降低，但是其床位却增长到了56.7万个，城市中收养老年人的数量也达到了36.3万人，两者的增长幅度分别达到了42.1%和27.8%，显示其单一福利机构的规模正在提升。相关统计结果也同样显示，每个城市老年福利机构的规模从平均59.3张床位提升到了平均104.7张床位；但是其床位利用率却出现了一定的下滑，从2006年的71.2%下降到了2010年的64.0%。与城市地区的数据相比较，农村地区的规模增长趋势与其较为类似，2006年约有31 373个农村福利机构提供113.6万张床位，老年福利机构的规模平均为36.2张，显著低于城市地区的59.3张；2010年，农村福利机构和农村福利机构床位的数量分别增长到了31 472所和224.9万张，后者同比前者的增长速度更快，因而其平均规模出现了97.5%的增幅；从其整体的床位利用率来看，目前农村地区收养老人数基本上随着床位的扩展在扩展，两者的增长幅度分别为98.0%和98.4%，因而其整体的床位利用率同比城市未发生大范围变动（见表8-5）。

表8-5　我国城乡老年住宿型社会福利机构近年来的发展变化情况

指标	二级指标	2006年	2007年	2008年	2009年	2010年
城市地区	城市老年福利机构（个）	6 724	5 070	5 264	5 291	5 413
	城市老年福利院床位（万张）	39.9	33.0	41.5	49.3	56.7
	城市收养老人（万人）	28.4	22.6	29.0	32.3	36.3
	城市老年床位利用率（%）	71.2	68.5	69.9	65.5	64.0
	城市老年福利机构规模（张/个）	59.3	65.1	78.8	93.2	104.7
农村地区	农村五保供应福利机构（个）	31 373	34 684	30 368	31 286	31 472
	农村五保福利床位（张）	113.6	179.8	193.0	208.8	224.9
	农村收养老人（万人）	92.0	149.3	160.6	173.0	182.5
	农村老年床位利用率（%）	81.0	83.0	83.2	82.9	81.1
	农村老年福利机构规模（张/个）	36.2	51.8	63.6	66.7	71.5

资料来源：（1）民政部官方网站公布的年度报告，网址为 http://www.mca.gov.cn/article/sj/tjgb/?2，2017年8月19日；（2）年度报告的统计口径接近，但是名称不同：2006～2009年报告名称为《民政事业发展统计公报》，2010的报告名称为《社会服务发展统计公报》。

表8-6进一步显示出了非住宿型老年社会福利的发展状况。研究观察到，同比住宿型的社会福利，虽然非住宿型的社会福利在近年来也有所进步，但是其整体的进步空间不大。从中国老龄人口的数量和比重来看，近年来老龄化趋势的

确愈加明显，2007 年我国 60 岁以上的老人为 1.5 亿左右，65 岁以上的老人为 1.1 亿左右，同比占全国人口的比例分别达到了 11.6% 和 8.1%，显示出自 2000 年度我国进入老龄社会以来老年人的数量和比例都有持续的增长；到了 2015 年度，老龄化的趋势越加明显，60 岁以上和 65 岁以上的老年人数量分别达到了 2.2 亿和 1.4 亿以上，且其占所有人口的比例分别为 16.1% 和 10.5%，显示出老年人口对于社会福利的需要正在急剧增长。然而从我国非住宿型老年社会服务的提供情况来看，可以发现老龄法律援助中心、老年维权协调中心、老年学校、老年活动室等方面均无明显上升，因而导致每万名 60 岁以上老年人所占有的资源近年来出现了明显的下降：其中老龄法律援助中心从每万人 1.0 家下降到了 0.9 家，老年维权协调中心从每万人 9.6 家下降到了 7.1 家，老年学校从每万人 3.3 家下降到了 2.4 家，老年活动室从每万人 24.6 个下降到了 16.7 个，仅有老龄人口在读老年大学的比例从 2.9% 上升到了 3.3%，因而整体来看其相对资源的占有量正在出现明显的下滑，这与老年人所具有的巨大需要可能存在明显差距。

表 8 - 6　2007 ~ 2015 年我国老年非住宿型社会福利机构的发展

指标	2007 年	2008 年	2009 年	2010 年	2011 年	2012 年	2013 年	2014 年	2015 年
60 岁以上老年人（万人）	15 340	15 989	16 714	17 765	18 499	19 390	20 243	21 242	22 200
60 岁以上老年人比例（%）	11.6	12.0	12.5	13.3	13.7	14.3	14.9	15.5	16.1
65 岁以上老年人（万人）	10 636	10 956	11 309	11 883	12 288	12 714	13 161	13 755	14 386
65 岁以上老年人比例（%）	8.1	8.3	8.5	8.9	9.1	9.4	9.7	10.1	10.5
老龄事业单位（个）	—	—	—	—	2 503	2 583	2 571	2 558	2 280
老龄法律援助中心（万个）	1.6	1.8	2.0	1.8	1.9	2.2	2.1	2.1	2.1
每万人法律中心数量（个）	1.0	1.1	1.2	1.0	1.0	1.1	1.0	1.0	0.9
每万人老年维权协调中心（家）	9.6	8.2	13.6	8.3	8.4	7.8	7.8	8.0	7.1
每万人维权协调中心数量（个）	6.3	5.1	8.1	4.7	4.5	4.0	3.9	3.8	3.2

续表

指标	2007 年	2008 年	2009 年	2010 年	2011 年	2012 年	2013 年	2014 年	2015 年
老年学校（万个）	5.1	4.0	6.0	4.9	4.8	5.0	5.4	5.4	5.3
每万人老年学校数量（家）	3.3	2.5	3.6	2.8	2.6	2.6	2.7	2.5	2.4
老龄学校学习人数（万人）	442.2	504.1	541.5	586.9	603.2	625.3	692.0	733.1	732.8
老龄人口在读老年大学比例（%）	2.9	3.2	3.2	3.3	3.3	3.2	3.4	3.5	3.3
老年活动室（万个）	37.7	32.4	32.9	36.8	41.3	34.6	36.0	34.9	37.1
每万人老年活动室数量（个）	24.6	20.3	19.7	20.7	22.3	17.8	17.8	16.4	16.7

资料来源：（1）民政部官方网站公布的年度报告，网址为 http://www.mca.gov.cn/article/sj/tjgb/? 2，2017 年 8 月 19 日；（2）2007～2009 年报告名称为《民政事业发展统计公报》，2010～2015 年的报告名称为《社会服务发展统计公报》。

表 8－7 显示出儿童福利、残疾人福利和其他福利的提供也呈现出了愈加丰沛的趋势。从 2008 年残障福利的情况来看，精神卫生机构为 159.0 个，精神卫生床位为 3.6 万个，平均每个精神卫生机构的规模约为 226.4 个，收治精神病患者共计 3.1 万人，同比的精神卫生机构床位利用率为 86.1%；至 2015 年，全国的精神卫生机构数量增长到了 242.0 个，精神卫生床位增长到了 7.8 万张，两者的同比增长幅度分别为 52.2% 和 116.7%，其平均的单位规模也快速增长到了 322.3 张病床，由于收治病人仅仅同比增长到了 6.4 万人，因而其整体的床位利用率下降了约 4 个百分点。儿童福利的整体统计结果与此类似，2008 年全国约有 290.0 个专门性的儿童福利机构，提供儿童福利床位月 4.0 万张，至 2015 年底增长到了 753.0 个机构和 10.0 万张病床，两者在 8 年时间中均有显著提升，但儿童福利院的平均规模从 137.9 张床位略微下降到了 132.8 张床位；同时，登记收留儿童数量也从 2009 年度的 4.0 万个提高到了 2015 年度的 5.6 万个，且收留流浪乞讨儿童的次数也从 9.0 万次增长到 14.7 万次，显示出近些年来我国儿童福利的整体发展呈现出上升的趋势。从流浪人员福利服务的情况来看，2011 年度其服务机构数量为 1 788.0 个，提供床位 7.9 万张，至 2015 年度分别增长到了 2 439.0 个和 17.1 万个，两者的增长幅度均超过了 50%，服务机构的规模也从 44.2 张床位增长到 70.1 张，且收留流浪乞讨人员的次数也在近年来出现了 130

万人次的增长。

表8-7　2008~2015年我国残障、儿童与流浪人员住宿型社会福利机构的发展

指标	二级指标	2008年	2009年	2010年	2011年	2012年	2014年	2015年
残障福利	精神卫生机构（个）	159.0	266.0	251.0	251.0	257.0	254.0	242.0
	精神卫生床位（万个）	3.6	5.9	6.1	6.5	6.7	8.0	7.8
	收治精神病患者（万人）	3.1	5.0	5.3	5.5	5.8	6.5	6.4
	精神卫生床位利用率（%）	86.1	84.7	86.9	84.6	86.6	81.3	82.1
儿童福利	儿童福利机构（个）	290.0	303.0	335.0	397.0	724.0	890.0	753.0
	儿童福利床位（万张）	4.0	4.4	5.0	6.0	8.7	10.8	10.0
	登记收留儿童数量（万个）	—	4.0	3.4	—	5.4	5.9	5.6
	收留流浪乞讨儿童（万次）	9.0	14.5	14.6	17.9	15.2	17.0	14.7
流浪人员福利	服务机构数量（个）	—	—	—	1 788.0	1 770.0	2 622.0	2 439.0
	服务机构床位（万张）	—	—	—	7.9	9.0	17.0	17.1
	服务机构规模（张/个）	—	—	—	44.2	50.8	64.8	70.1
	收留流浪乞讨人员（万次）	—	—	—	241.0	276.6	351.7	370.5

资料来源：（1）民政部官方网站公布的年度报告，网址为 http://www.mca.gov.cn/article/sj/tjgb/?2，2017年8月19日；（2）2008~2009年报告名称为《民政事业发展统计公报》，2010~2015年的报告名称为《社会服务发展统计公报》。

表8-8显示出儿童群体非住宿型社会福利机构的发展状况。从其整体的福利服务来看，近年来中国非住宿型社会福利服务的变化趋势也较为平稳。自2009年以来，中国孤儿的数量基本保持在50万人以上，其中集中供养型孤儿和社会散居孤儿的数量分别在10万和40万左右，因而其整体的孤儿保障状况自2009年以后基本没有明确的变化。除了孤儿养育以外，家庭收养登记近年来出现了一定幅度的降低，从2009年的4.4万件逐步降低到2015年的2.2万件，国外与国内的登记数量均有明显的降低，其中国外收养登记的件数从4 459件下降到了2015年的2 942件，下降幅度约为34.0%；国内收养登记的件数也从4.0万件左右逐步回落到了2万件以内，其整体的下降幅度则超过了50%，显示出非住宿型社会福利不但并未出现明显的增长，反而出现了较大幅度的降低。

表 8-8　2009~2015 年我国儿童群体非住宿型社会福利机构的发展

指标	2009 年	2010 年	2011 年	2012 年	2013 年	2014 年	2015 年
孤儿数量（万人）	—	—	50.9	57.0	54.9	52.5	50.2
集中供养孤儿（万人）	—	—	10.8	9.5	9.4	9.4	9.2
社会散居孤儿（万人）	—	—	40.1	47.5	45.5	43.2	41.0
家庭收养登记（万件）	4.4	3.5	3.1	2.7	2.4	2.3	2.2
内地居民登记（万件）	4.0	3.0	2.7	2.3	2.1	2.0	1.9
港澳台华侨收养登记（件）					197	191	179
外国人收养登记（件）	4 459	4 911	3 845	4 121	3 230	2 887	2 942

资料来源：（1）民政部官方网站公布的年度报告，网址为 http：//www.mca.gov.cn/article/sj/tjgb/？2，2017 年 8 月 19 日；

（2）2009 年报告名称为《民政事业发展统计公报》，2010~2015 年的报告名称为《社会服务发展统计公报》。

三、国家履行福利责任的特点与方向

国家福利是福利多元体系中非常重要的一个组成部分，通过公共部门的福利提供能够有效保障福利提供的稳定性和公平性，对于中国这样的发展中国家尤其如此。从整体上观察我国公共部门提供的社会福利，可以发现中国国家福利的发展的两个显著的特点：

第一，我国政府提供的社会福利自 1986 年以来取得了较为长足的进步。尽管横向相比，与发达国家数据具有一定的差距，但纵向而言，我国社会福利的发展确实较为迅速。在当前的格局中，老年福利和儿童福利中的住宿型社会福利发展尤为迅速，在单位机构的规模、床位总量、抚育人口总量等方面都同比以往具有较大的发展，其背后所体现出的财政支持和人才建设等方面的投入和发展也是非常迅捷的；当然也应该看到，在非住宿型的社会福利方面目前的进步速度仍然非常有限，其同比住宿型社会福利的发展具有极为明显的差距，显示出国家在社会福利建设的整体布局过程中可能存在着平衡性问题。

第二，我国社会福利的建设仍然任重道远。在我国经济快速增长、人口老龄化、人口流动速度加快等背景下，社会问题类型和危害程度增加，国家社会福利提供总量虽然有所增加，但与民众的实际福利需要仍然存在差距。无论从当前民政福利的机构建设、财务支持还是从人才培养的角度来看，目前我国普惠型社会福利的发展仍然处于起步阶段。民政部 2007 年伊始提出的补缺型社会福利向适度普惠型社会福利转型，实际上仍然面临着较大的发展难题，转型压力仍然是异常巨大的。目前从最为主要的养老机构、残障保护机构和儿童福利机构来看，专门性的社会工作人才仍然非常稀缺，截至2015年底仅有5.2万人和15.4万人具有社会工作师或助理社会工作师证件，相应的资金支持也仅占国家财政开支的3.3%，每万人所占有的社会福利资源仍然远远落后于西方发达国家。

中国未来国家福利提供的改革方向主要有三个：首先，继续保持从“院内福利”向“院外福利”的转型。中国政府自2010年以来开始缓慢开始从“院内福利”向“院外福利”的政策转型，在养老服务环节公立养老机构满足了较大幅度人口的养老需要，并在强化针对私营养老机构的政策指导的基础上扩展了国家福利提供的外延；在儿童福利方面，近年来我国儿童福利院在承担孤儿、弃婴等儿童养育工作的同时也担负起了临时安置与指导中心的责任，事实孤儿、贫困儿童、留守儿童等困境儿童逐步被纳入儿童福利机构或其他公共服务机构的监管范围；残疾人的社会服务也逐步增多，社会福利机构对于家庭散居供养的残疾人也进行了多方位的服务指导。这些明显的政策转型对于扩大我国社会福利服务的覆盖人口具有积极的作用，也体现出了我国社会福利正在经历从补缺型向普惠型的转型，这一势头需要在未来继续保持。其次，积极理顺国家的责任边界。历史的经验告诉我们，国家的福利责任既不是全能的也不宜过于局限，而是应当在家庭、社会和国家之间妥善处理好各自的边界。我国国家的福利提供整体上虽然还比较羸弱，但也需要谨防跨越福利责任边界去干预其他福利主体，以免在福利责任履行上出现较大偏差。从现实来看，我国国家福利制度的有益增长在带来儿童、老人、残疾人权益保障提升的同时也出现了许多福利的道德风险，并以弃婴增多和老年人无人供养最为典型，这需要在制度社会的过程中稳定把握国家福利的水平与形式。整体来看，未来的政策需要在法治的建设中更加突出公共部门在福利提供中的权责，明确其历史任务和现实定位，防范国家福利提供的越位与缺位。最后，有效降低国家福利的碎片化。目前社会福利机构和服务的总量虽然有了明显的提升，但是仍然具有区域之间、人群之间和城乡之间的巨大区别，这些过大的碎片化状态会大大冲击社会福利制度的有效性、稳定性和可及性，对于我国社会福利的全面普惠具有极大的障碍。如从基层调研的实际情况来看，沿海发达城市地区已经具有完善的困境儿童监护体系，通过信息平台的建设对困境儿童实现全方位的管控；但是在中西部地区购买服务等专项计划尚未启动，困境儿童数量多且需要广的问题难以得到地方有效管理。未来应当在政策上增强对于欠发达地区的购买服务支持，创新、总结和推广适合中西部地区实际情况的经验，并建立中央部门对于欠发达地区的长期财政支持。

第二节 社会的福利提供

一、社会履行福利责任的政策支持

国家提供的福利能够有效解决弱势群体部分福利需要，但是对于弱势群体以及边缘弱势群体或者潜在的弱势群体而言，其福利提供还远远不够。国际社会有福利多元主义思潮以及相关的社会福利制度改革，民政部在1993年的《社会福利事业发展规划》、2000年的《关于加快实施社会福利社会化的意见》以及2007年提出建设适度普惠社会福利的政策倡导中，提出社会福利社会化、政府主导社会参与的改革建议。因此，“适度普惠型”社会福利制度构建不仅仅是国家责任，还必须强化其他福利部门在福利提供中的角色地位。而作为国家福利提供重要补充的社区、社会组织和志愿部门具有较强的福利提供能力，其中前者尽管实践上的社区与其学术意义相比更加具有行政功能，但是从其福利提供的效果来看仍然是共通性的，即社区在福利传输中仍然发挥着极为重要的功效；社会组织在国家福利提供之外的福利提供中也具有显著价值，其不但能够聚集民间资源，形成合力，建成多元福利提供体系，还能通过专业的服务来增强正式社会福利制度的功能，有力地弥合了国家福利服务的不足；而志愿部门也是国家福利提供的重要补充，其通过专门性的志愿服务来为弱势群体提供福利服务，并在日益专业的社工人才队伍的引领下成为社区、社会组织开展活动的重要助手。

从当前的社会福利政策体系来看，民政部门已经为社区的发展提供了诸多政策上的支持，且同比2000以前具有极为明显的改革和转型。在既有法律的基础上，民政部门对于社区服务体系不断成长提供了政策支持。其中，在社区建设方面，相关部门自20世纪80年代就已经提出了相应的法律政策，并在1989年颁布的《城市居民委员会组织法》中有明确的记载，自2005年以来一系列新的规章政策开始陆续出台，典型的政策有《关于加强和改进社区服务工作的意见》(2006)、《关于进一步推动和谐社区建设工作的意见》(2009)、《村民委员会组织法》(2010)、《关于加强和改进城市社区居民委员建设工作的意见》(2010)、《促进农民工融入城市社区的意见》(2011)、《关于加快推进社区社会工作服务的意见》(2013)、《关于深入推进农村社区建设试点工作的指导意见》(2015)、《关于进一步开展社区减负工作的通知》(2015)等。

与此类似，民政部门有关社会组织的政策也陆续发布。其中，涉及社会组织整体监管的有《社会组织评估管理办法》（2010）和《社会组织登记管理机关行政处罚程序规定》（2012），涉及社会团体的政策有《社会团体登记管理条例》（1998）、《社会团体登记管理有关问题的通知》（2007）和《外国商会管理暂行规定》（2013），涉及民办非企业单位的有《民办非企业单位登记管理暂行条例》（1998）、《民办非企业单位登记暂行办法》（1999）、《取缔非法民间组织的暂行办法》（2000）和《民办非企业单位年度检查办法》（2005），涉及基金会的有《基金会管理条例》（2004）、《基金会名称管理规定》（2004）、《基金会信息公布办法》（2005）和《基金会年度检查办法》（2005）。特别是《关于改革社会组织管理制度促进社会组织健康有序发展的意见》（2016）具有标志性意义，为社会组织发展提供了广阔的空间。

除了社区和社会组织的相关政策以外，关于志愿服务和购买服务方面的政策也直接推动了福利提供机制的落地。近年来，我国政府逐步推出了《关于进一步推进志愿者注册工作的通知》（2010）、《关于广泛开展基层文化志愿服务活动的意见》（2012）、《志愿服务记录办法》（2012）、《中国社会服务志愿者队伍建设指导纲要（2013—2020年）》（2013）、《关于在全国推广“菜单式”志愿服务的通知》（2013）、《社区志愿服务方案》（2014）、《关于推进志愿服务制度化的意见》等政策，从而有力地保障了志愿服务的有序开展。同时，《关于政府购买社会工作服务的指导意见》（2012）、《关于政府向社会力量购买服务的指导意见》（2013）等政策的陆续推出也使得政府有能力通过向社会力量购买服务来发挥市场机制作用。实践中，购买服务重点围绕城市流动人口、农村留守人员、困难群体、特殊人群和受灾群众的个性化、多样化社会服务需要来开展。民政部也突出了专业福利人才队伍的建设，包括《社会工作者职业水平评价暂行规定》（2006）和《助理社会工作师、社会工作师职业水平考试实施办法》（2006）、《关于加强社会工作专业人才队伍建设的意见》（2011）、《社会工作专业人才队伍建设中长期规划（2011—2020年）》（2012）、《关于加强社会工作专业岗位开发与人才激励保障的意见》（2016）等政策起到了重要的支撑作用。

二、社会履行福利责任的变迁轨迹

从中国社区建设的宏观发展脉络来看，中国社区及社区服务设施呈现出了较为明显的优化状态。研究首先可以观察到，中国的社区总量出现了一个明显的“倒U形”趋势，即1986～1993年呈现出了明显的增长趋势，但是1993年至今基本上呈现出了明显的递减趋势。1986年，我国社区的总量达到了95.3万个，两年后增加到了98.1万个，1993年达到了顶峰112.0万个；自1993年开始中国城乡社区的总量开始逐年递减，1995年降低到104.4万个，2000年这一数字降低到84.0万个，2005年降低到70.9万个，2010年为68.2万个，而2015年这一数字仅为68.1万个，相当于1993年数量的60.8%，因此整体而言全国社区的总体数量正在变少，由于人口的增加导致单一社区需要管辖的事务则有明显上升。从城镇社区和农村社区的比例关系来看，城镇社区的整体比例在不断地提升，农村社区的数量虽然仍有大幅度的领先但是其萎缩趋势也较为明显，1988年我国城市社区在城乡总体社区中的比例仅为9.9%，1995年则上升到10.7%，2000年则进一步增长到12.9%，2005年这一数据为11.3%，2010年其比例达到12.8%，至2015年度则小幅上升为14.7%，这显示出随着城镇化的进行我国城镇社区的比例也出现了整体上较大幅度的增长（见表8-9）。

表8-9　1986~2015年我国城市和农村社区的发展

年份	城镇社区（万个）	农村社区（万个）	社区总量（万个）	城镇比例（%）	年份	城镇社区（万个）	农村社区（万个）	社区总量（万个）	服务设施（万个）
1986年	95.3		95.3	—	2001年	9.2	70.0	79.2	11.6
1987年	—	—	—	—	2002年	8.5	68.1	76.6	11.1
1988年	9.7	88.4	98.1	9.9	2003年	7.7	66.3	74	10.4
1989年	9.4	93.4	102.8	9.1	2004年	7.8	64.4	72.2	10.8
1990年	10.0	100.1	110.1	9.1	2005年	8.0	62.9	70.9	11.3
1991年	10.0	101.8	111.8	8.9	2006年	8.1	62.4	70.5	11.5
1992年	10.4	100.4	110.8	9.4	2007年	8.2	61.3	69.5	11.8
1993年	10.7	101.3	112.0	9.6	2008年	8.3	60.4	68.7	12.1
1994年	11.0	100.6	111.6	9.9	2009年	8.5	60.1	68.6	12.4
1995年	11.2	93.2	104.4	10.7	2010年	8.7	59.5	68.2	12.8
1996年	11.4	92.8	104.2	10.9	2011年	8.9	59.0	67.9	13.1
1997年	11.7	90.6	102.3	11.4	2012年	9.1	58.8	67.9	13.4
1998年	11.9	83.3	95.2	12.5	2013年	9.5	58.9	68.4	13.9
1999年	11.5	80.1	91.6	12.6	2014年	9.7	58.5	68.2	14.2
2000年	10.8	73.2	84.0	12.9	2015年	10.0	58.1	68.1	14.7

资料来源：（1）民政部官方网站公布的年度报告，网址为http：//www.mca.gov.cn/article/sj/tjgb/？2，2017年8月19日；（2）年度报告的统计口径接近，但是名称不同：1986~1988年报告名称为《民政事业发展概况》，1989~1999年报告名称为《民政事业发展统计报告》，2000~2009年报告名称为《民政事业发展统计公报》，2010~2015年报告名称为《社会服务发展统计公报》。

表 8 - 10 的数据显示了近十年我国社区服务的纵向发展情况。从社区服务机构与设施的数据可见，中国社区的服务设施在近年在逐步增多，1990 年其总量大致为 8.5 万个，平均每 100 个社区拥有服务设施 7.7 个；10 年之后服务设施的总体数量增长到了 18.1 万个，且每 100 个社区拥有的服务设施数量同比增长到了 21.6 个；2010 年度其整体的服务设施总量提高到了 15.3 万个，每 100 个社区的服务设施数量达到 22.4 个；而到了 2015 年其整体的数量及单位服务设施数量分别增长到 36.1 万个和 53.0 个，显示出中国社区的整体服务设施出现了明显的跳跃式增长，为社区福利提供打下良好的物质基础。社区福利机构覆盖率、社区服务中心及社区服务站等指标的统计结果也具有明显进步，其中前者从 2010 年度的 22.4% 提高到 2015 年度的 52.9%，后两者也分别从 2007 年的 1.0 万个和 5.0 万个逐步增长到 2015 年度 2.4 万个和 12.8 万个；而在各类其他社会服务设施的统计中，这一数字也从 2008 年的 12.2 万个增长到了 2015 年的 20.8 万个，其整体的增长幅度也异常明显。

表 8 - 10　　2006 ~ 2015 年我国社区服务的发展

指标	2006 年	2007 年	2008 年	2009 年	2010 年	2011 年	2012 年	2013 年	2014 年	2015 年
社区服务机构与设施（万个）	12.5	13.1	13.5	14.7	15.3	16.0	20.0	25.2	31.1	36.1
社区福利机构覆盖率（%）	—	—	—	—	22.4	23.6	29.5	36.9	45.5	52.9
社区服务指导中心（个）	—	—	—	—	—	—	809	890	918	863
社区服务中心（万个）	0.9	1.0	1.0	1.0	1.3	1.4	1.5	1.9	2.3	2.4
社区服务站（万个）	—	5.0	3.0	5.3	4.4	5.6	8.8	10.8	12.0	12.8
社区养老服务机构与设施（万个）	—								1.9	2.6
互助型养老设施（万个）	—		12.2	11.2	9.6	9.0	9.6	12.4	4.0	6.2
其他社区服务设施（万个）	—								10.7	12.0
城镇便民利民服务点（万个）	45.8	93.7	75.9	69.3	53.9	45.3	39.7	35.9	30.9	24.9
社区志愿服务组织（万个）	27.1	47.6	30.4	28.9	10.6	15.9	9.3	12.8	10.9	9.6
志愿服务人数（万人次）	—	—	—	—	—	950.2	1 325.0	1 368.6	1 095.9	934.6

续表

指标	2006 年	2007 年	2008 年	2009 年	2010 年	2011 年	2012 年	2013 年	2014 年	2015 年
志愿服务次数（万小时）	—	—	—	—	—	9 272.6	3 639.6	3 579.7	2 711.1	2 700.7
社区吸纳从业人员（万人）	118.3	242.2	202.0	215.8	105.9	—	—	—	—	—

资料来源：（1）民政部官方网站公布的年度报告，网址为 http：//www.mca. gov. cn/article/sj/tjgb/？2，2017 年 8 月 19 日；（2）年度报告的统计口径接近，但是名称不同：2006 ~ 2009 年报告名称为《民政事业发展统计公报》，2010 ~ 2015 年报告名称为《社会服务发展统计公报》。

在经济快速发展、新型社区兴起、社区类型多元化、治理网格化、服务网络化、专业社会组织快速发展的背景下，某些传统的社区统计指标显示近年来存在着一定的增长乏力。研究观察到（见表 8 - 10），中国城镇便民利民服务点的数量在 10 年间呈减少状态，2006 年约有 45.8 万个便民服务店，2007 年为 93.7 万个，但至 2010 年稳定在 53.9 万个左右，而 2014 年和 2015 年其数字则分别下降到了 30.9 万个和 24.9 万个，分别仅为 2006 年度数量的 67.5% 和 54.4%，可见其下降趋势较为明显。与此类似，社区志愿服务组织的下降趋势则更为明显，2006 年和 2007 年分别约有 27.1 万个和 47.6 万个志愿组织服务于社区中，然而自 2007 年开始逐步下降，至 2015 年仅有 9.6 万个社区志愿组织，分别约为 2006 年和 2007 年度的 35.4% 和 20.2%，数字显示出社区志愿组织的发展也较为艰困。同时，尽管社区志愿组织的参与人数始终维持在 1 000 万人左右，但是其参与的总小时数却出现了下滑，从早期的 3 000 万小时以上逐步下降到了 2 700 万小时左右。而在社区吸纳就业人员的统计中，未能够发现其在几年间具有较为明显的提升，2006 年度 118.3 万人的数据甚至要比 2010 年度 105.9 万人的数据更加具有优势。

从表 8 - 11 显示的数据分析，我国社会组织近十五年的整体的发展趋势是平稳且良好的。2000 年，我国社会团体的数量为 13.1 万个，民办非企业单位为 2.3 万个，整体的社会组织数量约为 15.4 万个；至 2005 年，我国社会组织的总体数量提升到了 32.0 万个，同比五年前提高了 107.8%，社会团体、民办非企业单位和基金会分别提升到 17.1 万个、14.8 万个和 975 个，其年均提升的比例也基本稳定在 10% 左右；2011 年，中国社会组织的整体数量已经达到了 46.2 万个，同比 2005 年又提升了 44.4%，其中社会团体、民办非企业单位和基金会分别达到了 25.5 万个、20.4 万个和 2 614 个，三者同比 2005 年的提升比例分别达到了 49.1%、37.8% 和 168.1%，提升比例较高，显示其整体的发展趋势较为良好；而到了 2015 年度，三者的数量分别上升到了 32.9 万个、32.9 万个和 4 784 个，分别同比 2011 年又增长了 29.0%、61.3% 和 83.0%，其整体的社会组织数量达到了66.3万个，同比约为2000年度数量的4.3倍，这种较为快速的发展使得中国社会组织的福利服务能力大大增强，服务的覆盖人群更为广泛，并同时为社会组织在福利提供中发挥出更大的功效奠定了基础。

表8-11　　我国社会组织15年来的发展变化情况

年份	社会团体		民办非企业单位		基金会		总计	
	数量（万个）	比例（%）	数量（万个）	比例（%）	数量（个）	比例（%）	数量（万个）	比例（%）
2000年	13.1	2.1	2.3	383.3	—	—	15.4	45.7
2001年	12.9	-1.5	8.2	256.5	—	—	21.1	37.0
2002年	13.3	3.1	11.1	35.4	—	—	24.4	15.6
2003年	14.2	6.8	12.4	11.7	—	—	26.6	9.0
2004年	15.3	7.7	13.5	8.9	892	10.1	28.9	8.6
2005年	17.1	11.8	14.8	9.6	975	9.3	32.0	10.7
2006年	19.2	12.3	16.1	8.8	1 144	17.3	35.4	10.6
2007年	21.2	10.4	17.4	8.1	1 340	17.1	38.7	9.3
2008年	23.0	8.5	18.2	4.6	1 597	19.2	41.4	7.0
2009年	—	—	—	—	—	—	—	—
2010年	—	—	—	—	—	—	—	—
2011年	25.5	—	20.4	—	2 614	—	46.2	—
2012年	27.1	6.3	22.5	10.3	3 029	15.9	49.9	8.0
2013年	28.9	6.6	25.5	13.3	3 549	17.2	54.8	9.8
2014年	31.0	7.3	29.2	14.5	4 117	16.0	60.6	10.6
2015年	32.9	6.1	32.9	12.7	4 784	16.2	66.3	9.4

资料来源：（1）民政部官方网站公布的年度报告，网址为http：//www.mca.gov.cn/article/sj/tjgb/？2，2017年8月19日；（2）年度报告的统计口径接近，但是名称不同：2000～2009年报告名称为《民政事业发展统计公报》，2010～2015年报告名称为《社会服务发展统计公报》。

表8-12进一步显示出我国社会组织在福利提供中的发展变化情况。研究首先观察到，我国2011年以来社会组织数量、社会团体数量、基金会数量和民办非企业单位数量均有明显的增长，2015年度同比2011年度在此四个方面的增长幅度分别达到43.3%、29.0%、83.0%和61.3%，其中基金会和民办非企业单位的数量增长的最快，显示出近年来社会组织出现了较大幅度的结构性变化。与此类似的是，在吸纳社会成员就业方面社会组织所起到的作用也较为正面，2011年度吸纳社会成员就业的数量为599.3万人，2012年度到2015年度分别增长到了613.3万人、636.6万人、682.3万人和734.8万人，同比2011年分别增长2.3%、6.2%、

13.8%和22.6%，显示出其在此方面的增长较为迅捷。固定资产方面也有一定的增长，2011年度固定资产总额为1 885.0亿元，虽然中间具有小幅度的下跌，但是2015年度的固定资产数额却维持在2 311.1亿元左右，同比增长的了22.6%。而在接受社会捐款方面，2011年度社会组织总计接受捐款数额为393.6亿元，至2015年度提升到了610.3亿元，其2012年、2013年、2014年、2015年同比提升额度分别为19.6%、16.6%、33.4%和55.1%；其中基金会接受捐款的额度也从2011年度的219.7亿元逐步增长到了2015年度的439.3亿元，其同比提升的比例也达到了99.9%。

表8-12　　2011～2015年我国社会组织在福利提供中的变化

指标	2011年	2012年	2013年	2014年	2015年
社会组织数量（万个）	46.2	49.9	54.7	60.2	66.2
社会团体数量（万个）	25.5	27.1	28.9	31.0	32.9
基金会数量（个）	2 614	3 029	3 549	4 117	4 784
民办非企业单位数量（万个）	20.4	22.5	25.5	29.2	32.9
吸纳各类社会成员就业（万人）	599.3	613.3	636.6	682.3	734.8
固定资产（亿元）	1 885.0	1 425.4	1 496.6	1 560.6	2 311.1
接受社会捐款（亿元）	393.6	470.8	458.8	524.9	610.3
基金会收到的捐款（亿元）	219.7	305.7	302.9	374.3	439.3

资料来源：（1）民政部官方网站公布的年度报告，网址为 http://www.mca.gov.cn/article/sj/tjgb/?2，2017年8月19日；（2）2011～2015年报告名称为《社会服务发展统计公报》。

三、社会履行福利责任的特点与方向

作为国家福利提供的重要补充，社会力量在当前中国社会的福利构成中也发挥着独特且重要的功能，对于弥补国家福利提供的不足和创新福利提供的方法具有积极的意义。整体而言，社区和社会组织等社会资源作为福利提供方，在当前福利提供中的特点可以总结为两个方面：

（1）中国社会力量的发展虽然速度较快，但是在福利提供方面所起到的作用却不是正比例关联。中国社区尽管在数量上自1993年以来开始逐步下滑，但是无论城市社区的比例、单位福利机构还是单位社区的人数等方面均出现了明显的增长，这也使得福利提供的覆盖性和精准度要求更高；然而在服务的统计过程中个别指标却出现了明显的弱化，尤其在社区志愿服务方面，目前在机构建设、服务人数和服务小时数等方面均没有明确的增长，这显然会影响社区积极发挥基层福利提供平台的作用；社会组织发展的情况比较乐观，在就业人员安置、服务精细化和落地化、公益资源汇集、慈善筹款方面都有一定的进步，当然与政府财政的大幅度增长相比较，其整体的进步空间仍然比较狭窄，尚需要在未来一定时间内进行更为积极有效的提升。

（2）尽管我国社会力量在社会福利制度建设方面具有一定的功效，但是其作用相比政府却是较为羸弱的。从当前的福利提供体系来看，国家仍然在福利传输过程中具有较为强势的地位，无论是在政策的制定、财务的管理还是在人才的培育方面都具有较为明显的优势。相比之下，社区、社会组织和志愿部门在福利提供过程中仅仅起到了辅助性的作用，其中，社区主要在既有政策之下协助政府社会福利的传输，且在养老服务、残障服务及儿童服务方面提供基础性的保护平台，社会组织则在专业服务加志愿服务方面有较强的作用，包括民间资源汇集等，而志愿部门往往承担政策执行的“把手”和延伸作用，但三者的作用虽然有益却与公共组织所提供的国家福利具有较大的差异，这也使得其在福利提供体系中处于弱势的地位。

从未来的建设路径来看，社区和社会组织作为福利提供主体，在未来的发展中应当采取以下思路：

（1）在国家政策支持之下增强孵化水平。目前国家已经认识到了社区、社会组织和志愿部门在福利提供中的作用，并且采取各项针对性的措施来帮助三者快速成长，这些在东部沿海发达地区往往以购买服务和社工培训等方式来加以完成。从社会力量自身而言，较好利用国家政策的前提是努力做强自身，修炼好内里，通过提供更为优良的福利服务来锻造自身的能力、素质与名声，以方便国家的支持型政策落到实处。特别是在购买服务较多的发达地区，社区、社会组织和志愿部门应当积极利用专业社会工作服务开展系统的服务，并在总结相关经验的基础上保持组织的稳定成长。

（2）增加自身的专业性。增强自身孵化水平的基础在于提升自身的专业能力。目前部分未经培训的工作人员或者志愿者虽然具有一腔热忱，但是在开展实际工作时具有非常有限的服务能力和手段，对于特定困难儿童容易造成二次伤害。从长远来看，对于社区而言应当努力提升社区工作者对福利服务的认识，增强自身的社区工作水平，提升专业化福利服务的实际效果；对于社会组织而言，相关个案工作、小组工作、社区工作应当更为规范和细致，对于特定困难人群的个案服务应当满足其实际需要；对于志愿部门而言，不能仅仅依靠工作中的热情与动力，需要在社工与专业督导的指导下开展专门性服务。当然，专业性的提升还有赖于社区、社会组织和志愿部门积极与高等院校、科研院所、社会部门展开持续合作，通过专业经验研讨会和有经验的社工机构展开广泛交流，并通过系统的专业性培训来提升自身人员的综合素质和专业水准。

（3）积极培养和使用专业人才。社会力量专业性的提升根本来源于人才，一方面应当在内部积极培育专业人才，通过项目申报、项目运行、与院校交流、与政府合作来挖掘社区与社会组织内部专业社会工作人员的潜能，提升专业人员承接项目、完成项目、优化项目的实际能力；另一方面应当在呼吁志愿精神的前提下努力增强工作人员的福利待遇，强化工作人员在市场经济条件下的认同感，真正使得社会工作人员“找得来、留得住”。同时，对于大量志愿者应当结合实际情况进行专门性培训，从福利服务的伦理、技能进行提升，并建立相对完整的评估和督导队伍，指导社会工作人员及志愿者开展实际工作。在此基础上，高等院校和科研研究院所也需要结合当前的实际需要来设计相关课程，满足学生在社会服务的专业技能诉求，从而整体上推动福利服务的专业性。

第三节　市场的福利提供

一、市场履行福利责任的政策支持

市场的福利提供又称市场福利提供。在福利多元主义理论中，国家、市场、社会和家庭都是福利提供主体，共同分担福利提供责任。通过市场获得的福利称为市场福利。市场在这里实际上有双重含义：一是社会福利领域中政府购买服务、福利产品有效流通、资源有效管理、专业福利人才就业和流动的内部市场；二是福利领域之外的传统意义上的经济市场，即通过市场价格购买福利服务、通过市场机制运作的福利企业等的外部市场。市场机制变成了福利提供、福利传输机制。社会成员在内部市场和外部市场均可以获得不同类型的福利，这些福利部分是福利接受者按照市场价格购买的，部分是通过市场机制提供的但不需要福利接受者付费。本部分政策分析以内部市场为主兼顾外部市场的福利提供。因为资料收集的限制，数据分析讨论主要聚焦在内部市场福利提供。

关于购买服务的政策直接推动了市场福利提供机制的发展。《关于政府购买社会工作服务的指导意见》（2012）、《关于政府向社会力量购买服务的指导意见》（2013）等政策核心是政府通过向社会力量购买服务，发挥市场机制作用，把政府直接向社会公众提供的一部分公共服务包括福利服务事项，交由具备条件的社会力量承担，并由政府根据服务数量和质量向其支付费用。从社会福利视角来看，购买服务重点围绕城市流动人口、农村留守人员、困难群体、特殊人群和受灾群众的个性化、多样化社会服务需求，组织开展政府购买服务。实施城市流动人口社会融入计划，实施农村留守人员社会保护计划，实施老年人、残疾人社会照顾计划，实施特殊群体社会关爱计划，实施受灾群众生活重建计划，等等。

这个机制对于适度普惠型社会福利制度构建具有突出的意义。

民政部在专业福利人才队伍建设中也引入了市场机制。近十年最突出的就是担负着提供和传递社会福利责任的社会工作人才政策快速发展，包括《社会工作者职业水平评价暂行规定》（2006）和《助理社会工作师、社会工作师职业水平考试实施办法》（2006）、《关于加强社会工作专业人才队伍建设的意见》（2011）、《社会工作专业人才队伍建设中长期规划（2011—2020 年）》（2012）、《关于加强社会工作专业岗位开发与人才激励保障的意见》（2016）等，这些文件提出了一系列建设专业人才流动市场机制的保障措施。

适度普惠社会福利制度构建过程中，福利提供除了国家、社区及社会组织承担福利提供主体责任外，在福利提供的领域还有市场主体的参与。一般而言，市场提供的福利主要通过以交换为基本特征的市场行为或者附属市场行为来加以完成，然而对于老人、儿童及残疾人而言其市场福利的提供则主要体现在两个大的方面：一方面，由于老年人口和儿童群体不具有法律意义上的劳动能力或者劳动资格，特定弱势群体中仅有残疾人口能够利用市场来获取较为健全的福利，因而如何保障该群体市场福利的稳定性就成为一项重要的工作；另一方面，利用市场筹集而来的资金也可以在福利提供中得到较为广泛的应用，其对于市场在福利提供中的作用也具有较大的促进作用。在此基础上，本书希望进一步对市场福利提供的宏观概貌及其发展趋势进行深入反思。

二、市场履行福利责任的变迁轨迹

从市场提供的福利情况来看，可以发现无论是我国福利企业还是福利彩票都在市场化的过程中为弱势群体的福祉提升给予了有力的帮扶，但是前者与后者的发展态势却是截然不同的。从福利企业的发展来看，其基本上呈现出了较为明显的“倒 U 形”趋势，且自 20 世纪末以来一直处于明显的停滞状态；而福利彩票事业则自 21 世纪以来不断进步，其发展的势头颇为良好。

从民政部公布的数据来看，我国社会福利企业在近年来的发展变化情况可以看到，其整体的发展态势并不尽如人意。从福利企业的数量来看，1986 ~ 1995 年我国社会福利企业在整体上呈现出了明确的增长态势，这主要得益于我国政府当时对于社会福利企业的高度关注和重视，特别是考虑到其在缓解就业领域中具有较大的能力从而在政策上进行了高度的扶植。1986 年，我国社会福利企业的总体数量仅为 19 865 个，至 1990 年增长到了 41 827 个，到 1995 年则进一步增长到了 6 万个，后者同比前者的增长幅度达到了两倍以上。然而自 1996 年开始，中国社会福利企业陷入了长达 20 年的衰退，其数量从 1996 年的 5.9 万个下降到

2006年的2.0万个又下降到了2015年度的1.5万个，其整体的下降轨迹异常明显，这显示出仅仅以市场而非政府支持作为主要依托的福利企业在发展中出现了明显的障碍。从其社会功效的发挥来看，社会福利企业在解决残疾人就业方面也面临着越来越大的挑战。1986～1996年，伴随着企业数量的增多和国家政策的扶持，我国残疾职工的数量出现了明显的增长，1986年仅有37.0万人在社会福利企业中就业，但到了1990年这一数字迅速增长到了72.9万人，同比增长了97.0%，至1995年和1996年这一数据又稳定在了93.9万人，同比1990年度增长了28.8%，反映出这一时期较为迅捷的转型；自1997年开始，社会福利企业在吸纳残疾人就业方面的作用越加有限，2000年的数据为72.9万人，2005年下降到了60.4万人，2010年调整到了62.5万人，2015年则为42.9万人，其整体的下滑趋势是异常明显的（见表8－13）。

表8－13　　我国社会福利企业近30年来在福利提供中的变化
（1986～2015年）

年份	企业数量（个）	企业产值（亿元）	企业利润（亿元）	残疾职工（万人）	年份	企业数量（个）	企业产值（亿元）	企业利润（亿元）	残疾职工（万人）
1986年	19 865	68.7	6.3	37.0	2001年	38 000	—	120.0	70.0
1987年	27 793	114.7	9.2	43.3	2002年	36 000	—	148.3	68.3
1988年	40 496	206.3	16.6	65.9	2003年	34 000	—	190.0	67.9
1989年	41 611	261.5	17.3	71.9	2004年	32 000	—	219.0	66.2
1990年	41 827	301.3	17.8	72.9	2005年	31 000	—	119.4	60.4
1991年	43 758	412.6	－0.9	77.2	2006年	30 199	—	175.8	55.9
1992年	49 783	661.8	－0.9	70.0	2007年	24 974	—	169.3	56.3
1993年	56 843	890.0	－1.6	84.2	2008年	23 780	—	118.4	61.9
1994年	60 000	352.6	－3.8	90.9	2009年	22 783	—	125.4	62.7
1995年	60 000	394.0	－2.1	93.9	2010年	22 226	—	150.8	62.5
1996年	59 000	433.5	－5.1	93.6	2011年	21 507	—	140.1	62.8
1997年	55 000	356.0	－5.1	91.0	2012年	20 232	—	118.4	59.7
1998年	51 000	355.2	8.3	85.6	2013年	18 227	—	106.9	53.9
1999年	45 000	1 580.0	76.7	79.0	2014年	16 389	—	95.2	47.9
2000年	40 000	1 831.7	99.0	72.9	2015年	15 000	—	81.4	42.9

资料来源：（1）民政部官方网站公布的年度报告，网址为 http：//www. mca. gov. cn/article/sj/tjgb/？2，2017年8月19日；（2）年度报告的统计口径接近，但是名称不同：2006～2009年报告名称为《民政事业发展统计公报》，2010～2015年报告名称为《社会服务发展统计公报》。

从社会福利企业参与市场竞争的情况来看，可以发现其30年间的发展整体上也出现了举步维艰的状态，社会福利企业在各方面面临的压力均较为明显。其中，企业产值的统计自2001年开始民政部就不再公布，但是从其公布的前15年的信息来看，我国社会福利企业的总体产值出现了较大幅度的上升，从1986年度的68.7亿元逐步增长到了2000年度的1 831.7亿元，其整体的增长幅度非常明显；但是由于企业数量和企业利润的双重减少，因而可以确定的是未公布的相关数据有可能出现明显的衰退，因而整体而言中国社会福利企业的产值有可能形成“倒U形”的发展趋势。从企业利润的统计结果来看，20世纪80年代是社会福利企业利润增长较快的时代，在国家政策的支持下社会福利企业在市场竞争中具有一定的优势，因而1986~1989年其平均的利润分别达到了6.3亿元、9.2亿元、16.6亿元和17.3亿元，不但其利润均为正向且其利润增长率也较为可观。1991~1997年，面对着激烈的市场竞争，社会福利企业连年出现了企业净利润的减少，连续7年时间出现了0.9亿元到5.1亿元的亏损，出现倒闭的企业数量仍然明显增加，因而这一阶段的发展情况较为悲观。而进入1998年之后，社会福利企业面临的市场环境具有了明显的好转，自1998年利润为8.3亿元至2004年的219.0亿元，中国社会福利企业的利润出现了较为明显的跨越式发展，同比增长的幅度约25.4倍。进入2005年，中国社会福利企业的利润又出现了明显的滑坡，2005年的利润为119.4亿元，2010年为150.8亿元，2015年则进一步下降到了81.4亿元，其整体的下降幅度异常明显。

当然，如果反观中国的福利彩票事业则可以发现另一番场景（见图8-1、图8-2）。自从2000年左右中国社会福利彩票发行以来，其整体的发展趋势较为良好，这对于中国市场化的福利供应具有较大的促进作用。1998年，我国社会福利彩票的年销售额约为63.2亿元，筹集到的公益金数额约为19.6亿元，至2005年两者分别达到了411.4亿元和132.1亿元，分别同比1998年的数额增长了550.9%和574.0%，显示出极为迅捷的发展速度；2010年，年销售额与公益金筹集数额分别达到了968.0亿元和297.1亿元，两者同比2005年又进一步增长了135.3%和124.9%，其同比的增长速度在放缓但是仍然具有较快的增速；2015年度，两者的数据分别上升为2 015.1亿元和563.8亿元，两者同比2010年分别增长了108.2%和89.8%，分别为1998年数据的31.9倍和66.5倍。因而整体上从我国福利彩票的发展情况来看，可以看到其年均的增长速度较快，无论在年销售额还是在公益金筹集方面均表现出了较为明显的增长态势。

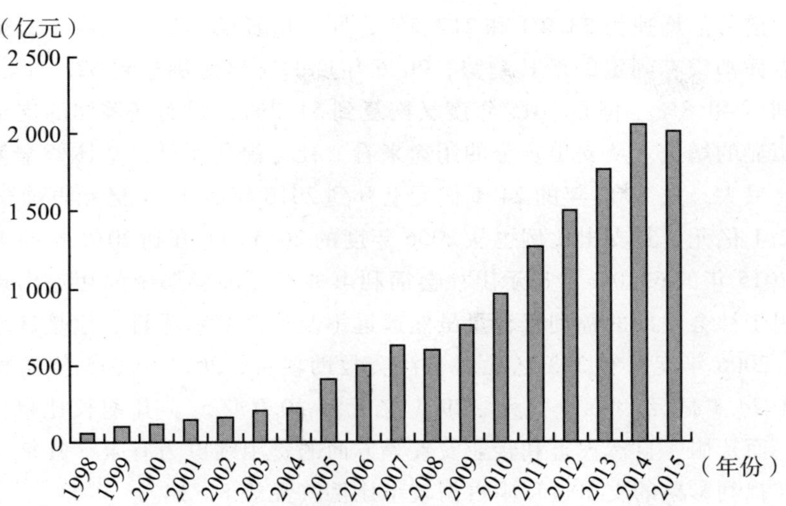

图 8-1　中国福利彩票年销售额变动情况

资料来源：民政部官方网站公布的《2015 年社会服务发展统计公报》。网址为 http：//www. mca. gov. cn/article/sj/tjgb/？2，2017 年 8 月 19 日。

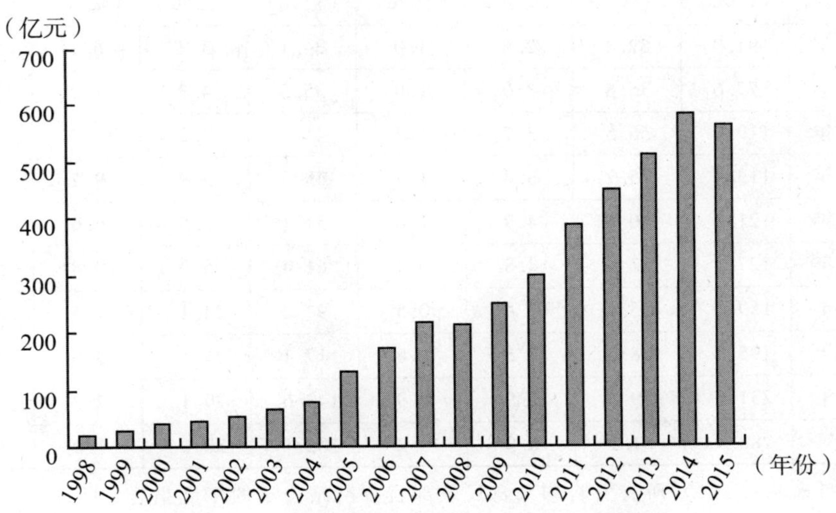

图 8-2　中国福利彩票年筹集资金变动情况

资料来源：民政部官方网站公布的《2015 年社会服务发展统计公报》。网址为 http：//www. mca. gov. cn/article/sj/tjgb/？2，2017 年 8 月 19 日。

从我国福利彩票的支出情况来看，可发现近 10 年来其整体的资金利用状况随着整体筹集资金的增长而逐步优化。其中，2006 年度可以支出的公益金仅为 91. 0 亿元，2010 年度达到了 121. 2 亿元，2015 年度上升到 288. 9 亿元，后两者分别同比前者的增速为33.2%和217.5%，同比增长的幅度先慢后快；但是在支出比例方面却没有固定的增长趋势，2006年度的支出比例达到52.4%，2010年度下降到了40.8%，但是2015年度又恢复到51.2%，因而其整体的支出比例并未出现明显的增长。从支出资金的用途来看，社会福利项目在整体资金使用过程中的占比最大，从2006年的24.1亿元上升到2010年的51.1亿元再增长至2015年的182.1亿元，其支出比例也从2006年度的26.5%上升到2010年的42.2%又增长至2015年的63.0%，显示出社会福利事务在福利彩票中的用途出现了显著增长。用于社会救助的福利资金量虽然远远不及社会福利项目，但是其增长速度却较快，2006年度仅有3.3亿元用于社会救助项目，2012~2015年的数字则分别达到了24.1亿元、26.1亿元、29.1亿元和30.0亿元，其增长比例达到了9倍左右。而抚恤、自然灾害和转业安置等方面的费用则更为有限，其整体的资金支出量在福利彩票的支出过程中占据较小比例（见表8-14）。

表8-14　我国福利彩票近年来在福利提供中的变化情况

年份	支出资金（亿元）	支出比例（%）	抚恤（亿元）	转业安置（亿元）	社会福利（亿元）	社会救助（亿元）	自然灾害（亿元）	其他（亿元）
2006年	91.0	52.4	2.6	1.0	24.1	3.3	6.1	53.9
2007年	77.6	35.8	3.0	1.0	35.5	4.3	11.2	22.6
2008年	119.5	56.5	3.7	1.3	45.2	7.2	12.2	49.9
2009年	113.4	45.7	3.4	1.2	49.3	5.9	9.2	44.4
2010年	121.2	40.8	4.9	1.6	51.1	5.5	6.6	51.5
2011年	127.9	32.9	4.8	0.4	61.4	5.0	0.8	55.5
2012年	159.0	35.4	5.4	0.5	92.2	24.1	1.3	35.5
2013年	195.5	38.3	7.5	0.6	117.1	26.1	2.6	41.6
2014年	231.3	39.5	5.9	0.9	143.6	29.1	2.2	49.6
2015年	288.9	51.2	6.9	0.2	182.1	30.0	1.9	67.8

资料来源：（1）所有资料均来自民政部官方网站公布的年度报告，网址为http：//www.mca.gov.cn/article/sj/tjgb/?2，2017年8月19日；（2）年度报告的统计口径接近，但是名称不同：2006~2009年报告名称为《民政事业发展统计公报》，2010~2015年报告名称为《社会服务发展统计公报》。

三、市场履行福利责任的特点和方向

作为福利提供体系的重要组成部分，市场在福利提供过程中具有效率高、长期性好等独特的优势，因此也成为中国民众获取福利的重要来源。整体上观察我国市场福利提供的基本情况，可以发现两个典型的特点：首先，市场性的福利提供在福利体系中的作用是比较有限的。由于儿童、老年人和残疾人等传统弱势群体参与市场的能力比较有限，因而市场在福利提供中的作用受到了极大程度的抑制。从当前的宏观状态来看，一部分残疾人群体能够参与到具有半市场化性质的社会福利企业中，但是其比例不但在整体残疾人数量中占有5%以内的比例，而且由于社会福利企业的运作近年来较为艰困，因而其实际上发挥的功效自2000年以来是普遍缩小的；同时，儿童群体和老年群体的年龄问题制约了其参与市场行为的能力，因而官方支持下的具有正式途径的市场福利提供实际上较为羸弱。另外，以福利彩票为基础的另一种市场运作模式也能够为弱势群体的福利提供部分资金。从其整体的状况可以看出，其2 015.1亿元的销售额和563.8亿元的公益金筹资能力已经能够发挥出较大程度的作用，其对社会福利等事务的发展具有较大的推进作用。

其次，市场化福利提供在近年来呈现出了不同的发展面向。其中，以社会福利企业为主的这类市场化机制呈现出了明显的萎缩，其本质原因依然在于残疾人等弱势群体在劳动能力方面的弱势性，其生产与服务难以迎合现代市场的“优胜劣汰”原则。因而，近年来社会福利企业无论在企业数量、企业利润还是在残疾人安置能力方面都同比以往具有明显的下降趋势，这显示出这一渠道的市场化福利供应正在被削弱。另一个值得注意的是福利彩票，其发展整体上则较为乐观，其销售额从1998年的63.2亿元增长到2015年的2 015.1亿元，公益金筹集能力从1998年度的19.6亿元提升到2015年的563.8亿元，后者分别为1998年数据的31.9倍和66.5倍，显示出其巨大的成长。这说明以福利彩票为主要内容的市场化福利提供适应了市场的基本要求，其整体的成长速率和成长空间都为市场在福利提供体系中发挥作用注入了活力，但是福利彩票如何有效管理，是一个需要多学科交叉研究的大问题。

从未来市场福利的走向来看，应当在尊重市场规律的前提下注意：一方面，积极履行对福利企业的支持政策。针对残疾人设置的福利企业既能够有效调动残疾人参与社会、服务社会的热情，体现残疾人的劳动价值，帮助部分残疾人实现力所能及的自给自足的生活，也是社会稳定的重要的调节剂和中国履行残疾人权益国际承诺的重要方式，因此兼具经济和社会价值。目前福利企业发展不畅的原因一是在于自身潜能挖掘不足，对于市场经济体制下的竞争性估计不足，加之劳动力本身具有先天性限制，因而易出现生产产品不适合市场竞争的情况；二是在于部分地方政府重视经济建设而忽视社会建设，地方财政、税务对于福利企业的支持流于表现，甚至一定程度限制福利企业的发展。未来福利企业在修炼“内力”的同时更需要地方政府落实国家相关政策，对于福利企业的支持力度应当更接地气，符合福利企业自身的竞争力。另一方面，多渠道保障福利彩票事业的透明公开。福利彩票的发展不但有力地利用了民间资本参与到福利事务中，为各项社会福利事务筹措到了充裕的资金，而且对于民间慈善意识和民间帮扶意识也具有良好的启迪效果。但是由于涉及福利彩票的腐败问题近年来屡次被曝光，越来越多的民众对于福利彩票的本质意义产生了怀疑，对于福利彩票资金的使用去向保持了更高的警惕，福利彩票的信任危机开始出现。未来相关部门应当继续增强福利彩票事业的公开性和透明性，强调资金筹措、资金使用、奖励公证等方面的系统性，保障福利彩票筹集到的资金真正运用到福利事务中。

第四节　家庭的福利提供

一、家庭履行福利责任的政策支持

按照福利多元理论，家庭在多元福利提供体系中担当着重要的角色，通过家庭成员的相互支持有效地满足了家庭内部成员的福利需要，并成为当前弱势群体福利供应的重要来源。中国家庭福利提供主要以三种形式加以呈现：(1) 家庭保护。家庭首先对于弱势群体具有较强的保护功能，对于儿童的健康成长、老年人的幸福安康和残疾人的权益维护都具有重要的支撑性作用。(2) 物质与资金提供。家庭还会通过物质和资金的形式对家庭内部成员给予帮助，在大家庭内部往往还会以家庭互济的方式形成某种形式的共同成长。(3) 照顾服务。对于儿童、老年人和残疾人等特殊困难群体而言，在照顾方面的需要实际上较为强烈，而家庭往往可以通过多元的照顾性服务对此方面的需要予以满足。由于家庭在福利提供中的重要作用，各国在建设福利供应体系的过程中也对家庭的功能进行了深入的研究，并在研究的基础上发展了相关的社会福利政策，如我国民政部门在开展福利服务时就采取了“家庭为基础、社区为平台、机构为依托”的政策思路。

由于家庭与国家的边界比较清晰，因此目前相关政策对于家庭内部事务的规范以资助和指导为主、以约束和惩罚为辅，并且相关的法律法规比较多。目前，较为重要的法律主要有《婚姻法》(1981)、《继承法》(1985)、《母婴保健法》(1995)、《收养法》(1998)、《计划生育法》(2002) 等专门性法律，并辅之以《老年人权益保障法》(1996)、《残疾人保障法》(2008)、《人民调解法》(2010)、《未成年人保护法》(2012)、《民法通则》(2014) 等辅助性法律。这些法律对于维护家庭的稳定和有效提供家庭福利具有重要的指导性意义，并对处理家庭内部的福利关系具有较为鲜明的约束作用。在法律的基础上，一些针对性的社会福利政策也涉及了家庭主体，较具代表性的有《关于加强农村家庭文化建设的通知》(2004)、《全国家庭教育指导大纲》(2010)、《优先解决城乡低收入残疾家庭住房困难的通知》(2010)、《流浪未成年人需求和家庭监护情况评估规范》(2012)、《家庭寄养管理办法》(2014)、《关于加强老年人家庭及居住区公共设施无障碍改造工作的通知》(2014) 等。这些政策不但在既有法律的基础上较好地规范了家庭成员的责任和权限，而且对于特定困境家庭也实行了有力的制度帮扶。

二、家庭履行福利责任的变迁轨迹

家庭福利提供比较难进行量化统计分析。民政部公布的数据使我们对家庭成员年龄结构、婚姻结构等有所认识。家庭福利提供首先有赖于稳定的婚姻及家庭关系，这是因为尽管非婚生子女、丧偶老人抑或丧偶残疾人也能够得到一定程度的照顾，但是其福利供应与福利需要往往存在着较大程度的不匹配。从具体的统计来看，2015 年度我国各级民政部门和婚姻登记机构共依法办理结婚登记 1 224.7 万对，同比 2014 年度下降 6.3%，其中涉外及华侨、港澳台居民登记结婚 4.1 万对，占据总体数目的 0.3%；2015 年度我国的粗结婚率约为 9.0‰，25～29 岁办理结婚登记占结婚总人口比重最多，占据总体结婚比例的 39.4%，比 2014 年度增加 1.4 个百分点。从离婚情况来看，2015 年度我国依法办理离婚手续的共有 384.1 万对，比 2014 年度增长了 5.6%，其中在民政部门办理登记离婚的为 314.9 万对，占据总体数目的 82.0%，法院办理离婚 69.3 万对，占据总体数目的 18.0%；同时，2015 年度我国粗离婚率为 2.8‰，比 2014 年度增加 0.1 个千分点，约为同时期结婚对数的 31.1%。

除了婚姻对家庭福利提供的影响以外，城镇化及老龄化等因素对于家庭的福利提供能力也造成了较大程度的影响。从儿童群体的情况来看，目前学术界较为广泛的研究结论认为中国的困境儿童除了孤儿以外还有事实孤儿、受虐儿童、流浪儿童、离异家庭子女、流动儿童、留守儿童、残疾儿童和农村女童等群体，目前官方层面上的界定以前四个为主，但是后四类儿童的困境程度也在逐步增长。相关统计显示，我国约有留守儿童 4 000 万人到 8 000 万人之间，约有流动儿童 3 000 万人到 6 000 万人之间，因而各类困境儿童的总体数目超过了 1 亿人，其对家庭福利的提供构成了较为巨大的挑战。从老年人口来说，目前老龄化的发展对于家庭福利提供造成了较为严重的制约，截至 2015 年底我国 60 岁及以上老年人口 22 200 万人，约占我国总人口的 16.1%，其中 65 岁及以上人口 14 386 万人，约占总人口的10.5%，而自20世纪80年代以来的计划生育政策又使得中国独生子女家庭的比例显著增长，这都严重威胁着家庭福利提供的稳步进行。

从纵向数据上看，我国家庭福利提供的基础婚姻关系在近年来有恶化的趋势，其对于我国家庭福利提供的构成了挑战（见表8－15）。自2001年开始，我国出现了结婚率和离婚率的双重提高，但是离婚率提高的比例要远高于结婚率。2001年，我国结婚人数达到了805.0万对，粗结婚率在6.3‰左右，到2005年两者分别上升到了823.1万对和6.4‰，2010年两者进一步增长到了1 241.0万对和9.3‰，2015年度两者的数值分别达到了1 224.7万对和9.0‰，2015年数据分别同比2001年数据增长了52.1%和42.9%。相比之下，粗离婚率的比例则增长得更为迅速，2001～2003年其数据基本维持在1%左右，2005年和2010年分别增长到了1.4‰和2.0‰，而2015年度的数据则达到了2.8‰，其提升的比例达到了1.8倍左右。

表8－15　　我国家庭情况近年来的变化趋势

年份	结婚数（万对）	粗结婚率（‰）	离婚数（万对）	粗离婚率（‰）	60岁老人（万人）	60岁老人（%）	65岁老人（万人）	65岁老人（%）
2001年	805.0	6.3	125.0	1.0	—	—	9 062	7.1
2002年	786.0	6.1	117.7	0.9	—	—	9 377	7.3
2003年	811.4	6.3	133.1	1.1	—	—	9 692	7.5
2004年	867.2	6.7	166.5	1.3	—	—	9 857	7.6
2005年	823.1	6.4	178.5	1.4	—	—	10 155	7.7
2006年	945.0	7.2	191.3	1.5	—	—	10 419	7.9
2007年	991.4	7.5	209.8	1.6	15 340	11.6	10 636	8.1
2008年	1 098.3	8.3	226.9	1.7	15 989	12.0	10 956	8.3
2009年	1 212.4	9.1	246.8	1.9	16 714	12.5	11 309	8.5
2010年	1 241.0	9.3	267.8	2.0	17 765	13.3	11 883	8.9
2011年	1 302.4	9.7	287.4	2.1	18 499	13.7	12 288	9.1
2012年	1 223.6	9.8	310.4	2.3	19 390	14.3	12 714	9.4
2013年	1 346.9	9.9	350.0	2.6	20 243	14.9	13 161	9.7
2014年	1 306.7	9.6	363.7	2.7	21 242	15.5	13 755	10.1
2015年	1 224.7	9.0	384.1	2.8	22 200	16.1	14 386	10.5

资料来源：（1）所有资料均来自民政部官方网站公布的年度报告，网址为http：//www.mca.gov.cn/article/sj/tjgb/？2，2017年8月19日；（2）年度报告的统计口径接近，但是名称不同：2001～2009年报告名称为《民政事业发展统计公报》，2010～2015年报告名称为《社会服务发展统计公报》。

与婚姻关系正在变得更为脆弱具有类似之处，我国老龄化问题的加剧也促使家庭服务面临着巨大的压力。2007 年，我国 60 岁以上老年人的人口数量为 15 340 万人，大约占据整体人口数目的 11.6%，至 2011 年上升到了 18 499 万人，占据总人口比例的 13.7%，而在 2015 年其整体的老龄化比例进一步上升，约有 22 200 万人属于老年人口，大约占据同时期人口总量的 16.1%；总体进行比较可以发现，2015 年 60 岁以上老年人口的数量增长了 44.7%，老龄化比例提升了 38.8%。与此类似，65 岁老人的上升幅度也非常快，2001 年我国 65 岁以上的老年人口数量为 9 062 万人，其 7.1% 的比例刚刚达到了老龄化社会的标准；而到了 2015 年度，其人口增长到了 14 386 万人，同比增长到了 10.5%。同时值得注意的是，65 岁以上老年人占比 60 岁以上老年人的比例出现了明显的下降，2007 年这一比例高达 69.3%，到了 2015 年度这一比例降低到了 64.8%。老龄化趋势对于家庭福利提供也会造成明显的负面影响，它在增加年龄人口赡养压力的同时也使得家庭福利提供所承担的压力更为艰困。

三、家庭履行福利责任的转变和方向

家庭作为福利提供的“最后一里路”一直是福利链条上的重要环节，也是国家福利责任、社会福利责任和市场福利责任真正落到实处的关键节点，在福利供应体系中发挥着越来越重要的作用。整体上看，目前家庭福利提供在现代社会面临着两个方面的转变：首先，伴随着人口教育水平的提升和信息化技术的普遍应用，越来越多的专业知识使得家庭福利服务的专业性更强。我国媒体对健康、养育、赡养等方面知识的普及对于提供家庭福利具有积极意义，同时政府在社区层面为普通居民提供的相关培训也使得家庭福利的保障力度更强，而社会组织等机构对于其专业知识的成长也具有较大的帮扶，这使得以家庭为基础推动的福利服务在现代社会具有越来越好的效果。同时，个体教育时间的延长使得家庭对于育儿和养老技术的接受度明显提高，福利服务的专业性在家庭内部也得到了较好的彰显。在家庭福利实行的同时，国家的部分政策也正在强化家庭福利提供的稳定性和持久性，如民政部开展的“农村社区爱心妈妈”“儿童福利主任”项目就为留守儿童的健康成长提供了替代性服务，相关社会组织开展的“被虐儿童保护计划”也能够为被虐待儿童的福利需要提供多元支持。其次，城镇化、老龄化和离婚率的提升也为家庭福利提供的脆弱性埋下了伏笔。自 20 世纪 90 年代初我国允许农民工外出务工以来，数以亿计的农民离开家庭进城务工，其中相当一部分人口将子女留在本地，形成了数量庞大的留守儿童群体，调查也显示约有 5% ~ 10% 的留守儿童处于独居状态，这对其福利满足形成了巨大的威胁；老龄化的问题近年来也非常突出，目前我国 65 岁老龄人口已经超过了总人数数目的 13%，且仍然具有较大的增长趋势，这对于独居老人、失独老人和失能老人而言具有更为严重的挑战；同时，离婚率的增长也使得更多老年人口和儿童人口暴露在福利真空中，使得困境老人、单亲家庭和困境儿童的比例持续增长。上述问题使得当前家庭福利提供的脆弱性尽显无遗，亟需多元福利体系的补充和弥补。

未来我国家庭政策应当进行积极的调整，转变的方向主要有两个：一方面，亟需构建家庭支持型的社会政策。鉴于目前家庭在福利提供中的基础性地位受到家庭结构的较大挑战，人口流动、婚姻脆弱以及老龄化趋势带来的家庭抚养功能受到了极大的削弱，因而需要相关福利主体为家庭提供更为充裕的保护。国家应当以购买服务或公共服务为基础建立具有公益性质的困境家庭支持津贴、临时安置服务、康复服务、老年护理服务，建立收费与公益性质并存的监护服务、托幼服务、医疗服务、教育服务、心理健康服务，着力解决家庭面临的实际困难，并对特殊困境家庭给予长期的跟踪监察。另一方面，应当大力增强家庭教育的制度保障。由于经济社会压力的增长，使得很多家庭在福利提供过程中放弃了自身的部分义务，如弃婴问题、流动人口由于经济利益而降低子女看护照顾问题、贫困人口由于自身经济压力而不赡养老人问题，这些都使得家庭教育具有明确的必要性。未来我国应当在厘清政府、社会、家庭边界的基础上，对于家庭的福利功能进行较为完整的规范，培育家庭育儿与养老的意识，增强家庭的养育及抚育能力，并建立起奖励与惩戒并举的体系化制度。

第五节　结论与建议

中国福利提供体系的进步和成长在近 30 年的时间中是显而易见的。首先，国家的福利提供出现了较为有力的增长，财政投入、机构建设与制度设计都有长足的进步，这也成为中国福利提供体系最为有力的“发动机”和带动者。30 年间，我国政府在养老、儿童、残疾人等专门性福利设施、津贴与服务方面的投入均增长了数十倍，福利建设的理念也从以往的“补缺型”逐步发展成为“适度普惠型”，包括失能老人、困境儿童在内的大量弱势群体开始被既有社会福利制度所覆盖，福利院所承担的职能也开始从“院内”走向“院外”。其次，社会力量在福利提供中的作用近年来也得到了迅猛的体现，不但提供福利服务的社区和专业社会组织得到了迅速的发展，福利建设的思路得到了理顺，且购买服务、项目化管理、社工人才培养等政策也在逐步增加福利服务的专业性，在沿海发达地区村（社区）都已经具备了独立开展福利服务的专业能力，这为有效延伸公共部门的服务获得感和培育公共部门的服务理念创造了条件。最后，市场性的福利近年来也得到了迅速的发展，虽然福利企业利用市场规则得以生存的能力出现了一定程度的衰弱，但是福利彩票等事业却有着极为快速的进步，利用福利彩票开展的福利项目支出规模从2006年的91亿元增长到了2015年的288.9亿元，市场在福利提供中活力得到了较为清晰的认可。而随着家庭育儿、养老、助残能力的提升，家庭在福利提供中的基础性作用也得到了长期稳定的支持，以家庭为基础开展多功能的福利服务建设仍然是30年来主流的福利提供取向。

从我国当前福利提供体系的基本特点来看，可以发现现行体系既具有西方福利体系中的多元组合特征，也带有中国本土“政强民弱”的基本特色。一方面，我国由国家、社会、市场和家庭组成的福利提供框架是基本完整的，各个福利主体在福利体系中也都发挥着积极的功效。其中，国家的福利提供带有较强的公益性和公平性特征，通过资源调动与政策设计来实现不同福利资源之间的整合；社会是福利资源的链接者，社区、社会组织和志愿部门都在福利提供中发挥着辅助性的作用；市场的主要作用在于资金筹集，对于我国民间资本的吸纳和市场化运作具有极为重要的影响；而家庭是福利提供的“最后一公里”，通过福利资源与福利服务的家庭内互济最终实现有效率的福利安排。另一方面，我国福利主体之间的地位是不对等的，国家在福利提供中处于绝对的统筹作用，家庭福利提供则具有基础性功能，但社会力量与市场在福利提供中的作用较为羸弱。目前，家庭在养老、育儿与助残等福利服务提供过程中承担首要责任，有关普通儿童、老年人及残疾人的托幼、养育、康复、照顾、教育、医疗与心理疏导的服务工作均由家庭来承担，使得家庭的福利服务压力较大；国家担任政策统筹的功能，对于其他福利主体进行整体的监管与指导，并对特殊困境家庭承担福利提供“兜底”责任；社会力量与市场在福利体系中处于边缘地位，真正具备困境家庭资源链接能力的地区非常有限，多数地区仅仅具有非常态化服务的能力。

这种“政强民弱”福利提供体系所存在的问题是非常鲜明的，其中最为典型的问题是国家福利提供的越位与缺位现象并存。在实际工作中，部分地方的公共部门在福利提供过程中往往“手臂过长”，其福利建设思路以管理而非服务为主流，对于社会力量不能够有效的放权，因而社会力量与市场参与福利建设的积极性受到了政策上的极大约束。在政策的制约之下，多数地方在购买服务、社会工作队伍建设和家庭教育方面存在的问题使得社会、市场与家庭在福利提供中既想发力又难发力，其福利提供的从属地位较为明确，因而专业性的福利服务仍然非常有限，这与当前市场经济下民众对于福利服务的高质量要求形成了较大的供需反差。另外，由于公共部门往往在巨大维稳压力下履行“兜底”职能，特别是民政部门近年来承受到了较大的弱势人群防控压力，因而其基层工作量往往过大，以民政部门为代表的基层工作人员受制于编制与财务的限制，往往在事务处理中应接不暇，使得其实际的工作效率不高。这也从另一方面造成了相关部门的工作人员被事务性工作所羁绊，无法审慎思考地方政策的布局，对于特定困难人群的帮扶工作仍然以传统制度安排为主。

从未来的建设方向来看，四个基本的方向需要得以稳固。首先，应当实现中国社会福利制度的转型升级。以公共组织为基础的福利提供应当坚持增长型、法制化、长期性的路径，福利提供应当逐步从“有限覆盖”向“全民共享”进行转型，以未来将要建设的《社会福利法》及相关条例、办法为基础开展具体的福利服务活动，福利提供应当稳步前进，避免过于冒进和过于保守的福利建设思路，现阶段仍然应当以保障困境儿童、困境老人和所有残疾人为主要对象，逐步扩充福利服务的涵盖人群。其次，应当以购买服务、规范化培训的方式加大福利提供的专业性。社会力量在我国福利提供中的地位羸弱，除了与政策限制、传统习惯有关以外，与自身的能力建设也有很大的关联。未来社区、社会组织和志愿部门应当在购买服务和规范化培训的前提下努力提升自身经验、技能和口碑，在政府孵化支持过程中逐步成为社会资源的链接者和专业服务的引领者。再次，积极利用市场规则强化福利资源收集与提供的效率。未来的市场建设一是可以通过增强市场机制的运用来为政府购买服务、福利产品有效流通、专业福利人才就业和流动匹配最优组合，二是可以以资金筹集的方式来为福利项目谋取到更为充裕的资金，能够积极充当福利资源的“充电宝”。最后，通过家庭教育来提升家庭成员的使命感和技能。在未来家庭福利服务的提供中，构建以家庭监管、家庭惩戒、家庭指导和临时家庭安置为主要内容的家庭支持性政策是非常必要的，要通过家庭教育来厘清家庭与多元主体的边界，提升家庭在育儿、养老和助残方面的技能，引导家庭在福利提供中发挥基础性作用。

第九章

福利组织

民政部提出了逐步拓展社会福利保障范围，推进社会福利制度由补缺型向适度普惠型转变，标志着中国福利制度的重大转型。建立与中国社会发展相适应的具有中国特色的适度普惠福利制度成为社会共识，而如何实现适度普惠型社会福利也成为学者们探讨的焦点。适度普惠社会福利构建中的责任分担应是政府责任优先、需要导向的制度建构、企业社会责任的承担、家庭福利责任的保护与激活、社会福利机构的培育与发展（刘旭东，2008），而需要为本的本土社会工作服务与适度普惠社会福利制度建设目标一致，能更好满足社会成员多元需要，所以是推动适度普惠社会福利的重要力量（彭华民，2010a）。同时，福利需要为本应该成为中国社会福利制度目标定位最基本的方式，而这个目标就是要满足社会成员多元需要、提高社会质量、发展社会成员能力和保证社会成员拥有接受社会福利的公民权利（彭华民，2010b）。这些都为适度普惠社会福利制度构建提供了理论依据。在适度普惠社会福利服务提供上，政府逐渐认识到仅依靠政府的力量难以满足社会成员多元化需要，需要广泛动员社会力量，形成政府和社会互补的社会福利提供（窦玉沛，2007）。由此可见，应建立与社会发展水平相适应的，以需要为本的适度普惠社会福利制度，形成多元福利服务提供来解决社会问题。在这个多元福利提供体系中，社会福利组织扮演着不可替代的作用。

第一节　中国的福利组织

中国适度普惠社会福利制度转型理念的提出与中国整个社会—市场转型密切相关。它的出现是从福利国家化向福利社会化和社区化转变的必然要求，也是社会福利对象从解决部分群体的贫困问题扩大到一般居民福利需要的必然要求。同时，这也标志着我国社会福利制度正在发生根本性的变革，即由补市场经济之“缺”转变为社会发展的内在价值要求，并逐步成为政府的一项基本职能，城乡居民的一种“社会权利”、一种生活模式。这种变革产生的社会影响广泛而深刻。因为这不仅意味着社会福利的对象和范围的深刻变革，也是社会福利发展理念、制度框架和发展模式的质的飞跃（代恒猛，2009）。在适度普惠型社会福利制度实现路径中，多数学者都强调了多元福利供给的重要性，在多元福利供给中福利组织的发展程度对适度普惠型社会福利制度构建有着重要影响。因此，有必要对中国福利组织的多元面向做一个描述。

一、福利组织学术含义与类型

国际学术界和政界，福利多元主义是福利国家危机后的主要理论思潮，影响极大。福利多元提供方包括国家的福利提供、社会的福利提供、市场的福利提供和家庭的福利提供。社会的福利提供包括福利组织和社区的福利提供，因此，本部分就按照福利多元主义的思路，将各种类型的社会福利组织都归于福利组织的概念之下。福利组织又被称为社会福利组织、非营利组织、非政府组织或第三部门，福利组织属于形式多样的社会组织中的一种类型。在中国，福利组织又被称为社会福利机构或社会服务组织，它是福利传递重要的载体和工具。

与其他社会组织相比，福利组织一般具有如下特点：（1）它的目标是预防和修补个人与社会的关系出现不相适应的状态；（2）福利组织与环境是一种资源依存的关系；（3）福利组织使用的是专业人员；（4）工作人员的个人素质、投入和技术对服务质量有重要影响（徐月宾，2002）。还有学者把民间组织等同于民间福利组织，把“非营利性”看作是民间福利组织的根本（李芹，2006）。也有学者认为，福利组织的概念和类型不是一成不变的，随着社会的发展和需要会有新的类型和样态出现。当社会对社会福利有不同定义和需要时，就会改变政府和福利组织的关系，因而也会形成不同类型的福利组织（Lipsky & Smith，1990；

Gronbjerg & Smith，1999）。在20世纪90年代之前，中国香港地区存在着传统型态的福利组织，而在该年代之后，为了应对社会新的的需要与政府管理的改变，出现大量的新形态的社会福利组织（刘康慧、李咏怡，2011）。传统型态的社会福利组织主要是政府兴办或给予资金支持，给公民提供普遍性的福利服务，而新形态的社会福利组织主要扮演补充的角色，通过提供新的服务来补充政府福利提供的不足。

福利组织的定义和内涵与一个国家的福利类型和发展阶段密切相关，要给福利组织界定一个通用的，大多数人认可的定义并非易事。但从大量既有研究中可以发现，福利组织具有强调非营利性、服务的提供和传递及人员的专业性等特点，因此，只有聚焦于中国具体的社会环境，在中国政策体系和话语体系中才能清楚认识福利组织的指称和含义。中国在讨论社会福利组织时不可避免地与民办非企业、社会组织有联系，而在中国，谈到社会组织，它必然与非营利组织、民间组织、非政府组织以及第三部门等概念混用在同一分析框架之下，并且有相当程度的重叠。在适度普惠社会福利制度构建过程中，社会组织的概念类型又发生了改变。2016年9月1日起施行的《中华人民共和国慈善法》中将民办非企业单位统一改为社会服务机构。与原来的民办非企业单位相比，社会服务机构这一命名更能准确反映此类组织的性质和功能。为保持一致，民政部于2016年5月26日对《社会服务机构登记管理条例》《民办非企业单位登记管理暂行条例（修订草案征求意见稿）》公开征求意见，意见稿中也将民办非企业修改为社会服务机构。为了清楚认识社会福利组织在整个组织中的地位，有必要对与之相关的非政府组织、非营利组织、民间组织、社会组织和民办非企业等概念进行分析和梳理（许小玲，2015）。

管理学视角分析社会组织有广义和狭义之分，广义的社会组织是指人们从事共同活动所形成所有群体形式，而狭义的社会组织是为实现特定目的而有意识组织起来的社会群体，可以分为三类：营利组织（如企业）、公共组织（如政府行政组织）和非营利组织（Goulet & Frank，2002）。广义的非营利组织又分为两类：官办非营利组织（如中国的事业单位）、民间非营利组织，后者就是狭义的非营利组织。狭义的非营利组织（NPO）与非政府组织（NGO）二者在内涵和外延上保持一致，可以相互替换，二者不同的是，非营利组织强调的是它与企业的区别即非营利性，而非政府组织强调的是它与政府的区别即社会性（王名，2002：5）。民间组织（civil organization）或社会组织主要是我国政府对非营利组织的称谓，因此，非营利组织在官方话语体系中，常常被民间组织或社会组织这些称谓所替代，实际上三者在本质上区别并不大，是“形不同而质同”的一种状态。狭义的非营利组织可以分为社会团体、基金会和民办非企业（见图9-1）。

民办非企业单位[①]是企业、事业单位、社会团体以及其他社会力量或者公民个人利用国有资产之外的资金举办的，从事非营利性社会服务活动的一种社会组织。因为它和社会团体、基金会一个很大的不同是民办非企业单位有一个实体性的机构，所以又被称为实体型社会服务机构，与之相对应，社会团体和基金会则被称作运作型组织。民办非企业单位是非营利组织中重要的一部分，其重要特征就在于其服务性，因其民间性、非营利性、实体性、服务性而有别于政府行政服务体系，比如民办学校、民办医院、民办养老院等。

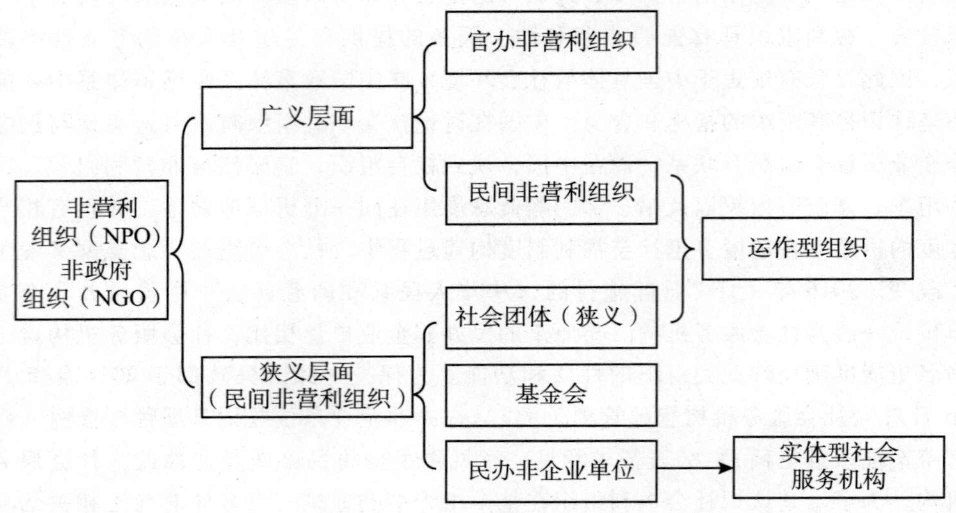

图 9-1　非营利组织的分类

资料来源：王名，2002，《非营利组织管理概论》，北京：中国人民大学出版社，第 5 页。

改革开放以来，中国内地社会组织发展迅猛，截至 2016 年底，全国共有社会组织 70.2 万个，比上年增长 6.0%；吸纳社会各类人员就业 763.7 万人，比上年增长 3.9%。全国共有民办非企业单位 36.1 万个，比上年增长 9.7%（民政部，2016）。社会组织已经成为社会福利的重要提供方。

① 在本书写作过程中，社会组织的概念类型又发生了改变。2016 年 9 月 1 日起将要施行的《中华人民共和国慈善法》中将“民办非企业单位”统一改为“社会服务机构”。与原来的民办非企业单位相比，社会服务机构这一命名更能准确反映此类组织的性质和服务功能。为了保持一致，民政部于 2016 年 5 月 26 日对《社会服务机构登记管理条例》《民办非企业单位登记管理暂行条例（修订草案征求意见稿）》公开征求意见，意见稿中也将“民办非企业单位”修改为“社会服务机构”。

二、中国特色社会福利机构

福利多元主义视角下的福利组织，落地到中国，对接的是极具中国特色的社会福利机构。从福利提供的视角分析，狭义（社会）福利组织是民政部门管理的社会福利领域中，在老人、儿童、残疾人领域中提供福利服务的组织。包括国办、民办以及混合类型社会福利机构。广义（社会）福利组织包括在民政部门管理的社会福利领域中，为老人、儿童、残疾人领域提供福利服务的组织；还包括各种提供社会服务的社会组织，例如社会工作机构、志愿服务组织、工青妇组织、各种基金会等。特别是随着中国社会工作发展而兴起的社会工作机构，改变了福利组织的格局，吸纳了更多的专业力量和社会资源参与服务，成为福利提供的重要力量。

民政部颁布的《社会福利机构暂行管理办法》（1999）中指称的社会福利机构为国家、社会组织和个人举办的，为老年人、残疾人、孤儿和弃婴提供养护、康复、托管等服务的机构。社会福利组织支持主体可以是国家、社会组织和个人。早期中国的社会福利组织以国家政府举办为主，称为国办社会福利机构。20世纪80年代开始，随着国办社会福利机构弊端的显现以及福利多元化需要的高涨，“社会福利社会化”成为中国福利改革的重点。随后一系列政策文件出台，进一步推动了社会福利社会化的发展。2000年，民政部等11部委联合颁布了《关于加快实现社会福利社会化的意见》，明确指出了社会化是未来我国社会福利事业发展的基本方向。社会福利社会化的核心是在国家、市场、社会与个人家庭之间进行福利责任的重新划分，鼓励社会力量参与到福利服务中来，与政府、集体和家庭一起承担福利服务的责任。一时间，培育社会组织特别是服务型社会组织成为政策倡导的主要内容。正是在这一背景下，中国社会福利组织打破了政府作为主要的单一兴办主体的格局，民间福利组织或者说民办非企业有了快速发展，涉及了养老、残障康复、青少年服务等多个领域（参见第八章福利提供）。

三、中国特色社会工作机构

从中国福利组织兴办主体即服务递送维度上看，中国福利组织分为民政部门兴办的官方福利组织和和民办或者社会办民间福利组织。民办非企业或民间福利组织则是中国新形态福利组织的重要类型。此外，由于福利组织强调人员的专业性，由持证上岗的专业社会工作者组办的社会工作服务机构（以下简称“社会工作机构”）就成为中国新型社会福利组织的代表。民办社会工作服务机构（以下简称“民办社会工作机构”）以专业社会工作者为主体，坚持助人自助宗旨，遵循社会工作专业伦理规范，综合运用社会工作专业知识、方法和技能，开展困难救助、矛盾调处、权益维护、心理疏导、行为矫治、关系调适等服务工作的民办非企业单位（民政部，2011）。它是汇集各种专业福利服务人才特别是社会工作人才的重要组织，是开展社会福利专业服务的重要组织形式。因此，分析内地社会工作机构的发展历程和特点，能把握近年来适度普惠社会福利制度转型中福利组织创新和发展趋势。

第二节　中国的社会工作机构

社会工作机构快速发展进程可以分为三个阶段：萌芽阶段、初步发展阶段和快速发展阶段。在这三个阶段，社会工作机构的发展进程受到了中国经济体制改革、政治环境以及社会福利意识转变的深刻影响，可以说，它的出现是中国制度环境变迁、政府福利供给需要及社会工作专业教育发展共同作用的结果。社会工作机构有多元化的服务领域，包括社会福利，还包括社会救助、慈善事业、社区建设、婚姻家庭、精神卫生、残障康复、犯罪预防、禁毒戒毒、矫治帮教、人口等，社会福利是第一服务领域。社会工作机构参与了适度普惠社会福利制度构建，是一类具有中国特色的新型福利组织。

一、补缺型社会福利制度下的萌芽阶段

20世纪90年代，中国进入了改革开放的决定性阶段，在这一时期，随着单位制的逐步解体和社会福利社会化的逐步推进，民办非企业单位作为一种新组织形式开始出现，国家从行政层面加强了相关管理。20世纪80年代以来的事业单位主要由国家主办，实行全额拨款。该年代以后，在经济体制改革的推动下，事业单位改革被提上了日程。中国的事业单位形式多样且主管单位多元化，1996年，国务院把管理民办事业单位的不同部门整合归到民政部门，由此出现管理社会团体和民办非企业单位的专门部门——民办非企业单位管理司。1998年，中央机关进行机构改革时，设立了民间组织管理局，统一管理包括社会团体、基金会和民办非企业在内的民间组织。除了管理部门的整合统一，关于民间组织管理的法规和管理也逐渐走向规范化。如1998年10月，国务院修订了《社会团体登记管理条例》并颁布了《民办非企业单位登记管理暂行条例》。这一阶段民办非

企业以爆炸性的速度增长（见图 9－2）。

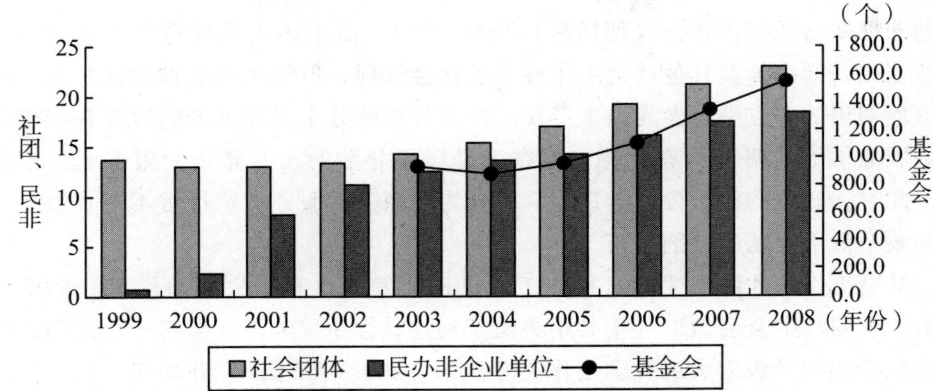

图 9－2　1999～2007 年中国民间组织的数量和年增长率

资料来源：民政部，2008，《2007 年民政事业发展统计公报》，http：//www.mca.gov.cn/article/sj/tjgb/200906/200906000317629.shtml，2017－8－18。

社会工作注重实务，强调社会工作理念方法在具体服务中的应用，这些新的理念首先在大城市得到了初步认可。成立于 2003 年 2 月的上海乐群社会工作服务社被誉为中国大陆第一家社会工作专业服务机构，它的诞生开启了社会工作机构的“破冰”之旅。2004 年 2 月，上海成立了自强服务总社、新航服务总站、上海阳光青少年事务中心三家具有官方背景的民办社会工作机构，通过政府购买服务的方式分别在社区矫治、社区青少年犯罪预防以及药物滥用人员矫治方面提供专业社会工作服务。由于有专业社会工作机构的加盟，福利提供方式发生了转变；福利提供的组织方式也发生了转变。

二、补缺型社会福利制度下的初发阶段

21 世纪初内地社会工作机构获得了初步发展，这与人口变迁、政府管理体制创新和社会工作人才队伍建设不断推进密切相关，而高校教师创办的社会工作机构成为国内社会工作机构发展初期独有的景象。

社会发展带来的人口变迁成为拉动社会工作机构发展的强大力量。中国家庭小型化、人口老化、流动人口急增是改革后中国人口变化的总趋势。大陆 31 个省、自治区、直辖市中 60 岁及以上人口占到比例的 13.26%，同 2000 年第五次全国人口普查相比，居住地与户口登记地不一致且离开户籍登记地半年以上的人口增长 81.03%（2010 年全国人口普查报告）。

政府突破管理体制困境的购买服务行为推动了社会工作机构的发展。改革开放以来，与传统的管理体制相比，社会管理体制有了较大的改变，现代社会管理体制的框架已经初步建立（何增科，2009：97）。由于体制惰性遗留下来的问题仍然存在，导致虽然其他社会主体参与了社会管理，但仅承担着被动的角色，现代治理期望的多方平等参与尚未实现。作为公共服务主要提供者的政府在规模化公共服务供给上明显具有优势，但在满足居民分散的、差异化的服务上力不从心。此时，政府购买服务提上日程，被视为治理公共服务供给严重不足、服务水平和效率低下问题的一剂良药。

社会工作人才队伍建设对社会工作机构的发展也有重大推动作用。2006 年党的十六届六中全会做出《中共中央关于构建社会主义和谐社会若干重大问题的决定》指出要建设宏大的社会工作人才队伍。2007 年 2 月至 2009 年 3 月，民政部组织全国 29 个省（自治区、直辖市）的 75 个区（县、市）和 90 个单位开展了社会工作人才队伍建设试点工作。试点中的任务包括：促进民办社会工作机构发展、健全社会工作服务网络，提供就业岗位、发展组织活动载体。这些文件的出台为民办社会工作机构进一步发展奠定了基础。

三、适度普惠型制度构建时期的快发阶段

21 世纪初，中国社会进入快速发展的新时期，社会组织发展的大环境得到了优化，社会工作机构进入快发阶段。市场经济体制改革进一步深化，社会进入国家发展导向的新时期，构建社会主义和谐社会是党和政府在新时期的历史使命和工作重点。与此同时，政府也进入了职能重构的新阶段。新阶段政府的定位从全能走向有限、职能从管理走向服务、治理理念从善治走向善政，推进以民生改善为重点的社会建设成为其重要目标。国家不仅从政策层面给予支持，更从顶层设计层面优化了适度普惠社会福利制度构建环境，优化了社会组织特别是服务类社会组织的发展环境。

2008 年，人事部和民政部开始了社会工作者的职业水平考试，社会工作者开始纳入国家专业技术人员系列，社会工作者能力甄别开始进入制度化和规范化的阶段。社会工作教育的专业化有力支持了福利组织特别是社会工作机构的发展。教育部于 2009 年批准三十多家大学开展社会工作硕士（MSW）专业学位教育试点，培养高级社会工作实务人才，现在已经有 105 家大学建立 MSW 点。这些专业人才为社会工作机构的良性发展和相关研究提供了支撑。

此外，政府购买社会工作服务的良好效果进一步刺激了政府对社会工作机构的政策支持。民政部出台的《关于促进民办社会工作机构发展的通知》（2009）

对于民办社会工作机构的发展来说具有里程碑式意义。该文件强调要进一步规范民办社会工作机构的登记管理工作，各地要积极争取财政资金，制定出台专门政策措施，以项目招标、委托等多种方式，逐步建立政府向民办社会工作机构购买服务的机制。2010 年 6 月，中共中央、国务院发布的《国家中长期人才发展规划纲要（2010—2020 年）》（以下简称《纲要》），将社会工作人才队伍列入国家重点发展的六大人才队伍之一。《纲要》中较为明确地对组织建设、岗位开发、管理扶持和购买服务政策做了专门部署。这些政策对推动民办社会工作机构进一步发展起到推动作用。

2012 年，民政部和财务部联合下发了《关于政府购买社会工作服务的指导意见》（以下简称《意见》），《意见》除了从政策层面为社会工作机构发展提供了必要资金，还从税收等方面为发展社会工作服务的载体做出了诸多规定。随着社会管理体制的深化和公民社会的有序推进，政社分离、还社于民成为众望所归，改善社会组织成长的外部环境成为当务之急。2013 年 3 月，党的十八届二中全会和十二届全国人大一次会议通过了《国务院机构改革和职能转变方案》（以下简称《方案》），《方案》指出培育和发展四类社会组织：行业协会商会类、公益慈善类、科技类和城乡社区服务类。为了促进四类社会组织的发展，在登记管理上执行多年的“双重管理”改革启动，进一步优化了福利组织的成长环境。

如果 2012 年《关于政府购买社会工作服务的指导意见》的出台表明政府对购买社会工作服务的决心，那么 2013 年 3 月民政部《中央财政支持社会组织参与社会服务项目》的启动则进一步明确了资金支持主体，使政府购买服务迈出了实质性的一步，也有效提升了社会服务组织的服务能力。2014 年 4 月，《民政部关于进一步加快推进民办社会工作机构发展的意见》的出台进一步表明政府加大对民办社会工作机构扶持力度的决心。2014 年 12 月，财政部印发《政府购买服务管理办法（暂行）》，第一次将社会工作服务纳入政府购买内容和指导目录的范围。它对于进一步拓宽政府购买社会工作服务范围、提升政府购买社会工作服务质量、促进民办社会工作服务机构发展具有重要意义。这一时期是社会工作机构快速发展的新时期，政府对社会组织的基本认识发生了变化，从限制、控制到肯定和大力扶持，突出强调了社会工作机构在适度普惠社会福利制度构建中的积极作用。社会工作机构在福利提供、福利传输、福利治理中的作用愈来愈突出。

四、中国社会工作机构发展特点

对中国社会工作机构发展三个不同时期进行描述、梳理和回顾，有如下发现：20 世纪 90 年代末期的社会工作机构处于萌芽时期，数量极少，其作用无法显现出来；2000 年中期人口变迁、政府管理体制创新和社会工作人才队伍建设的推进为内地社会工作机构的发展夯实了基础，社会工作机构的作用在少数沿海发达地区得到了体现；新时期社会组织发展的整个环境得到了一定程度的优化，中央政府从政策和资金层面对社会工作服务机构给予支持，社会服务机构纳入整个社会建设的视野之中。在梳理完社会工作机构发展历程之后，我们有必要进一步理清这一发展过程中呈现的特点。

（1）社会工作机构的发展与国家社会福利意识形态以及社会福利转型密切相关。社会工作机构作为福利传递中的重要载体，它的发展轨迹受政府福利改革及福利意识的极大影响。随着后工业社会的迅速发展，外部环境中生活方式的变化、人口的老龄化、少子化也在改变着社会福利制度的生存基础；城市化和后工业社会增加了人们的风险；这些都挑战和冲击着传统补缺型社会福利制度。2007 年民政部在对中国福利发展进行规划时，第一次提出了逐步拓展社会福利保障范围，推进社会福利制度由补缺型向适度普惠型转变，这标志着中国福利制度开始向一个全新方向转变。构建适度普惠型社会福利必须以需要为导向，强调政府责任优先、企业社会责任的承担和社会福利机构的培育与发展（王思斌，2009）。作为专业服务提供和福利服务传递重要力量的社会工作机构开始受到重视并得以发展。

（2）社会工作机构的发展与中国社会工作职业化推进密切相关。改革开放以来，中国经济在快速发展的同时各种社会问题也不断涌现。社会问题的凸显好像为专业社会工作开辟了广阔的发展空间，也为社会工作教育创造了最佳的发展机遇。转型期社会问题凸显促使政府出于强烈的工具理性动机推动社会工作职业化，期望它能承担起解决全部或大部分社会问题的重任（行红芳，2010）。王思斌（2006）提出通过身份转换型与专业支持型的方式来扩大社会工作者队伍，而孙莹（2006）则提出通过专业职业化和职业专业化两条道路来实现职业化。各级政府在构建和谐社会的现实需要下，通过既有福利机构社会工作岗位设置、购买服务等方式促进对社会工作职业化。截至 2014 年底，各地社会组织开发设置了 11.39 万个社会工作专业岗位（韩秉志，2015）。鼓励和支持专业服务机构的发展是适度普惠社会福利制度构建的一种重要手段。

（3）社会工作机构发展中存在政府的主导性。中国社会组织的发展有自下而上和自上而下两种，但国内社会组织的发展依托或镶嵌在国家体系中，民间组织的出现并非是完全自发、自下而上的社会运动，更多反映的是鲜明的国家色彩（范明林、程金，2007）。因此，中国社会组织的发展是一个政府主导型的发展态势，相关政策的制定和执行体现了政府对社会组织发展的基本态度，而其发展方向也不得不受到政府工作重点的影响。但从现实角度出发，中国社会组织发展又必须依赖政府。一是政府掌握着最为丰富的资源，二是中国公民社会仍处于发育初期，公民社会和志愿力量发展较为薄弱。社会工作机构发展对政府的路径依赖之忧虑值得深度研究。

第三节　福利组织发展的拉力

我国社会福利制度正从补缺型向适度普惠型转变。在适度普惠型社会福利服务提供上，政府逐渐认识到仅依靠政府的力量难以满足社会成员日益增长的多元化需要，广泛动员社会力量，形成政府和社会互动互补的社会福利提供规则是可能的路径（窦玉沛，2007）。由此可见，理论上建立与社会发展水平相适应的，以需要为本的适度普惠型社会福利制度，形成多元福利服务提供来解决社会问题，满足多元专业服务需要的根本问题是，在既有的预算约束下，公众觉得自己应该享有何种福利权利？期待政府履行承担何种责任来满足自己的福利需要？这涉及公平与效率、理想与现实之间的关系。我们需要比较公众的福利需要和政府福利供给间的差距，这是大力发展福利组织的动力和实践依据。

本部分研究所用数据来源于教育部哲学社会科学研究重大课题攻关项目“中国适度普惠型社会福利理论和制度构建研究”课题组于2012年10～12月以城市为单位的全国性大样本分层定比随机抽样调查数据库资料，即中国适度普惠社会福利调查数据库资料（China Social Welfare Survey，CSWS）。

一、福利组织发展拉力之政府福利责任分担

本部分研究回答的是民众期待政府承担哪些方面的福利责任，换句话说，即民众有哪些基本的福利需要，这些需要是维持人可持续发展的必要保障。其中四类人群问卷中都涉及的问题是B8，其中包含10个具体问题（见表9－1），分别是“提供就业机会给想工作的人”“稳定市场物价”“为老年人提供合理生活保障”“为工业增长提供条件”“为失业者提供合理的生活保障”“缩小贫富间的收入差距”“资助来自低收入家庭的大学生”“提供适当住房给买不起房子的人”以及“制定法律，减少对工业环境的破坏”。每个问题分别有“当然不应该是”“不太应该是”“应该是”“当然应该是”和“无法选择”5个选项，分别赋值是用不同群体在此问题上的分析来判断民众对政府福利责任的期待，即哪些是政府应该承担的福利责任。

表9－1　四种类型社会群体对政府福利责任的选择　单位：%

题号	具体问题	残疾人 n = 846	老年人 n = 1 232	流动人口 n = 1 201	儿童 n = 1 262
B8－1	提供就业机会给想工作的人（就业机会）	95.1	94.6	89.8	74.7
B8－2	稳定市场物价（稳定物价）	95.5	96.8	94.0	82.9
B8－3	为病人提供医疗照顾（医疗照顾）	91.8	93.9	91.1	82.1
B8－4	为老人提供合理生活保障（老年保障）	96.4	97.1	93.8	82.8
B8－5	为工业增长提供条件（工业增长）	84.6	85.7	81.5	77.2
B8－6	为失业者提供合理的生活保障（失业保障）	92.9	93.3	86.5	75.5
B8－7	缩小贫富间的收入差距（缩小贫富差距）	91.8	93.2	88.5	77.2
B8－8	资助来自低收入家庭的大学生（教育资助）	94.9	94.6	90.7	82.0
B8－9	提供适当住房给买不起房子的人（住房保障）	86.0	88.7	74.6	61.0
B8－10	制定法律减少对工业环境的破坏（环境保护）	92.2	91.6	90.3	83.7

表9－1数据分析显示，残疾人、老人、流动人口和儿童四类社会福利接受人群关注的问题和期望政府福利责任承担上有不同，具体表现在以下几个方面：(1) 从846名残疾人对此问题的回答上来看，残疾人最为关注的是老年保障、稳定物价和提供就业机会这三个问题，他们在这三个问题上“应该是”和“当然应该是”的选择率合计占到本题回答率的96.4%、95.5%和95.1%，说明在残疾人看来，最应该成为政府责任的是“为老人提供合理生活保障”“稳定物价”以及“提供就业机会给想工作的人”。(2) 从1 232名老人对此问题的回答上来看，老年人最为关注的是老年保障、稳定物价和教育资助这三个问题，他们在这三个问题上“应该是”和“当然应该是”的选择率分别占到本题回答率的97.1%、96.8%和94.6%，说明在老年人看来，最应该成为政府责任的是“为老人提供合理生活保障”“稳定物价”和“资助来自低收入家庭的大学生”。(3) 从1 201名流动人口对此问题的回答上来看，流动人口最为关注的是稳定物价、老年保障和医

疗照顾这三个问题，他们在这三个问题上“应该是”和“当然应该是”的选择率分别占到本题回答率的94.0%、93.8%和91.1%，说明在流动人口看来，最应该成为政府责任的是“稳定物价”“为老人提供合理生活保障”以及“为病人提供医疗照顾”’。(4) 从被访的1 262名儿童对此问题的回答上，儿童最为关注的是环境保护、稳定物价和老年保障三个问题，他们在这三个问题上“应该是”和“当然应该是”的选择率分别占到本题回答率的83.7%、82.9%和82.8%，说明在儿童看来，最应该成为政府福利责任的是“制定法律，减少对工业环境的破坏”“稳定市场物价”和“为老人提供合理生活保障”。

通过以上数据分析可以看到，残疾人、老人、流动人口和儿童四类社会福利接受人群在具体需要上呈现一定的差异，例如老人和残疾人更认为“为老人提供合理生活保障”是政府的重要责任，流动人口在福利态度倾向上认为“稳定物价”是政府重要的福利责任，而儿童在福利态度倾向上则认为“制定法律，减少对工业环境的破坏”是政府重要的福利责任。这种倾向上的差异与不同群体生理特点需要密切相关。总体而言，向适度普惠型社会福利制度转型的背景下民众对政府应该承担的福利责任充满了期待，表现出较强的福利需要。这些福利需要政府无法全部承担，因此需要通过推动福利组织建设、购买服务、分担责任来实现。

二、福利组织发展拉力之福利供给期望细分与多元

本部分研究回答的是民众实际的福利需要在多大程度上得到了满足？为什么没能得到满足？由此与上述福利需要进行对比，找出民众福利需要供给的差距，从而为大力发展福利组织和购买服务提供实践依据。

在儿童人口问卷中涉及福利供给的问题主要是C1类，即“从你居住的城市来看，你认为下列儿童福利服务需要不需要呢？”其中儿童服务项目涉及“学龄儿童免费配餐服务、放学后的托护服务、社会监护人制度、慈善公益组织开展的儿童服务、学龄前儿童的免费体检服务、儿童大病社会保险制度、社区内的儿童之家建设、多功能的儿童福利院建设、帮助低收入家庭儿童的服务、帮助农民工子女的服务、帮助残疾儿童的服务和津贴、帮助孤儿的服务和津贴”共12类，其中对于每类服务的看法是“不需要”“需要”“很需要”和“不知道”4个选项。如表9-2所示，在被访的1 262名儿童中关于C1问题的回答中，把“需要”“很需要”合并，其中需要最强烈的是“帮助残疾儿童的服务和津贴”这一类，占比达97.3%，排在第二位是的“帮助孤儿的服务和津贴”这一类，占比达97.1%，排在第三位是的“帮助低收入家庭儿童的服务”占比达96.3%（见

表 9 - 2）。由此可见，儿童在城市生活中所需的服务种类较多，其中最强烈的是残疾儿童的服务、孤儿的服务和低收入家庭儿童的服务。提供服务的机构的数量多少和服务提供能力决定了流动人口需要在多大程度上能得到满足。

表 9 - 2　　　　儿童群体福利服务类型及需要选择　　　　单位：%

题号	具体福利服务需要	需要选择
C1 - 1	学龄儿童免费配餐服务	83. 1
C1 - 2	学龄儿童放学后的托护服务	82. 2
C1 - 3	学龄儿童的社会监护人制度	91. 9
C1 - 4	慈善公益组织开展的儿童服务	91. 7
C1 - 5	学龄前儿童的免费体检服务	95. 8
C1 - 6	儿童大病社会保险制度	95. 5
C1 - 7	社区内的儿童之家建设	77. 5
C1 - 8	多功能的儿童福利院建设	88. 0
C1 - 9	帮助低收入家庭儿童的服务	96. 3
C1 - 10	帮助农民工子女的服务	94. 2
C1 - 11	帮助残疾儿童的服务和津贴	97. 3
C1 - 12	帮助孤儿的服务和津贴	97. 1

老年人问卷中涉及福利供给的问题主要是 C4 类，即“如果设立以下服务和津贴，您有什么看法?”和 C5 即“您居住的社区中有没有下面的机构或设施?”两个问题。其中 C4 的在每个服务和津贴上的回答也是“不需要”“不太需要”“无所谓”“需要”和“迫切需要”五个选项，而 C5 的回答就是“有”或者“没有”两个选项。如表 9 - 3 所示，在被访问的 1 232 位老人中，需要程度最强的三类服务和津贴是“70 岁以上高龄津贴制度”“敬老优待证服务”和“高龄老人意外伤害保险”，合并“需要”和“迫切需要”两个选项，需要的比例分别占到 90. 2% 、85. 3% 和 81. 2% （见表 9 - 3）。

表 9 - 3　　　　老年人群体福利服务类型及需要选择　　　　单位：%

题号	具体的福利服务类型	需要选择
C4 - 1	高龄独居老人关爱服务	79. 6
C4 - 2	敬老优待证服务	85. 3
C4 - 3	政府集中供养有需要的老人服务	71. 6

续表

题号	具体的福利服务类型	需要选择
C4 - 4	高龄老人意外伤害保险	81.2
C4 - 5	老年护理服务保险制度	77.5
C4 - 6	老年人异地就医结算制度	78.3
C4 - 7	70 岁以上高龄津贴制度	90.2
C4 - 8	60 岁以上老人居家养老服务补贴	78.9
C4 - 9	临终关怀服务	73.2

问卷中 C5 类问题即“您居住的社区中有没有下面的机构或设施?”的回答中有某类服务机构或是设置比例最低的分别占到 16.4%、25.3% 和 32.9%，即“心理咨询室”“老年大学”和“养老院或老年公寓、托老所”三类设施在老年人看来是占比例最低的三类（见表 9 - 4）。由此可见，老年人在津贴、服务等方面需要强烈，而社区能给老人提供服务的机构和设施却很少，远远满足不了老年人的服务需要。

表 9 - 4　　老年人居住社区拥有的服务机构或设施　　单位：%

题号	具体的福利设施或机构	有
C5 - 1	社区健身设施	84.3
C5 - 2	社区娱乐设施	62.8
C5 - 3	老年大学	25.3
C5 - 4	图书室或报刊阅览室	42.7
C5 - 5	社区卫生站	74.7
C5 - 6	药店	71.1
C5 - 7	心理咨询室	16.4
C5 - 8	社会工作服务室中心	37.7
C5 - 9	老年活动中心	63.0
C5 - 10	养老院或老年公寓、托老所	32.9
C5 - 11	家政服务中心	35.5

残疾人问卷中涉及福利供给的问题主要是 D3 类问题，即“你是否接受过以下残疾人服务吗？及你对该项服务的需要程度如何”。其中在“医疗康复、教育康复、职业康复、社会康复”等 16 项具体服务中（见表 9 - 5），被访问的 846

人中，接受过其中某类服务比例最高的前三项仅为43.9%、42.6%和41.8%，即接受过“残疾人法规宣传教育”“残疾人文体活动服务”以及“残疾人预防知识普及服务”，接受过比例最低的前三项为3.7%、7.3%和8.4%，即“贫困残疾家庭危房改造”“法律援助服务”和“信息无障碍服务”，而这三项接受比例最低的服务从残疾人服务需要来看，却是他们比较迫切的。因为每项服务的需要程度分别是“不需要”“不太需要”“无所谓”“需要”和“迫切需要”五个选项，“需要”和“迫切需要”两项合并后在这三项接受服务比例最低的项目上，残疾人需要程度分别占到被访人数比例的44.4%、45.6%和52.3%。由此可见，残疾人某些重要服务的需要并未得到有效满足。

表9-5　　残疾群体福利服务接受类型及需要选择　　单位：%

题号	具体福利服务类型	接受过	有需要
D3-1	医疗康复服务	22.8	70.1
D3-2	教育康复服务	12.5	43.7
D3-3	职业康复服务	9.1	46.4
D3-4	社会康复服务	12.3	51.5
D3-5	心理辅导服务	14.4	45.0
D3-6	法律援助服务	7.3	45.6
D3-7	辅助器具适配服务	23.4	59.8
D3-8	残疾人预防知识普及服务	41.8	61.0
D3-9	残疾人法规宣传教育	43.9	60.7
D3-10	职业培训职业介绍服务	27.0	53.3
D3-11	残疾人文体活动服务	42.6	65.0
D3-12	残疾人托养服务与补贴	8.7	57.2
D3-13	信息无障碍服务	8.4	52.3
D3-14	慈善公益助残服务	20.0	67.0
D3-15	贫困残疾家庭危房改造	3.7	44.4
D3-16	残疾人评估与转介服务	13.9	46.6

在流动人口问卷中涉及福利供给的问题主要是C7类，即“您和家人在城市生活工作中迫切需要的社会服务有哪几项（请按重要程度排序选三项）”。其中社会服务项目涉及“儿童照顾服务、婚姻介绍服务、子女教育服务、医疗保健服务、家政服务、就业服务、法律援助服务、文化娱乐服务、心理咨询服务、治安巡逻服务、城市适应服务、便民利民服务、家庭邻里关系协调和其他”共13类。

对流动人口在13类中排名前三位的比例分别进行了统计，如表9-6所示，在被访的1201名流动人口中关于C7问题的回答中，需要最强烈的是“医疗保健”服务，占比达26.6%，排在第二位是的“子女教育”服务，占比达22.1%，排在第三位是的“儿童照护”服务。由此可见，流动人口在城市生活中所需的服务种类较多，其中最强烈的是“医疗保健”服务、“子女教育”服务和“儿童照护”服务。提供服务的机构的数量多少和服务提供能力决定了流动人口需要在多大程度上得到满足。

表9-6　流动人口群体福利服务类型及需要选择　单位：%

题号	具体福利服务需要	第一位	第二位	第三位
C7-1	儿童照护服务	14.4	3.6	4.1
C7-2	婚姻介绍服务	4.2	2.2	1.6
C7-3	子女教育服务	22.1	18.1	4.6
C7-4	医疗保健服务	26.6	26.5	20.9
C7-5	家政服务	0.7	1.2	1.8
C7-6	就业服务	13.4	14.2	13.0
C7-7	法律援助服务	3.7	9.9	9.2
C7-8	文化娱乐服务	2.3	4.5	9.3
C7-9	心理咨询服务	1.0	0.8	1.2
C7-10	治安巡逻服务	4.5	5.7	4.6
C7-11	城市适应服务	2.1	3.0	5.4
C7-12	便民利民服务	3.8	9.2	21.1
C7-13	家庭邻里关系协调和其他服务	0.5	0.1	2.2

通过以上数据分析可以看出，在中国社会福利制度转型到适度普惠型社会福利制度的背景下，民众对政府应该承担的福利责任充满了期待，表现出较强的福利需要且福利需要呈现出多元化趋势。虽然在残疾人、老年人、流动人口和儿童四个群体具体的福利需要呈现一定的差异，但是总体来看居民福利需要增多，与此同时，社区或社会上能为居民提供某种专门服务的机构的比例偏少，呈现出需要供给间的巨大差距。福利需要为本是中国社会福利制度目标定位最基本的方式，这个目标就是要满足社会成员多元需要、提高社会质量、发展社会成员能力和保证社会成员拥有接受社会福利的公民权利（彭华民，2010）。因此，这为政府从政策层面大力发展社会福利组织提供了理论依据和实践依据。

三、福利组织发展拉力之政府购买服务

政府购买服务是市场经济条件下社会治理发展的体现。它不仅是政府职能转变追求效率的一种表现，更是政社合作的崭新方式。从适度普惠社会福利制度构建的角度分析，一方面，适度普惠型社会福利为政府购买服务、福利市场化提供了契机，它成为新时期福利服务供给的新模式，另一方面，政府购买服务的进一步发展也推动了社会组织特别是社会工作机构的培育和发展，为适度普惠型社会福利培育服务输送了载体。

（一）政府购买服务多元主体的需要与多元供给不足的矛盾

随着政府购买服务在中国的不断推进，各种问题也不断凸显。除了购买程序上的随意性、内部化等问题外，政府购买服务的迫切需要和地方社会组织发展不成熟之间的矛盾也越来越突出。本项目研究团队 2011 年 6 月至 8 月对安徽合肥，山东济南和青岛，江西南昌和万载，江苏南京、苏州、张家港，广东深圳等地 20 个社会组织的实证调研也突出反映了这一矛盾（许小玲，2012）。

在部分服务领域内，政府很难找到多家社会组织通过竞争承接购买项目。如调研中的合肥市 MS 社会工作服务社，BH 区政府向社会组织购买居家养老服务，提供该服务的机构在合肥市仅此一家。这与当时政府管理民间社会组织制度有关，1998 年颁布的《社会团体登记管理条例》第十三条明文规定："在同一行政区域内已有业务范围相同或相似的社会团体，没有必要成立"，登记管理机关不予批准筹备。这条规定直接影响了政府购买的竞争性。由于社会组织培育不良，因而出现在政府购买服务中没有多少有服务能力的社会工作机构可供挑选，这种情况在政府购买服务发展初期与社会组织发展滞后具有某种必然的联系。本项研究通过对调研资料的分析发现：阻碍政府购买服务理想目标实现的深层原因仍在制度层面，具体包括：

首先，政府对社会组织发展态度摇摆不定，阻碍了社会组织的健康发展。在实践中，政府对社会组织的认识还存在偏差。"现实中各级党委政府、各个部门对社会组织的认识是复杂的、矛盾的、敏感的甚至是歧视的"（孙伟林，2010）。各地政府对社会组织不恰当的认识直接影响了社会组织的生长和发展环境，导致社会组织发育不良，阻碍了购买主体竞争性原则的实现。同时，长期以来，国家对社会组织采取的是防范型的发展战略，在具体措施上沿用了行政控制手段，施加了很多不必要的限制，这些限制使得社会组织无法获得独立的社会地位，使购买主体间的独立性成为不可能。因此，政府购买服务的首要任务就是转变理念，

培育大量的有能力承接政府转移职能的社会组织，否则政府购买服务，由于社会无力承担而变得不可能。

其次，政治体制改革推进的缓慢以及政府职能转换与角色转变不到位。政府购买服务是放权的直接表现，但在放权方面仍然存在很多问题，权大责小的状况仍然普遍存在，权责对应问题没有得到根本解决，政府职能转换不到位。政治体制改革的目标是“小政府，大社会”，可政府变“小”时责小而权未必小，至少弃责远快于限权。结果是权力部门的公共责任越来越弱，而垄断资源的“部门权力”却越来越大。作为“大社会”重要力量来源的社会工作机构，其权力主要不是来源于自我发展，很大程度上来源于政府部分权力的让渡。政府应该从统包统揽的全能政府转向有限政府，真正实现权力的回归与角色的转变，实实在在地发展出政府购买服务的需要、动力与活力，使其自然而然地、自动自发地走向适度普惠社会福利制度构建的创新之路，解决政府购买福利服务中的制度化不足的问题。

最后，政府和社会的错觉即认为社会组织运转所需资源大多是靠自己筹集这一思想妨碍了制度化购买福利服务的财政支出。这种思想本身是错误的，即便在西方国家，社会组织运作所需的资源大多也是政府让渡出来的，靠的是一种制度性安排。国际上，政府购买服务是社会组织的重要资金来源之一，平均占社会组织总收入的40%以上（陈华，2011）。只有这样，社会组织对社会开展的工作才有可能持续。很多地方政府认为不能开展政府购买福利服务或政府购买福利服务没有专项财政资金支出是由于当地经济发展水平较低导致的。不可否认，地方经济发展水平直接影响到地方财政资金总量，但一个政府是否为民本政府，关键要看其财政支出结构是否合理，而不在于总量的多少。思想转型与财政支出结构改变才是问题的关键。

（二）政府购买服务需要优化福利组织培育环境

为了推动政府购买服务的良性发展，实现其“竞争提升效率”的目标，在当前条件下就需要大力培育福利组织，解决福利服务供给主体严重不足的问题，同时，还要进一步激发福利组织的活力，改进社会治理方式，使社会组织真正作为社会治理的主体之一，形成政府与福利组织共同为社会成员提供福利服务，满足社会成员的福利需要（许小玲，2014）。

1. 政府要实行积极培育扶持福利组织政策，保证量与质的齐头并进

（1）实行量质结合的政绩评估，防止一边倒。为鼓励各地，地方政府把社会组织培育纳入考评体系中，对社会组织培育的具体数量进行了规定。在数量标杆的指引下，各地采取大跃进的方式进行社会组织培育，甚至强行把一些自娱性的群众组织纳入自己培育成果的体系中。这种“重数量而轻质量”的培育倾向造成地方把过多精力和财力放在社会组织脱壳这个过程，至于脱壳后的能力建设、后续的发展则不再其政绩考量的范围之内。为了从根本上改变局面，需要改变社会组织方面的政绩评估标准，从重数量到量质并重转变，从重纵向评估到重横向评估，以组织的可持续发展作为核心评估指标，建立科学的评估模式，防止出现更多畸形的福利组织，造成资源浪费。

（2）从居民实际福利需要出发而非人为制造需要。社会组织培育的目的是协助政府满足居民日益多元化的专业服务需要，提升公共服务效率，维护社会的公平正义。因此，居民的实际福利需要应是政府福利组织培育的标尺。由于资源的有效性，政府不可能在同一时期让每类福利组织都得到充分发展。因此应该结合地方居民实际福利需要和财力等情况，制定出合理的福利组织培育规划。但在行政化培育为主导的情境下，“长官意志式的”培育和“想当然式的”培育一再出现。有些地方考虑到培育成本，放弃了居民急切需要的为残疾老年人、高龄老人、独居老人等提供专业服务的福利服务类组织的培育，转向培育成本较低的社区自娱型文体组织的培育。这种自上而下政府认定的需要并未真正反映和满足居民福利需要，影响了居民对培育出的福利组织的接纳和认可，也妨碍了福利组织对市场适应力的培养。

（3）采取科学方式确定福利组织发展的后期支持政策，避免福利组织依赖性的养成。美国企业孵化器协会的研究显示，孵化毕业的企业如果不能获得后续支持，在5年内继续保持活跃状态的概率只有20%（程郁、王胜光，2009）。同样，福利组织的培育不仅包括前期的培育投入，还要考虑被培育出的福利组织的生存发展问题。过度的“溺爱”导致培育出的组织为了庇护和资源，即使到了出壳的程度也不愿离开培育中心，一味依赖政府。事实上，出壳后的福利组织要面对政府、市场和社会，要学会通过竞争的方式获得资源，通过服务项目的开展提升能力。对于处于过渡期的福利组织而言，政府作为政策设计者和资源分配者有责任承担起对福利组织的资金扶持重任。这种帮助要通过恰当的方式执行。比如通过公益创投以项目形式来支持，健全政府购买机制和福利组织服务奖励机制，健全以福利彩票公益金为种子的基金建设，完善福利彩票金与财政资金的对接机制等。

2. 优化福利组织环境，统筹立法、税收、监督管理体系

培育和激发福利组织活力除了在政府理念改变下克服其先天能力不足，即练好“内功”外，还需要从顶层设计和制度层面优化福利组织生存和发展的外在环境，从立法、税收、监督管理等方面做好相关体系建设。

（1）加快实施社会组织管理相关立法。党的十八届二中全会通过的《国务院机构改革和职能转变方案》到十八届三中全会《中共中央关于全面深化改革若干重大问题的决定》(2013)，都明确提出和促进实施行业协会商会类、科技类、公益慈善类和城乡社区服务类四类社会组织直接登记工作。之前已经成立的四类社会组织与原有业务主管单位脱钩需要有一个过渡期，所以国家加快出台了《社会团体登记管理条例（修订版)》(2016)、《基金会管理条例（修订版》(2016)、《关于改革社会组织管理制度促进社会组织健康有序发展的意见》(2016）等，尽快按照修订的条例依法有序对社会组织进行管理，做到有法可依，加强社会组织管理的规范性和权威性。

（2）完善税收优惠政策，激励社会力量参与。福利组织的成长和发展除了政府的支持外，在其组织场域中，企业和社会力量的参与也十分重要。在全社会极力倡导社会责任的背景下，部分企业在企业形象营造和企业文化建设方面已经参与到一些公益慈善活动中来，但是参与力度还远远不够。作为税收政策制定者的政府，应通过税收调整政策，完善企业社会责任税收优惠制度，从而实现企业社会责任税收优惠制度规范与价值的统一、法律效果与社会效果的统一，激励社会力量的参与。此外，现实中还有政府设立了相关优惠政策，但是却没有实施优惠政策的能力，制定政策的政府部门并不直接控制优惠性的资源，因此表现为有政策无行动的情况。应整合已有的制度要素，通过完善规定和实施细则来使优惠政策落到实处。

（3）加快政社分开，做到各司其职。社会组织直接登记改变了社会组织双重管理的局面，这是政府放权提升福利组织活力的表现，是政社分开的大改革。它改变了原来多头管理带来的监管主体虚化和监管责任推诿的弊端，但直接注册的福利组织管理模式对承接管理职能的部门提出了更高的要求。不仅是人员数量上的要求，更是监管能力上的提升。地方社会组织直接管理部门要考虑到新的福利组织管理模式带来的工作任务，合理配备人力，做好登记、备案、评估等方面的监管责任，也要联合有关部门做好福利组织在人事、外事、党的建设等方面的指导工作。时刻明确政社责任边界，做到掌舵而非划船。

3. 完善福利组织工作人员保障体系，优化社会工作者和福利领域从业者的职业体系

人力资源理论认为，人是组织最临界的资源，不仅因为人本身的贡献是多样的，还因为这是其他资源的最终手段（Herzberg，1969）。福利组织的人力资本是保证其活力激发有效服务弱势群体的重要因素。但其在发展中，由于资金短缺无法吸引专业社会工作者进入，部分福利组织在服务提供方面过多依靠志愿者以节约成本。因此，完善组织工作人员保障体系，优化职业体系迫在眉睫。政府应着力培育买方市场，支持福利组织在组织内部加强人才队伍建设。许多高校投入大量资源培养社会工作专业学生，但由于缺少社会认知、发展环境和使用平台，大量的毕业生却只能到其他领域就业。在买方市场中，政府购买是主要的。因此，在政府制度化购买机制中，应合理确立购买项目的经费，根据地方经济发展水平对专业人员工资、项目管理费等专项支出预留足够的资金，保证社会组织的专业人才和专职工作人员同其他领域的专业技术人才、技能人才一样享有同样的报酬、保险、福利待遇和发展条件，从而吸引优秀的专业人员流向这一领域，保证高质量的福利服务供给。

第四节　福利组织培育的推力

福利组织的发展很大程度上不以人的意志为转移。国家社会福利制度变迁不单单是简单的意识形态作用的结果，是国家经济发展目标、社会发展力量多方力量作用的结果。此外，它的发展与政府购买服务政策推进和深入实践密切相关。政府购买服务的内容非常丰富，购买福利服务是其中的主要内容。国家在市场上向福利组织购买服务，福利组织再向有福利需要的人群提供服务。通过福利服务市场化，完成国家与福利组织共同承担的福利提供责任。这是福利治理中的一个创新，也是中国适度普惠社会福利制度转型的内容。这种类型的福利市场化，主要还是在政府购买服务内容上，因此是一种福利服务购买的准市场化，形成的是福利服务购买的内部市场。

一、公共产品市场化：政府购买服务溯源

“政府购买服务”起源于西方，在美国被称为购买服务合同或合同外包，在中国香港则与社会福利服务资助含义类似，在我国内地一般称之为政府购买服务。所谓政府购买服务（government purchase of services），指的是“政府在社会福利的预算中拿出经费，向社会各类提供社会公共服务的社会服务机构，直接拨款资助服务或公开招标购买社会服务”（罗观翠、王军芳，2008）。政府购买服务伴随着新公共管理的热潮而备受瞩目，它是对传统政府治理模式——理性官僚体制缺陷、弊端的一种回应。自20世纪70年代以来，由于公共政策失败、公共物品供给的低效率、政府机构膨胀、寻租与腐败等问题，在世界范围内引发了行政改革的热潮，同一时期公共选择理论和新公共管理理论也成为主导，它们成为政府购买服务的理论基础。

作为新自由主义流派之一的公共选择理论采用方法论上的个人主义和“经济人”假设，认为由于缺乏竞争力，缺乏控制成本的积极性以及缺乏有效监督，出现了以低效率、寻租等为表现形式的“政府失灵”。公共选择学派对“政府失灵”提出了两个方向的补救措施：一是“外部转移”，即将一些私人部门能完成的事情交出去；二是“内部改革”，即在政府部门内部引入竞争机制，打破政府对公共服务的垄断。政府购买服务正是应对新挑战的积极探索，它强调对“政府—企业—社会”三元结构在社会福利领域的功能和职责进行重新配置，避免了政府和市场两种资源配置方式的缺陷，实现了三者之间的良性互动。新公共管理理论内容众多，其中的核心内容是强调采用私营部门成功的管理方法和竞争机制，取消公共服务供给的垄断性，该理论最显著的特征就是在政府管理事务中引入市场机制（王定云、王世雄，2008）。如奥斯本、盖布勒提出的“企业化政府”的模式，提倡用市场机制来重塑政府。公共服务市场化成为新公共管理的重要议题，也是推动政府购买服务的直接动力。

新公共管理改革中重要的议题是“公共服务市场化”。它重新检讨了政府职能的领域范围和实现方式，回应了社会公众日益增强的对公共服务的关注意识和参与意识，通过将市场竞争机制引入公共部门从而有效降低了公共服务的成本，提高了公共服务的品质，增进了企业和民众对公共服务的责任感。将公共服务市场化目标转化为具体行为的途径（即策略）有很多，如合同制，既包括合同外包，也包括特许经营中的特许合同，还包括内部市场中的准合同关系，其中“合同外包”（政府购买）是最经常提到的民营化或市场化的方式（萨瓦斯，2002）。合同外包的初衷是要达到两个目标：提高服务质量和降低服务成本（van Slyke，2002）。在西方各国合同外包得到了广泛应用。因此，政府购买服务的理想目标必然是改善原有官僚体制的运转效率，降低服务成本、提高服务质量与增加服务数量。

然而这种理想目标的实现不是无条件的，它需要一定的实现环境和一系列的条件。实现降低服务成本和提高服务质量与数量这两个目标最重要的手段就是引入市场的竞争机制（van Slyke，2002）。由于目前社会组织管理能力缺乏、资金短缺，在承担外包项目后能否按照合同执行存在很多的不确定性，所以这时政府更应该强调竞争和提高管理能力（Michael，2003）。瑞典和丹麦两国实施竞争性外包的经验表明，“竞争性”适用于不同的文化背景、经济状况以及行政方式（Karin & Carsten：2002）。竞争性外包服务的观点可以适用于多重目标工具。还有学者特别强调在外包服务中应该按照正式制度和规则来执行，这样有利于外包的长期性、稳定性，以避免非正式规则的偶然性和临时性（Peters，2004）。

综合来看，西方学者认为政府购买服务理想目标的实现并不是无条件的，相反，它依赖于一定的实现环境，包括购买服务的制度化、购买方式的竞争性和购买主体的独立性三个条件，尤其强调购买的竞争性。

首先，购买服务制度化是社会福利能够持续、稳定运行在制度政策层面上的要求。一方面，政府制定了向社会组织稳定、持续地购买服务的制度，政府专门拿出公共财政资金来保证政府购买服务的顺利进行；另一方面，这种模式在操作上应该有正式、明确的规则和操作细则。其次，“确定承包主体方式的竞争性”强调政府在购买时，购买主体的确立是要通过市场“竞争”方式来选择，而非其他，即通过竞争来选择服务提供者和承包方。最后，“购买主体的独立性”指作为发包方的政府和作为承包方的社会组织间的关系，强调引入竞争就要引入体制外的主体参与，同时，购买主体双方处于平等的地位。如果购买主体之间不独立，其本质上仍然是在政府体制内运行，那势必会影响理想目标的实现。

制度化、竞争性和独立性的重要性是依次递减的。在政府购买服务中，制度化影响着竞争性和独立性两个条件。竞争性是针对政府购买服务具体实施而言的，而制度化和独立性是为了更好地实行政府购买服务。因此，购买服务的制度化、购买主体方式的竞争性和购买主体的独立性有机结合构成了政府购买服务理想目标实现的生态环境，只有在这样的生态环境下，才能打破政府垄断公共事务的局面，改善公共服务的质量和数量，实现其理想目标。

二、福利服务市场化：中国政府购买福利服务进程

20 世纪 90 年代，随着中国计划经济体制向市场经济体制转变，政府管理体制的改革目标也确立为“小政府，大社会”，构建服务型政府已经成为中国行政体制改革的目标。与此同时，经济增长催生了社会领域的变化，人口流动与人口老龄化带来的问题日益显现等，这些变化的直接后果是公共服务需要的多样化。改革目标与社会需要要求我们探索科学合理的公共服务多元供给机制，要求政府从直接提供公共服务向公共资源协调者的角色转变，完善不同类型公共服务供给主体健康成长的制度环境（贾西津、苏民，2009）。现实需要和改革目标推动了中国政府购买服务的实践进程。中国政府购买服务的历史脉络所展现的是从无到有、从零星的东部少数发达地区到中西部地区拓展的图景，也是政府购买服务不断规范化和制度化的过程。

（一）政府购买福利服务的萌芽阶段

我国内地，政府购买服务的实践始于上海。为了应对政府包办服务带来的效率低下等弊端，提高社会福利服务的效益和品质，1995 年，上海市浦东新区社

会发展局兴办了罗山市民休闲中心，以委托的形式交由上海基督教青年会进行管理，这是政府购买服务的开端。到 2000 年，上海率先开展了依托养老机构开展居家养老工作的试点，在卢湾区等六个区的 12 个街道开展了居家养老试点工作。但是，此时政府购买服务的还处于萌芽阶段，购买范围比较窄，还只限于养老服务方面。此后，全国一些城市也纷纷进行了这方面的探索实践，政府购买服务的范围逐渐扩大到医疗卫生服务、教育服务、社区服务、培训服务、计划生育服务等多个服务领域。2004 年上海市政法委购买了“自强社会服务总社”“新航社区服务总站”“阳光社区青少年事务中心”的禁毒、社区矫正、社区青少年服务。

从 2003 年南京市鼓楼区民政局向“鼓楼区心贴心社区服务中心”购买居家养老服务，为辖区内特殊困难独居老人提供政府买单居家养老服务，再到深圳市 2007 年向其培育的鹏星社会工作服务社、社联社会工作服务中心及深圳慈善公益网三家社会工作机构购买服务的实践，中国出现了大量的政府购买公共服务的探索实践。总体来看，此时的政府购买服务仍处于萌芽阶段，购买服务范围相对较窄购买形式也较为单一，以购买岗位为主且缺少制度化和规范化的保障。

（二）政府购买福利服务的发展阶段

随着公共管理实践的改革和创新，作为一种政府履行公共服务职能的创新机制的政府购买服务也在不断发展，其购买范围和购买内容也日益扩大和多元化，从最初集中在居家养老服务、农民工培训、青少年事务等领域逐渐向社区建设、社会福利与救助、社会矫正、禁毒、残障康复、人口计生、外来务工人员服务、婚姻家庭等诸多领域扩展。在此之前，关于政府购买社会组织提供的福利服务尚没有统一的立法规定，能借鉴的只有 2002 年全国人民代表大会常务委员会颁布的《中华人民共和国采购法》。在亚洲开发银行委托苏明、贾西津等中国学者于 2010 年撰写的《中国政府购买公共服务研究》一文中指出：“在采购范围中，对于服务的理解仅限于政府自身运作的后勤服务，而范围更广泛、更重要的公共服务并没有被列入采购范围。”因而，各地在实施政府购买公共服务时主要依靠地方各自制定的规范性文件来推行，比如北京、山东、成都、上海、宁波、深圳、无锡等省市纷纷制定了政府购买公共服务的规范性文件，以此推动政府购买公共服务在本地的落实。

比较而言，作为经济发展迅猛和改革前沿的上海、深圳，由于政府职能转变力度较大，因此政府购买服务的制度较为系统和完善，具有一定的借鉴价值。在上海，浦东新区政府购买服务发展较快也较为成熟，不但是公共服务购买实践的首创者，还是规范化文件制定的推动者。2005 年 9 月，浦东新区人民政府印发《关于促进浦东新区社会事业发展的财政扶持意见》的通知，随后，2007 年 4

月，为了全面贯彻党的十六届六中全会精神，根据浦东新区综合配套改革试点的要求，提出促进浦东新区民间组织发展的若干意见。随后相继出台了《浦东新区关于政府购买公共服务的实施意见（试行）》《关于促进浦东新区民间组织发展的若干意见》等文件。2010 年，浦东新区更是出台了《关于"十二五"期间促进浦东新区社会组织发展的财政扶持意见》，对社会组织补贴细则进行了明确规定。此外，作为改革前沿的深圳，为了推动政府购买社会工作服务的开展，2007 年 10 月，深圳市委、市政府出台了《关于加强社会工作人才队伍建设推进社会工作发展的意见》（以下简称《意见》），启动了深圳市政府向社会组织购买社会工作服务的工作。《意见》出台后，市政府相关主管部门根据文件要求，先后组织制定了《政府采购社会工作服务合同》《社会工作机构行为规范指引》《政府购买社会工作岗位需要规定》，明确了购买社会工作的具体操作措施。政府购买社会工作服务的制度体系基本形成。

这一时期中国政府购买服务的实践呈现的是从零星的东部少数发达地区到中西部地区拓展的图景，一系列地方规范性文件出台，大致明确了政府购买服务的资金来源、购买双方的责任和权利、建立了评估机制和评估规则，委托第三方专业机构对社会组织做到项目合作前有资质审查，合作过程中跟踪了解，合作完成后进行社会绩效评估。与政府购买服务起步阶段相比，这的确是重大的进步。但是，很多地方的规范性文件缺少操作性、流于形式，购买公共服务范围缺少明确的界定，具有很大的随意性。

（三）政府购买福利服务相对规范化阶段

进入 2012 年，政府购买服务从地方的规范性文件上升到国家层面的统一规定，这些规定为基层政府购买服务指明了方向，提供了指导，中国政府购买服务进入规范化阶段。2012 年 11 月，中华人民共和国民政部和财政部联合下发了《关于政府购买社会工作服务的指导意见》，该意见除了从政策层面为社会工作机构发展提供了必要资金，还从税收等方面为发展社会工作服务的载体做出了诸多规定。新的发展阶段，政府除了在资金、培训等方面给予大力的扶持，还从顶层设计层面为社会组织的发展松绑，优化其成长外部环境。2013 年 3 月民政部《中央财政支持社会组织参与社会服务项目》的启动则进一步明确了资金支持主体，使政府购买服务迈出了实质性的一步。2014 年 4 月，民政部《关于进一步加快推进民办社会工作机构发展的意见》的出台进一步表明政府加大对民办社会工作机构扶持力度的决心。2014 年 12 月，财政部印发《政府购买服务管理办法（暂行）》（以下简称《办法》），第一次将社会工作服务纳入政府购买内容和指导目录的范围。《办法》对政府购买应遵循的原则、购买主体和承接主体应具备的资质、购买内容和政府购买服务指导性目录、购买方式和程序、购买预算及管理、购买绩效和评估等做出了相对明确和细致的指导性意见，为各地政府购买服务初步规范化起到了示范作用。

这一阶段国家层面关于政府购买服务的统一规定很大程度上克服了以往购买程序随意、评估监督机制缺失等弊端，推动了中国政府购买服务实践的发展，但是仍然处在相对规范化阶段，还有很多有待完善的地方。比如就政策层面而言，公共服务履行过程的监管制度同样具有很大的完善空间。合同履行过程中，谁来监管？如何监管？虽然，从现有政策中不难看出政府购买服务经费资助及使用管理有明确思路，但是基本还停留在粗放管理阶段，与发达国家和地区的相关制度比较起来，评估指标和具体标准还粗糙空泛。这都是需要不断完善和规范之处。

三、适度福利市场化：适度普惠社会福利核心之一

从补缺型社会福利向适度普惠型社会福利制度转型的过程是在一定的政治制度背景下形成的，有直接影响的就是威权主义，体现为“三强三弱”，即强中央、弱地方；强政府、弱社会；强政府、弱市场。中国适度普惠社会福利制度转型前后，社会结构更加开放，公民社会的发育程度越发成熟。民主党派、社会团体、利益群体、普通大众政治参与的呼声越来越高。原来福利服务对象的老年人和残疾人中，出现了从被动接受福利服务到主动积极参与福利服务意识的转换。随着老龄化、少子化和单亲家庭的增多，中国的家庭结构出现了急剧地变化，使居于主体地位的传统的家庭照顾模式不堪重负。家庭结构的小型化和人口老龄化同时出现，导致家庭内老人和中青年之间赡养比例增大。

民政部提出了逐步拓展社会福利保障范围，推进社会福利制度由补缺型向适度普惠型转变，意味着福利服务受益对象的扩大和受益范围的扩展。随着政府管理体制改革的推进，“小政府，大社会”成为政府管理体制改革的基本目标，“政府购买服务”被视为福利治理中治理服务供给严重不足、政事不分、服务水平和效率低下问题的一剂良药，逐渐成为我国基层政府提供福利产品时普遍采用的一种制度。不可否认，从理论上讲，政府购买福利服务在我国适度普惠社会福利制度构建中有利于提高福利服务的高效率供给，防止政府机构膨胀，另外也有利于培育和造就公民意识和公民社会，它赋予了福利组织更多更好地参与自主管理的机会。由此可见，适度普惠型社会福利与政府购买服务以及新型福利组织的发展密切相关。可以说，适度普惠型社会福利为政府购买服务提供了发展机遇，而政府购买服务又为适度普惠型社会福利培育了新的福利服务递送主体，保障适度普惠型社会福利制度的践行。

政府购买服务理想目标的实现并不是无条件的，相反，它依赖于一定的实现环境，包括购买服务的制度化、购买方式的竞争性和购买主体的独立性三个条件。三者的有机结合构成了政府购买服务理想目标实现的生态环境，只有在这样的生态环境下，才能打破政府垄断公共事务的局面，改善公共服务的质量和数量，实现其理想目标。

适度普惠型社会福利制度构建中不论是福利对象的扩展还是福利水平的提升，都有赖于国家高效地福利供给机制。党的十七大报告明确提出，要加强行政管理体制改革，建设服务型政府，要着力转变政府职能、优化结构、提高效能。转变政府职能是加快行政管理体制改革，建设服务型政府的关键一环，而购买服务是政府履行职能的一种新型方式，也是推进行政管理体制改革和政社合作互动的重要内容。面对社会成员多样化、差异化的福利需要，政府通过购买服务的方式，不仅促进了政府职能转变，还使政府把更多时间和精力花在政策制定、购买和监督上，提高了福利供给的水平和质量，推动适度普惠型社会福利的落实。中国在构建和谐社会的大背景下，着眼于既推动经济快速发展又提高全体成员生存发展质量，既考虑到公平又考虑到地区差异，适度普惠型社会福利模式应是在坚持普惠型的一般原则的基础上，必须体现适度性。借鉴底线公平的理念，在涉及公民生存发展的“底线”之下的内容，包括基本医疗、基本养老、基本生活保障等由政府实施，而“底线”之上的如生活照顾、精神文化等则可以由市场、社会组织等去承担（景天魁，2004）。

属于福利提供中的基本范畴内容，政府一方面支持国办社会福利机构提供，另一方面大力购买福利服务，支持社会工作机构提供服务。福利市场化不可能覆盖全部的福利服务，在核心弱势群体的服务上，国家仍然是第一位的福利提供者。因此，本书提出适度普惠型社会福利制度构建中的福利服务适度市场化，具体体现在多个方面：福利服务的市场化必须与福利对象的适当范围结合；福利服务的市场化必须与福利提供的适度水平结合；福利服务的市场化必须与福利提供的适当地区结合；福利服务的市场化必须与福利提供的适当标准结合。不仅仅是购买福利服务项目上的拓展，主要重点是把握中国情景下国家既承担服务弱势群体责任，又分担福利服务提供责任的福利服务市场化的广度和深度。

第五节 结论与建议

2007 年民政部提出了逐步拓展社会福利保障范围，推进社会福利制度由补缺型向适度普惠型转变，标志着中国福利制度的重大转型。建立与中国社会发展相适应的具有中国特色的适度普惠型福利制度成为学者们的共识，而如何构建适度普惠型社会福利制度，成为学者们探讨的焦点。在适度普惠型社会福利服务提供上，政府逐渐认识到仅依靠政府的力量难以满足社会成员日益增长的多元化需要，广泛动员社会力量，形成政府和社会互动互补的社会福利提供规则是可能的路径。

实证研究表明，公众的福利需要和政府的福利供给间存在一定的差距，这为政府大力发展社会福利组织提供了实践依据。而在社会福利组织发展的过程中，新型社会福利组织——社会工作服务机构经历了萌芽、初发和快发三个阶段。政府购买服务成为社会福利组织市场化的重要实践形式。中国政府购买服务的历史脉络所展现的是从无到有、从零星的东部少数发达地区到中西部地区拓展的图景，也是政府购买服务不断规范化和制度化的过程。

适度普惠型社会福利与政府购买服务以及新型社会福利组织的发展密切相关。可以说，适度普惠型社会福利为政府购买服务提供了发展机遇，而政府购买服务又为适度普惠型社会福利培育了新的福利服务递送主体，保障适度普惠型社会福利理念和服务的践行。实践中，政府购买和社会福利组织培育还存在诸多不足，未来需要在优化制度环境和完善组织保障方面努力，才能使社会福利组织真正作为社会治理的主体之一，与政府共同为社会成员提供公共服务，管理国家和社会公共事务，协调关系，实现社会的安定有序。

在中国社会福利制度转型的背景下，社会福利组织的未来发展方向是：一方面推动提供补缺型福利服务的社会组织发展，另一方面推动提供普惠型福利服务的社会组织发展，建立支撑适度普惠型社会福利制度的多元化混合型社会组织。第一，应该继续强化补缺型社会福利提供的社会组织功能，它是指国家、社会组织和个人举办的，为老年人、残疾人、孤儿和弃婴提供养护、康复、托管等服务的机构。第二，推动补缺型社会福利和普惠型社会福利混合提供的社会福利组织发展，提倡“传统社会福利机构 + 社会工作机构 + 其他类型社会组织”整合，按照社会工作通用模式的思路，提供通用型社会福利服务。第三，鼓励提供普惠型社会福利服务的机构发展，提供普惠每个有需要的社会成员的服务、均等化服务、预防性服务、发展性服务。通过上述三种类型的社会福利组织发展，构建具有中国特色的组合式普惠社会福利制度。

第十章

福利治理

第一节　福利治理的脉络

一、福利治理的含义

福利治理（welfare governance）是近年来在社会福利领域流行的概念，它依附于对治理概念的理解。“治理”概念较早出现于1989年世界银行相关报告中，它可以追溯到古典拉丁语和希腊语的“操舵”一词，原意是控制、指导或操纵（杰索普，2000）。21世纪之初前后，这一概念开始应用于社会福利政策领域，用以描述政府与社会间正在改变的关系（Fenger，2006）。当治理的概念应用在福利服务中，用于提高公民社会福利水平的社会福利管理中时则称为福利治理（Stepan & Müller，2012）。一般而言，福利治理涉及三个相关主题：变化中的福利定义、变化中的传递制度、福利传递过程中的实践（Jessop，1999；韩央迪，2012），它们在不同体制类型的国家中是不同的。当治理的目标与模式发生变化时，制度机制与现实实践也会随之改变，无论前者的改变是成功还是失败。在此意义上，我们可以将福利体制视为由多个治理的目标构成而不只是对既有的经济与社会问题的回应（Jessop，1999）。

以福利治理为主题的文献并不多见，已有研究中有限的文献回顾并没有清晰地呈现出福利治理研究的关系脉络，未能很好地为后续研究提供分析热点、探索前沿的参考坐标。鉴于当下研究的不足，本书借助可视化分析软件 CiteSpace（版本 3.7.R7）以 Web of Science 引文数据库为来源进行分析。[①] 具体操作有特定的参数设置要求，本书的重心在于福利治理研究的现状而非文献综述的技术，因而操作的过程从简，但尽可能解释清楚技术依据。基于知识图谱的理念，本书重点不在于分析施引文献的内容，而是分析施引文献的标题、摘要、作者关键词与扩展关键词，分析被引文献（引文，即施引文献的参考文献）间的内在共被引关系，在此基础上绘制福利治理研究的知识图谱，试图为福利治理的国内研究提供文献引用的关系脉络与前沿热点的参考坐标，从而促进福利治理的学术研究与实践探索（臧其胜，2014；2016）。

二、福利治理的前沿领域

基于上述数据，以知识图谱软件 CiteSpace III 为工具进行分析。初始条件设置如下：时间域 1989～2014 年（1989 年世界银行报告开始使用“治理”一词），区间为 5 年；术语来源默认全选，包括标题、摘要、作者关键词、扩展关键词；关键词分析时，术语类型为名词短语与爆发词，节点选择了关键词，分析对象为区间内被引排在前 50 位的关键词，剔除项选择了路径算法（pathfinder）；引用分析时术语类型为爆发词，分析对象为区间内被引排在前 50 位的引文（在分析经典文献时扩展到前 100 位），节点选择了参考文献，剔除项（Pruning）为空；可视项（Visualization）选择“静态聚类图”（Cluster View - Static）与“显示合并网络”（Show Merged Network），为默认。

（一）研究热点探测

关键词是作者对文章核心研究内容的精炼，学科领域里高频次出现的关键词和从数据样本中对每一篇施引文献进行提取后分析出的名词短语可被视为该领域的研究热点。在 CiteSpace 中设定相应参数并选择探索关键路径的路径算法绘制图谱，可删除大部分不太重要的节点。运行可视化分析后，将生成图谱。图

---

① 分析以 Web of Science 引文数据库为来源，选择核心合集中引文索引，考虑到文献回顾的集中度与覆盖面，以及对计算机硬件的要求，仅以 welfare governance 为主题词，能够覆盖到社会福利、社会政策与社会保障三大领域；为避免跨学科等信息的丢失，未对期刊来源等精简；时间跨度为所有年份（实际时间为 1992～2014 年），访问时间为 2014 年 6 月 30 日，检索结果有 1067 篇相关文献（施引文献）。

10－1 中圆形节点为关键词，方形节点为名词短语，节点及其标签大小与词汇出现的频次成正比（邱均平、吕红，2013）。图 10－1 中合并网络节点（关键词）有 240 个，连线 989 条。环形部分为关键词的引用年轮，它代表关键词的引用历史。引用年轮中心部分的颜色代表关键词的发表年份，从颜色的变化表示时间从早期到近期的变化。图 10－1 中最上部分色谱对应着不同年份（原始图形为彩色），每一个环的颜色代表相应的引文时间，一个环的厚度与某个时间域内引文数量成比例。

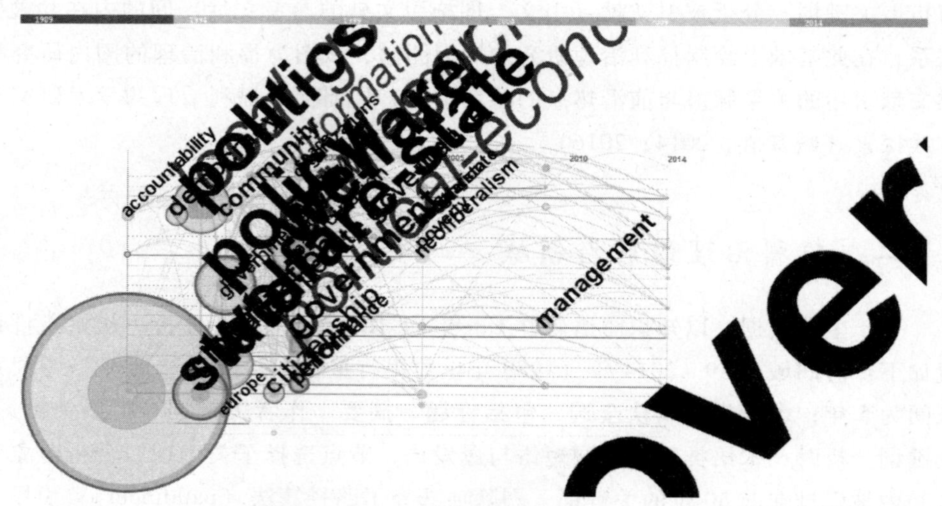

图 10－1　25 年来福利治理领域研究热点时间序列知识图谱

注：显示的圆形节点是引用频次为前 30 名的高频词，方形节点为 5 个名词术语。连线颜色（对应色谱）表示首次共被引的时间，粗细代表共被引的强度。所谓共被引是指，引文 a 与引文 b，同时被文献 A 引用，称之为共被引，即引文 a 与引文 b 被文献 A 同时引用。

表 10－1 中为 1989～2014 年以来研究热点词频统计（从文献标题、摘要、作者关键词与扩展关键词中提取）。可以发现频次最高的词汇是“治理”，达到 350 次，是图中最大的一个节点。从时间上看，其他关键词基本上都在其后，但多数集中在 2000 年前。从连线来看，其他关键词与之基本上都存在共被引关系。而“福利国家”一词，在将 welfare state 与 welfare-state 合并后（可通过软件实现），共被引达到 125 次，排在第 2 位，这也与文献检索的主题词选择保持了一致。运行聚类分析后，聚类达到 28 个，主题分散。每个聚类下的成员数量最多仅达到 27 篇，为 0 号聚类，其次为 5 号，有 19 篇，排在第 3 位的是 8 号，仅 11 篇，而三者描述模块一致性的 Silhouette 值均低于－0.4（取值为［－1，1］，值越大一致性程度越高），主题分化尚不清晰，这与福利治理研究起步较晚，仍然

处于理论的探索阶段或许有关。追踪文献可知，治理与政治学存在密切的关联，在福利领域倡导治理主要是为了应对福利国家危机问题，而（社会）政策是福利治理的主要手段。国家作为管理的空间层级面临全球化、福利国家危机、新自由主义等的挑战，国家权力与权威受到质疑，公民身份、公民参与被普遍重视，不同空间层级的合作治理，如国家间、城市、共同体、社会组织，以及伙伴关系，成为研究的热点，而健康、照顾与反贫困是福利治理的三大重要领域，改革势在必行。

表 10－1　25 年来福利治理领域研究热点高频词前 30 名频次分布

频次	热点词汇	频次	热点词汇	频次	热点词汇
350	governance	39	corporate governance	26	health
104	policy	38	democracy	25	care
102	welfare	35	management	24	organizations
101	politics	33	community	24	power
101	welfare-state	30	neoliberalism	24	welfare state
92	state	30	gender	24	poverty
49	government	30	performance	24	integration
44	globalization	28	participation	23	europe
41	reform	27	accountability	23	model
39	citizenship	27	governmentality	22	space

（二）研究前沿分析

科学文献有明显的半衰期：经典文献持续的高引用率，而流行的文献短期内会达到高峰（Chen，2006）。绘制出研究前沿的知识图谱对研究者具有重要的意义，能够使得研究者及时准确的把握学科研究前沿与最新学术动态，还可预测学科发展方向和未来研究的热点。在 CiteSpace 中可以通过引用爆发（citation burst）来测量，它为特定文献与引用潮流之间的关联提供了证据。换句话说，它证明了该文献引起了科学共同体的极大关注。它是对事件的侦测，可能持续多年，也可能是一年。在特定领域内，研究前沿指科学家积极引用的文章的主体（Chen，2006）。此处通过爆发词（名词短语）、爆发引文、引文聚类主题来分析。

以关键词为节点，图 10－1 中共提取了 5 个名词短语（单词颜色较浅者，原图中为褚红色），自上而下分别为地方治理、信息技术、公民社会、新工党与政治经济学（文本层有重叠），引用频次分别为7、6、6、4、3；公民社会、政治经济学与地方治理均为爆发点，引用强度分别为4.04、3.71与3.70。其意义在于治理研究的背景主要是公民社会，治理的层级则定位在地方，追踪文献可知，以城市为层级的治理受到了比较多的关注。信息技术的发展为治理范式走向网络化提供了支持，新工党的社会政策，特别其第三条道路的政策纲领，是福利治理研究重点关注的对象，而政治经济学是福利治理研究不得不关注的学科，特别是公共财政学、新制度经济学等学科，同时，福利治理也必定是在一定的政治经济条件约束下的治理。

以被引文献为节点，排在第一位的是2004年约翰·克拉克（John Clarke）出版的《变化的福利，变化的国家：社会政策的新方向》一书，被引用强度最高，为5.8938，由表10-2可知，2005~2008年被大量引用，引用频次为17次，意味着自发表以来便倍受学术界共同关注。1996年劳德·A. W. 罗兹（Rod A. W. Rhodes）在《政治学研究》上发表的《新治理：没有政府的治理》在2011年一年间被引用就达到24次，但在发表后很长一段时间都未能在社会福利领域受到重视。该文将治理定义为“自我组织的、组织间的网络”，实现了从科层、市场到网络范式的转变。而1997年出版的《解析治理：政策网络、反应行为与政策账户》一书则紧随其后，在2003年开始成为爆发点。而从爆发点生成的时间看，最早的是1993年鲍勃·杰索普（Bob Jessop）发表在《政治经济学研究》上的《走向熊彼特式工作福利国家？后福特主义政治经济学序言》一文，1995~2003年，持续9年代表着研究的前沿方向。同时，他也因3篇文献处于引用爆发的前列而被视为福利治理研究领域的领军人物。而彼得·A. 豪（Peter A. Hall）的《政策范式、社会学习与国家：以英国经济政策制定为个案》与哈维（David Harvey）的《新自由主义简史》仍然处于引用爆发状态的文献。前者是论文，但在1993年发表后近20年并未受到重视，只是到了2010年才成为研究的前沿。后者是专著，在出版后6年成为研究的前沿，追踪文献可知，新自由主义将维护人类尊严与个体自由的政治理想视为文明的根本的核心价值，在当代西方已经成为处于支配性地位的对话模式（Harvey，2007：3-5），是福利治理的重要理论来源。从聚类来看，归属于聚类0的有5篇，归属于聚类2的有6篇，而归属于聚类1的仅有1篇，因此聚类0、聚类2是研究的两个活跃领域，代表一个研究的新趋势。

表 10－2　　　福利治理最强引用爆发点的前十大参考文献

论文或著作名称	聚类	被引次数	发表时间	强度	爆发起点	爆发终点	1989～2014
Changing Welfare, Changing States: New Directions in Social Policy	2	17	2004	5.8938	2005	2008	
The New Governance: Governing without Government	0	24	1996	4.4351	2011	2011	
Understanding Governance: Policy Networks, Governance, Reflexivity and Accountability	1	32	1997	4.1054	2003	2007	
The Third Way: The Renewal of Social Democracy	2	27	1998	4.0713	2001	2005	
Towards a Schumpeterian Workfare State? Preliminary Remarks on Post－Fordist Political Economy	0	12	1993	4.0085	1995	2003	
The European Social Model: Coping with the Challenges of Diversity	2	15	2002	3.8351	2004	2009	
Powers of Freedom: Reframing Political Thought	2	37	1999	3.7958	2008	2009	
The Changing Governance of Welfare: Recent Trends in its Primary Functions, Scale, and Modes of Coordination	0	25	1999	3.7904	2001	2005	
Towards a Schumpeterian Workfare Regime in Britain? Reflections on Regulation, Governance, and Welfare State	0	8	1995	3.7821	1997	2003	
Local Governance, the Crises of Fordism and the Changing Geographies of Regulation	0	10	1996	3.7460	1997	2005	
Policy Paradigms, Social Learning, and the State: The Case of Economic Policymaking in Britain	2	16	1993	3.7148	2010	2014	
A Brief History of Neoliberalism	2	23	2005	3.7065	2011	2014	

注：深色点为引用爆发时间段（原始图为红色），较浅点开始处为发表时间点。

（三）研究领域

共被引文章聚类表征着当前活跃的研究领域，它们显示了研究前沿的发展轨迹，但共引网络不能突出显示出研究前沿（陈超美，2009）。在初始条件的基础上，针对被引文献，执行聚类生成图 10－2，分析后可知 modularity Q＝0.6816，mean silhouette＝0.8996。一般情况下，modularity Q 值在 0.4～0.8 之间所呈现的图谱是最符合要求的，说明网络图谱的模块性较好，即能够比较清晰地区分几个比较松散的聚类；mean silhouette 的取值范围在－1 到 1 之间，越接近 1，说明这个聚类的主体越明确，聚类内的文章越接近（魏新岗，2012）。根据标准，本图谱符合聚类要求。

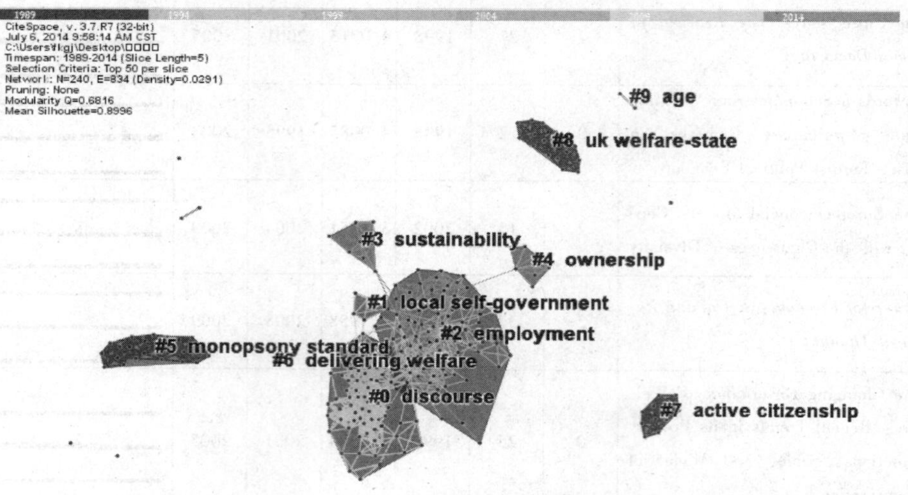

图 10－2　福利治理研究引文文献主题聚类

从图 10－2 中可以看出，经过聚类处理后，共有聚类 10 个（#0～#9），每个聚类可以说代表一个研究的领域，其中最大的四个聚类为#2、#0、#5、#8（表 10－3）。运行 Citespace 可生成四个衡量指标，Silhouette 衡量聚类中文献的一致性程度，值越大则近似程度越高，即主题越集中；TFIDF 倾向于代表聚类的最显著的方面，相反被 LLR 与 MI 检测选中的倾向于反映聚类独一无二的方面（Chen et al.，2010）。但研究发现，根据独特性与覆盖面，LLR 更能代表聚类（Chen，2014）。统计结果显示（见表 10－3），第一大聚类为 2 号，有 87 篇文献，Silhouette＝0.849，文献间一致性程度高，LLR 为福利改革，意味着此聚类的研究主要是针对福利改革的需要，TFIDF 为“就业”，追踪文献可以发现，福利改革中最重要的领域正是就业，或者说是劳动力市场的改革，这与工作福利的倡导或复兴工作的责任保持了一致，而要走向工作福利国家，又不得不通过福利服务的传递以摆脱失业的困境。其中最活跃的引用者（引用聚类中文献最多的文献作者）为施拉姆等四位学者，引用了这一聚类中6%的文献，在《美国福利改革中的第三层面：新自由父爱主义下的统治术》（Schram et al.，2010）一文中，他们讨论了从现金援助到服务传递转型的美国福利改革中第三部门的地位，提出了“新父爱主义”。第二大聚类为0号，有72篇文献，文献间一致性程度更高，结合LLR为“政治的”，而TFIDF为“对话”，本聚类主要强调地区政策设计中的政治对话。第三大聚类为5号，文献主题高度一致，从图谱来看，与其他聚类之间缺乏共被引关系，属于独立聚类（受制于引入的文献数量），根据指标，虽然也讨论治理，但主要是考察经济领域中的国家与市场的关系，不属于福利治理范畴，但学科间的交流使得领域间的借鉴成为可能。第四大聚类为8号，有16篇文献，文献主题高度一致，LLR为“欧洲”，TFIDF为“英国福利国家”，结合文献可知，在福利治理的研究中，对象主要集中在欧洲，而更多关注的是英国，主要回答面对福利危机福利国家何去何从的问题。第2聚类与第4聚类间的连线表示存在共被引关系（颜色代表首次共被引的时间），是因马克·康西丁（Mark Considine）、西沃恩·奥苏里文（Siobhan O' Sullivan）与阮福（Phuc Nguyen）于2014年发表的《治理、董事会与契约对非营利组织的影响——以澳大利亚为例》（Considine et al.，2014）一文引用了分属两个聚类的两篇文献从而建立了联系，核心问题关注的是服务的传递，引入了代理理论视角。一是雅森与迈克林的《企业理论：管理行为、代理成本与所有权结构》，属于第4聚类；一是康西丁、詹妮·M. 莱维斯（Jenny M. Lewis）与奥苏里文的《澳大利亚失业救助改革十年间准市场与服务传递弹性研究》一文，属于第2聚类，这两篇文献还共同引用了新制度经济学家奥利弗·E. 威廉姆森（Oliver E. Williamson）的专著《市场与科层/等级制》（1975），在福利治理与企业治理的研究间建立了联系。除此之外，从其他聚类还可以发现地方自治（#1）、福利传递（#6）、积极公民身份（#7）等与治理相关的主题，而在引入更多的引文时，如区间设为1年，可以发现一些新的主题，如多层治理，而目前独立的聚类间也将通过一些文献关联起来。更深入的研究需要研读每个聚类下的文献进而做出专业的判断。

表10-3　　福利治理研究引文文献四大聚类

聚类	规模	Silhouette	标签（TFIDF）	标签（LLR）	标签（MI）
2	87	0.849	employment	welfare reform	department
0	72	0.917	discourse	politic	age
5	23	1	monopsony standard	monopsony standard	new regulatory state
8	16	1	UK welfare-state	Europe	change

三、福利治理的知识脉络

研究前沿的知识脉络是它在科学文献中（即由引用研究前沿术语的科学文献所形成的演化网络）的引文和共引轨迹，即研究前沿在文献中的引用轨迹（陈超美，2009），它对于进一步区分研究前沿的本质具有很大的好处（Chen，2006），可以帮助研究者更好地了解福利治理领域的发展脉络与研究基础。我们可以通过时间、频次、中心性来分析，进而为福利治理的研究提供知识基础。

（一）早期经典文献分析

从时间来看，早期经典文献常常为当下的研究提供了思想来源，为了避免重要文献的遗漏，每5年区间引入的参考文献数量扩大到了100篇，去除7篇无法考证来源及重复的文献记录等。鉴于篇幅限制，仅选择了发表于1970年前的12篇文献进行分析（见表10-4）。

表10-4　福利治理研究的早期经典文献

文献	作者	年份（出版或发表）
企业的本质	科斯	1937
大转型	波兰尼	1944
一个关于地方支出的纯理论	查尔斯·M. 蒂伯特	1956
公共财政学理论：公共经济研究	理查德·阿贝尔·马斯格雷夫	1959
产业组织	乔·S. 贝恩	1959
社会成本问题	科斯	1960
法律、立法与自由	哈耶克	1960
美国商业、公共政策、个案研究与政治理论	西奥多·J. 洛伊	1964
公民身份与社会阶级	T. H. 马歇尔	1964
集体行动的逻辑	奥尔森	1965
接近使用媒体权：一项新的第一修正案权利	杰罗姆·A. 巴伦	1967
公民参与的阶梯	雪莉·R. 安斯坦	1969

从文献内容来看，上述文献主要集中在政府、企业、市场与社会的关系；从作者来看，科斯、贝恩、巴泽尔都属于新制度经济学派，波兰尼反对自由市场经济，哈耶克奉行的却是自由主义，奥尔森是公共选择理论的重要奠基人，马歇尔是公民身份理论的开创者，巴伦、安斯坦坚持的是公民参与的权利，马斯格雷夫强调公共财政。这些文献几乎都具有开创一个学科或一项理论的重大贡献。综上所述，福利治理的研究无法回避自由主义、新制度经济学、公共财政理论、公共选择理论、公民身份理论以及政策过程理论的研究成果。

（二）高被引文献分析

被引频次高低可在一定程度上反映文献的学术影响力和经典程度，其传递的知识易在某一时间段内获得较多研究者的认同，并且相关研究者往往将这些高被引文献内所包含的观点、知识作为开展下一步研究的知识基础（邱均平、吕红，2013）。运行可视化分析后，我们可以获知引文被引次数在1067篇文献中的排序情况。图10－3中节点为参考文献，其颜色、大小的功能同于关键词的说明。为凸显排序，此图对节点位置进行了调整（图10－3右上角为原始全景图）。

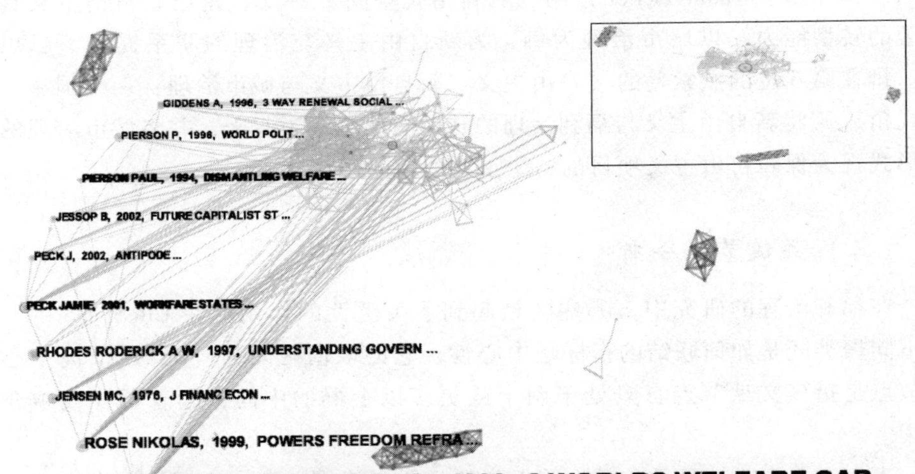

图10－3　福利治理研究文献中参考文献被引情况排序

由图10－3可知，古斯塔·艾斯平—安德森的《福利资本主义的三个世界》排在第1位，被引69次，它是社会福利、社会政策领域研究的经典文献，提出了福利体制的概念。福利治理研究的重要领军人物杰索普将福利体制视为由治理的目标构成，而不只是对既有的经济与社会问题的回应，提出了福利治理的三大主题：变化中的福利定义、变化中的传递制度、福利传递过程中的实践（Jessop，1999）。排在第2位的是尼古拉斯·罗斯（Nikolas Rose）的《自由的力量：重新架构政治思考》，被引37次，基于福柯（Michel Foucault）对统治术（governmentality）研究的视角，他试图为管理的当代体制及其历史提供一些可供选择的解读路径（Rose，1993：3）。排在第3位的是罗兹的《解析治理：政策网络、治理、反应行为与政策清单》一书，被引32次，它集中于基于网络与关系的"新治理"视角（Peters，1998），其对象是政府，提出了政策网络、政府响应、政策账户清单等一系列问题，明确了治理研究的重点、焦点与研究方向。与前者共被引次数相同，排在第4位的是迈克尔·C. 雅森（Michael C. Jensen）与威廉姆·H. 迈克林（William H. Meckling）的《企业理论：管理行为、代理成本与所有权结构》，是企业治理研究中的重要文献，整合了代理理论、财产权理论与财政理论，重新界定了交易成本概念，发展了一个企业所有权结构的新理论。从已有研究来看，基于科层与基于市场是企业治理的两种范式，这种范式的选择也影响了政府治理，而在全球化、福利国家危机、新自由主义、后结构主义冲击下，现今的范式开始转向基于网络的治理。排在第5位的是杰米·派克（Jamie Peck）与亚当·梯克尔（Adam Tickell）的《新自由化空间》一文，指出新自由主义具有显著的转型能力，以城市治理为例，为新自由主义与治理的联系提供了思想来源。排在第6位的杰索普的《自由主义、新自由主义与城市治理：一个国家—理论视角》则将新自由主义与福利治理的转向明确连接了起来，并将城市治理的适当形式视为保障自由主义项目的一个重要的空间层级（scale）。

（三）关键节点分析

在福利治理的研究中，哪些文献起到了关键性的作用？在CiteSpace中，回答不同聚类间是如何联结的指标是中心性，它的取值区间为［0，1］。高中心性的节点是指该文献节点自身处于两个或更多以上群的中间，起着桥梁或中介的作用。

表10-5中心性显示，排在第1位的是艾斯平—安德森的《福利资本主义的三个世界》一书，开创了福利体制的经典分类，为福利治理研究提供了制度主义的视角。排在第2位的是豪的《政策范式、社会学习与国家：以英国经济政策制定为个案》一文，它在治理与参与政策的设计间建立了关联，提出了政策网络的理论。排在第3位的是派克的《工作福利国家》，为从福利转向工作福利提供了理论与实践支撑，在福利权利与福利责任之间建立了联系。排在第4位的是派克与梯克尔的《不平衡发展的社会管制：管制赤字、英格兰东南部与撒切尔主义的崩溃》一文，特别强调了非国家、非立法形式的管制形式的重要性。值得一提的

是排在第8位的玛丽·达利（Mary Daly）的《治理与社会政策》一文，深入剖析了治理概念的学科之根，为将治理范式引入社会政策领域做出了极为重要的贡献，并在政策制定维度上引入了证据为本（evidence-based）的实践理念。

表10-5　　中心性排列前10位的被引文献

中心性	节点文献	聚类
0.31	Gøsta Esping - Andersen, *The Three Worlds of Welfare Capitalism*, Cambridge: Polity, 1990.	2
0.13	Peter A. Hall, "Policy Paradigms, Social Learning, and the State: The Case of Economic Policymaking in Britain", in *Comparative politics*, Vol. 25 (April 1993), p. 275.	2
0.12	Jamie Peck, *Workfare States*, New York: Guilford Publications, 2001.	2
0.12	Jamie Peck, & Adam Tickell, "The Social Regulation of Uneven Development: 'Regulatory Deficit', England's South East, and the collapse of Thatcherism", in *Environment and Planning A*, Vol. 27 (January1995), p. 15.	0
0.11	Aglietta Michel, *A Theory of Capitalist Regulation: The US Experience*, London: Verso, 1979.	0
0.1	Mark Considine, Jenny M. Lewis, & Siobhan O'sullivan, "Quasi - Markets and Service Delivery Flexibility Following a Decade of Employment Assistance Reform in Australia", in *Journal of Social Policy*, Vol. 40 (April 2011), p. 811.	2
0.09	Jensen Michael C., & William H. Meckling, "Theory of the Firm: Managerial Behavior, Agency Costs and Ownership Structure", in *Journal of Financial Economics*, Vol. 3 (October 1976), p. 305.	4
0.09	Mary Daly, "Governance and Social Policy", in *Journal of Social Policy*, Vol. 32 (January 2003), p. 113.	2
0.08	Steven Rathgeb Smith, & Michael Lipsky, *Nonprofits for Hire: The Welfare State in the Age of Contracting*. Harvard University Press, 2009.	2
0.08	Emmanuele Pavolini, & Costanzo Ranci, "Restructuring the Welfare State: Reforms in Long - Term Care in Western European Countries", in *Journal of European Social Policy*, Vol. 18 (July 2008), p. 246.	3

图 10 -4 中带有黑色外圈（彩色原图为紫色外圈）标记的引文年轮为关键节点（转折点），是指共被引网络图谱中连接两个以上不同聚类，且相对中心度和被引频次较高的节点（Chen，2005；朱亮等，2012）。它起着桥梁作用，代表聚类的跃迁，而聚类若代表一种范式则意味着范式的跃迁。图 10 -4 中能够看到有两个关键节点，都属于聚类 2，反映了内部的跃迁。一是艾斯平—安德森出版于 1990 年的《福利资本主义的三个世界》（节点 A），中心度为 0.31，被引频次 69 次，根据前文的分析，可以定义为福利治理研究的制度视角；另一是派克出版于 2001 年的《工作福利国家》（节点 B），中心度为 0.12，被引频次为 29 次，完成了从福利到工作福利的理论转变，强调了个体的责任。除此之外，豪的《政策范式、社会学习与国家：以英国经济政策制定为个案》、罗斯的《自由的力量：重新架构政治思考》等也是研究的关键节点。因而，这些都应是从事福利治理研究所须阅读的作为知识基础的文献。

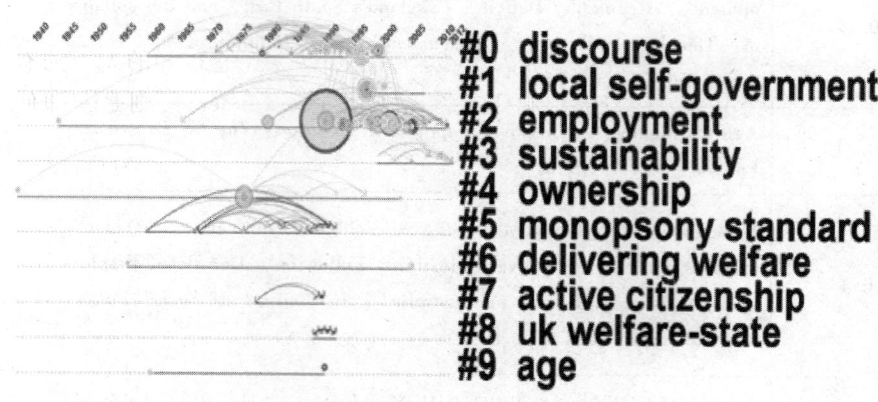

图 10 -4　福利治理研究聚类分析时间轴视图

可视化分析结果表明：（1）研究热点共现性强，聚类尚不明确；（2）研究前沿集中在地方治理、信息技术、公民社会、新工党与政治经济学五大主题；（3）知识基础主要包括自由主义、新制度经济学、公共财政理论、公共选择理论、公民身份理论以及政策过程理论。其发展对于中国社会福利研究具有借鉴意义。但这些热点、前沿、知识基础能否适用于中国国情还需要进一步研究。

第二节　福利治理的原则

一、福利治理与公民参与

福利治理涉及三个相关主题：变化中的福利定义、变化中的传递制度、福利传递过程中的实践（Jessop，1999；韩央迪，2012）。当治理的目标与模式发生变化时，制度机制与现实实践也会随之改变。在此意义上，我们可以将福利体制视为由治理的目标构成而不只是对既有的经济与社会问题的回应。（Jessop，1999）换句话说，福利体制的设计是福利治理的目标，它涉及福利的定义、传递制度的安排与实践（臧其胜，2014b）。

治理是一种仅仅当它被大多数人（或至少被那些受到它影响的人中的有实力的人）接受的情况下才运行的规则体系，而统治（government）则是在即使政策遭遇最大多数人反对的情况下也能运转的规则体系（Rosenau，1992：4）。因而，无论何种福利体制，都应是行动者一致同意的结果，而不是由政治权威、利益集团或偶然事件而决定。问题是，在什么样的条件下，福利体制能够获得行动者的一致同意？或者说，什么样的条件下，福利治理的目标能够得以实现？这就需要从福利治理与公民参与、政策与科学的关系探讨起。

根据雪莉·R. 阿恩斯坦（Sherry R. Arnstein）的观点，公民参与和政策之间的关系可分为八个等级，构成一个公民参与的阶梯，分为三个阶段：无参与、象征参与（tokenism）、公民权利。第一阶段包括：操纵与治疗；第二阶段包括：告知、咨询与安抚；第三阶段包括：伙伴、授权与公民控制（Arnstein，1969）。现实的情况是中国公民参与的广度与深度远远不足，最多能说达到咨询阶段上下。社会福利政策的选择或制度的设计最终不是由普通公众，甚至也不是我们所想象的具有行动能力的政策精英所决定的。

政策与研究之间的关系是微妙的，它们可以区分为五种假设（或模型）：知识驱动型，指研究引导政策，实质是专家驱动型；问题解决型，指政策引导研究；互动模型，认为两者的关系是微妙与复杂的，是相互影响的，包括了政策制定光谱上的所有行动者；政治/战术模型，将政策视为政治的结果；启蒙模型，它为政策的制定提供背景（Young et al.，2002）。但实践过程中，社会科学的研究存在明显的滞后性，作为证据，它的力量并不足以改变政策选择。在民主社会里，福利治理目标的最终实现通常采用投票的形式，但投票必须依赖于证据而非利益、情感或其他，公民的参与在本质上也就成为证据的参与。而社会科学研究作为证据的重要来源，应在社会科学与政策的关系中恢复其应有地位，其结果也应当能够为公众及时无条件获得。

二、福利治理与证据为本

福利制度的生成应该遵循特定的逻辑，但并非建立在权力制衡上，也并非必然依赖于主体是否多元，主体多元也并非必然意味着福利的增进。政治计算应是形成政策选择的基础，而科学是政治计算成功的保证。因而，福利治理目标的实现应该建立在科学的力量之上，而科学的力量是通过它的证据来呈现的。沿此逻辑，证据为本也就理应成为福利治理的行动原则。

在福利治理的研究中，玛丽·达利（Mary Daly）将治理区分为四个维度：公共领域、政策制定、政策执行与社会整合（societal incorporation）。在政策制定维度中，“多大程度上政策是或应该是以证据为本的（evidence-based）”（见表10－6）被其作为衡量的指标之一（Daly，2003）。证据为本的行动准则不仅仅是要求政策制定的维度发生改变，同时也要求公共领域、政策执行与社会整合三个维度做出相应的调整，贯穿其中的主线就是公民参与。

表10－6　作为分析框架的治理

维度	指标
公共领域	
国家角色 权威/控制的结构与实践 民主/公民社会的本质	领导的形式与类型 管理的等级 权威体系 集权程度 代表或参与
政策制定	
政策框架（framing） 行动者卷入 政策制定的方式	政策的复杂性 多大程度上政策是或应该是以证据为本的 范围、认同与利益 排斥或融入

续表

维度	指标
政策执行	
项目与服务的设计、组织与传递	管理实践 表现/输出 消费者与生产者的各自的角色
文化——公共组织 ——专业实践	自治与责任 专家的角色 用户交流（user interface）
社会整合（societal incorporation）	
思考方式/理念体系 主体构成	意识形态与规则 认同

资料来源：Daly, M., 2003, Governance and Social Policy. *Vournal of Social Policy*, 32 (1).

证据是分等级的（Campbell & Stanley, 1963: 3－6），根据相关研究，证据可分为九个等级（见表10－7），不同等级的证据划分的标准遵循的是内部真实性与外部真实性（Pawson, 2006: 39; Campbell & Stanley, 1963: 3－6）。

表10－7　元分析中证据等级的典型结构

等级	内容
等级1	随机控制实验（分配是隐藏的）
等级2	准实验研究（使用匹配）
等级3	前后测比较研究
等级4	跨地区、随机样本研究
等级5	过程评估、生成研究（formative studies）与行为研究
等级6	定性个案研究与人种志研究
等级7	成功实践的分类指导与案例
等级8	专业人士与权威的观点
等级9	使用者的观点

资料来源：Pawson, R., 2006, *Evidence-based policy: A realist perspective*. London: Thousand Oaks: Sage.

对照以上等级，我们会发现社会科学的研究在证据使用的等级上并不理想，我们更多的是从等级6～等级9攫取自己所需要的证据，而达到等级1、2的程度难以实现。从现有的文献回顾来看，社会科学的研究很难达到循证研究的要求，目前也仅停留在系统评价的第一阶段，即便如此也不能算成功。尽管许多社会科学的研究发表在顶级期刊上，但并不意味着作为证据它们就可位列首位，因为它们本身存在诸多问题。

在社会科学中，关于评估证据质量的共识标准是相差甚远的。概念角逐与理论分歧被视为学术财富的一个标志而备受欢迎；专业认同对于社会科学的实践而言是陌生的（Young et al.，2002）。因而，“专业人士与权威的观点”仍是较为常见的质量较高的证据。诚然，元分析的证据标准存在疑问，低估了其他视角研究（如质性研究）结论的证据价值，但作为目前应用比较广泛的分类标准，仍然值得参照。

从现实情况来看，社会科学研究的证据可证性与可及性的总体状况并不乐观。根据循证研究的要求，为了进一步区分证据的等级，我们必须能够获取原始数据，其本身追求的是全民参与、数据共享，以证据为准绳。循证政策研究的前提是数据库的开放与共享。然而，现实的处境是，只有一些与国际组织合作的项目数据共享因有协议要求被作为制度规定下来。

在英国，证据为本的循证政策的兴起是与现代政治中所谓的实用主义、反意识形态的转向紧密相连的；与专业实践及权力从神坛上走下相关；与“知识管理体系”的发展相关（Pawson，2006：3）。循证政策需要考虑到研究的结果与重要的实践或决策，需要与客户（clients）分享所发现的东西（包括什么也没有）（Gambrill，2006），公民参与是其必然的要求。循证决策集中关注的是决策的正当性（justification of decisions）（Dobrow，Goel & Upshur，2004）。在此之下，公民参与或社区参与扮演着重要的角色，因而公民社会在研究优先权（research priorities）的设置上占据至关重要的角色，然而迄今为止被我们忽视了（Choie et al.，2005）。唯有在公民身份所包含的公民权、政治权与社会权获得切实保障的公民社会中，福利治理的目标才能得以实现。

三、福利治理与多元主体

治理是一个不同于“统治”和“管理”的范畴。自组织、参与、主体间的交互和协调是治理区别于统治和管理用法的地方。良好的治理（good governance）能够形成社会主体间的良性关系，达成社会发展的共赢和公共利益的最佳状态（曹堂哲，2005）。治理不是一整套规则，也不是一种活动，而是一个过程；治理过程的基础不是控制，而是协调；治理既涉及公共部门，也包括私人部门；治理不仅仅是一种正式的制度运作，而且是持续的公民与制度的互动（全球治理委员会，1995：4－5）。治理模式下，行动者是多元的；权利与责任的边界具有模糊性；机构间存在权力依赖；行为者网络是自主自治的；政府办好事情的能力与责任在于运用新的工具和技术来控制与指引（斯托克，1999）。福利治理并非是一种修辞学的狂欢，其最重要的特征莫过于国家以外的行动者参与到公共政策的规划与执行中（Mayntz，2006a，2006b；Fenger，2006：73），它改变了原有的行动者权利与责任的结构配置，这对于达成一致同意的原则具有极为重要的意义。没有非国家行动者共同参与的政策规划与执行是不具有合法性的，所谓的福利治理也将无法逃脱国家中心视角的指责。

面对福利国家危机，罗斯（Richard Rose）提出了福利多元组合的理论，认为社会中的福利来源于家庭、市场和国家三个部门。在此基础上，约翰逊（Norman Johnson）加进了志愿机构，而伊瓦思（Adalbert Evers）则将三个部门并称为福利三角，强调人民获得的福利是多种制度提供的总合，成为社会政策研究中的新范式（彭华民，2006）。除此之外，德·纽伯格提出了福利五边形说，认为市场、社会网络、公共权威（政府）、会员组织与家庭（de Neubourg，317）。由此可见，福利治理的主体涉及政府、市场（企业）、社区与家庭等。尽管存在多元主体，但福利治理的目标实现理应是基于证据选择的结果，而非不同行动者主体之间的权力制衡，证据为本才是福利治理的行动原则，它蕴含着对公民的公民权、政治权与社会权的保障，这或许才代表着福利治理的未来。福利治理目标的实现并非基于多元主体的权力制衡，而是行动所依赖的证据的科学性。如果总是纠缠于国家与社会两者间围绕有限的经济资源与政治资源的权力纷争，而不能寻找出两者应该共同遵守的科学法则，那么就不能使我们清晰地洞察中国社会福利制度演进的未来。以证据为本，实质体现的是对社会科学的尊重，科学与政策的关系问题才是福利治理的核心问题。福利制度的设计应是科学的结果，而非权威、利益集团或偶然事件等的产物，这有赖于公民参与到证据的供给中来，而国家、市场与社会则应为公民的信息获得提供保证，否则，福利治理仅是空中楼阁。

第三节　中国适度普惠福利与福利治理

根据政府责任与提供方式，社会福利可以分为两对重要的理想类型：剩余型和制度型；选择型和普惠型，每种类型各有优缺点（彭华民，2011）。中国社会福利制度的转型不是简单地从“剩余型”向“制度型”，“选择型”向“普惠型”转变，而是要重新组合生成一种新的福利体制。所谓福利体制是指国家、市场和家庭之间相互依赖组合来生产和分配福利资源的模式，而非营利的志愿组织或第三部门也可添加其列（Esping - Andersen，1999：34 - 35）。改变多元福利主体间相互依赖组合的关系以及福利资源生产与分配的模式，福利体制及其过程也会随之发生变化，新的福利体制也就得以产生。这正是福利治理关心的主题，并构成福利治理的目标，它涉及福利的定义、传递制度的安排与实践（臧其胜，2014b）。

一、福利制度转型：从福利管理到福利治理

在中国社会福利传递的实践中，民政部强调“推动我国社会福利由补缺型向适度普惠型转变”，后者可以被视为一种新的福利体制。它改变了多元福利主体间相互依赖组合的关系以及福利资源生产与分配的模式，最重要的变化是社会组织参与到福利资源生产与分配的过程中，改变了福利管理中政府作为福利提供的单一主体的孤独局面，社会组织成为继政府、市场之后传递社会福利的重要主体。

民政部提出要充分发挥多元主体在创新社会治理体制中的作用，从其理念来看，在适度普惠社会福利制度转型的推进过程中，中国福利治理的参与主体开始走向多元化；社会组织的作用获得了极大的重视，强调激发社会组织活力；而在福利服务传递的层级上则落脚在社区层面，强调社区的作用。多元主体的参与，标志着社会福利正从福利管理走向福利治理，但完成转型尚需时日。

二、福利治理主体：强化政府主导激发社会活力

在福利治理参与的多元主体中，社会组织继政府、市场成为一个新的重要主体。从政策上而言，政府打破了自我封闭的行政藩篱，放弃了全能主义，认可了社会组织参与治理的能力，社会组织获得了参与福利治理的资格。但从现实情况来看，由于国家在福利定义、福利传递制度的安排、福利传递过程中的实践上的深度卷入，许多社会组织只能以依附、顺从、回避、嵌入、游离，或以近乎“造反”的方式艰难地生存，更遑论活力的激发。

在合作治理的语境下，政府与社会组织应是一种存在边界但可以共生共强的伙伴关系，提升社会组织的合法性其实也是提升政府的合法性，提升社会组织的能力也正是提升政府的能力。在此逻辑下，激发社会组织的活力可以从汲取资源、传递服务与参与治理三个层面入手（臧其胜，2017）。

（一）优化资源配置方式，转变政府理念，增强社会组织汲取资源能力

在社会服务的购买中，政府需要完成从资源观到权利观的转变。社会服务，作为福利，并非是政府的施舍，而是接受者的社会权利。社会成员有权利要求政府满足人之为人的基本需要，而符合市场准入资格的社会组织则有权要求政府订立契约或续约的权利。因而，政府、企业、社会组织与福利接受者以福利权为福利体制设计或福利提供所应遵循的中轴原理，以契约规范四方的权利与责任，将有助于维系和增强社会组织汲取资源的能力。除此之外，政府可通过税费优惠直接增加社会组织的资源储备，引导社会组织的发展方向，激发社会组织的活力。

（二）提升组织专业程度，健全职业体系，增强社会组织传递服务能力

社会工作是参与福利治理的社会组织最重要的服务工具，社会工作服务最终都需要通过“人”来传递，社会工作者的能力关系到社会组织服务的品质与效益（臧其胜，2014a）。社会工作目前的社会认同度有所提高，但入职门槛低，影响了社会组织服务传递的能力。针对不足，在能力教育上，我们需要加强社会工作学科专业体系建设，坚持能力为本，在研究、教育与实践三大领域间建立互惠机制，从而跨越理论与实践的鸿沟。在政策设计上，需要倡导社会工作专业价值理念，健全职业体系，完善社会保障，切实提高社会工作者的薪酬待遇，增强从业人员的职业认同与专业忠诚度，提高社会组织服务提供的稳定性与可持续性。概括而言，提升社会组织服务提供的专业化与职业化水平，有助于激发社会组织的活力，提升社会组织服务传递能力。

（三）推进公民社会建设，孵化社会组织，增强社会组织参与治理能力

公民社会是一个自治的社团网络，它独立于国家之外，在共同关心的事物中将市民联合起来，并通过他们的存在本身或行动，对公共政策发生影响（泰勒，1998：171），而福利治理的最重要的特征是国家以外的行动者，特别是社会组织，参与到公共政策的规划与执行中。因而，激发社会组织的活力既是推动公民社会发展的需要，也是推进国家治理体系和治理能力现代化的需要。提高社会组织的行动能力，既要治本，即培养具有公民素养的行动者；又要治标，即扶持社会组织。对于后者而言，主要来自政府的扶持，其形式主要是孵化培育。可以说，只有标本兼治，社会组织的活力才能得以有效激发。

总体而言，在福利治理中，慈善仍是不太稳定的体系，市场需要明确社会责任，社会组织的活力有待进一步激发，政府仍需发挥主导作用。在实践中，推进政社分开，放开市场准入，凡是社会能办好的事项要交给社会力量承担，充分发挥社会力量在福利治理中的积极作用。

三、福利服务传递：搭建支持平台输送专业服务

增进人类福祉，满足人民群众美好生活的需要，提升人民群众的获得感、幸福感与安全感是福利治理的最终目的。而要实现这样的目的，就要能够将高品质的专业服务有效地传递给福利接受者。在福利多元主义的实践理念指导下，建立一个协同政府、市场、社区、家庭与社会组织等主体参与的支持平台，将能够更好地完成福利服务传递。

（一）拓展筹资渠道，落实服务经费

社会服务的供给需要稳定的资金保障，而筹资渠道主要有政府、市场与公益慈善组织。在资金需求量日益增大的情况下，单纯依赖财政投入难以为继，需要开源节流。在资金筹集上，政府仍应承担主要责任，加大政府购买服务的力度；企业要承担社会责任，积极提供就业机会；公益慈善组织可引导公众捐赠，并培养更多的志愿者；个人与家庭则要争取自助互助，有劳动能力者应积极接受培训并寻找工作，避免家庭成员推卸责任或个人及家庭陷入福利依赖。同时，厘清政社关系，减轻社区工作压力，坚持“权随责走、费随事转、事费配套”的原则，保证社区回归本位。

（二）完善组织架构，推动协同发展

福利服务的传递涉及多元主体，组织架构与协同水平直接影响到社会服务供给的质量与水平。协同机制的建立要做到精准识别需要，精准挖掘资源，精准整合要素，精准协同主体，强化制度性供给并赋予社区居民在社会服务中的主体地位，进而建立多层次多功能的协同工作模式，最终构建一个党委领导、政府负责、社会协同、社区组织、居民共同参与的完整的社会支持网络，从而提高社区居民的获得感、幸福感与安全感。

（三）优化输送模式，实现需要为本

品质优良的服务来源于优质的社会服务输送模式。无论社会服务是由公共还

是私人主办者来提供，都存在如何建构输送系统以促进一致性和可获得性的问题（Gillbert & Terrell，2003：225）。当下福利提供的模式仍然属于供方推动，更多关注的是福利服务输送的官僚技术，而对服务接受者的需要关注不够，不能仔细倾听来自底层的声音，忽视服务接受者的主体能动性，难以有效监管服务的传递，也难以精准评估服务效果，公众的福利获得感偏弱。供给模式需要转向需方推动，在内部引入“准市场机制”，以需要为本，保证服务接受者更大范围的可选择性，兼顾公平与效率，避免“福利漏洞”，消解“污名”效应，但也要防止需要异化为边界无限扩张的“权利”；同时，借助信息化技术，搭建多元主体协作的服务输送平台，减少传递损耗，提高服务效率。

第四节　结论与建议

当治理的概念应用在服务于保证或提高公民社会福利水平功能的社会福利管理中时被称为福利治理。一般而言，福利治理涉及三个相关主题：变化中的福利定义、变化中的传递制度、福利传递过程中的实践，它们在不同体制类型的国家中是不同的。当治理的目标与模式发生变化时，制度机制与现实实践也会随之改变，无论前者的改变是成功还是失败。在此意义上，我们可以将福利体制视为由治理的目标构成而不只是对既有的经济与社会问题的回应。

中国社会正在由管理范式向治理范式迈进，对治理的研究也就成为当下的热点，但国内关于福利治理的研究尚不充分。基于此，本部分运用可视化分析软件CiteSpace Ⅲ，以Web of Science引文数据库为来源，绘制出了福利治理的研究热点、前沿与知识基础的知识图谱。但这些热点、前沿、知识基础能否适用于中国国情还需要进一步研究。

福利治理的目标是建构福利体制，福利体制的生成应该遵循特定的逻辑，提升人类福祉是其必然的价值追求。尽管存在多元福利主体参与福利治理，但福利治理的目标实现理应是基于证据选择的结果，而非不同行动者主体之间的权力制衡，证据为本才是福利治理的行动原则。以证据为本，实质体现的是对社会科学的尊重，科学与政策的关系问题才是福利治理的核心问题。福利制度的设计应是科学的结果，而非权威、利益集团或偶然事件等的产物，这有赖于公民参与到证据的供给中来，而国家、市场与社会则应为公民的信息获得提供保证，否则，福利治理仅是空中楼阁。

社会组织参与福利治理，必然影响福利的定义、传递制度的安排与福利传递过程中的实践。激发社会组织的活力，改变了政府、市场、家庭与社会组织等福利主体间相互依赖组合的关系，改变了福利资源生产与分配的模式，意味着福利体制的重新设计，这正是福利治理的目标，也正是推进国家治理体系和治理能力现代化的必然结果。从福利传递制度的安排来看，中国正在积极推动福利主体的多元化，服务内容的多样化。从福利传递过程的实践来看，政府与社会组织的关系仍需要进一步厘清，政社不分仍是较为常见的现象，福利治理的理念需要进一步宣传。

综上所述，为推进适度普惠型福利制度的执行，我们需要秉持福利治理的理念，在福利提供的主体上，强化政府主导地位，增强企业社会责任，激发社会组织活力；在福利服务的传递上，搭建多元化的服务平台，特别是基层社区支持平台，实现精准识别需要，精准传递服务与精准评估绩效。

第十一章

福利体制

第一节　欧美福利体制的比较研究

一、欧美福利体制的理论源流

"福利体制研究"（welfare regime study）又称"福利模式研究"，它是指在综合考察不同国家福利组合、福利输出与分类效应的基础上归纳出差异性福利制度的学理思考，其本质属于福利类型学的一个分支。从其理论溯源来看，威伦斯基等（Wilensky et al.，1958）所著的《工业社会与社会福利：美国工业化在社会福利服务提供和组织方面的影响》一书对福利类型学的研究做出了较早的贡献，其基于剩余型社会福利（residual social welfare）和制度性社会福利（institution social welfare）的二分法在理论上清晰地阐释了西方工业化国家福利制度的内在差异。蒂特马斯继承了此种分析思路，在1968年出版的《福利的承诺》一书中他依据家计审查标准的不同而将福利制度划分为了选择型福利（Selective Benefits）和普惠型福利（universal benefits）的二元类型（Titmuss，1968）。之后，蒂特马斯又进一步修正了自身的福利类型理论，并将残补型模式（residual model）、工业成就表现型模式（industrial achievement-performance model）和制度再分配型模式（institutional redistributive model）作为三种福利类型（蒂特马斯，1991）。当然，由于各类理论在福利类型划分方面过于笼统，缺乏学术界公认的可操作性指标，因而早期福利类型学的研究并未成为社会福利研究的重要领域。

福利体制研究真正走入人们的视野源于艾斯平—安德森（Esping - Anderson）。他虽然十分认同马歇尔（Marshall）关于福利国家的核心理念是社会公民权的主张，但是他也同样坚持要对社会公民权的概念加以润饰，否则难以进行操作化的比较研究，为此艾斯平—安德森以“去商品化”为指标构建出了一套可供测量的福利类别界定标准。在艾斯平—安德森的理论逻辑中，如果社会公民权是福利国家的核心概念，那么它必须包括社会权的授予；同样，如果社会权在法律上和事实上被赋予了财产所有权的性质并且不可侵犯，而赋予社会权的基础是基于公民权利而非其工作成就，那么社会权将带给个人“去商品化”的地位并借以对抗市场力量（艾斯平—安德森，1999：38）。这种能够支持公民在“必要时选择不工作而无须担心失去工作、收入与一般福利”的“去商品化”水平就成为衡量一个国家社会福利制度是否具有更强社会权赋予与公民权获得的关键指标（艾斯平—安德森，1999：40）。

在艾斯平—安德森的理论体系中，“商品化”和“去商品化”既是历史发展的必然结果，也是衡量一个国家劳工阶层与资产阶级阶层关系的基本法则。其中，近代工业生产的集体劳动促使劳动本身“商品化”，工人阶级通过自主出卖劳动力来获取福利保障。但是随着时代的发展和工人意识的觉醒，“商品化”的劳动产生了以“去商品化”为主旨的工人运动，“如果没有去商品化，劳工即无法形成集体的行动，它同时是劳工运动发展所需的团结与凝聚的起点和终点”（艾斯平—安德森，1999：60）。这种基于人类需要和政治斗争而形成的公民权利观不但促成了现代福利国家经济社会政策的全面建立，而且也将工人的福利从现金交易关系的桎梏中解放出来，形成了工人阶级的真正自由，正如艾斯平—安德森所言“当工作与否趋近于自由选择，而不再是必要的时候，去商品化或可等同于去无产积极化（de-proletarianization）”（艾斯平—安德森，1999：61）。基于此种理论逻辑，艾斯平—安德森认为社会权从来就不是无条件的，而是有条件的。社会权的扩展程度越宽，去商品化的程度就越高，反之，就越低。“当我们检测社会权与福利国家阶层化在国际间的歧异时，我们会发现国家、市场与家庭之间的制度安排在性质上有所不同；我们因而会进一步发觉，福利国家的各种变形并不是呈直线型分布，而是依体制形态不同的类属”（艾斯平—安德森，1999：45）。以社会权作为学理起点，艾斯平—安德森考察了不同福利国家的去商品化程度，并据此把福利资本主义划分为三个世界，即自由主义体制、保守主义体制和社会民主主义体制。在此之后，众多学者也多围绕去商品化标准来研究福利体制，福利三分法遂逐步成为欧美福利体制划分的主流理论。

二、欧美福利体制的多维比较

自由主义福利体制的福利理念核心为“商品化”和“市场化”，具体在内容上表现为三点：一是国家在福利提供中承担有限的责任，而市场在福利提供中的地位明显上升，因而以“补缺”为特征的公共福利项目是其典型特征；二是社会福利的整体水平比较低，以资金和福利服务为基础的公共福利项目往往针对特定困难群体，政府在福利体系中承担“小政府”的责任；三是引导国民通过自身努力而非国家包揽来提升福利，各种福利项目对于福利依赖的防范力度非常强。这种福利体制类型最早缘起于《济贫法》，虽在20世纪40年代末的福利国家改革过程中一度隐没，但是自20世纪70年代福利国家危机以及撒切尔改革之后逐步复苏。在实践中，这类福利体制以家计审查式救助、有限财政转移或有限社会保险规划为主要特征，制度的主要给付对象为那些收入水平较低、依靠国家救助的工人阶层（艾斯平—安德森，1999：69）。在这个模式中，社会改革的进步严格地受限于传统的、自由的工作伦理规范，它将福利限制到十分边缘的地步，避免选择福利来代替工作。福利领取资格的规定是严格的，而且时常伴随着社会烙印后果，福利给付通常也是有限的。因此，这种模式下的“去商品化”效应是最低的，它有效控制了社会权的范围和规模。这一模式的典型代表是美国、加拿大和澳大利亚等盎格鲁-撒克逊国家，典型的福利项目为英国的收入维持（income maintenance）计划、美国的附加收入保障计划（SSI）等。

保守主义福利体制也被公认为是欧美三大福利体制之一。该类型的福利建设理念最早来自19世纪中期的工人运动，在理论上得到了社会主义和德国新历史学派的重视，并随着19世纪80年代三大社会保险法案的通过而实践化。这种福利体制的理念也主要表现为三个方面：一是坚持国家主义与市场主义并行的基本策略，这种福利理念相对自由主义传统更为强调在国家适度干预之下保持社会的整体公平，因而国家的再分配功能较为强大；二是该体制在理念上具有更为充裕的福利提供，尤其是针对特定困难人群的保障更为充分，因此该体系拥有较高水平、较宽范围、较多种类的福利服务项目；三是采取了较为明显的合作主义倾向，不但国家、市场和个人在福利提供中承担着不同的责任，联邦政府和州政府的责任分担机制也非常健全。在实践中，该模式的特点是奉行强制性的国家社会保险，并有相当严格的领取条件。社会权的资格以工作业绩为计算基础，即以参与劳动市场和社保缴费纪录为前提条件，带有保险的精算性质。这种模式最初出现在德国并得到长期发展，而后扩展到整个欧洲大陆，目前包括奥地利、法国、德国和意大利等国家。在这种模式中，社会权是根据不同国家所能提供的去商品化程度和不同的保险精算程度而变化的，即取决于一个人的工作和参保年限、过去的表现与现在的给付之间的关联程度。这种模式并不能自动确保实质的去商品化效果，而取决于资格条件与给付规定的制度设计。

社会民主主义福利体制是欧美福利体制的第三种类型，目前主要出现在斯堪的纳维亚国家。这种福利体制的文化基础是较为广泛的集体主义和合作主义倾向，这与其民族的长期统一性和宗教的长期单一性具有很大的关联。这种福利体制的理念强调国家在福利提供中的核心与基础性地位，主张在市场竞争机制的基础上实现福利资源尽可能的平均化，因而这种福利体制在就业促进、儿童照顾、老人养育、残疾人保护、家庭照料和健康保健等方面具有广泛的服务项目。从历史上看，这种模式源于贝弗里奇的普遍公民权原则，并随着福利国家的广泛开展而逐步定型；在20世纪70年代福利国家危机期间，选择这类福利体制的国家虽然也进行了小幅度的调整，增加了个人和家庭在福利提供中的作用，但是整体而言其福利资金和福利服务仍然保持了“慷慨”的传统。在实际操作中，这类福利体制在资格的确认上几乎与个人需要程度或工作表现无关，主要取决于公民资格或长期居住资格，并采取措施基本、平等地给付给所有的人而不论其之前的薪资、保费缴纳或是成就表现。这种模式似乎是最具“去商品化”效果的，且事实上它可能确实是一个社会凝聚力较强的体系，但它不必然是去商品化的，因为这类方案很少能提供给付到一个水平，使接受者能真正有选择工作的能力（上述三种福利体制的比较分析见表11－1）。

表11－1　蒂特马斯与艾斯平—安德森福利体制三分法的对比

蒂特马斯划分方法	工业成就型	补救型	制度再分配型
艾斯平—安德森方法	保守合作主义型	自由主义型	社会民主主义型
地理位置	欧洲大陆	盎格鲁－撒克逊	斯堪的纳维亚
思想与历史渊源	俾斯麦	贝弗里奇	贝弗里奇
社会目标	工人的收入扶持政策	贫困与失业的救助	所有人平等与公平的再分配
给付的基本原则	缴费型的原则	选择性的原则	普享型的原则
给付的技术原则	社会保险型的原则	目标定位型的原则	再分配型的原则
给付结构	部分型给付	家计调查型	统一费率
可及性的方式	社会地位与工作环境	需求与贫困程度	公民地位与居住资格
融资机制	就业关联型的缴费	税收	税收
管理与控制决策	社会伙伴合作性	中央政府控制	国家与地方政府控制

资料来源：郑秉文（2003：349）。

自20世纪90年代以来，世界主流的福利体制理论对于欧美国家的分类基本形成了较为统一的看法，如蒂特马斯有关福利体制的划分就与艾斯平—安德森的划分保持了高度重合：其中，前者的补缺型模式基本与后者的自由主义模式相对应，借以反映盎格鲁－撒克逊国家相对有限的国家福利提供；工业成就型模式被认为和保守合作主义模式相重合，两者都反映出以德国、法国为代表的欧陆国家的社会保险型福利制度；而北欧的制度则被分别概括为制度再分配类型和社会民主主义类型，两者都显示出了北欧国家福利提供再分配强的基本特点。在学理的研究过程中，学者们普遍对不同福利体制的覆盖范围、思想源流、社会目标、给付原则、给付结构、可及形式、融资机制和管理决策形成了大范围的认可，对于不同福利体制的典型特征与责任边界予以了深入的思考。这种普遍的共识不但有利于学术界厘清不同国家福利选择的目标和趋向，而且对于非西方工业化国家选择适合自身的福利建设路径也具有极为重要的实践意义。

在目前欧美福利体制研究中，如果依照“去商品化”程度来为各个欧美国家的福利制度类型排序，则斯堪的纳维亚国家（社会民主主义体制）是最倾向于“去商品化”的，其再分配水平也是各个体制类型中最高的；保守主义体制国家“去商品化”水平居中，其福利获取水平与劳动的关联度适中；而盎格鲁－撒克逊国家（自由主义体制）是最不具“去商品化”特征的，其再分配的能力也最为羸弱。三种福利体制不但突出反映出了不同欧美国家福利制度建设的路径，折射出不同国家在福利建设道路选择上的差异，也反映出了依照国家、市场、社会在福利分配中的地位不同可以衍生出差别化的福利类型。因而从其历史意义来看，这种福利体制的划分在理论上解决了福利类型多元化的问题，并在很大程度上为学术界思考不同地域间福利制度的构建予以了学术启迪。

第二节　东亚福利体制的比较研究

一、东亚福利体制的理论源流

自福利国家创建以来，有关福利体制的比较研究多集中在对欧美福利国家内部的理论讨论和经验论证过程中，而较少关注非西方世界的福利类型和政策经验，这在早期福利类型学的研究中尤其明显。这一西方中心主义的学术研究逻辑源于西方学者对于国家福利支出与经济发展水平关系的肯定。在此逻辑下，发展中国家随着经济发展也必然会走向福利国家的路途，两者是一种典型的“师徒关系”，因而研究先进国家的福利建设经验被认为是理所应当或不言自明的。然而，随着20世纪70年代末福利国家的危机使得西方福利模板的理论迷思被彻底打破，部分学者开始试图从非西方世界找寻福利国家改革的良方，并在调查中发现了经济以外因素对福利制度的影响，如梅志里就曾指出“社会福利的发展是一个国家或地区政治经济与社会制度等综合作用的结果，经济发展或经济增长并非与社会发展的目标保持一致，它还受到传统文化、政治理念和制度、经济结构和政策安排等多重因素的制约”（Midgley，1985）。

伴随着新理念的产生，学者们开始对东亚国家的福利制度进行了新的思考，“日式福利国家”“儒教福利哲学”等一批新的概念开始自20世纪80年代中后期逐步出现（Jones，1990；Tabata，1990），并随着艾斯平—安德森“去商品化”分析工具的提出而使得更多的学者自20世纪90年代起对东亚地区的福利制度安排展开了系统性考察（Huber，1996；Goodman，1996；Rodric，1996）。20世纪90年代末的东亚金融风暴期间，东亚各国颇具特色的福利建设思路在抗衡金融危机和稳定市场经济的过程中表现得异常出色，这又进一步促使西方学者对于东亚福利安排产生了浓厚的兴趣，以东亚国家作为一个整体来开展的系统研究变得更为普遍（Esping - Andersen，1997；Kwon，1997）。当然，东亚福利议题得到迅猛发展的另一层潜在原因在于话语权的转变：大量从欧美留学归来的日本、韩国和中国学者成为东亚福利议题新的推动者，从东方文化自身出发去反思东亚福利建设成为一种新的研究潮流。进入到21世纪以来，东亚学者愈加认识到区域对话、交流和合作以及建立自身话语体系的重要性，并进一步推动了东亚福利体制比较研究的热情（Tang，2000a；2000b；Kim，2005；Walker，2005）。

时至今日，虽然有关东亚福利体制是否真实存在、其特点是什么及未来路径怎样等议题仍然未能够完全达成一致，但是其本身的样貌却在争议与讨论中勾勒得日渐清晰。在论证“东亚福利体制”（East Asia Welfare Regime）时，虽然部分学者指出广泛存在的、一般化的区域福利模式其实并不存在，人们对东亚福利模式的理解多来自于快速的经济增长、高度的社会稳定、强烈的个人成就动机以及以家庭为核心的群体支持等共同要素（Wong，2004），另有学者也指出东亚国家普遍依循自身历史和国际经验建设自身的福利项目，其本身是在西方经验基础上的学习和适应模式（Goodman，1996），但是仍然有大量学者在研究中证实了“东亚福利体制”的独特性，他们不但发现东亚国家并不能归类于西方福利体制之中（Kwon，1997；Lee & Ku，2007），而且认为东亚各国在福利建设中的生产主义特点使得“在该地区存在一个独特的理想型福利体制”（Aspalter，2006）。此外，在论及有关东亚国家的文化传统时，有学者发现东亚各国在交流中形成了一个相对统一的文化模式，即“从文化的角度来比较和分析东亚国家的福利体制成为一个令人着迷的视角，它在很大程度上影响了研究者针对国家间在文化传统与呈现要素等诸多方面的同质性与相似影响的理论探究，这些研究也促成了将特定区域内或相似文化圈内福利体制特征的理论阐述与概念归类”（Lin，1999）。

二、东亚福利体制的多维比较

学术界对东亚福利体制的关注，同西方福利国家危机和东亚经济奇迹有着密切联系。从既有的研究概貌来看，这些理论解释包括经济起飞背后的强国家模式理论、儒家文化对经济增长作用的理论、以经济发展为核心的发展理论以及资本技术引导型的发展理论等多种类型。在对东亚国家内部进行福利体制比较研究时，各个理论也暗含了三个通用性的假定：（1）这一比较研究是针对东亚特定区域内的国家或地区进行的福利体制的解释和描述，试图发现趋同和差异；（2）这一研究试图对东亚国家福利体制进行一般化的理论描述，目的是寻找一种共同的模式；（3）这一研究以特定的福利内容和政策为对象进行比较，并在此基础上就不同国家的福利体制做出一般的理论解释。在这三个理论假定之下，各国学者对于东亚福利体制的基本特征进行了深入的研究，并以“生产主义”“国家主义”和“儒教特色”的学理讨论最为广泛。

与西方福利国家的发展经历和典型特征相比较，准确回答东亚各个地区的福利选择能否界定为一个统一模式是非常困难的。一方面，东亚地区的福利制度在很长一段时间内表现出了与经济发展的某种分离性，即东亚国家在“经济发展优先性”的政策指导思想下，福利体制或社会保障体制的发展更多是作为服务于经济发展或成为经济发展的一个工具。在此过程中，不但国家权威并未刻意将经济发展与社会政策有效地整合在一起，而且社会政策也明显受到社会变迁、市民社会压力和回应社会问题需要等非经济因素的制约。正如韩国学者权（Kwon）的观点，“韩国福利制度在20世纪90年代金融危机后的改革与发展，是民主政治和不同政治行动者倡导联合行动的结果而非经济力量的结果”（Kwon，2009）。但是另一方面，东亚各国在近年采取的不同福利改革的路径，只是说明各自国家在面对社会处境、社会压力和政治环境之时做出的不同反应（White，1998）。学者们甚至发现其实在东亚国家内部尽管社会福利制度方面彼此存在一些共同的要素，但各自的福利制度其实仍存在很显著的差异，由于意识形态、党派政治和社会结构的差别，国家的职能和行动策略仍会有明显的不同，这些因素都会影响各国在社会福利道路选择上的路径（见表11－2）。这两种相互矛盾的观念既体现了东亚各国相比西方国家在福利选择上的独立性，又体现出其内部不同国家之间的分裂性，因而与欧美福利体制相比较东亚福利体制的完整概括的确存在难度。

表 11－2　中国、日本和韩国的政治－经济－文化因素与福利体制的异同

国家	相似性	特殊性
中国 日本 韩国	经济发展中心论 国家主义/威权主义 官僚政治中的精英主义 家庭主义与性别分工 人口老化 外国社会保障模式的影响	市场经济与现代化的不同历史进程 政党政治的不同结构与影响 政府行政体系的不同构成及功能 家庭变迁与妇女运动的不同进程 人口红利与劳动就业状况的不同影响 学习—适应的不同路径

与欧美福利国家所具有的历史基础、政治文化和社会结构特征不同，包括中国在内的东亚国家在福利体制上具有一些共性：第一，快速经济增长与较低福利支出的不均衡并未在东亚国家引起明显的秩序混乱和政治危机；第二，东亚国家长期的经济增长和政治稳定有明显的国家主义特征；第三，东亚社会中的儒家文化体现了以家庭为基础的个人主义和以整体利益为前提的社群主义的某种综合，显著影响了私领域在福利系统的功能。然而，东亚国家在政治制度与民主进程、官僚制度和国家能力、市场经济和市民社会等诸方面的差异，仍然深刻地影响了各自的社会福利体制改革及社会政策模式的形成。这也就是为什么有研究指出"基于数据和理论推演，东亚国家或地区的福利体制被证明是既不属于艾斯平—安德森的福利资本主义三个世界，也不完全是统一的东亚福利模式，而是兼具发展主义、生产主义和威权主义的特点"（Lee，2007；Kwon，2009）。

生产主义作为东亚福利体制最为鲜明的特征一直以来就被中外学者所认可。一方面，由于普遍具有后发国家的特点，东亚各国与欧美国家相比特别重视经济增长在国计民生事务中的重要涵意。尽管唯 GDP 取向的政策近年来得到了一定程度的遏制，但是再分配所依托的生产领域问题仍然受到东亚地区的普遍重视，重视经济政策而忽视社会政策的执政意识仍然非常浓厚。其典型的表现就在于社会政策所能够汲取的资源、人力及政治资本都明显偏低，儿童等特定人群的发声权处于边缘地位（埋桥孝文，2006；Lee，2007）。另一方面，东亚各国民众对于生产主义事务的诉求也明显高于欧美国家。相关统计显示，东亚地区民众在医疗、养老等保障性事务方面的诉求明显低于西方国家，但在就业等生产性事务上的诉求则明显高于同类群体，这显示出生产主义福利制度的民意基础也较为雄厚（Joo，1999；Marston，2012）。加之其长期作为经济增长期民生事务解决路径的

政治惯性，决策机构在选择社会福利制度建设规模与方案之时往往具有明显的路径依赖，以防范西方福利国家危机为出发点的政策设计往往更容易引起政策共鸣，因而生产主义的特点在东亚地区具有持续与稳定的表现。

国家主义是东亚福利体制的第二个典型特征，并集中表现为三个方面。首先，在东亚国家民主化过程中，国家在很大程度上左右着这一政治进程。对中国、日本和韩国三个东亚国家来说，权威制的政府干预在政治经济生活中表现得尤为突出。在诠释中国、日本、韩国的福利体制时，尽管使用“福利国家”概念来描述东亚三国的福利体制在理论上仍然存在明显漏洞，但是毫无疑问，福利国家的内涵所包含的“国家规制”或“国家调控”的色彩却十分明显。其次，除了国家所提供的一系列福利津贴项目和服务外，福利体制本身与政治之间也存在着牢固联系。同西方福利国家的社会开支水平和民主政治对社会政策的影响程度相比较，东亚福利的福利体制属于“儒家文化下的保守的福利制度”（Aspalter, 2001）。政府强势的政治经济模式、普遍脆弱的工会组织以及强调家庭价值的社会结构，使得社会运动和压力集团难以形成对政府决策的现实影响，且政府在社会政策决策时较少受到外部压力而掌握强势的主动权（郑秉文，2002）。最后，东亚地区政府官僚体制与福利体制之间也存在重要关联。就社会政策制定和影响来看，虽然中国、日本和韩国在社会政策制定和推行过程中受到政策理念、政党结构、立法制度以及外部因素的影响并不完全相同（Joo, 1999；Takegawa, 2005），但是三国的官僚精英毫无疑问在福利制度的建设中都发挥了同西方国家相比更为重要的作用（Holliday, 2000）。

儒教主义是“东亚福利体制”的第三个典型特征。对东亚三国来说，东方文化的共同点是儒家文化对这一区域政治、经济和公民观念及生活方式的深刻影响。尽管东亚三国在过去一个多世纪以来经历的历史事件、政治经济改革和社会运动等都有着不同的经验，但是就文化传统的变迁和影响来看，有些方面还是非常相似的：第一，儒家文化中的家族观念，它对于家庭内部的互济具有重要的信念支持作用。通过儒家文化而形成的亲子关系同欧美国家相比更为亲密，以家庭为单位的儿童抚养、夫妻扶养和老人赡养在东亚国家发挥着重要的作用（朴炳铉，2012），这也决定了在福利资金与福利服务方面东亚各国在儒家文化的约束下更为强调家庭成员之间的互动，并在长期而言对于应对少子老龄化问题起到了积极的作用。第二，儒家文化中的秩序情结，它最终稳固了以权威和服从为核心的政治文化，强化了集中化的权力控制。儒家文化带来的另一个相似性就是服从于权威的政治文化，这也是国家中心主义特征的一个潜在原因。东亚各国民众对于权威公共组织的高度信任感来源于儒家文化的秩序情结，东亚民众会在美德的引导下自觉注意到自己在社会福利制度中的时间、空间、位置及责任（Chung,

1993），这也使得国家福利提供的能力同西方国家相比更高。第三，儒家文化中的“给予—接受”羞耻观，它表现为东亚社会中接受救助和捐助者在心理上存在的羞耻感与消极意识。在传统儒家文化的影响之下，东亚国家民众的公益慈善观念整体较弱，对于接受他人的捐助往往存在弱者心态，并且习惯以自力更生的方式来解决实际问题（Tam，2003）。

如果从福利体制类型上看（见表 11－3），欧美福利体制与东亚福利体制既具有明显的联系又具有明确的区别，东亚福利体制在理论上应当被视为一个借鉴西方制度的新型福利模式。从其思想来源看，尽管东亚国家受到了儒教文明的深刻影响，但是由于现代福利制度缘起于欧洲，因而其福利制度的建设路径仍然是西方社会福利理念的延续，以《贝弗里奇报告》为代表的西方福利政策在推动东亚地区福利构建中发挥着重要且独特的作用。但是与欧美国家不同，东亚各国社会政策的目标往往追求效率与公平的结合，即需要在社会政策的推进过程中充分考虑其可能或可以对经济发展的损益，不利于经济发展的过度再分配制度在东亚地区的接受度普遍偏低，这与欧美福利体制中比较重视民众的福利诉求具有明显的差异。在福利提供方面，东亚各国选择以缴费型与选择型并存的方式来建设制度，社会保险与兜底性的社会救助往往在福利建设中发挥核心作用，因而福利提供具有明显的家计审查性，其福利服务的目标往往以满足最基本的需要为基本宗旨，而福利资金的来源也往往以税收和缴费作为主要手段。虽然近年来日本、韩国和中国都积极推动社会福利从补缺型向普惠型转型，但是以生产主义为基本特征的福利建设格局仍然未能够得到根本性调整。同时，由于东亚各国的中央政府往往比较强势，因而中央政府在福利管控和决策中的地位较高，这与西方社会部分联邦制国家的发展思路具有很大的区别。

表 11－3　　欧美福利体制与东亚福利体制之间的对比

体制类型	保守合作主义	自由主义	社会民主主义	东亚福利
地理位置	欧洲大陆	盎格鲁－撒克逊	斯堪的纳维亚	东北亚和东南亚
思想与历史渊源	俾斯麦	贝弗里奇	贝弗里奇	贝弗里奇
社会目标	工人的收入扶持政策	贫困与失业的救助	平等与公平的再分配	效率与公平的结合
给付的基本原则	缴费型的原则	选择性的原则	普享型的原则	缴费型与选择性并存
给付的技术原则	社会保险型的原则	目标定位型的原则	再分配型的原则	目标定位原则
给付结构	部分型给付	家计调查型	统一费率	家计审查制度

续表

体制类型	保守合作主义	自由主义	社会民主主义	东亚福利
可及性的方式	社会地位与工作环境	需求与贫困程度	公民地位与居住资格	需求与贫困程度
融资机制	就业关联型的缴费	税收	税收	缴费与税收
管理与控制决策	社会伙伴合作性	中央政府控制	国家与地方政府控制	中央政府控制

第三节　比较视角下的中国福利体制研究

一、比较视野下中国福利体制的改革背景

社会福利的出现一直被视作经济发展与社会变迁的结果，同时也是国家干预的后果，福利国家与社会主义国家的形成都是如此。早期福利国家设立的“从摇篮到坟墓”的福利制度，体现的是国家对公民的责任，它确保为所有公民提供最低限度的社会保护，通过政治和经济上的制度安排来保障民主运作的社会基础，因此在马歇尔（Marshal）看来“福利国家是一种由民主、福利与资本主义构成的混合物”（Marshall，1964）。在社会主义国家的制度遗产里，以权力的自我合法性与父爱主义为基础的就业制度及其集体福利形成了一种独特的体制内分配体系，从而在制度设计上与资本主义具有显著的不同。然而，长期以来旧体制在忽视效率和对财政预算失去主导控制的前提下，并未从制度上准备好对未来的制度变迁导致的失业、贫困等问题进行干预，这使得制度遗产的合法性基础在一定程度上被动摇（科尔奈，2007）。因此无论是资本主义还是社会主义，要想获得成功，都必须对自由的市场经济制度进行某种限制与变革，同时政府还必须通过社会政策的制度安排来实现政治、经济与社会的有效整合，而福利体制的构建无疑是社会制度与其他制度有效整合过程中最为重要的一环。

西方福利体制的变革一直以来为东方世界的福利建设提供了可供参考的范式。自《济贫法》至福利国家的创建，欧美各国在福利建设过程中总是不断加深福利提供的力度，拓展公共福利的边界，从而忽略了由此造成的福利成本，降低

了对于福利责任与福利权利关系的理解，并最终导致20世纪70年代的福利国家危机局面的形成。石油危机以来，以撒切尔和里根为代表的福利变革则试图以大刀阔斧的改革者姿态来重新梳理社会福利的边界，但是由于福利刚性的存在这一改革并未完全达成目标。而20世纪90年代以来人们对于福利体制差异性的理解则深化了对于国情与福利建设关联的认知，这使得学术界不再标榜对于单一福利制度的过度追捧，而是静下心来思考本土性的福利路径。东方国家普遍意识到，在既有政治、经济和文化特殊性的基础上，尽管不同东亚国家仍然具有一定的差异，但是以生产主义、国家主义和儒教主义为代表的三大特征仍然成为东方社会福利建设所属的专用名片，而这一与欧美国家具有显著差异的福利设计从根本上影响了未来福利制度的结构、功能及其目标建设。

在当今全球化与后工业经济时代里，无论是福利国家还是转型经济国家，国家出于应对经济发展与社会变迁的考虑，都在不同程度上对本国的福利体制进行调整、变革或再造，这也体现出各个国家福利制度应对现代风险的策略变化。1999年，艾斯平—安德森在其著作《后工业经济体的社会基础》（*Social Foundations of Postindustrial Economies*）中讨论了福利资本主义的多样性与变化性，并指出在后工业经济时代劳动力市场与家庭的失调是资本主义福利体制变革的两个重要原因，其中前者的问题在于就业的充分性与平等性难以保证，后者的问题则是家庭形式与功能的不稳定性（艾斯平—安德森，1999）。同样也是在1999年，德国社会学家贝克在《世界风险社会》（*World Risk Society*）一书中也指出“风险社会的最显著特征是工业现代性的老化”（贝克，2004：72）。从这个意义上说，艾斯平—安德森阐述的后工业经济时代的风险问题与贝克所指的风险社会特征有着密切联系，两者都深刻意识到了现代社会的社会风险已经和传统社会具有非常大的不同，而这种风险诱发原因的不同恰恰成为福利变革的重要基础。

对于中国的决策者来说，仅仅了解自身所处的风险处境是不够的，还必须认识和分析这些风险与现代化过程之间的关联，用贝克的话说就是人们必须“自我正视”（self-confrontation）。中国当前正处在一个社会变迁加剧、区域及全球风险日益增加的时期，如何认识新社会风险对福利体制构建与发展的影响至关重要。这些对福利体制可能产生重要影响的新社会风险包括：第一，市场经济的不确定性和劳动力市场的去规则化，就业者的工资与社会保障水平的偏低对刺激有效需求作用有限；第二，地方经济实体的脆弱性与债务显性化并存，社会保障体系的可持续性受到影响；第三，被压抑的社会群体导致的群体性事件增多；第四，公民流动性与家庭不稳定性的增强，使得快速城市化过程中日益增加了新生代农民工和就业不稳定的城市青年群体。同时，在当前中国社会转型的背景下，上述新社会风险会显性的表现为如下社会问题：第一，最低生活保障与最低工资之间的机制性关联将更加复杂，如何实现两者之间的自然联动机制是政策需要着力解决的问题；第二，地方政府的非均衡财政实力，一方面将导致区域间福利扩张的恶性竞争，另一方面也会出现区域间社会福利发展水平上的新差距；第三，私营企业职工内部通过抗争性的社会运动获取劳工权的行为与地方政府实施社会政策之间可能产生的矛盾；第四，加速的公民流动性与中心城市的集中化将可能对大城市的福利体制产生持续的经济、政治和社会压力；第五，家庭面临的诸多压力与多重照顾功能的要求，在家庭政策缺失与家庭社会服务发展不足的情形下，不仅进一步弱化了家庭的照顾责任，还可能使公民的社会参与及市民社会组织的发展面临“人气不足”的困境。在这五个典型的风险之下，中国社会福利的体制再造面临着新的压力与机遇，其不但要有效回应全球性风险也要认真思考中国国情，不但要把握福利体制建设规律也要充分体现中国特色。

二、比较视野下中国福利体制的目标定位

实践告诉我们，中国社会主义福利体制既符合主流福利体制建设的基本规律又适用于中国独特的经济社会环境，既具有东亚福利体制的一般特征又具有鲜明的本国特色。具体而言，中国福利体制所具有的典型特征主要有：第一，同广大欧洲民族国家的发展历史不同，历史上中国的国家能力构建与封建主义的集权管理体制的发展限制了公民权概念与实践的发展，社会福利的制度化进程与市场经济和政治民主发展进程脱节，因而以家庭和社区为基础的照顾体系的重要性被广泛认可。同时，欧洲工业化进程加快了市场经济和民主政治的发展过程，第二次世界大战后福利国家的发展又强化了国家照顾公民基本需要的责任，而在中国，工业化进程的不连续性和苏联式发展模式的意识形态化强化了单位（集体）在为公民提供福利服务上的责任，并由此增强了平均主义倾向的福利观。第二，与欧洲国家成熟的福利体制和多元化的社会政策模式所不同，中国的国家福利提供基本上还是低水平的、城乡分割和部门管理式的，非政府组织（或民间组织）从政府中得到的支持还十分有限，政府对社会组织的严格管制限制了社会力量提供社会服务和解决基层问题的能力。第三，同欧洲福利国家福利体制和社会政策改革策略所出现的反复不同的是，中国在政党政治上保持的连续性和一贯性，促成了稳定的经济增长与推进社会福利发展之间的关联，单向度进入的福利发展体制朝着促进经济与稳定社会的目标前进，而这一点可能使中国在一定时期内避免西方福利国家业已出现的经济、政治与道德困境。

从某种程度上说，中国当前的社会福利体制改革本身也是过去三十多年来经济改革的一个延迟性后果。在解释中国三十年经济发展与转型这一核心问题时，

经济学家强调了社会思潮与转轨策略（尤其是渐进主义的经济改革方式）在经济增长中的重要作用（林毅夫，2008）。很明显，这一点对理解福利体制的转变与发展是十分有益的。在中国，传统的计划经济体制与城乡分割的福利保障体制紧密结合在一起，形成了权利分配不对等和碎片化管理的制度基础。同东亚福利体制相比，中国与日本、韩国等工业化国家在社会结构与文化传统上具有相似性，但在政治制度安排与社会政策决策机制等方面的差异却产生了不同的福利后果，这是东亚福利体制差异性显著的一个重要原因（熊跃根，2007）。而与波兰等东欧转型经济国家相比，由于政治体制改革进程与经济改革策略的不同，促使中国与波兰等东欧国家在社会政策发展路径上有着不同的经验，后社会主义社会政策发展的经验很大程度上取决于政党体制与社会影响因素对政治经济的压力，中国的实用主义和渐进主义的改革策略减少了急剧的贫富分化，但隐性的社会分化和阶层差距也在缺乏政府严格监督下的市场经济发展进程中逐渐拉大（熊跃根，2008）。有学者通过个案研究试图说明一种东亚福利模式的独特性，以此阐释威权主义与经济发展主义在社会福利改革中的作用（White，1998），而实际上中国与日本、韩国等东亚国家或地区在社会福利发展上具有很明显的异质性，独特的政治体制和政党制度以及改革开放的经验，都使中国的社会福利和社会政策发展具有自身的特点。

就社会福利制度的建设而言，基于政治制度、文化传统、社会结构和经济实力等多方面的考虑，中国不可能走西方福利国家的道路，而发展有中国特色的社会主义福利制度，以美好生活需要为目标不断推进民生为本的社会建设，才是中国近期和未来一段历史时期内的核心战略。就塑造一个全面的、长期的和符合可持续经济发展道路的社会政策体系而言，中国政府仍然需要在未来着重解决以下问题：第一，澄清增加社会福利投入或发展全民的社会福利项目是导致经济不景气或影响经济发展的狭隘认识误区，降低官方及民间社会对于西方福利危机带来的天然“心理恐惧”；第二，全球化时期中国的新经济增长模式和现代化的社会政策措施之间显然缺乏紧密的衔接，比如缺乏弹性的就业政策（或退休政策）、制度更新缓慢的社会保险措施、日益老化的人口结构与尚在增长的劳动力人口的局面是缺乏对应的；第三，政府在制定统一的社会福利体制方面仍然受到体制和观念的制约，在构建新型的社会福利体制方面，政府可能还会在一定时期内停留在部门分割式的、权力平衡式的政策决策与行政管理格局中；第四，有效协调福利多元主体的功能布局，将政府福利责任从“划桨者”向“掌舵者”转型，理顺公共组织、志愿部门、市场及社区在福利提供中的互动作用；第五，中国应当积极建立以需要导向而非供应导向为基础的社会政策形成模式，增强对民众福利态度的了解和认识，突出民生为本社会政策的有效落实。

从全球范围来看，福利体制在顶层设计过程中不可忽视四个基本要素：社会目标、可及状况、给付形式与治理构架，而全球视野下中国福利体制的目标定位也必须围绕着四个方面来加以建设。首先，社会目标是各类福利体制得以构建的根本动力。艾斯平—安德森之所以能够采取“去商品化”维度考量各个区域的福利体制，其本质内涵仍然在于各个地区在社会目标上具有巨大的差异，如社会民主主义更加偏向于公平，自由主义和东亚福利更加偏重于效率，这种社会目标的差异是推动福利体制发展的前提条件。其次，可及状况是各类福利体制得以评估的鉴别指标。社会福利的根本任务在于需要满足，而需要满足的前提是有效地传递给福利需要者。不同福利体制国家内部在福利可及性方面具有较大差异，如社会民主主义体制的福利提供更加基于公民资格，保守社团主义的制度更加依赖于缴费，而自由主义福利体制则主要观察贫困状况和需求。再次，给付形式是各类福利制度得以落实的稳定机制。再分配制度能够落实的根本性策略在于有效的给付形式，它不仅可以使得福利提供的效果是瞄准和有效的，而且还可以促使福利传输的途径是通畅和完善的。在当前的福利体制比较中，以缴费型社会保险为主的保守社团主义体制、以选择性家计审查为主的自由主义体制和以普惠型再分配为主的社会民主主义体制在此方面都具有明确差异。最后，治理构架是各类福利制度得以定型的重要抓手。现代各国在福利多元主义思想的影响下形成了政府、市场、志愿部门与非正式组织的福利治理构架，但是各国在政府责任的划分上却具有极大的区别；同时，中央政府和地方政府在福利管理过程中的责任划分也由于不同福利体制的差异而具有明显分化。

三、比较视野下中国福利体制的转型基础

在现代社会里，社会福利制度的成功运行离不开稳定与持续的政治、经济和社会支持，其中政治支持在此方面的作用尤为突出。20 世纪 70 年代以来，西方福利国家以及日本、韩国等后来居上的东亚福利国家，都先后遭遇了政党政治变革与选民动向变化的影响，福利改革在不同时期成为政党与选民纠结的论题。最近二十年来，欧美福利国家都通过重塑工作与福利的关系，试图以新的社会政策措施来变革福利政策导致的负面影响，同时强化福利接受者的自我依赖意识与工作动机。然而，福利国家在经济增长放缓和就业形势低迷的背景下，很难通过有效的社会政策改革在短期内改变被动的社会处境。在传统的福利国家体制里，这种通过全方位的社会保护与充分就业等措施来减少社会不平等的行动，被称为资本主义社会里“民主的阶级斗争”的一个基础（Esping - Andersen，1999：15 - 18）。

同西方发达国家和其他发展中国家不同的是，中国在政党制度及其安排上有自身的特点并保持着某种优势，即执政党的连贯性和稳定性确保了制度与政策实

施的一致性。有人将此归结为威权主义政治的优势，认为是集中化体制所带来的后果。尽管中国的政党政治制度具有高度的稳定性，但这并不排除其中存在的问题与不足。比如，决策中的民主集中制和自上而下的人事任命制度如何确保效率和公正？当前执政党面临的诸多问题和挑战都在促使其进行进一步的自我改革与完善，包括党内监督、人事制度、决策方式与程序等，都在发生积极的变化。近年来，为加强政府决策的效率与社会参与，各级政府不断强化了民主党派在政府政策制定过程中的角色与功能提升。同时，为促进政府决策与议事的公正与公开性，政府还通过网络等信息平台加强了公民监督与社会参与，拉近了政府决策者与普通公民之间的心理距离，也在某种程度上提升了政府部门在公众中的信任度。政策运行的方式、效率与结果在很大程度上影响着公民对政府的信任，它反过来又影响到政府的决策行为。在中国，自上而下的集中化行政体制和高效率的动员机制，在很大程度上能保证社会政策的实施与新型福利体制的建立，这是中国在政治制度上的优势。然而，作为决策者仍然不能忽视民众和社会舆论的普遍反映及其共识，政策决策与政治运行的逻辑应与公民社会的良性发展紧密结合在一起，经济制度的绩效才能得到保障，社会秩序才有可能按照道德逻辑运行，并在法律制度之下得以建立。中国要建立和实施普惠型的社会福利体制，在政治上不仅要保持稳定性和一致性，还必须在制度安排上保证治理的理性逻辑。

除了政治上的稳定，经济上的快速发展也为中国福利体制的良性运行提供了重要契机。自改革开放以来，随着国家经济实力的不断增强，中国各级政府的财政能力也在不断提升，政府财政支出规模在显著地扩大。从财政统计的相关数据中可以看出，三十年来中国的财政收支的规模和增长速度都有显著的变化：1990年全国财政支出仅为3 084亿元，到2016年这一数字上升到187 841亿元，达到了1990年的60倍左右。尤其是近年来，中国政府加大了对社会保障和其他公共事业的投入力度，重视民生建设的政策导向又促使各级政府在社会福利与社会服务领域扩大了支出规模。就社会救助体系而言，城市和农村地区目前已经普遍建立了基本的社会安全网，低保制度、教育救助制度、医疗救助制度、住房救助制度等分类救助制度全面建立。社会保险制度也得到了快速的发展，20世纪90年代末已经逐步探索出了城乡就业人员的养老和医疗保险政策，至2011年全国范围内非就业人员的基本养老和基本医疗保险制度也全面建立。在推进普惠型社会福利体制构建的进程中，虽然我国距离西方发达国家的福利津贴与福利服务水平仍然比较遥远，但是2006年以来推行的“适度普惠型”政策已经有了良好的起步，有关福利机构管理、福利彩票管理和志愿服务的专门性政策得以快速发展。

从长远来看，我们需要思考的是中央与地方政府在社会保障领域的公共财政投入比例的稳定性，同时也需要密切关注地方公共财政的来源与经济实质性发展的联系是否存在一种实效关联，考虑到地方政府追求短期利益和盲目追求增长规模与速度，在城市建设中过于追求开发而忽视维护，这些在干部任命制度还没有彻底改革和官员任期内盲目追求数字政绩的前提下，都会给未来几年内地方政府实施社会保障体制改革形成一定的压力。此外，在政府大力推进社会保障体制建设的过程中，一些政府决策者和官员热衷于宣讲民生政绩和社会保障数据，而实际上如果我们认真审视社会保险缴费的结构与工资、就业等情况，也许就可以看出社会保障缴费未必一定与民生改善与社会政策实际进展有直接联系。随着中国人口老龄化进程的加快，尤其是大中城市老年人比例不断提高，养老保障的压力逐渐加大，现存的社会保障基金的供给压力会进一步加大，而届时对中央和地方政府的财政能力的考验也会增大，这些问题都需要得到政府的进一步思考。

中国社会制度的不断进步也为社会福利的有效运行提供了经验保障。自改革开放以来，中国的社会发展进程与人民生活水平不断得到改善，在联合国人类发展指数（Human Development Index，HDI）中人均预期寿命和成人识字率都得到显著的提升，其中前者在2015年已经提升到了76.1岁，后者的统计结果也超过了90%。同时，在减轻贫困人口、增加基础设施投入、改善城乡居民生活和促进就业等方面，中国政府在过去三十多年也取得了积极的进步。以扶贫开发效果为例，相关统计显示我国1990年以来的脱贫人口占据世界同期脱贫人口的70%。进入2013年以来，中国又试图通过“精准扶贫”政策将更多的资源投入到扶贫开发领域，并由此摆脱7 000万人口的贫困问题。而自20世纪90年代中期以来，随着市场经济改革进程的加快，我国也逐步加快了社会保障制度的改革，在养老、失业、医疗、住房、工伤、慈善、救助、赈灾、福利服务及社会组织管理等多个领域颁布了新的法规和政策，较好地推进了与市场经济发展相适应的现代社会保障制度建设，这些也都为下一步社会福利制度的有效推进打下了坚实的基础。

当然，由于在计划经济时期我国比较忽视社会发展的制度建设，忽视社会保障制度的科学和理性的制度设计，因而长期以来我国实行了城乡分割和主要以城镇就业人口为核心的社会保障制度，非正规就业人群和那些不符合社会救助资格的人群一直以来主要依赖家庭及其社会支持网络。自20世纪70年代末改革开放到21世纪初期，我国社会保障制度的改革与实践的基本理念也主要围绕经济建设而服务，以建立现代社会保障制度来促进市场经济为核心目标，对于社会建设的关注力度也没有根本性改变，因而我国相关的福利建设同西方国家及东亚近邻相比仍然具有一定的差距。但是，当前快速的社会转型和不断涌现的社会问题（如老龄化加速、城市就业压力增大、社会保障体系覆盖面不够和支持力脆弱、贫富差距不断增大等）正在急剧增长，一方面对我国的社会保障制度和社会政策实践提出了新的要求，另一方面也对我国政府应对复杂的社会环境与社会问题的治理策略提出了挑战。比如，大规模的农村剩余劳动力进入城市寻求就业机会导致的就业压力、快速的城乡人口老龄化、长期以出口为导向的企业面临更为激烈的国际竞争以及诸多生产企业在全球经济衰退的形势下出现的产能过剩等现实问题都对我国的经济可持续发展和平稳社会秩序形成了压力。因此，未来如何在现有社会发展经验的基础上总结出一整套适合中国国情的、符合世界主流福利建设理念的制度经验成为亟需思考的重要议题。

四、比较视野下中国福利体制的建设路径

从比较视野来看，世界主流福利体制在建设过程中均有力地突出了社会目标、可及状况、给付形式和治理构架的四维角度，并以以上标准为基础形成了差异性的福利体制类型，这为有效增进中国福利体制的发展提供了潜在的动力。其中，社会目标是福利体制发展的根本动力，可及状况是福利体制评价的鉴别标准，给付形式是福利体制落实的稳定机制，治理构架是福利体制定型的重要抓手，四项内容相互衔接，共同构成了福利体制的重要基石。近年来，中国政府大力推进社会保障制度改革和加强民生建设的举措，明确提出在 2020 年前后实现全面小康社会的目标，而要达到这一目标，使得全体公民在未来过一种"更幸福、更有尊严"的生活，努力推动上述四个方面的建设路径是必不可少的：第一，明确中国福利建设的目标导向，建立民生取向的中国福利体制，增强福利资源分配的公平性和正义性；第二，提升中国福利建设的可及程度，建立高效可及的中国福利体制，增强福利提供结果的有效性和可及性；第三，优化中国福利建设的给付形式，建立社会契约式的中国福利体制，突出福利给付效果过程的瞄准性和合理性；第四，理顺中国福利建设的治理构架，建立有序治理的中国福利体制，优化福利治理结构的稳定性和系统性。

首先，着力构建民生取向的中国福利体制。近年来，在人口老龄化、家庭规模小型化和社会转型加快的背景下，中国社会福利体制的构建面临着一些新的挑战。一方面，过度要求社会政策为经济政策服务的长期导向使得社会建设长期落后于经济建设，社会保障机制与其他民生保障机制的健全度大大低于经济建设的保障标准，因而与我国其他政策相比较社会政策的发展仍然整体上比较滞后；另一方面，离婚率增高、留守问题突出、老龄人口增多及儿童抚育成本加大等客观原因也使得中国政府有必要积极应对民众的现实风险，解决弱势民众在生存发展中的困境与难题。因此，社会政策的建设目标必须从原有的生产主义逐步转变为更具再分配性的制度，以更好地体现社会政策的公平性和正义感。对中国来说，在保持经济持续发展的同时，未来一段时间要以民生取向为基准加快社会福利资

源再分配和社会服务体系的建设，国家应通过有效的、全方位的社会政策来扩大社会平等，减少福利资源分配过程中的社会不公平，提升公民对国家和制度的信任。在市场渗透和社会转型过快的历史阶段，政府通过社会项目和社会政策来矫正不平等和减少贫困被看作是一种道德义务。在市场经济发展、社会财富不断累积的情形下，政府或国家应通过有利的政策引导社会资源的合理配置，通过社会组织和制度创新（如非营利组织进入社会福利服务领域的制度创新），来加大社会福利资源配置和提供环节中非国家力量的介入，同时也可以促进公民社会的团结，这是建立国家、非营利部门与家庭（公民）之间的新型福利三角关系和提升社会风险管理能力的一个重要思路。

其次，着力构建高效可及的中国福利体制。作为一种再分配制度，各个国家的社会福利制度都需要以满足本国民众基本需要为前提条件，以福利可及性作为考评手段，并在需要满足的基础上构建适合本土国情的制度构架。换言之，福利传输的考评标准应当以民众是否感受到福利提供、如何感受到福利提供及感受到怎样的福利提供为重要原则，福利的整体设计应当以增强民众的可及性作为基本的测量维度来加以设计。长期以来，中国福利提供往往强调从供应方出发来增强福利的充裕度，对于基层民众的现实福利诉求研究较少，因而使得其福利提供的瞄准度比较低，福利建设的决策权往往依托福利提供方的建设进度而非需求方的实际需要，这也使得中国福利提供的可及性有所削弱。实践中，中国过度强调供方需要的制度建设格局对于需方需要的关注度偏少，对于民众需要哪些福利、需要哪种形式的福利及何时需要此种福利的调查研究非常有限，且对于民众福利需要满足的重视度往往较低，因而决策者在制定政策过程中可能会损伤制度制定的可及性，使得部分民众的福利诉求无法得到有效满足。而从当前各个福利体制类型来看，自由主义福利体制和东亚福利体制更加倾向于采取贫困程度和实际需要的标准来展开福利提供，这与以缴费为基础的保守社团主义和以公民资格为基础的社会民主主义相比较福利规模更为有限、福利项目更为稀缺、福利类型更为单一。这一制度设计虽然有利于保持较低的福利支出和较慢的福利增长，有利于保证社会政策略低于经济发展水平的客观要求而运行，但是却是以牺牲部分民众的福利可及性为代价而实现的，因此可能会在中国社会形成福利提供的“反向剥夺”。从长远来看，中国政府在推动福利建设的过程中必须进一步丰沛福利项目和拓展福利类型，尤其是应当优先发展与弱势群体相关的福利服务项目，保障福利提供能够满足民众的基本需要，并应当在此基础上进一步完善福利传输有效性和可及性的评估，强化以民生为本福利政策的落地，从而增强民众对于国家及国家福利制度的自信心与荣耀感。

再次，着力构建社会契约的中国福利体制。对所有的福利体制来说，新时期的社会风险是其功能运作的障碍。艾斯平—安德森指出，社会风险自身的存在也是有其特征的，它们可以概括为三个轴向关系的风险，即阶级（或阶层）风险、生命历程风险和代际风险，其中阶级风险和代际风险的消除必须借助国家干预才能解决（Esping - Andersen，1999：40）。由于国家、市场和家庭在处理风险时所具有的缺失性，完全通过某一行动者来解决风险导致的社会不平等、贫困和公正等问题变得不现实。因此，需要充分认识不同行动者的环境变迁特质，认真思考如何形成新的社会契约来健全公民权利的保障机制。对中国来说，在区域发展不平衡、贫富分化和公民对公共权力信任度缺失的形势下，应通过公私契约、代际契约和阶层契约的方式来重新塑造社会契约关系，从而恢复和建立良好的"国家—市民"或"国家—社会"关系。就第一种社会契约关系而言，主要通过政府或国家公信力的制度重建以及通过管理社会风险的善治来形成新型的公私契约关系，这一方面有利于保障国家或公共权力行使的透明度和纯洁性，另一方面也有利于形成了公私两个领域的必要边界，以减少权力过度渗透导致的寻租与腐败。就第二种社会契约关系来说，代际契约关系的建立是恢复传统道德伦理和强化家庭功能的重要保障，同时通过政府或国家的积极干预与资源再配置，促使老年人与年轻人建立广泛的协作和互助关系，这不仅可以通过社会保险的制度安排来实现，还可以通过就业的弹性制度和社会服务的新传递模式来实现。第三种社会契约关系对中国来说是一个最大的挑战，也是我们的社会所必须面临的重大问题。在市场经济发展迅速和社会变迁加速的时代里，贫富差距日益扩大，而一些富裕阶层的过度消费和缺乏社会公益心无疑又加深了两个阶层之间的心理对立。因此，政府应在社会福利和公益事业领域，通过更有效和更弹性的立法与制度安排（如税收制度改革）来刺激富裕阶层参与社会公益事业，刺激社会捐赠的力度和范围，这对发展社会福利和扩大社会服务的保护涵意具有重要价值。

最后，着力构建有序治理的中国福利体制。长期以来，中国政府往往在公共事务管理过程中既担任"划桨者"又担任"掌舵者"的角色，这使得中国政府在福利体制建设过程中既要成为提供直接服务的运动员，也要成为制定政策规则的裁判员，自身的福利责任比较沉重。特别是在现有政治结构下，上下级部门在目标瞄准、资源整合和责任分担方面容易产生直接冲突，因而在基层的执行效果往往大打折扣。一个典型的矛盾在于儿童服务过程中中央部门更容易制定严格的考核评价机制，而基层部门由于人手和资金限制而普遍难以完成政策要求。政府包揽一切的另一个危害在于对其他福利组织的生存空间会带来明显的挤压，民众只信赖政府就使得政府的施政缺乏延展和把手，无法在开展活动的时候利用社会组织，且专业社会工作组织、社区组织和慈善组织在提供服务的时候无法有效调动当地的资源。从未来看，中国建立有序治理的福利体制一定要以"治理思维"代替"管理思维"，以"资源链接"代替"资源提供"，以"政策指导"代替

"业务指导"，充分发挥社会组织的专业性作用。在发达地区，政府应当在政策允许的范围内加大政府购买力度，利用政策鼓励方式提升本地区社会组织的专业性和广泛性，在场地、费用、宣传、信息和税收落实方面为社会组织提供依托；同时，欠发达地区的政府应当努力培育和孵化少量符合自身需要的专业社会组织，积极引入外地的成熟社会组织，利用高校和成熟的专业社会组织来补强或者辅导本地组织，并在增强志愿组织专业性的基础上提升福利服务的品质。

第四节　结论与建议

从国际比较的视角来观察一个国家的福利制度是当前福利理论研究的一个重要方向，这是因为一方面通过系统的国别比较能够使得人们准确地定位和区隔本国福利体制的类型与特征，保持本土性福利建设的长期思路，以适应本国或区域特定的经济、社会与文化要求，而且有利于人们认识到当前福利建设的优势与不足，厘清福利建设过程中亟需追赶的内容，从而在未来福利治理领域进行一系列新的改革。在此基础上，本书希望以福利体制为研究对象、以福利比较为研究主题，通过系统的国别分析来增强对于中国福利体制的认识。

从世界范围内看，福利体制研究来自以西方福利制度为单一模板的福利类型学研究，并随着20世纪90年代艾斯平—安德森的"福利三分法"理论的提出而得到了广泛的重视。艾斯平—安德森基于"去商品化"程度的研究显示，欧美各国的福利体制自两次石油危机以来出现了明显的分化，以自由主义、保守社团主义和社会民主主义为主要类型的三大福利体制目前得到了学术界的普遍认可。其中，自由主义主要在盎格鲁-撒克逊国家普遍存在，其制度设计以选择性福利制度为主，着重针对困境民众予以福利支持，其福利提供的整体水平比较局限；保守社团主义类型的福利体制则多出现在法国、德国为代表的欧洲大陆国家，其福利提供往往以社会保险为主要类型，通过与工作相联系的劳动关系来识别福利提供的水平，因而整体的福利提供力度同比自由主义有明显增强；社会民主主义福利体制广泛分布在北欧国家，其再分配水平是诸多福利体制中最为突出的，并以公民身份为资格来提供普惠的福利资金与福利服务。这三类福利体制的划分从理论上打破了单一福利国家建设思路的迷思，并使得人们广泛认识到福利体制需要随着本土经济、社会与文化的不同背景而具有差异化的建设路径。

与西方福利体制相比较，东亚福利体制的研究自20世纪80年代才逐步启动，并随着亚洲金融危机中该福利制度的良好表现以及大量东亚学者融入主流学术圈而大量出现。当然，与欧美福利体制相对清晰的边界不同，东亚福利体制的研究存在着巨大的争论，一部分学者认为东亚福利体制呈现出了同西方福利体制相比更为独特的特点，因而该福利体制是区别于西方社会而存在的独特的福利体制类型；也有少部分学者认为东亚国家内部的福利制度具有过于明显的差异，因而其本身基于政治与经济方面的碎片化阻碍了福利体制的生成。尽管存在着这种争议，但是东亚福利体制所具有的三个典型的特征在学术上得到了普遍的共识：首先，东亚国家具有典型的生产主义特征，即社会政策在设计之初就具有维护经济发展和稳定的重要使命，这使得东亚各国在福利提供过程中普遍比较谨慎，其福利提供水平相对本国的经济发展水平往往更为滞后；其次，东亚国家具有典型的国家主义特征，国家既在当前的福利提供过程中发挥着支配性作用，又在民意支持度方面获得了广泛的政治认可，因而在福利三角格局中占据比较特殊的地位；最后，东亚国家广泛受到了儒教文明的影响，民众形成了自力更生、家庭互济的基本传统，这对于东亚国家福利制度的构建也具有深刻的内生性影响。东亚国家区域性的福利体制能够使得中国更为清楚地认识到自身所具有的文化独特性和福利建设取向，并对中国长远开展福利制度的建设具有重要的价值。

从比较视野来看中国的福利体制，可以发现中国福利体制也在不同程度上具备了东亚福利体制的三大特征，即典型的生产主义，福利体制配合经济发展而发展；典型的国家主义，国家在福利提供上占主导地位同时获得民众的认可；典型的儒家文化，保持着自力更生与家庭互济的传统。同时，中国福利体制既受到了全球范围内风险社会带来的现实挑战，也在发展中面临着劳动市场不成熟、地方实体经济脆弱化、群体性事件增多及公民流动性增加等独有的中国困境，这些因素对于中国建设自身的福利体制具有明显的约束，也使得我们在发展社会福利制度之时必须正视上述问题。当然，中国政治的长期稳定、经济的快速发展和社会风貌的改善也都为进一步的福利体制建设提供了有利要素，制度和经验上的保障也使得中国福利体制的转型具有更大的改革动力。在风险性因素与建设性因素的双重制约下，中国政府应当在未来积极围绕社会目标、可及状况、给付形式和治理构架来推动福利体制的转型：在社会目标方面，中国应当逐步降低社会政策所承载的经济属性，以公平正义作为根本的社会政策建设目标，着力构建民生取向的社会福利体制；在可及状况方面，中国政府应当努力增强社会政策的瞄准性，提升社会政策在解决民生诉求方面的可获得性，着力推动高效可及福利体制的建设；在给付形式方面，中国政府应当努力增强社会政策的普惠程度，强化福利资金与福利服务的保障力度，着力构建社会契约式的福利体制；在治理构架方面，中国政府应当以治理思维取代管理思维，以“掌舵者”姿态取代“划桨者”姿态，协调好中央地方之间的福利责任，着力构建有序治理的福利体制。

第三编

四类人群的适度普惠社会福利

第十二章

适度普惠儿童福利制度构建

适度普惠型的儿童福利制度的构建在我国儿童福利制度建设中具有重要的意义。2007 年民政部提出中国社会福利制度由补缺型向适度普惠型转变，在服务对象上体现为由原来的老年人、残疾人、孤儿转变为全体老年人、残疾人和处于困境中的儿童（窦玉沛，2011）。适度普惠儿童福利制度则是这一转变下的产物。困境中的儿童福利提供成为制度转型的主要内容之一。民政部明确提出由政府负责福利提供的儿童对象由孤儿向困境儿童群体拓展，即逐渐由传统“三无”（即无法定抚养人、无劳动能力、无固定生活来源）未成年人转变为所有孤儿及其他面临困境的儿童（张世峰，2008）。在这一背景下，我国适度普惠儿童福利制度得到快速的发展。

第一节　适度普惠儿童福利政策发展创新研究

适度普惠型儿童福利政策的发展与我国关于适度普惠型儿童福利制度总的规划设计有紧密关系。2013 年《民政部关于开展适度普惠型儿童福利制度建设试点工作的通知》中就明确指出，适度普惠型儿童福利制度需要本着“适度普惠、分层次、分类型、分标准、分区域”的理念，按照“分层推进、分类立标、分地立制、分标施保”的原则和要求开展建设。适度普惠型是指逐步建立覆盖全体儿童的普惠福利制度。“分层次”是将儿童群体分为孤儿、困境儿童、困境家庭儿童、普通儿童四个层次。“分类型”，是将各层次儿童予以类型区分，孤儿分社会散居孤儿和福利机构养育孤儿两类；困境儿童分残疾儿童、重病儿童和流浪儿童三类；困境家庭儿童分父母重度残疾或重病的儿童、父母长期服刑在押或强制戒毒的儿童、父母一方死亡另一方因其他情况无法履行抚养义务和监护职责的儿童、贫困家庭的儿童四类。“分区域”，是指全国划分为东、中、西部地区，因地制宜制定适应本地区特点的儿童补贴制度。“分标准”，是指对不同类型的儿童，分不同标准予以福利保障。立足当地经济社会发展状况、儿童生存与发展需要和社会福利制度的发展，全面安排和设计儿童福利制度（民政部社会福利和慈善事业促进司，2013）。适度普惠儿童社会福利政策是适度普惠社会福利政策中发展最快成效最突出的一类。

一、困境儿童概念解析、演变及发展阶段

（一）国际社会政策中的困境儿童概念内涵

困境儿童概念部分源自西方社会福利政策。西方儿童社会福利政策中多次使用不同的英文提出或界定儿童困境。联合国《儿童权利公约》指出世界各国都有生活在极端困难情况下的儿童（children living in exceptionally difficult conditions）（United Nations，1989）。世界儿童问题首脑会议通过的《儿童生存、保护和发展世界宣言》中规定应该给予处境非常困难的儿童（children in very difficult circumstances）更多的关心、照顾和支持，努力改善生活在特殊困难环境中的儿童（children who live under especially difficult circumstances）的命运（United Nations，1990a）。联合国《执行1990年代儿童生存、保护和发展世界宣言行动计划》也提到保护处于特别困难环境的儿童（children in especially difficult circumstances）（United Nations，1990b）。联合国《1990年代儿童与发展的目标》提出更好地保护处于特别困难环境的儿童（children in especially difficult circumstances），解决引起这种状况的根源问题（United Nations，1990c）。联合国儿童问题特别会议通过的《适合儿童成长的世界》也使用了多种表达来指代困境儿童：有特殊需要的儿童（children with special needs）、最为脆弱的儿童（the most vulnerable children）、生活在特别困难的处境中的儿童（children live under especially difficult circumstances）、生活在不利社会处境中的儿童（children living in disadvantaged social situations）、处于危境中的儿童（children at risk）、最需要帮助的儿童（children in greatest need）等（United Nations，2002）。联合国儿童基金会《2011年世界儿童状况报告》专题论述了乌克兰为困境儿童建立保护性的环境（establishing a protective environment for vulnerable children）（UNICEF，2011）。2012 年儿童贫困与发展国际研讨会的六大议题之一就是覆盖最弱势的儿童群体（outreach to especially vulnerable children）①。尽管上述政策和文献中关于儿童困境的各种表述有一些不同，但都表明处于困境的儿童是儿童中的弱势群体，是弱势儿童群体（vulnerable children）（高丽茹、彭华民，2015；冯元、彭华民，2014a）。

（二）西方文献中的困境儿童概念内涵

困境儿童概念部分源自西方儿童研究文献，研究认为困境儿童受多重风险因素影响，如少数族裔、母亲较低的受教育水平、母亲较差的精神健康状况、单亲家庭等。脆弱的家庭环境包括差的家庭功能运行状况、低的社会支持、照顾者的心理压力等均会加剧儿童脆弱性（Thompson et al.，2006）。在福利需要方面，困境儿童对医疗保健服务的需要最强烈，但在获得初级保健服务方面却面临最大的困难（Stevens et al.，2006）。通过对 1999～2001 年美国医疗支出追踪调查数据分析，发现患慢性病儿童、少数族裔儿童、贫困儿童三种困境儿童群体不同程度地没有健康保险或健康保险覆盖水平低，家庭经济状况和母亲的受教育程度对儿童享有健康保险状况影响很大（Satchell & Pati，2005）。研究者特别关注两个议题：面向困境儿童所提供的服务实践哪些是有效的，困境儿童对服务提供者及其服务的态度如何可以影响政策的发展（Aubrey & Dahl，2006），提出基于资产的方法（asset-based approach）、儿童抗逆力（Place et al.，2002）方法为支持困境儿童教育实践的可持续性提供了一种理论框架。学校作为支持和照顾困境儿童的节点，可以成为社区与服务提供者的交汇点：一方面，社会发展服务、健康服务和非政府组织可以通过学校接触到困境儿童、他们的家庭和社区，进而也使社区受益；另一方面，基于资产的方法也鼓励社区为困境儿童提供服务（Ebersohn & Eloff，2006）。

（三）中国困境儿童研究发展阶段

困境儿童概念在我国出现以来，其概念内涵和外延不断演变和发展，研究主题和内容也获得持续发展与创新，发展样态呈现三个阶段（高丽茹、彭华民，2015）。

---

① 2012 年 11 月 20～22 日由国务院扶贫办和联合国儿童基金会联合举办的“儿童贫困与发展国际研讨会”，会议第三个议题是“覆盖最弱势的儿童群体（Outreach to especially vulnerable children）”。会上，联合国儿童基金会 Gaspar Fajth 做了题为“Outreach to especially vulnerable children”的报告，http：//www. unicef. cn/en/uploadfile/2012/1205/20121205110535872. pdf，2015－4－27。

第一阶段，1981～1998 年非社会福利视角对困境儿童进行关注的阶段。这一时期，改革开放中的儿童困境开始引起学者的关注。较早对中国处境困难儿童状况进行分析的是关于流浪儿童的基本状况、形成原因、所面临的问题及可能的解决策略的研究（李春玲、王大鸣，1998）。但处境困难的儿童不一定等同于困境儿童。文献中没有专门的社会福利视角下的困境儿童保护主题论文。

第二阶段，1999～2005 年从社会福利视角对困境儿童服务讨论拓展阶段。这一时期开始从社会福利视角展开困境儿童研究。研究重点在于展示流浪儿童、贫困家庭儿童、孤残儿童等困境儿童面临的生活、学习困难、福利需要，并据此对困境儿童的照顾模式、救助政策等展开了讨论，提出应该将流浪儿童、残疾儿童、孤儿、贫困地区儿童等作为政府和社会重点关注的群体，强化干预政策和干预策略，以此提升此类儿童的福利水平（王久安，1999；王晨光，2000；许飞琼，2000；王素英，2001；李宝库，2003；孙莹，2004）。

第三阶段，2006～2014 年社会福利视角下困境儿童概念的深入讨论阶段。这一时期开始对困境儿童概念的内涵和外延展开探讨。困境儿童概念常与弱势儿童、脆弱儿童概念同时使用。从内涵上看，弱势儿童是相对于一般儿童而言的，指 18 岁以下、处于社会生活中困境地位的儿童，即由于社会、家庭及个人的原因，其基本权利难以得到切实的维护，因而其生存和发展遭遇障碍，需要借助外在力量支持和帮助的儿童（李迎生，2006）。从外延上看，研究建构了困境儿童的三级概念体系，困境儿童一级概念包括生理性困境儿童、社会性困境儿童和多重困境儿童三个二级概念，其中生理性困境儿童包括残疾儿童和大病儿童两个三级概念，社会性困境儿童包括脱离家庭环境的儿童（被遗弃儿童、被拐卖儿童、孤儿、父母被剥夺监护权的儿童和流浪儿童）、困境家庭儿童（父母重度残疾或重病的儿童、父母长期服刑在押或强制戒毒的儿童、父母一方死亡另一方因其他情况无法履行抚养义务和监护职责的儿童、贫困家庭的儿童、受到忽视和虐待的儿童）两个三级概念，多重困境儿童是指既存在生理困境又存在社会困境的儿童（尚晓援、虞捷，2014）。各界对困境儿童的外延看法相对一致，即包括孤儿（含弃婴）、事实无人抚养儿童、流浪儿童、受暴力侵害儿童、残疾儿童、艾滋病感染儿童、患重病或罕见病的儿童等群体，而对困境儿童的内涵并没有达成共识（陈鲁南，2012）。根据儿童所处困境的时间长短，困境儿童可以分为长期困境儿童和短期困境儿童两类，目前的儿童社会保护多注重前者，而忽视后者（冯元、彭华民，2014b；国务院妇女儿童工作协调委员会，1992）。

二、适度普惠型儿童福利制度演进

（一）中国困境儿童的补缺型福利政策与制度

改革开放后，我国政府以社会福利制度建设为视角推动了保护困境儿童政策发展。1991 年中国政府签署了联合国《儿童生存、保护和发展世界宣言》，同一年还签署了联合国《执行九十年代儿童生存、保护和发展世界宣言行动计划》。前者提到关注“处境非常困难的儿童”（children in very difficult circumstances）；后者提出关注“处于特别困难环境的儿童”（children in especially difficult circumstances）等。国务院妇女儿童工作协调委员会制定了《九十年代中国儿童发展规划纲要》，其中“处于困难条件下的儿童”主要包括农村的独生子女和女童、残疾儿童、离异家庭的儿童、单亲家庭的儿童、流浪儿童、经济欠发达地区的儿童和家庭经济困难的儿童（国务院妇女儿童工作协调委员会，1992）。处于困难条件下的儿童在某种意义上也是困境儿童。1999 年全国首届预防儿童虐待、忽视研讨会在西安召开，参加会议的有中国及来自德国、加拿大、英国、法国、澳大利亚、日本、马来西亚等 9 个国家的 200 多位代表，包括儿科医生、幼托机构保教人员、社会工作者、警察、非政府救助儿童组织代表、律师、记者等。民政部代表指出救助和保护特殊困境下的儿童是复杂的社会系统工程，这是我国政府在国际交流中提出保护特殊困境儿童的重要会议。2001 年第一届中国儿童论坛在北京召开，该论坛将困境儿童作为论坛六大专题报告之一，认为困境儿童主要包括贫困孩子、受性别歧视的孩子、孤儿、残障儿童、被廉价利用的童工及有精神障碍的儿童。由此可见，中国政府和学界在 20 世纪 90 年代就开始关注经济社会变迁过程中困境儿童的生存状况和补缺型福利提供问题。

（二）中国政府对困境儿童的适度普惠型政策与制度

在中国从计划经济向市场经济转型的背景下，需要保护的儿童群体类型比计划经济时代更复杂，补缺型儿童福利政策框架已经不能满足社会需要。2007 年民政部提出中国社会福利制度由补缺型向适度普惠型转变，在服务对象上体现为由原来的老年人、残疾人、孤儿转变为全体老年人、残疾人和处于困境中的儿童（窦玉沛，2007）。困境中的儿童福利提供成为制度转型的主要内容之一。民政部明确提出由政府负责福利提供的儿童对象由孤儿向困境儿童群体拓展，即逐渐由传统“三无”（即无法定抚养人、无劳动能力、无固定生活来源）未成年人转变为所有孤儿及其他面临困境的儿童（张世峰，2008）。目前我国狭义上的儿童社会福利对象包括失去父母和事实上无人抚养的未成年人两部分，即不仅包括机构内集中安置的孤儿、弃婴，社会散养的孤儿，还将流浪未成年人、因父母服刑或其他原因暂时失去生活依靠的未成年人纳入保障范围之内。2012 年民政部在全国民政会议上强调发展适度普惠型社会福利事业，探索困境儿童分类保障机制，健全儿童福利制度。2013 年中国共产党在十八届三中全会上提出健全困境儿童分类保障制度（中共中央，2013）。为了持续推动对困境儿童的福利提供以保护他们的权益，民政部先后于 2013 年、2014 年开展适度普惠型儿童福利制度建设的试点工作，并明确以困境儿童作为重点保障对象。困境儿童的福利提供得到分类和细化（彭华民，2012；冯元、彭华民，2014c）。

保护困境儿童的社会福利政策深化发展的一个方面是困境儿童的操作性定义不断得到发展和完善。在地方试点的基础上，民政部先后于 2013 年和 2014 年发布《民政部关于开展适度普惠型儿童福利制度建设试点工作的通知》《民政部关于进一步开展适度普惠型儿童福利制度建设试点工作的通知》。2013 年的通知将儿童群体分为孤儿、困境儿童、困境家庭儿童和普通儿童四个层次，2014 年的通知进一步将困境儿童界定为自身状况存在困境的儿童，分为残疾儿童、重病儿童和流浪儿童三种；将家庭状况存在困境的儿童称为困境家庭儿童，包括父母重度残疾或重病的儿童、父母长期服刑在押或强制戒毒的儿童、父母一方死亡另一方因其他情况无法履行抚养义务和监护职责的儿童、贫困家庭的儿童四类。2014 年民政部发布《民政部关于开展第二批全国未成年人社会保护试点工作的通知》，将困境未成年人（即困境儿童）[①] 界定为五类未成年人群体：因监护人服刑、吸毒、重病重残等原因事实上无人抚养的未成年人；遭受家庭暴力、虐待、遗弃等侵害的未成年人；缺乏有效关爱的留守流动未成年人；因家庭贫困难以顺利成长的未成年人；以及自身遭遇重病重残等特殊困难的未成年人（民政部，2014）。可见，政策层面对困境儿童种类界定已经日趋清晰，覆盖范围愈来愈适合儿童需要，困境儿童的年龄范围也在与国际社会接轨，更适合适度普惠型社会福利政策实施。

（三）中国保护困境儿童的社会福利政策体系与制度

近十年是中国保护困境儿童的社会福利政策快速发展的阶段，特别突出的是儿童福利制度从补缺向普惠转型，其主要有以下几个特征（高丽茹、彭华民，

---

① 中国政府将儿童年龄区间设为 0～14 岁，未成年人年龄区间设为 0～18 岁。中国未成年人的年龄区间和联合国政策中的儿童（0～18 岁）相同，因此，在这个意义上，中国的困境未成年人群体也就是困境儿童群体。

2015）：

第一，建立困境儿童基本生活保障制度。从全国范围看，我国开始建立起面向全体孤儿和艾滋病病毒感染儿童的基本生活保障制度。2010 年国务院办公厅颁布《关于加强孤儿保障工作的意见》，标志着面向全体孤儿（包括机构养育孤儿和散居孤儿）的基本生活保障制度开始建立（国务院办公厅，2010）。之后，2012 年民政部、财政部发布《关于发放艾滋病病毒感染儿童基本生活费的通知》，为全国携带艾滋病病毒及患有艾滋病的儿童发放基本生活保障津贴（民政部、财政部，2012）。从地方层面来看，山东省、浙江省等建立困境儿童基本生活保障制度，将因父母服刑、强制戒毒、重病重残等事实无人抚养的儿童，贫困家庭中重病重残、罕见病的儿童等困境儿童纳入基本生活津贴的覆盖范围中。

第二，制定困境儿童健康与医疗卫生救助政策。政府开始为困境儿童中的贫困儿童提供营养膳食补助。2011 年，国务院办公厅《关于实施农村义务教育学生营养改善计划的意见》出台，开始对农村贫困地区和家庭经济困难的义务教育阶段儿童提供营养膳食补助（国务院办公厅，2011b）。在 20 世纪末我国将儿童纳入城乡医疗救助制度、城镇居民医疗保险、新型农村合作医疗所构成的国家基本医疗福利体系，为儿童提供基本医疗保障。儿童仅作为普通的城乡居民，享受城乡医疗救助制度和基本医疗保险。2010 年专门针对困境儿童的医疗救助制度开始在我国建立。卫生部、民政部于 2010 年联合下发《关于开展提高农村儿童重大疾病医疗保障水平试点工作的意见》，规定在新农合基础上对 0 ~ 14 周岁（含 14 周岁）儿童患急性白血病和先天性心脏病两类重大疾病 6 个病种进行试点（卫生部、民政部，2010）。

第三，困境儿童的教育政策。近年来政府对困境儿童教育权利加以保障。在基础教育方面，政府为全体儿童提供普惠性的免费义务教育，全部免除义务教育阶段学生学杂费。同时，还为农村贫困家庭和城市低保家庭学生免费提供教科书，对家庭经济困难的寄宿生补助生活费。此外，流动儿童在城市平等接受义务教育的权利不断得到保障。流入地政府对符合条件的流动儿童，按照相对就近入学的原则统筹安排在公办学校就读，免除学杂费，取消借读费。在学前教育方面，政府为贫困家庭儿童建立起学前教育资助制度。2011 年财政部、教育部联合印发《关于建立学前教育资助制度的意见》，为家庭经济困难儿童、孤儿和残疾儿童接受普惠性学前教育提供保障（财政部、教育部，2011）。

第四，困境儿童的社会保护机制。政府开始建立起对流浪儿童的救助保护制度，并尝试向其他困境儿童拓展。2011 年国务院办公厅颁布《关于加强和改进流浪未成年人救助保护工作的意见》，标志着流浪未成年人救助保护制度的建立（国务院办公厅，2011c）。在此基础上，民政部先后于 2013 年、2014 年，分别在全国20个城市、78个地区开展未成年人社会保护试点工作，将救助保护对象开始延伸至困境未成年人，探索构建“家庭、社会、政府”三位一体的新型未成年人社会保护网络。此外，2014年最高人民法院、最高人民检察院、公安部、民政部四部委联合印发《关于依法处理监护人侵害未成年人权益行为若干问题的意见》，为保护困境儿童免受监护人侵害提供了强有力的法律依据（最高法院等，2014）。

在中国社会福利从补缺型向普惠型转型的过程中，困境儿童社会政策在基本生活津贴、医疗卫生、教育、社会保护四个方面有了创新发展，困境儿童福利提供类型和福利提供水平成为政策的主题。但中国地区之间经济社会发展差异巨大，困境儿童面对的困境也有多种不同，困境儿童社会福利政策制定和社会福利提供之间可能出现鸿沟等，研究者对此要以科学的方法评估困境儿童需要，评估困境儿童社会福利政策实施的效果，提出政策改进建议。

三、国家层面：构建适度普惠儿童福利的政策体系

中国适度普惠儿童福利政策体系包括三个层面（见表12－1）：

表12－1　　中国适度普惠儿童社会福利政策发展列表

适用的儿童层次	政策文件名称	发文单位及发文时间
困境儿童	《中共中央关于全面深化改革若干重大问题的决定》提出“健全困境儿童分类保障制度”的精神	中共中央十八届三中全会，2013
困境儿童、普通儿童	《中国儿童发展纲要（2011～2020年）》	国务院，2011
农村贫困儿童	《关于实施农村义务教育学生营养改善计划的意见》	国务院，2011
孤儿	《国务院办公厅关于加强孤儿保障工作的意见》	国务院，2010
贫困儿童	《关于印发国家贫困地区儿童发展规划（2014～2020年）的通知》	国务院，2014
四类困境儿童	《民政部关于开展适度普惠型儿童福利制度建设试点工作的通知》	民政部，2013
流浪未成年人等	《民政部关于开展未成年人社会保护试点工作的通知》	民政部，2013
四类儿童	《民政部关于进一步开展适度普惠型儿童福利制度建设试点工作的通知》	民政部，2014

续表

适用的儿童层次	政策文件名称	发文单位及发文时间
未成年人特别是流浪未成年人等	《民政部关于开展第二批全国未成年人社会保护试点工作的通知》	民政部，2014
困境儿童	《国务院关于加强困境儿童保障工作的意见》	国务院，2016
农村留守儿童	《国务院关于加强农村留守儿童关爱保护工作的意见》	国务院，2016
农村留守儿童和困境儿童	《关于开展全国农村留守儿童关爱保护和困境儿童保障示范活动的通知》	民政部，2018
农村留守儿童和困境儿童	《关于同意建立农村留守儿童关爱保护和困境儿童保障工作部际联席会议制度的函》	国务院办公厅，2018

资料来源：彭华民、王梦怡、冯元、刘玲，2016，《适度普惠儿童福利政策试点城市评估课题报告》，民政部政策研究中心。

第一个层面是中共中央在十八届三中全会报告《中共中央关于全面深化改革若干重大问题的决定》，其中第45条“建立更加公平可持续的社会保障制度”中明确指出“健全农村留守儿童服务体系，健全困境儿童分类保障制度”（中国共产党第十八届中央委员会第三次全体会议，2013）。

第二个层面是国务院层面，国家颁布了一系列儿童福利政策建设的指导性文件。2010年《国务院办公厅关于加强孤儿保障工作的意见》颁布，意见中就孤儿安置渠道、健全孤儿保障体系、加强儿童福利机构建设、健全工作机制四个方面做出了相应的规定（国务院办公厅，2010）。2011年国务院颁布《中国儿童发展纲要（2011～2020年）》（以下简称《纲要》），提出儿童福利的主要目标是“扩大儿童福利范围，推动儿童福利由补缺型向适度普惠型的转变”。《纲要》中详细阐释了“儿童与福利”部分，对贫困和大病儿童、流动和留守儿童、孤儿、残疾儿童、流浪儿童、受艾滋病影响儿童、服刑未满18周岁子女的福利提供做了相应的规定（国务院，2011a）。2011年，国务院印发《关于实施农村义务教育学生营养改善计划的意见》，决定在集中连片特殊困难地区启动试点工作，按照每生每天3元的标准（2014年11月提高到4元）为农村义务教育阶段学生提供营养膳食补助（国务院办公厅，2011）。2014年国务院办公厅发布了《关于印发国家贫困地区儿童发展规划（2014～2020年）的通知》，规划的总目标是到2020年，集中连片特殊困难地区儿童发展整体水平基本达到或接近全国平均水平，在母婴安全、儿童健康、儿童教育方面均有较大水平的提高（国务院办公厅，2014）。2016年《国务院关于加强困境儿童保障工作的意见》对如何保障困境儿童基本生活、基本医疗、强化教育保障、落实监护责任、加强残疾儿童福利服务等方面提出了具体的措施（国务院，2016a）。2016 年国务院发布了《国务院关于加强农村留守儿童关爱保护工作的意见》，提出需要完善农村留守儿童关爱服务体系、建立健全农村留守儿童救助保护机制、从源头上逐步减少儿童留守现象、强化农村留守儿童关爱保护工作保障措施（国务院，2016b）。

第三个层面是民政部等相关部委根据党的十八届三中全会《中共中央关于全面深化改革若干重大问题的决定》中“健全困境儿童分类保障制度精神”以及《纲要》提出的“扩大儿童福利范围，推动儿童福利由补缺型向适度普惠型的转变”目标，推出的系列适度普惠儿童福利政策，包括 2013 年《民政部关于开展适度普惠型儿童福利制度建设试点工作的通知》、2014 年的《民政部关于进一步开展适度普惠型儿童福利制度建设试点工作的通知》，以及相关的《农村义务教育学生营养改善计划细则》（2012）等一系列配套文件，为适度普惠儿童福利制度建设提出了具体的工作目标以及服务保障措施（教育部等，2012）。在此基础上，2016 年民政部发布了《关于在全国开展农村留守儿童“合力监护、相伴成长”关爱保护专项行动的通知》，指出“着重加强对无人监护、父母一方外出另一方无监护能力、失学辍学、无户籍农村留守儿童等重点对象的干预帮扶”“有效遏制监护人侵害农村留守儿童权益行为，切实兜住农村留守儿童人身安全底线”。该政策强调农村留守儿童保护的主要任务是落实家庭监护责任、落实强制报告责任、落实临时监护责任、落实控辍保学责任、落实户口登记责任、依法打击遗弃行为，并对保护措施和工作安排等做了详细的部署（民政部，2016c）。

与此同时，民政部也积极推进适度普惠儿童福利制度的建设。2013 年民政部开展适度普惠型儿童福利制度建设试点工作，确定了江苏省昆山市、浙江省海宁市、河南省洛宁县、广东省深圳市等地开展适度普惠型儿童福利制度建设试点实践，将试点工作的重点放在明确重点保障对象，建立基本生活制度，制定和落实其他保障政策和探索建立社会化的儿童福利服务体系等方面。2014 年，民政部发布了《民政部关于进一步开展适度普惠型儿童福利制度建设试点工作的通知》，该通知明确提出了“坚持困境儿童优先……逐步扩大儿童保障范围”的工作基本原则，确定了北京市房山区和天津市东丽区等 46 个市（县、区）为第二批试点地区。此次试点的总目标是：扩大儿童福利范围，推动儿童福利由补缺型向适度普惠型的转变，建立健全城乡一体化、保障制度化、组织网络化、服务专业化、惠及所有儿童的儿童福利制度和服务体系。

2013 年《民政部关于开展未成年人社会保护试点工作的通知》，试点的总体思路为“积极拓展流浪未成年人救助保护内容，帮助困境未成年人及其家庭解决生活、监护、教育和发展等问题，探索未成年人社会保护体系建设，最大限度减少未成年人流浪乞讨和其他受侵害现象，促进未成年人健康成长”（民政部，2013）。首批试点单位包括北京市、河北省石家庄市等20个城市。试点工作的主要内容包括：建立未成年人社区保护网络、加强家庭监护服务和监督、保护受伤害未成年人、开展困境未成年人救助帮扶、健全未成年人社会保护工作机制、完善未成年人社会保护制度。2014年民政部发布《民政部关于开展第二批全国未成年人社会保护试点工作的通知》，确定78个地区作为第二批全国未成年人社会保护试点地区，试点工作的主要任务为拓展救助保护工作对象、加强监测预防基础工作、建立困境未成年人发现报告机制、健全困境未成年人及其家庭帮扶干预措施、构建未成年人社会保护服务网络（民政部，2014）。

四、地方层面：构建适度普惠儿童福利的实施体系

2013年《民政部关于开展适度普惠型儿童福利制度建设试点工作的通知》发布，开始逐步分区域推进适度普惠型儿童福利制度的试点建设，江苏省昆山市、浙江省海宁市、海南省洛宁县、广东省深圳市这4个城市在2013年成为第一批试点城市。2014年民政部开始第二批试点城市建设，分别是北京市房山区，天津市东丽区，河北省三河市等46个市（县、区），其中东部地区20个试点市（县、区）、中部地区17个试点市（县、区）、西部地区有13个试点市（县、区）①。民政部对试点地区开展适度普惠型儿童福利的相关内容做出了相应的规定，推动了地方层面一系列政策和措施的颁布。

适度普惠型儿童福利制度要求“分区域”推进儿童福利事业，即要求各地按照自身经济发展状况制定符合本地实际发展的儿童基本生活保障制度。在适度普惠型儿童福利制度试点建设的31个省（自治区、直辖市）中，天津、山东、江苏、浙江、广东、重庆、陕西和青海等省市出台了全省的困境儿童福利保障政策（《中国民政》编辑部，2015）。从表12－2中可以看出，各省都按照各自的经济发展水平建立了相对应的困境儿童基本生活保障政策，并且基本上都做到了城乡统一标准。在困境儿童总体保障方面，天津市的城乡困境家庭儿童享受每人每月200元的生活保障；山东省规定困境儿童生活保障每人每月不低于300元；在监护人监护缺失的儿童基本保障方面，江苏省规定按照当地社会散居孤儿基本生活费的80%以上发放生活费补助，浙江省规定事实无人抚养的困境儿童，参照社会散居孤儿的养育

① 按照国家统计局的区域划分，中国东部地区包括辽宁省、河北省、北京市、天津市、江苏省、浙江省、安徽省、江西省、山东省、上海市、广东省、海南省、福建省；中部地区包括山西省、吉林省、黑龙江省、安徽省、江西省、河南省、湖北省、湖南省；西部地区包括内蒙古自治区、广西壮族自治区、重庆市、四川省、贵州省、云南省、西藏自治区、陕西省、甘肃省、青海省、宁夏回族自治区、新疆维吾尔自治区。

标准发放补助，广东省规定事实无人抚养儿童基本生活保障金发放标准为每人每月500元，重庆市规定事实无人抚养孤儿每人每月享受基本生活补贴600元，陕西省规定事实无人抚养孤儿基本生活补助费每人每月不低于300元，青海省的事实上无人抚养补助标准为每人每月150元。总体上来说，各地根据自身经济发展状况和困境儿童的情况做出了相应的规定，有效地推进了困境儿童的保障制度建立。

表12-2　部分省市困境儿童福利保障政策

省（市）	政策名称	具体儿童基本生活保障政策
天津市	《天津市民政局、财政局关于发放困境家庭儿童基本生活费的通知》	1. 城乡统一标准：城乡困境家庭儿童享受每人每月200元。 2. 保障孤儿安置：在市儿童福利机构集中供养、具有本市集体户口，且具有一定独立生活能力和劳动就业能力年满18周岁的成年孤儿，将经过评估给予住房、就业培训、户籍迁入社区等方面的社会安置，每名成年孤儿的安置费为15万元，安置过渡期为2年
江苏省	《江苏省政府办公厅关于完善困境儿童分类保障制度的意见》	强化基本生活保障：参照孤儿标准落实艾滋病病毒感染儿童基本生活费；加强监护人监护缺失的儿童基本生活保障，按照当地社会散居孤儿基本生活费的80%以上发放生活费补助；统筹做好监护人无力履行监护职责的儿童、重残重病和流浪儿童及其他需要帮助的儿童的基本生活保障
浙江省	《浙江省人民政府办公厅关于加快发展孤儿和困境儿童福利事业的意见》	1. 建立基本生活保障制度：事实无人抚养的困境儿童，参照社会散居孤儿的养育标准发放基本生活费。困难家庭的重残、重病和罕见病儿童，由各地结合实际情况，参照散居孤儿标准发放基本生活费或在最低基本生活保障基础上进行补差。 2. 实施困境儿童物价补贴制度：困境儿童基本生活补贴同孤儿一样实现逐年自然增长，对事实无人抚养困境儿童生活保障基于动态价格补贴，保障基本生活
山东省	《山东省民政厅、财政厅关于建立困境儿童基本生活保障制度的意见》	城乡统一标准：每人每月不低于300。对于失去父母、查找不到生父母的未满18周岁的未成年人以及因父母重度残疾或服刑等事实上无人抚养的儿童、受艾滋病影响的儿童，其基本生活费按照孤儿基本生活费执行。对于已享受城乡低保救助和重度残疾人生活补贴的困境儿童，可采取补差的方法，落实困境儿童的基本生活费。困境儿童成年后仍在全日制学校就读的，继续享受基本生活费等相应福利保障待遇

续表

省（市）	政策名称	具体儿童基本生活保障政策
广东省	《广东省民政厅、财政厅关于建立事实无人抚养儿童基本生活保障制度的通知》	全省事实无人抚养儿童基本生活保障金发放标准为每人每月 500 元
重庆市	《重庆市民政局、财政局关于建立事实无人抚养困境儿童生活补贴制度的通知》	明确补贴标准：每人每月享受生活补贴 600 元
陕西省	《关于开展困境儿童分类保障制度建设试点工作的通知》	基本生活补助标准：对于失去父母、查找不到生父母的未满 18 周岁的未成年人以及因父母重度残疾或服刑等事实无人抚养的儿童，其基本生活补助费参照《陕西省人民政府办公厅关于加强孤儿保障工作的实施意见》执行，每人每月不低于 300 元
青海省	《青海省关于发放孤儿基本生活费和事实无人抚养未成年人补助金的通知》	分类立标：社会福利机构养育孤儿发放标准为每人每月 1 000 元，社会散居孤儿发放标准为每人每月 600 元。事实上无人抚养补助标准为每人每月 150 元

资料来源：彭华民、王梦怡、冯元、刘玲，2016，《适度普惠儿童福利政策试点城市评估课题报告》，民政部政策研究中心。

除此以外，各地积极探索由困境儿童到普通儿童的适度普惠儿童福利政策。以江苏省为例，江苏省民政厅等部门为了深入贯彻党的十八届三中全会关于“健全困境儿童分类保障制度”精神，推出了《江苏省未成年人社会保护试点工作方案》（2013）、《关于完善困境儿童分类保障制度的意见》（2014）、《江苏省社会救助办法》（2014）、《转发民政部关于贯彻落实依法处理监护人侵害未成年人权益行为若干问题的意见》（2015）、《关于在全省开展儿童家庭监护缺失社会干预工作试点的通知》（2016）等政策，积极开展未成年人社会保护工作，在困境儿童的生活、医疗、教育、监护、救助等方面，创新政策举措，完善工作机制，加大有效投入，实现儿童利益最大化。

在此基础上，江苏省四个试点城市（盐城市、昆山市、张家港市和海门市）根据国务院、民政部和江苏省民政厅的相关规定，积极推进各市适度普惠儿童福利政策的制定和发展。四个城市根据城市特点、城市社会经济发展水平、困境儿童的特点分别制定了相应的适度普惠儿童政策。例如：昆山市在保障孤儿、残障儿童、流浪未成年人的基础上，将儿童福利拓展到普通儿童，制定了《市政府关于印发昆山市公交刷卡乘车优惠办法的通知》，让所有儿童均可享受乘车优惠。

五、一普四分：适度普惠儿童福利的实施原则

根据前面国家和省市层面适度普惠儿童福利政策发展情况，可以看到我国适度普惠儿童社会福利政策发展充分体现了“一普四分”的福利原则，即儿童福利从补缺转型适度普惠、分层推进、分类立标、分地立制、分标施保。

（一）儿童福利从补缺转型适度普惠

从福利提供范围来看，适度普惠儿童福利制度中所提到的儿童福利服务覆盖范围开始扩展到事实孤儿、受暴儿童、受灾儿童和艾滋病儿童等困境儿童。2016年国务院颁布的《关于加强困境儿童保障工作的意见》中明确规定了困境儿童的范围，指出困境儿童包括因家庭贫困导致生活、就医、就学等困难的儿童，因自身残疾导致康复、照料、护理和社会融入等困难的儿童，以及因家庭监护缺失或监护不当遭受虐待、遗弃、意外伤害、不法侵害等导致人身安全受到威胁或侵害的儿童（国务院，2016a）。也就是说，我国儿童福利政策的受惠人群由以往的孤残儿童、流浪儿童和遗弃儿童等失依儿童，拓展到更广泛的困境儿童——流动儿童、留守儿童、服刑人员未成年子女、流浪儿童、孤残儿童。近年来，农村留守儿童、遭受性侵害的儿童保护、校园欺凌等问题成为社会关注的热点问题，引起了社会的热议。近年来相继颁布了《关于加强农村留守儿童关爱保护工作的意见》《关于依法惩治性侵害未成年人犯罪的意见》《关于开展校园欺凌专项治理的通知》期望对一些特殊的儿童和儿童问题做出积极的回应。

除了国家层面政策转型适度普惠以外，地方层面也显示了类似的特点。如张家港市、海门市和昆山市针对自身作为外来人口众多的特点，将新市民儿童和流动儿童纳入政策中，打破了以户籍为标准的“本市”“非本市”儿童福利对象分类和儿童福利提供的区隔，有助于外来移民和流动儿童获得当地的福利待遇和社会支持。其中，张家港市对外来务工人员子女以及流浪儿童的救助水平和现金补贴标准较为灵活和人性，其中将“阳光午餐”福利供给扩展到非本市户籍学生。张家港对于重病人群的医疗救助由原来14类扩展到16类，体现出适度普惠的福利发展思路。海门市作为全国教育先进地区，针对外来就学儿童少年较多的情况，从教育资源配置和教育资金补贴资助上进行了创新和扩展，有利于外来就学

儿童少年得到更多保障和支持。

与此同时，传统的儿童福利机构服务对象不断延伸，惠及更多困境儿童。2015年6月至今，湖南、重庆等地先后下发《“明天计划”拓展工作方案》，探索福利机构供养对象向社会散居孤儿的拓展。2015年11月，浙江省全面启动“添翼计划”，针对贫困家庭中残疾儿童开展集中养育康复项目。2015年11月，江西省5个城市儿童福利机构建立了残疾儿童康复中心，服务对象向残疾困境儿童拓展。

（二）儿童适度普惠福利分地立制

所谓分地立制，是指全国划分为东、中、西部地区，因地制宜制定适应本地区特点的儿童补贴制度。适度普惠型儿童福利制度要求“分区域”推进儿童福利事业，即要求各地按照自身经济发展状况制定符合本地实际发展的儿童基本生活保障制度。因此，适度普惠儿童福利的推进并没有统一的模式和标准，而是需要各省、各市根据自身特点在国务院和民政部的相关指导思想下，加强政策创新。

民政部在适度普惠型儿童福利制度的试点城市的选择上充分考虑了分地立制的要求。2013年首批试点城市选择了江苏省昆山市、浙江省海宁市、海南省洛宁县、广东省深圳市这4个城市。2014年第二批46个试点城市中，其中东部地区20个试点市（县、区）、中部地区17个试点市（县、区）、西部地区13个试点市（县、区）。东部、中部和西部地区均设置了一定数量的试点地区，这也充分体现了适度普惠儿童福利制度建设分地立制的基本思想。

从具体的政策实施方面来看，如前所述，各省都按照各自的经济发展水平建立了相对应的困境儿童基本生活保障政策，基本上按照东部、中部地区的困境儿童、困境家庭儿童以及孤儿的基本生活补助高于西部地区的特点，这说明整体看来我国适度普惠儿童福利政策呈现分地立制的特点。

（三）儿童适度普惠福利分层推进

所谓分层推进，是指将儿童分为孤儿、困境儿童、困境家庭儿童和普通儿童四个层次，由对孤儿和困境儿童的保障逐步过渡到普通儿童，从而建立覆盖全体儿童的普惠福利制度。无论是中央还是地方，在适度普惠儿童福利政策的制定时都保持分层推进的特点，优先关注困境儿童的福利状况。首先，从国家层面的政策制定可以看出，政策的对象主要集中在孤儿、困境儿童两个层面，在保障这两类儿童的基本生活和发展需要的基础上，将福利对象做了适度的扩大，针对贫困地区的儿童在营养保障方面做了特别的安排；其次，从地方层面的政策制定来看，无论是省级层面还是试点市或地区，均延续了国家层面政策制定分层和分类的特点。

（四）儿童适度普惠福利分类立标

所谓分类立标，是指将孤儿、困境儿童、困境家庭儿童和普通儿童四个层次以类型区分，孤儿分社会散居孤儿和福利机构养育孤儿2类；困境儿童是指自身状况存在困境的儿童，分残疾儿童、重病儿童和流浪儿童3类；困境家庭儿童指家庭状况存在困境的儿童，分父母重度残疾或重病的儿童、父母长期服刑在押或强制戒毒的儿童、父母一方死亡另一方因其他情况无法履行抚养义务和监护职责的儿童、贫困家庭的儿童4类。每一类型的儿童对于福利的需要不同，因此需要制定不同的保障标准。

国家层面适度普惠型儿童福利制度建设在国务院和民政部的积极推进下，制定了困境儿童分类标准，针对不同类型的困境儿童，比如孤儿、留守儿童、贫困儿童等，相应地出台了相关的制度，分层分类标准不断完善与细化，为适度普惠儿童福利的推行奠定了制度基础。国家层面也注重制定科学合理的儿童分层分类标准。国务院在《中国儿童发展纲要（2011～2020年）》中就对贫困儿童等困境儿童的福利发展指标做出了详细的规定（国务院，2011a）。在《关于实施农村义务教育学生营养改善计划的意见》中，也通过调研，针对贫困地区儿童的生活水平，制定了每生3元的生活补贴标准，并动态地做出了调整，于2011年增加至4元（国务院办公厅，2011b）。从这些政策文件可以看出，国家目前在推进适度普惠儿童福利制度的过程中，注重分层和分类，以此推进各类儿童的保护工作。

（五）儿童适度普惠福利分标施保

所谓分标施保，是指对不同类型的儿童，分不同标准予以福利保障。儿童分层分类后就形同"金字塔"形，孤儿处在塔顶，人数最少，问题最重，需要最多；困境儿童处在第二层次，也是问题和需要很复杂的群体；困境家庭儿童处在第三层次，这些儿童处在高风险中，随时都可能陷入更严重的问题和困境中；普通儿童处在最低层，人数最多，需要提供各种服务以满足其需要，预防其面临风险和产生问题。因此，儿童福利提供需要根据不同类型儿童的不同标准实施保障。

总体看来，从服务的目标上可以看到，对于孤残、重病儿童，首要保障的是其康复、医疗、生活方面的保障和支持；对于监护缺失或监护不足的儿童，首要的是提供温暖、安全、支持、信任的监护支持和养护环境；对于贫困儿童或贫困家庭儿童，首要的是提升其自身及家庭的经济收入能力和收入水平，帮助其精准扶贫，脱离经济贫困和就业能力不足、就业环境障碍等困境；对于普通儿童而言，首要目标是建立安全、信任、友好的社会环境，提供各种生存、发展、参与、共享的资源、服务和环境，促进普通儿童的健康成长。无论是国家还是地方都积极地贯彻了分标施保的原则。

第二节　儿童对儿童权利和福利服务的认知水平

我国在适度普惠儿童福利制度构建方面做出了积极的探索，但是微观层面上儿童对福利服务认知水平如何？对儿童权利的认知水平如何？儿童的福利需要情况如何？儿童的相关认知是适度普惠社会福利制度构建的基础，只有研究了儿童福利服务需要状况，才能对适度普惠儿童福利服务的开展提供有效的意见。

一、儿童对儿童权利和权利行为的态度分析

通过对中国适度普惠社会福利数据库中四城市儿童数据（调查与数据基本情况参见第一章）进一步分析发现，四城市儿童对四大权利的熟悉度、儿童权益法律法规的认知度和儿童权利具体化行为的态度方面认知程度不一，且儿童的人口变量和环境变量对其权利认知等均会有不同程度的影响（见表 12－3 至表 12－10）。

第一，儿童对四大权利的熟悉度方面。由表 12－3 可知，儿童对四大权利均较为熟悉，生存权、发展权、参与权和受保护权的熟悉度分别是 55%、64.3%、53.7%、79.7%。

表 12－3　　儿童对四大权利的熟悉度统计　　单位：%

变量	完全不知	不太熟悉	一般	比较熟悉	很熟悉
生存权：儿童有出生和生活的权利	3.8	16.0	25.2	28.4	26.6
发展权：儿童有发展能力和知识的权利	3.5	9.7	22.5	35.5	28.8
参与权：儿童有参加社会活动的权利	4.4	14.8	27.0	31.8	21.9
受保护权：儿童有受到社会保护的权利	2.5	4.6	13.2	30.7	49.0

第二，从四城市儿童对国内外儿童权益保护相关法律法规的认知度分析显示（见表 12－4），儿童对相关法规政策认知度的情况各有不一。具体看来，对《联合国儿童权利公约》熟悉的占 20.4%，一般的占 25.0%，不熟悉的占 54.6%；《中华人民共和国未成年人保护法》三者的比例分别为 74.5%，16.5%，8.9%；《中华人民共和国义务教育法》三者的比例分别为 72.5%，16.2%，11.3%；

《禁止使用童工的规定》三者的比例分别为54.8%，24.6%，20.6%；《中华人民共和国预防未成年人犯罪法》三者的比例分别为59.4%，22.2%，18.4%。数据表明，儿童对相关法规政策的认知度仍需提升，特别是《联合国儿童权利公约》和《禁止使用童工的规定》两项公约和规定。

表12-4　　儿童对相关法律法规的认知度统计　　单位：%

	很熟悉	比较熟悉	一般	不太熟悉	很不熟悉
《联合国儿童权利公约》	5.4	15.0	25.0	37.2	17.4
《中华人民共和国未成年人保护法》	39.2	35.3	16.5	5.9	3.0
《中华人民共和国义务教育法》	39.6	32.9	16.2	7.7	3.6
《禁止使用童工的规定》	25.2	29.6	24.6	15.1	5.5
《中华人民共和国预防未成年人犯罪法》	29.1	30.3	22.2	12.4	6.0

儿童对权利法规的了解途径方面（见表12-5）。数据显示儿童主要通过学校、家庭、社区以及政府部门宣传了解相应的权利法规，分别占29.9%、17.0%、13.2%、13.5%，而通过其他途径了解的相对较少，应该拓宽儿童权利法规的宣传途径。

表12-5　　儿童对权利法规的了解途径统计　　单位：%

儿童的权利法规了解途径	多选反应比
1. 政府部门宣传	13.5
2. 学校	29.9
3. 公安派出所	8.2
4. 社区	13.2
5. 社会工作机构	4.5
6. 儿童服务机构	5.6
7. 法律机构	7.0
8. 家庭	17.0
9. 其他：书籍等	1.1
合计	100.0

如表12-6所示，媒体宣传是儿童了解认识自己权利和相关法规的重要途径，网络、电视和报纸所占的比例相当高，成为儿童了解权利法规的主要媒体途径，分别占31.2%、34.6%、26.9%。因此，对儿童权利的普及可充分利用这些途径。

表 12 - 6　　儿童对权利法规的媒体了解途径　　单位：%

了解途径	反应数
1. 网络	31.2
2. 电视	34.6
3. 报纸	26.9
4. 电台	6.0
5. 其他：学校政治课本等	1.3
合计	100.0

第三，从四城市儿童对儿童权利具体化行为的态度也可以看出其对儿童四大权利的认知（见表 12 - 7）。整体看来，儿童对自身拥有的权利有较好的认知，比如："儿童无论在社会、学校、家庭中都是有权利的个体"同意的占 83.0%。85.1% 的儿童不同意父母有权利打自己的孩子。赞同儿童无论有病或者残疾都拥有生命的权利的儿童有 92.7%。但是从中也可以看出，儿童的权利认知水平在具体领域有分化，仍需继续提升，如："成人知道什么是对孩子最有利的"同意的占 51.9%；"儿童应该抓紧学习功课，娱乐少点没关系"同意的占 20.5%。这说明儿童对发展权和参与权的认知还不够。

表 12 - 7　　儿童对儿童权利具体化行为的态度　　单位：%

变量/态度	完全不同意	不太同意	无所谓	比较同意	完全同意
1. 儿童无论在社会、学校、家庭中都是有权利的个体	2.8	6.7	7.6	41.5	41.5
2. 成人知道什么是对孩子最有利的	5.7	35.2	7.2	38.2	13.7
3. 成人满足了儿童的各种需要就尽到了责任	31.8	47.9	5.2	10.7	4.4
4. 棒打出孝子，父母有权利打自己的孩子	44.8	40.3	5.5	7.2	2.1
5. 儿童可以自主地参加游戏和娱乐活动	6.6	29.2	12.3	31.9	20.1
6. 参与社会事务是我（儿童）的责任	4.5	19.7	19.0	39.1	17.7
7. 儿童出生时无论是否有病或者残疾，都拥有生命的权利	3.8	1.1	2.4	14.6	78.1
8. 严重残疾的儿童可以让他们自然死亡	70.2	17.5	3.4	5.4	3.5
9. 儿童应该抓紧学习功课，娱乐少点没关系	22.2	45.6	11.7	15.5	5.0
10. 为了激励儿童上进，考试排名是一种好方法	35.0	33.7	13.2	13.6	4.4

第四，儿童权利熟悉度的差异方面。将四种儿童权利熟悉度变量进一步汇总，构建了儿童权利总变量，其分值在4~20之间，分值越高表示对权利的熟悉度越高。表12-8显示，儿童性别、父亲受教育程度、户口性质和所属阶层均显著影响了儿童的权利熟悉度，而民族、家庭经济状况、母亲的受教育程度方面没有显著的差异。在权利熟悉度总变量方面：女生高于男生；父亲受教育程度是大学专科及以上的最高，小学及以下的最低；户口性质是城市户口的儿童高于农村户口的儿童；所属阶层是中上阶层的最高，下层阶层的最低。

表12-8　　　　儿童权利熟悉度的差异统计

		权利总变量	生存权	发展权	参与权	受保护权
性别	男	14.79 (3.72)	3.51 (1.21)	3.67 (1.13)	3.49 (1.17)	4.12 (1.08)
	女	15.34 (3.17)	3.65 (1.08)	3.86 (1.01)	3.55 (1.06)	4.27 (0.90)
	检验值	F=8.17**	F=4.85**	F=10.31***	F=1.037	F=7.83**
父亲受教育程度	小学及以下	14.38 (3.47)	3.34 (1.24)	3.66 (1.16)	3.27 (1.12)	4.11 (0.97)
	初中	14.55 (3.44)	3.42 (1.12)	3.63 (1.05)	3.44 (1.13)	4.07 (1.08)
	高中	15.36 (3.38)	3.61 (1.15)	3.84 (1.07)	3.65 (1.06)	4.26 (0.95)
	中专/技校	15.21 (3.57)	3.60 (1.17)	3.77 (1.14)	3.53 (1.17)	4.31 (0.93)
	大学专科	15.76 (3.24)	3.86 (1.08)	3.92 (1.00)	3.66 (1.05)	4.32 (0.85)
	大学本科及以上	15.76 (3.59)	3.94 (1.12)	3.98 (1.10)	3.54 (1.21)	4.29 (0.95)
	检验植	F=5.507***	F=7.056***	F=3.591**	F=2.725**	F=2.878**
户口性质	城市户口	15.29 (3.50)	3.67 (1.14)	3.81 (1.08)	3.55 (1.13)	4.26 (0.97)
	农业户口	14.61 (3.31)	3.37 (1.13)	3.68 (1.06)	3.48 (1.09)	4.07 (1.01)
	检验植	F=5.35**	F=9.66***	F=2.081	F=0.604	F=5.851**

续表

		权利总变量	生存权	发展权	参与权	受保护权
所属阶层	下层阶层	13.97 (4.22)	3.03 (1.41)	3.60 (1.33)	3.30 (1.15)	4.03 (1.22)
	中下阶层	14.62 (3.41)	3.47 (1.15)	3.68 (1.11)	3.30 (1.20)	4.17 (0.95)
	中间阶层	15.04 (3.50)	3.57 (1.15)	3.75 (1.07)	3.54 (1.10)	4.19 (1.02)
	中上阶层	15.70 (3.14)	3.78 (1.09)	3.93 (1.00)	3.71 (1.05)	4.28 (0.90)
	上层阶层	15.11 (5.46)	4.00 (1.41)	3.67 (1.50)	3.67 (1.41)	3.78 (1.48)
	检验植	$F=3.576^{**}$	$F=4.239^{**}$	$F=1.878$	$F=4.103^{**}$	$F=1.082$

注：（1） ** 表示 $p<0.01$， *** 表示 $p<0.001$；（2）括号外数字为均值，括号内数字为标准差。

在生存权的熟悉度方面：女生高于男生；父亲受教育程度是大学本科及以上的最高，小学及以下的最低；户口性质是城市户口的儿童高于农村户口的儿童；所属阶层是上层阶层的最高，下层阶层的最低。

在发展权的熟悉度方面：女生高于男生；父亲受教育程度是大学本科及以上的最高，小学及以下的最低；户口性质是城市户口的儿童高于农村户口的儿童；所属阶层是上层阶层的最高，下层阶层的最低。

在参与权的熟悉度方面：女生高于男生；父亲受教育程度是大学专科的最高，小学及以下的最低；户口性质是城市户口的儿童高于农村户口的儿童；所属阶层是中上层阶层的最高，下层阶层的最低。

在受保护权的熟悉度方面：女生高于男生；父亲受教育程度是大学专科的最高，小学及以下的最低；户口性质是城市户口的儿童高于农村户口的儿童；所属阶层是中上层阶层的最高，上层阶层的最低。

第五，儿童对四大权利的态度的差异情况方面。表 12－9 显示，儿童性别、户口性质均显著影响了儿童的态度，而父母受教育程度，所属阶层、民族对其没有显著影响。在儿童对权利的态度总变量方面：女生高于男生；户口性质是城市户口的儿童高于农村户口的儿童。在生存权态度方面：女生高于男生；户口性质是城市户口的儿童高于农村户口的儿童。在发展权态度方面：女生高于男生；户口性质是城市户口的儿童高于农村户口的儿童。在受保护权态度方面：女生高于男生；户口性质是城市户口的儿童高于农村户口的儿童。在参与权态度方面：男生高于女生；户口性质是城市户口的儿童高于农村户口的儿童。

表 12－9　　　　四城市儿童权利态度的差异统计

		态度总变量	生存权态度	发展权态度	受保护权态度	参与权态度
性别	男	37.74 (4.70)	9.00 (1.54)	7.29 (1.98)	10.50 (2.42)	6.88 (1.93)
	女	38.80 (4.18)	9.16 (1.44)	7.62 (1.84)	11.35 (2.05)	6.62 (1.91)
	检验值	$F = 17.62^{***}$	$F = 3.80^{*}$	$F = 9.07^{**}$	$F = 45.34^{***}$	$F = 6.04^{*}$
户口性质	城市户口	38.69 (4.28)	9.13 (1.44)	7.56 (1.91)	11.08 (2.21)	6.84 (1.94)
	农业户口	37.38 (4.76)	8.97 (1.60)	7.17 (1.93)	10.62 (2.39)	6.59 (1.87)
	检验值	$F = 11.49^{***}$	$F = 1.46$	$F = 6.47^{**}$	$F = 7.03^{***}$	$F = 2.61^{*}$

注：(1)　** p 表示 <0.01，*** 表示 p<0.001；(2) 括号外数字为均值，括号内数字为标准差。

第六，对儿童法规熟悉度的差异方面。表 12－10 显示，儿童性别、家庭经济状况、父亲受教育程度、母亲受教育程度、户口性质和所属阶层均显著影响了儿童的法规熟悉度。结果显示：男生高于女生；家庭经济状况为远高于平均水平的最高，高于平均水平的最低；父亲受教育程度是小学及以下的最高，大学本科的最低；母亲受教育程度是小学及以下的最高，大学专科的最低；户口性质是农村户口的儿童高于城市户口的儿童；所属阶层是下层阶层的最高，中上阶层的最低。整体看来，儿童对法规政策熟悉度方面的差异情况与前面的分析存在较大的不同，这可能与我国儿童法规政策宣传主要依靠正式途径有关，如学校宣传等，但具体的原因还需要进一步的分析。

表 12－10　　　　四城市儿童法规政策熟悉度的差异统计

		熟悉度总变量		检验值
		均值	标准差	
性别	男	12.70	4.77	$F = 11.52^{***}$
	女	11.87	3.78	
家庭经济状况	远低于平均水平	13.64	4.66	$F = 4.06^{**}$
	低于平均水平	12.41	4.24	
	平均水平	12.44	4.33	

续表

		熟悉度总变量		检验值
		均值	标准差	
家庭经济状况	高于平均水平	11.30	4.31	$F = 4.06^{**}$
	远高于平均水平	14.38	3.46	
父亲受教育程度	小学及以下	13.33	4.47	$F = 4.991^{***}$
	初中	12.84	4.40	
	高中	11.75	4.01	
	中专/技校	11.81	4.32	
	大学专科	11.71	4.40	
	大学本科及以上	11.63	4.11	
母亲受教育程度	小学及以下	13.43	4.49	$F = 4.681^{***}$
	初中	12.53	4.27	
	高中	11.81	4.13	
	中专/技校	12.04	4.32	
	大学专科	11.32	4.07	
	大学本科及以上	12.31	4.52	
户口性质	城市户口	11.79	4.02	$F = 17.584^{***}$
	农业户口	13.35	4.70	
所属阶层	下层阶层	15.17	5.00	$F = 6.602^{***}$
	中下阶层	12.75	4.35	
	中间阶层	12.32	4.23	
	中上阶层	11.38	4.21	
	上层阶层	11.56	6.98	

注：** 表示 $p < 0.01$，*** 表示 $p < 0.001$。

二、儿童对求助对象/求助效果的认知分析

通过对适度普惠社会福利数据库中儿童数据分析发现，儿童非正式社会网络在儿童福利保障方面的作用显著。从表 12－11 可知，儿童在遇到权利损害或者需要帮助时求助的对象主要是同学/朋友、家长/亲属、学校的老师，分别占 84.2%、86.9%、81.7%，说明儿童主要还是依靠自身非正式网络获得支持。如何有效构建儿童权利保护正式支持体系是我国适度普惠儿童福利制度建立的重要

内容。在正式的社会支持方面，社区工作人员、派出所警察和保安、医院的医生的选择较多，分别占 32.2%、43.9%、64.6%。因此，基层儿童福利服务网络的构建是推进儿童权利保护的重要部分。

表 12 – 11　　　　四城市儿童求助对象统计　　　　单位：%

变量	求助过（打算求助）	没求助
1. 政府部门官员	5.6	94.4
2. 社区工作人员	32.2	67.8
3. 媒体的编辑和记者	6.2	93.8
4. 儿童服务组织工作人员	8.9	91.1
5. 派出所警察、保安	43.9	56.1
6. 医院的医生	64.6	35.4
7. 解放军叔叔	11.1	88.9
8. 学校的老师	81.7	18.3
9. 同学/朋友	84.2	15.8
10. 家长或亲属	86.9	13.1
11. 网友	19.4	80.6
12. 社会工作者	16.4	83.6
13. 其他：陌生人等	5.9	94.1

表 12 – 12 显示的是有求助经历的儿童对求助经历的评价，从儿童的选择可以看出，大多数的求助均有不错的效果。儿童认为在其求助过程中，家长亲属、学校老师、解放军、儿童服务机构人员、派出所警察和保安、医院医生、同学/朋友、媒体编辑和记者帮助很大，选择"帮助很大"的比例超过 50%。帮助效果相对较差的分别是社区工作人员和网友，仅有 28.8%，27.6%。

表 12 – 12　　　　儿童求助效果统计　　　　单位：%

变量	帮助很大	帮助效果一般	没有什么帮助
1. 政府部门官员	43.1	36.1	20.8
2. 社区工作人员	28.8	63.3	7.9
3. 媒体的编辑和记者	56.1	26.8	17.1
4. 儿童服务机构人员	58.8	36.1	5.0
5. 派出所警察、保安	52.0	41.0	7.0

续表

变量	帮助很大	帮助效果一般	没有什么帮助
6. 医院的医生	66.9	30.9	2.2
7. 解放军叔叔	75.6	19.9	4.5
8. 学校的老师	73.4	.24.7	1.8
9. 同学/朋友	64.5	33.1	2.4
10. 家长或亲属	79.3	18.3	2.4
11. 网友	27.6	56.1	16.3
12. 社会工作者	48.0	48.0	3.9
13. 其他：陌生人等	47.7	43.1	9.2

三、儿童对福利服务认知度分析

在儿童对福利服务认知度方面，通过对中国适度普惠社会福利数据库中儿童问卷数据分析发现，儿童福利服务认知度差异明显，特别是地区和家庭差异明显。

首先，在儿童福利服务知晓度方面，如表12－13所示，四城市儿童对不同福利服务的知晓度存在较大的差距。总的来说，四城市儿童对帮助残疾儿童、孤儿、农民工子女、低收入家庭儿童的福利服务的知晓度较高，分别占了78.6%、75.5%、73.5%和68.7%；对社区内的儿童之家建设、学龄儿童免费配餐服务的知晓度较低，仅占了29.4%、29.3%。

表12－13　　儿童对福利服务的知晓度统计　　单位：%

变量	知道	以前不知道
1. 学龄儿童免费配餐服务	29.3	70.7
2. 学龄儿童放学后的托护服务	53.5	46.5
3. 学龄儿童的社会监护人制度	67.0	33.0
4. 慈善公益组织开展的儿童服务	62.2	37.8
5. 学龄前儿童的免费体检服务	68.9	31.1
6. 儿童大病社会保险制度	59.7	40.3
7. 社区内的儿童之家建设	29.4	70.6
8. 多功能的儿童福利院建设	46.4	53.6
9. 帮助低收入家庭儿童的服务	68.7	31.3

续表

变量	知道	以前不知道
10. 帮助农民工子女的服务	73.5	26.5
11. 帮助残疾儿童的服务和津贴	78.6	21.4
12. 帮助孤儿的服务和津贴	75.5	24.5

其次，在儿童福利服务知晓度的差异性方面，本部分将12种儿童福利服务汇总后构建了儿童的福利服务知晓度总变量，分值在0～12。表12－14显示，儿童家庭经济状况、父亲受教育程度、母亲受教育程度、户口性质和所属阶层均显著影响了儿童的福利服务知晓度，性别的影响并不显著。数据表明，家庭经济状况远高于平均水平的最高，远低于平均水平的最低；父亲受教育程度是大学专科的最高，是小学及以下的最低；母亲受教育程度是大学本科的最高，是小学及以下的最低；户口性质是城市户口的儿童高于农村户口的儿童；所属阶层是中上阶层家庭儿童的最高，下层阶层家庭儿童的最低。整体看来，儿童福利服务认知度与家庭社会经济地位有紧密关系。

表12－14　儿童福利服务知晓度的差异统计

		儿童福利服务知晓度		检验值
性别	男	7.02	3.20	F = 1.767
	女	7.24	2.71	
	N = 1 242			
家庭经济状况	远低于平均水平	5.92	3.73	F = 2.932 **
	低于平均水平	6.75	2.95	
	平均水平	7.13	2.92	
	高于平均水平	7.55	3.02	
	远高于平均水平	8.13	4.16	
	N = 1 238			
父亲受教育程度	小学及以下	6.22	3.26	F = 5.214 ***
	初中	6.84	3.06	
	高中	7.34	2.73	
	中专/技校	7.21	3.05	
	大学专科	7.84	2.70	
	大学本科及以上	7.52	2.84	
	N = 1 221			

续表

		儿童福利服务知晓度		检验值
母亲受教育程度	小学及以下	6.32	3.00	F = 3.716***
	初中	7.07	2.92	
	高中	7.18	3.12	
	中专/技校	7.56	2.74	
	大学专科	7.17	2.88	
	大学本科及以上	7.72	2.80	
	N = 1 228			
户口性质	城市户口	7.35	2.85	F = 9.855***
	农业户口	6.62	3.07	
	N = 1 231			
所属阶层	下层阶层	5.87	4.10	F = 4.934***
	中下阶层	6.62	3.20	
	中间阶层	7.21	2.81	
	中上阶层	7.6	2.85	
	上层阶层	5.89	5.69	
	N = 1 242			

注：** 表示 $p < 0.01$，*** 表示 $p < 0.001$。

第三节　适度普惠儿童福利服务提供与传输

儿童福利服务的类型与分类标准多样。有研究者将儿童福利服务划分为两大类：一是从服务功能与作用的角度看可以分为支持性、补充性、保护性和替代性四类；二是从服务范围与领域角度看，儿童福利服务分为家庭服务、社区服务、需要特殊服务的儿童、未婚妈妈的服务、预防青少年犯罪与矫正服务、寄养家庭中儿童的服务、儿童福利机构照顾和儿童收养服务等多个领域（刘继同，2008）。本节主要从第一个类别来分析当前适度普惠儿童福利服务现状及创新。

一、国家层面儿童福利服务发展创新

从2007年开始，国家积极推进适度普惠儿童福利服务的供给，儿童福利机构日益完善、福利设施逐年增长，儿童收养寄养服务持续改进。具体表现在以下几个方面：

第一，儿童收养机构日益完善，困境儿童收留抚养服务持续推进。据2015年社会服务发展统计公报显示（民政部，2016a），截至2015年底，全国各类办理了注册登记手续的提供住宿的社会服务机构3.1万个，床位393.2万张，收留抚养231.6万人。其中，儿童福利和保护服务机构753个，床位10.0万张，其中儿童福利机构478个，床位8.9万张；未成年人救助保护中心275个，床位1.1万张，全年共救助流浪乞讨未成年人4.7万人次。

第二，儿童福利和收养登记持续稳定。孤儿的收养和寄养服务是我国儿童福利服务的传统类型（见图12－1）。截至2015年底，全国共有孤儿50.2万人，其中集中供养孤儿9.2万人，社会散居孤儿41.0万人。2015年全国办理家庭收养登记2.2万件，其中：内地居民收养登记1.9万件，港澳台地区居民收养179件，外国人收养登记2 942件（民政部，2016a）。

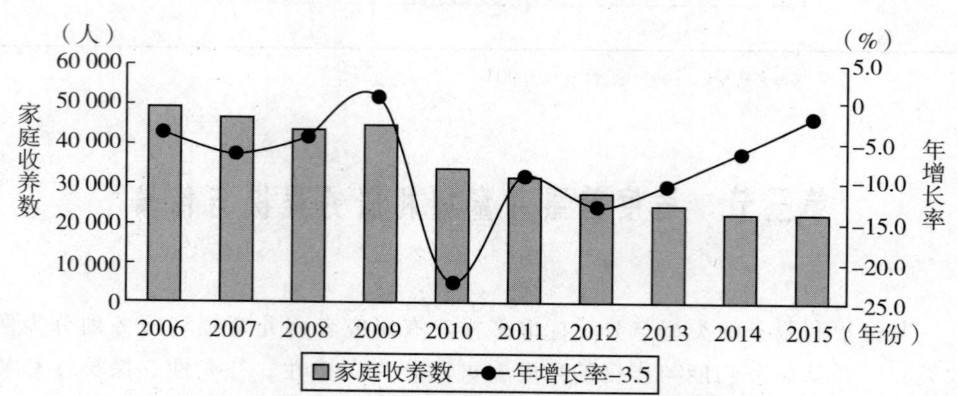

图12－1　家庭收养数变化趋势（2008～2015年）

资料来源：民政部，2016a，《2015年社会服务发展统计公报》，http：//www.mca.gov.cn/article/zwgk/mzyw/201607/20160700001136.shtml，2017－08－28。

第三，儿童福利设施和工作者人数逐年增长。据北京师范大学中国公益研究院儿童福利研究中心数据资料显示（北京师范大学中国公益研究院，2016），截至2014年底，全国未成年人保护中心345个，比上年增加71个，增长26%。值得注意的是，随着流浪未成年人救助保护中心更名为“未成年人保护中心”，其服务人群和服务内容也发生了相应的变化，服务对象从流浪儿童向特殊困境儿童扩展。基层儿童专业工作队伍数量也逐年增长，由2008年的25名增长到2014年的105名，其在儿童情况监测、问题发现、资源协调和服务提供等方面都发挥了关键的作用（见图12－2）。

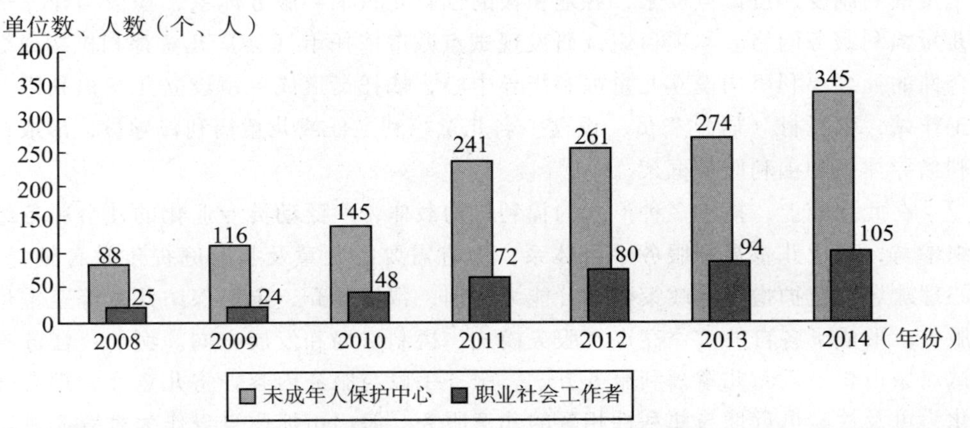

图12－2　未成年人保护中心及其职业社会工作者变化趋势（2008～2014年）

资料来源：北京师范大学中国公益研究院，2016，《建立保护型现代儿童福利体系——中国儿童福利政策报告2016》，http：//www.docin.com/p－1786103011.html，2017－08－28。

第四，服务体系不断完善。民政部实施儿童福利机构建设二期规划，资助50万人口以上或孤儿数量较多的县（市、旗）新建或改扩建儿童福利机构。推动地方建立省、市、县三级儿童福利指导中心。在全国101个县启动了百县千村—基层儿童福利服务体系建设试点工作。2015年，民政部办公厅印发了《关于在全国部分地区开展基层儿童福利服务体系建设试点工作的通知》，以此推动“中国儿童福利示范区”项目所获得的在儿童福利保障方面的经验（民政部，2015a）。此经验具体是指初步构建了以儿童信息报告监测反馈机制、儿童帮扶机制、儿童福利资源保障机制、多部门联动机制“四个机制”为核心内容，以村儿童之家为活动场所，以村儿童福利主任队伍为村社工作力量的儿童福利服务体系（联合国儿童基金会，2016）。在此基础上，民政部进一步推动了全国百县千村计划，进一步开展基层儿童福利服务体系建设试点工作。

二、地方层面儿童福利服务发展创新

国家层面社会福利服务的创新发展为地方层面的持续创新奠定了基础和发展

方向。截至2015年12月，全国已有42个地区建立起困境儿童保障制度，发放困境儿童生活保障津贴。无论是在对象范围还是在津贴标准上，均充分考虑了地方儿童的类型和地区经济的差异。除此以外，儿童福利机构覆盖范围在河北、江苏、安徽、浙江、山东、河南等省份实现市、县两级全覆盖。在民政部适度普惠儿童福利制度建设试点以来，各地积极的创新儿童福利服务体系，积极构建三级儿童福利服务网络。本项目组调研发现试点城市依托市（县）儿童福利机构或综合性的社会福利机构设立儿童福利指导中心，依托街道或乡镇设立儿童福利服务工作站，依托村（居）委员会设立一名儿童福利主任或儿童福利督导员，形成福利指导体系和福利服务框架。

在此基础上，搭建多种形式的福利机构载体，广泛动员专业化的社会服务组织参与，形成儿童福利服务平台体系，为有需要的儿童及其家庭提供教育辅导、心理疏导、监护指导、政策咨询、能力培训、帮扶转介，定期探访儿童等全方位服务，形成了各自的工作亮点、服务模式、机制格局和发展方向。例如：江苏省试点城市积极创新儿童福利服务方式、服务手段与服务内容，将儿童优先理念转化为可及性、可近性与便利性相融的儿童服务。海门市抓住自身作为教育先进城市特点依托教育系统和教育资源提供各种儿童福利服务。张家港通过引入职业生涯和生态概念，注重从儿童现阶段的就医、就学、生活照顾到今后的就业与职业发展建设服务体系。盐城、张家港、海门、昆山四城市在服务对象上都注意到由原来的以儿童个体为介入焦点转向以家庭为介入焦点，从而实现了以家庭系统作为工作的基点的转变，从而更加重视帮助家庭解决问题、应对困境、化解风险，从而优化儿童的家庭成长环境。

江苏省儿童福利发展水平逐年提升，受益儿童数量不断增加。如表12-15所示，首先在儿童服务机构方面，无论是为儿童提供收养服务的机构、为儿童提供收养服务的床位数，还是儿童收养人数，均在稳步提升，例如：机构数由2013年的14个提升至2016年的33个；床位数由2013年的2 759个提升至2016年的4 182个；儿童收养人数也由2013年的1 860个上升至2016年的2 136个。其次在儿童收养方面，持续开展孤儿收养服务，减少孤儿数量，集中供养孤儿和社会散居孤儿的数量分别下降5%和3.5%。再次在最低生活保障方面，无论是城市还是农村居民最低生活保障未成年人数均占据相当的比例。最后医疗救助生活无着落人员中，儿童救助床位数1 237张，环比上涨3.33%，儿童救助人次数环比上涨28.55%。

表 12－15　　2013 年与 2016 年江苏儿童福利服务统计

指标名称	单位	数量 2013 年 12 月	上期 2012 年 11 月	环比（%）	数量 2016 年 2 季度	上期 2015 年 2 季度	环比（%）
（一）儿童服务机构							
为儿童提供收养服务的机构	个	14	14	0.00	33	29	13.79
为儿童提供收养服务的床位数	张	2 759	2 589	6.57	4 182	4 057	3.8
儿童收养人数	人	1 860	1 805	3.05	2 136	2.17	5.09
（二）儿童收养							
孤儿数	人	19 046	18 741	1.63	17 118	18 018	－5
其中：集中供养孤儿	人	3 471	3 418	1.55	3 340	3 445	－3.5
社会散居孤儿	人	15 575	15 323	1.64	13 778	14 573	－5.46
其中：中央财政补助孤儿	人	18 993	18 087	5.01			
地方财政补助孤儿	人	53	654	－91.90			
（三）最低生活保障							
（1）城市居民最低生活保障未成年人人数	人	337 694	349 486	－3.37	22 068	29 652	－10.27
在校生	人	41 317	43 445	－4.90	32 946	38 107	－13.54
其他未成年人	人				12 275	13 520	－9.21
（2）农村居民最低生活保障人数	人	1 299 330	1 315 010	－1.19			
未成年人	人	137 997	144 606	－4.57	122 575	125 405	－2.26
农村集中供养五保供养人数	人	117 250	121 696	－3.65	78 131	95 631	－18.30
未成年人	人	1 738	1 833	－5.18	921	1 127	－18.28
农村分散供养五保人数	人	84 023	79 577	5.59	119 079	102 096	16.65
未成年人	人	1 848	1 887	－2.07	1 549	1 444	7.27
（四）医疗救助生活无着人员							
（1）救助床位数	张	4 590	4 395	4.44			
其中：儿童救助床位数	张	1 273	1 232	3.33			
（2）救助人次数	人次	88 695	60 652	46.24			
其中：儿童救助人次数	人次	7 208	5 607	28.55			

资料来源：彭华民、王梦怡、冯元、刘玲，2016，《适度普惠儿童福利政策试点城市评估课题报告》，民政部政策研究中心。

三、适度普惠儿童福利服务发展特点

（一）建立儿童福利提供平台

2011 年，中央编办批复中国收养中心更名为中国儿童福利和收养中心，开启了我国适度普惠儿童福利指导和服务平台建设的新篇章。此外，民政部还将继续建立中国收养服务中心、儿童福利促进中心、儿童保障信息资源中心（窦玉沛，2011），不断完善系统，为进一步拓展儿童福利工作领域、完善儿童福利保障制度提供可靠的技术保障和决策支持。

中共中央（2015）在《关于国民经济和社会发展第十三个五年规划的建议》中明确提出“建立健全农村留守儿童和妇女、老人关爱服务体系”，要解决多数地方村级无儿童专干、无儿童活动场所、无儿童工作经费的问题。目前民政、妇联、共青团、慈善会等系统正在基层探索建立多种形式的“儿童之家”，建议将“在每个行政村建立儿童活动场所”纳入规划，统一建设、规范管理。儿童福利服务平台还需要完善基层的服务体系（民政部，2015b）。2015 年民政部在全国部分地区开展基层儿童福利服务体系建设试点工作，试点工作任务之一就是建立儿童福利指导中心、儿童福利服务工作站和儿童之家。民政部要求试点县（市、区）要依托儿童福利机构建立儿童福利指导中心，协助政府分析全县儿童基本情况、针对性地制定全县（市、区）的儿童福利工作计划和评价方案，协助乡镇（街道）儿童福利工作站、村（社区）儿童福利主任制定针对本辖区的儿童福利工作计划并督导评估计划的落实情况，为机构内的孤残儿童协调家庭和社区帮扶。

2015 年民政部社会福利和慈善事业促进司依据中国儿童福利示范项目（民政部社会福利和慈善事业促进司和联合国儿童基金会等于 2010 年共同开展的探索适度普惠型儿童福利制度的示范项目，以下简称“五省十二县项目”）经验，在全国 31 个省份 100 个县的 1 000 个村正式启动基层儿童福利服务体系建设试点工作，建立县、乡、村三级基层儿童福利网络。拓展后，“百县千村”项目在“五省十二县”项目基础上新增 89 个县（市、区）、890 个村（社区），村（居）儿童福利主任将由 120 人扩增至 1 010 人，惠及儿童数将由 8 万人增至 50 万人左右（北京师范大学中国公益研究院，2016）。在此基础上，部分省份自主扩大试点村（社区），将基层儿童福利服务体系向更多地区铺开。中国儿童福利示范项目建立了多部门横纵联合的服务体系，通过具体的福利项目，激发基层管理体系活力，推动儿童福利主任“最后一公里”服务送达。

本项目组调查发现，民政部适度普惠儿童福利试点城市积极推进儿童福利服务网络框架的建构，以多种方式构筑市（县）、乡镇（街道）、村（居）三级联动的困境儿童福利服务网络框架，积极搭建福利机构，广泛动员专业化社会服务组织参与，全力建设儿童福利指导和服务平台体系。例如，昆山在市级层面建立儿童福利指导中心，具体承担全市儿童福利的指导、协调、管理工作；在区镇建立儿童福利工作站，受理困境儿童的救助申请、审核、上报工作，定期对儿童福利督导员进行培训，协调解决困境儿童的困难；在村（居）委会建立儿童福利工作室，负责收集困境儿童基本信息，传达政府有关儿童福利的法律法规和政策，帮助困境儿童及其家庭申请有关福利津贴，对遭遇困难的儿童及其家庭进行定期探访，协调解决有关问题。目前昆山市共有指导中心1个，工作站11个，儿童福利督导员303个，覆盖了全部儿童，保障了儿童福利提供。

（二）强化儿童福利服务社会化

在服务手段方面，社会化力量的加入是适度普惠儿童福利服务开展的重要力量（国务院，2016a）。早在2014年，民政部在进一步开展适度普惠型儿童福利制度建设试点工作中，明确指出广泛动员专业化的社会服务组织参与，强调需要充分发挥专家团队和社会力量的作用，形成儿童福利服务体系，为有需要的儿童及其家庭提供教育辅导、心理疏导、监护指导、政策咨询、能力培训、帮扶转介、定期探访儿童等服务（民政部，2014）。

根据民政部的要求，各试点城市在儿童福利服务和服务手段社会化方面做出了积极的探索。张家港市在政策顶层设计中将住建委纳入其中，明确房地产商在新建社区用房（商品房、经济适用房等）过程中，必须规划和建设社区公共服务用房。张家港市暨阳青少年发展事务所拥有专业人员11名，平均年龄30岁，他们承接的运作项目超过10个，作为全市最大的专业服务机构，他们负责全市儿童公益服务项目的评估工作。海门市作为中国近代慈善家和实业家张謇故乡，充分挖掘传统慈善文化和实业家办慈善的精神，以公益创投形式支持成立“弘謇书院”，为儿童及家长提供琴、棋、书、画兴趣学习班以及各类亲子活动。同时，海门市在市民政局的支持下，引导60多位企业家在单纯捐资助学慈善行动基础上注册成立“楠楠爱心基金”，将服务扩展到助学、助医、助困等多种儿童慈善公益服务。

（三）儿童福利服务专业化

儿童福利机构加大力度引入社会力量进行专业化探索。2015年9月，全国儿童福利院工作人员社工培训会在江苏无锡召开，江苏无锡儿童福利院引入专业社会工作培养孤残儿童模式将在全国推广。中央和地方政府购买服务力度不断加大。表 12 - 16 显示，2014 ~2016 年中央财政支持社会服务项目中儿童服务项目数量和金额逐步提升，表明依靠专业力量提升儿童服务水平成为未来发展的重要趋势。2014 年中央财政购买儿童项目总计 77 个，占项目总数 17.2%，项目资金总额 3 506 万元，占总资金的 17.8%；2015 年中央财政购买儿童项目总计 98 个，占项目总数 22.0%，项目资金总额 4 258 万元，占总资金的 21.8%；2016 年中央财政购买儿童项目总计 98 个，占项目总数 22.0%，项目资金总额 4 258 万元，占总资金的 21.8%；2016 年中央财政购买儿童项目总计 140 个，占项目总数 31.9%，项目资金总额为 5 625 万元，达总资金的 28.8%。

表 12 - 16　　2014 ~2016 年中央财政支持社会服务中儿童类项目数量和金额

2014 年中央财政支持社会服务中流动儿童类项目数量和金额				
项目类别	项目数（个）		项目资金（万元）	
	总数	儿童（17.2%）	总数	儿童（17.8%）
发展示范项目（A 类）	184	38	4 600	898
承接社会服务试点项目（B 类）	116	17	7 509	1 110
社会工作服务示范项目（C 类）	107	22	6 286	1 498
人员培训示范项目（D 类）	41	0	1 324	0
总目数	448	77	19 719	3 506
2015 年中央财政支持社会服务中流动儿童类项目数量和金额				
	总数	儿童（22%）	总数	儿童（21.8%）
发展示范项目（A 类）	175	47	4 375	1 124
承接社会服务试点项目（B 类）	119	22	7 579	1 420
社会工作服务示范项目（C 类）	111	29	6 312	1 714
人员培训示范项目（D 类）	41	0	1 272	0
总目数	446	98	19 538	4 258

续表

2016年中央财政支持社会服务中流动儿童类项目数量和金额				
	总数	儿童（31.9%）	总数	儿童（28.8%）
发展示范项目（A类）	170	64	4 212	1 579
承接社会服务试点项目（B类）	115	41	7 685	2 105
社会工作服务示范项目（C类）	113	34	6 506	1 911
人员培训示范项目（D类）	41	1	1 127	100
总目数	439	140	19 530	5 625

在中央大力吸引专业力量参与的情况下，试点城市也积极探索，通过“造血”“引血”“借血”等方式提升儿童福利服务人才队伍建设能力。从造血角度而言，各试点城市十分重视对社区、社会组织、社会团体、福利事业单位的儿童福利工作者进行社会工作知识培训，儿童保护与服务知识培训，提升他们的儿童服务能力和服务理念。同时，积极整合计生委专干和民政专干力量承担儿童福利督导员角色，并积极引导他们学习儿童福利理念、服务方法，将他们逐步打造成相对专业、持续、稳定的儿童福利人才队伍。如昆山市在社区儿童服务中心注重以家庭为基础开展服务，设立“妈妈社工计划”。在“引血”上，积极引导社会工作、心理学、教育学、特殊教育等专业人才进入儿童福利机构和儿童服务组织，优化诸如儿童福利院、救助站、未成年人救助保护中心、社区儿童福利中心等组织机构的专业人才队伍。在“借血”上，引导专业社会工作服务机构、心理咨询机构参与儿童福利服务，并加强与周边地区和城市的高校和科研院所合作，借助外部的专业力量开展项目设计、政策规划、服务提供、咨询评估等专业服务。

四、试点评估：适度普惠儿童福利提供与传输

按照《民政部关于开展适度普惠型儿童福利制度建设试点工作的通知》（2013）和《民政部关于进一步开展适度普惠型儿童福利制度建设试点工作的通知》（2014），本项目组结合民政部适度普惠儿童福利政策试点城市调研，设计了三个板块的评估指标（见图12-3）并界定了以江苏省四个试点城市为主的资料收集类型。

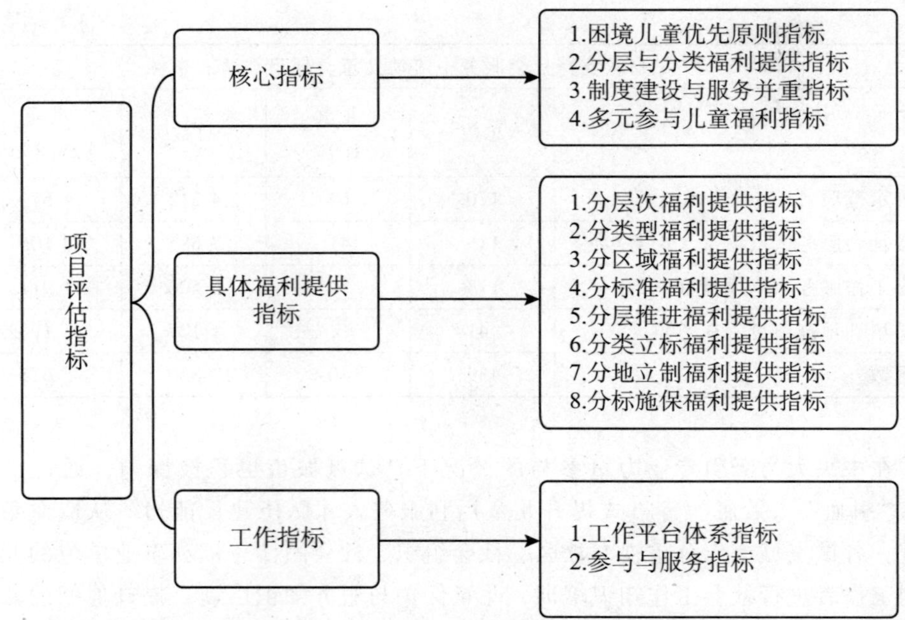

图 12-3　适度普惠儿童福利政策试点城市实施评估指标

适度普惠儿童福利提供与传输的地方试点的评估中，项目组围绕不同的评估指标，分别设计不同的资料收集方法，共完成各种焦点小组访谈 24 组；访谈各种类型的被访问者共 147 位；实地观察儿童福利院、救助站、未成年人保护中心、市级儿童福利中心、社区儿童福利站以及儿童服务的社会组织等 24 个；收集政策文献、政府统计数据、儿童研究报告、困境儿童研究论文约 40 万字。

（一）儿童福利分层推进

2013 年，民政部在《民政部关于开展适度普惠型儿童福利制度建设试点工作的通知》中就明确指出，适度普惠型儿童福利制度需要本着“适度普惠、分层次、分类型、分标准、分区域”的理念，按照“分层推进、分类立标、分地立制、分标施保”的原则和要求，立足当地经济社会发展状况、儿童生存与发展需要和社会福利制度的发展，全面安排和设计儿童福利制度（民政部社会福利和慈善事业促进司，2013）。根据文件精神，民政部将儿童分为四个层次，即将儿童群体分为孤儿、困境儿童、困境家庭儿童、普通儿童四个层次。

除了前述国家层面将儿童福利分层推进以外，试点省市也积极推进儿童福利分层管理。江苏省政府办公厅印发的《关于完善困境儿童分类保障制度的意见》，将江苏省的困境儿童由1类2种困境状况的儿童（孤儿和艾滋病病毒感染儿童）扩大到5类19种处于困境状况的儿童，明确困境儿童的类型及划分标准，进一步建立完善了困境儿童分类保障制度（江苏省政府办公厅，2014）（见表12－17），坚持特殊保护、优先保护。在制定政策、提供福利等方面，优先考虑困境儿童的利益和需要。坚持分类保障、适度普惠，根据不同儿童群体需要特点，分层次统筹推进，分类型设置标准，分标准实施保障。

表12－17　江苏省困境儿童分类统计表

困境儿童类型	具体指标
孤儿	失去父母或查找不到生父母的未满18周岁的未成年人
监护人监护缺失的儿童	父母双方长期服刑在押或强制戒毒的儿童；父母一方死亡或失踪（人民法院宣判或公安机关证明，下同），另一方因上述情况无法履行抚养义务和监护职责的儿童
监护人无力履行监护职责的儿童	父母双方重残（2级以上残疾，下同）、重病（参照各地重特大疾病救助办法规定）的儿童；父母一方死亡或失踪，另一方因重残或重病无力抚养的儿童
重残、重病及流浪儿童	主要包括：重残儿童；患重大疾病儿童，包括艾滋病病毒感染、白血病（含再生障碍性贫血、血友病）、先天性心脏病、尿毒症、恶性肿瘤等重大疾病，以及医保政策规定的住院和门诊治疗费用1年中自付部分超过2万元的疾病；长期在外流浪儿童
其他需要帮助的儿童	包括受侵害和虐待的儿童、单亲家庭儿童、失足未成年人、家庭生活困难的留守儿童等

（二）儿童福利分类立标

按照《民政部关于进一步开展适度普惠型儿童福利制度建设试点工作的通知》（2013）的规定，各试点省市积极推动不同类型儿童的福利标准，如昆山市、盐城市、张家港市和海门市针对不同类型的困境儿童的需要制定了相应的基本生活保障金标准（见表12－18）。

表 12－18　　试点四城市不同类型困境儿童的保障内容（以基本生活保障金为例）

城市	儿童类型		
	孤儿	困境儿童（残疾、重病、流浪）	困境家庭儿童
昆山	出台《关于进一步完善孤儿基本生活保障制度的通知》，对孤儿的认定标准和认定程序进行规范，并逐步建立孤儿基本生活保障自然增长机制	低保家庭的重残儿童按低保标准 120% 发放重残生活补助费，同时享受重残补贴；非低保家庭的重残儿童按低保标准发放重残生活补助费；艾滋病病毒感染儿童按散居孤儿养育标准发放基本生活费	对于监护缺失儿童，按社会散居孤儿养育标准发放基本生活费；对于监护人无力履行监护责任的低保家庭儿童，按低保标准 120% 发放生活补助，对于非低保家庭的儿童，按散居孤儿养育标准的 50% 发放生活补助
盐城	建立孤儿基本生活保障制度。从每年 7 月 1 日起，按照当地经济社会发展水平和上年度城镇居民人均可支配收入、农民人均收入增长幅度，提高孤儿基本生活保障标准，并建立自然增长机制	建立困境儿童基本生活补贴制度。困境儿童基本生活补贴标准按所在地社会散居孤儿当年基本生活保障标准的 50% 确定	困境家庭儿童的福利保障标准按照社会散居孤儿福利保障标准的 25% 确定；低保家庭儿童福利保障标准按社会散居孤儿福利保障标准的 20% 确定

续表

城市	儿童类型		
	孤儿	困境儿童（残疾、重病、流浪）	困境家庭儿童
张家港	按照《江苏省人民政府办公厅关于进一步加强我省孤儿保障工作的意见》规定执行，社会散居孤儿、福利机构养育孤儿的标准增幅不低于本市人均可支配收入增幅	（1）残疾儿童：对低保、低保边缘重病、重度残疾和特殊残疾对象以外，持有市残联四级以上残疾证的残疾儿童，月均康复费用超过家庭收入的，次月月初按照最低生活保障标准的60%发放生活费； （2）重病儿童：对低保、低保边缘重病对象以外的大病儿童，月均医疗费用超过家庭收入的，次月月初按照最低生活保障标准的60%发放生活费； （3）流浪儿童：本市户籍流浪儿童由户口所在地负责接收并按规定办理生活救助手续；非本市户籍流浪儿童由市救助管理站负责，予以生活救助并做好帮扶工作	对困境家庭儿童和因其他原因暂时失去生活依靠但又不符合低保等基本生活保障制度条件的儿童，生活出现暂时困难的，按低保标准3～6个月发放临时生活补贴
海门	按照《省政府办公厅关于进一步加强我省孤儿保障工作的意见》规定，全面落实孤儿基本生活保障制度，参照孤儿标准落实艾滋病病毒感染儿童基本生活费。落实孤儿养育标准自然增长机制。每年7月1日起，我市集中供养孤儿养育标准按照上年度城镇居民可支配收入的增长幅度提标，社会散居孤儿养育标准按照上年度农民人均纯收入的增长幅度提标	困境儿童享受生活补助，按照就高享受的原则，不重复享受补助。对发放生活补助的儿童，按照社会救助和保障标准与物价上涨挂钩联动机制，给予动态价格补贴。经费纳入财政预算	加强监护人监护缺失的儿童基本生活保障，按照我市社会散居孤儿养育标准全额发放生活补助费

资料来源：彭华民、王梦怡、冯元、刘玲，2016，《适度普惠儿童福利政策试点城市评估课题报告》，民政部政策研究中心。

在其他福利服务提供方面，各个试点城市也针对不同类型的儿童提供了不同的福利服务。张家港市与儿童乐益会合作开展儿童保护试点项目，设立儿童保护热线、儿童庇护中心，形成儿童保护个案的“发现—回应”机制，为受到虐待威胁的儿童提供庇护、个案服务，开设困境儿童家长课堂为困境儿童家庭提供支持性服务，开展儿童宣传月活动，通过公交媒体、亲子嘉年华等宣传活动提高社会对儿童保护社会意识。盐城市民政局牵头联合市公安局、卫生局、城管局开展“接送流浪孩子回家”“流浪孩子回校园”活动，对全市各地辍学、流浪未成年人情况开展拉网式检查，根据被救助孩子的个体情况，安排其接受相应的义务教育或替代教育。海门市则建立“春蕾班”等平台和载体，组建“社会妈妈”等关爱团队，关注关爱海门人子女、特困儿童、孤残儿童、单亲儿童等特殊群体，开展亲情走访、亲子活动等，让他们有人爱护、有人解难，打造慈善救助绿色通道，建立帮困信息平台。

（三）儿童福利分地立制

2013 年《民政部关于开展适度普惠型儿童福利制度建设试点工作的通知》中就明确指出“分区域”是指全国划分为东、中、西部地区，因地制宜制定适应本地区特点的儿童补贴制度。整体看来，由于三区域社会经济发展水平的不一致，保障水平上也呈现出东部地区较高，中部地区次之，西部地区最低的特点。比如，在孤儿基本生活费补助方面，中央财政按照 2012 年的补助标准，东、中、西部地区分别补助 200 元/月、300 元/月、400 元/月；在残疾孤儿补贴方面，截至 2016 年 4 月底，全国 29 个省份明确了重残护理补贴标准，浙江省月人均补贴标准最高可达 750 元，北京、上海并列其次，补贴标准最高同为月人均 300 元（北京师范大学中国公益研究院，2016）。

根据民政部的规定，各试点城市在福利提供方面按照自己的地方经济发展状况制定了符合其自身发展的福利提供指标。盐城市属于地级市，昆山市、张家港市、海门市属于县级市，从人均地区生产总值来看（见表 12 – 19），按从多到少顺序依次为昆山市、张家港市、海门市和盐城市。基本生活保障上，对于社会散居孤儿、监护人监护缺失儿童、重残重病儿童的保障标准符合当地经济发展水平。只有在机构养育孤儿生活保障方面，盐城的保障标准高于海门；在监护人无力履行监护责任的儿童的保障标准方面，海门的保障标准高于昆山、张家港、盐城（见表 12 – 20）。

表 12-19　　试点四城市的地区生产总值　　单位：亿元

市县	地区生产总值	人均地区生产总值（元）
昆山	3 001.02	182 222
盐城	3 835.62	53 115
张家港	2 180.25	174 148
海门	836.5	92 687

资料来源：江苏省统计局、国家统计局江苏调查总队，2016，《江苏统计年鉴 2015》，北京：中国科技出版社。

表 12-20　　江苏省试点市困境儿童基本生活保障标准
（2016 年第 2 季度）

城市	机构养育孤儿		社会散居孤儿		监护人监护缺失的儿童		监护人无力履行监护职责的儿童		重残重病儿童	
	人数	保障标准（元/月/人）	人数	保障标准（元/月/人）	人数	保障标准（元/月/人）	人数	保障标准（元/月/人）	人数	保障标准（元/月/人）
昆山	105	1 920	17	1 340	10	1 340	2	670	230	900
盐城	61	1 700	1 650	1 000	2 492	800	1 976	500	2 947	500
张家港	47	1 920	11	1 340	3	1 340	532	900	260	750
海门	17	1 667	54	1 017	0	1 017	52	1 017	42	农村 606 城市 696

资料来源：彭华民、王梦怡、冯元、刘玲，2016，《适度普惠儿童福利政策试点城市评估课题报告》，民政部政策研究中心。

（四）儿童福利分标施保

2013 年《民政部关于开展适度普惠型儿童福利制度建设试点工作的通知》中就明确指出“分标准”是指对不同类型的儿童，分不同标准予以福利保障。根据民政部的相关规定，各试点省市也积极践行分标施保的相关原则。例如：江苏省作为全国经济发展的排头兵，地区生产总值一直位于全国前列，2014 年全省的地区生产总值为 65 088.32 亿元，成为全国排名第二的省份（仅次于广东）。在适度普惠型儿童福利制度的推动方面，江苏省也一直在儿童福利建设政策上先行，省、市、县三级经济支持、社会组织有序发展、各政府相关部门协调保障。2011 年《省政府办公厅关于进一步加强我省孤儿保障工作的意见》（2011）明确规定，全面落实孤儿基本生活保障制度，参照孤儿标准落实艾滋病病毒感染儿童基本生活费，遵循不低于当地平均生活水平的原则，完善孤儿养育标准调整机制，并确保按时足额打卡发放。加强监护人监护缺失的儿童基本生活保障，按照当地社会散居孤儿基本生活费的 80% 以上发放生活费补助，有条件的地区可参照标准全额发放。统筹做好监护人无力履行监护职责的儿童、重残重病和流浪儿童及其他需要帮助的儿童的基本生活保障，有条件的地区可按当地社会散居孤儿基本生活费标准的一定比例发放生活费补助。发放生活费补助的儿童，按照社会救助和保障标准与物价上涨挂钩联动机制，给予动态价格补贴。

第四节　适度普惠儿童福利纵横结合管理体系

当前是经济与社会改革的关键时期，其中从儿童福利领域构建政府主导、社会参与的新格局是其改革的主导方向。无论从国家层面还是试点省市地区，适度普惠儿童社会福利管理已经由以往单纯依靠政府和家庭，转变为多元力量的参与，其中培育、吸纳、整合社会力量参与是扩展儿童福利服务提供能力的一种必然选择和必经道路。在适度普惠儿童社会福利管理发展创新方面，主要表现在以下几个方面：

一、从上到下的儿童福利管理体系

从儿童福利机构来看，目前中国儿童福利制度的执行以政府部门为主、各类公益性机构为辅。从中央层次来看，主要包括以下五种（高丽茹、彭华民，2015）：（1）党务机构。由于中国特有的社会主义体制，党务机构对儿童福利的建设具有一定的影响力，如中宣部、中组部分别负责儿童法制的宣传事务、部分教育事务人员的选配工作。（2）全国人大和国务院直属委员会。全国人大教科文卫委员会对教科文卫等方面的法律具有审查与监督的职责，国务院直属机构妇女儿童工作委员会是儿童工作的协调议事机构，两者对儿童福利制度的建设均发挥重要指导作用。（3）国务院组成部门或直属单位。国务院办公厅、发改委、民政部、教育部、卫生部、公安部、司法部、财政部、国家民委、住建部、计生委、文化部等部门对儿童福利事务均具有一定的管辖权限。（4）半官方群众组织。部分官方背景的群众性组织也在事实上参与了儿童福利制度的建构，如全国残联、全国妇联、共青团中央分别负责残疾儿童、女童和青少年的福利事务。（5）临时领导小组。政府在处理部分改革事务过程中会成立官方性质的临时领导小组，涉及儿童福利事务的有国家教育督导团、全国农村义务教育经费保障机制改革领导小组办公室和国家中西部农村初中校舍改造工程领导小组办公室等。在地方层次的儿童福利管理机构中，各级政府部门、官方群众组织对辖区内儿童福利发展具有拟定可适性方案和监管的权力；各类儿童福利院、社区担负着实际落实儿童福利政策的任务，构成了儿童福利制度执行的中坚力量。近年来，联合国相关机构、国际 NGO 组织、国内 NGO 组织、宗教团体等公益性组织积极参与到儿童福利的构建中，成为重要的辅助性力量。

在我国国家层面目前还没有专属的儿童福利行政主管机构。儿童福利相关事务分属于民政、教育、人保、卫生、妇联、团委等多家政府部门和群团组织管理。据相关学者统计，作为儿童福利事务共同参与的会员单位有 35 个。国务院妇女儿童工作委员会负责儿童权益保护和发展相关工作，是一个协调议事机构，设在全国妇联。此机构的主要职责是协调和推动政府有关部门做好维护妇女儿童权益工作；协调和推动政府有关部门为开展妇女儿童工作和发展妇女儿童事业提供必要的人力、物力和财力等。卫生计划生育委员会、民政部、人力资源与保障部、教育部、公安部、司法部、妇联、共青团、残联、关工委等多个部门均在国务院妇女儿童工作委员会的协调和统筹下推进儿童权益保护工作的完善和发展。通过国务院妇女儿童工作委员会的统一协调和安排，我国建立了较为完善的从上至下的儿童福利管理体系。

二、最后送达的基层儿童福利平台

民政部（2013）就开展适度普惠型儿童福利制度建设试点工作提出明确的规定，“要积极协调发改、财政、机构编制等相关部门，增强共识，凝聚合力。要充分利用各种宣传方式，推动当地社会各界了解政府建设适度普惠型儿童福利制度的重要意义和具体措施，引导社会力量参与儿童福利工作”。民政部通过“中国儿童福利示范区”和“适度普惠儿童福利试点地区”两个项目的经验，初步建立了一套综合性的儿童福利管理和服务传递体系，有效推动了试点地区相关部门的横纵联合机制的形成。

适度普惠儿童福利制度构建核心之一是最后送达福利到有福利需要的儿童手中。这一核心机制具体特点是：形成中央、省、市、县、乡、村多层级纵向联合体系，为儿童福利工作提供组织保障；建立民政、教育、公安、卫生等多部门横向联合体系，由民政统筹协调工作；基层儿童福利服务中心作为基层福利传递和管理的体系，承担着最后将教育、医疗、保护、生活保障等资源和服务整合，及时地送给需要的儿童及家庭的任务。这套福利体系以民政为核心，通过福利主任或者基层福利人员将教育、医疗等各部门资源和服务整合，有效地保障了儿童信息和服务的传递，并从多方面确保了儿童福利的组织保障作用显著。

民政部（2015b）在《全国部分地区开展基层儿童福利服务体系建设试点工作的通知》中指出，儿童福利服务需要建立部门协调联动机制；建立儿童福利指导中心、儿童福利服务工作站和儿童之家；建立儿童福利主任队伍；建立基层儿童福利服务工作动态管理和评价机制。站在基层福利提供平台上的儿童福利主任既是福利服务管理队伍成员，又是福利服务直接提供者。试点省市也积极推进完备的儿童福利服务提供和管理工作机制建立。为了有效地提供儿童福利，地方积极开展实践。如浙江省民政厅在《关于进一步完善基层儿童福利体系建设的通知》中要求完善儿童福利督导制度、建立儿童信息报告监测反馈机制、建立儿童福利台账机制、建立儿童评估帮扶机制、建立部门联动机制、建立社会力量参与儿童福利服务的导向机制（浙江省民政厅，2016）。

三、适度普惠儿童福利资源管理机制

适度普惠儿童福利管理发展创新重点打造政府主导、社会参与的专业儿童福利管理团队。适度普惠儿童福利体系的建立首先需要政府的主导。根据项目组的实地调查，试点城市都成立了以市政府主要领导牵头的试点工作领导小组。如盐城市市政府成立由分管副市长任组长，市府办、发改委、财政局、教育局、公安局、司法局、民政局、人力社保局、住建局、卫生局、人口计生局、总工会、团市委、妇联、残联、关工委、慈善总会等部门分管领导为成员的市儿童福利工作领导小组，对儿童福利的提供和管理进行综合的控制。

由于儿童福利提供管理的多元化，国家在财政资源方面的投入、管理协调至关重要。据2015年社会服务发展统计公报数据（民政部，2016a）显示，截至2015年，社会服务事业基本建设在建项目规模4 087.3万平方米，全年实际完成投资总额239.9亿元；全国社会服务事业费支出4 926.4亿元，比上年增长11.9%，占国家财政支出的比重为3.3%，其中中央财政向各地转移支付社会服务事业费2 270.3亿元，比上年增长8.4%，占社会服务事业费比重为46.1%，下降了1.7个百分点（见图12-4）。

各省市在儿童福利服务开展的资金方面，也积极拓展渠道，通过政府财政投入、福利彩票公益金、慈善资金以及社会捐助等途径筹集公益创投资金，成立社会组织培育和孵化基地，通过免费提供资金、技术、管理、培训、跟踪支持以及免费或低偿提供场地场所、办公设施等，吸引福利事业单位、社会组织、社区、高校和社会个人参与公益创投项目设计、申请与实施，吸纳初创社会组织入驻孵化中心接受孵化培育，通过政府服务购买方式将儿童福利服务委托给专业社会组织进行服务提供。张家港市目前拥有社会组织 2 488 个，其中民办非企业 270 个，基金会 14 个，备案的社区社会组织 1 883 个。每年张家港市级层面要投入 200 万～300 万元作为公益创投资金，而其下属的锦丰镇每年投入近 80 万元，海门市每年要投入 100 万～200 万元开展公益创投项目资助和社会组织培育。昆山市市级公益创投项目将获得 20 万元以内的资助，镇级的公益创投项目将获得 6 万元以内的资助。

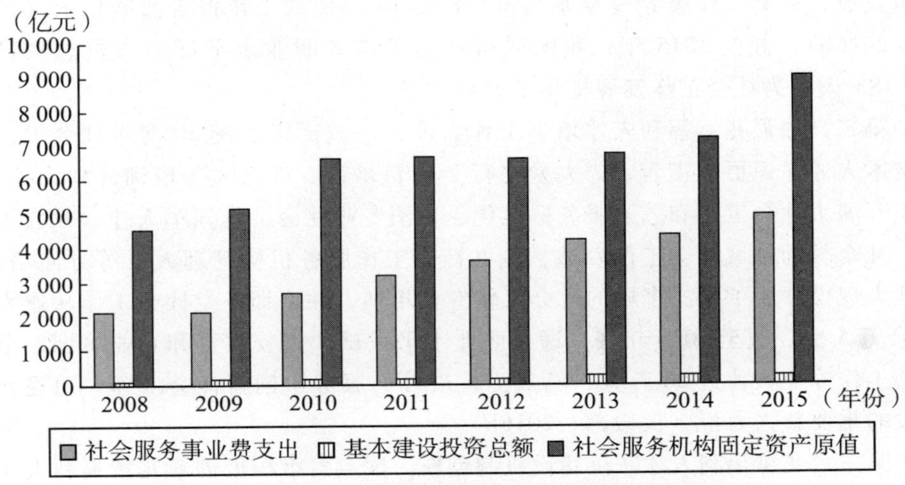

图 12－4　社会服务事业基本建设经费比例

资料来源：民政部（2016a），《2015 年社会服务发展统计公报》。

第五节　儿童社会福利人才队伍建设研究

适度普惠儿童福利制度和服务提供需要建立相应的人才队伍体系，方能够满足日益增长的儿童福利需要。整体看来，我国社会服务从业人员持续增长。据 2015 年社会服务发展统计公报显示（民政部，2016a），截至 2015 年底，全国共有社会服务机构和设施 176.5 万个，职工总数 1 308.9 万人，比上年增长 4.6%（全国持证社会工作者共计 20.6 万人，比上年增长 28.8%，其中社会工作师 5.2 万人，助理工作师 15.4 万人）。这为适度普惠儿童社会福利体系建设储备了相对充足的人才队伍。

一、多元化儿童福利人才队伍建设机制

自民政部提出建立适度普惠儿童福利体系以来，无论是中央还是地方都积极推进儿童福利服务人才队伍建设。这主要表现在以下几个方面：

第一，专业儿童福利人才队伍建设成效明显。儿童福利人才需要具备专业的儿童发展、社会工作服务等专业知识。据 2015 年民政工作报告数据显示（民政部，2016b），截至 2015 年，我国取得社会工作者职业水平证书人员总数已达 206 183 人，为社会工作发展提供了力量。

第二，加强儿童福利人才培训工作力度。民政部以实施 2015 年社会工作专业技术人才知识更新工程、“大爱之行”项目培训、“三区”培训计划为抓手，组织开展了社会工作和志愿服务标准化、全国专业社会工作领军人才、社会工作师、社会救助领域社会工作发展、民办社会工作服务机构管理人员等方面培训。各地大规模开展了形式多样的社会工作专业培训，共培训各类社会工作从业人员 30 余万人次。截至 2015 年底，通过职业水平考试、高校教育和专业培训，全国社会工作专业人才近 50 万人，已成为发展社会服务、创新社会治理、加强社会建设的重要新兴力量（民政部，2016b）。

第三，儿童福利人才队伍建设机制创新。试点省市积极创新儿童福利人才队伍建设机制。江苏省在儿童福利人才队伍建设上，一改以往民政、妇联团委、关工委等在系统内部对人员进行培训和奖励，而是依托市委组织部等相关部门来统筹专业人才的选拔、任用、培训、激励等事务。如张家港、海门、昆山由市委组织部统一发文，引导分散在各政府系统、各社会组织、社区的人员参加社会工作师考试，并制定相对统一的激励政策以引导儿童福利工作者提升专业知识能力和专业服务水平。盐城市通过市级机关工委发文要求全市机构事业单位每年必须到儿童福利院、社区开展儿童关爱活动，因而近三年盐城市儿童福利接待各机关事业单位和社会团体在院内开展儿童关爱活动的人员不少于 5 000 人次。

二、儿童福利服务中心—督导联建机制

儿童福利服务督导队伍的建设关系到基层儿童福利服务是否能够有效地传达到所有困境儿童。民政部持续推进儿童福利督导员建设。民政部（2016）在关于加强困境儿童保障工作的意见中，提及未来会在全国 69 万个村（居）设立兼职或专职儿童福利督导员，建立一支 69 万名的兼职或专职儿童福利督导员工作队伍。各试点省市也根据中央的精神推进儿童福利督导员队伍的落地工作。试点省

市中江苏省民政厅积极建设儿童福利服务指导中心，四个试点城市均建设了儿童救助保护督导员的队伍（见表12－21）。

表12－21　　江苏省儿童福利服务中心与儿童服务督导员队伍建设

市别	县（市、区）	儿童福利服务中心与儿童服务督导员队伍建设					
		儿童福利服务指导中心建设			儿童救助保护督导员队伍建设		
		已建	未建	现有村（居）数	专职（人）	兼职（人）	已签协议发聘书
	昆山市	1		303		303	已落实职责
	海门市	1		293		293	293
连云港市	市直						
	东海县	1	1	346		346	
	灌云县	1		328		328	
	灌南县			238		238	
	赣榆区			469		562	
	海州区			179		179	
	连云区			43		43	43
	徐圩新区			3	3	5	
	云台山风景区			10		2	
	开发区			33		33	
盐城市	市直						
	阜宁县		1	341		341	149
	滨海县		1	296	5	296	
	建湖县	1	1	246	18	246	246
	响水县			179		179	
	射阳县	1	1	273		273	54
	东台市			396		396	
	亭湖区	1	1	176		176	69
	盐都区	1		253		271	271
	大丰区			262		262	262
	城南新区		1	39		39	39
	开发区		1	34		34	34
合计		8	8	4 740	26	4 845	1 460

资料来源：彭华民、王梦怡、冯元、刘玲，2016，《适度普惠儿童福利政策试点城市评估课题报告》，民政部政策研究中心。

第六节　结论与建议

适度普惠型的儿童福利制度的构建在我国适度普惠社会福利制度建设中具有重要的意义：起步早，覆盖面大，内容多。在适度普惠儿童社会福利政策、社会福利服务、社会福利管理、社会福利人才队伍建设等四个方面均取得了较大程度的发展。具体来看，在适度普惠儿童社会福利政策发展方面，无论是国家层面还是地方层面，都积极探索从补缺到适度普惠的儿童福利政策，并充分体现了儿童福利转型适度普惠、分层推进、分类立标、分地立制、分标施保的特点。在适度普惠儿童福利服务发展方面，国家层面和地方层面在福利机构、福利设施和儿童收养寄养服务等方面持续完善，表现出积极建设儿童福利指导和服务平台，完善基层儿童福利服务；大力开展全方位儿童福利服务，服务手段社会化增强；儿童福利服务专业化探索增强，专业服务能力日渐提升等特点。在福利管理发展方面，建立了从上到下的管理体系、基层儿童福利服务平台和专业儿童福利管理团队。在儿童社会福利人才队伍建设方面，积极完善儿童福利服务人才队伍建设、儿童福利服务督导队伍建设、儿童福利服务管理队伍建设。

通过对中国适度普惠社会福利数据库中四城市儿童数据进一步分析发现，四城市儿童对四大权利的熟悉度、儿童权益法律法规的认知度和儿童权利具体化行为的态度方面认知程度不一，且儿童的人口变量和环境变量对其权利认知等均会有不同程度的影响。儿童对四大权利的熟悉度方面，儿童对四大权利均较为熟悉，儿童对受保护权的熟悉度最高，其次是发展权，再次是生存权，参与权的熟悉度相对较低。在权利熟悉度总变量方面，数据分析显示出城市差异。南京最高，成都最低；女生高于男生；父亲受教育程度是大学专科及以上的最高，小学及以下的最低；户口性质是城市户口的儿童高于农村户口的儿童；所属阶层是中上阶层的最高，下层阶层的最低。

通过对适度普惠社会福利数据库中儿童数据分析进一步发现，儿童非正式社会网络对儿童福利保障作用显著。儿童在遇到权利损害或者需要帮助时求助的对象主要是同学/朋友，家长/亲属，学校的老师，说明儿童主要还是依靠自身非正式网络获得支持。在正式的社会支持方面，社区工作人员、派出所警察和保安、医院的医生的选择较多。分析有求助经历的儿童对求助经历的评价，从儿童的选择可以看出，大多数儿童求助均有不错的效果。儿童认为当其求助时，家长亲属、学校老师、解放军、儿童服务机构人员、派出所警察和保安、医院医生、同学朋友、媒体编辑记者帮助很大，帮助效果相对较差的分别是社区工作人员和网友。

在儿童对福利服务认知度方面，通过对中国适度普惠社会福利数据库中儿童问卷数据分析发现，儿童福利服务认知度差异明显，特别是地区和家庭差异明显。首先，在儿童福利服务知晓度方面，四城市儿童对不同福利服务的知晓度存在较大的差距。总的来说，四城市儿童对帮助残疾儿童、孤儿、农民工子女、低收入家庭儿童的福利服务的知晓度较高，对社区内的儿童之家建设、学龄儿童免费配餐服务的知晓度较低。其次，在儿童福利服务知晓度的差异性方面，本部分将12种儿童福利服务汇总后构建了儿童的福利服务知晓度总变量，通过与儿童的人口学变量和环境变量检验，发现儿童所在地区、家庭经济状况、父亲受教育程度、母亲受教育程度、户口性质和所属阶层均显著影响了儿童的福利服务知晓度，性别的影响并不显著。兰州儿童的知晓度最高，成都儿童的最低；家庭经济状况远高于平均水平的最高，远低于平均水平的最低；父亲受教育程度是大学专科的最高，是小学及以下的最低；母亲受教育程度是大学本科的最高，是小学及以下的最低；户口性质是城市户口的儿童高于农村户口的儿童；所属阶层是中上阶层家庭儿童的最高，下层阶层家庭儿童的最低。

从我们调查研究中还发现一些问题：（1）儿童福利提供的人力资源比较匮乏。基层儿童福利行政人员偏少，同时存在工作人员能力不足的问题。儿童服务人员的专业服务能力还有待增强。（2）福利提供分层分类标准设置落实的困难，表现在有关儿童的分层分类标准不够准确而难以把握；部分儿童福利补贴并没有实现或者难以实现动态价格补贴，但对于其他类困境儿童的基本生活补贴并没有实现。（3）儿童福利制度的支持体系比较薄弱，表现在儿童福利工作经费保障需要加强；儿童福利获得与支持体系仍然存在城乡差别。农村的支持体系大大弱于城市。儿童福利提供的相关政府部门和群团组织之间的配合仍需加强。适度普惠儿童福利制度仍需要继续深化改革，强化相关制度建设。

综上对儿童适度普惠福利的调查研究，我们提出以下社会福利政策和服务建议：

（1）建立家庭为本的儿童福利制度。最近十多年国际上推行家庭为本的福利提供或者是家庭为本的福利服务，将福利服务接受者视为一个整体，这个整体以家庭为单位，儿童福利接受和家庭福利接受合二为一。通过支持家庭特别是支持儿童照顾者、监护人来改变儿童状况，提升儿童福祉，应该成为中国儿童福利政策和制度建设的核心。

（2）建立儿童福利标准化专用术语体系。统一明确儿童福利的相关术语和概念。积极整合政府部门、实务部门和科研部门的力量和经验，梳理现有政策中对儿童各类概念的不清晰情况，研究制定更加科学、合理、专业、实用的儿童分层分类概念，制定具体的类别标准和指标，提升基层实务工作者和实务机构在儿童各类概念和术语理解上、操作上、服务上的清晰度、准确度和共识度。

（3）优化儿童福利人才体系与行政体系。一是优化行政体系。儿童福利行政职能的集中和整合是做好这项工作的重要保障。张家港、海门等明确以市政府名义统整各部门的联动合作效果比较显著。在国务院、省政府、市政府层面很有必要设立综合儿童福利行政的组织机构，或将分散各部门的儿童福利行政进一步统合收拢，提高儿童福利行政效率。二是强化专业人才队伍建设。特殊儿童需要各类康复、医疗、社会工作、心理咨询、法律等方面的专业服务，因而需要积极培养培训已有儿童福利工作人才队伍，也要引导高校积极培养儿童福利方面的专业人才。同时积极开发岗位，投入资金，引导专业人才进入基层社区、社会组织、基层政府从事儿童福利行政和儿童福利服务。三是加强儿童福利投入。积极筹措不同渠道的资金，保障儿童福利工作经费，并引导将儿童福利工作经费在更大的范围内纳入地方财政预算，以提高基层儿童福利行政的积极性与灵活性。当前，可以借鉴试点城市经验，扩大资金投入，通过政府服务购买、公益创投、公益性岗位开发等途径引导专业服务力量参与儿童福利发展中。

（4）推动多元化儿童福利社会组织建设。积极培育儿童福利社会组织。从试点城市经验来看，部分城市整合专业社会组织，特别是专业社会工作服务机构的力量比较多，因而其基层儿童福利服务呈现出较高的专业性和规范性、持续性。今后需要积极培育各类专业服务机构就近就地为社区、乡镇层面的儿童提供专业服务，从而提高儿童接受率和参与率。

第十三章

适度普惠老年福利制度构建

第一节　适度普惠老年社会福利政策发展创新研究

一、中国人口老龄化的现状及影响

自 1999 年步入老龄化社会以来，我国人口老龄化高速发展，老年人口基数大、增长快，并且日益呈现高龄化、空巢化、失能化交织的态势，老年贫困人口亦日渐增多。根据国家统计局数据（国家统计局，2015b），到 2015 年底，全国 60 岁及以上老年人口已达 2.22 亿人，占总人口的 16.1%，其中 65 岁及以上人口 1.4386 亿人，占总人口的 10.5%。据有关专家预测，到 2050 年我国的老年人口比例将达到 31%，直至 2053 年以后，我国人口老龄化的速度才有望放缓（杜鹏、翟振武、陈卫，2005）。

由于人口老龄化的快速发展，目前我国不仅是世界上人口数量最多的国家，而且由于生育率的持续下降和平均期望寿命延长的双重作用，也已成为老年人口规模最大和增长最快的国家。作为一个迟发展的人口大国，我国的人口老龄化主要呈现以下几个主要特点：（1）老年人口数量大。（2）人口老龄化发展速度快，人口结构迅速老化。（3）人口高龄化程度加快，80 岁及以上的老人在老年人口中的占比也同样上升。(4) 人口老龄化地区差异明显，东部地区的人口老龄化程度高于西部地区，城市的老龄化程度高于农村。(5) 未富先老，人口老龄化超前于社会经济的发展。(6) 未备先老。由于我国人口老龄化快速发展的时期，也正值我国社会转型的关键阶段，国家应对人口老龄化的人力、财力、制度准备严重不足（穆光宗、张团，2011）。(7) 老年人口的空巢化现象严重。(8) 失能和半失能人群规模巨大。

毋庸置疑，人口的快速老龄化对我国社会经济的发展造成了深远的影响，主要包括：(1) 人口老龄化迫切要求健全养老保障体系，以解决老年人的生活保障问题。(2) 医疗保障、卫生服务以及社会照料服务的需要明显增大。(3) 人口老龄化使得劳动力数量相对减少，给国家经济和社会的发展带来沉重的负担，迫切需要我们考虑老年人的社会参与问题。(4) 老年人口的消费能力和消费意愿更低，储蓄率更高，不利于扩大内需和刺激经济的发展。

总之，作为迟发展的转型国家，我国有效应对迅速出现的人口老龄化现象的能力和准备都很不足，亟待我们从物质、精神、服务、政策、制度和体制机制等方面建构符合我国国情的老年社会福利政策体系，满足数量庞大的老年群众多方面需要，妥善解决人口老龄化带来的挑战。

二、适度普惠老年福利政策的创新

近年来，我国的老年社会福利政策不断发展，逐步从补缺型向适度普惠型转轨，除了顶层设计政策不断健全外，福利市场化也得到国家的政策支持，鼓励通过机制创新增加养老服务供给，提升养老服务水平，增进老年人福祉。以下六项政策的出台和实施标志着老年福利日渐成熟。

(1) 老年经济收入维持政策。我国既建立健全了包括农村五保、城乡最低生活保障这样的补缺型的制度以解决特困老年群体的经济收入维持问题，满足他们的基本生活需要，又逐步建立了覆盖全部人群的养老保障体系，并促进了城乡一体化，增加公平性，保障可持续性，适应流动性的需要。

首先，建立健全了涵盖农村贫困老年群体的农村五保和农村低保制度，构筑起了老年群体最低的生活保障网。2006 年 1 月，国务院通过《农村五保供养工作条例》，规定农村五保供养由地方人民政府财政预算予以安排，中央财政对财政困难地区给予适当补助，从而解决了国家废除农业税后农村五保老人生活来源无着落的问题。后又将农村五保供养对象纳入了农村特困人员供养，使得农村特困老人的经济生活保障得以不断加强（国务院，2006）。2011 年的《国务院印发中国老龄事业发展“十二五”规划》，进一步要求将符合条件的老年人全部纳入最低生活保障范围，并根据经济社会发展水平，适时调整最低生活保障和农村五保供养标准（国务院，2011c）。同时，国家不断完善城乡医疗救助制度，着力解决贫困老年人的基本医疗保障问题，完善临时救助制度，保障因灾因病等支出型生活困难老年人的基本生活。

其次，在社会保险方面，逐步实现对不同群体的全覆盖，制度不断完善。2007 年 4 月，劳动和社会保障部颁布了《关于切实做好被征地农民社会保障工作有关问题的通知》，要求将被征地农民纳入社会保障体系。2009 年 9 月，国务院颁发《国务院关于开展新型农村社会养老保险试点的指导意见》，开始在农村试行新型农村社会养老保险制度。2009 年 12 月，国务院办公厅下发了《国务院办公厅关于转发人力资源社会保障部、财政部城镇企业职工基本养老保险关系转移接续暂行办法的通知》，以增加养老保险的便携性。国务院 2011 年颁布《国务院关于开展城镇居民社会养老保险试点的指导意见》，将城镇非从业居民纳入了养老保障体系，从而基本实现了养老保障制度面对所有人群的覆盖。人力资源和社会保障部、民政部 2013 年 7 月印发《人力资源社会保障部、民政部关于鼓励社会团体、基金会和民办非企业单位建立企业年金有关问题的通知》，将企业年金这种补充养老保险的形式由企业扩及社会组织。2014 年 2 月国务院下发《关于建立统一的城乡居民基本养老保险制度的意见》，决定统一城乡居民社会保险，加大城乡养老保障统筹工作。2014 年 2 月，人力资源和社会保障部、财政部下发了关于印发《城乡养老保险制度衔接暂行办法的通知》，对公民在城乡居民养老保险和城镇职工养老保险之间如何接转进行了规定。2014 年 6 月，保监会颁发《保监会关于开展老年人住房反向抵押养老保险试点的指导意见》，促进以房养老事业的扩展，使得补充性养老保障的形式更加多元化。2015 年 2 月《国务院关于机关事业单位工作人员养老保险制度改革的决定》，进一步统筹城乡社会保障体系建设，以期建立更加公平、可持续的养老保险制度。2015 年国家保监会印发《养老保障管理业务管理办法》，旨在规范养老保险公司养老保障管理业务经营行为，保护养老保障管理业务活动当事人的合法权益。总之，通过这些福利政策的建立和完善，我国多支柱的养老保障政策体系不断健全。

（2）老年医疗保健政策。国家积极推进老年医疗卫生服务网点和队伍建设，将老年医疗卫生服务纳入各地卫生事业发展规划，加强老年病医院、护理院、老年康复医院和综合医院老年病科建设，要求基层医疗卫生机构为老年人提供居家康复护理服务，开展老年疾病预防工作，建立健康档案，组织老年人定期进行生活方式和健康状况评估，开展体格检查，及时发现健康风险因素，促进老年疾病早发现、早诊断和早治疗。具体而言，国务院（2011c）发布《国务院关于印发中国老龄事业发展“十二五”规划的通知》，要求基层医疗卫生机构为辖区内 65

岁及以上老年人开展健康管理服务，普遍建立健康档案。2012 年《中华人民共和国老年人权益保障法》规定享受最低生活保障的老年人和符合条件的低收入家庭中的老年人参加新型农村合作医疗和城镇居民基本医疗保险所需个人缴费部分，由政府给予补贴，对生活长期不能自理、经济困难的老年人，地方各级人民政府应当根据其失能程度等情况给予护理补贴，目前，已有北京、天津、山西、上海、江苏、湖南、海南、广东、重庆、四川、浙江、贵州、西藏、青海、新疆、山东、辽宁、安徽 18 个省、自治区、直辖市建立了形式各异的老年护理补贴制度。

（3）老年人文化娱乐政策。大力加强老年文化和老年体育健身工作，创新老年教育体制机制，探索老年教育新模式，丰富教学内容，加大对老年大学（学校）建设的财政投入，积极支持社会力量参与发展老年教育。全国老龄办 2012 年颁发《关于进一步加强老年文化建设的意见》，使适应老年人需要的文化产品和服务更加丰富，确保老年人普遍均等享有基本公共文化服务。国家体育总局、国家发展和改革委员会、民政部等多部委 2015 年下发《关于进一步加强新形势下老年人体育工作的意见》，把增强老年人体质、提高健康水平、丰富精神文化生活作为新形势下老年人体育工作的根本任务。

（4）老年人社会优待政策。老年优待政策进一步扩大和完善。2012 年修订通过的《中华人民共和国老年人权益保障法》规定，县级以上人民政府及其有关部门应根据经济社会发展情况和老年人的特殊需要，制定优待老年人的办法，逐步提高优待水平（国务院，2012b）。全国老龄办 2013 年 12 月下发《关于进一步加强老年人优待工作的意见》，要求各地在卫生保健、交通出行、商业服务、文体休闲等方面，对常住本行政区域内的 60 岁及以上的老年人给予同等优待。

（5）宜老环境建设政策。大力推进宜老环境建设的法制化和标准化。2012 年颁行的《中华人民共和国老年人权益保障法》规定，国家应采取措施，推进宜居环境建设，为老年人提供安全、便利和舒适的环境（国务院，2012a）。住建部等 2014 年《关于加强老年人家庭及居住区公共设施无障碍改造工作的通知》，进一步从老年人家庭的改造以及居住区的改造等方面对宜老环境建设做了操作性的规定。

（6）鼓励老年人社会参与政策。2012 年《中华人民共和国老年人权益保障法》规定，国家和社会应当重视、珍惜老年人的知识、技能、经验和优良品德，发挥老年人的专长和作用，保障老年人参与经济、政治、文化和社会生活（国务院，2012b）。

三、适度普惠老年福利发展的特征

（1）政府的老年福利责任不断扩大。随着国家福利责任承担从改革开放前的“国家垄断”，到改革开放后的“国家退却”，再至“国家再临”（岳经纶，2010），我国政府承担的老年社会福利责任不断扩大。首先，各项老年社会福利制度的建立和完善以及法制化，标志着国家对老年社会福利制度建构责任的扩大，使得老年社会福利建设日益规范化。其次，2000 年以后，国家对于老年社会福利的财政责任也日益扩大。同时国家也加强了对老年社会福利事业的监管。然而国家老年社会福利责任的不断扩大，并不意味着国家责任的无限扩张，而是要求我们认真处理好政府、社会、市场三者之间的关系，发挥其在各自领域的作用。

（2）继续发挥家庭在养老中的基础作用。虽然随着家庭的日益小型化、核心化和少子化，家庭的养老功能日益弱化（李银河，2011），但是无论城乡，家庭在养老、教育、医疗、生活消费等方面，依然承担着许多国家难以替代的角色（罗红光，2013）。因此，国家在老年社会福利政策中依然强调家庭在经济供养、服务提供和精神慰藉中的基础作用，以减轻国家的财政负担，重塑互惠型的代际关系。

（3）鼓励社会力量参与老年社会福利事业。改革开放以来，我国的老年社会福利开始从“国家福利”模式走向了多元福利模式，积极鼓励社会力量参与老年社会福利供给（尚晓援，2011），鼓励企业承担社会责任，促进社会组织在老年社会事业建设中发挥积极作用，重视慈善和志愿服务在老年社会福利中的作用。

（4）政策对象逐步从特殊老年人群转向全体老年人。2000 年以前，我国的老年福利政策主要面向“无劳动能力、无生活来源、无赡养人和扶养人，或者其赡养人和扶养人确无赡养或扶养能力”的特殊老年群体，一般老年群体的社会福利需要主要通过家庭予以满足，福利的“补缺型”特征显著。2000 年以后，我国的老年社会福利制度开始从补缺型向适度普惠性转型（代恒猛，2009），旨在提高全体老年社会成员的生活质量。

（5）不断满足老年人日益增长的多元化需要。我国老年社会福利的内容也开始从过去的强调基本的生活保障，满足老年人的生存需要，扩展到着眼满足老年人日益增长的多元化社会需要，提高老年群体的生活质量（彭华民，2010a），以保障每个老年人都能拥有一个健康的、有尊严的、生产内容丰富的老年生活。

虽然我国老年人社会福利取得了较快的发展，但是我国补缺型的老年社会福利呈现非正式性、渐进性、滞后型、多轨制等特点，存在着城乡差距较大，覆盖面不够，服务供给不足，服务质量不高，老年优待政策未能得到落实等问题。下一步，我们应该积极探索中国特色社会福利的发展模式，发展适度普惠型的老年人社会福利事业，研究制定政府为特殊困难老年人群购买服务的相关政策。进一步完善老年人优待办法，积极为老年人提供各种形式的照顾和优先、优待服务，逐步提高老年人的社会福利水平。扩大发放高龄老年人生活补贴和家庭经济困难的老年人养老服务补贴，培育老人自我养老能力，鼓励老年人口继续就业和社会参与，促进“老有所为”。

第二节　适度普惠老年社会福利服务发展创新研究

一、中国老年社会福利服务发展现状与问题

近年来，为了应对人口老龄化所带来的老年社会服务的需要，国家及地方各级政府不断出台发展老年社会福利服务的政策措施，加大资金支持力度，使我国的社会养老服务体系建设取得长足发展，养老服务机构数量不断增加，服务规模不断扩大，满足老年人多元服务需要的能力不断提升。根据2016年民政部发布的《2015年社会服务发展统计公报》，到2015年底，全国已有各级各类养老服务机构和设施11.6万个，其中注册登记的养老服务机构2.8万个，社区养老服务机构和设施2.6万个，互助型养老设施6.2万个，各类养老床位672.7万张，每千名老年人拥有养老床位30.3张，其中社区留宿和日间照料床位298.1万张。全国共有老龄事业单位2 280个，老年法律援助中心2.1万个，老年维权协调组织7.1万个，老年学校5.3万个，在校学习人员732.8万人，各类老年活动室37.1万个（民政部，2016a）。养老服务的运作模式、服务内容、操作规范等也在不断探索创新。

但是与我国日益增加的养老服务的需要而言，我国的养老服务体系建设还存在着如下主要问题：（1）社区养老服务和养老机构床位严重不足，平均每千人只有30.3张，与我国人口老龄化过程所伴随的高龄化、失能化和空巢化的严峻形势不相适应。（2）养老机构和养老设施的建设缺乏统筹规划，体系建设缺乏整体性和连续性。各部门在养老服务体系建设规划管理中的协调和整合不够，导致区域、城乡养老服务体系建设的不平衡。（3）养老设施简陋、功能单一，难以提供照料护理、医疗康复、精神慰藉等多方面服务。（4）政府投入不足，同时因为周期长、回报率低、风险大，民间养老服务投资规模有限，养老服务和产品市场发育不健全，供给不能满足服务需要。（5）养老服务队伍专业化程度不高，素质不高，数量不足，培养院校不够，流失率大，急需培养专业人才。

二、适度普惠老年福利服务的创新

为了解决失能、半失能老年群体照料问题，满足不同老年群体的服务需要，促进社会和谐稳定，发展养老服务产业，扩大消费和促进就业，国家规划逐步建立起与人口老龄化进程相适应，与经济社会发展水平相协调，以居家为基础、社区为依托、机构为支撑、医养相结合的社会养老服务体系，相关政策不断完善，服务对象逐步从面向三无老人转向一般老年人。国务院办公厅 2006 年下发《关于加快发展养老服务业的意见》，要求进一步发展社会养老服务机构，鼓励发展居家老人服务业务，支持发展老年护理、临终关怀服务业务，促进老年用品市场开发。2008 年 1 月，全国老龄委办公室等联合下发《关于全面推进居家养老服务工作的意见》，要求制定居家养老服务发展规划，加大政府投入力度，合理配置资源，落实支持居家养老服务的优惠政策，建立和完善社区居家养老服务网（全国老龄办，2008）。国务院办公厅 2011 年 12 月下发了《关于印发社会养老服务体系建设规划（2011—2015 年）的通知》，认为社会养老服务体系建设应以居家为基础、社区为依托、机构为支撑，从老年人的服务要求出发，优先保障孤老优抚对象及低收入的高龄、独居、失能等困难老年人的服务需要，兼顾全体老年人改善和提高养老服务条件的要求（国务院办公厅，2011a）。2012 年 7 月，民政部印发《关于鼓励和引导民间资本进入养老服务领域的实施意见》，鼓励和引导民间资本进入养老服务领域，以实现养老服务投资主体的多元化，缓解养老服务上的供需矛盾（民政部，2012a）。

2013 年 9 月，国务院下发《关于加快发展养老服务业的若干意见》，鼓励养老服务业持续健康发展，保障老年人权益，同时拉动消费，扩大就业，除了坚持政府保障特殊困难群体及公众的基本养老服务外，要求实现符合标准的日间照料中心、老年人活动中心等服务设施覆盖所有城市社区，90% 以上的乡镇和 60% 以上的农村社区建立包括养老服务在内的社区综合服务设施和站点（国务院，2013a）。民政部、国家开发银行 2012 年下发《关于贯彻落实支持社会养老服务体系建设规划合作协议，共同推进社会养老服务体系建设的意见》，以加大开发性金融对社会养老服务的支持力度。民政部、国土资源部、财政部、住建部（2014）下发《关于推进城镇养老服务设施建设工作的通知》，要求加强养老服务和设施规划。国土资源部办公厅（2014）发布《关于印发〈养老服务设施用地指导意见〉的通知》明确了保障养老服务设施用地供应的措施，以大力支持养老服务业发展。总之，养老服务体系建设的各项配套政策不断完善。

2014 年 8 月，财政部、国家发改委、民政部、全国老龄办等联合下发《关于做好政府购买养老服务工作的通知》，要求创新养老服务的供给形式，通过政府购买服务，满足老年人的基本养老服务需要（财政部等，2014）。

之后，民政部等（2015）联合下发《关于进一步加强新形势下老年人体育工作的意见》，以推动老年体育事业的发展，丰富老年人的晚年生活。国务院办公厅 2015 年 11 月发布《转发卫生计生委等部门关于推进医疗卫生与养老服务相结合指导意见的通知》，要求推进医养融合，以适应人口老龄化背景下，失能和部分失能老人医疗卫生服务需要和生活照料需要叠加的态势（国务院办公厅，2015）。

我国老年社会养老服务政策发展最典型的特征是覆盖范围不断扩大，从残缺型向适度普惠型转轨。比如 2006 年国务院办公厅《关于加快发展养老服务业的意见》，要求建立的老年社会福利服务主要针对“城乡无劳动能力、无生活来源、无赡养人的老年人和生活困难的老年人”，提供无偿或低收费服务，保障其基本生活，对象相对狭窄。而国务院办公厅（2011a）下发的《关于印发社会养老服务体系建设规划（2011～2015 年）的通知》则在“优先保障孤老优抚对象及低收入的高龄独居、失能等困难老年人的服务需要”的同时，要求“兼顾全体老年人改善和提高养老服务条件的要求”。国务院（2013）下发《关于加快发展养老服务业的若干意见》进一步提出要“确保人人享有基本养老服务”（李兵、张航空、陈谊，2015）。

除了国家层面在老年社会福利服务方面的政策建构，各地也在社会养老服务政策方面进行了各种探索与创新，有些内容远远超出了国家要求的标准。比如合肥、江苏、河北、成都等地都采取“补床头”而非“补人头”的办法，大大提高了对民办社会养老机构的投入力度。

各地还尝试建立基本医疗照护保险。如南通市政府印发《关于建立基本照护保险制度的意见（试行）》，将基本照护保险的对象明确为参加职工基本医疗保险和居民基本医疗保险的参保人员，涵盖了老年失能人员。

另外，建立多元化的居家养老服务提供模式也是各地社会养老服务创新的核心领域。江苏省农村在“集中居住”式的居家养老服务中，可分为张家港式、江阴式、海门式等四种形式（姚兆余，2014）。

总之，我国积极开展社会养老服务创新，按照政府主导、政策扶持、社会参与、市场推动的原则，初步建立起了以居家为基础、社区为依托、机构为支撑、医养相结合，具有中国特色的适度普惠型的养老服务体系，实现了从国家福利模式向福利多元主义的转型，其主要特征为：（1）发挥政府在基本公共养老服务提供中的主导作用。在保障特殊困难老年人的养老服务需要，确保人人享有基本养老服务方面，强调政府的基本福利责任，保障老年人的基本社会权利。加强政府在制度、规划、筹资、服务、监管等方面的职责，加快社会养老服务设施建设。（2）发挥市场提供养老服务的基本功能，鼓励养老服务业的充分发展。支持社会力量举办养老机构，充分发挥市场在资源配置中的基础性决定性作用，满足养老服务多样化、多层次需要，开放社会养老服务市场。（3）注重发挥居家养老的基础作用。大力发展居家养老服务网络，为居家老年人提供助餐、助浴、助洁、助急、助医等各种服务，既解决了家庭养老服务功能弱化的问题，又能保障老年人就地养老。（4）强调社区在递送社会养老服务中的重要作用。充分发挥社区基层组织和服务机构在居家养老服务中的重要作用，加强社区服务设施建设，增强社区的养老服务能力。（5）重视利用“互联网＋”服务，提升养老服务的效率和质量。支持企业和机构运用互联网、物联网等技术手段创新居家养老服务模式，建设居家服务网络平台，提供多种适合老年人的服务项目。

三、中国养老福利服务的发展方向

尽管我国已经建立了适度普惠型的养老服务体系，但在“政府主导下的混合经济养老服务”模式中，还需要进一步处理好政府、社会、个人、社区和家庭之间的责任分担（李兵、张航空、陈谊，2015）。第一，政府应该进一步加大适度普惠养老服务体系建设的统筹，在建立健全养老服务法规体系建设的同时，加强政策的协调和落实，促进社会养老服务业的发展。第二，应该进一步改进养老服务的供给模式，提高供给效率，满足老人的多元福利需要。第三，继续推进社区在养老服务提供中的资源整合作用。第四，继续发挥企业和社会组织的重要作用。第五，继续弘扬孝亲敬老的文化，加强和谐家庭关系建设，教育引导人们自觉承担家庭责任、树立良好家风，巩固家庭在养老服务提供中的基础地位。第六，进一步推进医养相结合，构建完善的医养结合养老服务体系。

第三节　适度普惠老年福利管理发展创新研究

老年社会福利管理主要包括政府层面的管理、社会福利行业自律和社会福利机构的内部管理等三个主要层次。政府对老年社会福利管理的主要手段包括：第一，制定法律、行政法规，规范老年社会福利机构及其工作人员的行为。第二，制定老年社会福利的行动计划和实施方案，引导老年社会福利事业的发展。第三，通过购买服务等资源分配方式对老年社会福利机构进行管理。行业自律则是指老年社会福利机构通过设立行业协会、制定行业标准等方法加强行业自律，防止社会福利行动偏离福利目标。老年社会福利机构的内部管理包括养老院等老年社会福利机构实施的内部管理，涵盖项目管理、财务管理、人力资源管理等多个方面。

一、中国老年社会福利管理的发展

伴随老年社会福利体系的健全和社会福利提供的多元化，我国老年社会福利管理日趋规范，老年社会福利职业和行业规范标准相继出台，以在我国社会福利供给日益多元化的背景下，建立起养老服务准入、退出、监管制度，加大执法力度，规范养老服务市场行为，制定和完善居家养老、社区养老服务和机构养老服务的相关标准，建立相应的认证体系，大力推动养老服务标准化，推进养老服务示范活动和养老机构等级评定制度、老年人入院评估、养老服务需要评估等评估制度，对社会福利机构的管理做到有法可依，有章可循，避免管理的任意性，增强社会福利机构的公信力。

具体而言，1993 年民政部印发《国家级福利院评定标准》，以促进福利院的正规化建设。1999 年民政部颁布《社会福利机构管理暂行办法》，对社会福利机构的范围、审批、管理进行了明确。2005 年民政部制定了《关于支持社会力量兴办社会福利机构的意见》，明确了在规划、建设、税费减免、用地、用水、用电等方面对社会福利机构的优惠政策。2007 年民政部制定了《城市社会福利事业单位管理工作试行办法》，以对民政部门在城市举办的社会福利院、儿童福利院、精神病院等社会福利事业单位进行规范管理。2012 年民政部制定了《农村五保供养服务机构等级评定暂行办法》，旨在推进农村五保供养服务机构管理规范化，提高供养服务水平，切实保障农村五保供养对象基本生活权益。2012 年商务部发布《家庭服务业管理暂行办法》，以规范家庭服务经营行为，促进家庭服务业发展。民政部 2012 年《关于鼓励和引导民间资本进入养老服务领域的实施意见》，要求加强对民间资本进入养老服务领域的指导，提升民间资本提供养老服务的质量和水平。2013 民政部颁发《养老机构设立许可办法》，对养老机构设立许可的申请、受理、审查、决定和监督检查进行了明确。2013 年民政部颁发《养老机构管理办法》，规定国务院民政部门负责全国养老机构的指导、监督和管理，县级以上地方人民政府民政部门负责本行政区域内养老机构的指导、监督和管理。2013 年民政部颁布《关于推进养老服务评估工作的指导意见》，要求由专业人员依据相关标准，对老年人生理、心理、精神、经济条件和生活状况等进行综合分析评价工作。2014 年民政部、国家标准化管理委员会等联合颁布《关于加强养老服务标准化工作的指导意见》指出，到 2020 年，必须基本建成涵盖养老服务基础通用标准，机构、居家、社区养老服务标准、管理标准和支撑保障标准，以及老年人产品用品标准。

各地也积极加强老年福利管理制度创新，推进社会治理能力现代化。如南京市民政局 2013 年编制的《南京市社区居家养老服务实施办法》，规定如果养老服务人员 1 年内 3 次遭投诉，将会被取消行业从业资格。四川省成都市老龄办 2013 年制定了《社区养老服务管理规范》（DB510100/T 122—2013）和《居家养老服务管理规范》（DB510100/T 121—2013）两项标准，前者对社区养老中的信息服务、上门服务、餐饮服务、康复服务、医疗保健、心理慰藉、文化娱乐、托老服务进行了规范。后者则对居家养老中的生活照料服务、家政服务、室外活动陪护、康复保健服务、精神慰藉服务、临终服务、信息服务进行了规范。

二、中国老年社会福利管理的特点

改革开放以来，我国老年福利管理发展的主要特点是：（1）经历了从一般性行政管理到法制化和标准化的进程（李放、刘晓晨，2010）。先后制定了《老年权益保护法》《国家级福利院评定标准》《养老机构设立许可办法》等多部相关法律法规。（2）社会福利服务和机构绩效考核问题被提上了重要议事日程。基本建立起科学合理、运转高效的长效评估机制，基本实现养老服务评估科学化、常态化和专业化。（3）注意采取政府购买服务等方法加强对老年社会福利服务的管理。（4）鼓励地方政府开展老年福利管理创新。（5）从多头管理走向归口管理。《老年人权益保障法》赋予民政部门统一管理养老机构的权力，至此实现了养老服务机构的民政部门统一管理。

三、中国老年社会福利管理的新趋势

未来，我国老年福利管理的新趋向包括：第一，加大对老年福利发展的规划和统筹。第二，继续加大养老机构的准入、退出和标准化建设。第三，继续加大对老年福利的评估，保障养老福利服务供给的质量和标准。第四，继续加大老年福利管理的法制化水平，提高老年福利管理法规的立法层次。第五，加大养老服务机构的行业协会建设，发挥行业自律在老年福利管理中的重要作用。

第四节 老年社会福利服务人才队伍建设研究

一、中国老年社会福利服务人才队伍建设现状与问题

伴随着我国人口老龄化和老年福利服务的发展，我国老年社会福利人才队伍建设存在如下主要问题。

（1）老年社会福利人才总量不足，素质较低。目前，我国各类老年社会福利人才总量不足100万人，经过专业培训的人数只有30万人，持证上岗的还不到10万人，而市场需要约1 000万人。而且我国的老年社会福利从业人员也以“4050”为主，文化水平总体较低，缺乏专门的护理知识和技能，养老服务管理团队的整体专业性较差（贾素平，2016）。

（2）老年社会福利人才招聘难，流失率高。由于老年社会福利工作工资偏低、劳动强度大、福利较少，社会认同度低，导致老年社会福利人才工作满意度较低，流动性大，队伍极不稳定（甄炳亮、刘建华，2014）。

（3）老年社会福利人才培养机构不足。截至2014年，我国开设养老服务管理的高职院校只有32所，中等职业学校25所，每年毕业学生2 500人，目前还没有养老服务与管理的本科专业（甄炳亮、刘建华，2014）。

（4）老年社会福利人才培养的机制不健全。第一，缺乏既懂理论又擅长实践的双师型教师，从事研究的老年社会福利人才较多，但是脚踏实地从事老年服务实践的教师数量严重不足。第二，办学定位含糊不清，初级养老服务人才培养和高级养老服务人才培养的比例不协调。第三，缺乏规范系统的教材。第四，缺乏招生和就业优惠政策。第五，缺乏足够的实践实训基地，学校与养老机构的合作培养机制尚未建立。

二、中国老年社会福利服务人才队伍建设政策发展

针对我国老年社会福利人才队伍建设严重滞后的现状，我国也颁布了一系列的老年人才队伍建设的法律法规，以改变目前老年社会福利人才匮乏的现状。比如2008年全国老龄办出台的《关于全面推进居家养老服务工作的意见》指出，必须加强专业化与志愿者相结合的居家养老服务队伍建设（全国老龄办，2008）。

2013年《民政部关于推进养老服务评估工作的指导意见》则要求，必须加强养老服务评估人才队伍建设，主张依托大中专院校、示范养老机构，加快培养评估专业人才。

2013年9月，《国务院关于加快发展养老服务业的若干意见》规定，教育、人力资源和社会保障、民政部门要支持高等院校和中等职业学校增设养老服务相关专业和课程，扩大人才培养规模，加快培养老年医学、康复、护理、营养、心理和社会工作等方面的专门人才，鼓励大专院校对口专业毕业生从事养老服务工作。发挥开放大学作用，开展继续教育和远程学历教育。依托院校和养老机构建立养老服务实训基地。加强老年护理人员专业培训，对符合条件的参加养老护理职业培训和职业技能鉴定的从业人员按规定给予相关补贴，在养老机构和社区开发公益性岗位，吸纳农村转移劳动力、城镇就业困难人员等从事养老服务（国务院，2013a）。

2014年教育部、民政部等联合下发《关于加快推进养老服务业人才培养的意见》指出，到2020年，基本建立以职业教育为主体，应用型本科和研究生教育层次相互衔接，学历教育和职业培训并重的养老服务人才培养培训体系，培养一支数量充足、结构合理、质量较好的养老服务人才队伍，以适应和满足我国养老服务业发展需要（教育部等，2014）。

2015年《国务院办公厅转发卫生计生委等部门关于推进医疗卫生与养老服务相结合指导意见的通知》，也要求将老年医学、康复、护理人才作为急需紧缺人才纳入卫生计生人员培训规划，加强专业技能培训，大力推进养老护理员等职业技能鉴定工作，支持高等院校和中等职业学校增设相关专业课程，加快培养老年医学、康复、护理、营养、心理和社会工作等方面专业人才（国务院办公厅，2015）。

三、中国老年社会福利服务人才队伍建设发展趋势

针对我国老年社会福利人才劳动报酬偏低、社会认可度不高、专业化水平有待提高、流失严重等问题，下一步，我们应主要从以下几方面，促进老年社会福利人才队伍的建设。

（1）科学合理、实事求是地制定符合我国国情的养老服务人才培养体系和人才发展规划，开展养老服务专业学历教育，形成包括中等职业教育、高等职业教育、本科、研究生等补贴层次的老年社会福利人才培养体系，增加开办院系，培养老年服务管理、医疗保健、护理康复、营养调配、心理咨询等专业人才。

（2）引导和整合高等院校、中等职业学校和职业培训机构的教育资源，形成老年社会福利人才培养的合力，并加强机构和院校的联合培养，鼓励养老机构的专家担任校外导师，鼓励各级学校的老年社会福利教师，自己创办养老服务机构或者到相关机构任职，增加实际工作经验，培养双师型教师。

（3）加强老年社会福利人才技能培训的规划化管理，推行社会工作、养老护理人员等从业人员职业技能培训和持证上岗制度，将老年社会福利人才的技能提升与工资福利相挂钩。

（4）政府加大对老年社会福利人才培养的政策支持。在加大对相关学校举办涉老专业办学和就业扶持的同时，对利用业余时间自学，取得国家养老护理员技师、高级工、中级工、初级工职业资格证书后，在养老机构护理岗位连续从业达到一定年限的，给予一定补贴。对家庭困难，攻读老年社会福利相关专业的，给予降分录取、学费减免、奖学金（助学金）优先评定、推荐就业等优惠政策。

（5）提高养老服务从业人员的职业道德。提高公众对养老服务专业人才的社会评价，建立针对优秀养老服务专业人才，包括精神性奖励和物质性奖励在内的表彰激励的长效机制，完善适合老年社会福利人才的职称评定体系，形成全社会理解和尊重老年社会福利人员的氛围，增加从业人员的职业荣誉感。

（6）加强教材编写工作，开展核心课程建设，同时积极开辟老年社会福利人才培养的实践实训基地，实现理论教学和实践教学的完美结合，切实提高人才培养的质量。

第五节　适度普惠老年福利水平研究

由于城乡二元结构的作用，我国城乡老年社会福利供给体系的需要和满足度差异较大（李建新、刘保中，2015），因而我们通过问卷调查建立数据库，分别对城市和农村老年社会福利水平的状况开展实证研究。

一、城市老年福利水平的实证研究

（一）数据来源

本书的数据来源于教育部哲学社会科学研究重大课题攻关项目“中国适度普

惠型社会福利理论与制度研究”实证调查形成的中国适度普惠老年人福利数据库。根据区位、经济发展水平等指标，适度普惠研究项目组采取目标抽象与分层抽样相结合的抽样方案，选定南京、天津、成都和兰州为被调查区域，围绕福利状况、福利态度和福利需要等内容对四地区的老年人、儿童、残疾人和流动人口进行调查，该调查于 2012 年 9 ~ 11 月在南京、天津、兰州、成都四个地区同时开展，问卷录入及数据库建设时间为 2012 年 12 月。中国适度普惠社会福利数据库老年部分，调查对象均为 55 ~ 82 岁的老年人，计划发放调查问卷 1 200 份，实际发放调查问卷 1 250 份，实际回收调查问卷 1 232 份，回收率 98.56%，经过数据清理，其中适合本书所用被调查者资料共计 1 153 份，从问卷量表的信度系数来看，问卷质量良好。

（二）主要变量和研究假设

主要因变量包含了福利需要、福利获得与福利满足度三个变量，主要反映城市老人的福利需要、福利获得与福利满足度的具体情况（马军杰，2016）。选取 18 个指标作为衡量城市老人福利需要、福利获得与满足的具体情况，分为娱乐福利、交通福利、医疗福利与法律福利四个方面。针对福利需要方面，本书建构了娱乐福利需要指数、交通福利需要指数、医疗福利需要指数与法律福利需要指数，以及整体福利需要指数。针对福利获得方面，本书建构了娱乐福利获得指数、交通福利获得指数、医疗福利获得指数与法律福利获得指数，以及整体福利获得指数。而福利满足度作为衡量城市老人福利需要与福利获得情况的主要工具变量，包括了娱乐福利满足度、交通福利满足度、医疗福利满足度、法律福利满足度与整体福利满足度。

研究假设包括：

假设 1：城市老人的整体福利需要水平与福利获得水平存在明显差距，也即城市老人的福利需要程度高，而福利获得程度低，福利满足程度偏低。假设 1a：福利需要与获得的差距在具体层面（娱乐福利、交通福利、医疗福利、法律福利）上存在程度上的不同；假设 1b：在城市老人福利需要与获得具体层面的差距方面，法律与医疗的福利满足度水平更低，而交通与娱乐方面福利满足度相对比较高。

假设 2：城市老人的整体福利需要水平表现出一定程度的一致性，但仍表现出相当的认知与区域性差异；具体层面（娱乐福利、交通福利、医疗福利、法律福利）上，城市老人的福利需要水平的一致性仍然存在，认知与地域差异表现依然显著。假设 2a：城市老人的教育程度越高，福利需要水平越高；假设 2b：东部和中部地区城市老人的福利需要水平高于西部地区城市老人的需要水平。

假设3：城市老人的福利获得水平与福利满足度受到基本因素、认知因素、经济支持因素、家庭因素和结构因素的影响，且这种影响在具体福利层面依然存在，但不同具体福利方面的影响因素存在差异。

假设4：在以上假设的基础上，结合社会结构中普遍存在的城乡二元分割、地区差异与就业市场中体制内外福利区隔的属性，本书认为在控制其他变量的前提下，户籍、地区与单位性质依然会对城市老人福利获得与福利满足度产生显著的影响。假设4a：户籍不同的城市老人，非农户籍带来更高的福利获得水平与福利满足度；假设4b：不同工作单位性质的老人福利获得与满足程度不同，体制内老人的福利满足程度高于体制外的老人；假设4c：不同地区城市老人的福利获得存在显著差异，东部、中部、西部城市老人福利获得水平与福利满足度依次递减。

（三）研究发现

首先，分析了城市老年人福利获得、福利需要与福利满足度的基本状况（见表13－1）。

表13－1　城市老年人福利获得、福利需要与福利满足度的基本状况

项目	福利获得	福利需要	福利满足度
娱乐	55.005 (39.682)	66.141 (23.476)	85.451 (67.590)
交通	38.818 (30.749)	66.401 (22.181)	61.576 (52.911)
医疗	19.176 (19.864)	66.584 (20.256)	31.734 (35.425)
法律	3.1921 (11.253)	51.268 (23.403)	6.702 (24.667)
总体	25.073 (15.906)	63.376 (14.707)	41.052 (27.339)

注：福利获得、福利需要指标指数均已标准化为0～100取值，福利满足度为福利获得指数/（福利需要指数＋1）×100。括号内数值为该统计值的标准差。

其次，通过建立多元线性回归模型，分析了福利需要、福利获得与福利满足度的影响因素，具体见表 13 - 2。

表 13 - 2　城市老人的福利需要、福利获得与福利满足度多元线性回归模型

变量		福利获得	福利需要	福利满足度
基本因素	性别	-0.245 (0.969)	-0.607 (0.975)	0.103 (1.682)
	年龄	5.567* (2.639)	1.370 (2.655)	7.788+ (4.582)
	年龄平方	-0.037+ (0.020)	-0.010 (0.020)	-0.051 (0.035)
	民族	-1.583 (2.630)	0.611 (2.646)	-1.558 (4.566)
	政治面貌	2.175+ (1.155)	1.126 (1.162)	3.469+ (2.006)
	阶层	1.511* (0.599)	0.054 (0.603)	2.632* (1.041)
认知因素	教育年限	-0.125 (0.133)	0.162 (0.134)	-0.341 (0.231)
	宗教信仰	4.834** (1.519)	3.665* (1.528)	6.209* (2.637)
经济因素	工作状态	-1.635 (1.664)	2.466 (1.673)	-4.098 (2.888)
	个人收入	0.491 (0.314)	0.123 (0.316)	0.518 (0.545)
家庭因素	婚姻状态	0.030 (1.226)	-0.612 (1.233)	0.570 (2.128)
	家庭规模	-0.245 (0.327)	-0.103 (0.329)	-0.515 (0.568)
	家庭收入	-1.021 (0.707)	0.544 (0.711)	-1.950 (1.227)

续表

变量		福利获得	福利需要	福利满足度
结构因素	户籍	6.140*** (1.704)	3.215+ (1.714)	9.339** (2.958)
	单位性质	3.496* (1.460)	-3.313* (1.468)	8.409*** (2.534)
	南京	11.971*** (1.440)	-4.468** (1.449)	22.759*** (2.500)
	天津	4.717** (1.500)	-5.717*** (1.510)	11.486*** (2.605)
	成都	0.873 (1.547)	-5.678*** (1.557)	4.396 (2.686)
常数		-193.557* (86.850)	15.315 (87.372)	-272.298+ (150.788)
	N	1 014	1 014	1 014
	R^2	0.210	0.044	0.197

注：+表示 $p<0.1$，*表示 $p<0.05$，**表示 $p<0.01$，***表示 $p<0.001$；括号内数值为该项系数的标准误差。

通过表13-2可以发现，就福利需要方面看，本书部分证实了假设2。即在整体福利需要模型中，完全验证了假设2，有宗教信仰的城市老人比无宗教信仰的城市老人福利需要水平更高，与此同时，假设2a，城市老人的教育程度越高，福利需要水平越高被证伪。而在具体层面（娱乐福利、交通福利、医疗福利、法律福利）上，城市老人的福利需要水平的一致性仍然存在，认知与地域差异表现依然显著的假设得到部分验证。假设2b：东部和中部地区城市老人的福利需要水平高于西部地区城市老人的需要水平，被全面证伪。

就福利获得与满足方面看，假设3得到部分证实，因为家庭因素除对法律福利获得与满足度有影响外，在其他方面的影响因素全面"缺席"。而假设4：户籍、地区与单位性质依然会对城市老人福利获得与福利满足度产生显著的影响在整体层面得到全面证实，也即（假设4a）户籍不同的城市老人，非农户籍带来更高的福利获得水平与福利满足度；（假设4b）不同工作单位性质的老人福利获得与满足程度不同，体制内老人的福利满足程度高于体制外的老人；（假设4c）不同地区城市老人的福利获得存在显著差异，东部（南京、天津）、中部（成都）、西部（兰州）城市老人福利获得水平与福利满足度依次递减。在具体层面上，娱乐福利获得与福利满足度验证了假设4a、假设4b，但假设4c基本得到证实，只是天津城市老人的娱乐福利获得与满足水平介于成都和兰州之间；在交通方面，户籍并未表现出显著的差异，假设4a被证伪，假设4b得到证实，假设4c被证伪，详细的情形是南京、天津、兰州与成都的交通福利获得与满足度依次递减；在医疗方面，单位性质并未导致福利获得与满足度上的差异，假设4b被证伪，假设4a、假设4c被全面证实。而在法律获得与满足度方面，假设4（4a、4b、4c）被全面证伪。

通过对城市老人的福利需要情况与福利获得情况进行描述统计分析，发现城市老人综合福利需要程度处在一般水平，而综合福利获得状况严重不足，各具体层面（娱乐福利、交通福利、医疗福利、法律福利）的福利需要水平基本无差异，而福利获得水平高低明显，在总体福利满足状况严重不足的情况下，城市老人在医疗、法律福利获得与满足状况方面尤为堪忧。

整体来看，城市老人的福利需要程度与福利获得情况存在显而易见的差异，综合福利获得水平较低，城市老人社会福利供给严重不足。也就是说，研究发现城市老人的整体福利需要水平与福利获得水平存在明显差距，城市老人的福利需要程度高，而福利获得程度低，福利满足程度偏低。就福利需要维度来看，城市老人在娱乐福利、交通福利、医疗福利三个方面的福利需要水平并不存在明显的差异，而在法律福利方面，则表现出相对较低的福利需要，可能与法律的特殊性密切相关。在福利获得上，城市老人在娱乐福利、交通福利、医疗福利、法律福利上可获得程度存在显著差异，医疗和法律福利方面可获得性严重不足。从福利满足度的情况看，娱乐福利满足度达到良好水平，医疗与法律方面福利满足度严重不足，而在交通福利方面则表现出一般水平。

不同户籍的城市老人在福利需要的差异并不明显，而从福利获得角度来看，农业户籍的老人的福利获得水平明显低于非农户籍的老人，在福利满足度的角度，农业户籍老人几乎低了四成。在娱乐、交通与医疗子项目中，农业户籍老人的福利满足程度远低于非农户籍的老人，在法律方面，稍高于非农户籍的老人。

单位性质在整体层面上对城市老人的福利获得、福利需要、福利满足度影响并不明显，在具体层面上，在综合满足度较高的娱乐和交通方面，体制内老人的获得与满足指数明显优于体制外老人，而在医疗和法律方面，体制外老人的福利获得与满足指数较高于体制内老人。

南京市的福利满足状况均优于其他三个城市，而兰州则表现出福利需要迫切但福利获得匮乏的特点，成都虽然福利需要水平较低，但是由于福利获得上表现欠佳，福利满足度依然很低。与其他城市相比天津的整体状况较好，在四城市中居于第二位，亦即不同地区城市老人的福利获得存在显著差异，东部、中部城市老人福利满足度更高，西部地区城市老人福利满足度相对较低。

此外，研究发现，体制内的城市老人以及常住地区为南京的城市老人在娱乐方面的福利满足状况高于预期水平，其他方面，子群体的总体概况和子项目（娱乐福利、交通福利、医疗福利、法律福利）的具体满足水平都表现出与总体分析一致的结论，即城市老人福利获得与需要水平存在显著差距，在各个子项目上，老人在娱乐方面的需要满足程度较好，而其他子项目上的指数则体现出福利获得与需要上的显著差异。这说明对城市老人福利获得与福利需要上的差异，并不是由于户籍、单位性质及地区某个子群体的极端差异造成的，这种差异是普遍存在的现象。尤其要提到的是在各子群体中城市老人的农业户口子群体、兰州和成都子群体的福利满足程度显著低于相对应的其他群体，说明城市老人的福利获得存在着明显的户籍排斥及地区差异，西部地区农业户籍的体制外城市老人福利获得与满足度水平最低，是最需要优先改善的群体。

（四）进一步提升城市老年社会福利水平的建议

从研究结果可以看到，一方面，在城市老人的福利需要与福利获得之间的差距仍然较大，期待提高福利水平。另一方面，从城市老人的福利现状看，农业户籍、单位性质体制外、经济欠发达地区的城市老人在福利获得与满足方面与对应群体的福利获得与满足相比差异异常显著，这与我国长久以来实施的城乡二元户籍制度、就业市场中体制内外的福利区隔、东部城市经济发展优于中西部的地区差异关系密切。即使是同时生活在一个城市中的老人，其社会福利（社会优待）获得与满足水平仍存在显著的差异，其他方面也存在更为严峻的问题。在就业市场上的单位性质差异，也引发了城市老人福利与获得上的显著差异，体制内外，社会福利满足程度高低错落，应该采取以下几项措施：第一，各地都应加强对城市老人福利获得的关注程度，尤其在医疗与法律方面，在充分调研的基础上切实提高福利满足程度，切实提升城市老人的社会福利“获得感”。第二，打破城市老人福利获得的户籍限制，以是否长期居住为标准提供各项福利服务。第三，探究西部地区改善福利提供的现实路径，中央政府在进行地区间转移支付时，充分考虑各地区的福利提供现状，切实提高中西部地区城市老人的福利获得感，提升生活幸福感。第四，将西部地区农业户籍的体制外老人的福利待遇置于优先改善的位置，尽快推出相关措施以提高其福利满足程度。

二、农村老年福利水平的实证研究

农村社会福利水平的测度主要包括客观评价法和主观评价法两大类，由于农村老人对老年社会福利政策的知晓率较低，加之，客观评价法口径难以统一，福利供给对农村老年人主观幸福感和心理健康的影响，是老年社会福利输送的重要结果之一，可以作为农村老年社会福利供给水平的代表性指标。

（一）数据、测量与方法

数据主要来源于《中国健康与养老追踪调查》（China Health and Retirement Longitudinal Study，CHARLS）2011 年的基线调查数据，该数据是针对中国 45 岁及以上中老年人家庭和个人的高质量微观数据，覆盖全国 150 个县级单位，450 个村级单位，约 1 万户家庭中的 1.7 万人，调查每两年举办一次，旨在了解我国老年人口的健康与养老状况。我们以农村户口（1 = 是，2 = 不是），与年龄（设定年龄超过 60 周岁）两个变量，对样本进行筛选，获得农村老人样本 5 788 人。因为 CHARLS 数据源于具有家庭、社区、个人等多种层级的嵌套数据（nest data），为了减少生态谬误（ecological fallacy），我们必须采用分层线性模型（hierarchical linear model，HLM）的方法对多个层次的自变量对因变量的影响进行深入分析。在线性分层分析中，我们首先检验了省份层次、社区层次以及个体层次三层因素的分层线性模型，但是，模型分析结果显示，老年农民的精神健康水平得分在省际之间并不存在显著差异，因此我们采用了如下模型，只考虑社区层次和个体层次，模型的因变量是精神健康，自变量为：控制变量、个体福利变量、家庭福利变量、社区福利变量、国家福利变量，具体如下：

1. 模型：$Yij = \beta00 + \beta10Xij + \beta01Wj + \mu0j + \mu1jXij + eij$

模型检验了个体层次变量（$\beta10Xij$）和社区层次变量（$\beta01Wj$）的固定效应，以及社区层次的随机效应（$\mu0j$）和居住在某个社区内个人的随机效应（$\mu1jXij$）。首先，我们估计一个模型（$Yij = \beta0j + eij$），只包括随机截距，研究社区之间的精神健康水平是否存在差异。其次，我们将个体层次变量纳入模型（$Yij = \beta0j + \beta1jXij + eij$），研究随机截距随社区变化的情况以及个体精神健康水平和个体层次预测变量关系的固定效应。最后，纳入社区层次的预测变量（$Yij = \beta00 + \beta10Xij + \beta01Wj + \mu0j + \mu1jXij + eij$），研究个体的精神健康水平是否受到特定社区特征的调节。

2. 因变量与自变量

第一，因变量：本书的因变量为精神健康水平，问卷中精神健康水平是通过 10 个关于精神健康状况问题的量表测得的，分别为：我因一些小事而烦恼、我在做事时很难集中精力、我感到情绪低落、我觉得做任何事都很费劲、我感到害怕、我的睡眠不好、我感到孤独、我觉得我无法继续我的生活、我对未来充满希望、我很愉快，每个问题的回答是：（1）很少或者根本没有（<1 天）；（2）不太多（1 ~ 2 天）；

(3) 有时或者说有一半的时间 (3~4天); (4) 大多数的时间 (5~7天)。除了最后两个题目方向相反，赋值相反外，我们按照回答顺序倒置，以其序号赋值，然后加总被访者在所有10个项目上的得分，获得精神健康水平变量，取值范围是10~40，数值越大，表明被访者精神健康水平越高。

第二，自变量：首先是个体层次的变量：(1) 教育年限：按照问卷中关于教育程度的回答，即"未受过教育（文盲）""未读完小学，但能够读、写""私塾""小学毕业""初中毕业""高中毕业""中专（包括中等师范、职高）毕业""大专毕业""本科毕业""硕士毕业""博士毕业"，将分类变量分别转化为连续变量，其赋值标准是"未受过教育（文盲）=0"、"未读完小学，但能够读、写=3"、"私塾（认定其相当于高小文化程度）=5""小学毕业=6""初中毕业=9""高中毕业=12""中专毕业=13""大专毕业=15""本科和研究生=17"。

(2) 见到子女平均时间间隔：问卷询问被访者多长时间见到不居住在一起的子女，以及多长时间跟孩子通过电话、短信、信件或者电子邮件联系。选项是：①差不多每天，②每周2~3次，③每周一次，④每半个月一次，⑤每月一次，⑥每三个月一次，⑦半年一次，⑧每年一次，⑨几乎从来没有，⑩其他（数量较少，且无法确定实际的时间间隔长短，故在处理数据时，将其处理为缺失值）。为了生成见到子女平均时间间隔和联系子女平均时间间隔两个变量，我们使用数字1~9作为测量时间间隔的指标，数字越大，表示时间间隔越长，同时，问卷询问了被访者所有不住在一起的子女的情况，因此，我们选取时间间隔的均值作为测量指标，数字越大，表示平均时间间隔越长。

(3) 联系子女平均时间间隔：问卷中问及受访人多长时间跟孩子通过电话、短信、信件或者电子邮件联系，其答案同上，赋值同上。

(4) 家人的经济支持：问卷询问了被访者获得的来自父母（岳父母）、子女和孙子女的经济支持，我们将这些经济支持加总合成变量"家人的经济支持"。

(5) 慢性病数量：问卷询问了被访者是否有高血压病等14种慢性疾病，我们用被访者患有的慢性病数量作为测量被访者身体健康程度的变量。

(6) 社会交往丰富度：问卷询问了被访者过去一个月是否进行了串门、跟朋友交往等10项社交活动，我们用被访者进行社交活动的种类作为变量"社会交往丰富度"的测量指标。

(7) 参加社会医疗保险：对于中国的农村人而言，参加社会医疗保险主要是指参加新型农村合作医疗保险或城乡居民医疗保险。

(8) 参加社会养老保险：参加社会养老保险主要是指参加新型农村养老保险（在城乡居民养老保障合并实施的地方则是参加城乡居民养老保险）。

(9) 政府转移收入：政府转移收入主要包括退耕还林、农业补助等政府转移收入。

其次是社区层次变量。主要是社区老年活动场所变量，在社区问卷中，询问了每个社区棋牌活动室等 14 项活动场所的情况，我们加总每个社区所拥有的活动场所的数量，各种变量具体见表 13 – 3。

农村老年人精神健康福利的分层线性模型结果如表 13 – 4 所示。

表 13 – 3　　农村老年人福利变量描述统计（N = 5 788）

变量	取值说明	均值（标准差）	频数
性别（5 784）	0：女性 1：男性		51.38 48.62
年龄（5 788）	单位：岁	68.34 （7.09）	
教育年限（5 780）	单位：年	3.03 （3.23）	
婚姻状况（5 788）	0：未婚 1：已婚 2：分居/离婚/丧偶		1.17 76.59 22.24
社会交往丰富度（5 363）	单位：个	0.56 （0.73）	
慢性病数量（5 759）	单位：个	1.55 （1.42）	
生产经营活动（5 756）	0：未从事农业生产经营活动 1：只从事农业生产经营活动 2：既从事农业又从事非农业生产经营活动		43.61 55.92 0.47
见到子女平均时间间隔（3 169）		4.93 （2.10）	
联系子女平均时间间隔（3 085）		5.45 （2.43）	
家人的经济支持（1 956）	单位：万元	0.29 （0.61）	

续表

变量	取值说明	均值 （标准差）	频数
参加社会医疗保险（5 758）	0：未参加 1：参加		7.97 92.03
参加社会养老保险（5 722）	0：未参加 1：参加		27.37 72.63
政府转移收入（3 979）	单位：万元	0.07 （0.11）	
社区活动场所数量（5 751）	单位：个	2.67 （3.05）	

表 13－4　中国农村老年人精神健康福利的分层线性模型结果

固定和随机效应	模型 1	模型 2A	模型 2B	模型 2C	模型 2D	模型 3
固定效应						
截距	29.950*** （0.245）	35.320*** （6.454）	34.270*** （6.468）	38.310*** （6.477）	39.040*** （6.524）	38.190*** （6.521）
个体层次						
个体特征						
性别（女＝0）		1.443*** （0.429）	1.361*** （0.431）	1.439*** （0.429）	1.473*** （0.429）	1.481*** （0.428）
年龄		－0.016 （0.030）	0.002 （0.031）	0.019 （0.032）	0.020 （0.032）	0.021 （0.032）
教育		0.241*** （0.067）	0.248*** （0.067）	0.220*** （0.067）	0.221*** （0.067）	0.214*** （0.067）
婚姻状况（未婚＝0）						
已婚		－3.990 （6.202）	－4.732 （6.210）	－6.707 （6.166）	－7.110 （6.155）	－7.210 （6.142）

续表

固定和随机效应	模型 1	模型 2A	模型 2B	模型 2C	模型 2D	模型 3
分居/离婚/丧偶		-5.171 (6.215)	-5.782 (6.219)	-7.575 (6.172)	-7.978 (6.162)	-8.052 (6.149)
社会交往丰富度		0.727*** (0.250)	0.734*** (0.250)	0.596** (0.250)	0.571** (0.250)	0.524** (0.250)
慢性病数量		-1.307*** (0.133)	-1.278*** (0.133)	-1.235*** (0.133)	-1.219*** (0.133)	-1.204*** (0.133)
个体福利						
生产经营活动（未参加农业生产经营活动=0）						
只参加农业生产经营活动			0.842** (0.428)	0.996** (0.429)	1.012** (0.430)	1.103** (0.431)
参加农业和非农业经营活动			-0.781 (3.590)	-0.659 (3.559)	-0.726 (3.553)	-1.064 (3.548)
家庭福利						
和子女见面平均间隔				-0.354*** (0.100)	-0.348*** (0.100)	-0.304*** (0.102)
和子女联系平均间隔				-0.307*** (0.093)	-0.305*** (0.093)	-0.294*** (0.093)
家人的经济支持				0.395 (0.336)	0.412 (0.335)	0.369 (0.335)
国家福利						
参加社会医疗保险					-0.865 (0.779)	-0.717 (0.780)
参加社会养老保险					1.100** (0.437)	1.029** (0.436)
政府转移支付					-0.418 (1.768)	-0.231 (1.765)

续表

固定和随机效应	模型 1	模型 2A	模型 2B	模型 2C	模型 2D	模型 3
社区层次						
公共活动场所数量						0.179** (0.075)
随机效应（方差成分）						
截距（σ2μ0）	4.990*** (1.275)	2.895*** (0.967)	3.101*** (0.994)	2.509*** (0.936)	2.258** (0.899)	2.186** (0.881)
ICC	0.110	0.075	0.080	0.066	0.060	0.059
模型拟合统计量						
R2		0.146	0.146	0.165	0.170	0.173
-2 Loglikelihood	7 408.1818	7 243.9072	7 235.3982	7 218.0722	7 206.488	7 204.1232
AIC	7 414.182	7 263.907	7 259.398	7 248.072	7 242.488	7 242.123
BIC	7 429.24	7 314.1	7 319.63	7 323.362	7 332.835	7 337.49
个人数量	1 118	1 118	1 118	1 118	1 118	1 118
社区数量	276	276	276	276	276	276

注：*** 表示 $p<0.01$，** 表示 $p<0.05$，* 表示 $p<0.1$。

（二）研究发现

1. 随机效应（方差成分）

我们首先估计了一个只包括随机截距的完全无条件模型（模型结果见模型 1）。从模型结果可以看出，社区层次上精神健康水平得分存在显著差异（σ2μ0 = 4.990，$p<0.01$），同时，组间相关系数（ICC）是 0.110，表明精神健康水平 11.0% 的差异来自社区特征。在模型 2A 中，尽管考虑了个体层次的特征差异，社区之间依然存在显著差异（σ2μ0 = 2.895，$p<0.01$，ICC = 0.075）。在考虑个体福利、家庭福利和国家福利之后，社区间差异依然显著（模型 2B～模型 2D）。模型 3 纳入了社区层次变量，它比模型 2A～2D 都更好。相比于 AIC，BIC 对复杂的模型惩罚更加重一点，因此在采用 BIC 做模型选择的时候更加倾向于选择较简单的子模型。BIC 更加注重模型的简洁性，从这个角度看，最优模型应该是模型 2A，但是从模型的精确性角度看，最优模型是模型 3，所以结合本书的研究主题，我们选择模型 3 作为最终模型。

2. 固定效应

个体主效应：在模型 1 的基础上，我们估计了包括个体层次变量的嵌套模型

(模型结果见模型 2A ~ 模型 2D)。在模型 2A 中，我们控制了性别等个体特征变量。从模型结果可以看出，控制其他变量不变，男性比女性的精神健康水平更高，并且在 0.01 的水平显著。教育年限对农村老年人的精神健康水平也有显著影响，并且在 0.01 的水平显著。社会交往丰富度对精神健康水平也有显著的正面作用（$p<0.01$），但是，慢性病数量对精神健康水平有显著的负面作用（$p<0.01$）。年龄和婚姻状况对精神健康水平没有显著性影响。

接着，我们加入测量个体福利的变量“生产经营活动”（模型结果见模型 2B）。从模型结果可以看出，控制变量对精神健康的影响没有太大变化，同时，参加农业生产经营活动的农村老年人的精神健康水平比未参加农业生产经营活动的农村老年人更高（$p<0.05$），而既参加农业生产经营活动又参加非农业生产经营活动的农村老年人和未参加农业生产经营活动的农村老年人的精神健康水平没有显著差异。

在模型 2B 的基础上，我们接着放入测量家庭福利的变量（模型结果见 2C）。从模型结果可以看出，和子女见面、联系的时间间隔对农村老年人的精神健康水平有显著的负面作用（$p<0.01$），但是，老人从家人那里获得的物质支持对其精神健康水平没有显著影响。

在模型 2C 的基础上，我们加入测量国家福利的变量（模型结果见 2D），从模型结果可以看出，对于农村老年人而言，参加社会养老保险（新型农村养老保险）比没有参加的老年人精神健康水平更高（$p<0.05$），但是，参加社会医疗保险和政府转移收入对农村老年人精神健康水平没有显著影响。

社区主效应：最后，我们估计了包括个体层次和社区层次变量的完全模型（模型结果见模型 3）。从模型结果可以看出，作为社区福利测量指标的社区公共活动场所的数量对老年人精神健康水平有显著影响（$p<0.05$）。

综上所述，在个体福利、家庭福利、国家福利和社区福利四者中，对农村老年人精神健康具有显著的积极作用的主要是家庭福利，尤其是老人与子女见面、联系的机会对他们的精神健康具有重要的积极意义。和 OLS 回归一样，分层线性模型也对数据做出了一些假设。其中，随机效应（包括层 1 的残差）满足正态分布或者多元正态分布是非常重要的一个假设，在此，我们对层 1 的残差和社区层次随机截距效应的正态性进行检验。结果如表 13－4 所示，关于随机效应的多元正态分布假设是合理的（虽然社区层次的随机截距效应稍微有点偏离正态分布，但影响不大）。

总之，通过分层线性模型分析，我们可以看到 21 世纪以来，我国农村老年福利供给体系受到国家社会政策建构与社会转型的双重影响，正在逐步从非正式福利供给为主，向正式福利供给与非正式福利供给并重转型，这一体系重构的过程不仅改变了农村老人与子女、社区及国家的关系，影响了他们的自我效能感，也改变了其应对各种风险的能力，从而对他们的精神健康造成了深远影响。

首先，在家庭福利供给的层次上，随着经济收入的提高，家庭经济福利供给对老年精神健康的作用不明显，但由于人口流动，家庭精神福利供给的作用却弥显珍贵，与子女联系时间间隔的影响十分显著，说明随着物质生活的改善，农村老人面对的经济保障压力相对降低，但因为子女外出导致的孤独寂寞等精神压力上升，子女提供的精神慰藉依然是难以替代的资源。其次，农村社区福利供给对老人精神健康水平的影响不可小觑，因为社区活动场所建设可以促进社会交往，凝聚社会资本，增加社会信任，影响十分显著，此外，农村老人社交活动丰富度的作用也十分显著，农村老人社会交往的种类和形式越多样，对其精神健康越有益。再次，农村老人从事生产性劳动可以提高他们的自我效能感和独立感，从而提升其精神健康水平。最后，在国家福利供给中，由于参加社会养老保险增加了他们的固定收入，减少了经济上的不确定性，明显提升了农村老人的精神健康水平，但参加社会医疗保险和获得政府转移收入，却可能因为报销比率与服务质量较低、转移支付规模有限等原因，暂时效果还不显著。尽管国家福利供给发挥着越来越重要的作用，但是传统的家庭福利供给依然对农村老人的精神健康起着最为重要的作用，其中子女与老人见面联系的间隔对老人的精神健康意义重大，子女的精神慰藉作用依然是难以替代的，由于城乡流动和子女外出的原因，社区福利供给对老人精神健康水平的影响也不可小觑，其中社区活动场所建设的作用较大。

（三）进一步提升农村老年社会福利水平的政策建议

1. 积极推进农民工家庭式迁移和市民化进程，巩固家庭福利供给功能

尽管过去的三十多年间，我国农村家庭的结构、规模和功能发生了重大变迁，但是家庭具有很强的抗逆力，家庭对亲代和子代都仍然具有较强的吸引力（杨菊华、何熠华，2014），子女供养对老人精神健康维系的作用依然难以替代。然而毋庸置疑，以青壮年为主的农村劳动力候鸟式的城乡迁移，无疑也给家庭福利供给的功能造成了巨大冲击，主要体现在亲子见面、联系的频率大大降低、家庭的养老服务功能下降。因而严重影响了农村老人的精神健康，为了继续发挥家庭在老年福利供给中的重要作用，满足农村老人精神健康需要，我们主张大力推进农民工家庭式迁移，这也是我国农村人口流动的趋势之一。我国农村人口流动先后经历了个人外出流动阶段、夫妻共同流动阶段、核心家庭化阶段、扩展家庭化阶段四个阶段，在精神需要满足方面，由满足“夫妻”“子女”向“父母”亲情关系方面推展，只有逐步实现农民工的家庭式迁移和市民化，才能化解因人口

流动带来的留守儿童、留守妇女、留守老人的精神需要问题。目前我国人口流动已经初步完成人口流动家庭化进程的第二阶段，开始迈向第三阶段，即不少学龄儿童已经随父母到城市就读。下一步，随着新型城镇化的推进，国家应该进一步促进农民工及其家庭的市民化进程，促进农民工扩展家庭融入城市，并使农民工的家庭成员能够享受城市居民享受的社会权利。鼓励农民工接父母到打工地生活，以便就近照料，使老人得以享受天伦之乐。为此政府应该健全促进农民工家庭式迁移的各项社会政策体系，主要应该包括：第一，加大城乡医疗保障统筹，方便农村老人使用新农合在城市就诊和报销，也可允许其在居住地参加城镇居民医疗保险，并将流入城市的农村老人纳入城镇医疗救助和城市社区公共卫生服务体系，将疾病预防和慢性病防治等卫生服务覆盖到农民工父母及外出务工的低龄农村老人身上。第二，将农民工家庭列入城市廉租房保障范围，鼓励和支持农民工用工企业建设专门的农民工公寓，为农民工家庭式迁移创造体面、卫生、安全的居住条件。第三，使进城农村老人享有免费乘坐公共交通工具、免费进入图书馆、博物馆、文化馆、社区活动中心等城市老人享受的文化权力，扩大农村进城老人的社会参与，丰富其精神生活。

2. 健全农村老人社会养老保障体系，保障农民晚年的经济安全

我国农村养老保险还存在着养老金水平较低，在农民老年经济收入来源中占比偏小，不能满足农民养老经济需要，因而对农民心理安全感作用甚微的现象。我们应该：第一，在城乡居民养老保险的制度框架内，鼓励农民工在青壮年时期积极参保，多缴保费，实现财产的代内转移，政府应该鼓励企业吸纳农民工参加城镇职工养老保险，并制定合理的社会养老保险间的转移接续政策，确保转移中农民的养老金利益不受侵害。第二，对于在乡的农民来说，政府更应不断增加农民参加城乡居民养老保险的财政补贴，采取多缴费、多补贴的方法鼓励农民多缴费，同时做好城乡居民养老保险基金的运行管理和保值增值工作，努力提高城乡居民养老保险养老金水平。第三，鼓励农民参加商业性养老保险，获得补充性的养老金，以弥补城镇居民养老保险养老金的不足。总之，通过增加便携性、提高待遇、鼓励多缴费、保障基金保值增值等方式提高农民晚年的养老金替代率，真正实现通过社会养老保险保障农民晚年的经济安全，减少农民因经济匮乏而产生的焦虑感。

3. 完善农村医疗保障体系，提升农民晚年身体健康水平

2003 年以来，我国在农村陆续健全了包括新型农村合作医疗、农村医疗救助、大病医疗保险、疾病应急救助制度等在内的农村医疗保障体系，基本解决了农民遭遇大病无法医治的问题，降低了农民对罹患疾病的忧虑，促进了他们的精神健康，另由于精神疾病也可纳入农村医疗保障的范围，保障了农民精神疾病的规范化治疗，阻遏其精神健康的恶化。下一步，我们应该：第一，继续增加国家对新农合的补贴，并鼓励农民多缴费，扩大医疗保险筹资规模，提高新农合对住院治疗的报销比例。第二，增加新农合异地报销的便捷性，方便老人在城市看病就医，并做好各种医疗保障体系的统筹。第三，继续推进乡村卫生服务一体化建设，增加对基层卫生公共服务的投入，提高基层卫生服务的水平。第四，做好农村疾病的预防，加强对农村慢性病的防治和规范化治疗，减少因病致残的比例，促进农村的健康老龄化。如此，一则可以提高老年农民自我养老和生活自理的能力，二则也可以提升其生活的幸福度。

4. 加大农村社区养老服务供给，满足老人服务和精神需要

通过研究，可以看到，邻里互助提高了农村老人的社区归属感，而社区老年活动场所与社区养老场所的多寡直接影响老人的精神健康水平。因此，我们应该：第一，加大农村老年健身场所、老年活动室、图书室等文体设施建设，促进农村老年人的社会互动，丰富老年人的文化生活。第二，以农村敬老院为载体，为三无老人、失能、半失能老人等群体提供机构养老服务。第三，农村社区举办餐饮、日间照料、护理、送医、理发、买菜等养老公共服务，为农村老人居家养老提供便利。总之，通过社区养老公共服务提供，缓解老人因服务匮乏，文化生活单调而造成的心理压力。

5. 鼓励农村互助养老和慈善公益事业发展，促进社会团结

通过研究，我们明显可以看到，青壮年农民、低龄老人的帮助在高龄老人的生产、生活中发挥着重要作用，一则可以帮助高龄老人解决实际的生产生活问题，二则也增进了邻里团结和农村社区的凝聚力，有助于提升老人生活的幸福度。我们应该：第一，利用乡村老年协会，组织低龄老人和青壮年农民尊老敬老、为老服务。第二，鼓励社会组织进入农村社区，帮助贫困老年农民和遭遇严重心理问题的农村老人，用社会工作专业知识和心理学知识开展心理扶贫，提升农村老人的心理健康程度。第三，发挥义庄等农村传统慈善组织的作用，发掘传统社会的社会资本为老服务。

6. 制定发展型的老年社会政策，促进老人自我养老，增加效能感

我们的研究发现，低龄身体健康老人通过种地、外出务工经商等方式开展自我养老，有助于农村老人增加收入、减少对子女的依赖，扩大社会参与，增加自主感和自尊感，增强自我效能感，提高自身的精神健康水平。因此，我们应该：第一，鼓励在乡低龄老人在开展农业生产的同时，基层政府为其提供技术和资金上的扶持。第二，对于外出务工的低龄老人，应该加大社会保护机制建设，尤其要在医疗保障的就地报销、工伤保险、意外伤害保险、廉租房建设等社会政策上加以规范，保障低龄老人应有的社会权利，防止雇主拖欠工资、加大劳动强度等侵犯低龄老人劳动权利的现象发生。第三，鼓励农民通过参加商业保险、投资等方式增加晚年经济的安全，拓宽农村老人，尤其是低龄健康老人的自养渠道。

第六节 结论与建议

老年社会福利制度是最具综合性、整体性的福利提供体系。在适度普惠社会福利制度建设中，老年社会福利是否能够在一定程度上实现普惠，是适度普惠社会福利制度构建的关键之点。自我国1999年步入老龄化社会以来，人口老龄化高速发展，并且日益呈现高龄化、空巢化、失能化交织的态势。加上老年贫困人口日渐增多，对我国社会经济的发展造成了深远影响。我国亟待从物质、精神、服务、政策和机制等方面建构符合我国国情的适度普惠老年社会福利制度，妥善解决人口老龄化带来的严重挑战。实证研究表明，尽管我国适度普惠型的老年社会福利制度建构已经取得了较大的进步，提高了老年群体的幸福感和精神健康水平，但在不同区域、不同阶层之间，依然存在着不少差距，有待进一步改善，以满足城乡老年群体不断增长的福利需要。

在老年福利政策建构方面，我国的老年社会福利政策不断发展，逐步从补缺型向适度普惠型转轨：（1）政府的老年福利责任不断扩大，继续发挥家庭在养老中的基础作用，鼓励社会力量参与老年社会福利事业。（2）政策重点对象逐步从特殊老年人群转向全体老年人，特别是高龄老人群。（3）不断满足老年人日益增长的多元化需要。但是我国补缺型的老年社会福利也呈现非正式性、渐进性、滞后型、多轨制等特点，存在着城乡差距较大，覆盖面不够，服务供给不足，服务质量不高，老年优待政策未能得到有效落实等问题。

在老年社会福利服务体系建设方面，为了满足老年人群体的需要，我国初步建立起了以居家为基础、社区为依托、机构为支撑、医养相结合，具有中国特色的适度普惠型的养老服务体系，实现了从国家福利模式向福利多元主义的转型。其主要特征为：发挥政府在基本公共养老服务提供中的主导作用；发挥市场提供养老服务的基本功能，鼓励养老服务业的充分发展；注重发挥居家养老的基础作用；强调社区在递送社会养老服务中的重要作用；重视利用“互联网+”服务，提升养老服务的效率和质量；社会工作介入老年福利服务领域，专业化福利服务得到加强。但是与我国日益增加的养老服务的需要而言，我国的养老服务体系建设还存在着如下问题：社区养老服务和养老机构床位严重不足；养老机构和养老设施的建设缺乏统筹规划，体系建设缺乏整体性和连续性；养老设施简陋、功能单一，难以提供照料护理、医疗康复、精神慰藉等多方面服务；政府投入不足，纸面上的优惠政策较多，落实不到位；养老服务队伍专业化程度不高，素质不高，数量不足，培养院校不够，流失率大，急需培养专业人才。

在老年福利管理方面，伴随老年社会福利体系的健全和社会福利提供的多元化，我国老年社会福利管理也日趋规范，老年社会福利职业和行业规范标准相继出台，建立起较为规范的养老服务准入、退出、监管制度，大力推动养老服务标准化。其主要特点是：经历了从一般性行政管理到法制化和标准化的进程；社会福利服务和机构绩效考核问题被提上了重要议事日程；注意采取政府购买服务等方法加强对老年社会福利服务的管理；鼓励地方政府实行老年福利管理创新；从多头管理走向归口管理。在老年社会福利人才队伍建设方面，我国也取得了较快的发展，但也还存在着以下主要问题：老年社会福利人才总量不足，素质偏低；老年社会福利人才招聘难，流失率高；老年社会福利人才培养机构不足；老年社会福利人才培养的机制不健全。

本书还通过实证研究，揭示了城乡老年福利水平的现状及其影响。发现城市老人综合福利需要突出，而福利获得严重不足，医疗、法律福利获得与满足状况尤为堪忧。针对农村老年福利供给对农村老人精神健康水平影响的实证研究则表明，随着经济收入的提高，家庭经济福利供给对老年精神健康的作用不明显，但家庭精神福利供给的作用却弥显珍贵。农村社区福利供给对老人精神健康水平的影响不可小觑。农村老人从事生产性劳动可以提高他们的自我效能感和独立感，从而提升其精神健康水平。在国家福利供给中，由于参加社会养老保险增加了他们的固定收入，减少了经济上的不确定性，明显提升了农村老人的精神健康水平，但参加社会医疗保险和获得政府转移收入，却可能因为报销比率与服务质量较低、转移支付规模有限等原因，暂时效果还不显著。

为了进一步提升老年人的福祉，健全我国适度普惠老年社会福利制度，我们应该采取以下措施，发展整合各种社会保障政策、共享发展的适度普惠型的老年人社会福利制度：（1）进一步健全老年群体的收入保障机制，促进老年人分享社会发展成果，保障老年人的生活质量；注意老年福利获得中的城乡、区域、职业差异，促进老年社会服务供给的均等化。（2）关注老年人的身心健康，减轻他们的心理压力，提高他们的自尊感、幸福感和获得感；继续弘扬孝亲敬老的文化，强化家庭的福利提供功能，巩固家庭在养老中的基础地位。（3）应该进一步改进养老服务的供给模式，提高供给效率，满足老人的多元福利需要；继续推进社区在养老服务提供中的资源整合作用；继续发挥企业和社会组织的重要作用；进一步推进医养相结合，构建完善的医养结合的养老服务体系；进一步完善老年人优待办法，积极为老年人提供各种形式的照顾和优先、优待服务，逐步提高老年人的社会福利水平。(4) 加强老年福利管理，加大对老年福利的规划、统筹和评估，保障养老福利服务供给的质量和标准；加强老年人才队伍建设，形成包括中等职业教育、高等职业教育、本科、研究生等多层次的老年社会福利人才培养体系。

第十四章

适度普惠残疾人福利制度构建

残疾人社会福利制度是中国社会保障体系的一个子系统，在社会结构转型与经济体制转轨的宏观背景下，残疾人社会福利制度始终处在一个不断完善的过程之中，从有限特惠到有限普惠，再到适度普惠，中间也经历了停滞甚至倒退。随着小康进程的推进和社会政策时代的到来，残疾人社会福利制度正在迈向普惠阶段。

第一节　残疾人社会福利政策变迁

残疾人的历史是和人类历史是一脉相承的，但残疾人社会福利制度的出现与政权建立一样，是一定历史时期的产物。伴随社会不断地发展进步，残疾人社会福利制度的内容和范围也在不断地丰富。中华人民共和国成立以后，残疾人福利制度在党和政府的高度重视下得到快速发展。本部分主要从社会政策与社会福利制度发展的视角，对我国残疾人社会福利制度变迁进行分析。

一、残疾人社会福利制度有限特惠时期的政策

中华人民共和国成立初期，整个国家从长期的战乱之中解脱出来，百废待兴。为巩固新民主主义革命的胜利果实和新生政权，党和国家非常重视社会福利方面的工作，尤其是革命伤残军人的保障与生活方面，残疾人社会福利制度也因此得到发展。在这一阶段，由政治主导的特惠残疾人社会福利制度主要集中在以下几个方面（见表 14－1）。

表 14-1 有限特惠期残疾人福利政策和措施（1949～1965 年）

年份	发文单位	惠及对象	社会福利政策	主要内容	主题词
1949	铁道部	残废军人	《残废军人及残废军人学校学员乘车优待暂行办法》	针对残疾军人的优抚措施	残疾；军人
1950	内务部	①残废军人； ②伤亡革命工作人员； ③伤亡民兵民工	①《革命残废军人优待抚恤暂行条例》； ②《革命工作人员伤亡褒恤暂行条例》； ③《民兵民工伤亡抚恤暂行条例》	①确定革命烈士认定条件； ②确定革命军人负伤评残条件和残废等级； ③确定牺牲病故、残废抚恤标准和抚恤制度	残废；优抚；抚恤
1951	政务院	聋哑、盲目儿童、青年和成人	《关于改革学制的决定》	规定“各级人民政府应设立聋哑、盲目等特种学校，对生理上有缺陷的儿童、青年和成人施以教育”	聋哑；盲目
1952	内务部	①残废军人； ②残废革命工作人员； ③残废民兵民工	①《关于执行〈革命残废军人优待抚恤暂行条例〉注意事项》； ②《革命残废军人、革命残废工作人员、民兵、民工伤口复发治疗办法》	进一步细化对残疾军人的优抚措施并进行详细说明	残废；抚恤；优抚

续表

年份	发文单位	惠及对象	社会福利政策	主要内容	主题词
1953	内务部	盲人	①中国盲人福利会成立； ②《新盲字方案》	①协助政府关心、扶助盲人，为盲人福利服务； ②1953年得到推广，从而统一了全国盲文文字，并沿用至今	盲人；盲人福利会；盲字
1954	政务院	①盲人； ②麻风病人； ③精神病人； ④民工	①中国盲人福利会的机关刊物《盲人月刊》在北京创刊； ②《关于民政部门与各有关部门的业务划分问题的通知》； ③《关于经济建设工程民工伤亡抚恤问题的暂行规定》	①主要进行宣传社会主义理论、政策、时事和盲人福利，是中国盲人学政治、学科学、学文化的通俗盲文刊物； ②对于麻风病人、精神病人等的治疗和收容归属部门，进行了划分； ③对民工因工死亡、负伤、负伤致残废者的抚恤金、医疗费等补助进行了具体规定	盲人；麻风病人；精神病人；民工
1955	铁道部	残废军人	《残废军人乘车优待暂行办法》	废止1949年的《残废军人及残废军人学校学员乘车优待暂行办法》	残废；优待
1956	教育部 人大 内务部	聋哑人 盲童、聋童	①中国聋人福利会成立； ②《关于盲童学校、聋哑学校经费问题的通知》； ③《高级农业合作社示范章程》； ④召开城市残老教养、烈军属贫民生产工作座谈会	①聋人福利会的宗旨是协助政府联系广大聋哑人群众，为聋哑人福利服务； ②规定适合于特殊学校的经费标准。孤儿或无人抚养的盲童、聋童所需费用，凡原由学校供给的，仍由学校供给。并规定了教学行政费、一般设备费、教学设备费、技术实习费、人民助学金等； ③确立了中国农村的五保制度。老、弱、孤、寡、残疾的社员有了最基本的保障； ④首次提出社会福利生产新概念，使这种特殊生产形式得到了认可，并逐渐成为国家福利事业残疾人福利事业的重要组成部分	五保；社会福利生产；特殊学校；聋人福利会

续表

年份	发文单位	惠及对象	社会福利政策	主要内容	主题词
1957	教育部	盲童、聋童	《关于办好盲童学校、聋哑学校的几点指示》	规定盲校小学学制为 6 年，聋校学制为 10 年。盲童、聋童入学年龄为 7～11 岁。并对办校方针、编制、教学改革等提出了要求	盲校；聋校
1960	全国人大	农村孤老残幼	《1956～1976 年全国农业发展纲要》	在第二届全国人民代表大会第二次会议中通过，第 30 条明确规定对农村中孤老残幼实行“五保”制度	孤老残幼
1963	内务部	①五保户； ②困难户	《关于做好当前五保户、困难户供给、补助工作的通知》	针对五保户、困难户的生活保障的问题进行通知	五保；保障

资料来源：中国残疾人联合会，1996，《中国残疾人事业年鉴（1949—1993）》，北京：华夏出版社。

（一）残疾人社会福利制度初步建立阶段（1949～1956年）

第一，针对革命伤残军人的优抚福利制度建立。中华人民共和国成立初期，政府密集颁布了《残废军人及残废军人学校学员乘车优待暂行办法》和《革命残废军人优待抚恤暂行条例》《革命工作人员伤亡褒恤暂行条例》《民兵民工伤亡抚恤暂行条例》等福利政策。在全国范围内对革命伤残军人的优抚工作、认定标准、评残条件和残疾等级评定在制度层面进行了统一。经过试点后，中央人民政府对上述福利制度的不足之处，在优待抚恤等方面进行了细化和说明，之后还进行过完善和修订。

第二，针对普通残疾群众福利制度的初步建立。中央政府陆续出台《关于民政部门与各有关部门的业务划分问题的通知》和《关于经济建设工程民工伤亡抚恤问题的暂行规定》，分别对麻风病患者与精神病患者的看护管理进行工作划分和对因工导致伤残工人治疗费用、抚恤费用等进行明确规定。1956年出台的《高级农业生产合作社示范章程》，首次确立了中国农村的“五保”福利制度。

第三，针对残疾人教育福利制度的初步建立。《关于改革学制的决定》《关于盲童学校、聋哑学校经费问题的通知》等文件，对特教学校经费标准及残疾儿童学费来源进行了具体规定。《新盲字方案》首次在全国范围内统一了盲文文字之后经教育部批准推广，造福了新中国几代、几十万盲人。

第四，相关残疾人组织社团和刊物的成立与创办。1953年中国盲人福利会成立；1956年中国聋人福利会成立，新中国第一次有了残疾人福利组织进行盲人和聋哑人的福利服务，为20世纪80年代残疾人联合会的组建成立起到了深远的意义与影响。1954年，第一个新中国成立以来的残疾人刊物《盲人月刊》创刊，极大地丰富了广大盲人的精神生活、为广大盲人较高层次的需要满足提供了便利。

（二）适应国家战略布局调整阶段（1957～1965年）

此阶段，“三大改造”基本完成，我国开始全面实施计划经济社会主义建设战略，因此残疾人社会福利事业也进入调整适应阶段。在这一阶段，政府在社会保险方面做出调整，残疾人社会福利事业的调整主要是在社会救济和残疾人福利两个方面。

第一，农村增加了由于“左”的影响及严重自然灾害导致的孤老残幼，灾害救济任务繁重；城市随着生产建设的发展和就业门路的扩大，残疾人社会救济人数在20世纪50年代末显著下降，孤老残幼人员比重相对扩大。新的形式变化造成新中国残疾人社会福利事业发展面临诸多困难，政府根据实际情况相应地出台了一些福利政策进行补充与调整。

第二，政府设立各种社会福利单位和福利企业进行残疾人救助，创造条件妥善安置城乡残疾人，鼓励引导有劳动能力的残疾人自力更生。由于受到“大跃进”的影响，我国社会福利生产大大突破固有的福利性质范围，出现无序的井喷式增长。为消除不利影响，1961 年政府对社会福利事业采取“调整、巩固、充实、提高”的方针，引导残疾人社会福利事业健康发展。

通过梳理残疾人社会福利变迁有限特惠时期的制度资料，这一时期残疾人的福利保障制度开始建立并初具雏形。这一时期残疾人社会福利制度的出台主要是为了弥补长期战乱给人民带来的伤害，残疾人社会福利事业所涉及的范围和区域都比较小；对残疾人的称呼也多带有歧视字眼，残疾人就业、康复等方面的问题没有进行制度安排。值得注意的是，农村五保供养制度与部分残疾人福利组织的设立及特殊教育相关福利政策的制定，为后续残疾人福利事业发展建立了基础。因而，这一时期的残疾人社会福利制度更多的是倾向于部分残疾人群的基本生活保障层面。

二、残疾人社会福利停滞到重建时期的政策

从“文化大革命”开始到 20 世纪 80 年代末，新中国经历了自成立以来巨大的考验和转型。残疾人社会福利事业也因此经历了从重创停滞到恢复重建的曲折发展。在这一阶段，国家各项事业从“文化大革命”期间的停滞状态到改革开放进入全面恢复发展，残疾人社会福利事业梳理也根据以上两个时间节点进行（见表 14－2）。

表 14－2　重创停滞到恢复重建时期残疾人福利政策和措施（1966～1987 年）

年份	发文单位	实施对象	社会福利政策	内容	关键词
1976	财政部、解放军总后勤部	残废军人	《关于革命残废军人评残工作中几个问题的通知》	针对残废军人残疾等级评定过程中的问题进行通知	残废；军人
1977	财政部	残废军人	《关于调整在乡革命残废人员抚恤标准的通知》	对在乡残废军人抚恤标准进行了调整，保障革命残废军人的生活	残废；优抚；抚恤

续表

年份	发文单位	实施对象	社会福利政策	内容	关键词
1979	民政部、教育部文字改革委	聋哑人	《关于进一步试行和推广聋人通用手语的通知》	为一部分残疾人创造了无障碍交流环境	聋哑
1980	财政部 民政部	福利企业	《关于民政部门举办的福利生产单位交纳所得税问题的通知》	规定：福利生产单位盲、聋、哑、残人员占生产人员总数35%以上的，免交所得税；盲、聋、哑、残人员占生产人员总数的比例在10%～35%之间的，减半交纳所得税	福利企业；免税
1982	教育部	盲、聋、智力残疾人	中国教育学会特殊教育研究会在江西南昌成立	是我国特殊教育的群众性专业学术团体。其宗旨是：团结全国特教工作者，研究盲、聋、智力残疾人教育，促进特教科学的发展，提高特教质量	特殊教育研究会
1983	民政部 财政部	①聋儿； ②盲聋哑残青年	①中华聋儿语言听力康复中心在北京成立； ②《关于进一步做好城镇待业的盲聋哑残青年就业安置工作的通知》	①它是对聋儿进行康复、听力语言训练的研究与指导机构； ②对于残疾人的就业起到了一定的促进作用	康复； 就业
1984	民政部 财政部	①残废军人； ②福利企业	①《关于调整革命残废人员抚恤标准的通知》； ②《关于社会福利生产单位征免税问题的通知》	①进一步提高残疾军人的生活标准； ②促进福利企业增加招收残疾人职工的积极性	残废；优待；福利企业；免税

续表

年份	发文单位	实施对象	社会福利政策	内容	关键词
1985	教育部等	残疾青年	《关于做好高等学校招收残疾青年和毕业分配工作的通知》	第一个关注残疾青年高等教育和就业问题的文件	高等教育；就业
1986	国家出版局	残疾人	华夏出版社成立	中国残疾人福利基金会领导的综合性出版机构	华夏出版社
1987	民政部等	①无喉残疾人；②聋哑人	①中国残疾人康复协会无喉者康复研究会成立；②《关于盲人聋哑人协会组织盲聋哑残人员举办经济实体有关政策问题的通知》	①第一个为无喉残疾人康复服务的研究会成立；②鼓励聋哑人自主创业	无喉残疾人；康复；创业

资料来源：中国残疾人联合会，1996，《中国残疾人事业年鉴（1949—1993）》，北京：华夏出版社。

（一）重创停滞阶段残疾人社会福利制度（1966～1977年）

“文化大革命”期间，新中国成立后建立的社会福利制度遭受到重创，残疾人福利事业进入停滞状态。1968年由于主管社会福利的内务部被撤销，残疾人组织、协会停止工作，致使残疾人社会福利制度失去了重要的组织基础，各项福利保障工作处于瘫痪状态。到“文化大革命”末期，全国福利生产单位减少了30%，社会福利设施仅剩下700多个，收养人数仅5万多人，残疾人福利事业受到巨大冲击，发展出现停滞甚至退化。有关部门主导了对东北、华中、西南部分省市的盲人、聋哑人情况进行调查，各类规章制度也强调对盲童的职业教育，鼓励有残余听力的学生进入普通学校随班就读。同时，针对革命伤残军人的关怀，也继续出台福利政策，贯彻相关优抚工作方针，在特殊时期保障革命伤残军人的基本生活。

总而言之，虽然残疾人社会福利事业在此阶段遭遇了诸多艰难，但此阶段政府并未完全忽视，仍有一些关于残疾人的保障措施出台。在后期小部分残疾人群体享受到一些措施和关怀，“文化大革命”期间大部分残疾人的生活、教育等福利保障仍然处于停滞状态。

（二）恢复重建阶段残疾人社会福利制度（1978～1987年）

“文化大革命”的结束及1978年党的十一届三中全会召开，使得包括残疾人社会福利事业在内的各项社会事业进入恢复重建阶段。统一管理残疾人社会福利事业的部门——民政部设立，盲人聋哑人福利会社及《盲人月刊》先后恢复，让残疾人社会福利事业发展充满动力。此阶段，在国际社会助残运动兴起的大背景下，政府在残疾人社会福利事业上采取了一系列的措施，提高了社会对残疾人社会福利事业的重视程度，并组织进行了第一次全国残疾人抽样调查。这一阶段出台的有关残疾人社会福利制度的措施，主要有以下几点：

第一，残疾人生活福利保障除继续实行以前相关福利保障政策外，在经济不断增长的同时对保障标准进行适当调整。第二，此阶段教育保障政策出台主要集中在法律法规等层面，既包括高校招生，也涵盖了毕业分配的内容；第三，残疾人就业问题得到政府和社会的关注，政府采取的措施是集中安置就业和鼓励有能力的残疾人自主创业，并且一些促进就业的福利政策出台，为残疾人就业保障制度的完善起到了关键作用。第四，这一阶段的康复保障工作主要是进行康复设施的建设，中华聋儿语言听力康复中心在北京成立，标志着我国聋儿有了专业康复、语言听力训练的研究与指导机构。第五，无障碍环境建设从北京起步，北京市政府响应国家号召率先在4条街道进行无障碍试点改造。

综上所述，这一时期残疾人社会福利事业虽在“文化大革命”中遭受重创和停滞，但还是在艰难中一步步前进；党的十一届三中全会的召开使中国开启了社会主义经济建设新时期，残疾人社会福利事业在恢复和重建的基础上，迎来了勃勃生机。加之20世纪80年代国际助残意识的提升，让政府和社会开始重新审视残疾人对社会进步和经济发展的贡献，来展示政府对残疾人教育、就业和康复的关注。

三、残疾人社会福利制度有限普惠时期的政策

从20世纪80年代末中国残疾人联合会成立到2008年北京奥运会举办之前这一时期，随着社会的快速发展和经济的腾飞，中国残疾人社会福利事业取得长足进步，进入适度经济普惠时期。中国残疾人社会福利事业在法律法规、制度政策相互配合、相互完善、相互补充的条件下，伴随中国经济增长，广大残疾人能够享受到的社会福利较之以前政治特惠时期大大增加、覆盖面更宽（见表14－3）。

表 14－3　　有限普惠时期残疾人福利政策及措施（1988～2007年）

年份	发文单位	实施对象	社会福利政策	内容	关键词
1988	中残联等部委	全体残疾人	①残疾人联合会成立； ②《中国残疾人事业五年工作纲要（1988—1992）》出台； ③中国康复研究中心成立； ④北京师范大学特殊教育研究中心成立； ⑤《关于农村年老病残民办教师生活补助费的暂行规定》； ⑥《方便残疾人使用的城市道路和建筑物设计规范》	①中国残疾人联合会的成立标志着中国残疾人社会福利事业进入到新的阶段； ②《纲要》分背景、原则、任务和措施四大部分，其内容涵盖残疾人社会福利事业体系、福利政策法规体系、组织体系和福利思想理论体系等，是中国特色残疾人社会福利事业的第一个纲领性文献； ③中国康复研究中心是承担残疾人的康复、康复科学技术研究、康复人才培养以及信息与社会服务的综合性康复机构和技术资源中心； ④是我国较早成立的特殊教育专业研究机构； ⑤关注残疾人中的特殊群体，如民办教师； ⑥主要满足下肢残疾者和视力残疾者出行需要	残废人；中残联；残疾人事业五年工作纲要；无障碍
1989	国家教委等部委	全体残疾人	①《关于发展特殊教育的若干意见》； ②《社会福利企业招用残疾职工的暂行规定》	①对提高学龄前残疾儿童的入学率、残疾青少年的职业教育等方面做出了具体的部署； ②规范了福利企业招用残疾职工的行为，保障了残疾人的就业权利	特殊教育；福利企业；就业

续表

年份	发文单位	实施对象	社会福利政策	内容	关键词
1990	人大 民政部等	全体残疾人	①《中华人民共和国残疾人保障法》； ②《社会福利企业管理暂行办法》	①第一次以法律的手段保障了残疾人权利的实现，使残疾人社会福利事业步入法律化、规范化、制度化的阶段； ②规范了福利企业的管理制度	残疾人保障法；福利企业管理
1991	民政部等	因公伤残军人	①关于在国家机关、企事业单位工作的因战因公伤残军人享受所在单位因公（工）伤残人员的保险福利待遇的通知》； ②中国残疾人事业“八五”计划纲要（1991—1995）》	①对于在国家机关、企事业单位工作的因战因公伤残军人享受所在单位因公（工）伤残人员的保险福利待遇进行了具体的规定； ②关于中国残疾人事业 1991 ~ 1995 年的工作纲要	因公伤残军人；福利待遇；纲要
1992	民政部 中残联等	①病残义务兵； ②部分城市残疾人	①《关于进一步做好病残义务兵退休和安置工作的意见》； ②《关于在部分城市开展残疾人劳动就业服务和按比例就业试点工作的通知》	①残疾军人的优抚措施； ②按比例就业由此开端，为以后按比例就业福利制度开展奠定基础	按比例就业
1994	国务院 国家教委	①全体残疾人； ②残疾儿童、少年	①《残疾人教育条例》； ②《关于开展残疾儿童少年随班就读工作的试行办法》	①确保残疾人受教育的权利，为残疾人平等地参与社会生活创造条件； ②有利于残疾儿童少年入学率的提高，有利于残疾儿童与普通儿童互相理解、互相帮助，促进特殊教育和普通教育有机结合	教育

续表

年份	发文单位	实施对象	社会福利政策	内容	关键词
1995	国务院 财政部	①北京市困难残疾人； ②未按比例要求招收残疾人职工的企业	①《关于城镇无劳动能力的重残人困难户给予适当困难补助的通知》； ②《残疾人就业保障金管理暂行规定》	①将北京做法推广到全国其他地区，切实解决特困残疾人生活问题； ②对于未按比例要求招用残疾职工的企业所缴纳的残疾人就业保障金的管理、使用等做出了具体的规定	困难补助；残保金
1996	国务院	全体残疾人	《中国残疾人事业“九五”计划纲要（1996—2000）》	关于中国残疾人事业 1996 ~ 2000 年的工作纲要	纲要
1997	劳动部 中残联等	盲人	《关于做好盲人保健按摩职业技能培训、鉴定及就业工作的通知》	大力发展盲人按摩事业是解决盲人就业问题的重要途径	盲人按摩；就业
1998	教育部 中残联等	①特教学校； ②下岗残疾职工； ③残疾人服务社	①《特殊教育学校暂行规程》； ②《关于做好下岗残疾职工基本生活保障和再就业工作的通知》； ③《关于建立和完善残疾人服务社并进行企业法人登记注册的通知》	①为加强特殊教育学校内部的规范化管理，全面贯彻教育方针，全面提高教育质量； ②制定具体措施避免残疾职工下岗，切实做好下岗残疾职工基本生活保障和再就业工作； ③在已有残疾人就业服务所的基础上，进一步建立和完善面向农村的残疾人服务体系	特殊教育；残疾人服务社；下岗残疾职工

续表

年份	发文单位	实施对象	社会福利政策	内容	关键词
1999	国务院 中残联等	全体残疾人	①全国盲人按摩高等教育统编教材审定会通过了《按摩学基础》《儿科按摩学》《内科按摩学》《妇科按摩学》四门大学按摩教材； ②《关于进一步做好残疾人就业工作的若干意见》； ③《关于积极扶持残疾人个人或自愿组织起来从事个体经营的通知》	①本教材的出版弥补了我国历史上盲人按摩高等教育教材的空白； ②进一步完善残疾人就业优惠政策以及政府促进残疾人就业的责任； ③为残疾人自主创业提供支持	教材；就业；自主创业
2001	民政部 中残联等	①民用机场； ②城建； ③全体残疾人	①《民用机场旅客航站区无障碍设施设备标准》； ②《城市道路和建筑物无障碍设计规范》； ③《中国残疾人事业“十五”计划纲要（2001—2005）》	①残疾人无障碍环境建设推进范围扩大； ②进一步规范了残疾人无障碍设施建设标准； ③关于中国残疾人事业 2001 ~ 2005 年的工作纲要	民用机场；无障碍；纲要
2002	中残联	全国残疾人康复机构	《关于进一步加强残疾人康复服务工作的意见》	要求各地区加强康复服务人员的培训，提高康复人员的业务能力	康复人员
2004	中残联 卫生部等	残疾失业人员	①《关于进一步加强精神卫生工作指导意见》； ②《关于做好残疾失业人员登记工作的通知》	①新时期精神卫生工作的重要指导性文件； ②为做好残疾失业人员失业登记工作，加强登记残疾失业人员的管理与服务工作提出要求	精神卫生；残疾失业人员

续表

年份	发文单位	实施对象	社会福利政策	内容	关键词
2005	民政部等	全体残疾人	①《关于开展全国残疾人社区康复示范工作的通知》； ②《关于城镇贫困残疾人个体户参加基本养老保险给予适当补贴有关问题的通知》	①开始了对残疾人社区康复的试点工作； ②对于给付补贴的标准和条件进行了具体的说明	社区康复；参保
2006	卫生部、中残联	全体残疾人	①《全国防盲治盲规划（2006—2010）》； ②《关于进一步加强残疾人辅助器具服务工作的意见》； ③《中国残疾人事业“十一五”计划纲要（2006—2010）》	①推进我国防盲治盲工作，为最终实现到2020年消除可避免盲的战略目标奠定了坚实基础； ②规定了残疾人辅助器具服务工作的总体目标及具体的实施办法； ③关于中国残疾人事业2006～2010年的工作纲要	防盲；治盲；辅具；纲要
2007	国务院、民政部等	全体残疾人	①《残疾人就业条例》； ②《关于促进残疾人就业税收优惠政策征管办法的通知》； ③《关于加强残疾人社区康复工作》； ④中国人民大学残疾人事业发展研究院成立	①有效保障残疾人的劳动权利。《条例》规定了国家对残疾人就业实行集中就业与分散就业相结合的方针； ②有利于促进残疾人就业权利的实现； ③有利于残疾人康复保障的进一步实施； ④全国首家残疾人事业发展研究院，是一个跨学科、开放型研究机构	就业条例；就业税收；社区康复

资料来源：中国残疾人联合会，1996，《中国残疾人事业年鉴（1949—1993）》，北京：华夏出版社。
中国残疾人联合会网站，http：//www. cdpf. org. cn/，2017－02－16。

在2006年进行了第二次全国残疾人抽样调查，为新时期残疾人社会福利事业发展及相关残疾人研究提供了统计数据。广泛开展的各类助残活动为残疾人解决了大量生活具体问题，社会助残氛围逐渐形成。总体来说，这一时期，残疾人社会福利事业呈现出以下特点：

第一，随着经济的持续增长和社会的逐渐进步，政府和社会有能力、有条件为更多的残疾人群体提供基本生活保障，重残疾人困难补助制度在北京开始试点，随后在全国推广；下岗残疾职工的基本生活也有了相关保障，对国企改革、稳定社会起到了重要作用；残疾人参与社会保险的补贴也进一步落实，为贫困残疾人参与社会保险减少顾虑。第二，残疾人受教育权利有了制度保障，标志着我国残疾人教育法制建设进入新的阶段，为后续残疾人教育保障的完善和发展开启了新的篇章。此外，对于特教教材的编写与审定也得到了相关部门的重视，第一批全国盲人按摩专业统编教材在北京审定，填补了我国历史上盲人按摩高等教育教材的空白，意义深远。第三，政府对残疾人就业比以往任何一个时期都重视，在此期间出台和发布了一系列促进残疾人就业的法规政策，对残疾人在就业过程中的权益保障做出了具体的规定，保障了残疾人的就业权利，并形成了四种主要的残疾人就业形式：集中就业、按比例就业、残疾人自主创业和自主择业。第四，康复政策法规的相继出台，为残疾人康复权利的保障护航。除社会福利政策措施之外，政府还逐步加强康复学科的建设及相关专业人员的培养。第五，无障碍环境在此阶段得到了快速发展，政府出台相应的无障碍规范，完善了残疾人无障碍设施建设的标准。

此阶段残疾人社会福利事业在政府和社会的支持下进入了快速发展的阶段，残疾人的各项公民权利在社会福利制度不断完善的进程中逐步实现。由于残疾人保障法及教育条例和就业条例的颁布实施，使得残疾人福利保障事业走上了法制化、制度化的道路，残疾人自身发展和权利实现有了法律保障。

四、残疾人社会福利制度适度普惠时期的政策

建设适度普惠的社会福利制度，将中国残疾人社会福利事业推上了一个新的发展阶段，国家也把残疾人社会福利事业发展作为全面建成小康社会的一个重要构成部分。这一时期残疾人权益保障制度进一步完善，残疾人在政治、经济、社会、文化等方面的权利得到基本实现，残疾人公共服务不断完善，中国特色残疾人基本救助、社会福利、康复服务、教育就业等制度日臻完善，全社会助残意识明显提高，残疾人受歧视现象逐步减少。具体而言，这一阶段残疾人社会福利事业在以下方面得到进一步的提升和创新（见表14－4）。

表 14－4　**适度普惠期残疾人福利政策和措施（2008 年至今）**

年份	发文单位	实施对象	社会福利政策	内容	关键词
2008	中共中央、全国人大、国务院等	全体残疾人	①《中华人民共和国残疾人保障法》修订通过； ②《中共中央、国务院关于促进残疾人事业发展的意见》	①随着社会和经济环境的变化，对原有法案进行的修订； ②在残疾人康复、保障基本生活、促进残疾人全面发展等方面提出意见	修订残保法
2009	中残联、教育部等	全体残疾人	①《关于进一步做好高等学校残疾人毕业生就业工作的通知》； ②《关于进一步加快特殊教育事业发展的意见》； ③《关于在新型农村社会养老保险试点中做好残疾人参保工作的通知》	①要求切实将高校残疾人毕业生纳入国家促进高校毕业生政策扶持范围；在提供就业服务、开发就业岗位时，要给予优先扶持，实施重点援助等； ②对于提高残疾少年儿童义务教育普及水平、提高特殊教育保障水平等提出了意见； ③要求落实残疾人参加新农保的优惠政策和具体措施，保障了农村残疾人的权益	就业；特教；新农保
2010	中残联等	全体残疾人	《关于加快推进残疾人社会保障体系和服务体系建设的指导意见》	明确要求，健全残疾人社会保障制度，加强残疾人服务体系建设，缩小残疾人生活状况与社会平均水平的差距，实现残疾人事业与经济社会协调发展	保障体系；服务体系
2011	国务院	全体残疾人	《中国残疾人事业“十二五”计划纲要（2011—2015）》	关于中国残疾人事业 2011～2015 年的工作纲要	纲要
2012	国务院	全体残疾人	《无障碍环境建设条例》	我国第一部关于无障碍设施的行政法规，有利于创造无障碍环境，保障残疾人等社会成员平等参与社会生活	无障碍

续表

年份	发文单位	实施对象	社会福利政策	内容	关键词
2015	国务院、民政部、中残联、教育部	①困难残疾人； ②重度残疾人； ③特教老师； ④残疾高考生	①《关于全面建立困难残疾人生活补贴和重度残疾人护理补贴制度的意见》； ②《特殊教育教师专业标准（试行)》； ③《残疾人参加普通高等学校招生全国统一考试管理规定（暂行)》； ④《国务院关于加快推进残疾人小康进程的意见》	①为逐步解决残疾人额外生活支出和长期照护支出偏重问题提出建议； ②进一步完善教师队伍建设标准体系，引领特殊教育教师专业成长，促进特殊教育内涵发展； ③保障了残疾人平等参加普通高等学校招生全国统一考试的权利，为残疾人参加高考提供平等机会和合理便利； ④帮助残疾人共享我国经济社会发展成果	生活补贴；护理补贴；特教专业标准；高考
2016	国务院、税务总局、教育部	①困境儿童； ②残疾人职工； ③残疾儿童少年	①《国务院关于加强困境儿童保障工作的意见》； ②《促进残疾人就业增值税优惠政策管理办法》； ③《普通学校特殊教育资源教室建设指南》	①确保困境儿童生存、发展、安全权益得到有效保障； ②为规范和完善促进残疾人就业增值税优惠政策管理； ③为规范普通学校特殊教育资源教室的建设和管理，充分发挥资源教室为普通学校残疾学生提供特殊教育、康复训练和咨询的重要作用，加快推进普通学校随班就读工作	困境儿童；就业增税优惠；资源教室

资料来源：根据中国残疾人联合会网站资料整理。http：//www. cdpf. org. cn/，2017-08-31。

第一，为了保障残疾人能够分享经济社会发展的成果，残疾人的保障法律进一步修订、完善，首次明确“两个体系”建设作为全面建设小康社会和构建社会主义和谐社会的一项重要任务，后续一系列关于残疾人参与社会保障、护理补贴制度等的意见和通知相继出台，进一步促进了残疾人群体中的困难者参与社会保险。第二，这一阶段我国的无障碍环境建设有了显著改善，特别是借助残奥会等大型国际交流活动，无障碍设施的普及程度有了很大提高。我国第一部关于无障碍设施的行政法规《无障碍环境建设条例》出台，为保障残疾人平等参与社会生活开辟了新的天地。第三，残疾人教育就业有了新发展。政府出台了系列政策，要求各级招生考试机构应遵循高考基本原则，为残疾人参加高考提供平等机会和合理便利，残疾人接受高等教育的入口得到了法律的保障。此外还出台了特殊教育教师标准，进一步提高特殊教育教师专业化水平、完善教师专业发展标准体系以及对特殊教育资源教室建设进行了规范指导等政策。

综上所述，我国残疾人社会福利政策从政治特惠时期开始建立，制度供给与社会经济发展同步，但残疾人社会福利政策的发展到改革开放以后才开始快速推进。随着经济体制的改革，中国社会经济形势发生了巨大变化，各种社会问题凸显，残疾人社会福利需要随着社会变迁的加剧，对政府和社会提出了更多更高的要求。

1988 年，作为中国第一个统一管理、服务残疾人事务的组织——中国残疾人联合会成立，社会福利开始呈现多元化转变。社会力量加入残疾人社会福利服务中来，与政府形成互动和互补。2007 年是残疾人社会福利发展的转折年，政府密集出台了一系列覆盖面较宽的残疾人福利制度，残疾人福利从有限普惠向适度普惠转型。社会公正的理念对残疾人群体不利地位的关注在决策层和政府形成某种共识，社会公正理念被社会普遍认可。残疾人社会福利政策被制度化地有效实施，伴随民间力量的加入使得全社会助残氛围浓厚。

综合我国现阶段基本国情，残疾人社会福利总体保障水平仍然偏低，和普通民众的福利保障水平还有相当差距，滞后于经济社会发展水平，我国残疾人社会福利事业发展还有很长的一段路要走。

第二节　残疾人社会福利接受类型和水平研究

一、四城市残疾人调查对象基本概况

2012 年 5 月至 9 月期间，中国适度普惠社会福利理论与制度构建课题组分别

选取了华东地区的南京、华北地区的天津、西北地区的兰州、西南地区的成都四个城市作为调查点，采取分层抽样加配额抽样的方式，计划抽取800位残疾人发放问卷，实际发放880份，最终回收的有效问卷为843份，有效回收率为96%（见表14-5）。考虑到残疾人沟通和填写问卷的能力，目标对象中没有考虑重度残疾等人群。从样本的残疾类别、残障等级以及生活自理程度三大指标来分析，被调查对象分布在不同类型的残疾群体中，调查分析结果具有一定的说服力。

表14-5　适度普惠残疾人问卷调查对象社会与残疾特征概况

选项	样本数/频数（%）	
在业状况	工作，244（29.8） 一直没有工作，295（36.0）	失业，186（22.7） 退休，95（11.6）
户籍状况	非农村户籍，699（82.9）	农村户籍，144（17.1）
低保状况	未享受低保，514（61.0）	享受低保，329（39.0）
残疾类别	肢体残疾，452（53.6） 听力语言残疾，169（20.0）	视力残疾，143（17.0） 智力残疾及其他，79（9.3）
残障等级	一级，195（23.2） 三级，274（32.5） 没定级，50（5.9）	二级，174（20.7） 四级，149（17.7）
生活自理程度	完全自理，396（47.0） 不能自理，74（8.8）	部分自理，373（44.2）

二、残疾人基本生活与收入保障接受水平

残疾人的家庭收入水平在一定程度上反映了残疾人生活水平。表14-6中，南京、天津、兰州、成都四个城市的残疾人自评的家庭收入水平普遍低于平均水平，其中南京的残疾人家庭收入“远低于平均水平”和“低于平均水平”的家庭数量占调查总数的74.3%，天津的残疾人家庭收入“远低于平均水平”和“低于平均水平”的家庭数量占调查总数的53.5%，兰州的残疾人家庭收入“远低于平均水平”和“低于平均水平”的家庭数量则占到所调查总数的78.7%，成都的对应类占到了总数的66.1%。天津残疾人家庭收入达到平均水平的家庭数最多，而属于西部城市的兰州的残疾人家庭收入达到平均水平的家庭数最少。由此可见，广大残疾人的生活水平和社会生活水平还有较大差距。

表 14－6　　残疾人收入、保障和服务接受水平四城市分类分析

单位：%

类别	总体	南京	天津	兰州	成都
家庭经济收入					
远低于平均水平	26.8	30.1	18.0	34.0	24.2
低于平均水平	41.7	44.2	35.5	44.7	41.9
平均水平	28.6	24.8	43.5	20.5	26.8
高于平均水平	2.4	0.9	2.0	0.9	6.1
远高于平均水平	0.5	—	1.0	—	1.0
社会保险					
医疗保险	87.0	90.4	74.0	89.9	93.0
养老保险	62.0	77.2	46.5	42.6	81.2
住房公积金	15.6	13.2	9.0	9.7	32.1
失业保险	22.9	14.0	8.5	7.4	65.1
生育保险	19.2	7.5	6.5	5.6	60.7
工伤保险	22.3	12.3	11.0	7.9	61.2
社会救助					
临时生活救助	35.8	53.5	28.0	44.5	14.5
养老救助	23.9	25.0	17.5	21.2	32.0
医疗救助	33.7	27.2	33.5	38.7	36.0
水电气暖救助	17.0	15.4	17.0	33.2	2.5
教育专项救助	15.5	9.2	24.0	17.7	12.0
住房专项救助	9.3	4.8	12.5	14.3	6.0
护理补贴	5.1	3.9	5.0	2.5	9.0
康复救助	10.5	6.6	11.0	13.0	12.0
通信补贴	5.1	1.3	8.5	6.9	4.0
康复服务					
医疗康复服务	22.8	18.9	18.5	30.2	23.5
教育康复服务	12.5	3.5	18.5	18.4	10.5
职业康复服务	9.1	7.5	5.0	15.2	8.5
社会康复服务	12.3	5.7	9.5	22.6	11.5

续表

类别	总体	南京	天津	兰州	成都
职业服务					
职业介绍或职业培训服务	27.0	18.9	16.5	39.0	34.0
职业服务机构覆盖率	20.1	11.8	13.5	34.4	21.0
托养服务					
托养服务与补贴	8.7	4.8	10.5	14.3	5.5
托养服务机构覆盖率	11.9	5.7	7.5	23.7	11.0
无障碍服务					
辅助器具适配服务	23.4	18.9	28.0	26.6	20.5
信息无障碍服务	8.4	8.3	9.5	8.6	7.0
辅助器具适配服务机构覆盖率	21.2	15.4	27.5	25.9	16.5
居住区内无障碍设施覆盖率	24.7	20.6	18.0	29.5	31.0
文体活动					
参与文体活动服务	42.6	50.4	27.5	45.2	46.0
文体活动中心设置覆盖率	35.1	43.4	26.0	35.9	34.0
法规宣传和法律服务					
法规宣传教育	43.9	42.5	42.5	54.5	48.5
法律援助服务	7.3	5.3	7.0	10.0	7.0

由表14－7可知，受教育水平与家庭收入水平基本成正比，“初中”及以下的残疾人家庭，其家庭经济状况为“远低于平均水平”的占到67%，家庭经济状况为“高于平均水平”和“远高于平均水平”的残疾人家庭，受教育程度绝大部分为“大专”和“大学本科与研究生”，仅有10%的残疾人受教育水平为“没有接受过任何教育”和5%的受教育水平为“初中”。残疾人的受教育水平在一定程度上影响残疾人家庭的经济状况，对残疾人的教育不可忽视。

表14－7　残疾人受教育程度与家庭经济状况交互分类　单位：%

类别	没有接受过任何教育	小学	初中	普通高中	中专	大专	大学本科与研究生	总计
远低于平均水平	11.1	16.0	39.6	13.3	6.7	8.9	4.4	26.9
低于平均水平	6.0	14.1	30.5	20.7	6.9	9.7	12.1	41.6
平均水平	4.2	10.8	22.5	16.7	8.3	16.3	21.3	28.7

续表

类别	没有接受过任何教育	小学	初中	普通高中	中专	大专	大学本科与研究生	总计
高于平均水平	10.0	—	5.0	—	5.0	40.0	40.0	2.4
远高于平均水平	—	—	—	25.0	—	25.0	50.0	0.5

另外，从图 14-1 中可以看出，国家在对残疾人教育方面的措施也取得了一定的成效，残疾人受教育水平在不断得到提高，在样本中，“大专”和“大学本科与研究生”学历的残疾人比例达到25.6%，“没有接受过任何教育”的残疾人比例仅为6.9%。

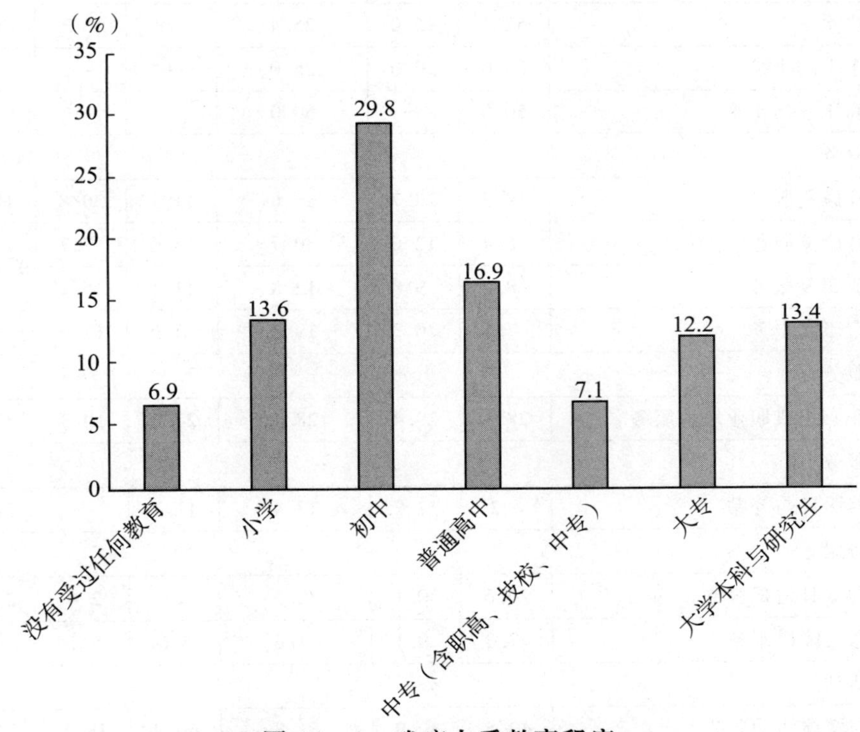

图 14-1　残疾人受教育程度

残疾人家庭的经济状况除了和残疾人自身接受的教育程度有关系外，还受其自身的残疾类型的影响。由表 14-8 可以看出，家庭经济状况处于“平均水平”“高于平均水平”和“远高于平均水平”的残疾人的残疾类型多以“肢体残疾”“视力残疾”和“听力言语残疾”为主，残疾类型为“智力残疾”“精神残疾”和“综合残疾”的残疾人家庭经济状况大多数都处于“低于平均水平”和“远低于平均水平"，仅有少部分此类残疾人家庭的经济状况处于"平均水平"，而"高于平均水平"和"远高于平均水平"的这三类残疾人家庭数都为0。由此可见，残疾人的智力、精神和综合残疾这三个类型会严重影响残疾人的家庭经济状况条件。

表14－8　　残疾人残疾类型与收入和服务交互分类　　单位：%

类别	肢体残疾	视力残疾	听力言语残疾	智力残疾	精神残疾	综合残疾
家庭经济收入						
远低于平均水平	51.1	25.8	14.2	3.6	2.7	2.7
低于平均水平	55.1	13.4	19.7	2.3	6.6	2.9
平均水平	52.1	15.0	25.4	0.8	4.2	2.5
高于平均水平	65.0	10.0	25.0	—	—	—
远高于平均水平	50.0	—	50.0	—	—	—
康复服务						
医疗康复服务	19.5	28.7	26.6	11.1	30.8	18.2
教育康复服务	6.4	12.6	30.7	5.6	7.7	13.6
职业康复服务	8.2	9.8	12.8	11.1	5.1	—
社会康复服务	7.1	20.3	19.3	5.6	17.9	9.1
职业服务						
职业介绍或职业培训服务	28.1	29.4	28.1	27.8	10.3	9.1
托养服务						
托养服务与补贴	6.2	11.2	13.4	11.1	—	22.7
无障碍服务						
辅助器具适配服务	20.6	30.1	32.3	5.6	2.6	22.7
信息无障碍服务	7.3	9.1	11.6	5.6	5.1	9.1
文体活动						
参与文体活动服务	40.5	39.9	51.8	66.7	38.5	22.7
法规宣传和法律服务						
法规宣传教育	37.2	53.2	59.9	44.5	33.3	18.2
法律援助服务	6.2	9.1	8.6	—	7.7	13.6

残疾人社会福利是社会保障体系中的一个组成部分，针对某些特定的残疾人

群体而设立的福利性收入（或称收入保障），以及对生活能力较弱的残疾人等的社会照顾和社会福利服务是相互密切关联的整体。整体制度安排中，最低生活保障制度（以下简称“低保”）是决定残疾居民基本生活水平的主要因素。

除了最低生活保障之外，残疾人接受的收入保障福利包括基本的社会保险和社会救助，共同形成收入保障的福利提供体系。从表14－6可以看出，四个城市的各个项目的覆盖水平不一。总体而言，社会福利覆盖水平最高的是西部地区的成都市，而西部地区的兰州市和东部的南京市、天津市的覆盖水平相差不大。从制度主义的视角看，决定残疾人社会福利水平高低的关键因素也在于倾斜性的制度设计。特别值得一提的是，2008年5月28日，兰州市民政局、兰州市残疾人联合会联合发布了《关于进一步落实残疾人低保政策有关问题的通知》，对重度残疾人采取单独施保政策，救助标准上浮10%～20%，在一定程度上帮助残疾人解决了基本生活需要未能满足的问题。

三、残疾人社会福利服务类型和接受水平

我国残疾人社会福利服务是为了“维护残疾人的合法权益，发展残疾人事业，保障残疾人平等地充分参与社会生活，共享社会物质文化成果”而开展的（彭华民、万国威，2003）。我国的残疾人社会福利服务的起步相对较晚，发展较慢。但我国适度普惠型残疾人社会福利服务逐步开展，制度体系日臻完善，残疾人的服务需要得到了一定程度的满足。特别是改革开放以后，我国一些地区开始试行政府购买服务，推行“社会福利社会办”，残疾人社会福利服务逐步走向社会化。1988年，中国残疾人联合会的成立，推进了我国残疾人社会福利服务逐步走向规范化和专业化。而且，1990年我国颁布施行《残疾人保障法》，1994年国务院颁布《残疾人教育条例》，我国的残疾人社会福利服务的法规政策体系逐步建立。进入20世纪后我国残疾人福利服务发展速度不断加快，资金、人力、物力等投入不断增加。近五年来，我国残疾人社会福利服务的中央投入增长较快，截至2015年，我国残疾人事业预算达3.2亿元（见表14－9）。

表14－9　2011～2016年中央本级支出预算残疾人事业部分　单位：亿元

年份	2012	2013	2014	2015	2016
金额	2.81	5.53	4.68	3.2	3.02

注：2013年安排了残奥会奖金预算，2014年安排了一次性基本建设支出，2015年安排部分一次性基本建设支出。因此，这三年的残疾人事业预算较高。

资料来源：2012～2016年中央本级支出预算表整理。

我国残疾人社会福利服务范围按照服务内容和类别进行划分，一般分为康复医疗、就业劳动、特殊教育、社会保障、无障碍环境、文化体育、维权等方面。随着我国进入全面建设小康社会的决胜阶段，残疾人的扶贫开发也成为残疾人社会福利服务的重要内容。因此，我国残疾人社会福利服务体系化现状分析如下：

残疾人的康复工作是我国残疾人社会福利服务的重点工作。随着社会经济快速发展，现代康复技术引入，我国残疾人的康复服务取得长足进步。截至 2015 年底，全国已有残疾人康复机构 7 111 个，其中，残联办康复机构 2 599 个。康复机构在岗人员达 23.2 万人。在 932 个市辖区和 2 024 个县（市）开展社区康复工作，已建社区康复站的社区总数 22.2 万个，配备 40.6 万名社区康复协调员，为 181.4 万人提供社区康复服务（中国残疾人联合会，2015）。但根据调查显示，接受过医疗康复服务仅有总人数的 22.8%，接受过教育康复服务的仅有 12.5%，接受过职业康复的残疾人不到 10%，接受社会康复服务的残疾人只有 12.3%。四个城市的残疾人群中，西部的兰州和成都的医疗康复服务覆盖比例稍微高于东部的南京和天津；天津和兰州的教育康复服务覆盖水平比南京和成都稍高；职业康复服务覆盖率最高的是兰州市，覆盖比例为 15.2%，其次是成都，天津市的职业康复服务覆盖比例最低，仅为 5.0%；社会康复服务覆盖比例最高的是兰州市，其次是成都市，东部的南京和天津比西部的兰州和成都稍微低。值得研究的是，中西部的兰州市和成都市的康复服务覆盖水平普遍高于东部的南京市和天津市（见表 14 – 6）。

残疾人受教育水平普遍偏低，特殊教育覆盖率亟待提升。从本次调查的结果来看，接受过特殊教育服务的人数仅占总人数的 12.5%，但是从残疾人的需要来看，8.8% 的人迫切需要特殊教育服务，34.9% 的人需要特殊教育服务，认为不太需要和不需要的人数仅为 34.4%。可见目前我国残疾人特殊教育服务的供给与需要失衡，残疾人受教育水平较低。

由表 14 – 8 可知，残疾人的残疾类型会影响残疾人康复服务的接受情况。在“医疗康复服务”接受方面，“精神残疾”的残疾人接受程度最高为 30.8%，“智力残疾”的残疾人接受程度最低，仅有 11.1%。在“教育康复服务”接受方面，“听力言语残疾”的残疾人接受程度最高，“智力残疾”的残疾人接受程度仍然最低，仅为 5.6%。在“职业康复服务”接受方面，接受程度最高的是“听力言语残疾”的残疾人，而“综合残疾”在这方面的接受程度为 0。在“社会康复服务”方面，“视力残疾”的残疾人接受程度最高，为 20.3%，“智力残疾”的残疾人接受程度最低，为 5.6%。由此可以看出，“智力残疾”的残疾人在四种类型的康复服务中，除了“职业康复服务”外，其余的都处于接受服务程度最低的状况，而综合六种残疾类型来看，“听力言语残疾”的残疾人接受康复服务程度最好。

残疾人的残疾等级对康复服务类型的接受情况也是有影响的。由表 14－10 可知，残疾人残疾等级与康复服务接受情况基本呈现残疾等级越高，康复服务接受率越高的现象。在四种康复服务类型中，都是残疾等级为“一级”的残疾人接受程度最高，除了医疗康复服务外，“没定级”的残疾人在其余三项的康复服务接受程度中均为最低或者没有接受康复服务。

表 14－10　　残疾人残疾等级与服务交互分类　　单位：%

项目	一级	二级	三级	四级	没定级
康复服务					
医疗康复服务	31.3	18.9	20.1	20.1	26.0
教育康复服务	25.0	13.8	6.6	10.1	—
职业康复服务	13.2	9.8	8.1	8.1	—
社会康复服务	20.8	10.9	10.2	10.1	2.0
职业服务					
职业介绍或职业培训服务	28.1	29.4	28.1	27.8	10.3
托养服务					
托养服务与补贴	15.2	9.8	4.7	6.1	10.0
无障碍服务					
辅助器具适配服务	34.8	30.5	17.9	15.4	10.0
信息无障碍服务	11.5	8.1	6.6	8.7	6.0
文体服务					
参与文体活动服务	44.6	46.3	46.7	39.5	10.0
法规宣传和法律服务					
法规宣传教育	57.2	41.6	44.9	37.6	14.0
法律援助服务	10.0	8.7	4.4	8.1	6.0

劳动就业服务是各地政府非常重视的一项工作，但普遍存在就业率低、劳动就业服务覆盖水平低等问题。我们从职业服务机构覆盖率和职业服务覆盖率两个层面进行调查，从本次调查的结果来看，大多数地区没有覆盖职业服务机构，大部分的残疾人没有接受过职业培训、职业介绍服务。从四个市的职业介绍或培训服务的覆盖率来看，兰州的覆盖率最高，达到了 39%，其次是成都，南京和天津的覆盖率相比稍低。(见表 14－6)。通过对残疾人职业服务接受情况与残疾类型的相关数据分析，可以看到残疾人的残疾类型会影响残疾人职业服务接收情况。由表 14－8 可以看出，除了“精神残疾”和“综合残疾”的残疾人接受职

业服务情况较低外，其余类型的残疾人的接受程度基本在28%左右，相差不大，由此可知，“精神残疾”和“综合残疾”的残疾人因为自身原因，在工作方面相较于其他类型的残疾人，更处于弱势，因此在职业介绍或职业培训服务接受程度更低于其他残疾类型的残疾人。

另外，残疾人职业服务接受情况与残疾等级因素相关不明显。由表14－10可知，除了“没定级”的残疾人在职业服务接受程度较低外，“一级”“二级”“三级”和“四级”的残疾人接受程度均相差不大，接受率基本在28%左右。

托养服务作为一项专门针对重度残疾人的服务，目前还处于起步阶段。研究表明，残疾人托养服务与补贴的覆盖率还很低，托养服务机构的覆盖率也不高。四个市当中，兰州的托养服务与补贴的覆盖率最高，达到了14.3%，覆盖率处于第二位的是天津市，托养服务与补贴覆盖率最低的是南京市。西部地区的兰州市和成都市的托养服务机构覆盖率比东部地区的南京市和天津市稍微高，但总体而言托养服务机构的覆盖率还处于低位水平（见表14－6）。

同样的，通过对残疾人残疾类型与残疾人托养服务接受程度的数据进行分析，发现“综合残疾”的残疾人接受托养服务最高，占比达到22.7%，而在受访的残疾人中，没有一个“精神残疾”类型的残疾人接受托养服务。由此可知，属于“精神残疾”的残疾人或其家人对于托养服务的意愿不是很大甚至没有（见表14－8）。

而由表14－10可知，基本呈现残疾人残疾等级越高，残疾人托养服务接受越多的现象。在残疾等级为“一级”的残疾人中，接受托养服务率最高，为15.2%，残疾等级为“三级”的残疾人接受托养服务率最低，仅为4.7%，残疾等级从“一级”到“三级”的托养接受率越来越低，而“没定级”的残疾人在接受托养服务方面，仅次于“一级”，托养率为10.0%。可见，残疾等级越高，接受托养服务的情况越多。

无障碍设施与服务还难以满足广大残疾人的需要。从四城市调查的结果来看，76.6%的残疾人从未接受过辅助器具适配服务，91.6%的残疾人从未接受过信息无障碍服务，75.3%的残疾人认为居住区内没有无障碍设施。四个市中，辅助器具适配服务覆盖率最高的是天津市，覆盖率为28.0%，覆盖率最低的为南京市，仅为18.9%。信息无障碍服务覆盖率总体很低，四个市中，覆盖率最高的是天津市，覆盖率达到了9.5%，信息无障碍服务覆盖率最低的是成都市。辅助器具适配服务机构覆盖率最高的是天津市，覆盖率达到了27.5%，其次是兰州市，覆盖率最低的是南京市。居住区内无障碍设施的覆盖率最高的是成都市，达到了31.0%，覆盖率最低的是天津市（见表14－6）。

由表14－8可以看出，残疾类型会直接影响残疾人接受无障碍服务的情况。

在辅助器具适配服务方面，“听力言语残疾”和“视力残疾”的接受程度最高，分别为32.3%和30.1%，而“精神残疾”的辅助器具适配服务接受程度最低，由此可以看出，视力残疾和听力言语残疾类型的残疾人对于辅助器具的需求度较高，在精神残疾方面，可用的辅助器具较少，因此接受服务程度最低。对于信息无障碍服务，需求量最大的是“听力言语残疾”，所以此类型的残疾人在接受信息无障碍服务的水平最高，为11.6%，其他类型的残疾人接受信息无障碍服务所占比例均没有超过10%。

而在表14－10中，很明显的可以看到，无论是“辅助器具适配服务”还是“信息无障碍服务”，都呈现残疾等级越高，接受无障碍服务的程度越高的现象。残疾等级为“一级”的残疾人，在“辅助器具适配服务”方面，达到34.8%，在“信息无障碍服务”方面达到11.5%，两者都是最高。由此可见，残疾等级越高的残疾人，自身的自主活动受到的限制越多，因此越需要无障碍服务。

公共文化体育设施是满足广大残疾人公共文体生活需要的基本载体。但是，当前公共文化体育服务没有惠及广大残疾人，总体还是处于中低水平。四个市中，南京市的公共文化体育设施的覆盖率最高，覆盖率最低的是天津市。文体活动中心覆盖率最高的是南京市，覆盖率为43.4%，覆盖率最低的是天津市。值得注意的是，在四个市中，东部沿海的天津市的文体活动的服务和机构设施的覆盖率都处于最低的位置（见表14－6）。

表14－8显示了残疾类型与残疾人文体活动参与情况，参与文体活动服务最高的残疾类型为“智力残疾”，达到66.7%，“听力言语残疾”次之，参与人员占比为51.8%，“肢体残疾”“视力残疾”和“精神残疾”在这一方面相差不大，在40%左右，而参与文体活动服务最低的是“综合残疾”，仅为22.7%。由此可见，综合残疾相较于其他残疾类型，较大限制了残疾人参与文体活动，相关部门可以在这一方面进行优化，开发更多适合此类残疾人参与的文体活动，以提高他们的参与度。

而在表14－10中，在参与文体活动方面，除了“没定级”的残疾人仅为10.0%最低外，其余的各残疾等级之间的残疾人的参与程度相差不大，在“一级”到“三级”间，呈现轻微递增现象，符合实际情况，但是在残疾等级为“四级”的情况中，却是参与文体活动比例最低的，这一现象可以进一步进行数据挖掘分析。

我国的残疾人的维权服务水平还比较低，特别是法律援助水平亟待提升。研究表明，从立法层面看，我国初步建立起了以宪法为核心的残疾人立法体系，而且残疾人的法规宣传教育也有一定的成效。总体来看，四个市的残疾人的法规宣传教育的覆盖率水平达到了43.9%，残疾人法规宣传教育做得最好的是兰州市，覆盖水平达到了54.5%，其次是成都市，覆盖水平为48.5%，南京和天津覆盖率稍微低一点，但是都在42%以上（见表14-6）。在表14-8中，我们可以看到，法规宣传教育接受最高的是59.9%，为“听力言语残疾”的残疾人，而最低的是“综合残疾”的残疾人，仅为18.2%。而在接受法律援助服务方面，各类型的残疾人接受情况都不是很高，除了“综合残疾”最高的13.6%外，其余类型的残疾人接受法律援助服务的占比均没有超过10%。由此可见，残疾人在接受法律援助服务方面还处于较低的水平。

而在法规宣传教育与法律援助服务方面，接受程度最高的都是残疾等级为“一级”的残疾人，分别为57.2%和10.0%，接受程度最低的是“没定级”的残疾人，在接受法规宣传教育服方面，“没定级”的残疾人仅有14.0%接受过，在接受法律援助服务方面，更是仅有6%“设定级”的残疾人接受过相关的法律援助服务（见表14-10）。

残疾人是一个多样化、特殊性突出的群体，其基本公共服务权能否得以实现以及实现程度如何，关键就在于权利倾斜性配置的度，只有重度配置和深度配置才能确保残疾人基本公共服务权利的实现。实证分析的结果表明，残疾人公共服务整体覆盖水平偏低，在康复、教育、就业、托养、无障碍、文化体育等专项服务之间差异很大。究其源由，我们不妨从供给制度、供给模式等维度寻求残疾人公共服务倾斜性配置所存在的主要问题。

首先，我国已经建构了由宪法、法律、行政法规、部门与地方规章、规范性文件等五种方式组成的残疾人权利倾斜性配置体系，《残疾人保障法》等法律和《关于促进残疾人事业发展的决定》等规范性文件，以及中国残联系统出台的一些政策，共同构筑了残疾人公共服务权的保护体系。但现有保护体系存在一个主要问题，即可操作性不强，倾斜性制度安排在实践层面很难得以落实，部门之间的责任不清，如残疾人教育和康复服务的责任主体，是残联，还是教育部门、卫生部门？在实践层面往往难以厘清。

其次，残疾人福利服务供给模式过于单一，尚未形成公办机构、民办营利机构和第三部门多元供给的格局。一般而言，公共服务的供给者主要包括公立机构、营利企业和民办非营利组织，要实现残疾人公共服务的重度配置和深度配置，必须合理布局政府、市场和第三部门等三大供给主体。纵观深圳、南昌和兰州三市残疾人公共服务现状，南昌和兰州主要依靠政府公办机构的力量，市场和社会的供给活力还没有得到有效激活。深圳作为改革开放的窗口，近些年来在残疾人公共服务的供给上做了一些新的探索，引入了市场力量和社会力量。如在自闭症儿童的康复服务、重度残疾人的托养服务等领域采取了“政府购买服务”方式，但社会化、市场化的服务供给模式尚未形成，服务标准和服务质量体系仍在建立。

另外，经济发展是社会发展的基础。四个被调查区域城市经济发展水平是影响残疾人公共服务供给水平的重要因素。

第三节　残疾人社会福利需要研究

近年来，从中央到地方的各级政府出台了一系列关于残疾人社会福利的政策和相关实施措施。但是，这些政策是否能够有效契合残疾人需要？能否让残疾人感到满意？为了测量残疾人社会福利政策的满意度，我们采取五分法进行测评，即“很满意”“比较满意”“一般”“不太满意”“很不满意”分别赋值5、4、3、2、1。通过对中国适度普惠社会福利数据库中残疾人的数据分析表明：残疾人对于社会福利体系的总体评价还很不错，满意度得分基本上处于中等稍偏上的水平。为了探究残疾人社会福利满意度的影响因素，我们对近三年国家政策和地方政策进行逐步线性回归分析。

一、残疾人社会福利政策满意度

（一）被调查的残疾人对社会福利政策的满意度

通过对中国适度普惠社会福利调查数据库中残疾人数据的分析发现：第一，教育年限和性别特征等人口学特征对近三年国家政策有显著影响，受教育年限越高的残疾人对近三年国家政策的满意度越低。相较于男性而言，女性对近三年国家政策的满意度更低。第二，残疾人社会福利服务与管理机构是执行国家社会福利政策的基本载体。数据分析结果表明，残疾人社会工作机构和残疾人职业介绍机构的服务影响着残疾人对国家政策的满意度，这两个机构的服务与残疾人满意度呈负相关。也就是说，接受过残疾人社会工作机构和残疾人职业介绍机构服务的残疾人普遍对近三年的国家政策感到不满意。从理论上而言，社会福利服务机构的服务效果深刻影响着残疾人对国家政策执行效果的满意度，因此这两个机构对政策的执行效果不好，影响了服务残疾人的效果，因此降低了社会福利政策的满意度。第三，残疾人是否接受过社会福利服务对国家社会福利政策态度有一定影响。是否接受过残疾人评估与转介服务与国家政策满意度呈正相关，也就是说接受过评估与转介服务的残疾人普遍对国家社会福利政策感到满意；是否接受过残疾人心理辅导服务的残疾人反而对国家政策感到不满意。从残疾人的社会心理来看，接受过心理辅导的残疾人心理更加健康，因此对国家社会福利政策有更高的需要（见表14－11）。

表14－11　　残疾人对国家社会福利政策满意度的影响因素

模型		非标准化系数		准系数	t	Sig.
		B	标准误差	Beta		
1	（常量）	4.530	0.130		34.866	0.000
	教育年限	－0.062	0.011	－0.196	－5.499	0.000
2	（常量）	4.607	0.131		35.106	0.000
	教育年限	－0.060	0.011	－0.192	－5.414	0.000
	残疾人社会工作机构	－0.363	0.111	－0.116	－3.270	0.001
3	（常量）	4.581	0.131		34.989	0.000
	教育年限	－0.062	0.011	－0.197	－5.571	0.000
	残疾人社会工作机构	－0.416	0.112	－0.133	－3.714	0.000
	残疾人评估与转介服务	0.395	0.140	0.101	2.819	0.005
4	（常量）	5.145	0.282		18.253	0.000
	教育年限	－0.062	0.011	－0.197	－5.584	0.000
	残疾人社会工作机构	－0.521	0.121	－0.166	－4.304	0.000
	残疾人评估与转介服务	0.380	0.140	0.097	2.717	0.007
	残疾人职业介绍机构	－0.296	0.131	－0.086	－2.255	0.024
5	（常量）	5.372	0.292		18.418	0.000
	教育年限	－0.064	0.011	－0.203	－5.776	0.000
	残疾人社会工作机构	－0.496	0.121	－0.158	－4.105	0.000
	残疾人评估与转介服务	0.411	0.140	0.105	2.939	0.003
	残疾人职业介绍机构	－0.387	0.135	－0.113	－2.872	0.004
	心理辅导服务	－0.430	0.151	－0.105	－2.848	0.005
6	（常量）	5.451	0.293		18.590	0.000
	教育年限	－0.063	0.011	－0.201	－5.738	0.000
	残疾人社会工作机构	－0.493	0.120	－0.158	－4.095	0.000
	残疾人评估与转介服务	0.425	0.139	0.109	3.047	0.002
	残疾人职业介绍机构	－0.374	0.134	－0.109	－2.781	0.006
	心理辅导服务	－0.430	0.151	－0.105	－2.855	0.004
	性别	－0.206	0.095	－0.076	－2.168	0.030

由表14-12中残疾人对近三年国家出台的助残政策满意度可以看出来，表示“很不满意”和“不太满意”的残疾人所占比例不到16%，对国家出台的助残政策表示“比较满意”和“很满意”的残疾人分别为29.6%和15.2%，由此可以看出，在接受调查的残疾人中，绝大部分对国家出台的助残政策比较满意，但是，仍有15.5%的受访残疾人表示不了解，也就是说，在一定程度上，国家在助残政策落实方面还可以做得更好，以获得更多残疾人的认可和支持。

表14-12　　残疾人对近三年国家出台的助残政策满意度

类别	频率	百分比（%）
很不满意	34	4.0
不太满意	101	11.9
一般	200	23.6
比较满意	250	29.6
很满意	129	15.2
不了解	131	15.5

（二）残疾人对地方社会福利政策的满意度

通过对中国适度普惠社会福利调查数据库中残疾人数据的分析发现：第一，从地方社会福利政策的满意度来看，地域特征对地方残疾人社会福利政策的满意度没有显著影响。南京、天津、兰州和成都四个城市对当地的残疾人政策满意度都没有表现出明显差异。第二，就地方社会福利政策满意度的影响因素而言，性别、教育年限等人口特征对近三年地方残疾人社会福利政策满意度有显著影响。相较于男性而言，女性的满意度更低。而受教育年限越高的残疾人对地方社会福利政策满意度越低。第三，健康状况、生活自理状况这类残疾人身体特征对地方残疾人社会福利政策的满意度没有显著影响，而是否属于重度残疾人对残疾人地方社会福利政策的满意度有显著影响，重度残疾人对地方政策的满意度越高，轻度残疾人对地方残疾人社会福利政策满意度反而越低。第四，是否参加医疗保险及是否享受过医疗保险补贴对残疾人社会福利政策的满意度有显著影响。参加了医疗保险的残疾人对地方残疾人社会福利政策满意度越低，而享受了医疗保险补贴的残疾人对社会福利政策满意度越高。第五，从地方社会福利管理与服务机构的视角来看，是否接受过残联服务对地方残疾人社会福利政策满意度有显著影响，接受过残联服务的残疾人对地方政策社会福利政策满意度越高（见表14-13）。

表 14 – 13　　残疾人对地方社会福利政策的满意度影响因素

模型	非标准化系数		标准系数	t	Sig.
	B	标准误差	Beta		
(常量)	5. 215	0. 977		5. 339	0. 000
性别	– 0. 231	0. 106	– 0. 082	– 2. 179*	0. 030
出生日期	– 3. 590E – 8	0. 000	– 0. 037	– 0. 987	0. 324
婚姻状况	– 0. 074	0. 115	– 0. 026	– 0. 645	0. 519
教育年限	– 0. 061	0. 015	– 0. 186	– 3. 999**	0. 000
是否就业	– 0. 140	0. 157	– 0. 046	– 0. 894	0. 372
年收入	– 1. 529E – 7	0. 000	– 0. 013	– 0. 358	0. 720
家庭经济状况	0. 104	0. 071	0. 062	1. 470	0. 142
身体健康状况	0. 015	0. 055	0. 012	0. 275	0. 783
是否持有残疾人证	0. 274	0. 240	0. 047	1. 142	0. 254
生活是否能自理	– 0. 140	0. 204	– 0. 028	– 0. 688	0. 492
是否重残	– 0. 266	0. 122	– 0. 093	– 2. 170*	0. 030
最低生活保障	0. 034	0. 053	0. 033	0. 640	0. 522
养老保险	– 0. 031	0. 093	– 0. 019	– 0. 333	0. 739
医疗保险	– 0. 211	0. 104	– 0. 113	– 2. 036*	0. 042
失业保险	0. 080	0. 067	0. 073	1. 200	0. 231
住房公积金	– 0. 008	0. 070	– 0. 007	– 0. 109	0. 914
临时生活救助	0. 001	0. 065	0. 000	0. 009	0. 993
养老保险缴费补贴	– 0. 118	0. 087	– 0. 087	– 1. 358	0. 175
医疗保险缴费补贴	0. 198	0. 095	0. 128	2. 098*	0. 036
水电气暖助残补贴	– 0. 125	0. 078	– 0. 089	– 1. 591	0. 112
教育专项救助补贴	0. 021	0. 061	0. 020	0. 338	0. 735
住房专项救助补贴	0. 036	0. 068	0. 032	0. 525	0. 600
护理补贴	0. 050	0. 064	0. 045	0. 789	0. 430
康复救助	0. 074	0. 071	0. 062	1. 041	0. 298
通信助残补贴	– 0. 066	0. 072	– 0. 058	– 0. 913	0. 362
减免营业税收	– 0. 116	0. 097	– 0. 118	– 1. 195	0. 232
减免所得税	0. 084	0. 095	0. 085	0. 882	0. 378
医疗康复服务	– 0. 073	0. 063	– 0. 058	– 1. 157	0. 248

续表

模型	非标准化系数		标准系数	t	Sig.
	B	标准误差	Beta		
教育康复服务	-0.056	0.075	-0.052	-0.751	0.453
职业康复服务	-0.069	0.081	-0.064	-0.854	0.394
社会康复服务	0.070	0.074	0.061	0.946	0.344
心理辅导服务	-0.039	0.062	-0.036	-0.632	0.528
法律援助服务	-0.009	0.068	-0.009	-0.138	0.891
辅助器具适配服务	-0.046	0.061	-0.043	-0.760	0.448
残疾预防知识普及服务	-0.004	0.083	-0.003	-0.043	0.966
残疾人法规宣传教育	0.032	0.080	0.025	0.398	0.691
职业培训职业介绍服务	0.084	0.064	0.079	1.306	0.192
残疾人文体活动服务	0.041	0.070	0.032	0.585	0.559
残疾人托养服务与补贴	-0.041	0.066	-0.038	-0.623	0.533
信息无障碍服务	0.015	0.068	0.013	0.222	0.825
慈善公益助残服务	0.027	0.071	0.021	0.375	0.707
贫困残疾家庭危房改造	-0.071	0.060	-0.071	-1.169	0.243
残疾人评估与转介服务	0.124	0.065	0.113	1.893	0.059
辅助器具适配服务的医院或中心	0.090	0.064	0.080	1.407	0.160
专业康复机构或康复室	0.031	0.068	0.026	0.457	0.648
残疾人职业介绍机构	-0.054	0.072	-0.050	-0.757	0.450
残疾人文娱活动中心	-0.075	0.075	-0.060	-1.007	0.314
残疾人托养服务机构	-0.023	0.065	-0.021	-0.362	0.718
残疾人学校	-0.072	0.061	-0.070	-1.173	0.241
居住区内无障碍设施	-0.045	0.062	-0.037	-0.730	0.466
残疾人社会工作机构	0.001	0.072	0.000	0.008	0.994
残疾人联合会	0.209	0.083	0.126	2.509*	0.012
天津（南京=0）	0.177	0.177	0.056	1.003	0.316
兰州（南京=0）	0.157	0.189	0.043	0.827	0.408
成都（南京=0）	-0.057	0.206	-0.017	-0.276	0.783

注：** 表示 $p<0.01$，* 表示 $p<0.05$。

由表14-14中残疾人对近三年省市出台的助残政策满意度可知，表示“很不满意”和“不太满意”的残疾人所占比例不到16%，对省市出台的助残政策表示“比较满意”和“很满意”的残疾人分别为28.1%和13.1%，满意总和为41.2%，比对国家出台的助残政策满意度（44.8%）略低，但是还是可以看出，大部分残疾人对省市出台的助残政策和国家出台的助残政策还是表示“比较满意”和“很满意”。

表14-14　　残疾人对近三年省市出台的助残政策满意度

类别	频率	百分比（%）
很不满意	39	4.6
不太满意	89	10.5
一般	219	25.9
比较满意	238	28.1
很满意	111	13.1
不了解	149	17.6

二、残疾人对保障项目、福利服务和补贴需要度分析

为了测量残疾人社会福利政策以及相关项目的需要度，我们采取五分法进行测评，即“非常需要”“比较需要”“一般”“不太需要”“不需要”分别赋值5、4、3、2、1。残疾人对社会保障项目需要十分迫切，而在具体的社会保障项目上，其需要趋势表现出了一定的位序。当我们问及“您对社会保障服务的需要度”时（见图14-2），医疗保险的需要度最高（4.17），其次是养老保险的需要

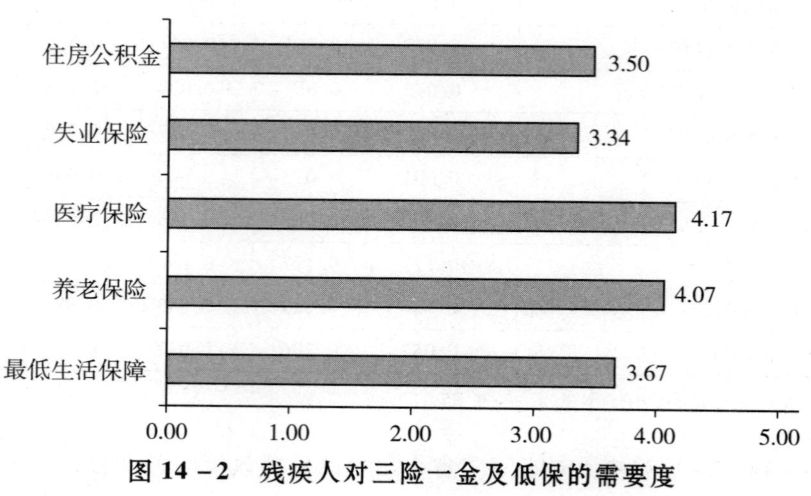

图14-2　残疾人对三险一金及低保的需要度

度（4.07），第三是最低生活保障（3.67），第四是住房公积金（3.50），需要度最低的是失业保险（3.34）。

就残疾人对社会福利服务的需要度而言，首先是医疗康复的需要度最高，为3.63。其次是慈善公益助残服务，需要度是3.58，说明残疾人对慈善公益助残的需要度比较高，残疾人非常渴望社会更多的关心和支持。最后是对残疾人文体活动的需要度和残疾预防知识的需要度的相对比较高。总体来看，除了教育康复服务、法律援助服务和贫困残疾家庭危房改造的需要度低于3.0，其他服务的需要度都高于3.0，说明残疾人对这些服务都有较高的需要度（见图14-3）。

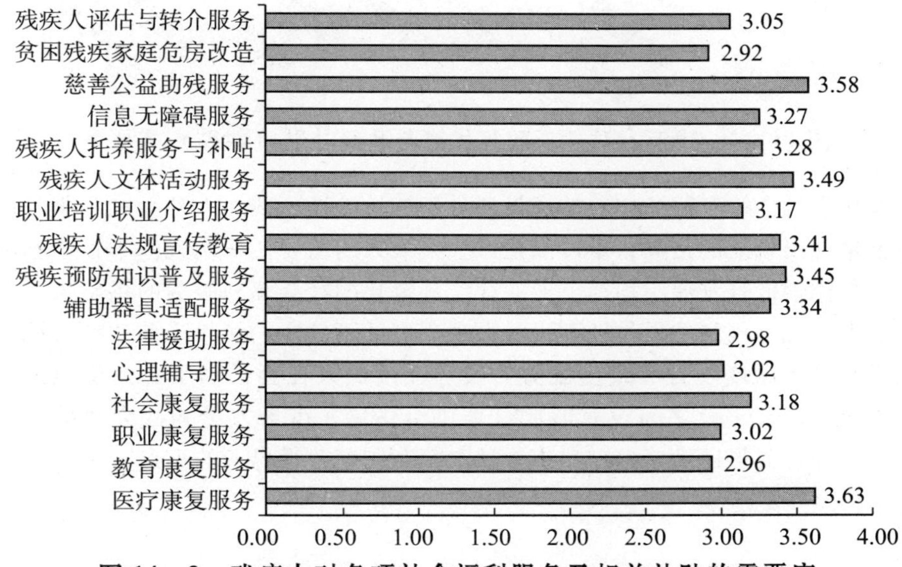

图14-3　残疾人对各项社会福利服务及相关补贴的需要度

从残疾人对各项社会救助与政策优惠补贴的需要度来看（见图14-4），对于各项救助和补贴，残疾人普遍需要度都比较高，均在3.0以上，而对于税收优惠残疾人则没有十分迫切的需要。其中医疗保险补贴的需要度最高，达到了3.98，其次是养老保险补贴，需要度为3.84，对于各项优惠和补贴需要度最低的是减免营业收入，需要度仅为2.68。

残疾人社会福利还处于部分浅度配置以及部分轻度配置阶段，残疾人社会权利的实现状况不太乐观，文本层面上的社会权利同实践层面上的社会权利还有一道亟待弥合的裂痕。广大残疾人的生存态势十分严峻，贫困残疾人人口数量多、贫困程度深，残疾人生活水平同社会平均水平之间还有很大的差距。倾斜性的组合式制度安排是决定残疾人基本生活水平和社会保障覆盖率高低的关键因素。调查城市兰州市采取额外规制的方式，出台了地方性残疾人最低生活保障政策，确保了兰州市残疾人基本生活水平比南京市、成都市和天津市残疾人高。这个经验值得借鉴和推广。

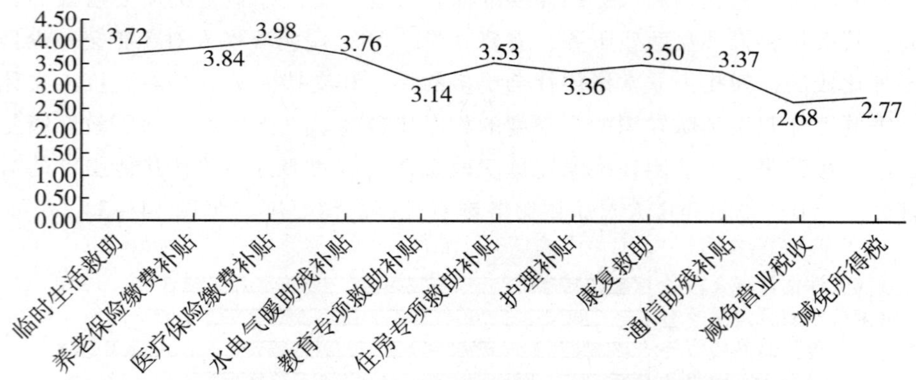

图 14-4　残疾人对各项政策优惠与政策补贴（津贴）需要度

残疾人社会福利服务体系的建设还处于初始阶段，残疾人社会福利服务供给总体上呈现出短缺的格局，难以满足广大残疾人的需要。残疾人基本社会福利服务水平整体偏低且发展不均衡，专业化、规范化的社会福利服务的供给任务十分繁重。由于现有规制的操作性不强、专项制度的不健全，使得当前残疾人社会权利还没有进入深度配置和重度配置阶段。在残疾人社会福利服务的供给上，政府、市场和社会三者之间没有形成合理供给格局，市场力量和社会力量过于薄弱。这些都是值得适度普惠型残疾人社会福利制度建设思考的重点。

第四节　残联组织及人才队伍建设研究

残联组织及人才队伍是残疾人社会福利管理与服务的基本载体，对适度普惠残疾人社会福利制度的构建有至关重要的影响。特别是基层残联组织及其服务队伍是服务广大残疾人的“排头兵”，因此必须要加强对基层残联组织及其人才队伍的服务效果的评价，全面诊断残联组织发展的症结与弊病，从而提高残疾人适度普惠社会福利制度效果与效能。

一、残联组织及人才队伍建设综合评价

1988 年 3 月 11 日，在中国盲人聋哑人协会（1953 年成立）和中国残疾人福

利基金会（1984 年成立）的基础上，中国残疾人联合会（以下简称“残联”）成立。作为残疾人的专门性福利组织，残联代表残疾人的共同利益，维护残疾人的合法权益；推动和发展残疾人事业，为残疾人服务。其宗旨在于：弘扬人道主义，发展残疾人事业，保障残疾人的人权，使残疾人以平等的地位、均等的机会充分参与社会生活，共享社会物质文化成果。20 世纪 90 年代以来，在挖掘本土传统福利文化并借鉴外来制度的基础上，各级残联组织得到了长足的发展。残联组织在成长的过程中嵌入在宏观的社会经济文化环境之中，并有着深厚的社会合法性、行政合法性和政治合法性根基。

为了从残疾人的视角对残联组织的功能定位和工作效率进行测量，本项目团队从残疾人的视角出发，就其对残联的态度、服务看法、组织认同、残联工作者评价等进行综合评价（见表 14－15）。

表 14－15　残疾人视角下的残联组织评价（N＝1 131）　单位：%

	非常同意	比较同意	一般	比较不同意	非常不同意
1. 残联能够成功实现其为残疾人服务的目标	13.71	22.84	10.46	28.43	24.56
2. 残联对我个人生活影响很大	7.84	16.47	19.71	32.55	23.43
3. 在我看来，残联能够影响政府的决策	8.17	19.10	17.51	29.58	25.64
4. 我对于残联工作者的态度感到满意	8.04	12.16	17.64	30.05	32.11
5. 残联形同虚设，解决不了什么实际问题	7.45	27.13	24.47	27.13	13.83
6. 残联就是残疾人之家，常常使我们感到温暖	1.68	10.91	17.32	39.93	30.17
7. 总的来说残联对于我个人生活没有多少影响	4.76	30.16	42.33	12.17	10.58
8. 残疾个人对于残联组织不会有什么影响	17.65	10.93	30.05	29.34	12.02
9. 我对残联整体感觉良好	5.84	13.17	14.16	33.37	33.47
10. 在我看来，残联是一个值得别人尊重的组织	13.00	11.00	23.00	27.50	25.50
11. 很多人认为残联没有什么存在的价值	4.52	9.04	35.59	33.90	16.95
12. 我对残联能够产生很大的影响	4.40	13.74	22.12	22.38	37.36

调查结果表明：44.78% 的残疾人认为“残联能够影响政府的决策”，一半以上的人对此持否定的看法。对于“残联能够成功实现其为残疾人服务的目标”的说法，残疾人被调查对象中 13.71% 的回答“非常同意”，22.84% 的人回答“比较同意”，10.46% 的人回答“一般”，三者合计为 47.1%，也就是说，47.1% 的残疾人持肯定态度。但是，还有 28.43% 的残疾人回答“比较不同意”，24.56% 的残疾人回答“非常不同意”，即一半以上的残疾人对于这种说法持否定态。44% 稍

强的残疾人认为“残联对于个人生活影响很大”，而有近56%的残疾人对此持反对态度，其中回答“比较不同意”者占32.55%，回答“非常不同意”者占23.43%。因此，残疾人对残联工作有肯定，但态度也有较大的分歧（见表14－15）。

残联是将代表功能、服务功能、社会化管理功能融为一体的“半官半民”性质的综合性社会团体，它是适应我国残疾人事业发展的需要建构起来的。我们调查发现，对于“残联形同虚设，解决不了什么实际问题”的提法，7.45%的残疾人回答“非常同意”，27.13%的人回答“比较同意”，回答“一般”者占24.47%，三者合计59%以上。回答“比较不同意”和“非常不同意”者占41%左右。可见在六成左右的残疾人看来，残联没有实现其代表、服务、管理的职能。由于多方面原因，我国的残疾人工作者基本上是没有经过专业训练的，不是专业的社会工作者，这直接影响了他们的工作水平，从而影响到残疾人对残联工作者的评价。我们的调查结果表明，对于“我对残联工作者的态度感到满意”，8.04%的残疾人回答“非常满意”、12.16%的人回答“比较同意”、17.64%的人回答“一般”，三者合计占37.84%。而回答“比较不同意”和“非常不同意”者分别占30.05%和32.11%，也就是说，就调查样本而言，62.16%的残疾人对于残联工作者的态度感到不满意（见表14－15）。

按照残联建构的初衷，残联与残疾人的关系应该是：残联是残疾人的组织，残疾人是残联的主体，残联是残疾人的家。对于“残联就是残疾人之家，常常使我们感到温暖”的说法，只有1.68%的残疾人回答“非常同意”，10.91%的残疾人回答“比较同意”，17.32%的残疾人回答“一般”，三者合计不到30%，可见，70%以上的残疾人对此观点持否定态度。残疾人对于残联的认同感很低。从理论上讲，残联是代表者、管理者、服务者，是残疾人权利的捍卫者，残联对于残疾人的生活有着很大的影响。但实际状况怎么样呢？调查表明：75.69%的残疾人认为“残联对于我个人生活没有多少影响”，仅有44.02%的残疾人持肯定态度。残联是由残疾人组成的组织，以此推理，残疾人个体对于残联组织应该能产生一定程度的影响。但是58.63%的残疾人对于“残疾个人对于残联组织不会有什么影响”持肯定回答，而41.36%的残疾人回答“比较不同意”或者“非常不同意”。与此相应，对于“我对残联能够产生很大的影响”，40.26%的人持肯定回答，59.74%以上的残疾人持否定回答（见表14－15）。

当我们问到对残联的整体感觉的时候，33.17%稍强的残疾人回答“感觉良好”，66.84%以上的人对于“我对残联整体感觉良好”回答“比较不同意”和“非常不同意”。对于“在我看来，残联是一个值得别人尊重的组织”的提法，47%的残疾人持肯定态度，53%的残疾人持否定态度。对“很多人认为残联没有什么存在的价值”的问题，回答“非常同意”“比较同意”和“一般”者的占

49.15%，而回答“比较不同意”和“非常不同意”者占50.85%，两种观点旗鼓相当（见表14-15）。

二、残联功能定位评价因子的影响因素分析

为了进一步分析残疾人对残联的态度，我们将残联评价量表的11个变量聚合为两个因子。（1）残联功能定位评价因子，包括“残联能够成功实现其为残疾人服务的目标”“在我看来，残联能够影响政府的决策”“残联形同虚设，解决不了什么实际问题”“在我看来，残联是一个值得别人尊重的组织”“很多人认为残联没有什么存在的价值”等5个变量，聚合为一个残联功能定位评价因子。（2）残联工作效能的评价因子，包括“残联对我个人生活影响很大”“我对于残联工作者的态度感到满意”“残联就是残疾人之家，常常使我们感到温暖”“总的来说，残联对于我个人生活没有多少影响”“残疾个人对于残联组织不会有什么影响”“我对残联整体感觉良好”等6个变量，聚合为残联工作效能的评价因子。对于原11个变量的答案，我们将逐一对其赋值，即1分为“非常不同意”、2分为“比较不同意”、3分为“一般”、4分为“比较同意”、5分为“非常同意”。若遇到负向问题，则反向记分（见表14-16和表14-17）。

表14-16　残联功能定位评价因子影响因素的协方差分析

Source	Type I Sum of Squares	df	Mean Square	F	Sig.
Corrected Model	672.224	24	28.009	6.500	0.000
Intercept	566.709	1	566.709	131.511	0.000
社区	6.511	1	6.511	1.511	0.220
性别	4.034	1	4.034	0.936	0.334
婚姻状况	16.197	4	4.049	0.940	0.442
政治面貌	15.521	3	5.174	1.201	0.310
残疾类别	181.733	3	60.578	14.058	0.000
残疾等级	88.978	3	29.659	6.883	0.000
生活自理程度	94.286	2	47.143	10.940	0.000
是否享受低保	9.281	1	9.281	2.154	0.144
有无工作	1.934	1	1.934	0.449	0.504
年龄	6.807	1	6.807	1.580	0.210
受教育程度	6.343	1	6.343	1.472	0.226

续表

Source	Type I Sum of Squares	df	Mean Square	F	Sig.
致残年龄	0.995	1	0.995	0.231	0.631
月均收入	1.506	1	1.506	0.350	0.555
社会支持网规模	11.086	1	11.086	2.573	0.110
Error	935.103	217	4.309		
Total	54 007.000	242			
Corrected Total	1 607.326	241			

注：R Squared = 0.418（Adjusted R Squared = 0.354）

表 14－17　残联功能定位评价因子值在类别变量上的差异性

变量名称	变量值	有效样本	均值	标准差
残疾类别	视力残疾	129	14.163	3.169
	听力语言残疾	81	16.444	2.387
	肢体残疾	104	15.144	2.196
	综合类残疾	17	16.235	1.437
残疾等级	一级	136	14.478	2.730
	二级	110	15.509	2.456
	三级	58	15.621	2.183
	四级	7	16.429	2.440
生活自理程度	完全不能自理	16	13.000	4.305
	部分自理	195	14.503	2.242
	完全自理	118	16.458	2.836

当我们将人口特征变量、身体变量、社会经济地位等 14 个变量作为自变量或协变量，将残联功能定位评价因子作为因变量进行协方差分析。以单因素协方差分析为例，总的变异平方和表示为：

$$Q_{总} = Q_{控制变量} + Q_{协变量} + Q_{随机变量}$$

协方差分析仍然采用 F 检验，其零假设 H_0 为多个控制变量的不同水平下，各总体平均值没有显著差异。F 统计量计算公式为：

$$F_{控制变量} = \frac{S^2_{控制变量}}{S^2_{随机变量}}，\ F_{协变量} = \frac{S^2_{协变量}}{S^2_{随机变量}}$$

以上 F 统计量服从 F 分布。结果表明，表征残疾人身体特征的残疾类别、残疾等级、生活自理程度3个变量均对残联功能定位因子产生了显著影响。从残联功能定位因子值的频数分析中，可知，听力语言残疾者的因子均值最高，为16.444，综合类残疾者位居第二，肢体残疾者排在第三，其均值为15.144，视力残疾者的因子值最低。就残疾等级而言，残疾的级别越高，残疾程度越轻，则残联功能定位因子值越高。四级残疾者的因子值最高，一级重残者的因子值最低。残疾人对于残联功能定位的评价因子值，也随着生活自理程度提升而增加。完全自理者的因子均值最高为16.458，部分自理者为14.503，完全不能自理者为13.000。

三、残联工作效能评价因子的影响因素分析

我们将人口特征变量、身体变量、社会经济地位等14个变量作为自变量或协变量，将残联工作效能评价因子作为因变量进行协方差分析。结果表明，残联工作效能评价因子值在残疾类别、生活自理程度、月均收入、社会支持网规模4个变量上有着显著的差异性。以残疾类别为维度，我们发现综合类残疾者的因子得分均值最高，为18.818，之后依次为肢体残疾者、听力语言残疾者、视力残疾者。就生活自理程度而言，完全自理者的因子值最高18.859，其次为部分自理者，其因子得分均值为17.720，最低的是完全不能自理者，可见，生活自理程度越高，残疾人对残联的实际工作效果评价越好（见表14－18）。

表14－18　　残联工作效能评价因子影响因素的协方差分析

Source	Type I Sum of Squares	df	Mean Square	F	Sig.
Corrected Model	879.224	24	36.634	3.363	0.000
Intercept	1 043.709	1	1 043.709	95.801	0.000
社区	1.774	1	1.774	0.163	0.687
性别	3.691	1	3.691	0.339	0.561
婚姻状况	24.819	4	6.205	0.570	0.685
政治面貌	44.765	3	14.922	1.370	0.253
残疾类别	106.936	3	35.645	3.272	0.022
残疾等级	37.574	3	12.525	1.150	0.330
生活自理程度	261.361	2	130.680	11.995	0.000
是否享受低保	0.744	1	0.744	0.068	0.794
有无工作	40.643	1	40.643	3.731	0.055

续表

Source	Type I Sum of Squares	df	Mean Square	F	Sig.
年龄	8.103	1	8.103	0.744	0.389
受教育程度	8.598	1	8.598	0.789	0.375
致残年龄	1.198	1	1.198	0.110	0.740
月均收入	93.055	1	93.055	8.541	0.004
社会支持网规模	59.611	1	59.611	5.472	0.020
Error	2 767.214	254	10.895		
Total	90 443.000	279			
Corrected Total	3 646.437	278			

注：R Squared = 0.241（Adjusted R Squared = 0.169）

残联工作效能评价因子影响因素的回归分析结果表明，受教育程度越高，残联工作效能的评价因子值越高，也就是说文化程度越高，对于残联工作效能的评价则越好。而收入变量和社会支持网规模变量对于残联工作效能评价因子值则成负向影响。收入越高，则对残联工作效能的评价越低，社会支持网规模越大，对残联的实际工作效果评价也越低（见表 14 – 19）。

表 14 – 19　　残联工作效能评价因子影响因素的回归分析

	非标准化回归系数		标准化回归系数	t	Sig.
	B	Std. Error	Beta		
常数	16.327	1.101		14.824	0.000
年龄	0.021	0.017	0.073	1.198	0.232
受教育年限	0.664	0.191	0.214	3.467	0.001
致残年龄	0.016	0.019	0.047	0.843	0.400
月均收入	–0.002	0.001	–0.183	–3.161	0.002
社会支持网规模	–0.052	0.027	–0.125	–1.934	0.054

注：R Squared = 0.124（Adjusted R Squared = 0.109）　F = 10.495　Sig. < 0.001

通过前文的定量分析，我们得出了以下主要结论：第一，残疾人对于残联的评价没有表现出区域差异性。社区类别无论在残联功能定位评价上，还是在残联工作效能评价上，均没有表现出统计意义上的显著性。第二，身体变量是影响残疾人评价残联的显著变量。残障类别、残障等级和生活自理程度对残联功能定位评价因子产生了显著影响。残障类别和生活自理程度对残联实际工作效能评价产生了显著影响。第三，社会经济地位中的受教育程度、收入和社会支持网是残联实际工作效能评价的显著因素。木桶效应告诉我们，用长短不一的木板箍就的水桶之容量取决于最短的那条木板。残障人作为生理性弱势群体，是决定社会和谐程度的"最短木板"。在构建和谐社会的进程中，提升残疾人福利显得尤为重要（周林刚，2008）。

第五节　适度普惠残疾人社会福利制度创新路径

适度普惠残疾人社会福利制度是一个庞大的系统。作为社会福利管理和服务主体，政府不仅仅要在制度上进行设计和安排，还要进行理念和责任上的转变，不断地加强社会保障体系建设，完善对残疾人基本公共服务体系的建设。同时，还要充分调动市场与社会的积极性，凝聚残疾人社会福利发展合力，加强基层残联组织和人才队伍的建设，从而为适度普惠残疾人社会福利制度创新提供有力保障。

一、强化残疾人适度普惠社会福利理念与责任

强化残疾人社会福利理念是推动残疾人社会福利制度创新的内在要求，政府必须要塑造科学合理的社会福利理念，紧紧把握福利内涵，推动社会福利制度创新。

（一）政府福利理念回归

在中国社会福利事业的未来发展中，既需要摒弃计划经济时代政府和单位包办福利事业的做法，也必须防止以社会福利社会化的名义而放弃政府责任的取向。社会福利结构的公共化、非官方化，应当成为中国社会福利事业实施方式的发展方向，而政府责任底线的坚守，是这一发展方向不至于偏离福利本身内涵的关键。

从政府执政理念上看，政府应该重新定义社会福利的理念内涵，回归社会福利价值取向和终极目标。即社会福利是为了推动人的发展，而并非为了维持社会稳定的被动要求。社会福利制度有维持社会稳定的功能，但维持社会稳定并不是社会福利制度的终极目标。社会福利制度构建应当立足于以人为本，保障人们的生存权利和发展权利。社会福利制度既要避免政府责任无限扩大，陷入高福利的陷阱，也要实现社会福利提供方式和水平的动态发展。建立政府责任和公民权利

的对应关系，建立责任与义务的对应关系，以解决社会问题，满足社会需要。就我国的实际状况而言，残疾人社会福利水平并不高，但是基本能够满足残疾人的生存权利和发展权利。

（二）政府的福利责任重构

中国社会福利制度创新的核心是政府社会福利责任转型，包括不同社会福利类型的组合，不同社会福利项目的组合，不同社会福利提供水平的组合等（彭华民，2012）。从残疾人现状来说，最迫切的就是要重新界定政府的责任边界。从社会福利制度层面看，政府的责任边界包含以下几个内容。

首先，从中国的现实来看，随着经济水平的提高，社会成员的福利诉求不断深化；人口老龄化和家庭保障功能持续下降；社会力量不健全、市场功能不完善，满足社会成员更高社会福利需要的责任就自然落到了政府的身上。政府通过持续不断的经济建设与社会建设，提高福利总量，是目前解决所有问题的根本，也就是关于如何把蛋糕做大的问题，而如何将已有的社会资源通过各类渠道分配（主动与被动结合的形式）到社会个体之间，这是社会福利结构持续优化所应该关注的核心问题，也是政府在创新社会福利制度层面上必须承担的责任。

其次，政府对于社会福利的责任应该是有界限的，这一界限至少应当包括如下内容：一是规划之责。政府主导残疾人社会福利事业首先应当体现在规划残疾人社会福利事业上。二是管理之责。完善相关政策措施，依法履行监管职能，强调管理体系层次化，评估体系标准化，改善服务质量。三是投入之责。政府掌控公共资源，在对残疾人社会福利事业的投入上应该积极承担责任，拓宽残疾人社会福利供给资源，尤其是重视社会组织的资源投入。四是培育之责。这是政府福利责任从供给主体转移的体现，在社会、市场力量发育不够成熟的情况下，需要政府进行培育整合，以完成福利责任的递交。

再次，重视城乡差别、区域差别、职业差别，应根据不同的福利需要主导不同的福利主体参与残疾人社会福利的供给，并积极培育适合各主体发展的政策土壤。在“市场不愿、社会不能”的领域，要积极发挥我国社会主义福利制度的优越性，担负其应当的责任。

最后，政府责任应该回归社会福利价值取向，既符合社会福利理念发展趋势，也要立足我国自身的特殊国情；既要避免政府在社会福利供给中责任无限扩大，陷入高福利的困境，也要实现社会福利提供方式和水平的动态平衡，以解决社会问题，满足社会需要。

残疾人社会福利多元供给体系中，各种供给主体在各自独立的基础上，发挥特长，经济和高效的满足残疾人日益增长的福利需要，政府厘清自身的责任边界，让公共权力不再被政府所垄断，政府与其他主体之间不再是管理者与被管理者的关系，而是平等合作与互补的关系。在保证政府对福利物品质量的控制下，减少政府对供给过程的干预，在全面完善我国残疾人社会福利体系的基础上，推进统一的、多层次的、多渠道的、社会化的残疾人社会福利服务体系建设。

二、大力加强残疾人适度普惠民生保障体系建设

在残疾人社会保障体系的建设上，各级政府要以残疾人的特殊需要为导向，进行倾斜性的制度设计，建立健全以最低生活保障制度为基础的多元化、多层次的残疾人社会保障体系。

第一，完善最低生活保障制度的托底性功能。从国家层面制定实施残疾人低保单列政策，将所有生活困难的残疾人纳入最低生活保障制度的框架，逐步缩小残疾人生活水平同社会平均水平之间的差距。

第二，因地制宜地出台倾斜性的残疾人社会福利制度和社会救助制度，向残疾人发放社会保险补助，残疾补助、托养补助、康复补助、辅助器具补助、特殊教育补助、居家无障碍改造补贴等，并且根据社会发展水平、物价指数和残疾人实际困难，建立各项津贴和补贴标准的动态调整机制。同时，加大对残疾人的临时救助和生活救助，解决残疾人的基本生活困难。

第三，继续完善残疾人社会保险体系，根据残疾人的需要与特点，加大对残疾人参与社会保险给予一定补助，并且要鼓励地方探索引入商业保险，为残疾人提供更加全面、更符合需要的社会保险体系。

第四，重视残疾人的基本生活需要。一方面，要重视残疾人的基本衣食住行，继续完善残疾人水、电、气、暖、交通等方面的补助政策。另一方面，加大贫困残疾人危房改造力度，对城市残疾人的购房、租房等方面给予倾斜性制度设计，确保贫困残疾人能够满足基本的住房需要。在农村地区，要摸清农村困难残疾人家庭危旧房情况，完善危旧房翻建维修分类补助政策，实施农村残疾人安居工程，彻底解决农村困难残疾人家庭存量危旧房改造问题。

第五，切实完善残疾人托养服务体系，提高托养服务的专业化水平。作为残疾人社会福利供给主体，政府要大力开展社区日间照料服务，积极推动机构集中托养服务，逐步提高生活不能自理的智力、精神残疾人及重度残疾人居家托养补贴标准，为符合托养条件的残疾人提供个性化的居家安养服务，从而保障残疾人老有所养、病有所养。

三、完善残疾人适度普惠公共服务体系

在残疾人公共服务体系的建设上，我们应致力于构建“政府主导、社会参与、市场运作”服务供给模式，大力发挥各类助残社会组织在残疾人公共服务体系供给中的职能，重点加大残疾人公共服务体系中的薄弱环节的建设力度。以各类残疾人需要趋势为供给序位，优先建设残疾人迫切需要的服务项目。如重度残疾人托养服务、个性化康复服务和辅具配送服务、评估转介服务、信息无障碍设施、针对性强的就业服务等。注重公共服务的规范化建设，制订和完善残疾人服务业的行业标准、行业规范，引入市场竞争机制，形成残疾人服务行业准入、退出和惩戒并存的约束机制。

（一）不断扩大康复服务覆盖范围

扩大康复服务覆盖范围需要：第一，加强康复机构服务能力建设。在康复机构建设方面，完善残疾人康复机构的基本定位，形成内强外联、具有相当规模、有相关学科群体支撑的主体康复服务功能，培育专业服务为主的现代化康复服务机构。鼓励和扶持社会力量兴办各类康复机构，争取民间资本的支持，开展低视力康复等系列的康复工程。第二，探索契合残疾人需要的康复形式。进一步规范综合医疗机构、社区卫生服务机构的康复专业科室设置，制定社区卫生服务机构康复服务规范，明确康复服务内容，理顺康复医疗价格机制，完善双向转诊制度，构建分层级、分阶段的康复医疗服务体系。可以尝试性地将运动疗法、偏瘫肢体综合训练、脑瘫肢体综合训练、截瘫肢体综合训练、作业疗法、认知知觉功能障碍训练、视功能训练、言语训练、吞咽功能障碍训练以及日常生活能力评定等10项医疗康复项目纳入基本医疗保障范围。第三，加强康复服务立法与政策配套保障力度。在现有法规的基础上，进一步加强残疾人康复服务的立法保障。同时，从中央到地方，要切实做好残疾人的康复服务的配套政策，从资金、人力、机构等方面予以倾斜性制度设计。

（二）稳步提升特殊教育服务水平

稳步提升特殊教育服务水平方面的工作有：第一，加强学前残疾儿童特殊教育。加大对特殊学前特殊教育机构的支持力度，理顺残疾儿童学前教师职称体系和管理体系，鼓励和支持幼儿园、特教学校、残疾儿童康复和福利机构等实施残疾儿童学前康复教育。同时，政府可以实施特殊教育专项行动，资助残疾儿童接

受学前教育。第二，提高残疾儿童少年的义务教育水平。提高残疾儿童少年的义务教育水平，将残疾儿童少年义务教育纳入基本公共服务体系，继续完善以特殊教育学校为骨干、以随班就读和特教班为主体的残疾儿童少年义务教育体系，加快普及并提高适龄残疾儿童少年义务教育水平。同时，政府要加大随班就读的支持力度，鼓励和支持普通学校开设特教班、招收残疾学生，依托有条件的教育机构设立特殊教育资源中心，发挥辐射带动作用，提高随班就读质量。另外，政府可以采取补贴的方式，给予随班就读班级教师特殊教育补贴，给予随班就读残疾学生生活费补助。第三，提升残疾人高等教育能力。不断依托综合高等院校和科研院所，提高残疾人高等教育的办学能力。进一步加大对残疾人高等教育的资助，在奖助体系设计予以倾斜性制度设计，保障残疾人高等教育权利。

（三）多种形式促进劳动就业服务

在多种形式促进劳动就业服务方面的工作有：第一，大力发展辅助性就业。辅助性就业是残疾人就业的形式之一，政府要大力发展辅助性就业，对辅助性就业机构的设备、场地改造等给予适当扶持，并且鼓励和支持社会力量兴办辅助性就业机构。另外，政府要加强辅助性就业机构的规范指导，制定辅助性就业机构评定标准，对优秀的辅助性就业机构给予补贴。同时，政府应该开展多形式的创业就业服务，满足更多具有一定劳动能力的智力、精神和重度肢体残疾人就业需要，加快孵化残疾人创客，培育残疾人新的经济增长点。第二，打造权威性的残疾人职业介绍平台。残疾人就业服务机构要建立残疾人就业登记制度，实现残疾人就业实名制统计管理。在基层公共就业服务机构设立残疾人服务窗口，做好与公共就业服务的有效对接。依托市场上职业介绍机构，鼓励职业服务企业开设残疾人职业介绍专栏。第三，加强残疾人就业培训。残疾人的就业培训能够让残疾人掌握一技之长，有助于残疾人提高收入和生活水平。因此，政府必须要加强残疾人就业培训，全面提升残疾人就业培训的效率，可以采取政府购买服务的方式，由专业化的培训机构开展有针对性的就业培训。另外，建立以就业率为导向的培训评估机制，引入第三方评估机制。第四，鼓励残疾人自主创业。政府可以适当扶持残疾人自主创业，实施启动资金扶持、贷款贴息扶持、补贴经营场地租金等措施，促进创业和带动就业。同时，政府还要加强残疾人投资和创业培训，搭建残疾人和企业互惠合作平台。另外，政府可以针对残疾人的特殊性，推广“村淘”模式，加大互联网技术的培训，鼓励有条件的残疾人利用互联网创业。除此之外，政府还应当支持开辟社区便民服务、居家服务、电子商务等适合残疾人就业的项目，促进残疾人社区就业和居家就业。

（四）促进无障碍设施服务提升

残疾人的无障碍服务关系到残疾人生活质量，必须要以需要为导向，关注残疾人的基本生活、出行等需要。对于各个地方来讲，应当将无障碍设施建设与改造纳入城市发展总体规划之中，将无障碍设施的维护和管理纳入城市管理工作内容，形成残疾人无障碍建设嵌入政府日常工作的长效机制。同时，政府应当通过社会化筹资等方式，升级改造各类公共场所（交通枢纽场所、公园、城市道路等）的无障碍设施，并定期对无障碍设施改造、建设及后期维护进行评估。而且，政府可以采取社会化的购买模式，在摸底调查的基础上，为有需要的残疾人，实施居家生活无障碍改造。另外，政府还要关注残疾人的信息无障碍服务，加强信息无障碍建设，鼓励、支持无障碍信息通信技术、产品研发、生产、推广。

（五）完善文化体育服务公共设施

残疾人的文化体育服务是一项基础性工程，必须以残疾人基本公共文化体育服务推广为重点，加强残疾人基础文化体育设施建设，将文化体育服务下沉至农村和社区，鼓励有条件的地区以购买服务的方式，开展文化体育进农村、进社区活动。同时，要提升文化体育机构的覆盖面，在残疾人较为集中的地区开设体育中心、文娱中心等场所。切实以需要为导向，落实残疾人文化体育服务的各项政策和法规。

（六）完善残疾人权益保障体系

在完善残疾人权益保障体系方面的工作有：（1）加强立法建设。立法部门要建立健全残疾人政策法规体系，提高制度化、法制化水平。参照国际经验，尽快起草《反歧视残疾人法》《无障建设条例》《信息无障碍条例》等法律法规。（2）加强残疾人法律援助。将残疾人权益保护事项纳入法律援助补充事项范围，扩大残疾人法律援助覆盖面，为符合规定的残疾人法律援助案件提供经费补助，加强残疾人法律救助工作的信息化管理，依法维护精神残疾人的合法权益。（3）加强残疾人普法教育。将残疾人普法教育纳入普法教育体系，加大对农村和贫困地区的残疾人普法力度，鼓励各地区开展送法入户等活动。

四、推动市场与社会参与福利服务供给

政府要坚持“党委领导、政府负责、社会协同、公众参与、法制保障”的工

作机制，凝聚社会合力，发挥市场和社会在残疾人社会福利服务供给的积极性。为解决“政府失灵”的问题，加强市场和社会在残疾人社会福利服务供给中的作用。当前，市场机制的日趋完善，企业和社会力量供给残疾人社会福利服务的能力日趋增强，政府部门可以探索性将“委托—代理”“BOT（建设—经营—转让）”等模式引入社会福利服务供给中，提升社会福利服务形式的多样化与个性化。而且，随着社会组织和社会企业的不断壮大，社会力量承接残疾人社会福利服务供给的能力也不断提高，应当不断地创新社会服务模式，利用新媒体和互联网发展网络公益和社会公益，提高社会力量对残疾人社会福利服务的关注度。同时，引导社会资本投入残疾人事业发展，形成多渠道、全方位的残疾人事业资金投入格局。

五、不断加强基层残联组织与人才队伍建设

加强基层残联组织和社会福利服务人才队伍的建设，与适度普惠残疾人福利制度的构建密切相关。作为残疾人专门福利机构，残联应该从以下几个方面入手：第一，在工作方式上，坚持去表面化、去形式主义，站在残疾人角度，残联组织要切实发扬实事求是的工作作风，密切联系残疾人群众，急残疾人所急、想残疾人所想，为残疾人群体服好务、站好岗、带好头，让残疾人享受到更加高效、便利、专业的服务。第二，本着尊重、尊严、理解、平等、教育、鼓励等理念，激发残疾人的权能。同时，要将“平等·参与·共享”的理念融入具体实践中，让残疾人享受更有尊严的服务。第三，在工作方法上，加强专业社会工作训练，从行政化的枷锁中解除出来。不断提高残疾人工作队伍的专业化能力建设，建立完善人才保障机制、培养机制、奖惩机制、考核机制，引入更加科学与合理的工作方法，从而提高残疾人服务的专业化水平。第四，提升残联服务意识，强化残联工作者的服务意识。作为科层组织的残联，有其自身难以祛除的惰性。韦伯曾经指出：“科层组织的官员是受过专业训练的，在组织里有自己的职业生涯，成为专业化的人员，其毕生的职业生涯的追求就是在组织制度里不断的晋升。”研究者在访谈调查中得知，很多人只是把残联工作作为一种职业，而非一种事业。因此，提升残联服务意识，加强残联工作者的职业道德建设也是一道迫在眉睫的议题。

第六节　结论与建议

残疾人社会福利制度是中国社会福利保障体系的一个子系统，在社会结构转

型与经济体制转轨的宏观背景下，残疾人社会福利制度始终处在一个不断完善的过程之中，从有限特惠到有限普惠，再到适度普惠，中间经历了停滞甚至倒退。根据残疾人社会福利制度保障的范围与残疾人群体，结合我国不同时期社会发展形态，将中国残疾人社会福利制度的变迁划分为四个阶段，即：有限特惠时期（1949～1965 年）、从重创停滞到恢复重建时期（1966～1987 年）、有限普惠时期（1988～2006 年）和适度普惠时期（2007 年至今）。

在有限特惠时期，残疾人社会福利制度的出台主要是为了弥补长期战乱给人民带来的伤害。大部分福利制度主要是针对伤残军人与工人及军属出台的，对于基层一般残疾人的福利制度不是太多。这一时期的残疾人社会福利事业所涉及的范围和区域都比较小。对残疾人的称呼也多带有歧视字眼，残疾人就业、康复等方面的问题没有进行制度安排，这与当时的社会整体环境有很大关系。但是农村五保供养制度与部分残疾人福利组织的设立及特殊教育相关福利政策的制定，为将来残疾人福利事业发展建立了基础。因而，这一时期的残疾人社会福利制度更多的是倾向于部分残疾人群的基本生活保障层面。在从重创停滞到恢复重建时期，残疾人社会福利事业在“文化大革命”中遭受重创和停滞，但还是在艰难中一步步前进。党的十一届三中全会的召开使中国开启了社会主义经济建设新时期，残疾人社会福利事业在恢复和重建的基础上，迎来了勃勃生机。加之 20 世纪 80 年代国际助残意识的提升，让政府和社会开始重新审视残疾人对社会进步和经济发展的贡献，先后出台了一系列具体的措施，来展示政府对残疾人教育、就业和康复的关注。在有限普惠时期，残疾人社会福利事业在政府和社会的支持下进入了快速发展的阶段，残疾人的各项公民权利在社会福利制度不断完善的进程中逐步实现。和以往发展时期对比可以发现，由于残疾人保障法及教育条例和就业条例的颁布实施，使得残疾人福利保障事业走上了法制化、制度化的道路，残疾人自身发展和权利的实现有了法律保障。在适度普惠时期，残疾人权益保障制度将进一步完善，残疾人在政治、经济、社会、文化等方面的权利得到基本实现，残疾人公共服务不断完善，中国特色残疾人基本救助、社会福利、康复服务、教育就业等制度日臻完善，全社会助残意识达到一定层次，残疾人受歧视现象逐步减少，这一阶段残疾人社会福利事业主要表现在残疾人保障法律、全国无障碍设施的普及和残疾人教育就业等方面进一步提升和创新。

通过对南京、天津、兰州、成都四个城市的残疾人自评的家庭收入水平的问卷调查数据进一步分析发现，四个城市的残疾人自评的家庭收入水平普遍低于平均水平，残疾人家庭收入达到平均水平的家庭数量最多的为天津，而属于西部城市的兰州的残疾人家庭收入达到平均水平的家庭数量最少。同时，从数据中也发现，残疾人的受教育水平与家庭收入水平基本呈正相关，家庭经济状况为“高于平均水平”和“远高于平均水平”的残疾人家庭，受教育程度绝大部分为“大专”和“大学本科与研究生”。残疾人家庭的经济状况除了和残疾人自身接受的教育程度有关外，还受其自身的残疾类型的影响。

通过对残疾人社会福利服务类型和接受水平的数据进行分析发现，接受过特殊教育服务的人数仅占总人数的12.5%，但是从残疾人的需要来看，8.8%的人迫切需要特殊教育服务，34.9%的人需要特殊教育服务，由此可见，目前我国残疾人特殊教育服务的供给与需要非常不匹配，残疾人受教育水平还是比较低。在劳动就业服务方面，大多数地区没有覆盖职业服务机构，大部分的残疾人没有接受过职业培训、职业介绍服务。

从四个市的职业介绍或培训服务的覆盖率来看，兰州的覆盖率最高，其次是成都，南京和天津的覆盖率稍低。同时，数据还显示四个市中，兰州的托养服务与补贴的覆盖率最高，覆盖率处于第二位的是天津市，托养服务与补贴覆盖率最低的是南京市。西部地区的兰州市和成都市的托养服务机构覆盖率比东部地区的南京和天津市稍微高一些，但总体而言托养服务机构的覆盖率还处于低位水平。

总体而言，广大残疾人距离全面小康社会还有很长的一段距离。残疾人的生活水平和社会生活水平有较大差距，达到社会平均水平的家庭数量较少；残疾人受教育水平普遍偏低，特殊教育覆盖率亟待提升；残疾人低保制度的设计基本上采取通用模式，即在低保的认定标准和低保水平上，残疾人同非残疾人之间基本上没有什么差别。这就形成了福利性收入的不平等结果；虽然已在全国范围内建立残疾人社区康复服务，但是职业康复服务覆盖率普遍偏低，同时接受过社区医疗康复服务的残疾人人数也是偏低状态，呈现出接受服务的普及率过低现象；普遍存在残疾人就业率低、劳动就业服务覆盖水平低等问题；残疾人托养服务与补贴的覆盖率还很低，托养服务机构的覆盖率不高；无障碍设施与服务难以满足广大残疾人的需要，大部分城市覆盖率仍然偏低。

尽管我国已经建构了由宪法、法律、行政法规、部门与地方规章、规范性文件五种方式组成的残疾人权利倾斜性配置体系，但现有体系仍很不完善、操作性不强，和深度权利配置还有很大距离；残疾人福利服务供给模式还过于单一，尚未形成公办机构、民办营利机构和第三部门多元供给的格局。

综上对适度普惠残疾人社会福利建设的调查和研究，我们提出如下适度普惠残疾人社会福利制度以及相关制度创新路径建议：第一，强化残疾人社会福利理念与责任。强化残疾人社会福利理念是推动残疾人社会福利制度创新的内在要求，政府必须要塑造科学合理的社会福利理念，紧紧把握福利内涵，推动残疾人适度普惠社会福利制度创新。第二，大力加强残疾人民生保障体系建设。在残疾人社会保障体系的建设上，各级政府要以残疾人的特殊需要为导向，进行倾斜性的制度设计，建立健全以最低生活保障制度为基础的多元化、多层次的残疾人社会保障体系。第三，完善残疾人基本公共服务体系。根据残疾类别差异采取额外规制的方式配置各专项公共服务，大力发挥各类助残社会组织在残疾人公共服务体系供给中的职能。重点加大残疾人公共服务体系中的薄弱环节的建设力度。以各类残疾人需要趋势为供给序位，优先建设残疾人迫切需要的服务项目。第四，推动市场与社会参与福利服务供给。在现实的残疾人社会福利服务供给过程中，会存在政府失灵的情况。各级政府部门也应当清醒地认识到，政府在很多领域存在管不好、管不了、不好管的状况，因此，应当加强市场和社会在残疾人社会福利服务供给的作用。第五，不断加强基层残联组织与人才队伍建设。在工作方式上，坚持去表面化、去形式主义，站在残疾人角度，残联组织要切实发扬实事求是的工作作风，加强专业社会工作训练，从行政化的枷锁中解除出来。不断提高残疾人工作队伍的专业化能力建设，建立完善人才保障机制、培养机制、奖惩机制、考核机制，引入更加科学与合理的工作方法，从而提高残疾人服务的专业化水平。

第十五章

适度普惠流动人口福利制度构建

流动人口问题是当前我国城市化及经济与社会发展中的重大问题之一。此问题开始于20世纪80年代中期，最近十多年来，政府在解决流动人口问题方面做了大量的工作，但因为城乡分割的社会保障特别是社会福利体制，还存在一些制度和服务缺陷，需要通过进一步的改革来推动流动人口社会福利政策的创新发展，提高流动人口福利水平，解决他们社会需要未能满足的问题。在民政部适度普惠社会福利制度构建中，主要的福利提供对象是困境儿童、老人和残疾人群，没有覆盖流动人群特别是流动人口中的这三类人，流动人口本身的福利需要也急需社会福利制度的支持，这个制度设计不符合公平分配社会资源，共享发展成果的理念。本项目特别设立流动人口社会福利制度构建一章。本章在分析我国流动人口问题的基础上，概述近年来流动人口权利保障和相关社会福利政策的进展及存在问题和不足，并提出适度普惠性流动人口社会福利制度建构及相关改革与发展政策建议。

第一节　流动人口社会福利政策发展创新研究

我国的流动人口问题既具有全世界工业化和城市化过程中的共性，但更多地带有中国自身的特点，是中国特有的经济发展模式和我国特有的政治和公共管理体制下的产物。中国流动人口问题开始于改革开放初期的20世纪80年代。进入

21世纪以来，随着我国人口城市化的快速发展，流动人口问题及相关的改革和政策发展已成为我国经济社会发展及公共管理与社会政策改革和发展中的重大问题之一。在过去十多年的时间里，我国各级政府在解决流动人口问题，改革流动人口管理模式，为流动人口提供各项公共服务方面做了大量的工作，相关政策有明显的进展，但迄今为止也还存在一些问题。

一、当前我国流动人口类型与问题

中国的流动人口是一个比较复杂的概念。它不能简单等同于其他国家的移民、流动人口等概念。在国内，流动人口也不是一个统一的概念，尽管这一概念在政府文献和学术文献中都已广泛使用，但在一些人口管理部门中仍然没有采用流动人口的概念，或对这一概念有不同理解。如公安部门的户籍管理中仍采用“常住人口”和“暂住人口”等概念。因此，在研究流动人口问题时，应先对我国流动人口概念的特点及其与其他概念的关系加以分析。

（一）中国流动人口概念要素和类型

所谓流动人口原意泛指处于流动之中，居于不稳定居住和就业状况的人们。在我国是指在没有改变原居住地户口的情况下，到户口所在地以外的地方务工、经商以及从事社会服务等各种经济社会活动或居住生活的人。也就是说，我国流动人口的概念有几个方面的要素：一是到了户籍所在地之外。二是外出的目的是为了从事职业活动或稳定的生活，并为此需要在流入地较长期居住。一般达半年以上才能被纳入流动人口的范畴。在官方的人口统计和人口管理中，只有在流出或流入实际达到半年以上者才能被纳入“常住人口”或获得居住证，而在学者们的研究中一般将打算流出或流入半年以上的人也都纳入流动人口的研究范畴中。三是在流动范围上，一般来说流动人口是指农村地区跨越县级行政区域的流动，城市地区超出一个城市范围的流动。为此，一般将流动人口界定为我国境内在其户籍所在地之外的地区从事务工、经商、社会服务等经济社会活动或居住生活已经达到或打算达到半年以上的人。

在当今中国，流动人口主要包括以下几类人员：一是从农村进入城市居住和务工经商的农民工，他们具有农业户口，但在其户籍所在地之外就业和居住。目前农民工是我国流动人口中的主体，也是流动人口问题研究的重点对象。二是具有城市户口但在户籍所在地以外就业和居住的人员。这部分人过去人数较少，但目前人数也达到一定规模，并呈增加趋势。三是在我国居住和就业的境外人士，这部分人虽然目前还不多，但其增长趋势很快，并且在局部地区已经比较突出。

随着我国经济的发展，在我国就业和居住的境外人员的数量可能会快速增长，对他们的管理和服务比较复杂，应该专门研究。

（二）中国改革开放后的流动人口问题

自20世纪80年代中期以来，中国经历了并正在经历着人类历史上最大规模的人口流动。据第六次全国人口普查的资料，2010年我国的流动人口已达2.2亿。根据国家卫生计生委发布的《中国流动人口发展报告（2016）》，到2015年年末，我国流动人口数量进一步达到2.47亿人（占总人口的18%），相当于每六个人中就有一个是流动人口（国家卫计委，2016a）。

在过去几十年里，我国庞大的以经济活跃人口为主的流动人口为工业化发展提供了巨大的动力，对经济发展做出了巨大贡献。同时，他们自身也获得了就业机会，缓解了过去长期存在的农村剩余劳动力问题；他们获得了比耕种土地更高的收入；他们还摆脱了土地束缚，获得了对就业和居住的自由选择权利；同时还开阔了视野，提高了文化技术素质，获得了更好的发展机会。

然而，大量的流动人口在获得发展和利益的同时，也面临着众多的困难和问题。首先，流动人口中绝大部分都面临着移民、劳工和农民身份的三重弱势，这使他们在就业机会、收入水平、居住和生活条件以及晋升和发展等方面都面临着相对弱势。根据本课题的调查，2011年流动人口的平均收入约为2 509.3元。另外根据2013年一项在七大城市的调查，2013年春节后至8月期间，有收入的流动人口的平均月收入为3 311.95元/月，国家卫生计生委发布的《中国流动人口发展报告（2013）》显示，2013年4月就业流动人口的平均工资收入为3 287.8元（国家卫计委，2013），均明显低于2012年全国在岗职工的月平均工资（约为3 966元/月）（国家统计局，2013）。到2015年，流动人口的人均月收入已经达到4 598元，相比2013年、2014年同期分别增长34.0%和19.0%（国家卫计委，2016b）。这个数字已经高于2015年全国城镇私营部门职工的月平均工资（3 299元），但仍明显低于非私营部门职工的月平均工资（5 169元）。如果将流动人口中的外出农民工拿出来单独分析，其收入水平就更低，2015年的月平均工资只有3 072元，低于2015年全国城镇私营部门职工的月平均工资（人社部，2016）。

此外，流动人口（尤其是农民工）过去长期以来不仅收入偏低，而且劳动时间过长，这使他们的单位工资就更低。更严重的是，在过去较长的时间里，农民工还较为普遍地遭遇到工资被拖欠的问题。

其次，在我国特有的户籍制度下，大量流动人口在异地就业和居住，难以被纳入其居住地的公共管理和公共服务体系中，这既使他们在就业、医疗、教育、住房、社会保障等方面难以获得必要的公共服务，又使他们中许多人的生活遇到很大的困难。这一问题很早就存在，但过去一直被忽视。近年来，随着工资拖欠、劳动保护不足等问题的逐渐好转，流动人口公共服务缺失的问题逐渐成为流动人口所面临的核心问题。

最后，流动人口中的主体是教育程度较低的外出农民工，他们文化技术水平偏低，在异地就业和生活又缺乏足够的社会关系，其人力资本和社会资本都很低下，因此在激烈的市场竞争中缺乏足够的发展动力。即使政府能够做到在法规和政策层面上消除或降低对流动人口的歧视和限制，他们中许多人也难以靠自己而获得平等的发展机会，因此需要更多的社会服务。以上这些问题的存在不仅对流动人口本身带来伤害，使他们的生活和发展受到严重影响和损害，而且对城市的经济与社会发展也会带来严重的负面影响。

二、流动人口福利制度安排及问题

为了解决流动人口问题，中央到地方各级政府从20世纪90年代起就开始研究制定流动人口管理和服务的政策。目前在就业、教育、社会保障等方面都有了针对流动人口的政策。但迄今为止，我国政府基本上还没有专门针对流动人口发布的专项社会福利政策，研究者和决策者还没有认真地讨论专门针对流动人口的社会福利政策。过去所讨论的流动人口社会福利政策基本上是如何将流动人口纳入现有社会福利体系之中的问题，能够做到这一点还只是促进流动人口社会福利发展的第一步。事实上，由于流动人口在许多方面存在的弱势，导致他们难以获得更多的福利服务，因此未来的发展应该认真研究对流动人口提供更加专门化的社会福利和服务，而不仅仅是让他们能够在形式上获得与本地人的平等。

计划经济体制下对人口流动加以了严格的管控，基本上没有流动人口的问题，自然也就没有针对流动人口的社会福利制度和政策。我国的流动人口问题是改革开放以后出现的，但我国现有的社会福利管理体制的总体框架基本上仍是沿袭计划经济时期的城乡二元结构和地区划分的模式，由地方政府负责本地居民的社会福利事项，而地方政府是按照户籍登记来确定谁是本地居民。改革开放以后，我国的劳动力市场逐步打破了城乡分割和地区分割的格局，劳动者可以跨城乡和跨地区流动。但20世纪90年代在社会保险、社会救助等方面的改革都没有打破过去的城乡二元结构和地区分割的公共管理格局，反而进一步加强了社会福利制度责任主体和管理体制的地方化，从而形成了城乡和地区交叉分割的碎片化格局。从流动人口的角度看，尽管从20世纪80年代中期起就有越来越多的人加入流动人口的行列，并且在20世纪90年代已经有了大量的流动人口，但由于各种原因，他们的福利需求没有充分表达。在80年代最初的人口流动中还有较多有组织的流动（由流出地的基层政府组织），但后来基本上成为个体的流动行为，并且流动人口自身也没有组织起来，而是以个体化的方式进入城市就业和公共生活中。由于缺乏组织，他们的声音很难引起当时改革者的高度关注，因此当时的改革没有考虑将他们的社会福利需要纳入新的社会福利制度设计之中。进入21世纪以后，我国城市和农村的社会福利政策都有了明显的加强，但由于户籍制度没有根本性的改革，因此社会福利政策发展总体上仍然没有摆脱城乡二元结构的束缚。即使近年来许多地区都已经取消了城市和农村的户籍界限，但仍然没有打破地区界限，还没有建立全国统一的户籍登记制度。其结果就是，尽管从20世纪初以来我国城市和农村的社会福利制度都有了长足的发展，但对于介于城乡之间的和跨地区的流动人口来说，针对他们的社会福利政策却仍然发展缓慢。

如果采用民政社会福利政策分析流动人口问题，难免会出现各种制度限制和政策分析的不足，不利于解决他们的福利需要满足问题。本书从广义社会福利体系的视角，采用福利治理的思路，把针对流动人口提供的各种政策、服务和津贴汇总，针对流动人口各方面社会福利政策的基本情况和存在的问题分析如下：

（一）就业政策方面

从总体上看，我国已经建立了较为完备的就业服务体系，其中包括职业培训、职业介绍和对就业困难者的就业援助等方面的服务。按照相关法规，流动人口也有权获得各项就业服务。尤其是在最近十年里，随着过去就业服务的重担对象城市下岗职工的就业压力大大好转，政府逐渐将就业服务的重点转到流动人口方面。为此，国家有关部门出台了一些政策，要求加强对农民工等流动人口的就业服务。2003年，国务院办公厅转发了教育部等部门《关于进一步做好进城务工就业农民子女义务教育工作意见的通知》，该文件提出了要“为进城务工人员提供就业前的职业技能培训和岗前培训，提高流动人口的素质和就业能力”。同年9月国务院办公厅转发了农业部等六部门制定的《2003—2010年全国农民工培训规划》（农业部等，2003），明确中央和地方各级财政在财政支出中安排专项经费扶持农民工培训工作。另外，农业部等部门也开展了农村劳动力转移培训“阳光工程”。2011年，国务院办公厅发布了《国务院办公厅关于积极稳妥推进户籍管理制度改革的通知》，其中明确强调：“今后出台有关就业、义务教育、技能培训等政策措施，不要与户口性质挂钩”（国务院办公厅，2011d）。应该说，政府在为农民工提供就业服务方面已经有了较为明确的政策方向。但在各地具体实施中，地方政府仍在一定程度上更重视对本地劳动者的服务，而对流动人口的就业服务重视程度相对不够。例如，在20世纪90年代国有企业改革中大规模的失业下岗浪潮中，各个城市都广泛建立了为下岗职工服务的“再就业中心”，并且通过政府财政拨款专门为下岗职工提供生活救助和再就业服务，国务院也发文，要求要确保国有企业下岗职工基本生活费按时足额发放。但在2008年受国际金融危机影响而导致我国两千多万人失业（主要是农民工），当年12月20日，《国务院办公厅关于切实做好当前农民工工作的通知》中强调了要采取多种措施促进农民工就业，但并没有要求各地城市政府采取类似当年对待下岗职工那样的政策（国务院办公厅，2008）。在这种情况下，各地政府工作的主要方向是做好失业农民工回乡的有关工作，而不是就地为他们提供大规模的就业服务和福利保障。此外，在过去几年里各个地方政府还广泛开展了针对大学毕业生就业难问题，通过各种方式加以扶持，并且为城市就业困难者和零就业家庭提供就业援助。但这些政策都主要是针对本地户籍人口，较少覆盖到户籍不在本地的流动人口。

（二）社会保险方面

社会保险是目前流动人口参与度最高的社会福利项目。按照制度规定，流动人口应该与本地户籍劳动者具有同等的参与社会保险的权利与义务。但过去很长时间里农民工等流动人口社会保险的实际参与率一直都很低，迄今为止其参与率也不够高。根据本课题的调查，被调查的流动人口中参加社会保险的情况如表15－1所示。

表15－1　被调查流动人口参加社会保险的情况（多选题）

参加的社会保障项目	参加了		没有参加		不适用		总计	
	人数	占比（%）	人数	占比（%）	人数	占比（%）	人数	占比（%）
城市基本医疗保险/新型农村合作医疗保险/公费医疗	851	70.9	317	26.4	32	2.7	1 199	100.0
城市/农村基本养老保险	499	41.7	641	53.62	57	4.8	1 197	100.0
住房公积金	113	9.4	949	79.3	135	7.3	1 197	100.0
失业保险	179	15.0	931	77.8	87	7.3	1 197	100.0
生育保险	137	11.4	911	76.1	149	12.4	1 197	100.0
工伤保险	335	28.0	779	65.1	83	6.9	1 197	100.0

从表15－1中的数据看，流动人口中获得各项社会保险的比例有明显的提高，但仍未达到全覆盖的理想的状况。究其原因，一是一些企事业单位为流动人

口缴纳社会保险不积极，二是由于流动人口在就业上的不稳定，导致将他们纳入社会保险中存在一定的管理难度，三是现行的社会保险制度（尤其是养老保险制度）不适合流动人口的情况，导致他们中许多人自己也不积极参与社会保险。其中，第三方面的原因是最主要的。对此，中央政府有关部门近年来一直在积极探索建立更加有效的养老保险转移接续制度。人力资源社会保障部和财政部于2009年出台了《城镇企业职工基本养老保险关系转移接续暂行办法》，并在此后又积极探索解决不同养老保险制度之间的异地转移接续办法，以使各项养老保险都能更好地适应流动人口的需要。党的十八大报告中也强调社会保障要“适应流动性”，但由于社会保险总体制度中存在的某些缺陷，使政府对这一问题还没有找到有效的解决办法。

（三）社会救助和社会福利方面

在这个主题下的社会福利主要是指由民政部门主管的社会福利服务，主要包括地方政府主办的养老服务、困境儿童的社会福利服务、残疾人社会福利服务等，又称民政社会福利服务。经过20多年的发展，目前我国已经建立了较为完善的社会救助制度体系，向贫困家庭提供各个方面的救助，在缓解贫困方面发挥了重要的作用。但迄今为止，我国城市和农村的社会救助和民政社会福利制度基本上没有覆盖到流动人口，流动人口在社会救助制度中的受益不多。

目前我国的社会救助和民政社会福利服务基本上都是由地方政府负责的，一般都只覆盖到本地户籍人口，而没有覆盖到外来的流动人口。例如，1999年颁布实施的现行《城市居民最低生活保障条例》明确规定，城市低保制度只负责具有本地城市户口的居民（国务院，1999）。该项制度在后来的实际运行中已经有了较多的改变，但只对本地户籍人员的特点基本上没有改变。目前我国的社会救助制度仍基本上是由地方政府负责管理，一般只针对具有本地户籍的贫困家庭。按照制度规定，当流动人口遇到困难和有需要的时候可以回到其原籍去申请社会救助和获得相应的社会福利服务，但对于许多已经长期在城市中就业和居住的流动人口，事实上也很难回到原籍去申请和获得这些福利待遇。因为他们中有些人在城市中已经居住了较长时间，很多人的子女都在城市中长大定居，他们难以再回到遥远的乡村。并且即使他们能够回到家乡农村，也往往难以获得当地的社会救助，因为社会救助有很严格的审核机制，经济落后的农村地区往往会因为这些人长期在城市中就业和居住而将他们看成是“有钱的”，因而不愿意将有限的社会救助待遇提供给他们。再进一步看，即使当地农村基层组织愿意为从城市里回来的流动人口提供社会救助，这样做也是不公平的，因为他们一生中最好的时光都在城市里就业，为城市经济发展做贡献，而当他们老了，遇到困难了却要由经济相对落后的农村为其困难“埋单”，这是经济发达的城市和经济落后的农村之间的一种“反向再分配”，是不公平的。当然，目前流动人口中进入老年阶段的人还不多，这一方面的问题还不太突出，但今后这一问题会很快突出表现出来的。目前，政府已经开始注意到了这方面的问题，并且有些项目已开始将流动人口包括进去。例如，《社会救助暂行办法》规定临时救助应该包括流动人口，并且有些城市的住房救助也向流动人口开放或部分开放了（国务院，2014b）。

在人群分类的社会福利方面，目前城市和农村都有针对老人、儿童、残疾人的一些社会福利服务。但是流动人口很难获得这些服务。流动人口在城市里就业和生活，无论是他们自己有需要时或者是他们有需要的家属都很难从城市社会福利机构中获得服务。以公办养老院为例，各个城市中的公办养老院都是一床难求，就连有本地户口的有需要的老年人居民往往都很难入住公办养老院，外来的流动人口就更加困难。此外，近年来各地出台了一些针对老年人的普惠型福利待遇，如给所有符合条件的老年人发放一定的养老金或老年津贴，但一般也只是给本地户籍的人口。

（四）教育福利方面

这里所指的教育福利是指获得政府财政支持的公共教育服务。教育福利是流动人口获得社会福利中较好的方面。过去十年中，中央政府通过各种文件再三强调要落实流动人口子女平等进入当地公办学校的权利，并且绝大多数城市都较好地落实了这一政策。同时，不少城市在非义务教育阶段的某些类别学校也平等地向流动人口及其子女平等开放（如高职、高专等），并且对异地高考也出台了一些放松限制的政策。但是，鉴于异地高考政策在一些城市中（尤其是京津沪直辖市）涉及流动人口与本地市民之间较为复杂的利益再分配问题，一些城市的部分市民公开反对向流动人口开放异地高考，因此这项政策进展一直较为缓慢。

（五）健康和医疗卫生服务方面

相对来说，在健康和医疗卫生服务方面流动人口与本地市民之间的平等性是最强的，但这种平等性是建立在这一领域较低的福利水平基础上的。20 世纪 90 年代的改革后，我国城乡的公共卫生水平降到了最低点，医疗服务也基本上以商业化的方式运行，导致了较为严重的看病贵、看病难的问题。这一局面对流动人口的影响是复杂的。一方面流动人口因其收入低下而受商业化医疗服务的影响应该是最大的，但另一方面流动人口因其相对较为年轻，医疗需求相对较低，因而又受其影响相对较低。近年来，政府增大了医疗卫生方面的财政投入，尤其是加强了基层社区卫生的建设，在其中流动人口与本地人口基本上是同等受益，但他们也与本地普通市民一样在医疗卫生服务方面仍未得到理想的福利水平。

（六）住房保障方面

住房保障也是一项重要的社会福利事项。长期以来，流动人口的住房问题一直比较严重。大量的流动人口，尤其是其中收入比较低下的农民工长期以来居住条件很差，这严重地影响了他们的生活质量。过去许多年来，城市政府和用人单位通过各种方式向流动人口提供住房，力图满足他们的居住需要。如在政府支持下建设流动人口公寓，以及近年来各地政府提供公共租赁房等方式。这些措施都取得了明显的收效。但是，进一步分析看，流动人口的住房需要仍然没有完全得到满足。人们对住房的需求分为居住的需求和拥有的需要。从目前的社会现实看，在城市中拥有一套自己的住房已经几乎是每个城市家庭的基本需要。但在当前城市住房销售价格高企的情况下，大多数外来的流动人口都会面临购房困难，很难满足其拥有一套住房的需要。如果仅从居住需要的角度看，满足住房需要的困难要小得多。但是，近年来许多城市租房价格也在不断上涨，导致流动人口租房困难。近年来出现的“蜗居”“群租”现象大多数都是外来的流动人口。这些现象不仅给流动人口的生活质量带来严重影响，而且也会带来更多的社会问题。

（七）留守人员服务

随着外出务工的流动人口的增加，留守儿童、留守老人和留守妇女问题逐渐突出，引发和社会的关注。近年来政府及相关机构开展了对这些留守人员的服务工作，其中重点是对留守儿童的服务。2008 年全国妇联儿童工作部发出了《全国妇联儿童工作部关于采集家庭教育及农村留守儿童工作相关数据的通知》，2011 年全国妇联发出了《全国妇联办公厅关于召开全国农村留守流动儿童关爱服务体系试点工作推进会的通知》（全国妇联办公厅，2011），2013 年教育部等 5 部门发出了《关于加强义务教育阶段农村留守儿童关爱和教育工作的意见》，同年教育部办公厅发出了《关于开展“翼校通关爱留守儿童大型公益活动”的通知》。这一系列的政策文件和相关活动推动了对农村留守儿童的关爱和服务。近年来对留守儿童关爱保护的工作进一步加快，政府在中共十八届三中全会和五中全会上都提出要健全农村留守儿童、妇女、老年人关爱服务体系。国家《“十三五”规划纲要》将农村留守儿童关爱保护列为基本公共服务内容，《中共中央国务院关于打赢脱贫攻坚战的决定》也将此列为重点工作任务。国务院在 2016 年 2 月发布了《国务院关于加强农村留守儿童关爱保护工作的意见》（国务院，2016b），并且批准建立了由民政部牵头，27 个部门和单位参加的农村留守儿童关爱保护工作部际联席会议制度。此后在全国范围开展留守儿童摸底排查，开启了全面开展留守儿童关爱保护工作的第一个实质性步骤。

但是，我们也看到，近年来留守人员问题仍处于日趋严峻的趋势，这一方面是由于过去工作的力度还不够大，效果还不到位，另一方面也是由于人们对这些方面的要求越来越高。尤其是对留守儿童问题，它涉及几千万的下一代人，如果他们从小生活在困境中，生活、学习和心理得不到有效的关照，不仅会导致他们目前的生活困难，而且还会对他们未来的发展带来严重影响，甚至会影响他们的一生，并且进一步影响到国家的未来。因此，对这些问题应该引起更高的重视。

综上所述，过去十多年里各级政府在流动人口社会福利政策方面已有较明显的提升，但仍然存在不足。流动人口的社会福利服务仍需进一步提升。

三、流动人口福利政策发展与创新

在党的十八大报告的“加强和创新社会管理”部分中提出了“创新流动人口和特殊人群管理服务”（胡锦涛，2012）。将对流动人口的服务与管理并列提出，是近年来我国针对流动人口政策的重要成果。但是党的十八大报告和此后的党的十八届三中全会的《中共中央关于全面深化改革若干重大问题的决定》中均没有更为详细的流动人口政策内容（习近平，2013）。这说明政府针对流动人口的管理服务还没有形成清晰的政策思路和具体的政策内容。因此，应该加强对此问题的研究，为政府下一步的决策提供建议。为此，本章就加强和优化针对流动人口社会福利政策提出以下建议。

首先，我国针对流动人口的基本政策目标需要进一步更新。要进一步克服过去重管理、轻服务的政策目标，重点加强以推动流动人口在城市中社会融入和适应流动劳动力稳定就业为目标的社会福利体系。要在这些目标和原则下，研究加强流动人口社会福利服务的总体目标和落实路径，包括精细化和具体化的实施方案；并且研究如何将对流动人口的社会福利纳入各地的经济与社会发展规划，并落实相应的财政投入和建构相应的体制机制。

其次，我国提升流动人口社会福利的政策应该本着平等、保护和促进的原则。第一，应在基本公共服务均等化的原则上进一步落实流动人口平等的社会福利权利，保障他们不仅在市场经济和就业方面能够进一步提高平等权利，而且在社会福利方面也能够尽快缩小与本地居民之间的差距。第二，应按照社会保护的原则，为流动人口提供他们比本地市民更加需要的福利服务，如就业服务、居住服务、劳动关系调解和居民调解服务以及基本医疗服务等。为流动人口提供这一类福利服务的主要目的一是为了适应流动人口的特殊需要，二是为了弥补他们在城市生活中的弱势。三要按照增能（empowerment）和社会促进的原则，为流动人口提供更多的促进性和发展性的社会福利服务，包括社会融入服务、教育服务（包括非义务教育阶段的）、职业培训服务等。提供此类福利服务的目的主要是为了进一步提升流动人口的能力，包括人力资本和社会资本两个方面的能力，以便他们在城市中获得更好的发展。

最后，现阶段应该抓住流动人口社会福利的几个关键性的环节，通过体制改革实现流动人口社会福利的突破。一是在社会保险方面要通过改革加快实现城乡社会保险制度的一体化，从而形成对流动人口更具包容性和适应性的社会保险制度，大幅度提升流动人口参与社会保险的比例。二是要突破财政福利对流动人口的限制，实现流动人口在流入地获得各项社会救助和其他各项由财政支持的社会福利服务。三是将教育福利的平等供给和平等获得扩大到非义务教育阶段。

要实现以上突破，有几个关键的条件需要满足：一是城市（流入地）的政府要进一步改变观念，提升公共服务意识，真正地将流动人口与本地人口一视同仁地看作是其服务对象。二是公众（尤其是流入地城市市民）要提升社会公平意识，接纳流动人口的社会融入，并且在涉及利益分配的政策中支持政府平等地对待流动人口。三是加快社会福利制度改革，加快推进社会福利制度城乡一体化，尽快实现社会保险全国统筹，以及提升社会救助和民政社会福利项目的责任层级，由中央政府承担更大的财政责任。

第二节 适度普惠流动人口福利服务发展研究

一、适度普惠特殊流动人群服务

（一）让流动人口中的特殊人群如老人、儿童、残疾人等平等地享有服务

流动人口中目前老年人还不多，但随着时间的推移，他们逐渐会进入老年阶段。不论他们将来是留在城市还是回到农村，流动人口老了以后如何养老都是一个大问题。目前，城市和农村都还没有准备好如何应对庞大流动人口将来的养老问题。调查发现，流动人口自己对将来养老的看法也是趋于传统的（见表 15 -2）。

表 15 - 2　被调查流动人口对自己未来养老费主要来源的判断

	第一选择		第二选择		第三选择	
	人数	占比（%）	人数	占比（%）	人数	占比（%）
依靠子女赡养	216	22.0	430	49.1	230	28.8
自己存钱养老	654	66.5	236	27.0	60	7.5
土地收入	104	10.6	195	22.3	464	58.1
其他	10	1.0	14	1.6	44	5.5
合计	984	100.0	875	100.0	798	100.0

可以看出，流动人口对自己将来养老费用的期待主要是靠自己存款和靠子女养老，有少数的人指望靠土地养老。但事实上这几种养老都不是很可靠。此外，前面提到的数据也表明，流动人口中的老年人和儿童在城市中实际获得养老服务和儿童服务的比例都很低。急需将他们纳入城市社会服务体系中。

当前，流动人口中老人、儿童和残疾人群体除了在基本生活方面存在各种问题之外，还在其他多个方面存在困难。因此，除了需要向其提供基本的社会保障和社会福利供给之外，还需要提供其他各种社会福利服务。应按照社会保护的原则，为流动人口提供他们比本地市民更加需要的福利服务，如就业服务、居住服务、劳动关系调解和居民调解服务，以及基本医疗服务等。为流动人口提供这一类福利服务的主要目的一是为了适应流动人口的特殊需要，二是为了弥补他们在城市生活中的弱势。另外，应该按照增能和社会促进的原则，为流动人口提供更多的促进性和发展性的社会福利服务，包括社会融入服务、教育服务（包括非义务教育阶段的）、职业培训服务等。提供此类福利服务的目的主要是为了进一步提升流动人口的能力，包括人力资本和社会资本两个方面的能力，以便使他们在城市中获得更好的发展。从中国适度普惠社会福利理论与制度构建课题组在四个城市调查情况看，目前流动人口获得的服务还是比较少的（见表 15 - 3）。

表 15 - 3　三类流动人口接受福利服务的情况

服务项目	接受过		没有		总计	
	人数（人次）	占比（%）	人数（人次）	占比（%）	人数（人次）	占比（%）
老人服务，例如社区养老服务、机构养老服务等	84	7	1 113	93	1 198	100.0

续表

服务项目	接受过		没有		总计	
	人数（人次）	占比（%）	人数（人次）	占比（%）	人数（人次）	占比（%）
儿童服务，例如儿童教育、儿童医疗服务等	111	9.3	1 085	90.7	1 196	100.0
家庭服务，例如帮助您家庭解决困难的服务	59	4.9	1 138	95.1	1 197	100.0
就业服务，例如帮助您和家人寻找工作的服务	64	5.4	1 132	91.8	1 196	100.0
法律服务，例如给您和家人提供法律咨询援助服务	44	3.7	1 152	96.2	1 196	100.0

从表15－2中的数据看，对于所列的各种服务，均有90%以上的被调查者没有接受过。其中，流动人口接受儿童服务的人数最多，也只有111人次，占总调查人数的9.3%，接受老人服务的人数次之为84人次，占调查总人数的7%，接受就业服务的人数为64人次，占调查总人数的5.4%，接受家庭服务的人数为59人次，占调查总人数的4.9%，接受法律服务的人数最少为44人次，占调查总人数的3.7%。但从总体上看，接受上述各项服务的人数并不多，一方面可能是因为部分地区不具备提供相关服务的条件，另一方面可能由服务对象的服务利用率不高造成的。这说明流动人口获得基本公共服务的比例很低，急需加强。

目前，各个城市中都有一些对老年人、残疾人和儿童的优待、优惠或其他社会服务项目。但其中许多都有一定的资格限制，如必须办理了“老年人优待证”“残疾人优待证”的才能够享受。而一些外来的老年人或外来残疾人作为家属来到城市，在本地很难办理《居住证》，或者即使办理了《居住证》也很难获得《优待证》，因此难以平等地获得这些服务。为此提出如下建议：首先，对在城市里获得《居住证》的流动人口，其直系亲属也有权获得该市的《居住证》；其次，各地在惠及老年人、残疾人和儿童的各项优待、优惠和其他社会服务都逐步取消对流动人口的限制，这些服务对本市户籍人口和持有《居住证》的外地人口应该一视同仁。也就是说，让《居住证》所包含的公共服务进一步扩大。

（二）对流动老人、流动儿童和流动残疾人的专门化服务

除了将流动人口中的老年人、儿童和残疾人等特殊困难人群纳入城市一般普

惠型的社会服务体系中，还应该根据他们的实际需要向其提供额外的专门化服务。例如，在许多发达国家的城市中都有一些专门为外来移民提供社会融入的服务机构，其中主要的对象就是外来移民中的老人、儿童、残疾人等具有特殊困难的人员。因为他们比其他普通人更加困难，更加需要社会服务。在我国，随着流动人口的家属进入城市的越来越多，他们越来越需要一些专门的服务来帮助他们更快更好地适应新的城市环境，更好地融入城市。因此，应该加强这方面的服务。例如，针对外来老年人的需要向其提供融入城市所需要的老年生活服务、老年保健服务、老年社交服务以及老年心理慰藉等方面的服务。对流动儿童，除了前述的学校教育方面的一些服务之外，在社区中还应该提供婴幼儿照料、儿童社区融入、城市生活适应、儿童安全教育、儿童娱乐游戏等方面的服务。对流动人口中的残疾人则应该提供短期或长期的康复服务、适宜的辅助器械服务、参与社区活动的服务等。

（三）对留守人员的专门化服务

如前所述，在我国，农村留守人员是很大群体，包括留守老人、留守妇女和留守儿童，他们加在一起约有2亿人。他们的生活状况如何对于全面建成小康社会具有重要的影响。近年来我国逐步加强对这部分人情况的重视，逐步增加对他们的服务，但迄今为止他们所面临的问题仍然较多。为此，应该进一步加强对留守人员的服务。从根本上看，应该进一步放开家属随迁入城，但在目前还很难完全做到的情况下，应该进一步加强农村留守人员的服务。首先，应该做好对各类留守人员摸底排查工作，根据摸底排查得到数据，实事求是地分析各类留守人员的实际困难和需要，明确任务和制订具体的行动方案，包括服务内容、重点对象和重点行动领域、服务提供的体制机制及责任制度、资源投入方式、服务效果评估等。其中，最主要的工作一是建立具体的工作体系，尤其是发挥专业社会工作者的作用，二是要落实开展工作所需要的财政投入。其次，应该建立留守人员信息平台，建立对留守人员变化信息的动态收集工作机制，以便为政策的调整提供依据。最后，应该将关爱保护农村留守的工作与农村社会福利及农村经济与社会的总体发展紧密结合，将精准关爱保护与普惠型公共服务相结合，既通过关爱保护留守人员的工作促进整个农村社会福利体系建设，也通过后者进一步完善关爱保护留守人员的工作。更具体地看，目前应该优先提供的服务有：

在对留守老人的服务方面，一是要尽快建立健全农村老年服务体系，按照老有所养、老有所医、老有所为、老有所学、老有所乐的方向建构老年社会服务体系，让包括留守老人在内的农村老年人都能够获得更多的服务，从而提高其生活质量。二是要针对高龄和失能失智的老人建立社会化的老年长期照护服务。国务院已经发布文件要求各地采取措施促进养老服务业的发展，各地应该积极落实。其中，农村老年长期照护体系的建立和发展是非常艰巨的任务，应该动员全社会的力量，采用政府、市场和社会相结合，产业发展与公共服务相结合，福利性机制与市场化机制相结合的方式有效推进。三是要针对留守老人子女不在身边的情况，向他们提供更多的服务，除了一般的生活服务之外，还应该提供更多的心理辅导，以缓解他们的孤独寂寞，提高其生活质量。

在对留守妇女的服务方面，一是要帮助她们处理好照料家庭、生产就业和照料老人儿童的事务，加强农村社会化服务，减轻她们的劳务负担。二是要帮助她们处理好各种心理问题和矛盾纠纷，进一步提高其家庭内部和邻里之间的和谐，维护家庭稳定和邻里和谐。三是要进一步加强对留守妇女的文化技术培训，帮助她们提高就业创业的能力。

在对留守儿童的服务方面，一是要进一步加强对留守儿童的关爱保护。要针对留守儿童所面临的生活、学习、健康、安全、心理等方面的困难，有针对性地向其提供服务。首先要保障留守儿童的基本生活，对困难留守儿童要优先纳入社会救助，并且给予各方面的帮助。二是要额外关心留守儿童的学习，不仅要确保他们不失学，而且要积极提供学业辅导，并激励他们的学习动机，力争提高他们的学习成绩。三是要做好留守儿童的健康服务，确保成长期孩子的营养，培育良好卫生习惯和提供医疗卫生服务。此外很重要的一个方面是要做好留守儿童的安全保护工作，一方面是要防止各种安全事故，预防意外事件的发生，另一方面要加强防范对未成年人的人身侵害，尤其是要做好女童保护工作。四是要做好留守儿童的心理辅导工作，增强他们对留守生活状况的心理适应能力，排遣孤独，并且帮助他们解决父母不在身边带来的其他各种困境问题，增强他们的自理能力，帮助他们解决因社会环境和个人心理因素而带来的各种困扰，防止抑郁等情况的发生，尤其是要防止自杀等恶性事件的发生。

最后应该提到的是，留守人员问题的最终解决要依赖整个流动人口在流入地的权利保护、平等化和社会融入。解决留守人员问题的“总战场”不在农村而在城市。只有各个城市都能向农村流动人口全面开放，使他们能够自由落户、平等获得就业机会和公共服务，流动人口不再被迫将其老人、妻子或未成年子女留在家乡农村，留守人员的问题才能够真正得到解决。

二、适度普惠教育服务

（一）流动人口教育程度

尽管近年来流动人口平均受教育程度已有提升，但总体来看与城市居民相比仍然处于较低的情况。表 15 - 4 中的数据反映了流动人口受教育的基本情况。

表 15 - 4　　被调查流动人口受教育程度

	人数（人）	占比（%）	累计占比（%）
没有受过任何教育	21	1.8	1.8
小学	160	13.3	15.1
初中	487	40.6	55.7
普通高中	184	15.3	71.1
中专（含职高、技校、中专）	138	11.5	82.6
大专	127	10.6	93.2
大学本科与研究生	82	6.8	100.0
合计	1 199	100.0	

本次调查中，被调查者拥有初中学历的人数最多，为 487 人，占总人数的 40.6%，拥有普通高中学历的人数次之，为 184 人，占总人数的 15.3%，拥有小学学历的人数为 160 人，占总人数的 13.3%，拥有中专（含职高、技校、中专）学历的人数为 138 人，占总人数的 11.5%，拥有大专学历的人数为 127 人，占总人数的 10.6%，拥有大学本科与研究生学历的为 82 人，占总人数的 6.8%，没有受过任何教育的人最少，为 21 人，占总人数的 1.8%。总体来看，初中及以下学历的人超过半数，占总人数的 55.7%，表明被调查对象受教育水平普遍不高。此外，调查中还发现，流动人口子女的教育也存在一些问题。在所调查的有子女的家庭中有一定比例的孩子处于失学状况。他们失学的原因比较多样化（见表 15 - 5）。

表 15 - 5　　流动人口家庭义务教育阶段的子女失学原因

	人数	占比（%）	个案占比（%）
经济上负担不起	52	34.0	39.1
想让孩子早点挣钱	24	15.7	18.0
找不到合适学校	32	20.9	24.1
孩子不愿上学	38	24.8	28.6
读书没有用	2	1.3	1.5
其他	5	3.3	3.8
总计	153	100.0	115.0

从表15-5中的数据看，由于客观原因（“经济上负担不起”和“找不到合适学校”）的占了一半以上。主观原因的也有较大比例。不论是客观原因还是主观原因，都应该通过优化相关政策和加强相关服务去加以解决。此外，流动人口在城市中接受教育还没有完全进入到公办学校中。本次调查中，被调查对象处在义务教育阶段的孩子在城市就读打工子弟学校的有102人，占比27.1%，就读于城市公立学校的有215人，占比57.2%（见表15-6）。

表15-6　　处于义务教育阶段的孩子在城市就读的学校

	人数（人）	占比（%）
打工子弟学校	102	27.1
城市公立学校	215	57.2
其他	59	15.7
合计	376	100.0

在未来的发展中，流动人口将是我国城市经济发展最主要的劳动力之一，因此他们的文化水平如何将对我国经济能否实现转型升级具有决定性的影响。因此应该从落实公民受教育权利，促进教育公平和促进经济发展的高度，对流动人口及其子女的教育加以更高的重视。

（二）让流动人口平等获得教育服务

接受一定的教育是当代人的基本需要。为此，我国法律规定了九年义务教育。目前，流动人口义务教育阶段的子女已经能够获平等进入当地公办学校的权利，但是在很多城市还难以平等地进入非义务教育阶段的学习，如学前教育、高中教育等，并且在高考方面对外地人的限制也还没有完全消除。随着人们对教育重视程度的不断提高，向流动人口提供公共教育的层级也应该提高，让流动人口能够平等地享有非义务教育阶段的学习。

（三）为流动人口子女提供专门的附加教育服务

流动人口子女在教育方面往往面临一些比本地孩子更多的困难和问题。一方面，由于他们中许多人来自外地，刚进入城市时不熟悉当地文化习惯，不会说当地方言，普通话也说不好，因此在学校里容易不适应环境，有些人还可能受到本地学生的排斥。并且，有些外地学生来自教育水平相对较差的农村地区，进入城市后可能会遇到学习困难。还有，由于各地的学制不完全一样，因此会导致外来学生进入本地学校后在学习内容方面的不适应，而且流动人口孩子的流动性也会在一定程度上影响他们的学习。所有这些都需要有对流动人口孩子学习提供附加的服务。

这些附加服务可以从各个方面开展，首先，可以通过围绕着学习而开展的培训活动，帮助外来流动人员子女克服学习中的困难，增强他们当前学习的能力和兴趣，以及初中毕业后继续学习的意愿，以确保外来流动人员子女继续学习和接受教育，而不从现有教育体系中流失。尤其是应该通过社会工作者和志愿服务人员与外来流动人员子女的互动而增强后者对大学学习的了解和兴趣，以促使他们中将来有更多的人能进入大学学习。其次，可以通过课外活动的辅导而帮助外来流动人员子女扩大其知识面和增强其在城市中社会实践活动的能力，丰富其课外文化生活，以便使他们将来能够更好地适应现代城市中的就业和生活。最后，可以通过组织外来流动人员子女在本地城市的社会实践和社区活动而帮助他们更好地了解城市社会和熟悉城市生活，并且通过辅导和其他活动而帮助他们克服与本地同龄人的交往障碍，以促进他们更顺利地融入城市社会。尤其对新近进入城市的人更应加强这方面的服务。

（四）进一步增强流动人口的职业教育

如前所述，目前国家已经有对农民工职业培训的计划，并且已经取得一定的成效。但是，调查发现在对流动人口的培训中仍存在一定的问题。参加培训的人员比例仍然有限（见表 15－7）。

表 15－7　　流动人口中接受过正规职业培训的比例

	人数（人）	占比（%）
接受过	437	36.8
没有接受过	752	63.2
合计	1 189	100.0

在本次调查资料显示，1/3 多的人接受过正规职业培训，而没有接受过正规培训的近 2/3。同时，在培训内容、效果和费用等方面也存在一定的问题（见表 15－8）。

表 15 - 8　　流动人口在参加职业培训中存在的困难

	人数（人）	占比（%）
培训内容不适合自己的需要	106	16.5
缺乏有用的培训信息	193	30.0
找不到合适的培训地点	69	10.7
培训费用太高	152	23.6
其他	124	19.3
合计	644	100.0

以上的调查数据说明，对流动人口的职业培训还需要进一步加强，应该在已有的基础上继续加强和扩展这方面的工作。首先，应该进一步加强就业前的职业技术教育。在转变经济发展方式的背景下，我国未来对劳动力的需要更多地将集中在技术劳动者方面，因此对外来农民工也应该强调入职前的职业技术教育，要求所有用人单位，尤其是正规的工商企业在招录职工时要注重应聘者的职业技术教育背景，优先招录具有中级以上职业技术教育背景的人员。同时，应加大职业技术教育的供应，并提供免费教育。其次，应该进一步加强对普通劳动者的在职培训和转岗培训，要求包括农民工在内的所有职工都定期接受在职培训，不断更新他们的知识和技术，使他们能够跟上技术的进步，不要等到他们被新技术淘汰后再去解决他们的“再就业培训”。当然，不管事先如何预防，总还会有一些人会遭遇失业下岗，对这些人应该加强转岗培训。转岗培训的关键是要提高培训的针对性和促进就业能力的实效性。

三、适度普惠健康服务

（一）流动人口的健康状况

健康是人的基本需要，也是人们从事经济与社会活动的重要基础条件，因此健康在当代社会中越来越被人们所看重，是人们最重要的基本需要之一。流动人口因其相对较年轻，健康状况总体好过其他人。但是也有部分流动人口的健康存在问题（见表 15 - 9）。

表 15-9　　流动人口自评身体健康状况

	人数（人）	占比（%）	累计占比（%）
很不健康	11	0.9	0.9
不太健康	93	7.8	8.7
一般	338	28.2	36.9
比较健康	410	34.2	71.1
很健康	347	28.9	100.0
合计	1 199	100.0	

本次调查中，被调查者认为自己很不健康的有 11 人，占总人数的 0.9%，认为自己不太健康的有 93 人人，占总人数的 7.8%，认为自己健康程度一般的有 338 人，占总人数的 28.2%，认为自己比较健康的有 410 人，占总人数的 34.2%，认为自己很健康的有 347 人，占总人数的 28.9%。总体来看，自评健康程度比较健康和很健康的占到了总体的 63.1%，表明被调查对象自评健康水平较高。

表 15-10 中的数据表明，被调查者认为在过去一个月中，健康问题对工作或日常活动总是有影响的有 22 人，占总人数的 1.8%，认为经常影响的有 45 人，占总人数的 3.8%，认为有时影响的有 271 人，占总人数的 22.7%，认为很少影响的有 325 人，占总人数的 27.2%，认为没有影响的有 532 人，占总人数的 44.5%。总体来看，被调查者过去一个月中，在工作或日常活动时受健康问题影响不大，很少影响及没有影响的人占到了 71.7%。这些数据进一步说明，部分流动人口的健康对其工作或生活有一定的影响，应该加以解决。

表 15-10　　健康问题对工作或日常活动的影响程度

过去一个月中，健康问题的影响	人数（人）	占比（%）	累计占比（%）
总是有影响	22	1.8	1.8
经常影响	45	3.8	5.6
有时影响	271	22.7	28.3
很少影响	325	27.2	55.5
没有影响	532	44.5	100.0

（二）让流动人口平等地获得健康服务

健康也是民众的基本需要，在此领域也应该有较高水平的公共服务。目前在医疗卫生领域流动人口与本地居民获得的公共服务相对比较平等。一方面是因为公共卫生服务将流动人口纳入了进来，这主要得益于公共卫生服务的“公共品”性质。另一方面在医疗服务领域中流动人口所获得的平等性主要不是因为地方政府为流动人口提供了很多的公共性医疗服务，而是因为在医疗服务领域的公共性总体上很弱，本地居民所获得的公共服务也都不够，因此流动人口与本地人口的差距就不大。因此，在医疗卫生服务领域，一方面要继续扩大公共卫生和疾病预防服务，不仅应该继续将流动人口纳入其中，而且应该更加重视流动人口的公共卫生和疾病预防服务。另一方面应该持续性地加大公共医疗服务，并在其中让流动人口和本地人口一样平等地享有医疗服务待遇。

（三）为流动人口提供专门化的健康服务

除了将流动人口平等地纳入城市普惠性健康服务体系之外，还应该为他们提供附加的健康服务。首先，因为流动人口往往来自卫生水平较差的农村地区，他们本身的身体状况需要得到更多的照料。这一方面是为了流动人口的健康，另一方面也是为了整个城市公共卫生的需要。其次，流动人口中许多人是普通劳动者，还有很多人的收入偏低，或者处于非正规就业状态，因此他们的健康服务往往受到忽略，因此城市基层政府和社区组织应该承担更大的责任。最后，流动人口中文化水平相对较低的人员的健康知识往往较为低下，因此应该给他们提供更多的服务。同时，许多流动人口在城市中的社会融入不足，这在一定程度上会影响对他们的健康管理，对此也应该有更多的措施加以解决。

（四）适度普惠性流动人口生育健康服务

过去较长时期中，流入地对流动人口的各种服务中以计划生育服务的责任最为清楚，流入地政府对流动人口计划生育服务的责任有相当明确的规定。按照现行规定，计划生育实行以流入地为主、流出地和流入地协调配合的管理服务体制。农民工等流动人口计划生育管理和服务所需要的经费要纳入流入地的地方财政预算，由当地政府为流动人口提供国家规定的计划生育、生殖健康等免费服务项目和药具，以及计划生育服务和奖励、优待。尽管在计划生育方面强调了服务与管理并重，但总体上看过去较长时期中计划生育中的服务仍主要是服务于国家的计划生育目标。

但是，随着我国计划生育政策的调整，全面放开二孩政策实施以后，对流动人口的生育健康服务的重心也将有所调整，应该从过去以控制为主的重心逐步转到以生育服务为主的重心。随着流动人口的生育数量越来越多，并且他们越来越多的人会在流入地生育，因此在流入地的生育健康服务将更加重要。包括各种生育方面的知识普及，优生优育服务，产前、产中和产后的服务等都比过去更加需要。

四、适度普惠就业服务

（一）流动人口的就业状况和获得就业服务的分析

绝大多数流动人口是以就业为目标的流动，获得一份理想的工作对于他们来说至关重要。一方面，流动人口也是就业活跃人群，他们获得就业能力很强。但是另一方面也应该看到，由于各种原因的影响，流动人口在城市中的就业也会面临一些困难。这导致他们当中的部分人难以获得理想的工作岗位，或导致他们的就业不稳定。从表15-11中数据可看出他们的就业状况。

表15-11　自外出打工以来是否换过工（指换单位或企业）

	人数（人）	占比（%）
没有	503	42.1
换过	691	57.9
合计	1 194	100.0

本次调查中，自外出打工以来，没有换过工（指换单位或企业）的有503人，占比42.1%，换过工的有691人，占比57.9%。根据换工次数的统计数据，本次调查的流动人口中换工次数的均值为3.19次，极小值为0次，极大值为12次，极差为12，换工2次的被调查者最多。在换工次数的分布上，有25%的被调查者在2次及以下，有50%的被调查者在3次及以下，有75%的被调查者在4次及以下，有25%的被调查者在4次以上。

本次调查中，被调查的流动人口其工作的企业规模在10~50人规模的最多，有332人，占比28.3%，工作企业规模在9人以下的次之，有317人，占比27.0%，企业规模在51~100人的有157人，占比13.4%，企业规模在101~500人有59人，占比4.9%，企业规模在3 000人的有57人，占比4.9%，企业规模在1 001~3 000人的有42人，占比3.6%。总体来看，被调查者工作的企业规模50人及以下的占比55.2%，说明流动人口工作的企业主要为中小工厂和企业。

调查数据表明，在所有被调查对象中，通过亲友介绍获得工作的人最多，有486人次，占被调查者总数的41.1%，通过同乡熟人介绍的次之，有414人次，占被调查者总人数的35.0%，通过企业直招的有173人次，占被调查者总人数的

14.6%，通过网络、新闻媒体、街头广告应聘的共有172人次，占被调查者总人数的14.6%，通过在劳务市场或者中介找工的有111人次，占被调查者总人数的9.4%，通过学校组织劳务流动方式就业的有55人次，占被调查总人数的4.6%，通过政府组织劳务流动方式就业的有44人次，占被调查者总人数的3.7%，通过其他方式就业的有84人次，占被调查者总人数的7.1%（见表15-12）。

表15-12　　流动人口的主要求职途径

	人数（人次）	占比（%）	个案占比（%）
学校组织劳务流动	55	3.6	4.6
政府组织劳务流动	44	2.9	3.7
亲友介绍	486	31.6	41.1
在劳务市场或中介找工	111	7.2	9.4
网络应聘	80	5.2	6.8
新闻媒体广告应聘	28	1.8	2.4
通过街头广告应聘	64	4.2	5.4
企业直招	173	11.2	14.6
同乡熟人介绍	414	26.9	35.0
其他方式	84	5.5	7.1
总计	1 539	100.0	130.1

总体上来看，有近76%的被调查对象通过亲友、同乡熟人找到工作，说明在流动人口进城务工的过程中，其本身具有的社会网络资源发挥了重要作用，而网络、新闻媒体等新兴求职途径也在流动人口中逐步流行，这可能与新生代流动人口在流动人口中占比越来越大有关。在流动人口求职过程中，政府组织为其提供帮助的力度应该加大，一方面有利于流动人口正规就业，另一方面也有利于解决部分城市出现的“用工荒、用工难”等问题。

（二）让流动人口平等地获得就业服务

迄今为止，流动人口属于就业活跃人口，流动人口中绝大多数都具有较强的就业适应能力。他们中许多人所缺的主要是为提升就业质量、获得更高收入所需要的知识和技能，因此对大多数人来说，提供技能培训非常重要。对此，各级政府已给予了较大的重视。目前各地在为农民工提供培训方面已有较大的行动，并取得了初步的成效、此项行动还应该继续下去，并继续扩大规模、提升水平和更加注重实效。但另外我们也应该看到，流动人口中也逐渐会有一些人缺乏劳动能力。尤其是当他们年龄逐渐增大后，或者遭遇疾病、残疾等不幸事件影响时，其劳动能力有可能受到很大的影响。对这些流动人口仅靠培训是很难帮助他们获得就业，而需要通过介绍岗位和安排公益岗位等方法去满足其就业需要。迄今为止，这些就业服务的做法都只是针对城市中本地人口中的就业困难家庭，而下一步应该平等地将流动人口包括进来。具体的做法可以有：一是将外来流动人口中的就业困难人员纳入就业援助的服务对象，向他们平等地提供就业援助。二是根据每个人的实际情况，分别提供介绍就业服务或提供公益岗位。

（三）对流动人口专门化的就业服务

鉴于流动人口在城市劳动力市场和获得就业机会方面仍然存在一些障碍的情况，应该在让他们能够平等参与就业和获得就业援助的同时，还应该向他们提供更多的，更具针对性的就业服务。一是进一步消除劳动力市场中对外来流动人口的限制和歧视，真正做到流动人口与本地人的就业机会平等。二是更加注重提升流动人口获取就业机会的能力。因为在一些传统上由本地人占据的就业岗位上，外地人遭受的限制不仅是不合理的制度限制和文化歧视，而且还有他们本身能力和其他方面特点的限制，因此应该注重帮助他们提升能力，消除自身的一些限制性条件，以更好地实现就业平等并提升其就业机会。三是开展以提升流动人口就业质量为目标的流动人口就业服务，帮助流动人口改善就业环境，提升工资水平和实现更高水平的职业成就感。

第三节　适度普惠流动人口福利服务人才队伍建设

要落实对流动人口的福利服务，最关键的是要落实福利服务体系建设，包括制度建构、资源供给、组织体系、人员队伍等各个方面。其中对流动人口社会福利提供人才队伍建设是最为关键的因素。流动人口社会福利人才队伍建设中，除了相关部门和社会组织的服务人才外，专业社会工作者扮演着重要的角色。在当前和未来一段时间里，加强专业社会工作人才队伍建设是做好适度普惠型流动人口社会福利的重要保障。限于时间、领域和篇幅，本部分主要讨论社会工作专业人才队伍建设在适度普惠流动人口福利服务中的地位和作用。

一、加强专业社会工作人才体制建设

在当代社会中，专业社会工作是以制度化的方式向有需要的民众提供服务，因此，适当的体制和机制建设是专业社会工作得以有效发挥作用的重要基础，也是社会工作能够有效为流动人口提供服务的重要基础条件。在我国现阶段专业社会工作处于初期发展时期，加强对适合我国国情的社会工作体制机制建设意义就更加重要。

（一）专业社会工作发展的国际经验

从国际上看，专业社会工作的体制经历了不同时期的变化，各个国家的情况也不完全一样。在社会工作发展的早期阶段，主要是以民间组织及民间资源为主的社会工作服务体制。第二次世界大战以后，欧洲国家的社会工作体制基本上纳入了福利国家的社会政策体系中，成为整个社会政策行动体系的一个重要的组成部分。经过一百多年的发展，尤其是第二次世界大战以后，在西方社会中专业化的社会工作已成为一个建立在大学专业教育之上的专业化知识和技能体系、由认同专业价值伦理的专业人员构成，具有专业化组织体系的职业门类。从整个社会来看，社会工作行业也成为由社会所认可的，具有稳定经费保障的正规的社会建制，社会工作机构大部分是由政府举办，社会工作人员也属于政府的雇员。20世纪以来，尤其是第二次世界大战以来，这套专业社会工作体制迅速扩展到大多数发展中国家，形成了世界性的专业社会工作体制。在美国等国家，专业社会工作虽然没有像欧洲国家那样完全纳入福利国家的制度框架中，仍然保留了民间性的特点，但整个社会工作体制也是为社会所认可的正式的社会体制，社会工作职业是社会中正式的职业，有稳定的组织体系和人员队伍，并且具有来自政府和民间的稳定的资金投入。最近30年，西方社会工作体制有所变化，尤其是欧洲社会工作体制的官办性质有所降低，民办性质有所提升，在一些时期和一些国家中政府对社会工作投入的增长有所降低，但仍然没有改变社会工作的正式建制，社会工作仍是社会中正式的职业体系，社会工作的组织体系仍是社会中正式的组织体系。

（二）改革开放后我国社会工作的转型

在我国计划经济时代，社会工作是依托当时的企事业单位和农村集体经济组织的非专业的社会工作体制。尽管当时社会工作的专业化程度不高，但由于在制度上确立了相应的组织体系和岗位，因此当时的社会工作也有稳定的制度保障，包括稳定的岗位、人员和经费等。改革开放以后，我国的单位制出现了松动，单位的社会工作服务职能弱化，并且越来越多的人离开了国有单位，进入多样化的就业状态，单位的社会工作服务全面弱化。然而在这种情况下，政府并没有试图完全接替从“单位”中分离出来的社会工作职能，而是希望以“社会福利社会化”的方式来建立新型的福利性服务和社会工作体系。但是，由于我国社会中在“单位”以外的非政府机构基础很弱，难以在福利性服务方面发挥重要的作用，政府也没有大力推动在现有的体制之外发展各种非政府组织。因此从20世纪80年代后期开始政府将主要的注意力放到了社区，希望通过社区少部分接替从“单位”中分离出来的社会职能。但是由于在过去长期的“政府—单位”两级体制的作用下，社区在组织体系和资源配置等方面相当弱，很难承担起“单位”分离出来的社会职能。从20世纪80年代后期开始的“社区服务产业化”试图通过利用商业化的机制来形成社区服务自身发展的动力，并以“以服务养服务”的方式为社区社会工作积累必要的资源，但其结果虽然促进了社区层面商业化服务体系的发展，但在促进福利性的社会服务和为社会工作提供发展条件方面收效甚微。20世纪90年代后期以来，各个城市的政府开始大力推进城市社区建设，希望以此使城市社区能够真正发挥其社会功能。尽管经过多年的努力，在社区组织建设和基本的硬件设施方面已经有了很大的改善，但由于没有在体制上解决基本的资源调动机制等问题，因此迄今为止社区组织在人员组织、运行经费和居民参与等方面与预期目标仍有很大的差距，很难支撑起专业社会工作体系。此外，社会工作体系的建立不仅仅需要依托社区，而且还需要介入学校、医院、企事业单位等更加广泛的组织体系中，而在这些组织体系中也没有建立起相应的社会工作体制。

（三）当前我国建立专业社会工作体制的重要任务

我国专业社会工作发展目前的主要任务之一是建立正式的社会工作体制。其主要的内容包括：首先，需要通过立法、行政法规等方式确定专业社会工作是我国社会服务体系中的一个正式的建制。所谓正式的建制，是指确定专业社会工作是我国社会服务的正式制度，要求在所有需要的领域中都建立这套制度。确定专业社会工作的正式社会建制，不能仅靠中央文件的一般性号召，而要以国家法律或政府行政法规的方式来确立。其次，在正式建制的基础上确定专业社会工作的组织模式，其中关键的问题是政府与民间的关系。社会工作的具体服务组织可以是民间性的，但政府应该建立社会工作的规划与管理机构，负责社会工作的规划、指导、宏观监管和资源配置等重要的任务。在此基础上建立社会工作的服务组织体系。再次，确定社会工作的岗位设置，即根据需要和规划在所有有需要的组织机构中设立正式的社会工作的岗位，并按照专业社会工作的要求聘用社会工作人员和建立岗位薪酬、管理、激励和晋升制度。最后，确定专业社会工作的资源配置方式。应该按照以政府负责为主体、社会投入为辅助的原则，建立常规性的资金投入体制。

只有真正解决了上述体制建设的基本问题，社会工作才能够成为一个稳定的职业体系，才能真正发挥其应有的作用，社会工作服务流动人口也才能走向正规和稳定的轨道。

二、提升服务者服务流动人口的能力

（一）进一步加强社会工作者服务流动人口的专门能力

社会工作者服务流动人口除了要有基本的专业素质以外，还需要有相应的能力，其中包括一般性的能力和一些专门化的能力。

第一，社会工作者服务流动人口需要有一些一般性的能力。一是具有较好的社会沟通能力，能够顺畅地与流动人口进行沟通，并且能够在不同人群之间沟通与协调。二是具备从事调查研究能力，能够掌握流动人口所遇到的各种问题，以及分析相关的社会现象和社会问题。三是熟悉相关法规政策，并且具备政策分析能力，能够应用相关的法规与政策为流动人口提供服务。四是具备心理辅导的技巧和能力。五是具有良好的社会资本，具有资源调动的能力。六是具备运用现代网络工具的能力，能够运用网络技术而获得信息和进行沟通。

第二，社会工作者服务流动人口还需要有一些专门的能力。一是对流动人口及流动人口问题有深度的了解，包括对农村问题、农民问题和农业问题（“三农问题”）的深度了解；对移民现象及移民问题的了解；以及对劳工问题的深入了解。二是具备跨文化理解与沟通的能力，能够对流动人口的就业、生活等各个方面的境况和问题有深入的理解。

社会工作者服务流动人口的能力应该通过各种渠道而形成和加强，首先是需要有较好的专业训练，尤其是通过学校教育中的理论学习和专业实习打下比较坚实的基础，其次是通过较多的工作积累经验和培养能力，再次是通过个人的学习、感悟和调研不断地提高能力素质，最后是通过必要的机构培训不断更新自身的知识和技能。

（二）进一步加强社会工作人才队伍的专业素质和能力建设

为了提升流动人口的服务质量，首先需要不断提高社会工作人员的专业素质。首先应该加强和优化对各类社会工作人员的选拔机制。其中重点是在机构招聘、晋升等环节对专业社会工作的科学选拔。在选拔中一是要强化专业素质考核，如必要的正规教育学历学位要求，通过国家社会工作职业资格考试的要求等。其次是重视岗位工作经验的总结和分析，使社会工作者的工作经验能够较好地得以总结，并且能较好地将过去的经验转化为未来的能力。再次是应该加强对各类社会工作人员的培训。各类社会工作机构都应该有正规的人员培训计划，并采用科学的培训方法和机制，采用一般性培训和针对流动人口服务的专门化培训相结合的方式，不断更新提高社会工作人员的素质和能力。此外是通过各种方式不断强化社会工作人员服务流动人口的价值理念，使社会公平、社会关照和社会保护等价值理念深深内化到社会工作人员头脑里，变成他们自觉的行动。最后是强化和优化对各类社会工作人员的激励机制，通过合理的薪酬制度、晋升制度、职称体系等方式使社会工作成为具有吸引力的职业，以吸引有能力的人不仅愿意从事社会工作事业，而且能够长期稳定地在这一行业中发展。

调查中发现，目前许多机构在社会工作人员专业素质和能力建设方面都存在着不足。大致的情况是，在招聘社会工作人员时一般还能够做到对专业素质和能力的要求，但在机构培训、激励机制等方面则普遍地不足。尤其是在激励机制方面许多机构还没有形成合理的薪酬增长机制和晋升机制。在天津和深圳的许多新型社会工作专业机构虽然在招聘人员时所提供的工资待遇尚具有吸引力，但许多还没有健全其工资增长的机制，或工资晋升机会过缓。从全社会看，社会工作者的专业职称体系也尚未建立，这些情况对社会工作者的能力培养、素质提高和长期稳定发展都不利。

社会工作者是专业技术类的职业，需要大量有才能的人进入这一领域。因而社会工作人才队伍建设时需要有相应的专业技术岗位设置，以及相应的薪酬保障和晋升机会，并且收入待遇等方面的利益也应该随着其资历、水平和贡献的增长而相应地增长。因此，建议在全国范围内尽快建立社会工作的职业岗位体系，并且建立专业社会工作者的专业职称体系，以及与之关联的职务/职称增长机制、与之相关的薪酬增长机制。

三、适度普惠制度下的服务运行机制

社会工作者服务流动人口除了需要有适宜的体制以外，还应该探索适宜的运行机制。所谓运行机制，即社会工作服务流动人口的具体制度化方式，其中包括服务提供的方式、服务对象选择以及服务效果方面的机制。

（一）服务提供方式：坚持福利性为主的服务提供方式

在服务提供方式方面，首先，应该坚持社会工作的福利性服务性质。所谓福利性服务方式，是指这类服务应该是在公共资金支持下，向服务对象提供免费的和低费的服务。社会工作服务流动人口要坚持福利性为主的服务方式，一是由社会工作服务本身的福利性基本性质所决定的，二是由其服务对象——流动人口是社会弱势群体的特点所决定的，三是由于这种服务的社会公益性特点所决定的，即这种服务的根本目标是符合社会的根本利益。

其次，坚持社会工作为流动人口服务的福利性，并不意味所有的服务都必须完全免费。相反，在社会工作为流动人口提供服务时，可以根据具体情况适当收取部分费用。是否收费，收费水平如何，应该根据具体的服务对象和服务内容而确定。在对象方面，以支付能力很弱的低收入流动人口为对象的项目应该尽量免费，而对以具有一定支付能力的较高收入流动人口为对象的项目则可以根据情况收取一定的费用。在服务内容方面，以满足基本需要为目标的服务内容应尽量免费提供，而以满足非基本需要为目标的服务内容则可以视情况收取一定的费用。

最后，从服务供应方看，为流动人口提供福利性服务应该坚持服务机构的非营利性运作，即机构不以营利为目标。但这一方面并不意味着一定要采用志愿服务的方式。志愿服务的方式尽管可以节省服务人员的人工成本，但光靠志愿服务常常难以达到较高的专业化水平和稳定可持续性的服务供应。另一方面也不意味着服务机构不能有任何经营盈余，而关键是即使有经营盈余也不能用作机构人员的分红，而应继续投入到扩大服务和改善服务质量之中。

（二）服务对象选择：以“适度普惠型流动人口服务”为主

所谓“适度普惠型的流动人口服务”模式是指在对象选择上力图将所有流动人口纳入统一的社会工作服务体系，除了为满足流动人口特有需要而建立一些专门面向流动人口的服务项目之外，其余的服务项目都应该尽量将流动人口纳入为普通市民服务的体系中。只是在确有必要之处才设立专门面对流动人口的服务项目。适度普惠型流动人口服务模式的好处在于，这种服务模式可以在平等公民权、城乡一体化的基础上促进流动人口在城市中的社会融入，逐步消除流动人口与其他群体之间的制度型和文化性差异，使对流动人口的权益保护逐渐融入我国社会工作事业和经济与社会发展的总体进程中，尽量避免或逐步减少对流动人口的差别性对待。从制度体系上看，适度普惠型流动人口社会工作服务机制着眼于通过法规和政策体系中的平等性和现实的公平性来实现对流动人口权益的保护，而不主张过多地设立专门针对流动人口的法规和条款。在服务组织体系的建构上，重点也不宜放到加强专门的流动人口服务组织方面。专门的流动人口服务组织在近期内可以比较有针对性地帮助流动人口解决一些实际问题。但在其运行和发展中要注意避免增大流动人口群体的差别性社会特征，防止因此而产生不利于流动人口在城市中社会融入的情况。

从公共管理和社会服务内容方面，适度普惠型流动人口社会工作服务机制主张将流动人口纳入统一的管理和服务体系中。要通过公共管理体系的改革来容纳流动人口，通过更加具有包容性的社会政策和社会服务规划来为流动人口提供合理的社会服务。而不主张过多地为流动人口建立专门的管理和服务体系及项目。

需要指出的一点是，适度普惠型流动人口社会工作服务模式的形成是一个逐渐的过程。在当前和未来的一段时期里，在某些领域中流动人口权益受损情况比较严重，权益保护措施特别薄弱的情况下，仍然需要建立或保留一些专门针对流动人口的保护和服务机制。但从大的发展方向上看，应该逐步弱化差别性的服务，逐渐实现普惠和整合服务。

（三）促进型共享发展模式下的积极社会保护

由于流动人口已经是我国产业工人的主体，并且将是我国未来经济与社会发展中的主要劳动者，他们基本素质如何对我国未来经济与社会发展具有相当关键的作用。因此，本课题认为对流动人口的权益保护不应该是一种消极的保护，应该将权益保护与促进他们素质的提高密切结合并积极保护。为此，本课题提出“促进型的流动人口保护”，强调在流动人口自身社会责任和能力提升基础上的“促进型的权益保护”，即强调将流动人口的权益保护和流动人口服务应与流动人口的能力提升相结合。一方面要通过提升流动人口的能力去更好地实现其权益保护；另一方面也要通过加强权益保护去提升其责任意识和能力，以促进流动人口自身的发展，为其在今后中国的发展中发挥更大的作用。

（四）不同类型流动人口匹配不同福利服务机制

事实上我国的流动人口已经是一个有较大异质性的群体，各种不同类型的流动人口群体对服务的需要是不同的，因此应该根据不同流动人口的实际情况而对其采取有差别的服务机制。首先在流动人口服务机制建构上要有性别视角，分析在流动人口服务需求和服务机制方面的性别差异，尤其是要关注女性流动人口服务的需要和服务机制。其次是年龄视角，着眼于不同年龄段流动人口的不同需要，尤其是要关注人口老龄化趋势中的流动人口的权益保护和服务，不仅关注流动人口的现在，而且关注他们的将来。再次是针对不同职业/行业流动人口的服务需要差异，尤其是要深入分析处于某些特殊行业和职业流动人口的特殊困难。最后是要考虑地区差异，要深入分析我国不同地区流动人口服务需要的差异，以及各地适宜的服务机制。

第四节　结论与建议

流动人口问题是当前我国城市化及经济与社会发展中的重大问题之一。此问题开始于20世纪80年代中期，最近十多年来，政府在解决流动人口问题方面做了大量的工作，但因为城乡分割的社会保障特别是社会福利体制，还存在一些制度和服务缺陷，需要通过进一步的改革来推动流动人口社会福利政策的创新发展，提高流动人口福利水平，解决他们社会需要未能满足的问题。在民政部适度普惠社会福利制度构建中，主要的福利提供对象是困境儿童、老人和残疾人群，没有覆盖流动人群特别是流动人口中的这三类人，流动人口本身的福利需要也急需社会福利制度的支持，这个制度设计不符合公平分配社会资源，共享发展成果的理念。本项目特别设立流动人口社会福利制度构建一章。本章在分析我国流动人口问题的基础上，概述近年来流动人口权利保障和相关社会福利政策的进展及存在问题和不足，并提出适度普惠型流动人口社会福利制度建构及相关改革与发展政策建议。

所谓流动人口原意泛指处于流动之中，居于不稳定居住和就业状况的人们。在我国是指在没有改变原居住地户口的情况下，到户口所在地以外的地方务工、经商以及从事社会服务等各种经济社会活动，或居住生活的人。在当今中国，流动人口主要包括以下几类人员：一是从农村进入城市居住和从事务工经商的农民工，他们具有农业户口，但在其户籍所在地之外就业和居住。目前农民工是我国流动人口中的主体，也是流动人口问题研究的重点对象。二是具有城市户口但在户籍所在地以外就业和居住的人员。这部分人过去人数较少，但目前人数也达到一定规模，并呈增加趋势。三是在我国居住和就业的境外人士，这部分人虽然目前还不多，但其增长趋势很快，并且在局部地区已经比较突出。随着我国经济的发展，在我国就业和居住的境外人员的数量可能会快速增长，对他们的管理和服务比较复杂，应该专门研究。

通过对中国适度普惠社会福利调查数据的分析，研究发现流动人口中获得各项社会保险的比例有明显的提高，但仍未达到全覆盖的理想的状况。究其原因，一是一些企事业单位为流动人口缴纳社会保险不积极，二是由于流动人口在就业上的不稳定，导致将他们纳入社会保险中存在一定的管理难度，三是现行的社会保险制度（尤其是养老保险制度）不适合流动人口的情况，导致他们当中许多人不积极参与社会保险。党的十八大报告中也强调社会保障要“适应流动性”，但由于社会保险总体制度中存在着某些缺陷，对这一问题还没有找到有效的解决办法。另外，通过对中国适度普惠社会福利调查数据分析发现，城市中的流动人口特别农民工在接受教育、医疗卫生、就业服务、住房保障、社区服务方面，有不少不公平对待的问题，存在各种保障提供不足的问题。

社会福利主要是指由民政部门主管的社会福利服务，主要包括地方政府主办的养老服务、困境儿童的社会福利服务、残疾人社会福利服务等，又称民政社会福利服务。经过 20 多年的发展，目前我国已经建立了较为完善的社会救助制度体系，向贫困家庭提供各个方面的救助，在缓解贫困方面发挥了重要的作用。但我国城市和农村的社会救助和民政社会福利制度基本上没有覆盖到流动人口，流动人口在社会救助制度中的受益不多。在按照人群分类的社会福利提供方面，目前城市有针对老人、儿童、残疾人的适度普惠社会福利服务。但是流动人口很难获得这些服务。流动人口在城市里就业和生活，无论是他们自己有需要时或者是他们有需要的家属都很难从城市社会福利机构中获得服务。近年来一些地区出台了一些针对老年人的普惠型福利待遇，如给所有符合条件的老年人发放一定的养老金，但一般也只是给本地户籍的人口。各个城市中都有一些对老年人、残疾人和儿童的优待、优惠或其他社会服务项目。但其中许多都要有一定的资格限制。

因此，我们建议：首先，对在城市里获得《居住证》的流动人口，其直系亲属也有权获得该市的《居住证》；其次，各地在惠及老年人、残疾人和儿童的各项优待、优惠和其他社会服务都应逐步取消对流动人口的限制，这些服务对本市户籍人口和持有《居住证》的外地人口应该一视同仁。也就是说，让《居住证》所包含的公共服务进一步扩大。除了将流动人口中的老年人、儿童和残疾人等特殊困难人群纳入城市一般普惠型的社会服务体系中，还应该根据他们的实际需要向其提供额外的专门化服务。例如，在许多发达国家的城市中都有一些专门为外来移民提供社会融入的服务机构，其中主要的对象就是外来移民中的老人、儿童、残疾人等具有特殊困难的人员。因为他们比其他普通人更加困难，更加需要社会服务。在我国，随着城市的流动人口的家属进入越来越多，他们越来越需要一些专门的服务来帮助他们更快更好地适应新的城市环境，更好地融入城市。因此，应该加强这方面的服务。例如，针对外来老年人的需要向其提供融入城市所需要的生活服务，比如老年生活服务、老年保健服务、老年社交服务以及老年心理服务等。对流动儿童，除了前述的学校教育方面的一些服务之外，在社区中还应该提供婴幼儿照料、儿童社区融入、城市生活适应、儿童安全教育、儿童娱乐游戏等方面的服务。对流动人口中的残疾人则应该提供短期或长期的康复服务、适宜的辅助器械服务、参与社区活动的服务等方面的服务。

要落实对流动人口的福利服务，最关键的是要落实福利服务体系建设，包括制度建构、资源供给、组织体系、人员队伍等各个方面。其中对流动人口社会福利提供人才队伍建设是最为关键的因素。流动人口社会福利人才队伍建设中，除了相关部门和社会组织的服务人才外，专业社会工作者扮演着重要的角色。在当前和未来一段时间里，加强专业社会工作人才队伍建设是做好适度普惠型流动人口社会福利的重要保障。限于时间、领域和篇幅，本部分主要讨论社会工作专业人才队伍建设在适度普惠流动人口福利服务中的地位和作用。

社会工作者服务流动人口除了需要有适宜的社会福利体制以外，还应该探索适宜的福利服务运行机制。所谓福利服务运行机制，即社会工作服务流动人口的具体制度化方式，其中包括服务提供的方式、服务对象选择以及服务效果方面的机制：（1）在服务提供方式方面坚持福利性为主。（2）在服务对象选择方面，以“适度普惠型流动人口服务”为主。（3）在福利服务方面，建立促进型共享发展模式下的积极社会保护；为不同类型流动人口匹配不同福利服务机制。

第四编

结　语

第十六章

研究发现与未来议题

本章是项目的总结部分。通过中国适度普惠社会福利理论与制度构建项目团队近七年研究，提出在研究设计、理论研究、制度要素研究、制度安排研究方面的发现和创新。最后提出了未来需要研究的议题。

第一节 研究设计与创新

一、中国社会福利研究轨迹与特征

中国社会福利研究的轨迹与特征可以分为两个部分，第一部分是改革开放后到适度普惠社会福利制度转型前的研究轨迹与特征，第二部分是适度普惠社会福利转型后的研究轨迹与特征。

从改革开放到适度普惠社会福利制度转型开始期间，纵观中国社会福利研究几十年的历程，可以看到中国社会福利研究具有明显的学术转型态势，社会福利的研究具有鲜明的内容创新特征。

（一）从社会福利对经济学的依赖分析型研究转向社会福利独立学科的细分深化型研究

新兴的中国社会福利涉及的方面众多，社会福利制度、社会福利政策、社会福利服务、社会福利体制比较研究、社会福利理论等诸多内容都直接影响到中国社会福利研究的发展轨迹①。专题研究的细化既体现了中国社会福利研究在发展中形成的一定规模，也体现了学术界不断在回应中国社会福利制度转型的需要。改革开放后早期的社会福利研究依然坚持了中国社会主义特色的社会福利体系的传统，依然将社会福利纳入社会主义经济建设中来论述。在经济转型和社会转型的热烈讨论中，几乎没有学者将中国社会福利作为独立的体系进行独立的研究。随着改革的日益深入，到20世纪90年代初，学术界开始了探讨中国特色社会主义社会福利制度的理念，但是研究甚少。20世纪90年代中期，伴随着市场经济的残酷竞争，改革的浪潮此起彼伏，城市贫困、失业等社会问题开始显现出来，关于城市社会问题的研究成为社会福利学界的主轴，问题取向的研究成为这一时期社会福利研究的时代标志。社会福利是为经济快速发展保驾护航，解决经济发展中的问题的，所以学者们在研究中多带有经济学视角去思考社会福利问题，对中国社会福利自身发展规律和独立性的思考十分不足。21世纪初开始，社会福利研究开始脱离对经济学和其他体系的依赖，形成了社会福利价值与理论、社会福利体制比较、社会福利政策与社会福利规范、社会福利服务与社会福利机构、社会福利资金、慈善与志愿服务等专题研究领域，出版了一批数量不多但体现了学科特点的专著和教材。

（二）从国外社会福利介绍性研究转向关注中国社会重大转型的本土化社会福利研究

改革开放的初期到中期，中国对于国外社会福利发展经验的简单介绍在学术界占据主流，在综述各国社会福利制度特征基础之上，探索国外社会福利体制的本质和发展道路是这一时期社会福利的主要研究内容。进入20年代90年代中期，由于社会问题的加剧，吸引了中国学者进一步加大了对国外经验借鉴性研究的力度，在对国外社会福利的研究中更强调比较，从反思中借鉴，提出中国社会福利发展的新路径。通过对国外社会福利发展经验的反思，国外模式不再被视为中国社会福利改革的模板。发现在中国社会福利发展过程中的问题，借鉴西方的经验教训寻求解决问题的途径，为中国社会福利发展提供参考和经验成为研究的主轴。从文献研究中可以看出，改革开放之始到20世纪90年代这一时期，学者主要研究的问题是“是什么”，探索各国社会福利制度的状态是什么，以及社会福利走向如何。2000年以后，学者关于国外社会福利研究更多侧重其实践性，

① 该部分包含在中国社会福利发展轨迹中的专项社会福利研究中。专项研究还包括各项社会福利服务专项研究、社会福利机构和管理专项研究、社会福利财政和基金专项研究、志愿服务和慈善事业专项研究等。

即在探索“为什么”的前提下，寻求解决中国问题的实证方案，寻求社会福利本土化的途径，为中国社会福利制度建设提供具有创新性的建议。

如果说早期中国学者对国外社会福利研究侧重欧美福利国家，那么社会福利领域发展新特征就是对亚洲国家和地区社会福利的研究。亚洲的研究主要集中在东亚国家日本、韩国、新加坡。学者们提出了东亚社会福利从“典型构造”或“旧公共性”转向新公共性、生产主义的衰落、新东亚社会福利体制的建构等观点。由于东亚国家和中国有相似的文化以及地缘关系，东亚社会福利体制对中国社会福利体制发展的借鉴意义更为突出。另外社会福利界还对中国香港地区社会福利体制与社会福利政策进行了比较研究；对中国台湾地区的社会福利体制与社会福利政策也进行了比较研究。这些比较研究初期成果主要侧重于不同国家地区体制的比较和对中国的借鉴启示，研究侧重于对不同框架下社会福利体制的分析，特别是东亚经验对中国的意义。

以中国本土化社会福利为主题的研究在中国社会发展大背景下产生：中国社会福利制度建设的新起点之一是 1999 年城市低保制度的建立，缓解了城市贫困问题；2003 年起，全国范围的城市低保网络建立起来；同年中央逐步加大了对农村地区的社会福利供给力度；2007 年以来，适度普惠型社会福利制度转型的提出是政府对社会福利定位的新思维，它逐步提升了社会福利在中国社会发展中的地位。学者们通过不同方式进行探讨：一是提出福利病不是中国社会福利建设中的问题，研究中国现实社会福利制度，提出了中国社会福利的制度结构和特征，我们面对的是如何建设具有中国特色的福利社会。特别值得一提的是，学者们还对具有典型地区社会福利体制特征的中国香港地区、台湾地区和澳门地区的社会福利进行了研究。二是讨论全球化背景下中国社会福利政策发展方向以及中国社会福利供给的政府定位问题等。一些学者由社会福利机制本身的研究转向社会福利新定位和政府的社会福利提供机制和管理问题的研究，多元部门提供社会福利被寄予新的思考与重视。中国社会福利提供机制从“小福利”提供迈向“大福利”供给的趋势被学者们关注。社会福利以社会需要满足为目标的机制建设在此背景下得到了研究和发展。

（三）从描述研究走向社会福利理论与实证研究并重、制度转型与服务发展研究并重

在社会福利还没有形成独立的研究领域时，为数不多的社会福利研究以现象和问题描述分析为主。随着社会福利研究的深入，理论导向的研究和实证导向的研究开始并重；从研究内容来看，该领域不仅仅出现了一定数量的积极回应社会发展的社会福利转型发展研究，同时，近几年还出现了社会福利指标与评估的研

究，这个发展深化了社会福利研究，社会福利开始形成独特学科领域。因为社会福利指标和我国经济社会发展指标体系连为一体，学者们开始了对社会福利指标的具体解读。在20世纪90年代，围绕中国政府的社会福利工作内容，学者们讨论了社会福利测评框架以及社会福利指标，为从社会福利政策制定和社会福利服务的发展提供了支持。但是，这种综合指标的提出往往只从经济视角展开，因此研究中带有很强的经济模式主导的观点，忽视了经济发展与社会福利协调关系等分析。21世纪以来，社会福利发展提出了对社会福利预测和评估要求，这个时期的研究为社会福利的指标分析加入了更多的社会元素，以往的经济视角被经济与社会的双重视角所代替。

（四）比较各国社会福利的体制与差异方法研究，探索西方社会福利价值和体系发展的渊源

研究包括：分析社会福利产生和发展历史根源、福利国家发展的理论根源，研究西方社会福利政策架构和理念等。学界对社会福利最新理论研究成果如社会权利与责任、福利多元主义、发展型社会福利、福利社会、社会排斥与社会融入、新马克思主义论福利国家、第三条道路的社会福利观、资产建设、社会风险、社会质量等都进行了研究，这些理论研究的发展对中国社会福利研究产生了积极的影响。在社会福利理论研究发展的同时，作为社会福利制度的社会政策发展加快。由于社会政策领域研究启动较早，一些社会福利研究的政策取向十分明显。文献中关于社会福利政策的分析呈现出快速增长的趋势。社会福利政策研究内容也出现了巨大的变化。早期研究中依托经济路径来讨论社会福利政策的取向被改变，回应社会需要解决社会问题的社会福利政策、以人为本的发展型社会政策、在社会政策框架中讨论社会福利问题成为重点发展方向。同时，通过范式化的理论模式来分析社会福利政策也逐步成为学界研究的新亮点。与社会工作与社会福利互动发展的关系相似，社会福利政策与社会福利服务研究相辅相成，成为社会福利研究发展的新特点。这个特点一直延续到今天的研究中。

纵观中国社会保障特别是社会福利领域的发展，如果改革开放后前三十年研究是以四个趋势为特征，即从以经济分析附属为中心转到社会保障与社会福利专业研究为中心，从对国外借鉴研究为中心转到中国社会保障与社会福利制度建设研究为中心，以宏观论述为中心转到制度研究数据实证分析结合为中心，那么比较福利体制研究兴起，民政部提出适度普惠社会福利制度转型之后本领域的特征是，以整合型组合式社会福利体制构建为中心，以消除城乡分割碎片化建立一体化制度为核心，以农民工和流动人口社会保障和社会福利服务研究为热点，以福利服务和资金保障并重为制度建设内容，社会福利提供从传统三大弱势群体扩大

到更多的群体。国家、社会、市场福利三角互动频繁，福利治理、性别视角、家庭福利研究等异军突起，百花齐放异彩缤纷。

从研究成果发表情况来看，学术成果数量出现跳跃式增长，高水平成果不断涌现。学术成果不仅仅局限在中文刊物而且也在英文刊物上发表，我们的研究正在走向世界。通过对这个阶段组织发展、学术活动和发表成果的分析，可以看到中国社会保障特别是社会福利学者的社会情怀，其研究与意识形态、经济形态和社会制度有密切的互动关系；同时可发现国家在福利保障提供责任、社会福利接受人群、社会福利体制类型等方面的变迁；其中有与西方社会福利体制发展相似之处，更明显的是有中国社会福利发展的独特轨迹。在社会福利具体领域中，主要有以下的一些研究和观点：

一是创新理念提升三大群体社会福利水平。(1) 儿童福利。我们需要从儿童权利和儿童需要角度出发对儿童问题予以研究，建立针对全体儿童的福利体系。流浪儿童使得社会文化已确定的规范性儿童照顾模式与儿童的实际生活条件之间产生明显的断裂。中国儿童保护制度迫切需要从基于亲权保护原则的制度向基于公民社会权利制度的转变。通过对艾滋病儿童的研究发现，农村社会支持结构从非正式支持为主向正式支持为主转型，现代农村是正式支持为主导的多元系统。(2) 老人福利。我国农村老年人社会福利事业存在的诸多问题——如覆盖面狭窄、地区发展不平衡、缺乏统一的组织管理等，需要积极发展适度普惠型老人服务。(3) 残疾人福利。通过对当前城市残障人福利实践的透视发现：尽管一套以社会权利为基本理念的残障人福利制度体系在我国已基本形成，但是，残障人社会福利实践逻辑有时仍然奉行“怜悯”“同情”等传统人道主义理念。寻求社会工作支持并应该把它作为残疾人社会福利建设的基本内容之一。

二是加强多种弱势群体社会福利提供。(1) 妇女社会福利。有学者指出，在马克思主义指导下，从社会主义女性主义理论视角才能更好地解释和研究现时中国女性福利的问题。国家要保证市场公平竞争，才能健全女性社会保障。(2) 流动人口的社会福利。学者从权利回归与制度重构视角对城市流动人口管理模式创新进行思考，强调社会福利制度与普遍的公民身份而不是与歧视性的户籍制度相联系。(3) 灾区群体的社会福利。在如地震等灾害造成的诸多问题中，“三孤”问题即孤老、孤残、孤儿的赡养问题最为紧迫，也是与社会保障制度关系最为密切的社会问题。我们需要从生命价值、生命能量激发与制度保障的视角，对灾后社会工作和社会福利保障进行多元反思，完善针对灾区的社会福利服务。

三是提升社区福利服务可获得程度。社区福利是社会福利体系中非保障性福利的组成部分。我国城市社区福利服务在总体上具有弱可获得性特点，政府应该提高社区福利服务的可获得性程度。中国政治化社区转向社会化社区，社区福利由身份化福利向生活化福利模式转变。下岗失业职工经历了由福利到工作的转变，而这个转变的落实机制主要是通过社区实践机制完成的。当前我国农村社区公共服务供给不足、服务水平较低的根本原因是公共服务的体制和机制不完善，因此应建立以政府为主体的多元化农村社区服务体制。

四是标准化、规范化社会福利机构管理。我国社会福利经历了从法制化到标准化的进程。在社会福利标准化进程中，标准化的组织机构、管理体制、标准的研究是重要内容。组建起来的社会福利类行业组织至少要具有服务、管理、沟通协调三个职能。非营利组织是社区服务产业化发展的重要环节。

五是多元化的慈善与公益事业和社会福利基金。学者分析了发展型社会福利体系建设对公共财政资金的需求和公共财政支持社会福利体系建设的能力测算。当前我国应拓宽社会福利基金收入渠道，拓展支出领域。慈善组织是社会福利供给的重要主体，在福利供给中扮演福利生产者、筹集者、输送者和分配者等角色，发挥募集慈善资源、实施慈善救助、嫁接慈善桥梁和传播慈善文化等作用。社会体制内外的动员对于个体捐助行为的作用有显著差异。这种模式展示了后单位制时代大众动员的特点。

六是重塑社会福利发展评估和指标。从注重评估价值取向、强调弱势群体发展、关注项目过程机制和重视评估过程影响四个方面进行社会服务项目评估，能够提高社会福利服务品质与效率，促使提供服务的机构保持活力。学者们提出重塑综合社会福利统计指标体系：福利能力描述评价体系、受益主体描述评价体系、福利实现评价分析体系、福利发展评价分析监测体系，研究设计了政府社会保障绩效总体概况评估指标、社会保险评估指标、社会救助评估指标、社会优抚评估指标和社会福利评估指标体系。

反思前一阶段的研究，仍然存在几个问题需要在未来讨论：第一，适度普惠社会福利转型已经得到更多认同，中国社会福利体制是怎样一个形态？什么特征？第二，福利治理刚刚开始讨论，与国际相关研究领域水平有巨大差距。福利治理中的福利发展目标、福利提供精准化、福利产品市场化、福利管理科层化等内容需要深入展开。第三，社会福利理论研究和方法研究仍然非常薄弱，需要由国家通过有规模的科研项目支持连续性学术研究，使得本土系统理论发展成为可能。

二、理论与制度互构的研究框架

在中国社会改革发展的大趋势中，在种种社会问题和福利需要不能满足的背景下，本项目的总研究对象是中国适度普惠社会福利理论以及制度。具体可分为（1）中国适度普惠社会福利制度发展轨迹和理论基础；（2）中国适度普惠社会福利理论及其发展；（3）中国适度普惠社会福利制度构成要素；（4）中国适度普惠社会福利制度分人群的社会福利提供与社会福利接受。

本项目的研究问题是：（1）什么理论构建了中国适度普惠社会福利制度的理论基础？（2）中国适度普惠社会福利理论的核心内容是什么？逻辑发展路径是什么？（3）中国适度普惠社会福利包含哪些制度要素？这些制度要素在适度普惠福利制度构建中的作用是什么？（4）中国适度普惠社会福利制度按照人群的社会福利提供和接受状况是什么？制度构建内容以及发展路径是什么？未来发展方向是什么？

中国适度普惠社会福利理论与制度构建研究的目的是：探索中国适度普惠社会福利制度构建的支撑理论，研究并创新本土化中国社会福利理论的逻辑发展路径和内容。探索并提出中国社会福利制度发展的阶段、特征与创新，分析中国社会福利补缺型制度向适度普惠社会福利制度转型的过程和内容，提出中国适度普惠社会福利制度的构成要素、创新模式以及未来发展方向。

关于国内外社会经济政治背景的分析以及我们面对的风险和问题说明，本课题的研究具有紧迫性，它既具有突出的现实意义也具有理论创新的意义，它既是理论型研究也是应用型研究。本课题的研究意义和价值可以分为以下几个方面：

中国适度普惠型社会福利理论发展的创新意义：本课题的研究将重新认识中国现代社会福利体系对传统社会福利理念的传承与创新关系，研究新马克思主义福利国家理论，批判地借鉴国内外社会福利理论，提出适度和普惠的理论界定，提出适合新时期中国社会经济发展的社会福利的理论，发展中国本土的社会福利理论，推动中国迈向减少社会风险、资源合理分配、社会能力建设、共享发展的宏伟事业。

中国适度普惠型社会福利制度构建的创新意义：研究国外社会福利制度转型和发展创新的实践过程，比较借鉴不同社会福利制度的特点和发展经验；重新定位中国经济发展与社会福利关系；提出适度普惠型社会福利制度的结构和特征，构建适应中国中等经济发展水平、需要为本的适度普惠型社会福利制度。建立国家承担重要责任、市场、社区和家庭积极参与、共担风险的满足社会需要的发展型社会福利政策；基于公民权利与责任，强调社会成员权利与责任紧密联系型的积极社会福利政策；通过适度普惠型社会福利政策的发展创新，推动社会福利从补缺向适度普惠转型。

中国适度普惠型社会福利服务发展的创新意义：在国家层面，强化与适度普惠社会福利体系相适应的社会福利部门；在具体服务层面，提出政府、市场、机构、社区以及各种类型公益—慈善事业多元福利提供方式；建设民生需要为本的适度普惠型社会福利服务管理平台和体系。基于适度普惠原则，将社会福利服务从三类特殊人群扩大到更广泛的有福利需要的人群，建立多元福利服务提供平台；适度普惠型社会福利体系建设以人才为本，建设适度普惠的社会福利体系需要的政策与管理、教学研究、服务专业技能人才；以及社会工作人才和志愿者队伍，通过人才队伍建设来推动可及性高、服务质量高的社会福利服务。

基于对研究背景、研究对象、研究目的和意义、文献回顾的陈述，总体框架以适度普惠型社会福利制度构建为核心，在逻辑、内容和时序层面交叉展开，总体研究框架的逻辑层面分为四层：第一个层面的中国社会福利理论与中国社会福利制度演进，第二个层面是适度普惠社会福利制度的制度要素分析，主要分析适度普惠社会福利制度构成，包括福利责任、福利需要、福利态度、福利提供、福利组织、福利治理和福利体制，第三个层面是适度普惠社会福利制度按照人群的提供政策与福利接受的研究，这个层面是第二个层面内容的延续，按人群划分的福利政策和福利接受也是适度普惠社会福利制度构成要素，其包括儿童适度普惠社会福利、老人适度普惠社会福利、残疾人适度普惠社会福利以及流动人口（农民工）适度普惠社会福利。第四个层面是迈向共享的组合式普惠型社会福利制度。宏大而深远的中国政治、经济、文化是各个层面研究中的背景内容，依次展开的是理论传承与创新、制度发展创新、社会福利制度要素、社会福利具体服务发展创新、共享发展的组合式普惠型社会福利等逻辑上互相关联、支持而又具有独立内容的四个子课题板块。

三、多层次整合研究方法与分析

中国适度普惠社会福利理论与制度研究课题团队经过近 7 年的调查和研究，首先完成本课题的研究框架设计和具体研究目标安排：通过对本课题背景与问题的研究、对研究意义的讨论以及本课题的总体框架的发展，提出的目标是勾画中国适度普惠社会福利理论建设和制度构建设想。本课题的具体目标十分清晰：即提出制度构建的具体制度要素内容和制度构建目标。在研究目标和研究总体框架下，建立了课题基本内容结构，形成四个相对应的子课题板块，它们之间既具有逻辑关联又具有制度与实务发展的顺序关系。

在中国适度普惠社会福利理论与制度构建项目总体框架下，在子项目的各个具体研究内容的细化实施中，研究团队采用社会学的研究方法，将实证方法与非实证方法结合，以实证方法为主。将制度主义分析与社会政策分析结合，突出制度和社会政策之间的密切关系。在资料收集方法上，将定量方法与定性方法结合，定量资料和定性资料分析结合。同时，整体研究与个案研究结合，多元方法收集分析资料技术结合。

（1）设计并实施了四个子课题：中国适度普惠社会福利理论与制度演进、中国适度普惠社会福利制度构成要素、中国适度普惠社会福利具体制度安排（按照人群划分的福利政策和福利接受）、迈向共享的组合式普惠型社会福利制度。不同的研究方法和资料收集分析技术包括：问卷调查法（四城市四类社会福利接受人群）、文献法（包括政府部门从中央到地方多层次社会政策、政府部门统计数据、前期研究文献收集等）、个案访谈法（含政府部门官员、社会福利机构负责人、社会福利服务人员、社会福利接受者等）、聚焦小组访谈法（含政府部门官员、社会福利机构负责人、社会福利服务人员、社会福利接受者等）、观察法、到社会福利接受者家中和社会福利机构的参与式观察和间接观察方法等。定量资料采用 SPSS 软件进行统计分析，定性资料采用内容分析方法等进行分析。在资料分析基础上发展政策建议。

（2）中国适度普惠社会福利问卷调查考虑到地区、行业、年龄、性别、社会福利接受特征等，多层次目标抽样，选择了华东地区的南京、华北地区的天津、西北地区的兰州、西南地区的成都四个城市。问卷调查于 2012 年 7 ~ 11 月在四个城市展开。首席专家彭华民教授带领团队做了大量的前期准备工作，负责设计问卷以及调查方案，深圳大学周林刚教授负责兰州地区调查，西南财经大学韦克难教授负责成都地区调查，天津师范大学曹莉莉副教授、万国威负责天津地区调查，彭华民教授负责南京地区调查。彭华民到兰州、成都、天津以及南京各个调查点讲解调查方案并督导问卷调查工作。由于调查对象特征的原因，问卷调查工作异常艰辛。本次调查计划每个城市发放问卷 1 100，总计 4 400 份，实际发放问卷 4 853 份，回收有效问卷 4 541 份，回收率 93. 57%。问卷录入及数据库建设时间为 2012 年 12 月。

（3）在中国适度普惠社会福利理论与制度前期项目设计时，安排了专题调研的内容。实际开展调查时发现项目经费和人力资源都不足以支持专题调研开展。项目团队为了保证本项目的完成，整合其他资源，开展了适度普惠儿童福利政策试点城市评估专题调查，由彭华民、王梦怡、刘玲、冯元带队。一共完成各种类型焦点小组访谈 24 组；访谈各种类型的被访问者共 147 位；实地观察儿童福利院、救助站、未成年人保护中心、市级儿童福利中心、社区儿童福利站以及儿童服务的社会组织等 24 个；收集政策文献、政府统计数据、儿童研究报告、困境儿童研究论文约 40 万字。资料分为文字资料、数据资料、图片资料、录音资料等。丰富的资料为项目总报告的完成提供了有力的支持。

（4）开展了社会福利组织（社会工作服务机构）专题调查，由彭华民、许小玲带队。第一批次调查时间为 2011 年 7 月 ~9 月，主要调查了 20 个社会工作机构，资料整理时间为10月和11月。2013年5月到2014年7月进行了第二次调研，此次调研总共有11个民办社会工作机构，其中包括第一次调研中的6个民办社会工作机构和新增加的5个民办社会工作机构。随着研究的不断深入，后续调查者还经常以电话采访和网上交流的方式对相关资料进行了必要补充，这样不仅提高了访谈的效率，也节约了访谈的时间与成本。2014年8月第三次调研增加了一个新的民办社会工作机构即HM社会工作服务中心。访谈对象包括机构负责人和机构资深社会工作者。资料类型有政策文献、机构文献、访谈记录、图片等。研究者收集了丰富的一手资料，为项目的完成打下了基础。

（5）研究资料收集和分析整理严格遵循研究伦理原则。

第二节　理论与制度四大板块研究发现与创新

一、中国社会福利制度演进与理论创新

（一）中国社会福利制度演进阶段与特征

通过理论和制度比较借鉴研究，提出以中国民生需要为本、适度普惠社会福利制度建设总目标；提出适度是指适合中国民生政治、中等经济发展水平、人口发展状况、注重慈善和家庭的文化传统；普惠是指将社会福利服务提供普及到每一个有需要的公民；重新定位社会福利的内涵以及和其他社会制度的关系；发展适合中国经济发展水平、适合中国民生政治、适合中国悠久文化传统、普惠每个有需要的公民的中国本土社会福利理论，推动中国建设需要满足、能力提升、发展创新型社会福利制度。

从前面的分析中可以得出这样的结论：尽管中国社会福利发展存在各种问题，但当对中国社会福利制度从发展期（1949～1982年）、快速发展期（1983～2006年）、重大转型期（2007年至现在）的发展轨迹进行研究后，可以从宏观层面抽象和发现中国社会福利发展存在政治制度、经济制度和社会福利制度联动并行结构（见表16－1）。

表 16-1　　中国社会福利制度转型的多元结构

制度	发展期的制度特征	快速发展期的制度特征	重大转型期的制度特征
政治制度	社会主义政治制度建设 城乡分割的社会福利是亟需解决的社会问题，保障政权稳定的需要	社会主义的改革开放 建设小康社会 社会福利制度发展是特殊群体基本需要满足维稳的需要	建设社会主义的和谐社会 人民有尊严和幸福生活 满足全体人民基本生活需要 社会建设与共享发展 社会福利制度是稳定发展的保障
经济制度	社会主义计划经济 城乡分割	向社会主义市场经济转型 经济改革与发展 部分人先富起来	社会主义市场经济 GDP 快速增长，迈向中等收入国家 收入差距扩大
国家责任：再分配资源规则的实现	有限社会福利提供责任 依附于政治和经济发展	有限社会福利提供 政府责任的扩大 依附于政治和经济发展	责任混合型 部分以公民权利为基础 部分以政府需要为基础 部分以福利需要为基础
社会保障制度发展/社会福利服务发展：社会需要满足规则的实现	三无、孤儿、老人、残疾人为主，灾民等弱势群体，员工单位福利制度、社员的公社制度等特殊群体基本需要满足	建立与经济发展相适应的社会保险制度 建立新型社会救助—城市低保制度 社会福利社会化 社会福利服务内容扩大 扩大了社会成员基本需要满足方式	社会保险打破城乡壁垒 与中等收入相匹配的社会福利 适度普惠社会福利服务对象再扩大到困境儿童、老人和残疾人 从特殊人群到有需要人群到一般群体的需要满足
社会福利类型：利他主义和不同福利提供原则实现	补缺型社会福利 单位制/公社制 城乡分割	补缺型社会福利 城乡分割 兼有小部分普惠的内容	补缺向适度普惠转型 部分地区向普惠型迈进 部分福利有普惠的内容

在对社会福利制度主要规则和发展逻辑进行简单回溯后，以制度主义分析视角下的社会福利制度依赖的政治经济制度、社会福利类型、社会福利责任、社会福利对象等，分析比较中国社会福利制度转型的过程，发现：

（1）中国社会福利制度和西方社会福利的发展轨迹有一定的相似之处。政治发展和经济发展不论在西方还是在中国，都是和社会福利发展联动的。政治发展为经济发展提供意识形态支持条件，政治发展和经济发展提出社会福利发展的要求。早期的社会福利发展都是以解决社会问题维持社会稳定为目标的；重点在解决特殊弱势群体需要满足问题；之后社会福利是为了更好地推动经济发展而发展，保障社会成员基本生活需要满足成为重要目标；当政治和经济发展到更高阶段时，经济发展为社会福利水平提高奠定了物质基础，政治成为公民权利实现的制度保障，社会福利成为公民权利实现的手段。

（2）社会福利制度的基本规则在西方国家和中国社会福利发展过程中得到实现。社会福利提供的资源均属于社会再分配范畴，来源于政府。部分西方国家的社会开支占 GDP 的 20% 以上。中国的民政社会福利归入民政社会事业开支，后者占国家财政开支的 2.43%，比例很小，是中国达成适度普惠型社会福利目标的最大障碍。社会福利制度建立的主要目标是解决社会问题，满足社会需要。在社会福利制度发展中，从满足特殊群体的需要发展为满足全体社会成员的需要，补缺型社会福利制度慢慢地在一定程度上被普惠型社会福利制度替代，社会成员的公民权利实现得到社会福利制度的保障。

（3）中国社会福利制度发展与其他国家有共性也有自己独特轨迹。支撑中国社会福利制度发展的政治制度是中国特色的社会主义制度，支持中国社会福利制度转型的是社会主义市场制度。在 30 多年的改革开放过程中，中国政府承担的社会福利责任虽然有所扩大但仍然是有限的，政府主导多元部门参与社会福利提供是福利提供的规则。中国不是要建成西方福利国家一样的制度，而是要建设具有中国特色的适度普惠社会福利制度。

（二）需要为本的适度普惠社会福利理论

中国需要为本的适度普惠社会福利理论是基于中国传统的社会福利思想与理论的发展，是对西方社会福利理论前沿观点的批判性借鉴，是社会福利理论的本土创新。

1. 中国古代与近代社会福利思想的发展

中国古代社会福利思想有三个典型特点：

（1）早期的社会福利实践往往深受民本思想的影响。中国古代的社会福利思想先于社会福利制度而全面形成，因而后者在发展过程中积极吸收与借鉴了思想家们的民生福祉思想，并逐步构建出了符合中国古典伦理的制度类型；当然，由于早期思想家们对于民生福祉理念的理解和阐明具有较强的时代束缚，因而其本质上仍然是统治阶级缓解阶级矛盾的重要工具，君主“赐予”而非个人“权利”

仍然是伴随着制度建设过程中的核心价值观，“民本”而非“民权”思想仍然是其价值传承的基础。

（2）早期社会福利思想主要依赖个体而非组织来构建。纵观各代思想家与理论家的观点，可以发现早期社会福利思想的维护也具有极强的不稳定性，往往会随着君主好恶与统治者意识的转移而在某一特殊阶段存在严重的倒退或滞后，因而其整体上并不能保证连续性的上升态势；且其社会福利思想的创立与建设往往依赖于某一个个体而非组织力量，因而其社会福利思想的连贯性往往受到较大程度的局限，对于国家制度性的践行，社会福利思想存在障碍。

（3）中国古代社会中社会福利思想的整体论述仍然是片面的。从目前看到的有关记载来看，古代理论家对于社会福利问题的认知仍然停留在社会救助层面，仅对于“灾害救助”“基本生活保障”和狭义社会福利制度有所认识，而对于更为广阔的社会福利事务缺乏实质性的了解；同时，尽管经过理论家们的锤炼，中国古代的社会福利思想逐步趋于完整，但是受制于封建伦理制度和分割性的社会阶层，早期理论家有关“民本”思想的论述均没有能够完整地阐释出现代社会福利思想的核心意涵，在具体观念的阐明方面虽然理论家们都涉及了社会福利思想，但是往往将其作为治国理政的一项具体内容，因而本质上仍然无法形成完整且全面的理论再造。

纵观后鸦片战争时期的社会福利思想，可以发现其同时具有时代进步性和时代局限性：

（1）从时代进步性来看，这一时期理论家已经开始普遍反思既有社会福利思想的不足，部分人还试图通过国际对比的方式来为中国民生福祉的构建提供更为多元的思考。以传统“民本”为主体的社会福利内涵尽管得到了较广泛的继承，但是这一阶段学者们普遍对中国原有的社会福利思想展开了持续思考，利用公共资源为弱势民众提供基本保障开始成为国家建设的“基本义务”；同时，无论其采取的政治立场如何，这一时期利用西方社会福利制度的优势来弥补中国社会的不足成为重要倾向，“士民公会”“慈善公益机构”的设想就充分体现出了福利理论家对于西方部分福利建设项目的肯定。

（2）从时代局限性来看，这一时期福利理论家们仍然囿于传统的“民本”福祉观，明确表现出了在小农意识之下的“空想色彩”。无论是封建地主阶级、农民运动领袖抑或资产阶级维新派，都不能认识到社会福利的建构乃是民众的基本权利，而是将其视为一种封建权力维系的重要工具，如“平日治民之要，在抚字以结其心”等论述就毫不避讳地体现出了社会福利在政府管理工作中的本质意涵；“有田同耕，有饭同食，有衣同穿，有钱同使”则充分体现出了农民运动革命在社会福利供应方面的基本取向，因此整体看来这种“民本”而非“民权”

的福祉思想仍然反映出落后阶级在解决福利问题方面的羸弱感及滞后性，折射出“小农意识”在福利建设中的根本性基调。

纵观民国时期的宏观概貌，可以发现这个时期的社会福利理论已经具有了较为现代化的时代理念，资产阶级革命派同地主阶级、农民运动领袖和资产阶级维新相比，在两个方面具有明显的进步：

（1）以人民权利为核心的社会福利理念开始成为指导社会福利理论构建的现实基础。中国传统上的社会福利理论往往基于统治阶级的“民本”思想而形成，带有较为纯粹的人道主义痕迹，因而其本质上属于统治阶级维护统治利益的现实工具；而资产阶级革命派在社会福利理论的设计过程中更为强调民众的基本权利，逐步形成了以人民权利为核心的福利理念，并由此成功实现了社会福利理论中人道主义向国家义务、“民本”向“民权”的转型。

（2）组织而非个人观念为先进社会福利理念的践行提供了现实基础。传统领域的社会福利理论往往依托统治者或思想家的个人意见而形成，其福利理论的稳定性存在较大问题，这也是中国古代及近代社会福利理论难以持续践行的主要原因。而资产阶级革命派在取得政权之后，立刻以法律或者制度的形式规范落实了其主要的社会福利理论，使得社会福利理论的践行具有了良好的保障；同时，政党领袖作为国家领袖将个人的社会福利理论有效地转化为组织理念，这也为指导和推动其先进福利理论的固化奠定了重要基础。

（3）在借鉴“社会主义”福利观的基础上提出了较为先进的社会福利理论。这一阶段的社会福利理论不单单借鉴了西欧各国的福利制度和福利观点，对于俄国的“社会主义”观点也进行了初步的接触和融合；特别是在俄国十月革命之后，中国国民党的主要领袖对于“社会主义”的核心内涵及其社会福利观予以了较高程度的认同，在制度设计与理念构造方面都起到了非常积极的推动作用，这为全面增进工人阶级的劳动保障权利、降低社会阶层的贫富分化及推动国民均等教育注入了动力。

2. 西方社会福利前沿理论

对西方社会福利前沿理论研究的目的是博采众长，为中国适度普惠社会福利制度构建所用。研究西方社会福利理论不是要照搬西方的经验，而是要更深刻地反思西方社会福利发展过程，借鉴他们的经验，少走弯路，推动和促进中国社会福利的发展。在民政部提出适度普惠社会福利制度转型政策之前，一些学者对西方社会福利理论进行了研究，其主要内容都集中在福利国家危机之前的理论。基于中国社会福利政策发展的意识形态和实证研究缺乏状态，采用反思性的借鉴方法，将多个西方社会福利前沿理论研究纳入中国适度普惠社会福利理论研究内容中，系统地研究前沿理论发展十分有必要。选取这个主题最重要的意义是希望具有后发性的中国社会福利研究能够在全球化背景下站在和国外社会福利研究学者同一起跑线上，讨论社会福利发展模式及其理论；使中国社会福利研究能够站在一个互相借鉴推动的起点上，为中国适度普惠社会福利制度构建提供理论支持。

西方福利国家建设过程中，学术界形成了不同的理论和流派。福利国家危机后，西方社会福利界进行了一场静悄悄的理论革命。涌现了福利三角理论、福利多元主义理论、社会需要理论、人类需要理论、社会权利与社会责任理论、新马克思主义的福利国家理论、福利体制理论、第三条道路的社会福利理论、性别视角的理论、发展性社会福利理论、社会排斥与社会融入理论、资产建设理论、制度主义的社会福利理论、风险社会理论、社会质量和社会和谐理论、贫困问题理论等。其中有几个各自发展但对社会福利制度改革有影响的理论板块：改革国家视角下的社会福利理论板块、制度—结构视角下的社会福利理论板块，人本主义的社会福利理论板块，社会—发展视角下的社会福利理论板块。它们实际上从不同角度、不同时间、不同国家和不同社会政策内容等方面产生了对社会福利制度演进的重要影响。部分内容如需要理论、福利三角和福利多元主义理论、福利体制理论等都对中国适度普惠社会福利理论的形成起到了不同的推动作用。

3. 需要为本的适度普惠社会福利理论

中国的社会福利理论缘起马克思主义的按劳分配和按需分配理论，包含了中国传统的济贫解困思想，服务经济发展，借鉴了西方社会福利发展的成果，是低度水平的补缺型社会福利理论。适度普惠社会福利既是制度转型的社会福利政策思路，又是与政策密切相关的中国社会福利理论创新发展。2007 年民政部提出适度普惠社会福利制度建设构想，中国低度水平的补缺型社会福利将向中等水平的适度普惠型社会福利转变。在转型过程中，由补缺型社会福利针对老年人、残疾人、孤儿，向适度普惠社会福利覆盖全体老年人、残疾人和处于困境中的儿童转变。在社会福利服务项目和产品的供给上，要满足他们不同层次的多样化的需要。社会福利提供责任第一是政府主导和社会参与的结合，社会福利社会化。广泛动员社会力量，政府和社会互动、互补。社会福利提供责任第二是居家、社区和福利机构的结合。居家是基础，社区是依托，机构是补充。通过三位一体的结合构成福利服务体系，同时可能还有其他制度的配套。社会福利提供责任的依据是法治和专业标准的结合。

适度普惠社会福利最初是政策倡导，是制度构建的目标概念，真正建成适度普惠社会福利制度，还需要学界具有深度的、有理论创新、有操作化意义支持研究。从民政部提出的适度普惠社会福利制度构建顶层设计来看，其还是传统的社会福利制度构建思路，主要针对福利提供与福利接受来制定相关政策。这种传统思路限制了适度普惠社会福利制度的发展，也限制了中国社会福利转型理论的创新建设。针对这一问题，本项目把研究中国适度普惠社会福利制度构成要素作为理论研究的创新点，当然这也是本项目的难点。基于国内外前期研究以及本项目团队的工作，我们首次提出：从制度主义理论视角切入，中国适度普惠社会福利制度由福利责任、福利需要、福利态度、福利提供、福利组织、福利治理、福利体制等制度要素构成。从具体制度安排切入，中国适度普惠社会福利制度还包括按照人群类型化的社会福利政策，以及福利接受人群即儿童特别是困境儿童、老人、残疾人的福利接受，以及急需福利提供的流动人口中的城市农民工的社会福利政策和福利接受，尽管他们现在还没有被纳入适度普惠社会福利政策范围。

需要为本的适度普惠社会福利理论是对传统社会福利思想的传承和西方社会福利制度理论的借鉴，但更有本土创新。在中国五个建设布局中，社会建设与经济建设并行，具有提升社会成员福祉的显著社会意义。社会福利转型发展是社会建设的重要内容。适度普惠社会福利制度并非基于维持社会稳定而建立，而是基于社会成员的福利需要未能满足而引发的社会问题，国家承担福利责任，从补缺转型到普惠。社会成员基于他们的社会公民权利、福利资源拥有和生活中的风险，无论是已有的福利接受者和潜在的福利接受者，表达选择社会福利项目的态度，形成福利制度构建的社会拉力，因此，福利态度是社会福利政策制定的重要基石。福利国家危机之后，西方国家福利提供发生了从国家主导到多元提供的重大转型，重构了社会福利提供结构体系。中国在适度普惠社会福利制度设计也应该是国家、社会、市场和家庭的多元提供。国家福利提供不能替代其他三方福利提供。其他三方也必须与传统家庭福利结合，中国文化传统下的家庭伦理和家庭照顾是福利多元结构不可分割的部分。在适度普惠社会福利转型中，我们既要提升制度化社会福利的水平，又保持传统福利的作用，同时鼓励各种社会组织的福利功能发挥，问题解决和风险预防并重。福利组织是福利生产和福利传输的最后一公里机制和枢纽，专业化、落地化、资源整合的民间力量正在成为福利组织发展的新趋势。福利治理是中国适度普惠社会福利制度构建中的新议题，福利治理是从管理向参与的转型。福利制度构建中的每一个社会成员都可能成为参与者，兼有管理者、提供者和接受者的多元角色，从而使管理不仅仅是从上到下，而且也可以从下到上，从垂直到平面，形成能增权的积极福利。福利体制是比较视角下的理论模式。国家威权、去商品化程度、福利文化、生产主义互相影响，在传统福利制度分析之外凸显了一个国家福利体制的社会文化特征，更凸显了适度普惠的本土社会福利发展道路的意义。最后，具体社会福利政策、社会福利接受人群、社会福利服务和相关资源分配的逻辑关系和现实构成，成就了中国适度普惠社会福利制度安排的全景画面。

二、中国适度普惠社会福利制度要素研究发现与创新

本部分是中国适度普惠社会福利项目的实证分析部分，也是核心内容部分。本课题通过对中国西北、西南、华东和华北四个城市四类人群包括儿童、老人、残疾人、农民工（流动人口）的分层定比抽样问卷调查，建立四类人群适度普惠社会福利数据库，结合四个城市的福利组织（社会工作机构）、适度普惠儿童福利政策试点城市等多个调查，研究中国社会福利接受者的福利需要、福利态度、福利责任，以及福利提供、福利组织、福利治理和福利体制。提出中国适度普惠社会福利制度的基本构成要素。

（一）福利责任

中国政府从补缺型社会福利责任转向适度普惠型社会福利责任，其转型与创新包含以下几个内容：

中国政府社会福利责任的扩大是从国家高度干预社会转型到政府责任与社会权利的对应。政府从市场和家庭功能失灵时政府承担责任转型到国家承担保障社会权利实现的责任。政府对社会权利有高度认同，不再高度干预社会，而是建立与社会共同发展的责任。公民不仅仅要求政府保障自己福利水平的权利，而且积极承担各种义务，如积极纳税、组织社会组织、参加公益活动、加强社区互助等服务社会，增强家庭照顾功能等。特别值得一提的是社会权利实现包括建立对政府社会福利责任的监督机制。公民通过参与社会治理中问责制的方式，提高对政府社会福利责任的监督和认知性；同时也提升社会福利提供的效能。

中国政府社会福利责任的扩大是从国家为本的目标定位转型到需要为本的目标定位。国家为本的社会福利具有高度的政治从属性，以服务政权稳定为主要目标；而需要为本的社会福利是以满足社会成员需要为目标。从国家为本转型到以需要为本的目标定位的主要内容有：（1）以社会成员的基本需要作为政府社会福利责任扩大的基本动力。例如，规定社会福利制度必须满足弱势群体的基本生活需要，以及他们接受医疗照顾、教育培训、住房、就业、社会参与需要等。社会福利政策主要内容是以社会成员生理发展和基本能力提高的需要为本而设立的。（2）以社会环境以及自然环境的变化所产生的人类的社会需要作为政府责任扩大的重要动力。自然灾害引发的社会需要推动了中国社会福利政策的发展。社会环境变化如经济不发达地区的居民迁居到其他地区，农民工从农村向城市的流动，产生了新的社会需要。以这些新产生的福利需要为本，政府有责任不断发展普惠型社会福利制度，提供新的社会福利，解决他们的需要不能满足的问题。（3）以

基于社会成员社会权利的新需要作为政府社会福利扩大的新动力。社会福利制度不仅仅提供需要满足的物资、货币、服务，还提供人们需要满足的机会。需要为本政府福利责任将特别注重社会福利接受者的能力建设，注重社会机会的提供，例如保障困境儿童上学的机会，保障妇女、残障人士就业的机会，保障社会流动的机会等。社会需要是适度普惠型社会福利制度发展的根本动力。

中国政府社会福利责任的扩大是从补缺型社会福利转型到组合式普惠型社会福利。中国补缺型社会福利是国家高度干预社会但是承担有限的社会福利责任。2007 年，民政部提出从补缺型向适度普惠型社会福利制度转型。中国实际建设的是组合式普惠型社会福利制度①，这是以普惠型为主，选择型和补缺型为辅的组合，是不同适度水平的组合。组合式普惠型社会福利制度既避免了国家福利责任无限扩大，超出了经济和社会发展水平而掉入高福利的陷阱，也突出了中国在不断改革发展中，社会福利提供方式和水平会根据本国社会经济发展水平而不断调整，达到不断提高人民福祉水平的目的。组合式普惠社会福利是低度普惠和一定程度的中度普惠结合，从开始实施时较低水平普惠社会福利向较高水平普惠发展，因此也是适度普惠型的社会福利发展模式。适度就是社会福利本土化，适度就是要适合中国社会，适度就是不要重蹈福利国家之覆辙。

中国政府社会福利责任的扩大是从消极福利责任转型到积极福利责任。当时中国政府的社会福利责任是根据外部风险组织起来的，用来解决已经发生的问题，福利责任具有被动性，其体系中包含着新的风险，是消极福利责任。当福利责任扩大，从消极福利责任转型到积极福利责任时，国家在面对多种自然和社会风险时，采取积极的化解风险行动，必须建立有效的普惠人民的社会福利制度机制。消极社会福利责任，社会福利制度仅仅作为维持社会成员生存状态、应对贫困，使社会成员不至于陷入生存危机的制度安排；积极的社会福利社会责任，政府不再单单为了应付贫困等问题支付物质或现金，而是为了推动人的发展，即强调社会福利接受者能力发展与自我实现；通过增强社会成员自身的生存能力来面对和化解各种风险。积极社会福利责任还包括对风险采取事先预防的方法，加强社会福利预防性功能，提高预防性社会福利项目开支在社会福利总体中的比例，尽量将风险化解在萌芽中②。

中国政府社会福利责任扩大与适度普惠型社会福利制度顶层设计。适度普惠

---

① 从学理来讲，补缺型和制度型对应的是社会福利制度，但理论逻辑的表述未必适合已经接受适度普惠型社会福利概念的中国社会。

② 吉登斯提出积极社会福利是为了解决在全球化背景下福利国家或者一个政府的社会福利责任该朝向何方发展的问题。他认为我们应当倡导一种积极的福利，公民个人和政府以外的其他机构也应当为这种福利做出贡献，而且，积极福利还有助于财富的创造，它关乎人的幸福。

型社会福利制度是为了解决新社会问题消除原来制度的缺陷而构建的。这个新制度的理想是这样的：社会需要将成为中国社会福利制度目标定位最基本的方式，将通过再分配资源来满足社会需要，减少社会不平等；适度普惠型社会福利将经济发展与社会福利发展并重；收入保障与福利服务并重；社会福利不是政治制度的附属，不是经济发展的备选条件，它是为了满足社会成员多元需要而存在的具有相对独立性的社会制度；国家是社会福利提供责任的主要承担者；其他多元部门也担负着福利提供的次要责任；政府、市场、家庭、社区连接成为层次有别、功能互补、相互支持、互为补充的满足社会成员福利需要、体现中国传统文化价值的社会福利体系；社会成员拥有接受社会福利的社会权利，同时也承担问责与监督、服务社会的责任和义务。

中国要建立组合式普惠型社会福利制度，不可能一步到位。组合式是指低度普惠到中度普惠结合；部分项目的普惠到多个项目的普惠结合；部分人群的普惠到全体人群的普惠结合。在部分项目还须实行补缺型福利，因此，补缺型和普惠型也必须组合。必须将政府（民政部）社会福利责任（即民政社会福利）变成中国社会福利责任体系的一个部分。相应的是，建立组合式普惠型社会福利制度的大政府责任。政府责任的扩大需要基于我们已有的发展基础，设立具体原则内容：（1）政府社会福利责任扩大要按照需要分目标，即民生需要为本，按照社会成员的需要而不是按照国家政权稳定需要来设计组合式普惠型社会福利制度。分目标即根据不同的社会福利接受人群和他们的需要制定组合式普惠型社会福利制度实现的目标。（2）政府社会福利责任扩大需要分人群。分人群是指中国组合式普惠型社会福利的接受人群是分类型的，老人群体是最先接受适度普惠型社会福利的人群，儿童和残疾人群体是第二步要接受适度普惠型社会福利的人群，农民工、妇女、灾区群众、少数民族等是第三步要接受适度普惠型社会福利的人群，一般社会成员是第四步要接受适度普惠型社会福利的人群。（3）政府社会福利责任扩大需要分阶段。分阶段是指适度普惠型社会福利实现要一步一步地实现，按照我国国民经济与社会发展一般是五年一个计划发展阶段的思路，适度普惠型社会福利制度发展也应该设计为相应阶段或有弹性地分阶段演进。

扩大国家的社会福利责任，应该从几个方面进行制度安排重组：首先，政府社会福利服务管理制度安排重组。普惠福利社会的社会福利服务管理是我们面临的挑战。我们需要层次化管理体系，服务标准化和评估体系，改善服务质量，提高服务效率。其次，政府社会福利责任与其他部门责任关系重组，即从国家提供给付项目转为由公共部门购买服务。政府国营机构提供服务、政府购买社会福利服务、民营机构提供服务、社区服务重新组合。西方国家政府购买服务经验说明其有利于福利国家政府责任的实施和社会福利制度发展。当前美国、英国以及很多国家政府购买服务的实际状况进一步说明了社会福利再私有化（re-privatisation）的合理性。我国政府在不同地区试行的公益创投也属于这个类型，应该加大政府购买服务的投入，完善购买机制。最后，社会福利服务与社会保险重组。调整社会保险政策使之能鼓励社会福利接受者自立自强，鼓励重新回到劳动力市场；重组服务和保险还可将社会福利服务纳入社会保险的支付范围，打通现金支付和服务提供的隔阂，使得社会福利制度安排更能普惠到人民，提升人民的福祉。

（二）福利需要

福利需要研究部分首先对福利需要及其与社会福利制度的关系进行了理论梳理。福利需要的概念本身就蕴含着人们无法通过自身的能力解决困难的意义，因而必须借助个体之外的力量来达到满足状态。福利需要的满足需要多元化的福利提供，为了达到更好的福祉状态，福利提供的内容要尽可能地覆盖社会生活的各个方面。人类的需要是理解福利制度的关键，社会福利制度的基本功能应是回应和满足人类需要。我国社会福利制度的目标定位应以需要为本，即国家如何将社会福利资源提供给社会群体以满足他们的需要。

其次，分别对儿童、老年人、残疾人和流动人口四类群体的福利需要进行了多维度分析，并探讨了各类人群福利需要的影响因素，结论如下：

第一，儿童群体对儿童福利服务和儿童活动机构两个层面的多个福利项目的需要程度均比较高。表现在，在儿童福利服务层面，儿童迫切需要的福利项目集中在帮助低收入家庭儿童的服务、儿童大病社会保险制度、帮助残疾儿童的服务和津贴、帮助孤儿的服务和津贴，这些服务更多的是面向残疾儿童、孤儿等困境儿童群体；而儿童最需要的活动机构是图书馆和博物馆。同时，儿童的福利需要受到个体因素中的幸福感、家庭因素中的家庭经济状况和家庭社会阶层的显著负向影响，且制度因素中的福利获得状况和地区因素也是影响其福利需要的重要因素。

第二，相比法律层面的福利项目，老年群体对娱乐福利、交通福利以及医疗福利层面的各类福利项目表现出较高水平的需要。且老年人对娱乐、交通和医疗福利层面需要程度最高的福利项目分别是能够免费参观游览公园和公益性文化设施，持卡免费乘坐市内全部公交车以及为老年人提供全面的免费体检项目。同时，老年人的福利需要受到个体因素中的受教育程度和健康状况，家庭因素中的婚姻状况和家庭经济状况，制度因素中的户籍以及地区因素的显著影响。

第三，残疾人群体在社会保障、特殊资助和残疾人服务三个层面上分别对医疗保险、养老保险，医疗保险缴费补贴、养老保险缴费补贴以及医疗康复服务表现出迫切需要的态度，因此其福利需要主要集中在医疗和养老两个方面，而残疾人在服务机构及设施层面需要程度最高的福利项目是残疾人联合会。同时，残疾人的福利需要受到个体因素中的受教育程度和主观社会阶层、家庭因素中的婚姻状况、家庭规模和家庭经济状况、制度因素中的福利获得状况和户籍以及地区因素的显著影响。

第四，在社会服务层面，流动人口群体认为在城市生活最迫切需要的前三项福利项目是医疗保健、子女教育和便民利民服务；在社会保障层面，流动人口对医疗保险、养老保险以及工伤保险的需要程度较高；在失业后保障和服务层面，失业后，流动人口最迫切需要的福利项目是职业介绍；而在制度福利层面，42.4%的流动人口表示不大需要将户口迁入目前工作的城市中，而38.6%的流动人口则比较需要将自己的户口变为城市户口。同时，流动人口的福利需要受到个体因素中的受教育程度和健康状况，家庭因素中的在迁出地城市中的家庭经济状况、制度因素的福利获得状况以及地区因素的显著影响。

（三）福利态度

综合数据分析，四组人群总体上都支持政府承担起相应的福利责任，但在具体项目上存在差异。合并“当然应该是”与“应该是”为“支持”后，统计结果显示，在所有项目的责任上，儿童组的支持率都是最低，均低于90%，分化较为明显。支持率最低的是“政府应提供适当住房给买不起房子的人”项目，仅为63.5%，农民工组也较低，为80.3%，其他项目最低为90.0%，而老人、残疾人组在所有项目上都超过90%；其次是“政府应提供就业机会给想要就业的人”的为76.2%，而其他组都超过90%。在单一项目责任的支持程度上，儿童组与农民工组最支持“政府应制定法律，减少工业对环境的破坏”的责任，而老人组与残疾人组都最支持“政府应为老人提供合理生活保障”的责任。

研究不仅要描述不同群体在福利态度上的差异，更重要的是解释其背后的原因。(1) 从制度因素来看，没有获得过选择性福利体验的农民工更支持政府福利责任的扩大，相反有选择性福利体验的儿童却更支持政府福利责任边界的扩大。对残疾人群体而言，拥有普惠型福利体验的受访者却更反对政府福利责任边界的扩大。但无论是否存在福利体验，对老年人福利态度都无影响。(2) 从文化因素来看，具有公民文化倾向的农民工与老人更支持政府福利责任边界的扩大，而残疾人则持反对态度。对儿童而言，无论何种倾向都未发现有何影响。(3) 从身份因素来看，对残疾人群体而言，收入始终保持显著性影响，阶层的影响在引入文化变量后消失，而教育水平的影响则始终不明显；对老年人群体而言，阶层始终保持显著性影响，教育水平与收入影响的显著性则次第减弱；对儿童群体而言，家庭收入水平始终存在显著影响；对农民工群体而言，收入、教育与阶层构成的身份变量未对其态度产生影响。(4) 从社会人口学因素来看，所有群体中就业城市始终存在显著的影响。对残疾人群体而言，婚姻状况、政治面貌也始终存在影响。但在西方学者研究中颇为关注的自利因素的影响在最终模型中都未能发现。

从影响因素来看，不同群体存在差异，甚至存在对立，其背后的原因需要进一步探析。但受制于研究经费和研究时间，我们无法跨样本比较各自变量对因变量影响的相对重要性，只能在特定群体的回归方程内比较各自变量之间的相对重要性（郭志刚，2015：59）。但总体而言，公众具有明显的社会权利意识，已形成诉求的社会动力，那种以文化传统为借口，拒绝福利制度改革的做法应该摒弃（臧其胜，2015a）。同时，福利态度应是形成社会福利政策选择的基础与动力，在从补缺型向适度普惠社会福利转型、从福利管理向福利治理转型的背景下，无论社会福利制度的颜色与成分如何，我们都期望公众的福利态度是形成社会福利政策选择的基础（臧其胜，2015b；2016）。

（四）福利提供

中国福利提供体系的进步和成长在近30年的时间中是显而易见的。首先，国家的福利提供出现了较为有力的增长，财政投入、机构建设与制度设计都有长足的进步，这也成为中国福利提供体系最为有力的发动机和带动者。近30年间，我国政府在养老、儿童、残疾人等专门性福利设施、津贴与服务方面的投入均增长了数十倍，福利建设的理念也从以往的“补缺型”逐步发展成为“适度普惠型”，包括失能老人、困境儿童在内的大量弱势群体开始被既有社会福利制度所覆盖，福利院所承担的职能也开始从“院内”走向“院外”。其次，社会力量在福利提供中的作用近年来也得到了迅猛的体现，不但提供福利服务的社区和专业社会组织得到了迅速的发展，福利建设的思路得到了理顺，且购买服务、项目化管理、社工人才培养等政策也在逐步增加福利服务的专业性，在沿海发达地区村（社区）都已经具备了独立开展福利服务的专业能力，这为有效延伸公共部门的服务获得感和培育公共部门的服务理念具有积极意义。再次，市场性的福利近年来也得到了迅速的发展，虽然福利企业利用市场规则得以生存的能力出现了一定程度的衰弱，但是福利彩票等事业却有着极为快速的进步，利用福利彩票开展的福利项目支出规模从2006年的91亿元增长到了2015年的288.9亿元，市场在福利提供中的活力得到了较为清晰的认可。而随着家庭育儿、养老、助残能力的提升，家庭在福利提供中的基础性作用也得到了长期稳定的坚持，以家庭为基础开展多功能的福利服务建设仍然是30年来主流的福利提供取向。

从我国当前福利提供体系的基本特点来看，可以发现现行体系既具有西方福利体系中的多元组合特征，也带有中国本土“政强民弱”的基本特色。一方面，我国由国家、社会、市场和家庭组成的福利提供框架是基本完整的，各个福利主体在福利体系中也都发挥着积极的功效。其中，国家的福利提供带有较强的公益性和公平性特征，通过资源调动与政策设计来实现不同福利资源之间的整合；社会是福利资源的链接者，社区、社会组织和志愿部门都在福利提供中发挥着辅助性的作用；市场的主要作用在于资金筹集，对于我国民间资本的吸纳和市场化运作具有极为重要的影响；而家庭是福利提供的“最后一公里”，通过福利资源与福利服务的家庭内互济最终实现有效率的福利安排。另一方面，我国福利主体之间的地位是不对等的，国家在福利提供中处于绝对的统筹地位，家庭福利提供则具有基础性功能，但社会力量与市场在福利提供中的作用较为羸弱。目前，家庭在养老、育儿与助残等福利服务提供过程中承担首要责任，有关普通儿童、老人及残疾人的托幼、养育、康复、照顾、教育、医疗与心理疏导的服务工作均由家庭来承担，使得家庭的福利服务压力较大；国家担任政策统筹的功能，对于其他福利主体进行整体的监管与指导，并对特殊困境家庭承担福利提供“兜底”责任；社会力量与市场在福利体系中处于边缘地位，真正具备困境家庭资源链接能力的地区非常有限，多数地区仅仅具有非常态化服务的能力。

这种“政强民弱”福利提供体系所存在的问题是非常鲜明的，其中最为典型的问题是国家福利提供的越位与缺位现象并存。在实际工作中，部分地方的公共部门在福利提供过程中往往“手臂过长”，其福利建设思路以管理而非服务为主流，对于社会力量不能够有效的放权，因而社会力量与市场参与福利建设的积极性受到了政策上的极大约束。在政策的制约之下，多数地方在购买服务、社会工作队伍建设和家庭教育方面存在的问题使得社会、市场与家庭在福利提供中既想发力又难发力，其福利提供的从属地位较为明确，因而专业性的福利服务仍然非常有限，这与当前市场经济下民众对于福利服务的高质量要求形成了较大的供需反差。另外，由于公共部门往往在巨大维稳压力下履行“兜底”职能，特别是民政部门近年来承受了较大的弱势人群防控压力，因而其基层工作量往往过大，以民政部门为代表的基层工作人员受制于编制与财务的限制往往在事务处理中应接不暇，使得其实际的工作效率不高。这也从另一方面造成了相关部门的工作人员被事务性工作所羁绊，无法审慎思考地方政策的布局，对于特定困难人群的帮扶工作仍然以传统制度安排为主。

从未来的建设方向来看，四个基本的方向需要得以稳固。首先，应当实现中国社会福利制度的转型升级。以公共组织为基础的福利提供应当坚持增长型、法制化、长期性的路径，福利提供应当逐步从“有限覆盖”向“全民共享”进行转型，以未来将要建设的《社会福利法》及相关条例、办法为基础开展具体的福利服务活动，福利提供应当稳步前进，避免过于冒进和过于保守的福利建设思路，现阶段仍然应当以保障困境儿童、困境老人和所有残疾人为主要对象，逐步扩充福利服务的涵盖人群。其次，应当以购买服务、规范化培训的方式加大福利提供的专业性。社会力量在我国福利提供中的地位羸弱除了与政策限制、传统习惯有关以外，与自身的能力建设也有很大的关联。未来社区、社会组织和志愿部门应当在购买服务和规范化培训的前提下努力提升自身经验、技能和口碑，在政府孵化支持过程中逐步成为社会资源的链接者和专业服务的引领者。再次，积极利用市场规则强化福利资源收集与提供的效率。未来的市场建设一方面可以通过增强市场机制的运用来为政府购买服务、福利产品有效流通、专业福利人才就业和流动匹配最优组合，另一方面是可以以资金筹集的方式来为福利项目谋取到更为充裕的资金，能够积极充当福利资源的“充电宝”。最后，通过家庭教育来提升家庭成员的使命感和技能。在未来家庭福利服务的提供中，构建以家庭监管、家庭惩戒、家庭指导和临时家庭安置为主要内容的家庭支持性政策是非常必要的，要通过家庭教育来厘清家庭与多元主体的边界，提升家庭在育儿、养老和助残方面的技能，引导家庭在福利提供中发挥基础性作用。

（五）福利组织

2007 年民政部提出了逐步拓展社会福利保障范围，推进社会福利制度由补缺型向适度普惠型转变，标志着中国福利制度的重大转型。建立与中国社会发展相适应的具有中国特色的适度普惠型福利制度成为学者们的共识，而如何构建适度普惠型社会福利制度，成为学者们探讨的焦点。在适度普惠型社会福利服务提供上，政府逐渐认识到仅依靠政府的力量难以满足社会成员日益增长的多元化需要，广泛动员社会力量，形成政府和社会互动互补的社会福利提供规则是可能的路径，因此，理论上应建立与社会发展水平相适应的，以需要为本的适度普惠型社会福利制度，形成多元福利服务提供来解决社会问题，满足多元专业服务需要的根本。

实证研究表明，公众的福利需要和政府的福利供给间存在一定的差距，这为政府大力发展社会福利组织提供了实践依据。而在社会福利组织发展的过程中，新型社会福利组织——社会工作服务机构经历了萌芽、初发和快发三个阶段。政府购买服务成为社会福利组织市场化的重要实践形式。中国政府购买服务的历史脉络所展现的是从无到有、从零星的东部少数发达地区到中西部地区拓展的图景，也是政府购买服务不断规范化和制度化的过程。

适度普惠型社会福利与政府购买服务以及新型社会福利组织的发展密切相关。可以说，适度普惠型社会福利为政府购买服务提供了发展机遇，而政府购买服务又为适度普惠型社会福利培育了新的福利服务递送主体，保障适度普惠型社会福利理念和服务的践行。实践中，政府购买和社会福利组织培育还存在诸多不足，未来需要在优化制度环境和完善组织保障方面努力，才能使社会福利组织真正作为社会治理的主体之一，与政府共同为社会成员提供公共服务，管理国家和社会公共事务，协调关系，实现社会的安定有序。

在中国社会福利制度转型的背景下，社会福利组织的未来发展方向是：一方面推动提供补缺型福利服务的社会组织发展，另一方面推动提供普惠型福利服务的社会组织发展，建立支撑适度普惠型社会福利制度的多元化混合型社会组织。第一，应该继续强化补缺型社会福利提供的社会组织功能，它们是指国家、社会组织和个人举办的，为老年人、残疾人、孤儿和弃婴提供养护、康复、托管等服务的机构。第二，推动补缺型社会福利和普惠型社会福利混合提供的社会福利组织发展，提倡“传统社会福利机构+社会工作机构+其他类型社会组织”整合，按照社会工作通用模式的思路，提供通用型社会福利服务。第三，鼓励提供普惠型社会福利服务的机构发展，提供普惠每个有需要的社会成员的服务、均等化服务、预防性服务、发展性服务。通过上述三种类型的社会福利组织发展，构建具有中国特色的组合式普惠社会福利制度。

（六）福利治理

当治理的概念应用在服务于保证或提高公民社会福利水平功能的社会福利管理中时则被称为福利治理。一般而言，福利治理涉及三个相关主题：变化中的福利定义、变化中的传递制度、福利传递过程中的实践，它们在不同体制类型的国家中是不同的。当治理的目标与模式发生变化时，制度机制与现实实践也会随之改变，无论前者的改变是成功还是失败。在此意义上，我们可以将福利体制视为由治理的目标构成而不只是对既有的经济与社会问题的回应。

中国社会正在由管理范式向治理范式迈进，对治理的研究也就成为当下的热点，但国内关于福利治理的研究尚不充分。基于此，本部分运用可视化分析软件CiteSpace Ⅲ以Web of Science引文数据库为来源，绘制出了福利治理的研究热点、前沿与知识基础的知识图谱。根据分析，可以提供以下可供参考的初步结论：(1) 研究的热点集中在“治理”概念之下，这与研究的目的相关，但其他概念的共现性（同时被引用）很强，尚缺乏明晰的主题、理论路径，也可说明福利治理不是单一学科、单一视角就能回答的一个孤立的问题。(2) 研究的前沿从名词短语来看，集中在地方治理、信息技术、公民社会、新工党与政治经济五大主题，大致对应着治理的层次、治理的技术、治理生成的环境、治理的策略与治理的内容五大领域；从文献引用来看，克拉克、罗兹、吉登斯、雅索普等的研究代表着福利治理研究的学术前沿，是文献研读所需重点关注的作者。(3) 从研究的领域来看，涉及政治对话、地方自治、就业、所有权、福利传递、积极公民身份等。(4) 从知识基础来看，通过知识图谱的绘制，分别从时间、频次与中心性分析，可以了解到25年来福利治理研究的早期奠基性文献、高被引文献与关键节点，其中科斯、波兰尼、T. H. 马歇尔、哈耶克等做出了早期贡献，克拉克、珍妮特·纽曼（Janet Newman）、达利等对治理引入社会福利领域做出了直接的贡献，而自由主义及新自由主义、新制度经济学、公共财政理论、公共选择理论、公民身份理论以及政策过程理论为福利治理的范式变迁提供了理论来源。但这些热点、前沿、知识基础能否适用于中国国情还需要进一步研究。通常情况下，在技术分析、文本解读后我们还应咨询领域内的专家。因此，在使用过程中，我们在技术的帮助下获得灵感时绝对不可以妄图生意，而是应借此寻找确凿的证据。

福利治理的目标是建构福利体制，福利体制的生成应该遵循特定的逻辑，提升人类福祉是其必然的价值追求。尽管存在多元福利主体参与福利治理，但福利治理的目标实现理应是基于证据选择的结果，而非不同行动者主体之间的权力制衡，证据为本才是福利治理的行动原则，它蕴含着对公民的公民权、政治权与社会权的保障，这或许才代表着福利治理的未来。福利治理目标的实现并非基于多元主体的权力的制衡，而是行动所依赖的证据的科学性。如果总是纠缠于国家与社会两者间围绕有限的经济资源与政治资源的权力纷争，而不能寻找出两者应该共同遵守的科学法则，那么就不能使我们清晰地洞察中国社会福利制度演进的未来。以证据为本，实质体现的是对社会科学的尊重，科学与政策的关系问题才是福利治理的核心问题。福利制度的设计应是科学的结果，而非权威、利益集团或偶然事件等的产物，这有赖于公民参与到证据的供给中来，而国家、市场与社会则应为公民的信息获得提供保证，否则，福利治理仅是空中楼阁。

社会组织参与福利治理，必然影响福利的定义、传递制度的安排与福利传递过程中的实践。激发社会组织的活力，改变了政府、市场、家庭与社会组织等福利主体间相互依赖组合的关系，改变了福利资源生产与分配的模式，意味着福利体制的重新设计，这正是福利治理的目标，也正是推进国家治理体系和治理能力现代化的必然结果。而社区作为国家与社会的接口，其重要性不言而喻，基于社区做好福利服务传输能够消除“最后一公里”的困境。

从福利的性质而言，满足人之为人的基本需要是公民的一项权利，而不是可以随时施予，又随时可以剥夺的馈赠，市场中最重要的主体——企业应承担起相应的社会责任，慈善事业仍需继续推动，但在福利体制的重构中，国家不仅不能退出原有的责任体系，反而应当以此为契机更好地承担起相应的福利责任。一方面，政府要在政策层面不断激发社会组织的活力，拓展福利提供的多元化渠道，并随着经济与社会的发展调整福利责任的边界；另一方面，政府要投入经费改善社区基础服务设施建设，增加筹资渠道，建立社区支持网络，优化输送模式，实现需要为本。从福利传递制度的安排来看，中国正在积极推动福利主体的多元化，服务内容的多样化。从福利传递过程的实践来看，政府与社会组织的关系仍需要进一步厘清，政社不分仍是较为常见的现象，福利治理的理念需要进一步宣传。

综上所述，为推进适度普惠型福利制度的执行，我们需要秉持福利治理的理念，在福利提供的主体上，强化政府主导地位，激发社会组织活力；在福利服务的传递上，搭建多元化的服务平台，特别是基层社区支持平台，推动专业服务输送。

（七）福利体制

从国际比较的视角来观察一个国家的福利制度是当前福利理论研究的一个重要方向，这是因为一方面通过系统的国别比较能够使得人们准确地定位和区隔本国福利体制的类型与特征，保持本土性福利建设的长期思路，以适应本国或区域特定的经济、社会与文化要求，而且有利于人们认识到当前福利建设的优势与不足，厘清福利建设过程中亟须追赶的内容，从而在未来福利治理领域进行一系列新的改革。在此基础上，本书希望以福利体制为研究对象、以福利比较为研究主题，通过系统的国别分析来增强对于中国福利体制的认识。

从世界范围内看，福利体制研究来自以西方福利制度为单一模板的福利类型学研究，并随着 20 世纪 90 年代艾斯平—安德森的“福利三分法”理论的提出而得到了广泛的重视。艾斯平—安德森基于“去商品化”程度的研究显示，欧美各国的福利体制自两次石油危机以来出现了明显的分化，以自由主义、保守社团主义和社会民主主义为主要类型的三大福利体制目前得到了学术界的普遍认可。其中，自由主义主要在盎格鲁－撒克逊国家普遍存在，其制度设计以选择性福利制度为主，着重针对困境民众予以福利支持，其福利提供的整体水平比较局限；保守社团主义类型的福利体制则多出现在以法国、德国为代表的欧洲大陆国家，其福利提供往往以社会保险为主要类型，通过与工作相联系的劳动关系来识别福利提供的水平，因而整体的福利提供力度同比自由主义有明显增强；社会民主主义福利体制广泛分布在北欧国家，其再分配水平是诸多福利体制中最为突出的，并以公民身份为资格来提供普惠的福利资金与福利服务。这三类福利体制的划分从理论上打破了单一福利国家建设思路的迷思，并使得人们广泛认识到福利体制需要随着本土经济、社会与文化的不同背景而具有差异化的建设路径。

与西方福利体制相比较，东亚福利体制的研究自20世纪80年代才逐步启动，并随着亚洲金融危机中该福利制度的良好表现以及大量东亚学者融入主流学术圈而出现。当然，与欧美福利体制相对清晰的边界不同，东亚福利体制的研究存在着巨大的争论，一部分学者认为东亚福利体制呈现出了同西方福利体制相比更为独特的特点，因而该福利体制是区别与西方社会而存在的独特的福利体制类型；另也有少部分学者认为东亚国家内部的福利制度具有过于明显的差异，因而其本身基于政治与经济方面的碎片化阻碍了福利体制的生成。尽管存在着这种争议，但是东亚福利体制所具有的三个典型的特征在学术上得到了普遍的共识：首先，东亚国家具有典型的生产主义特征，即社会政策在设计之初就具有维护经济发展和稳定的重要使命，这使得东亚各国在福利提供过程中普遍比较谨慎，其福利提供水平相对本国的经济发展水平往往更为滞后；其次，东亚国家具有典型的国家主义特征，国家既在当前的福利提供过程中发挥着支配性作用，又在民意支持度方面获得了广泛的政治认可，因而在福利三角格局中占据比较特殊的地位；最后，东亚国家广泛受到了儒教文明的影响，民众形成了自力更生、家庭互济的基本传统，这对于东亚国家福利制度的构建也具有深刻的内生性影响。东亚国家区域性的福利体制能够使得中国更为清楚地认识到自身所具有的文化独特性和福利建设取向，并对中国长远开展福利制度的建设具有积极的价值。

从比较视野来看中国的福利体制，可以发现中国福利体制也在不同程度上具备了东亚福利体制的三大特征，即典型的生产主义，福利体制配合经济发展而发展；典型的国家主义，国家在福利提供上占主导地位同时获得民众的认可；典型的儒家文化，保持着自力更生与家庭互济的传统。同时，中国福利体制既受到了全球范围内风险社会带来的现实挑战，也在发展中面临着劳动市场不成熟、地方实体经济脆弱化、群体性事件增多及公民流动性增加等独有的中国困境，这些因素对于中国建设自身的福利体制具有明显的约束，也使得我们在发展社会福利制度之时必须正视上述问题。当然，中国政治的长期稳定、经济的快速发展和社会风貌的改善也都为进一步的福利体制建设提供了有利要素，制度和经验上的保障也使得中国福利体制的转型具有更大的改革动力。在风险性因素与建设性因素的双重制约下，中国政府应当在未来积极围绕社会目标、可及状况、给付形式和治理构架来推动福利体制的转型：在社会目标方面，中国应当逐步降低社会政策所承载的经济属性，以公平正义作为根本的社会政策建设目标，着力构建民生取向的社会福利体制；在可及状况方面，中国政府应当努力增强社会政策的瞄准性，提升社会政策在解决民生诉求方面的可获得性，着力推动高效可及福利体制的建设；在给付形式方面，中国政府应当努力增强社会政策的普惠程度，强化福利资金与福利服务的保障力度，着力构建社会契约式的福利体制；在治理构架方面，中国政府应当以治理思维取代管理思维，以“掌舵者”姿态取代“划桨者”姿态，协调好央地之间的福利责任，着力构建有序治理的福利体制。

三、中国分人群适度普惠福利制度安排研究发现与创新

以四个城市四个类型人群的适度普惠问卷数据库为基础，以适度普惠社会福利提供即社会福利政策和社会福利接受的具体服务对象为主要内容，对民政部提出的三类适度普惠社会福利接受者即困境儿童、老人、残疾人进行具体分析，同时加入城市农民工群体的社会福利问题分析，提出构建适度普惠型社会福利具体制度安排的可操作建议。

（一）适度普惠儿童福利制度设计与政策创新

适度普惠型的儿童福利制度的构建在我国适度普惠社会福利制度建设中具有重要的意义，起步早，覆盖面大，内容多。适度普惠儿童社会福利政策、社会福利服务、社会福利管理、社会福利人才队伍建设等四个方面均取得了较大程度的发展。具体来看，在适度普惠儿童社会福利政策发展方面，无论是国家层面还是地方层面，都积极探索从补缺到适度普惠的儿童福利政策，并充分体现了儿童福利转型适度普惠、分层推进、分类立标、分地立制、分标施保的特点。在适度普惠儿童福利服务发展方面，国家层面和地方层面在福利机构、福利设施和儿童收养寄养服务等持续完善，表现出积极建设儿童福利指导和服务平台，完善基层儿童福利服务；大力开展全方位儿童福利服务，服务手段社会化增强；儿童福利服务专业化探索增强，专业服务能力日渐提升等特点。在福利管理发展方面，建立了从上到下的管理体系、基层儿童福利服务平台和专业儿童福利管理团队。在儿童社会福利人才队伍建设方面，积极完善儿童福利服务人才队伍建设、儿童福利服务督导队伍建设、儿童福利服务管理队伍建设。

通过对中国适度普惠社会福利数据库中四个城市儿童数据进一步分析发现，四个城市儿童对四大权利的熟悉度、儿童权益法律法规的认知度和儿童权利具体化行为的态度方面认知程度不一，且儿童的人口变量和环境变量对其权利认知等均会有不同程度的影响。首先是儿童对四大权利的熟悉度方面，儿童对四大权利均较为熟悉，儿童对受保护权的熟悉度最高，其次是发展权，再其次是生存权，最后参与权的熟悉度相对较低。在权利熟悉度总变量方面，数据分析显示出城市差异。南京最高，成都最低；女生高于男生；父亲受教育程度是大学专科及以上的最高，小学及以下的最低；户口是城市户口的儿童高于农村户口的儿童；所属阶层是中上阶层的最高，下层阶层的最低。

通过对适度普惠社会福利数据库中儿童数据分析进一步发现，儿童非正式社会网络在儿童福利保障作用显著。儿童在遇到权利损害或者需要帮助时求助的对象主要是同学/朋友、家长/亲属、学校的老师，说明儿童主要还是依靠自身非正式网络获得支持。在正式的社会支持方面，社区工作人员、派出所警察和保安、医院的医生的选择较多。分析有求助经历的儿童对求助经历的评价，从儿童的选择中可以看出，大多数儿童求助均有不错的效果。儿童认为当其求助时，家长亲属、学校老师、解放军、儿童服务机构人员、派出所警察和保安、医院医生、同学朋友、媒体编辑记者帮助很大，帮助效果相对较差的分别是社区工作人员和网友。

在儿童对福利服务认知度方面，通过对中国适度普惠社会福利数据库中儿童问卷数据分析发现，首先，儿童福利服务认知度差异明显，特别是地区和家庭差异明显。首先，在儿童福利服务知晓度方面，四个城市儿童对不同福利服务的知晓度存在较大的差距。总的来说，四个城市儿童对帮助残疾儿童、孤儿、农民工子女、低收入家庭儿童的福利服务的知晓度较高，对社区内的儿童之家建设、学龄儿童免费配餐服务的知晓度较低。其次，在儿童福利服务知晓度的差异性方面，本部分将12种儿童福利服务汇总后构建了儿童的福利服务知晓度总变量，通过与儿童的人口学变量和环境变量检验，发现儿童所在地区、家庭经济状况、父亲受教育程度、母亲受教育程度、户口性质和所属阶层均显著影响了儿童的福利服务知晓度，但性别的影响并不显著。兰州儿童的知晓度最高，成都儿童的最低；家庭经济状况远高于平均水平的最高，远低于平均水平的最低；父亲受教育程度是大学专科的最高，小学及以下的最低；母亲受教育程度是大学本科的最高，小学及以下的最低；户口是城市户口的儿童高于农村户口的儿童；所属阶层是中上阶层家庭儿童的最高，下层阶层家庭儿童的最低。

从我们调查研究中还发现一些问题：（1）儿童福利提供的人力资源比较匮乏。基层儿童福利行政人员偏少，同时存在工作人员能力不足的问题。儿童服务人员的专业服务能力还有待增强。（2）福利提供分层分类标准设置落实的困难。一是有关儿童的分层分类标准不够准确而难以把握。二是部分儿童福利补贴并没有实现或者难以实现动态价格补贴，但对于其他类困境儿童的基本生活补贴并没有实现。（3）儿童福利制度的支持体系比较薄弱。一是儿童福利工作经费保障需要加强。二是儿童福利获得与支持体系仍然存在城乡差别。农村的支持体系大大弱于城市。三是儿童福利提供的相关政府部门和群团组织之间的配合仍需加强。适度普惠儿童福利制度仍需要继续深化改革，强化相关制度建设。

综上对儿童适度普惠福利的调查研究，我们提出以下社会福利政策和服务建议：

（1）建立家庭为本的儿童福利制度。最近十多年国际上推行家庭为本的福利提供或者是家庭为本的福利服务，将福利服务接受者视为一个整体，这个整体以家庭为单位，儿童福利接受和家庭福利接受合二为一。通过支持家庭特别是支持儿童照顾者、监护人来改变儿童状况，提升儿童福祉，应该成为中国儿童福利政策和制度建设的核心。

（2）建立儿童福利标准化专用术语体系。统一明确儿童福利的相关术语和概念。积极整合政府部门、实务部门和科研部门的力量和经验，梳理现有政策中对儿童各类概念的不清晰情况，研究制定更加科学、合理、专业、实用的儿童分层分类概念，制定具体的类别标准和指标，提升基层实务工作者和实务机构在儿童各类概念和术语的理解上、操作上、服务上的清晰度、准确度和共识度。

（3）优化儿童福利人才体系与行政体系。一是优化行政体系。儿童福利行政职能的集中和整合是做好这项工作的重要保障。张家港、海门等明确以市政府名义统整各部门的联动合作效果比较显著。在国务院、省政府、市政府层面很有必要设立综合儿童福利行政的组织机构，或将分散各部门的儿童福利行政进一步统合收拢，提高儿童福利行政效率。二是强化专业人才队伍建设。特殊儿童需要各类康复、医疗、社会工作、心理咨询、法律等方面的专业服务，因而需要积极培养培训已有儿童福利工作人才队伍，也要引导高校积极培养儿童福利方面的专业人才。同时积极开发岗位，投入资金，引导专业人才进入基层社区、社会组织、基层政府从事儿童福利行政和儿童福利服务。三是加强儿童福利投入。积极筹措不同渠道的资金，保障儿童福利工作经费，并引导将儿童福利工作经费在更大的范围内纳入地方财政预算，以提高基层儿童福利行政的积极性与灵活性。当前，可以借鉴试点城市经验，扩大资金投入，通过政府服务购买、公益创投、公益性岗位开发等途径引导专业服务力量参与儿童福利发展中。

（4）推动多元化儿童福利社会组织建设。积极培育儿童福利社会组织。从试点城市经验来看，部分城市整合专业社会组织，特别是专业社会工作服务机构的力量比较多，因而其基层儿童福利服务呈现出较高的专业性和规范性、持续性。今后需要积极培育各类专业服务机构就近就地为社区、乡镇层面的儿童提供专业服务，从而提高儿童接受率和参与率。

（二）适度普惠老人福利制度设计与政策创新

老年社会福利制度是最具综合性、整体性的福利提供体系。在适度普惠社会福利制度建设中，老年社会福利是否能够在一定程度上实现普惠，是适度普惠社会福利制度构建的关键之点。我国自1999年步入老龄化社会以来，人口老龄化高速发展，并且日益呈现高龄化、空巢化、失能化交织的态势。加上老年贫困人口日渐增多，对我国社会经济的发展造成了深远影响。老人和困境儿童、残疾人为民政部适度普惠福利提供的三大人群。我国亟待从物质、精神、服务、政策和机制等方面建构符合我国国情的适度普惠老年社会福利制度，妥善解决人口老龄化带来的严重挑战。实证研究表明，尽管我国适度普惠型的老年社会福利制度建构已经取得了较大的进步，提高了老年群体的幸福感和精神健康水平，但在不同区域、不同阶层之间，依然存在着不少差距，有待进一步改善，以满足城乡老年群体不断增长的福利需要。

在老年福利政策建构方面，我国的老年社会福利政策不断发展，逐步从补缺型向适度普惠型转轨：(1) 政府的老年福利责任不断扩大；继续发挥家庭在养老中的基础作用；鼓励社会力量参与老年社会福利事业。(2) 政策重点对象逐步从特殊老年人群转向全体老年人，特别是高龄老人群。(3) 不断满足老年人日益增长的多元化需要。但是我国补缺型的老年社会福利也呈现非正式性、渐进性、滞后型、多轨制等特点，存在着城乡差距较大，覆盖面不够，服务供给不足，服务质量不高，老年优待政策未能得到有效落实等问题。

在老年社会福利服务体系建设方面，为了满足老年人群体的需要，我国初步建立起了以居家为基础、社区为依托、机构为支撑，具有中国特色的适度普惠型的养老服务体系，实现了从国家福利模式向福利多元主义的转型。其主要特征为：发挥政府在基本公共养老服务提供中的主导作用；发挥市场提供养老服务的基本功能，鼓励养老服务业的充分发展；注重发挥居家养老的基础作用；强调社区在递送社会养老服务中的重要作用；重视利用“互联网+”服务，提升养老服务的效率和质量；社会工作介入老年福利服务领域，专业化福利服务得到加强。但是就我国日益增加的养老服务的需要而言，我国的养老服务体系建设也还存在如下问题：社区养老服务和养老机构床位严重不足；养老机构和养老设施的建设缺乏统筹规划，体系建设缺乏整体性和连续性；养老设施简陋、功能单一，难以提供照料护理、医疗康复、精神慰藉等多方面服务；政府投入不足，纸面上的优惠政策较多，落实不到位；养老服务队伍专业化程度不高，素质不高，数量不足，培养院校不够，流失率大，急需培养专业人才。

在老年福利管理方面，伴随老年社会福利体系的健全和社会福利提供的多元化，我国老年社会福利管理也日趋规范，老年社会福利职业和行业规范标准相继出台，建立起了较为规范的养老服务准入、退出、监管制度，大力推动养老服务标准化。其主要特点是：经历了从一般性行政管理到法制化和标准化的进程；社会福利服务和机构绩效考核问题被提上了重要议事日程；注意采取政府购买服务等方法加强对老年社会福利服务的管理；鼓励地方政府实行老年福利管理创新；从多头管理走向归口管理。在老年社会福利人才队伍建设方面，我国也取得了较快的发展，但也还存在着以下主要问题：老年社会福利人才总量不足，素质偏低；老年社会福利人才招聘难，流失率高；老年社会福利人才培养机构不足；老年社会福利人才培养的机制不健全。

本书还通过实证研究，揭示了城乡老年福利水平的现状及其影响。发现城市老人综合福利需要突出，而福利获得严重不足，在医疗、法律福利获得与满足状况尤为堪忧。针对农村老年福利供给对农村老人精神健康水平影响的实证研究则表明，随着经济收入的提高，家庭经济福利供给对老年精神健康的作用转趋不明显，但家庭精神福利供给的作用却弥显珍贵。农村社区福利供给对老人精神健康水平的影响不可小觑。农村老人从事生产性劳动可以提高他们的自我效能感和独立感，从而提升其精神健康水平。在国家福利供给中，由于参加社会养老保险增加了他们的固定收入，减少了经济上的不确定性，明显提升了农村老人的精神健康水平，但参加社会医疗保险和获得政府转移收入，却可能因为报销比例与服务质量较低、转移支付规模有限等原因，暂时效果还不显著。

为了进一步提升老年人的福祉，健全我国适度普惠老年社会福利制度，我们应该采取以下措施，发展整合各种社会保障政策、共享发展的适度普惠型的老年人社会福利制度：（1）进一步健全老年群体的收入保障机制，促进老年人分享社会发展成果，保障老年人的生活质量；注意老年福利获得中的城乡、区域、职业差异，促进老年社会服务供给的均等化。（2）关注老年人的身心健康，减轻他们的心理压力，提高他们的自尊感、幸福感和获得感；继续弘扬孝亲敬老的文化，强化家庭的福利提供功能，巩固家庭在养老中的基础地位。（3）应该进一步改进养老服务的供给模式，提高供给效率，满足老人的多元福利需要；继续推进社区在养老服务提供中的资源整合作用；继续发挥企业和社会组织的重要作用；进一步推进医养相结合，构建完善的医养结合的养老服务体系；进一步完善老年人优待办法，积极为老年人提供各种形式的照顾和优先、优待服务，逐步提高老年人的社会福利水平。（4）加强老年福利管理，加大对老年福利的规划、统筹和评估，保障养老福利服务供给的质量和标准；加强老年人才队伍建设，形成包括中等职业教育、高等职业教育、本科、研究生等补贴层次的老年社会福利人才培养体系。

（三）适度普惠残疾人福利制度设计与政策创新

残疾人社会福利制度是中国社会福利保障体系的一个子系统，在社会结构转型与经济体制转轨的宏观背景下，残疾人社会福利制度始终处在一个不断完善的过程之中，从有限特惠到有限普惠，再到适度普惠，中间经历了停滞甚至倒退。根据残疾人社会福利制度保障的范围与残疾人群体状况，结合我国不同时期社会发展形态，将中国残疾人社会福利制度的变迁划分为四个阶段，即：有限特惠时期（1949～1965年）、从重创停滞到恢复重建时期（1966～1987年）、有限普惠时期（1988～2007年）和适度普惠时期（2008年至今）。

在有限特惠时期，残疾人社会福利制度的出台主要是为了弥补长期战乱给人民带来的伤害。大部分福利制度主要是针对伤残军人与工人及军属出台的，对于基层一般残疾人的福利制度不是太多。这一时期的残疾人社会福利事业所涉及的范围和区域都比较小。对残疾人的称呼也多带有歧视字眼，残疾人就业、康复等方面的问题没有进行制度安排，这与当时的社会整体环境有很大关系。但是农村五保供养制度与部分残疾人福利组织的设立及特殊教育相关福利政策的制定，为将来残疾人福利事业发展建立了基础。因而，这一时期的残疾人社会福利制度更多的是倾向于部分残疾人群的基本生活保障层面。在从重创停滞到恢复重建时期，虽然残疾人社会福利事业在“文化大革命”中遭受重创和停滞，但还是在艰难中一步步前进。党的十一届三中全会的召开使中国开启了社会主义经济建设新时期，残疾人社会福利事业在恢复和重建的基础上，迎来了勃勃生机。加之20世纪80年代国际助残意识的提升，让政府和社会开始重新审视残疾人对社会进步和经济发展的贡献，先后出台了一系列具体的措施，来展示政府对残疾人教育、就业和康复的关注。在有限普惠时期，残疾人社会福利事业在政府和社会的支持下进入了快速发展的阶段，残疾人的各项公民权利在社会福利制度不断完善的进程中逐步实现。和以往发展时期对比可以发现，由于残疾人保障法及教育条例和就业条例的颁布实施，使得残疾人福利保障事业走上了法制化、制度化的道路，残疾人自身发展和权利实现有了法律保障。在适度普惠时期，残疾人权益保障制度将进一步完善，残疾人在政治、经济、社会、文化等方面的权利得到基本实现，残疾人公共服务不断完善，中国特色残疾人基本救助、社会福利、康复服务、教育就业等制度日臻完善，全社会助残意识达到一定层次，残疾人受歧视现象逐步减少，这一阶段残疾人社会福利事业主要表现在残疾人保障法律、全国无障碍设施的普及和残疾人教育就业等方面进行的进一步提升和创新。

通过对南京、天津、兰州、成都四个城市的残疾人自评的家庭收入水平的问卷调查数据进一步分析发现，四个城市的残疾人自评的家庭收入水平普遍低于平均水平，残疾人家庭收入达到平均水平的家庭数量最多的为天津，而属于西部城市的兰州的残疾人家庭收入达到平均水平的家庭数量最少。同时，从数据中也发现，残疾人的受教育水平与家庭收入水平基本成正相关，家庭经济状况为“高于平均水平”和“远高于平均水平”的残疾人家庭，受教育程度绝大部分为“大专”和“大学本科与研究生”。残疾人家庭的经济状况除了和残疾人自身接受的教育程度有关系外，还受其自身的残疾类型的影响。

通过对残疾人社会福利服务类型和接受水平的数据分析发现，接受过特殊教育服务的人数仅占总人数的12.5%，但是从残疾人的需要来看，8.8%的人迫切需要特殊教育服务，34.9%的人需要特殊教育服务，由此可见，目前我国残疾人特殊教育服务的供给与需要非常不匹配，残疾人受教育水平还是比较低。在劳动就业服务方面，大多数地区没有覆盖职业服务机构，大部分的残疾人没有接受过职业培训、职业介绍服务。

从四个市的职业介绍或培训服务的覆盖率来看，兰州的覆盖率最高，其次是成都，南京和天津的覆盖率相比稍低。同时，数据还显示四个市中，兰州的托养服务与补贴的覆盖率最高，覆盖率处于第二位的是天津市，托养服务与补贴覆盖率最低的是南京市。西部地区的兰州市和成都市的托养服务机构覆盖率比东部地区的南京和天津市稍微高，但总体而言托养服务机构的覆盖率还处于低位水平。

总体而言，广大残疾人距离全面小康社会还有很长的一段距离。残疾人的生活水平和社会生活水平还有较大差距，达到社会平均水平的家庭数量较少；残疾人受教育水平普遍偏低，特殊教育覆盖率亟待提升；残疾人低保制度的设计基本上采取通用模式，即在低保的认定标准和低保水平上，残疾人同非残疾人之间基本上没有什么差别。这就形成了福利性收入的不平等结果；虽然已在全国范围内建立残疾人社区康复服务，但是职业康复服务覆盖率普遍偏低，同时接受过社区医疗康复服务的残疾人人数也处于偏低状态，呈现出接受服务的普及率过低现象；普遍存在残疾人就业率低、劳动就业服务覆盖水平低等问题；残疾人托养服务与补贴的覆盖率还很低，托养服务机构的覆盖率不高；无障碍设施与服务还难以满足广大残疾人的需要，大部分城市覆盖率仍然偏低。

尽管我国已经建构了由宪法、法律、行政法规、部门与地方规章、规范性文件五种方式组成的残疾人权利倾斜性配置体系，但现有体系仍很不完善、操作性不强，和深度权利配置还有很大距离；残疾人福利服务供给模式还过于单一，尚未形成公办机构、民办营利机构和第三部门多元供给的格局。

综上对适度普惠残疾人社会福利建设的调查和研究，我们提出如下适度普惠残疾人社会福利制度以及相关制度创新路径建议：

第一，强化残疾人社会福利理念与责任。强化残疾人社会福利理念是推动残疾人社会福利制度创新的内在要求，政府必须要塑造科学合理的社会福利理念，紧紧把握福利内涵，推动残疾人适度普惠社会福利制度创新。

第二，大力加强残疾人民生保障体系建设。在残疾人社会保障体系的建设上，各级政府要以残疾人的特殊需要为导向，进行倾斜性的制度设计，建立健全以最低生活保障制度为基础的多元化、多层次的残疾人社会保障体系。

第三，完善残疾人基本公共服务体系。根据残疾类别差异采取额外规制的方式配置各专项公共服务，大力发挥各类助残社会组织在残疾人公共服务体系供给中的职能。重点加大残疾人公共服务体系中的薄弱环节的建设力度。以各类残疾人需要趋势为供给序位，优先建设残疾人迫切需要的服务项目。

第四，推动市场与社会参与福利服务供给。在现实的残疾人社会福利服务供给过程中，会存在政府失灵的情况。各级政府部门也应当清醒地认识到，政府在很多领域存在管不好、管不了、不好管的状况，因此，应当加强市场和社会在残疾人社会福利服务供给的作用。

第五，不断加强基层残联组织与人才队伍建设。在工作方式上，坚持去表面化、去形式主义，站在残疾人角度，残联组织要切实发扬实事求是的工作作风，加强专业社会工作训练，从行政化的枷锁中解除出来。不断提高残疾人工作队伍的专业化能力建设，建立完善人才保障机制、培养机制、奖惩机制、考核机制，引入更加科学与合理的工作方法，从而提高残疾人服务的专业化水平。

（四）适度普惠流动人口福利制度设计与政策创新

流动人口问题是当前我国城市化及经济与社会发展中的重大问题之一。此问题开始于 20 世纪 80 年代中期，最近十多年来，政府在解决流动人口问题方面做了大量的工作，但因为城乡分割的社会保障特别是社会福利体制，还存在一些制度和服务缺陷，需要通过进一步的改革来推动流动人口社会福利政策的创新发展，提高流动人口福利水平，解决他们社会需要未能满足的问题。在民政部适度普惠社会福利制度构建中，主要的福利提供对象是困境儿童、老人和残疾人群，没有覆盖流动人群特别是流动人口中的这三类人，流动人口本身的福利需要也亟需社会福利制度的支持，这个制度设计不符合公平分配社会资源，共享发展成果的理念。本项目特别设立流动人口社会福利制度构建一章，在分析我国流动人口问题的基础上，概述近年来流动人口权利保障和相关社会福利政策的进展及存在问题和不足，并提出适度普惠性流动人口社会福利制度建构及相关改革与发展政策建议。

所谓流动人口原意泛指处于流动之中，居于不稳定居住和就业状况的人们。在我国是指在没有改变原居住地户口的情况下，到户口所在地以外的地方务工、经商以及从事社会服务等各种经济社会活动或居住生活的人。在当今中国，流动人口主要包括以下几类人员：一是从农村进入城市居住和从事务工经商的农民工，他们具有农业户口，但在其户籍所在地之外就业和居住。目前农民工是我国流动人口中的主体，也是流动人口问题研究的重点对象。二是具有城市户口但在户籍所在地以外就业和居住的人员。这部分人过去人数较少，但目前人数也达到一定规模，并呈增加趋势。三是在我国居住和就业的境外人士，这部分人虽然目前还不多，但其增长趋势很快，并且在局部地区已经比较突出。随着我国经济的发展，在我国就业和居住的境外人员的数量可能会快速增长，对他们的管理和服务比较复杂，应该专门研究。

通过对中国适度普惠社会福利调查数据的分析，研究发现流动人口中获得各项社会保险的比例有明显的提高，但仍未达到全覆盖的理想的状况。究其原因，一是一些企事业单位为流动人口缴纳社会保险不积极，二是由于流动人口在就业上的不稳定，导致将他们纳入社会保险中存在一定的管理难度，三是现行的社会保险制度（尤其是养老保险制度）不适合流动人口的情况，导致他们当中许多人自己也不积极参与社会保险。党的十八大报告中也强调社会保障要“适应流动性”，但由于社会保险总体制度中存在的某些缺陷，对这一问题还没有找到有效的解决办法。另外，通过对中国适度普惠社会福利调查数据分析发现，城市中的流动人口特别农民工在接受教育、医疗卫生、就业服务、住房保障、社区服务方面，有不少被不公平对待的问题，存在各种保障提供不足的问题。

社会福利主要是指由民政部门主管的社会福利服务，主要包括地方政府主办的养老服务、困境儿童的社会福利服务、残疾人社会福利服务等，又称民政社会福利服务。经过20多年的发展，目前我国已经建立了较为完善的社会救助制度体系，向贫困家庭提供各个方面的救助，在缓解贫困方面发挥了重要的作用。但我国城市和农村的社会救助和民政社会福利制度基本上没有覆盖到流动人口，流动人口在社会救助制度中的受益不多。在按照人群分类的社会福利提供方面，目前城市有针对老人、儿童、残疾人的适度普惠社会福利服务。但是流动人口很难获得这些服务。流动人口在城市里就业和生活，无论是他们自己有需要或者是他们的家属有需要都很难从城市社会福利机构中获得服务。近年来一些地区出台了一些针对老年人的普惠型福利待遇，如给所有符合条件的老年人发放一定的养老金，但一般也只是给本地户籍的人口。各个城市中都有一些对老年人、残疾人和儿童的优待、优惠或其他社会服务项目。但其中许多都有一定的资格限制。

因此，我们建议：首先，对在城市里获得《居住证》的流动人口，其直系亲属也有权获得该市的《居住证》；其次，各地在惠及老年人、残疾人和儿童的各项优待、优惠和其他社会服务都逐步取消对流动人口的限制，这些服务对本市户籍人口和持有《居住证》的外地人口应该一视同仁。也就是说，让《居住证》所包含的公共服务进一步扩大。除了将流动人口中的老年人、儿童和残疾人等特殊困难人群纳入城市一般普惠型的社会服务体系中，还应该根据他们的实际需要向其提供额外的专门化服务。例如，在许多发达国家的城市中都有一些专门为外来移民提供社会融入的服务机构，其中主要的对象就是外来移民中的老人、儿童、残疾人等具有特殊困难的人员。因为他们比其他普通人更加困难，更加需要社会服务。在我国，随着流动人口的家属进入城市的越来越多，他们越来越需要一些专门的服务来帮助他们更快更好地适应新的城市环境，更好地融入城市。因此，应该加强这方面的服务。例如，针对外来老年人的需要向其提供融入城市所需要的老年生活服务、老年保健服务、老年社交服务以及老年心理服务等。对流动儿童，除了前述的学校教育方面的一些服务之外，在社区中还应该提供婴幼儿照料、儿童社区融入、城市生活适应、儿童安全教育、儿童娱乐游戏等方面的服务。对流动人口中的残疾人则应该提供短期或长期的康复服务、适宜的辅助器械服务、参与社区活动的服务等方面的服务。

要落实对流动人口的福利服务，最关键的是要落实福利服务体系建设，包括制度建构、资源供给、组织体系、人员队伍等各个方面。其中对流动人口社会福利提供人才队伍建设是最为关键的因素。流动人口社会福利人才队伍建设中，除了相关部门和社会组织的服务人才外，专业社会工作者扮演着重要的角色。在当前和未来一段时间里，加强专业社会工作人才队伍建设是做好适度普惠型流动人口社会福利的重要保障。限于时间、领域和篇幅，本部分主要讨论社会工作专业人才队伍建设在适度普惠流动人口福利服务中的地位和作用。

社会工作者服务流动人口除了需要有适宜的社会福利体制以外，还应该探索适宜的福利服务运行机制。所谓福利服务运行机制，即社会工作服务流动人口的具体制度化方式，其中包括服务提供的方式、服务对象选择以及服务效果方面的机制：（1）在服务提供方式方面坚持福利性为主的服务提供方式。（2）在服务对象选择方面，以“适度普惠型流动人口服务”为主。（3）在福利服务方面，建立促进型共享发展模式下的积极社会保护；为不同类型流动人口匹配不同福利服务机制。

第三节　从适度普惠迈向共享型组合普惠社会福利

21 世纪的中国，已进入到经济建设和社会建设并重的新时期。在经济快速发展的基础上，更加注重社会建设，着力保障和改善民生，推动共享发展成果，成为国家制定发展规划的重要内容。为了使广大社会成员能够通过适度普惠社会福利制度的建设分享中国改革开放的成果，减少社会风险，提高社会成员的生活质量，凸显中国特色社会主义伟大实践的意义。突出共享共治的积极意义，将社会福利提供者和社会福利接受者都视为社会治理的主体。将共享视为社会福利的原则。在共享共治的指引下，建立有差别、有层次、有分标的中国特色的组合式普惠型社会福利制度。

一、实现人民福祉的社会福利

中国适度普惠社会福利理论与制度构建应该回答三个核心问题：应然—适度普惠社会福利应该是什么？使然—适度普惠社会福利可以如何做？实然—适度普惠社会福利接受者的需要实际是什么？然后服务什么？第一个问题与社会福利理论建设关系密切。后面两个问题与社会福利制度特别是实务结合紧密。

应然问题的核心是要回答适度普惠社会福利是什么？社会福利视为以实践为基础的职业，是促进社会改变和发展、提高社会凝聚力、赋权并解放人类的一门学科。其核心准则是追求社会正义、人权、集体责任和尊重多样性，提升人类生活的福祉（well-being）。福祉这一概念应该包括五个部分的内容：一是积极思考（well-thinking），即积极思考经济社会发展的目标是什么，个人发展的目标是什么，个人和社会的关系是什么；二是积极行动（well-doing），即要通过工作、通过行动努力实现我们的目标；三是美好拥有（well-have），即人民要拥有发展的成果、要共享发展成果，同时我们还要拥有绿色的环境、富裕的生活和良好的人际关系等；四是成功避免（well-off），即成功避免生活中的风险；五是幸福感（well-feeling）。只有提升了人民的福祉，人民的幸福感才能得到提升。目前中国社会福利理论建设的一个障碍就是部分人将社会福利视为解决社会问题的学科，降低了社会福利的学科意义，窄化了适度普惠社会福利的影响范围。

福祉（wellbeing）与福利（welfare）在词源上是基本相同的，在社会科学研究中常常交替使用。福祉的含义是人类的幸福，福利也包含了幸福生活的含义，它们都是指向人类一种美好生活的状态。福利还包含外部的提供和个体的接受，其含义更为丰富。福祉或者福利的本质都是人类满足需要后获得的幸福，个人因能实现自己的价值而获得的快乐类幸福是一个动态过程，它必须具备使能条件（enabling conditions），即社会使个人具备提升和发挥能力的条件，心理健康的资源（psychological resources），即通过社会功能正常发挥，满足人类心理健康的需要，从而实现幸福的目标（Thompson，S. & Marks，N.，2008）。福祉或福利的水平是人类生活质量水平的表现。社会发展的终极目的是提升全部社会成员福祉，增进他们的幸福。

由于福利是人类的一种美好状态，因此，它不仅是社会福利、社会政策领域的关键概念，也是其他学科如经济学的重要概念之一。经济学通常把它与效用（幸福度、满意度、期望实现度）或资源（收入、财富、对商品的控制）联系在一起。从20世纪50年代至今，福利的含义从经济福利发展到人类基本需要满足，再发展到人类发展和能力建设，扩展到现在的生存权、公民权利、自由等，其概念内涵日趋丰富，体现了人类对幸福内涵和实现幸福手段的认识和发展（见表16－2）。人能够自由地做自己的事，是人类福利的表现；而人能自由地做自己的事，则需要社会具备一系列先决条件。这些条件的实现，又与国家福利责任与能力、国家的社会福利制度建设有关。如果由国家建立制度帮助社会成员解决社会问题，使人能够更自由地选择自己要做的事，提升了福利水平，福利就演变成了社会福利（social welfare）。

表16－2　　不同时代背景下福利主要含义和测量的演变

时期	福利概念含义	福利测量内容
20世纪50年代	经济福利	GDP增长的测量
20世纪60年代	经济福利	人均GDP增长的测量
20世纪70年代	基本需要满足	人均GDP增长＋基本需要满足物供给测量
20世纪80年代	经济福利	人均GDP和非经济因素的测量
20世纪90年代	人类发展和能力建设	人类发展和发展的可持续性的测量
21世纪初至今	生存权、社会权利、自由	发展目标和新领域：减少风险和增权测量

资料来源：Sumner, A., 2004, Economic Wellbeing and Noneconomic Wellbeing, London: United Nation University World Institution For Development Economics Research. Mcgillivray, M., 2005, Measuring Non-economic Well-being Achievement, Review of Income & Wealth, 51 (2): 337－364.

国际上采用的广义社会福利概念是指，国家依法为公民提供旨在保证一定生活水平和尽可能提高生活质量的资金、物品、机会和服务的制度，主要包括收入维持（社会保险、社会救助、社会津贴）和社会福利服务（提供劳务、机会和其他形式的服务）两种形式。由于这种社会福利概念包含社会保险、社会津贴、社会救助和社会福利服务等，学术界也称其为大社会福利概念。这也是国际上通用的社会福利概念。狭义的社会福利概念是指，国家依据法律和相应的社会政策向部分或全体公民提供社会服务的制度。这是为增进社会成员生活质量尤其是解决困难者的社会生活问题而实施的一种社会制度，旨在通过提供资金和服务，保证社会成员一定的生活水平，并尽可能提高他们的生活质量（时正新，2001），这也是当下中国对社会福利的界定。由于中国是将社会福利提供的主要责任划分给了各级民政部门，社会福利的界定又被进一步缩小，主要被视为对老人、困境儿童和残疾人的服务。这种针对特殊群体提供福利的小概念，与国外大多数国家采用的广义社会福利概念，在内容上是有相当大的差异的。长期以来，我国政府各级管理部门对社会问题的处置方略是：事后补救为主，预防为辅；社会福利提供给部分最困难的群体；政府在社会福利提供中承担有限责任。这种补缺型社会福利，不利于中国社会福利制度转型和发展，不利于社会福利学科的发展。这也是中国在改革开放三十多年后仍然没有形成社会福利重大转型的重要原因之一（尚晓援，2001；彭华民，2008）。

二、迈向共享发展的社会福利

提升人类福祉的目标在政府工作报告中多次出现。2017 年李克强总理在《政府工作报告》指出："要践行以人民为中心的发展思想，把握好我国处于社会主义初级阶段的基本国情。对群众反映强烈、期待迫切的问题，有条件的要抓紧解决，把好事办好；一时难以解决的，要努力创造条件逐步加以解决。我们要咬定青山不放松，持之以恒为群众办实事、解难事，促进社会公平正义，把发展硬道理更多体现在增进人民福祉上"。谈及人类福祉，人们常常会想到幸福感。但事实上福祉不仅体现在人民的幸福感上，还包括适度普惠、社会治理、教育公平、民生保障等方方面面的内容。随着经济社会的发展，我国市场经济发展到了新的阶段，人民有了更强烈的共享发展成果、增进福祉的需要，这就需要进一步推动社会治理创新。由此，中国适度普惠社会福利制度建设要和社会治理结合。在这样的大背景下，以人为本，需要为本，拓展社会工作概念的范围，突出提升人类福祉的目标；对外借鉴国际社会福利界对社会福利目标的论争经验，对内对接中国改革和社会治理的大局，推动学科建设中适度普惠社会福利研究，实施理论与制度研究共进共发战略。

共享发展的社会福利是中国特色的社会福利概念和制度安排。其终极目标是提升人民福祉（wellbeing）。米吉利（Midgley，1995：8－12）从广义视角将社会福利定义为人类美满存在的一种状态或条件，当社会问题受到控制、人类需要得到满足、社会流动机会得到最大保障时，这种状况或条件就会出现。这种美满存在就是福祉。支持这种状态的制度就是共享发展的社会福利制度。

共享发展的社会福利被视为是指向用社会手段满足社会成员福利需要，解决和预防社会问题，提升社会成员福祉的社会制度。共享发展的组合普惠社会福利有三种制度功能：最基本的是保底－安全网功能，将经济与社会发展成果用来支持社会成员福利需要的满足，为有困难人士提供满足基本需要的服务，为社会提供预防社会风险的服务；中层的是需要－资源再分配功能，将经济发展的成果分享给社会全体成员，减少贫富差距，提高社会公平；最高层的是共享－整合功能，通过分享经济和社会发展成果，团结社会各阶层，建立社会发展共识，更积极地推动经济和社会协调发展。共享发展的社会福利制度安排包括福利意识形态、福利责任、福利需要、福利态度、福利提供、传输、接受、福利治理等，社会福利制度和其他社会制度一样，贡献于社会整体的运行（Gilbert，Specht，Terrell，1993：15）。

共享发展的社会福利制度建设是一种双向运动。波兰尼（Polanyi，1957）指出，在经济生活日益市场化的时代，社会保护（social protection）体系的建立可以帮助弱势群体防范和应对社会风险，更有意义的是它可以分享经济发展成果，有利于财富创造和经济发展。西方社会现代化是市场机制和社会保护两种制度交替推进、相互促进的双向运动（double movement）。中国改革开放后有一段时间的发展是一种缺少社会发展的经济发展主义模式。建立共享发展的社会福利理念就是对单向运动的反思。中国还有一半以上的人口居住在农村，在有2亿多儿童，有2.4亿多流动人口，有2.1亿多老人，有8 000多万残疾人的背景下，共享发展终极目标的实施是要积极推动普惠型社会福利制度的实现。普惠不是绝对的原则，在中国的意义是实施组合式普惠，即针对不同人群、不同地区、不同时间、不同困境、不同水平、不同内容，提供不同的普惠福利服务。

共享发展的社会福利制度安排是市场工资和社会工资的互补和并行。在中国经济快速发展的背景下，社会福利和社会工作终极目标的实施，第一是要共享发展。共享发展可以通过市场工资和社会工资两种截然不同的分配方式来实现。高夫（Gough，1975）提出社会工资（social wage）的概念。社会工资概念其实包含了共享发展成果的核心意义。弱势群体可以通过动态提升的社会工资获得，有效地分享经济发展的蛋糕，如提高最低工资标准、提高最低生活标准、提高和普惠长期照顾津贴、提高困境儿童津贴、普惠教育津贴等。

共享发展的社会福利制度安排是特殊福利服务和普惠福利服务的结合。社会福利领域需要社会工作者的介入。社会工作本身是社会福利的提供者同时也是社会福利的传输者，是社会福利制度体系中的不可缺少的部分。2014年在墨尔本召开的世界社工联合大会对社会工作概念重新定义。墨尔本社会工作定义指出社会工作帮助人们面对生活的挑战，提升人类福祉。社会福利和社会工作的终极目标都是提升人类福祉。我们通过共享发展的社会福利制度构建，通过市场工资和社会工资的并行，通过社会保护的双向运动，全面提升经济快速发展过程中人民的幸福感。

三、共享型组合普惠福利制度安排构想

1958年，威伦斯基和勒博在其《工业社会与社会福利：美国工业化在社会福利服务提供和组织方面的影响》一书中提出了著名的两分社会福利类型，即补

缺型社会福利（residual social welfare）和制度型社会福利（institutional social welfare）（Wilensky，H. L. & Lebeaux，C. N.，1958）。社会福利类型的另外一种划分是选择型福利和普惠型福利（selective versus universal benefits）（Titmuss，M. R.，1968），又称“选择型服务和普惠型服务”（selective versus universal services），也有的学者称之为“选择型和普惠型”（selectivity versus universality）（Reddin，M.，1969）。2007 年，民政部提出要建立适度普惠型社会福利制度的设想。我国在改革开放前社会福利覆盖面是比较窄的，主要是三无人员，也就是三无的老年人、残疾人和孤儿。现在在社会福利转型过程中，一方面由特定的三无服务对象向全体老年人、残疾人和处于困境中的儿童转变；另一方面在服务项目和产品的供给上，要向满足服务对象不同层次的多样化的需要来转变（窦玉沛，2007）。但是，通过前面对两对理念型社会福利类型的分析可以发现，“由补缺型向适度普惠型转变”这一提法本身是需要商榷的。因为，补缺型应该迈向的是制度型社会福利，而选择型才应该迈向的是普惠型福利，绝非是从补缺型迈向普惠型。所以，按照社会福利类型理论逻辑，正确的做法应当是：中国或从补缺型迈向制度型、或从选择型迈向普惠型。但是，由于民政部提出建立适度普惠型社会福利的设想已经成为中国社会福利转型的政策指向，已经在从中央到地方的各级民政部门工作中变成实际工作指南，学术界面对制度建设先行、理论研究滞后的现实，只能从理论和实践角度厘清中国社会福利转型前后的社会福利类型。

适度普惠社会福利对于中国社会福利发展来说，是积极的具有推动中国社会福利战略升级的理念，问题在于，目前中国社会福利需要快速升级，有需要的人群不断扩大，但在特殊人群福利服务提供等领域，选择型原则是不能放弃的。因此，在理论和制度研究的基础上，本项目提出共享组合普惠福利类型，这是包括理论构成和制度设计的制度创新。

（一）共享组合普惠社会福利制度的理论构成

中国现实社会发展呼吁建立共享组合普惠社会福利制度，现实需要是制度创新最强大的动力。要在中国建立组合式普惠型社会福利，寻找制度建设的理论支持是必要的，因为它可以从理论上回答中国社会福利制度的建立依据什么意识形态，为什么要做，向什么方向发展等。共享组合普惠社会福利的理论构成之一是中国本土惠泽民众的社会福利思想。古人提出了一些具体的社会福利思想观点，为今天适度普惠型社会福利的发展拓宽了思路。古代的《周礼》等文献中记载了大量重民、保民、养民、安民的社会福利思想。无论是关于大同的设想，还是慈幼、养老、赈穷、恤贫、宽疾，以及安富、优抚、安辑流民、邻里互助等思想都是社会福利思想的发展萌芽。官方的德政——福利社会的理想与民间的宗法制度——福利社会的渠道是传统福利的两大制度基础。近代从19世纪中叶到20世纪初，思想家们从中西社会比较研究入手，批判与借鉴相结合，掀起了近代中国思想史上第一次社会福利思想的研究高潮。康有为在接触西方社会思想后将其与中国古代大同思想结合，设计了公养、公教、公恤的大同社会；孙中山则将实现民生主义作为其理想社会的奋斗目标。近代的社会福利思想从民有、民享意识出发，在吸收传统社会思想有益成分的基础上，结合西方社会福利思想，提出了构建新福利制度的设想。现代自改革开放以来，每一次理论发展都丰富了社会福利思想。从共同富裕思想的提出，到和谐社会的构建，都为社会福利理念的发展创新提供了指导思想。组合式普惠型社会福利就是建立在大同社会、民有、民享思想基础上的制度构想，是共同富裕、和谐社会思想的实践。

共享组合普惠社会福利理论构成之二是福利类型与福利多元主义理论。当代社会福利制度的主要框架是从西方传入中国的，社会福利类型理论是直接支持组合式普惠型社会福利的理论。威伦斯基、勒博不单单是提出了社会福利的类型，而且提出了社会福利演进的原因——工业化破坏了家庭、亲属支持网、社区的福利提供功能，从而导致种种社会问题产生。提姆斯提出社会福利三模式：剩余性社会福利模式、工业成就—表现模式、制度再分配模式，社会福利提供水平按照这三种模式排列顺序逐次增高（Titmuss, R. M., 1974）。另外，在福利国家经济危机之后的改革中，不少学者提出了新的社会福利发展理论，探讨新社会背景下本土社会福利发展道路。这些理论的核心就是强调社会福利改革发展必须适应本国的国情。米吉利提出发展型社会福利（developmental welfare），强调经济与社会的协调发展，强调经济增长与社会福利水平提高协调一致（Midgley, J., 1997）。福利多元主义（welfare pluralism theory）是福利国家危机后影响力最大的福利理论之一。罗斯（Rose, R., 1986）在《相同的目标、不同的角色——国家对福利多元组合的贡献》一文中详细剖析了福利多元主义的概念。罗斯和伊瓦斯主张社会福利来源的多元化，既不能完全依赖国家，也不能完全依赖市场，福利来源于国家、市场、社区、非政府组织和家庭。福利多元主义强调福利提供者应该由国家、社会、市场和家庭共同构成，每一个提供者承担不同的责任和不同的福利提供内容，多元主体的福利提供共同构成一个社会的福利体系内容。罗格斯提出福利社会（welfare society）理论，认为福利国家并非唯一道路，福利多元主义的福利社会是新发展模式（Rodger, J. J., 2000）。由于新的社会福利发展理论强调本土国情以及社会福利与经济的协调发展，因而有着广泛的影响。中国借鉴普惠型福利理论但加入组合元素，就是强调适应本土国情民情，强调社会福利与经济协调发展。因此，该理论的借鉴意义特别突出。

共享组合普惠社会福利理论构成之三是中国学者对本土社会福利的研究。长期以来，中国实行的是二元化的补缺型社会福利模式——政府承担有限责任，政府主导非专业化福利提供，社会福利制度功能范围有限，不能满足全体社会成员的福利需要。随着中国经济快速增长，社会风险剧增，一些学者提出了中国社会福利需要从限制性福利发展到普惠一般社群福利的理念（景天魁、毕天云，2009）；也有学者提出适度普惠型社会福利制度是面向全体国民同时又涵盖社会生活基本领域的社会制度（王思斌，2009）；还有学者提出中国社会福利必须从以社会问题取向转向社会需要满足取向，建立需要为本的社会福利目标定位，推进组合式普惠型社会福利制度的建立等（彭华民，2010，2012）。这些都为共享组合普惠社会福利制度的建设提供了理论依据。

（二）共享组合普惠社会福利的制度设计

中国共享组合普惠社会福利的目标定位是满足社会成员福利需要，同时还要考虑到中国的社会经济发展水平。因此，社会福利的普惠是低度普惠和一定程度的中度普惠结合的，具有从开始实施时较低水平社会福利提供向较高水平发展的特征，故被称之为适度普惠型的社会福利发展模式。所谓适度，就是社会福利本土化，就是要适合中国社会，不要重蹈福利国家之覆辙。

共享组合普惠社会福利制度就是为了消除原来制度的缺陷而构建的。以往的补缺型社会福利制度具有四个方面的缺陷：重城乡二元身份，轻社会成员的公民权利；重社会成员的收入保障，轻对弱势群体的服务提供；重特殊人群需要满足，轻一般人群需要满足；重经济发展，轻社会福利发展。新的制度应该是这样的：社会需要将成为中国社会福利制度目标定位最基本的方式，社会福利不是政治稳定的附属制度，不是经济发展的备选条件，而是为了满足社会成员多元需要存在的具有独立性的社会制度；国家是社会福利提供责任的主要承担者；其他多元部门也担负着社会福利提供的次要责任；政府、市场、家庭、社区连接成为层次有别、功能互补、相互支持、互为补充的满足社会成员的福利需要、体现中国传统文化价值与现代福利观念的社会福利体系；消除社会成员接受社会福利的身份障碍，社会成员拥有接受社会福利的公民权利，同时也承担帮助他人的社会责任和义务。组合式普惠型社会福利将经济发展与社会福利发展并重，收入保障与服务提供并重。

中国共享组合普惠社会福利制度设计原则是广覆盖与福利水平、成本承担与社会权利、公平与跨代可持续的组合。基于这三项原则建设共享组合普惠型社会福利制度实践时会遇到资源传递、人力组织、福利接受等方面的相互矛盾冲突，因此，我们应该确立的愿景目标是：

（1）广覆盖与低等加中等福利水平的组合。在理论和实践上都推动社会成员社会权利的制度化建设，使不平等市场后果特别是贫富分化有制度性调解补充，避免社会过度分化及社会动荡。广覆盖是回应经济发展，普惠性则是改善中国社会缺乏公民身份传统的历史。普惠性并不表示公民享有权利而不需要承担责任，它只表示不按经济能力可以有资格得到福利待遇，国家还是可以通过税收或按能力收费，不会减低普惠性福利的社会平等意义。但重要的是建立广覆盖低水平福利提供的基础，我们才有能力建立一个不论能力及贡献的基本社会福利制度。

（2）成本承担与社会权利组合。成本承担回应个人主义的福利接受者不顾集体利益的福利道德灾难。在组合式普惠型社会福利制度中适度设置与普及性福利相匹配的收费制，建立福利制度内置的平衡措施，提升福利治理水平，防止像西方福利国家一样出现的不断提高的福利获得期望和福利资源浪费的恶性循环。免费的优质福利服务很容易由于供不应求而最终导致服务质量下降，福利提供方不能承担愈来愈多不考虑成本的福利需要而产生财政危机。成本承担也符合中国传统自力更生量入为出的伦理。但成本承担制度设计并不适用于缺乏成本承担能力的弱势群体。因此，组合式普惠型社会福利制度设计有选择性的成本承担措施很有必要。

（3）短期福利与可持续性跨代公平的组合。福利提供可持续性本身具有重要的跨代公平内涵，是一种非常积极的福利提供思路。福利接受者的社会公民身份是与社会责任相关的。福利提供特别是国家的福利提供易进不易退，社会公民身份在某种程度上成为福利刚性的支撑。为了避免福利刚性，形成长短结合、权利与责任结合、福利提供与财政水平结合的格局，因此，福利制度的设计一定要考虑服务及福利水平是否长期可以负担。西方福利国家危机是福利待遇不能随经济及社会改变而适当调整，能够向上调而不能够向下调的问题。借鉴福利国家危机的教训，可持续性加上跨代公平应该成为组合式普惠型社会福利的愿景目标。

中国共享组合普惠社会福利制度安排设计具体目标是分需要、分目标、分人群、分阶段、分地区。分需要，即以民生需要为本，按照社会成员的需要而不是按照国家的需要来设计组合式普惠型社会福利制度；分目标，即根据不同的社会福利接受人群和他们的需要制定组合式普惠型社会福利制度实现的目标，从低度普惠到中度普惠，从部分项目的普惠到多个项目的普惠，从部分人群的普惠到全体人群的普惠；分人群，是指中国组合式普惠型社会福利的接受人群是分类型的，老人群体是最先接受组合式普惠型社会福利的人群，儿童和残疾人群体是第二步要接受组合式普惠型社会福利的人群，流动人口特别是农民工中的三类人群、妇女、灾区群众、少数民族等是第三步要接受组合式普惠型社会福利的人群，一般社会成员是第四步要接受组合式普惠型社会福利的人群；分阶段，是指组合式普惠型社会福利要一步一步地实现，按照中国国民经济与社会发展一般是五年一个规划和发展阶段的原则，组合式普惠型社会福利制度发展也对应三个阶段：2007～2010年是第一个阶段（适度普惠社会福利理念提出与政策发展），2011～2015年是第二个阶段（组合式普惠型社会福利实施），2016～2020年是第三个阶段（高阶组合式普惠社会福利发展）。

四、中国适度普惠社会福利制度的未来议题

中国适度普惠社会福利制度的重大转型形成了多个重大研究议题。部分在本项目中得到研究，部分形成后续研究议题。特别是本书提出的共享的组合普惠社会福利制度构想，还需要后续研究和制度构建支持。其包括：

一是在组合普惠型社会福利制度中，政府如何具体地承担社会福利提供主要责任，多元部门协调福利提供机制如何有效地建立，如何使全体公民获得基本福利需要满足和一些更高层次需要福利满足。

二是作为满足社会成员多元需要而存在的具有独立性的社会制度，社会福利提供的需要满足原则如何与稳定原则、资源原则有机结合，成为中国社会福利制度目标定位最基本的方式；政府、市场、家庭、社区如何在实践层面成为层次有别、功能互补、相互支持、互为补充的满足社会成员福利需要制度安排，中国传统文化价值与现代福利观念如何有机融为一个整体，如何使社会成员拥有接受社会福利的公民权利的同时，也承担帮助他人的社会责任和义务。

三是中国社会群体各有不同的特征和需要，特别是贫困者、儿童、老年人、残疾人、妇女、流动人口等福利需要类型与福利需要水平差别很大；另外，中国的社会、经济发展水平地区差异明显，组合式普惠型社会福利制度目标必须分需要、分目标、分人群、分阶段地去实现。如何将适度普惠型社会福利制度目标按照需要、目标、人群、阶段细分和实现，也是一个重大的议题。

四是具体领域的深入的研究：包括组合式普惠型社会福利制度建设如何与中国式的福利社会整合，在民政部管理体制下的社会福利如何与其他政府部门提供的社会福利整合，中国组合式普惠型社会福利发展如何与中国经济发展水平相协调，传统的民政层面的中国社会福利以及非政府组织提供的福利如何发展，针对新社会群体的社会福利、城乡社区福利如何发展与管理，社会福利机构与非政府组织如何发展与管理，社会福利基金、慈善与公益事业如何管理发展，社会福利人才队伍如何建设，社会福利发展评估指标如何建设等。这些议题需要更多学者的参与和更深入的研究。

第四节　结论与建议

本章讨论了项目的研究发现、创新与未来议题。在对前人研究的继承和对大量资料的实证研究基础上，中国适度普惠社会福利理论以及制度构建项目的主要研究发现和创新点可简短表述为：

一、提出需要为本的适度普惠社会福利制度理论

本书首次提出需要为本的适度普惠社会福利理论。需要为本的适度普惠社会福利理论源起并发展了马克思主义的按劳分配和按需分配理论，继承了中国传统的济贫解困思想，丰富了社会建设理论，是本土理论的创新。其基于中国传统的社会福利思想与理论的发展，是对西方社会福利理论前沿观点的批判性借鉴，是适度普惠社会福利的支撑理论。需要为本就是民生为本，因而弱势民众的福利需要以及福利态度对于适度普惠社会福利制度建构具有重要的意义。依托中国适度普惠社会福利数据库（四个城市 × 四类人群共 4 522 样本），从国别层面与国内层面双重解构中国民众的福利需要。研究发现，中国儿童、老人、残疾人和流动人口（农民工）四大群体社会福利需要具有分化而非分裂的总体特征。福利态度既具有中国本土化的特点也符合东亚福利体制的结构性特征，社会福利态度的分化并非源于个体认知能力与福利依赖心理，而是源于个体资本以及社会因素。基于此，建议加速推进满足福利需要的福利服务和福利制度建设，动态提升社会福利水平，优化社会福利提供体系的外在环境。

二、提出中国适度普惠社会福利制度要素理论

本书首次突破传统的社会福利制度理论限制，提出福利需要、福利态度、福利责任、福利提供、福利组织、福利治理和福利体制、福利人群和福利政策是中国适度普惠社会福利制度的基本构成要素，为中国社会福利制度发展拓展理论空间、政策空间和服务空间，为适度普惠社会福利转型提供强有力的理论支持。

中国社会福利制度发展与其他国家有共性也有自己独特轨迹。在 40 多年的改革开放过程中，中国政府承担的社会福利责任虽然有所扩大但仍然有限。国家承担福利责任，从补缺转型到普惠。政府主导多元部门参与社会福利提供是福利

提供的责任结构。社会成员基于他们的社会公民权利、福利资源拥有和生活中的风险，无论是已有的福利接受者和潜在的福利接受者，有表达自己的福利需要，有选择社会福利的福利态度，由此形成福利制度构建的社会拉力。福利态度是社会福利政策制定的重要基石。中国在适度普惠社会福利提供主体结构应该是国家、社会、市场和家庭。国家不能替代其他三方福利提供。中国文化传统下的家庭伦理和家庭照顾是福利多元结构不可分割的部分。福利组织是福利生产和福利传输的“最后一公里”机制和枢纽。专业化、落地化、资源整合的民间力量正在成为福利组织发展的新趋势。福利治理是中国适度普惠社会福利制度构建中的新议题。福利治理是从管理向参与的转型。福利制度构建中的每一个社会成员都可能成为参与者，兼有管理者、提供者和接受者的多元角色。从而形成使能增权的积极福利。中国福利体制兼有国家威权、去商品化程度、福利文化、生产主义特征，其互相影响，更凸显了适度普惠的本土社会福利发展道路的意义。最后，福利政策和福利人群、福利服务和相关资源分配的逻辑关系和现实构建，成就了中国适度普惠社会福利理论创新与制度安排的全景画面。

三、提出共享型组合普惠社会福利模式理论

基于前人的研究，本书首次提出共享型组合普惠社会福利理论，包括四个制度内容层次和五个理论要素。在共享改革成果原则的指引下，建立有差别、有层次、有分标的中国特色的多种福利组合的普惠型社会福利制度，快速、动态、高质地提升人民福祉，凸显中国特色社会主义实践的伟大意义。

共享发展的社会福利是中国特色概念和制度安排。其终极目标是提升人民福祉（wellbeing），而非仅仅是解决社会问题。从广义视角将组合式普惠型社会福利定义为人类美满存在的一种状态或条件，当社会问题受到控制、人类需要得到满足、社会流动机会得到最大保障时，这种状况或条件就会出现。这种美满存在就是福祉。支持这种状态的制度就是共享发展的组合式普惠社会福利制度。

共享型组合普惠社会福利模式有四个制度内容层次：（1）其制度兼有三种功能：保底－安全网功能、需要－资源再分配功能、共享－整合功能。通过共享，团结社会各阶层，更积极地推动协调发展。（2）市场经济和社会福利双向发展，实施相互促进的双向运动（double movement），帮助弱势群体满足福利需要，同时帮助全体公民防范和应对社会风险，分享发展成果。（3）市场收入和社会收入互补和并行。在中国经济快速发展的背景下，可以通过市场工资和社会工资两种截然不同的分配方式动态提升的弱势群体社会获得，有效地分享发展蛋糕。（4）共享发展的组合式安排是特殊福利服务和普惠福利服务的结合。通过共享型

组合式社会福利制度构建，全面提升经济快速发展过程中人民福祉。

共享型组合普惠社会福利理论核心是提升人类生活的福祉（well-being）。其包括五个理论要素即：积极思考（well-thinking），有效地提出制度安排规划；积极行动（well-doing），通过福利提供行动实现福祉目标；美好拥有（well-have），即人民共享发展成果，满足福利需要，拥有绿色的环境、富裕的生活和良好的人际关系等；成功避免风险（well-off），即成功避免经济社会包括自然风险；共享和获得的幸福感（well-feeling）。提升人民福祉是共享发展组合普惠社会福利制度的最终目标，是社会福利制度最突出的社会意义。

四、提出适度普惠社会福利制度安排和政策创新发展建议

通过对中国适度普惠问卷数据库的研究，我们提出以下社会福利政策建议：在儿童政策领域：（1）建立家庭为本的儿童福利制度。（2）建立儿童福利标准化专用术语体系。（3）优化儿童福利人才体系与行政体系。（4）推动多元化儿童福利社会组织建设。在老人政策领域：（1）健全老年群体的收入保障机制，动态提升老人津贴。（2）进一步改进养老服务的供给模式；推动长照服务的发展。（3）继续推进社区在养老服务提供中的资源整合作用；继续发挥企业和社会组织的重要作用；构建完善的医养结合的养老服务体系。（4）加强老年福利管理。在残疾人政策领域：（1）政府需要塑造和强化残疾人社会福利理念与责任。（2）大力加强残疾人民生保障体系建设，进行倾斜性的制度设计。（3）完善残疾人基本公共服务体系，优先建设残疾人迫切需要的服务项目。（4）推动市场与社会参与福利服务供给。（5）加强残疾人服务组织与人才队伍建设，提高残疾人服务的专业化水平。在流动人口特别是农民工政策领域：目前适度普惠社会福利制度没有覆盖流动人口特别是流动人口中的老年人、残疾人和儿童，这个制度设计不符合公平分配社会资源的理念。我们建议：对在城市里获得《居住证》的流动人口，其直系亲属也有权获得该市的《居住证》；各地在惠及老年人、残疾人和儿童的各项优待、优惠和其他社会服务都逐步取消对流动人口的限制。还应该根据他们的实际需要向其提供额外的专门化服务。以适度普惠型流动人口服务为主；在福利服务方面，为不同类型流动人口匹配不同福利服务机制。

因为时间、经费和人力等的限制，也因为中国适度普惠社会福利制度覆盖人群特征非常多元化，覆盖地区具有巨大的发展不平衡问题，还因为中国适度普惠社会福利理论与制度构建研究涉及社会学、社会保障、政治学、管理学、财会等多个学科，本项目团队最后提出了未来需要深入和细分的研究议题。

参考文献

中文文献：

艾斯平—安德森，1999，《福利资本主义的三个世界》，古允文译，台北：巨流图书公司。

艾斯平—安德森，2003，《转变中的福利国家》，周晓亮译，重庆：重庆出版社。

安东尼·吉登斯，2000，《第三条道路：社会民主主义的复兴》，周戈译，北京：北京大学出版社。

安东尼·吉登斯，2000，《现代性的后果》，田禾译，南京：译林出版社。

安东尼·吉登斯，2001，《失控的世界》，周红云译，南昌：江西人民出版社。

安东尼·吉登斯，2003，《超越左与右：激进政治的未来》，李惠斌、杨雪东译，北京：社会科学文献出版社。

白贵秀，2008，《住房保障制度研究》，《兰州学刊》第5期。

北京师范大学社会发展与公共政策学院课题组，2014，《地方儿童保护主管机构建设及工作机制研究》，项目报告。

北京师范大学中国公益研究院，2016，《建立保护型现代儿童福利体系——中国儿童福利政策报告2016》，http：//www. docin. com/p - 1786103011. html，2017 - 8 - 28。

北京市民政局、北京市财政局、北京市残疾人联合会，1995，《关于城镇无劳动能力的重残人困难户给予适当困难补助的通知》，http：//www. china-lawedu. com/falvfagui/fg23051/66355. shtml，2017 - 12 - 16。

保罗·皮尔逊，2007，《拆散福利国家：里根、撒切尔与福利国家的紧缩》，舒绍福译，长春：吉林出版社集团有限责任公司。

毕天云，2004，《社会福利场域的惯习：福利文化民族性的实证研究》，北京：中国社会科学出版社。

毕天云，2010，《试论中国福利社会与西方福利国家的区别》，《学习与实践》第9期。

毕天云，2012，《论大福利视域下我国社会福利体系的整合》，《学习与实践》第2期。

毕天云，2016，《大福利视域下的中国社会福利体系整合研究》，北京：中国社会科学出版社。

毕向阳、晋军、马明洁、何江穗，2010，《单位动员的效力与限度》，《社会学研究》第6期。

曹参，2011，《大学·第十章》，载《中华经典藏书·大学中庸》，王国轩注，北京：中华书局

曹堂哲，2005，《走向善治：当代中国政府治理的新发展》，《社会主义研究》第2期。

曹艳春，2013，《我国适度普惠型社会福利制度发展研究》，上海：上海人民出版社。

曹艳春、戴建兵，2012，《我国适度普惠型社会福利制度的财政支持分析》，《现代经济探讨》第5期。

蔡禾、周林刚，2008，《关注弱势：城市残疾人群体研究》，北京：社会科学文献出版社。

常宗虎，2001，《重构中国社会保障体制的有益探索》，《中国社会科学》第3期。

陈超美，2009，《CiteSpace Ⅱ：科学文献中新趋势与新动态的识别与可视化》，陈悦等译，《情报学报》第3期。

陈根锦，2007，《香港职业健康及安全政策之研究：新自由政策体系的个案分析》，上海：上海人民出版社。

陈华，2011，《吸纳与合作——非政府组织与中国社会管理》，北京：社会科学文献出版社。

陈华东、施国庆、陈广华，2008，《水库移民社会保障制度研究》，《农村经济》第7期。

陈良谨，1990，《社会保障教程》，北京：知识出版社。

陈良瑾、唐钧，1992，《建设有中国特色社会主义社会福利制度》，《学术研究》第3期。

陈鲁南，2012，《“困境儿童”的概念及“困境儿童”的保障原则》，《社会福利》第7期。

陈红霞，2002，《社会福利思想》，北京：社会科学文献出版社。

陈劲松，2008，《广义社会福利视野下社会工作的拓展》，《党政干部学刊》第10期。

陈劲松，2011，《建构北京市大福利制度的思考》，《北京社会科学》第5期。

陈柳钦，2008，《完善城市基本住房保障制度的几点思考》，《吉林工商学院学报》第4期。

陈伟，2012，《英国社区照顾之于我国“居家养老服务”本土化进程及服务模式的构建》，《南京工业大学学报》第1期。

陈银娥，2004，《社会福利》，北京：中国人民大学出版社。

陈颐，2009，《论我国社会养老保险的整合》，《学海》第6期。

成海军，2008，《计划经济时期中国社会福利制度的历史考察》，《当代中国史研究》第5期。

成海军，2009，《当代中国社会福利政策研究——以民政社会福利为视角》，中国发展研究基金项目报告。

成海军，2012，《当前中国老年人社会福利的困境与对策》，《首都师范大学学报》第1期。

成海军等，2003，《中国特殊儿童社会福利》，北京：中国社会出版社。

程福财，2009，《传统儿童照顾模式的失灵与流浪儿童问题的形成》，《社会》第5期。

程福财，2012，《家庭、国家与儿童福利供给》，《青年研究》第1期。

程郁、王胜光，2009，《从“孵化器”到“加速器”：培育成长型企业的创新服务体系》，《中国科技论坛》第3期。

仇雨临，2007，《员工福利概论》，北京：中国人民大学出版社。

仇雨临，2009，《城乡居民医疗保障体系的二元三维态势和统筹发展思路》，《河南社会科学》第6期。

仇雨临、郝佳，2009，《中国儿童福利的现状分析与对策思考》，《中国青年研究》第2期。

褚福灵，2013，《构建基于自我负担系数的退休年龄决定机制》，《经济管理》第7期。

财政部，1977，《关于调整在乡革命残废人员抚恤标准的通知》，载中国残疾人联合会，1996，《中国残疾人事业年鉴（1949～1993）》，北京：华夏出版社。

财政部，1984，《关于调整革命残废人员抚恤标准的通知》，载中国残疾人联合会，1996，《中国残疾人事业年鉴（1949～1993）》，北京：华夏出版社。

财政部，2014，《关于做好政府购买养老服务工作的通知》，http://www.mof.gov.cn/pub/shehuibaozhangsi/zhengwuxinxi/zhengcefabu/201409/t20140903_

1134979. html，2017 - 2 - 16。

财政部，2017，《关于运用政府和社会资本合作模式支持养老服务业发展的实施意见》，http：//www. mof. gov. cn/mofhome/jinrongsi/zhengwuxinxi/zhengcefabu/201708/t20170818_2676041. html，2017 - 8 - 4。

财政部、劳动和社会保障部、中国残疾人联合会，2005，《关于城镇贫困残疾人个体户参加基本养老保险给予适当补贴有关问题的通知》，http：//www. cnki. com. cn/Article/CJFDTotal - GWYB200616010. htm，2017 - 12 - 16。

财政部、民政部，1980，《关于民政部门举办的福利生产单位交纳所得税问题的通知》，载中国残疾人联合会，1996，《中国残疾人事业年鉴（1949 ~ 1993）》，北京：华夏出版社。

财政部、总后勤部，1976，《关于革命残废军人评残工作中几个问题的通知》，https：//www. lawxp. com/statute/s901062. html，2017 - 12 - 16。

财政部、教育部，2011，《关于建立学前教育资助制度的意见》，http：//old. moe. gov. cn//publicfiles/business/htmlfiles/moe/moe _ 1779/201308/155306. html，2017 - 8 - 28。

戴德，2015，《礼记·礼运篇》，载《四书五经》，陈长喜编译，天津：天津古籍出版社。

戴建兵，2012，《构建与我国中等收入水平相适应的适度普惠型社会福利制度》，《华东经济管理》第 8 期。

戴建兵、曹艳春，2012，《论我国适度普惠型社会福利制度的构建与发展》，《华东师范大学学报》第 1 期。

戴英姿、朱棱，1992，《西方“社会福利制度”评析》，《社会科学辑刊》第 2 期。

代恒猛，2009，《从“补缺型”到适度“普惠型”——社会转型与我国社会福利的目标定位》，《当代世界与社会主义》第 2 期。

丹尼尔·贝尔，1985，《资本主义文化矛盾》，赵一凡、蒲隆、任晓晋译，北京：生活·读书·新知三联书店。

邓大松、张建伟，2003，《社会福利型与保障型社会保障制度模式及其经济发展效应的比较》，《经济评论》第 2 期。

邓大松、刘昌平，2007，《新农村社会保障体系研究》，北京：人民出版社。

理查德·蒂特马斯，1991，《社会政策 10 讲》，江绍康译，香港：商务印书馆。

窦玉沛，2007，《中国社会福利的改革与发展》，《社会福利》第 10 期。

窦玉沛，2011，《儿童福利：从补缺型向适度普惠型转变》，《社会福利》第 4 期。

窦玉沛，2013，《社会福利由补缺型向适度普惠型转变》，《公益时报》8月12日。

丁建定，2004，《当代西方社会保障改革中的社区福利与社区服务》，《社会工作》第8期。

丁建定，2008，《城市居民最低生活保障管理中的问题与完善对策》，《学习与实践》第9期。

丁建定，2013，《居家养老服务：认识误区、理性原则及完善对策》，《中国人民大学学报》第2期。

丁建定、魏科科，2005，《社会福利思想》，武汉：华中科技大学出版社。

丁元竹，2008，《我国基本公共服务均等化过程中标准建设问题》，《社会科学》第1期。

丁元竹、杨宜勇、李爽、严浩、王元，2008，《促进我国的基本公共服务均等化》，《宏观经济研究》第5期。

杜鹏、翟振武、陈卫，2005，《中国人口老龄化百年发展趋势》，《人口研究》第6期。

E. S. 萨瓦斯，2002，《民营化与公私部门的伙伴关系》，周至忍等译，北京：中国人民大学出版社。

范斌，2006，《福利社会学》，北京：社会科学文献出版社。

范明林、程金，2007，《核心组织的架空：强政府下社团运作分析——对H市Y社团的个案研究》，《社会》第5期。

方建国，2008，《政府住房保障制度新政的经济学分析》，《中山大学学报》第6期。

方巍，2011，《中国社会福利的新发展主义走向》，《社会科学》第1期。

方巍等，2010，《社会福利项目评估》，载彭华民主编，《社会福利服务与管理丛书》，北京：中国社会出版社。

房莉杰，2009，《制度信任的形成过程——以新型农村合作医疗制度为例》，《社会学研究》第2期。

房莉杰，2013，《福利模式的选择：一个县域案例》，《中国人民大学学报》第6期。

房莉杰、梁小云、金承刚，2013，《乡村社会转型时期的医患信任》，《社会学研究》第2期。

冯桂芬，1998，《收贫民议》，载《校邠庐抗议》，戴扬本注，郑州：中州古籍出版社。

冯元，2012，《优势视角下流浪儿童救助模式创新与转型》，《宁夏社会科学》第 6 期。

冯元、彭华民，2014a，《近三十年流浪儿童教育研究述评》，《中国特殊教育》第 1 期。

冯元、彭华民，2014b，《近十年流浪儿童救助困境及对策研究》，《社会工作与管理》第 1 期。

冯元、彭华民，2014c，《我国流浪儿童救助模式的转向研究：基于抗逆力理论的视角》，《江苏大学学报》第 5 期。

高传胜，2012，《论包容性发展的理论内核》，《南京大学学报》第 1 期。

高春兰、班娟，2013，《日本和韩国老年长期护理保险制度比较研究》，《人口经济》第 3 期。

高放、黄达强，1987，《社会主义思想史》。北京：中国人民大学出版社。

高和荣，2008，《社会福利分析视角的转型——从政治、经济到社会》，《南京大学学报》第 6 期。

高和荣、夏会琴，2013，《去身份化和去地域化：中国社会保障制度的双重整合》，《哈尔滨工业大学学报》第 1 期。

高鉴国，2010，《美国慈善捐赠的外部监督机制对中国的启示》，《探索与争鸣》第 7 期。

高鉴国，2011，《中国新型农村社会养老保险的社会包容特征：解释框架》，《社会科学》第 3 期。

高丽茹、彭华民，2015，《中国困境儿童研究轨迹：概念、政策和主题》，《江海学刊》第 4 期。

高灵芝，2008，《城市边缘社区福利：困境与出路——基于济南市的实证研究》，《社会科学战线》第 10 期。

高灵芝，2012，《“多村一社区”的社区公共服务供给的非均衡问题》，《山东社会科学》第 12 期。

高灵芝、崔恒展、王亚南，2004，《刍议社会福利服务领域行业管理体制的创新》，《社会》第 1 期。

贡森、葛延风、王雄军等，2015，《建立公平可持续的社会福利体系研究》，北京：社会科学文献出版社。

关信平，2002，《公共性、福利性服务与我国城市社区建设》，《东南学术》第 6 期。

关信平，2013，《当前我国社会保障制度公平性分析》，《苏州大学学报》第 3 期。

顾东辉，2009，《生命价值、生命能量激发与制度保障：灾后社会工作的多元反思》,《社会》第3期。

管子,2009,《管子·国蓄》,载《中华经典藏书·管子》,李山译注,北京:中华书局。

郭伟和,2010,《身份之争:转型中的北京社区生活模式和生计策略研究》,北京:北京大学出版社。

郭志刚,2015,《社会统计分析方法——SPSS软件应用》,北京:中国人民大学出版社。

果佳、唐任伍,2013,《均等化、逆向分配与“福利地区”社会保障的省际差异》,《改革》第1期。

国家体育总局等,2015,《关于进一步加强新形势下老年人体育工作的意见》,http://www.sport.gov.cn/n16/n1077/n1242/7188534.html,2015-9-30。

国家统计局,2010,《第六次全国人口普查数据》,http://www.stats.gov.cn/tjsj/ndsj/2012/indexch.htm,2011-2-2。

国家统计局,2012,《2011年我国农民工调查监测报告》,http://www.stats.gov.cn/ztjc/ztfx/fxbg/201204/t20120427_16154.html,2012-2-5。

国家统计局,2013,《中国统计年鉴2012》,http://www.stats.gov.cn/tjsj/ndsj/2012/indexch.htm,2017-9-2。

国家统计局,2015a,《2014年国民经济和社会发展统计公报》,http://www.stats.gov.cn/tjsj/zxfb/201502/t20150226_685799.html,2019-6-10。

国家统计局,2015b,《2015年年度数据》,http://data.stats.gov.cn/easyquery.htm?cn=C01,2017-2-16。

国家统计局、第二次全国残疾人抽样调查领导小组,2007,《第二次全国残疾人抽样调查主要数据公报》,http://www.stats.gov.cn/tjsj/ndsj/shehui/2006/html/fu3.htm,2011-2-12。

国家工商行政管理局、中国残疾人联合会、财政部、劳动和社会保障部,《关于积极扶持残疾人个人或自愿组织起来从事个体经营的通知》,http://www.110.com/fagui/law_141078.html,2017-12-26。

国家计划生育委员会、劳动部、民政部、中国残疾人联合会,1992,《关于在部分城市开展残疾人劳动就业服务和按比例就业试点工作的通知》,http://www.110.com/fagui/law_33260.html,2017-12-26。

国家卫计委,2013,《中国流动人口发展报告2013》,北京:中国人口出版社。

国家卫计委,2016a,《中国流动人口发展报告2016》,北京:中国人口出版社。

国家卫计委,2016b,《国家卫生计生委中国流动人口发展报告(2016)等有关情况专题发布会文字实录》，http：//www. moh. gov. cn/xcs/s3574/201610/a6d3a604596a4ca3acf0dad31d891c13. shtml，2017 - 9 - 2。

国务院，1994，《残疾人教育条例》，http：//www. cdpf. org. cn/zcwj1/flfg/201702/t20170224_583143. shtml，2017 - 12 - 26。

国务院，1999，《城市居民最低生活保障条例》，http：//www. mca. gov. cn/article/zwgk/fvfg/zdshbz/200711/20071110003521. shtml，2017 - 9 - 1。

国务院，2006，《农村五保供养工作条例》http：//www. mca. gov. cn/article/gk/fg/shjz/201507/20150700848486. shtml，2017 - 1 - 21。

国务院，2007，《残疾人就业条例》，http：//www. gov. cn/zwgk/2007 - 03/05/content_542647. htm，2017 - 12 - 26。

国务院，2011a，《中国儿童发展纲要（2011 ~ 2020 年）》，http：//www. gov. cn/gongbao/content/2011/content_1927200. htm，2017 - 8 - 28。

国务院，2011b，《国务院关于开展城镇居民社会养老保险试点的指导意见》，http：//www. gov. cn/zwgk/2011 - 06/13/content_1882801. htm，2011 - 6 - 13。

国务院，2011c，《国务院关于印发中国老龄事业发展“十二五”规划的通知》，http：//www. gov. cn/zwgk/2011 - 09/23/content_1954782. htm，2011 - 9 - 23。

国务院，2012a，《无障碍环境建设条例》，http：//www. gov. cn/flfg/2012 - 07/10/content_2179947. htm，2017 - 12 - 26。

国务院，2012b，《中华人民共和国老年人权益保障法》，http：//www. gov. cn/flfg/2012 - 12/28/content_2305570. htm，2017 - 2 - 16。

国务院，2013a，《国务院关于加快发展养老服务业的若干意见》，http：//www. gov. cn/zwgk/2013 - 09/13/content_2487704. htm，2017 - 2 - 16。

国务院，2013b，《国务院关于印发“十三五”国家老龄事业发展和养老体系建设规划的通知》，http：//www. gov. cn/zhengce/content/2017 - 03/06/content_5173930. htm，2017 - 2 - 28。

国务院，2014a，《国务院关于建立统一的城乡居民基本养老保险制度的意见》，http：//www. gov. cn/zwgk/2014 - 02/26/content_2621907. htm，2014 - 2 - 26。

国务院，2014b，《社会救助暂行办法》，http：//www. gov. cn/flfg/2014 - 02/27/content_2624221. htm，2017 - 9 - 1。

国务院，2015，《国务院关于机关事业单位工作人员养老保险制度改革的决定》，http：//www. gov. cn/zhengce/content/2015 - 01/14/content_9394. htm，2015 - 1 - 14。

国务院，2016a，《国务院关于加强困境儿童保障工作的意见》，http：//www. gov. cn/zhengce/content/2016 - 06/16/content_5082800. htm，2017 - 8 - 28。

国务院，2016b，《国务院关于加强农村留守儿童关爱保护工作的意见》，http：//www.gov.cn/zhengce/content/2016－02/14/content_5041066.htm，2017－8－28。

国务院办公厅，2010，《国务院办公厅关于加强孤儿保障工作的意见》，http：//www.gov.cn/zwgk/2010－11/18/content_1748012.htm，2017－8－28。

国务院办公厅2003，《国务院办公厅转发教育部等部门关于进一步做好进城务工就业农民子女义务教育工作意见的通知》，http：//www.moe.edu.cn/publicfiles/business/htmlfiles/moe/moe_40/200309/147.html，2017－9－1。

国务院办公厅，2008，《国务院办公厅关于切实做好当前农民工工作的通知》，http：//www.gov.cn/zwgk/2008－12/20/content_1183721.htm，2017－9－1。

国务院办公厅，2009，《国务院办公厅关于转发人力资源社会保障部、财政部城镇企业职工基本养老保险关系转移接续暂行办法的通知》，http：//www.gov.cn/zwgk/2009－12/29/content_1499072.htm，2009－12－29。

国务院办公厅，2011a，《关于印发社会养老服务体系建设规划（2011～2015年）的通知》，http：//www.gov.cn/zwgk/2011－12/27/content_2030503.htm，2017－2－16。

国务院办公厅，2011b，《关于实施农村义务教育学生营养改善计划的意见》，http：//www.gov.cn/zwgk/2012－06/14/content_2160689.htm，2017－8－28。

国务院办公厅，2011c，《关于加强和改进流浪未成年人救助保护工作的意见》，http：//www.gov.cn/zwgk/2011－08/18/content_1927798.htm，2017－8－28。

国务院办公厅，2011d，《国务院办公厅关于积极稳妥推进户籍管理制度改革的通知》，http：//www.gov.cn/zwgk/2012－02/23/content_2075082.htm，2017－9－1。

国务院办公厅，2013，《国务院机构改革和职能转变方案》，http：//www.gov.cn/zwgk/2013－03/28/content_2364821.htm，2017－12－26。

国务院办公厅，2014，《关于印发国家贫困地区儿童发展规划（2014～2020年）的通知》，http：//www.gov.cn/zhengce/content/2015－01/15/content_9398.htm，2017－8－28。

国务院办公厅，2015，《国务院办公厅转发卫生计生委等部门关于推进医疗卫生与养老服务相结合指导意见的通知》，http：//www.gov.cn/zhengce/content/2015－11/20/content_10328.htm，2017－2－16。

国务院发展研究中心课题组，2005，《对中国医疗卫生体制改革的评价与建议》，《中国发展评论》增1期。

国务院妇女儿童工作协调委员会，1992，《九十年代中国儿童发展规划纲要》，http：//www. wsic. ac. cn/policyandregulation/48460. htm，2017 - 8 - 28。

H. K. 科尔巴奇，2005，《政策》，张毅、韩志明译，长春：吉林人民出版社。

韩秉志，2015，《我国社会工作制度框架基本确立社会工作数量突破 40 万人》，《经济日报》1 月 27 日。

韩华为、徐月宾，2013，《农村最低生活保障制度的瞄准效果研究》，《中国人口科学》第 4 期。

韩克庆，2008，《社会安全网：中国的社会分层与社会福利建设》，《社会科学研究》第 5 期。

韩克庆，2014，《延迟退休年龄之争——民粹主义与精英主义》，《社会学研究》第 5 期。

韩克庆、黄建忠、曾湘泉等，2012，《中美社会福利比较》，济南：山东人民出版社。

韩央迪，2008，《消解与重构：社会福利三角视野下中国城乡社会保障的衔接研究》，《中国农业大学学报》第 2 期。

韩央迪，2012，《从福利多元主义到福利治理：福利改革的路径演化》，《国外社会科学》第 2 期。

韩央迪、李迎生，2014，《中国农民福利：供给模式、实现机制与政策展望》，《中国农村观察》第 5 期。

何承晏，2014，《台湾民众福利态度的阶级差异》，台湾中正大学硕士学位论文。

何欢，2013，《美国家庭政策的经验和启示》，《清华大学学报》第 1 期。

何建章，1981，《为人民谋福利是社会主义建设的基本方针》，《经济研究》第 11 期。

何平、李实、王延中，2009，《中国发展型社会福利体系的公共财政支持研究》，《财政研究》第 6 期。

何欣、魏雁滨，2011，《专业化：残疾人自助组织发展的影响因素》，《中国人民大学学报》第 5 期。

何增科，2009，《中国社会管理体制改革路线图》，北京：国家行政学院出版社。

何铮、谭劲松、陆园园，2006，《组织环境与组织战略关系的文献综述及最新研究动态》，《管理世界》第 11 期。

洪大用，2005，《当道义变成制度之后：试论城市低保制度实践的延伸效果及其演进方向》，《经济社会体制比较》第 3 期。

洪秀全，1956，《原道醒世训》，载《太平天国丛书》，萧一山编辑，台北：

中华丛书委员会。

洪秀全，1959，《天朝田亩制度》，载《太平天国史料》，金毓黻、田余庆等编辑，北京：中华书局。

洪仁玕，1959，《资政新篇》，载《太平天国史料》，金毓黻、田余庆等编辑，北京：中华书局。

胡锦涛，2007，《高举中国特色社会主义伟大旗帜为夺取全面建设小康社会新胜利而奋斗》，北京：人民出版社。

胡锦涛，2012，《坚定不移沿着中国特色社会主义道路前进为全面建成小康社会而奋斗》，北京：人民出版社。

胡仙芝，2001，《从善政向善治的转变——治理理论与中国行政改革研讨会综述》，《中国行政管理》第9期。

胡薇，2012，《国家回归：社会福利责任结构的再平衡》，北京：知识产权出版社。

胡湛、彭希哲，2012，《发展型福利模式下的中国养老制度安排》，《公共管理学报》第3期。

华迎放、徐红勤，2008，《农民工社会保险的新情况新问题深圳、上海的实地调研》，《中国劳动》第2期。

黄晨熹，2009，《城市低保对象动态管理研究：基于"救助生涯"的视角》，《人口与发展》第6期。

黄丹、姚俭建，2003，《当代中国慈善事业发展的战略路径探讨》，《社会科学》第8期。

黄黎若莲，2001，《边缘化与中国的社会福利》，岳经纶等译，香港：商务印书馆（香港）公司。

黄乃，1953，《新盲字方案》，载中国残疾人联合会，1996，《中国残疾人事业年鉴（1949~1993）》，北京：华夏出版社。

黄小西，2013，《截至11月我国已有1000多所民办社会工作服务机构》，http://www.gov.cn/jrzg/2012-12/20/content_2294856.htm，2013-9-14。

黄叶青、余慧、韩树蓉，2014，《政府应承担何种福利责任？公民福利态度的影响因素分析》，《公共行政评论》第6期。

G. J. 鲁姆，2001，《社会排挤、社会团结与全球化的挑战》，刘继同译，《国外社会科学》第6期。

贾康、王敏，2009，《社会福利筹资与公共财政支持》，《首都经济贸易大学学报》第1期。

贾西津、苏民，2009年，《中国政府购买公共服务研究报告》，http://

www. adb. org/Documents//Chinese/36656/36656 - 01 - prc - tacr - 06 - cn. pdf, 2011 - 10 - 7。

贾素平，2016，《养老服务与管理人才培养模式的现状与对策》，《社会福利》第4期。

教育部，1950，《高等学校课程草案》，载教育部主编，《教育部档案》1950年卷，卷25，北京：光明日报社。

教育部，1956，《关于盲童学校、聋哑学校经费问题的通知》，载中国残疾人联合会，1996，《中国残疾人事业年鉴（1949～1993）》，北京：华夏出版社。

教育部，2014，《教育部等九部门关于加快推进养老服务业人才培养的意见》，http：//www. moe. edu. cn/publicfiles/business/htmlfiles/moe/s7055/201407/170939. html，2017 - 2 - 16。

教育部、财政部、人事部，1988，《关于农村年老病残民办教师生活补助费的暂行规定》，http：//www. 110. com/fagui/law_107427. html，2017 - 12 - 26。

教育部、国家计划委员会、劳动人事部、民政部，1985，《关于做好高等学校招收残疾青年和毕业分配工作的通知》，载中国残疾人联合会，1996，《中国残疾人事业年鉴（1949～1993）》，北京：华夏出版社。

教育部、全国妇联等，2013，《关于加强义务教育阶段农村留守儿童关爱和教育工作的意见》，http：//www. moe. edu. cn/publicfiles/business/htmlfiles/moe/moe_706/201301/xxgk_146671. html，2017 - 9 - 1。

教育部、中国残疾人联合会，2015，《残疾人参加普通高等学校招生全国统一考试管理规定（暂行）》，http：//old. moe. gov. cn//publicfiles/business/htmlfiles/moe/B21_xxgk/201505/xxgk_187141. html，2017 - 12 - 26。

教育部、中宣部等，2012，《农村义务教育学生营养改善计划实施细则》，http：//old. moe. gov. cn//publicfiles/business/htmlfiles/moe/s6197/201206/137685. html，2017 - 8 - 28。

焦述英，2010，《关于政府购买公共服务的探讨》，《行政与法》第5期。

江立华、沈洁，2008，《中国城市社区福利》，北京：社会科学文献出版社。

江宜桦，2003，《公共领域中理性沟通的可能性》，载许纪霖主编，《公共性与公共知识分子》，南京：江苏人民出版社。

江治强，2008，《中国社会福利战略性发展的思考》，《中国特色社会主义研究》第6期。

江治强，2009，《发展适度普惠型福利要构建责任架构》，《中国社会报》1月9日。

江治强，2010，《社会福利价值观转变及其政策实践意义》，《岭南学刊》第

5 期。

江治强，2011，《经济发展方式转变与社会福利制度转型》，《桂海论丛》第 6 期。

江治强，2013，《中国社会福利转型的驱动因素与路径选择》，《学习与实践》第 4 期。

江苏省政府办公厅，2014，《关于完善困境儿童分类保障制度的意见》，http：//www. mca. gov. cn/article/zwgk/dfxx/201501/20150100755586. shtml，2017 - 8 - 28

江苏省统计局、国家统计局江苏调查总队，2016，《江苏统计年鉴 2015》，北京：中国科技出版社。

杰索普，鲍勃，2000，《治理的兴起及其失败的风险：以经济发展为例的论述》，载俞可平主编，《治理与善治》，北京：社会科学文献出版社。

金渊明，2006，《超越"生产主义福利体制"：韩国的经验》，北京：第二届社会政策国际论坛论文。

景天魁，2003，《基础整合的社会保障体系》，北京：华夏出版社。

景天魁，2004，《底线公平与社会保障的柔性调节》，《社会学研究》第6 期。

景天魁，2008，《"底线公平"的社会保障体系》，《中国社会保障》第 1 期。

景天魁，2007，《大力推进与国情相适应的社会保障制度建设——构建底线公平的福利模式》，《理论前沿》第 18 期。

景天魁，2009，《底线公平：和谐社会的基础》，北京：北京师范大学出版社。

景天魁，2013，《社会福利发展路径：从制度覆盖到体系整合》，《探索与争鸣》第 2 期。

景天魁、毕天云，2009，《从小福利迈向大福利：中国特色福利制度的新阶段》，《理论前沿》第 11 期。

景天魁、毕天云、高和荣等，2011，《当代中国社会福利思想与制度：从小福利迈向大福利》，北京：中国社会出版社。

景天魁、高和荣、毕天云等，2014，《普遍整合的福利体系》，北京：中国社会科学出版社。

景天魁，2001，《基础整合的社会保障体系》，北京：华夏出版社。

景天魁，2010，《福利社会学》，北京：北京师范大学出版社。

景天魁，2016，《建设中国特色福利社会》，北京：中国社会科学出版社。

凯特琳·勒德雷尔，1988，《人的需要》，邵晓光等译，沈阳：辽宁出版社。

康有为，2005，《大同书》，汤志钧导读，上海：上海古籍出版社。

康晓光、席恒，2005，《分类控制：当前中国大陆国家与社会关系研究》，

《社会学研究》第5期。

孔子，2011，《论语·季氏》，载《中华经典藏书·孔子》，张燕婴注，北京：中华书局。

孔子，2017，《礼记·礼运篇》，载《中华经典名著全本全注全译·礼记》，胡平生、张萌注，北京：中华书局。

莱恩·多亚尔、伊恩·高夫，2008，《人的需要理论》，汪淳波、张莹莹译，北京：商务印书馆。

赖伟良，2004，《澳门市民的福利意识形态：中间路线取向》，载王思斌主编，《社会工作研究》（第二辑），北京：社会科学文献出版社。

劳动和社会保障部、国土资源部，2007，《关于切实做好被征地农民社会保障工作有关问题的通知》，http：//www.gov.cn/zwgk/2007 - 05/22/content.621918.htm，2007 -5 -22。

蓝云曦、谭晓辉，2011，《适度普惠型社会福利制度对我国社会和谐发展的促进作用》，《四川大学学报》第1期。

乐章、陈璇，2003，《福利管理》，深圳：海天出版社。

雷杰，2008，《马克思主义和社会主义女性主义视角下的中国女性福利探讨》，《社会工作》第1期。

黎民、傅征，2009，《我国统一基本养老保险制度建立时点研究》，《河南社会科学》第6期。

理查德·蒂特马斯，1991，《社会政策10讲》，江绍康译，香港：商务印书馆。

李兵、张航空、陈谊，2015，《基本养老服务制度建设的理论阐释和政策框架》，《人口研究》第2期。

李宝库，2003，《积极开展孤残儿童家庭寄养工作全面推进儿童福利事业的社会化进程》，《社会福利》第11期。

李春玲、王大鸣，1998，《中国处境困难儿童状况分析报告（一）》，《青年研究》第5期。

李放、刘晓晨，2010，《社会福利机构标准化体系建设五大问题》，《社会福利》第1期。

李锋敏，2007，《中国历史上的社会保障思想与实践》，《甘肃社会科学》第3期。

李凤琴，2011，《中国城市社区公共服务研究述评》，《城市发展研究》第10期。

李建新、刘保中，2015，《城乡老年人口生活满意度差异及变化分析——基于CLHLS项目调查数据》，《学海》第1期。

李立国，2014，《加快向现代社会治理转变》，《中国民政》第3期。

李丽琴、陈少晖，2015，《国有资本经营预算民生支出的优度检验——基于适度普惠型社会福利视角》，《福建师范大学学报》第2期。

列宁，1982，《列宁选集》第2卷，中共中央马克思恩格斯列宁斯大林著作编译局译，北京：人民出版社。

李培林、张翼，1999，《国有企业社会成本分析——对中国10个大城市508家企业的调查》，《中国社会科学》第5期。

李培林、李炜，2007，《农民工在中国转型中的经济地位和社会态度》，《社会学研究》第3期。

李培林、李炜，2010，《近年来农民工的经济状况和社会态度》，《中国社会科学》第1期。

李培林、田丰，2011，《中国新生代农民工：社会态度和行为选择》，《社会》第3期。

李芹，2006，《我国民间福利组织的问题与对策》，《马克思主义与现实》第1期。

李瑞，2009，《建国前中国社会福利思想发展概述》，《天府新论》第3期。

李帅，2004，《对特殊军人家庭继续实施社会救济的探讨》，《南京政治学院学报》第S1期。

李涛、任远，2011，《城市户籍制度改革与流动人口社会融合》，《南方人口》第3期。

李炜，2016，《社会福利建设研究的民意视角》，北京：经济管理出版社。

李新建，1999，《企业雇员薪酬福利》，北京：经济管理出版社。

李学举，2008，《民政30年》，北京：中国社会出版社。

李友梅，2008，《从财富分配到风险分配：中国社会结构重组的一种新路径》，《社会》第6期。

李银河，2011，《家庭结构与家庭关系的变迁——基于兰州的调查分析》，《甘肃社会科学》第1期。

李迎生，2006，《弱势儿童的社会保护：社会政策的视角》，《西北师范大学学报》第3期。

李迎生，2014，《中国普惠型社会福利制度的模式选择》，《中国人民大学学报》第5期。

李迎生、韩央迪、张瑞凯，2008，《构建城乡衔接的社会保障体系》，《中国人民大学学报》第6期。

李迎生、袁小平，2014，《新时期儿童社会保护体系建设：背景、挑战与展望》，《社会建设》第1期。

联合国儿童基金会，2016，《中国儿童福利示范项目年度报告2015》，http://www.unicef.cn/cn/index.php?m=content&c=index&a=show&catid=229&id=4048，2017-8-28。

梁启超，2001，《论新民为今日中国第一急务》，载《饮冰室全集》，台北：文化图书公司。

梁君林，2013，《基于社会支持理论的社会保障再认识》，《苏州大学学报》第1期。

刘安，2011，《淮南子》，载《中华经典名著·淮南子》，陈广忠译注，北京：中华书局

刘长生、郭小东、简玉峰，2008，《社会福利指数、政府支出规模及其结构优化》，《公共管理学报》第3期。

刘华丽、李正南，2003，《中国古代社会福利思想综述》，《南昌高专学报》第1期。

刘继同，2003，《社区就业与社区福利》，北京：社会科学文献出版社。

刘继同，2004，《个人主义与集体主义之争：欧美社会福利理论的主要流派和核心争论》，《欧洲研究》第1期。

刘继同，2008，《当代中国的儿童福利政策框架与儿童福利服务体系》，《青少年犯罪问题》第5期。

刘继同，2009，《中国特色全民医疗保障制度框架特征与政策要点》，《南开学报》第9期。

刘继同，2012，《改革开放30年以来中国医务社会工作的历史回顾、现状与前瞻》，《社会工作》第1期。

刘继同，2013，《中国儿童福利制度构建研究》，《青少年犯罪问题》第4期。

刘继同、冯喜良，2005，《转型期多元福利实践与整体性福利理论框架》，《北京大学学报》第3期。

刘军强，2010a，《中国如何实现全民医保？——社会医疗保险制度发展的影响因素研究》，《经济社会体制比较》第2期。

刘军强，2010b，《社会政策发展的动力：20世纪60年代以来的理论发展述评》，《社会学研究》第4期。

刘军强，2011，《资源、激励与部门利益：中国社会保险征缴体制的纵贯研究（1999~2008）》，《中国社会科学》第3期。

刘康慧、李咏怡，2011，《香港社会福利组织与政府的关系》，《公共行政评论》第5期。

刘林平、郑广怀、孙中伟，2011，《劳动权益与精神健康——基于对长三角和珠三角外来工的问卷调查》，《社会学研究》第4期。

刘敏，2015，《适度普惠型社会福利制度：中国福利现代化的探索》，北京：中国社会科学出版社。

刘庆元、温颖娜，2007，《政府购买社工服务中的机构诉求》，《社会工作》第11期。

刘润华，2009，《深圳社会工作研究》，《中国社会工作》第9期（下）。

刘珊，2013，《我国社会福利政策发展与改革方向研究》，《云南大学学报》第1期。

刘旭东，2008，《国民福利由补缺型向适度普惠型转变的思考》，《经济问题》第10期。

刘学燕，2009，《试论慈善事业的发展需打破"德性完美的神话"》，《理论研究》第3期。

林闽钢，2009，《医疗卫生体制改革面临的挑战和选择》，《群言》第6期。

林闽钢，2011，《中国适度普惠型社会福利体系发展战略》，《中共天津市委党校学报》第4期。

林卡，2008，《东亚生产主义社会政策模式的产生和衰落》，《江苏社会科学》第4期。

林卡、赵宝娟，2010，《论东亚福利模式研究及其存在的问题》，《浙江大学学报》第4期。

林卡、吴昊，2012，《官办慈善与民间慈善：中国慈善事业发展的关键问题》，《浙江大学学报》第4期。

林毅夫，2008，《经济发展与转型：思潮、战略与自生能力》，北京：北京大学出版社。

卢德之，2009，《试论中国特色现代慈善事业》，《伦理学研究》第1期。

罗观翠、王军芳，2008，《政府购买服务的香港经验和内地发展探讨》，《学习与实践》第9期。

罗红光，2013，《"家庭福利"文化与中国福利制度建设》，《社会学研究》第3期。

吕学静、赵萌萌，2012，《典型国家残疾人社会福利制度比较研究》，北京：首都经济贸易大学出版社

马广海、许英，2008，《论社会福利：概念和视角》，《山东大学学报（哲学社会科学版）》第5期。

马克思，1972，《马克思恩格斯选集》第1卷，中共中央马克思恩格斯列宁

斯大林著作编译局译，北京：人民出版社。

马克思，1982，《马克思恩格斯全集》第3卷，中共中央马克思恩格斯列宁斯大林著作编译局译，北京：人民出版社。

马军杰，2016，《需要与获得：城市老人福利满足了吗——基于中国适度普惠社会福利调查数据的实证研究》，南京大学硕士论文。

马克斯·韦伯，1999，《社会科学方法论》，杨富斌译，北京：华夏出版社。

马洪路，2008，《残障社会工作》，北京：高等教育出版社

马婷婷，2013，《民政部：四类社会组织直接登记不必要审批将取消》，http://www.chinanews.com/gn/2013/12-05/5583640.shtml，2014-8-22。

迈克尔·谢若登，2005，《资产与穷人：一项新的美国福利政策》，高鉴国译，北京：商务印书馆。

埋桥孝文，2006，《再论东亚社会政策》，《社会保障研究》第12期。

曼瑟尔·奥尔森，1995，《集体行动的逻辑》，陈郁、郭宇峰、李崇新译，上海：上海人民出版社。

孟子，2015，《孟子·梁惠王章·第八节》，载《中华经典藏书·孟子》，万丽华、蓝旭注，北京：中华书局

孟钧，2007，《中国社会福利事业管理改革的依据与方向》，《中国民政》第9期。

民政部，1987，《1986年民政事业发展概况》，http://www.mca.gov.cn/article/sj/tjgb/?2，2017-8-19。

民政部，1991，《1990年民政事业发展统计报告》，http://www.mca.gov.cn/article/sj/tjgb/?2，2017-8-19。

民政部，1997，《1996年民政事业发展统计报告》，http://www.mca.gov.cn/article/sj/tjgb/?2，2017-8-19。

民政部，1999a，《1998年民政事业发展统计报告》，http://www.mca.gov.cn/article/sj/tjgb/?2，2017-8-19。

民政部，1999b，《社会福利机构暂行管理办法》，http://www.mca.gov.cn/article/zwgk/fvfg/zdshbz/200711/20071110003485.shtml，2017-12-26。

民政部，2001，《2000年民政事业发展统计公报》，http://www.mca.gov.cn/article/sj/tjgb/?2，2017-8-19。

民政部，2002，《2001年民政事业发展统计公报》，http://www.mca.gov.cn/article/sj/tjgb/?2，2017-8-19。

民政部，2004，《2003年民政事业发展统计公报》，http://www.mca.gov.cn/article/sj/tjgb/?2，2017-8-19。

民政部，2012，《民政部关于鼓励和引导民间资本进入养老服务领域的实施意见》，http：//www. mca. gov. cn/article/yw/shflhcssy/fgwj/201605/20160500000187. shtml？authkey＝0jnrb1，2012－7－24。

民政部，2006，《2005 年民政事业发展统计公报》，http：//www. mca. gov. cn/article/sj/tjgb/？2，2017－8－19。

民政部，2007，《2006 年民政事业发展统计公报》，http：//www. mca. gov. cn/article/sj/tjgb/？2，2017－8－19。

民政部，2008，《2007 年民政事业发展统计公报》，http：//www. mca. gov. cn/article/sj/tjgb/？2，2017－8－19。

民政部，2009，《2008 年民政事业发展统计公报》，http：//www. mca. gov. cn/article/sj/tjgb/？2，2017－8－19。

民政部，2009，《民政部组织机构与职能演变》，http：//www. mca. gov. cn/article/zwgk/jggl/lsyg/，2009－9－13。

民政部，2010，《2009 年民政事业发展统计公报》，http：//www. mca. gov. cn/article/sj/tjgb/？2，2017－8－19。

民政部，2011，《2010 年社会服务发展统计公报》，http：//www. mca. gov. cn/article/sj/tjgb/？2，2017－8－19。

民政部，2012a，《2011 年社会服务发展统计公报》，http：//www. mca. gov. cn/article/sj/tjgb/？2，2017－8－19。

民政部，2012b，《民政部就社会工作专业人才队伍建设中长期规划作出解读》，http：//www. mca. gov. cn/article/zwgk/mzyw/201205/20120500306644. shtml，2017－8－28。

民政部，2012c，《政府购买社会工作服务的指导意见》，http：//www. gov. cn/zwgk/2012－11/28/content_2276803. htm，2017－12－26。

民政部，2012d，《民政部、国家开发银行关于贯彻落实〈支持社会养老服务体系建设规划合作协议〉共同推进社会养老服务体系建设的意见》，http：//www. mca. gov. cn/article/zwgk/tzl/201212/20121200390867. shtml，2012－12－10。

民政部，2013a，《养老机构设立许可办法》，http：//www. mca. gov. cn/article/gk/fg/shflhcssy/201507/20150700848516. shtml，2013－6－28。

民政部，2013b，《民政部关于开展未成年人社会保护试点工作的通知》，http：//www. mca. gov. cn/article/zwgk/tzl/201305/20130500456869. shtml，2017－8－28。

民政部，2013c，《民政部关于推进养老服务评估工作的指导意见》，http：//www. mca. gov. cn/article/zwgk/mzyw/201308/20130800498738. shtml，2013－8－1。

民政部，2013d，《中央财政支持社会组织参与社会服务项目》，http：//

www. mca. gov. cn/article/zwgk/tzl/201212/20121200392561. shtml，2017 - 12 - 26。

民政部，2014a，《2013 年社会服务发展统计公报》，http：//www. mca. gov. cn/article/sj/tjgb/？2，2017 - 8 - 19。

民政部，2014b，《民政部关于开展第二批全国未成年人社会保护试点工作的通知》，http：//www. mca. gov. cn/article/zwgk/mzyw/201408/20140800687762. shtml，2017 - 8 - 28。

民政部，2014c，《政府购买服务管理办法（暂行）》，http：//www. gov. cn/xinwen/2015 - 01/04/content_2799671. htm，2017 - 12 - 26。

民政部，2014d，《民政部关于进一步加快推进民办社会工作机构发展的意见》，http：//www. mca. gov. cn/article/zwgk/fvfg/shgz/201404/20140400622265. shtml，2017 - 12 - 26。

民政部，2014e，《社会救助暂行办法》，http：//www. mca. gov. cn/article/zwgk/mzyw/201402/20140200593322. shtml，2017 - 12 - 26。

民政部，2014f，《民政部关于进一步开展适度普惠型儿童福利制度建设试点工作的通知》，http：//www. mca. gov. cn/article/zwgk/fvfg/shflhshsw/201404/20140400627373. shtml，2017 - 8 - 28。

民政部，2015a，《关于在全国部分地区开展基层儿童福利服务体系建设试点工作的通知》，http：//www. mca. gov. cn/article/zwgk/mzyw/201510/20151000875857. shtml，2017 - 8 - 28。

民政部，2015b，《民政部办公厅关于在全国部分地区开展基层儿童福利服务体系建设试点工作的通知》，http：//hunan. mca. gov. cn/article/zcfg/bswj/201510/20151000881801. shtml，2017 - 8 - 28。

民政部，2015c，《2014 年社会服务发展统计公报》，http：//www. mca. gov. cn/article/sj/tjgb/201506/201506008324399. shtml，2017 - 2 - 16。

民政部，2016a，《2015 年社会服务发展统计公报》，http：//www. mca. gov. cn/article/zwgk/mzyw/201607/20160700001136. shtml，2017 - 2 - 16。

民政部，2016b，《图解："数"说 2015 社会工作》，http：//www. mca. gov. cn/article/ztzl/tjtb/201601/20160100879567. shtml，2017 - 8 - 28。

民政部，2016c，《关于在全国开展农村留守儿童"合力监护、相伴成长"关爱保护专项行动的通知》，http：//www. mca. gov. cn/article/yw/shsw/fgwj/201612/20161200002610. shtml，2017 - 8 - 28。

民政部，2016d，《关于加强和改进社会组织薪酬管理的指导意见》，http：//www. mca. gov. cn/article/zwgk/mzyw/201607/20160700001189. shtml，2017 - 12 - 26。

民政部，2017，《2016 年社会服务发展统计公报》，http：//www. mca.

gov. cn/article/sj/tjgb/201708/20170800005382. shtml，2017 - 8 - 19。

民政部社会福利和慈善事业促进司，2013，《民政部关于开展适度普惠型儿童福利制度建设试点工作的通知》，http：//www. mca. gov. cn/article/zwgk/fvfg/shflhshsw/201306/20130600477966. shtml，2017 - 8 - 28。

民政部、国家工商管理局，1987，《关于盲人聋哑人协会组织盲聋哑残人员举办经济实体有关政策问题的通知》，载中国残疾人联合会，1996，《中国残疾人事业年鉴（1949～1993）》，北京：华夏出版社。

民政部、劳动人事部，1983，《关于进一步做好城镇待业的盲聋哑残青年就业安置工作的通知》，http：//www. chinalawedu. com/falvfagui/fg21752/31392. shtml，2017 - 12 - 26。

民政部、国家计委等，2000，《关于加快实现社会福利社会化的意见》，http：//www. yangzhou. gov. cn/zcfg1901/200002/TR3MJMO61XR8JJPN4VWYXDAFPE5Y29NX. shtml，2017 - 12 - 26。

民政部、卫生部、中国残疾人联合会，2005，《关于开展全国残疾人社区康复示范工作的通知》，http：//www. czs. gov. cn/html/zwgk/ztbd/ggfw/sbfw/sbfl/cjr/kfzn/content_258877. html，2017 - 12 - 26。

民政部、财政部，2012，《关于发放艾滋病病毒感染儿童基本生活费的通知》，http：//www. szgm. gov. cn/szgm/132104/shbz/252877/253336/517380/index. html，2017 - 8 - 28。

民政部、中国残疾人联合会，2015，《关于全面建立困难残疾人生活补贴和重度残疾人护理补贴制度的意见》，http：//www. gov. cn/zhengce/content/2015 - 09/25/content_10181. htm，2017 - 12 - 26。

民政部、中央综治办等12部门，2016，《关于加强社会工作专业岗位开发与人才激励保障的意见》，http：//www. mca. gov. cn/article/zwgk/jd/201611/20161100002396. shtml，2017 - 12 - 26。

墨子，2018，《墨子·非乐》，载《诸子现代版丛书·墨子》，方勇注，北京：商务印书馆。

穆光宗、张团，2011，《我国人口老龄化的发展趋势及其战略应对》，《华中师范大学学报》第5期。

尼尔·吉尔伯特、保罗·特雷尔，2003，《社会福利政策导论》，黄晨曦、周烨、刘红译，上海：华东理工大学出版社。

诺曼·巴里，2005，《福利》，储建国译，长春：吉林人民出版社。

内务部，1950，《革命残废军人优待抚恤暂行条例》，http：//www. chinalawedu. com/falvfagui/fg22598/21749. shtml，2017 - 12 - 26。

内务部，1950，《革命工作人员伤亡褒恤暂行条例》，http：//www.110.com/fagui/law_93287.html，2017－12－26。

内务部，1950，《民兵民工伤亡抚恤暂行条例》，http：//mall.cnki.net/magazine/article/HNZZ195101033.htm，2017－12－26。

内务部，1963，《关于做好当前五保户、困难户供给、补助工作的通知》，载中国残疾人联合会，1996，《中国残疾人事业年鉴（1949～1993）》，北京：华夏出版社。

聂辉华，2004，《交易费用经济学：过去、现在和未来——兼评威廉姆森〈资本主义经济制度〉》，《管理世界》第12期。

聂建亮、钟涨宝，2014，《新型农村社会养老保险推进的基层路径——基于嵌入性视角》，《华中农业大学学报》第1期。

农业部等6部门，2003，《2003～2010年全国农民工培训规划》，http：//news.xinhuanet.com/newscenter/2003－10/01/content_1108984.htm，2017－9－1。

潘屹，2012，《西方福利国家的普遍主义整合及中国福利元素》，《社会福利(理论版)》第1期。

潘屹，2014，《中国传统农村福利探寻》，《东岳论丛》第9期。

潘屹，2015，《社区综合养老服务体系建设：挑战、问题与对策》，《探索》第4期。

潘锦棠，2009，《促进女性就业的政府责任》，《甘肃社会科学》第2期。

朴炳铉，2012，《社会福利与文化——用文化解析社会福利的发展》，高春兰、金炳彻译，北京：商务印书馆。

裴谕新，2011，《性、社会性别与充权：关于四川地震灾区妇女刺绣小组领袖的个案研究》，《妇女研究论丛》第5期。

彭国胜，2012，《欠发达地区农村居民社会福利认知的影响因素研究——以贵州省为例》，《西北人口》第3期。

彭华民，2006，《福利三角：一个社会政策分析的范式》，《社会学研究》第4期。

彭华民，2007，《福利三角中的社会排斥》，上海：上海人民出版社。

彭华民，2008，《社会福利与需要满足》，北京：社会科学文献出版社。

彭华民，2009，《西方社会福利理论前沿：论国家、社会、体制与政策》，北京：中国社会出版社。

彭华民，2010，《论需要为本的中国社会福利转型的目标定位》，《南开学报》第4期。

彭华民，2010，《需要为本的中国本土社会工作模式研究》，《社会科学研究》第3期。

彭华民，2011，《中国组合式普惠型社会福利制度的构建》，《学术月刊》第5期。

彭华民，2012，《中国政府社会福利责任：理论范式演变与制度转型创新》，《天津社会科学》第6期。

彭华民，2014，《东亚福利：福利责任与福利提供》，北京：中国社会科学出版社。

彭华民，2015，《福利服务：华人社会社工范式互构》，北京：中国社会科学出版社。

彭华民、陈树强、顾东辉，2010，《社会福利服务与管理丛书》，北京：中国社会出版社。

彭华民、平野隆之，2016，《福利社会：理论、制度和实践》，北京：中国社会科学出版社。

彭华民、宋祥秀，2006，《嵌入社会框架的社会福利模式：理论与政策反思》，《社会》第6期。

彭华民、万国威，2003，《残疾人社会福利制度比较：内地与香港的三维比较》，《南开学报》第1期。

彭华民、王梦怡、冯元、刘玲，2016，《适度普惠儿童福利政策试点城市评估课题报告》，民政部政策研究中心项目。

彭华民、龚茴茴，2012，《东亚与欧美六个国家福利态度的比较研究》，2012年中国社会学年会优秀论文。

彭华民、曾洁雯，2015，《福利服务：华人社会社工范式互构》，北京：中国社会科学出版社。

彭云、周勇，2010，《社会工作的开展：公共服务业视野下的需求拉动和供给推动》，《中国地质大学学报》第6期。

彭善民，2010，《上海社会工作机构生成轨迹与发展困境》，《社会科学》第2期。

彭希哲、郭秀云，2007，《权利回归与制度重构——对城市流动人口管理模式创新的思考》，《人口研究》第4期。

彭希哲、胡湛，2011，《公共政策视角下的中国人口老龄化》，《中国社会科学》第3期。

钱宁，2004，《从人道主义到公民权利——现代社会福利政治道德观念的历史演变》，《社会学研究》第1期。

钱宁，2007，《社会正义、公民权利和集体主义》，北京：社会科学文献出版社。

钱宁，2011，《社会正义、公民权利和集体主义：论社会福利的政治与道德基础》，昆明：云南大学出版社。

钱宁，2016，《社会福利视域中的社会工作》，北京：北京大学出版社。

钱宁等，2006，《现代社会福利思想》，北京：高等教育出版社。

秦莉，2016，《中国适度普惠型社会福利体系的建构研究》，上海：上海交通大学出版社。

秦勇、李凤霞，2010，《劳动与社会保障法》，武汉：华中科技大学出版社。

邱均平、吕红，2013，《近五年国际图书情报学研究热点、前沿及其知识基础》，《图书情报知识》第3期。

全国妇联办公厅，2011，《全国妇联办公厅关于召开全国农村留守流动儿童关爱服务体系试点工作推进会的通知》，http://www.110.com/fagui/law_388047.html，2017-9-1。

全国老龄办，2008，《关于全面推进居家养老服务工作的意见》，http://www.mca.gov.cn/article/zwgk/fvfg/shflhshsw/200802/20080210011957.shtml，2017-2-16。

全国老龄办，2012，《关于进一步加强老年文化建设的意见》，http://www.cncaprc.gov.cn/contents/12/9353.html，2012-10-24。

全国人民代表大会，1956，《高级农业生产合作社示范章程》，http://www.npc.gov.cn/wxzl/wxzl/2000-12/10/content_4304.htm，2017-12-26。

全国人民代表大会，1990，《中华人民共和国残疾人保障法》，http://www.cdpf.org.cn/zcwj1/flfg/200711/t20071114_25284.shtml，2017-12-26。

全国人民代表大会，1995，《中华人民共和国国民经济和社会发展“九五”计划和2010年远景目标纲要》，http://www.npc.gov.cn/wxzl/gongbao/2001-01/02/content_5003506.htm，2018-4-30。

全国人民代表大会，1998，《中华人民共和国残疾人保障法》，北京：中国法制出版社。

全国人民代表大会，2008，《中华人民共和国残疾人保障法》，http://www.gov.cn/jrzg/2008-04/24/content_953439.htm，2017-12-26。

全国人民代表大会，2016，《中华人民共和国国民经济和社会发展第十三个五年规划纲要》，http://sh.xinhuanet.com/2016-03/18/c_135200400.htm，2017-9-2。

全国人民代表大会常务委员会，2012，《中华人民共和国老年人权益保障法》，http://www.gov.cn/flfg/2012-12/28/content_2305570.htm，2017-2-16。

全球治理委员会，1995，《我们的全球伙伴关系》，牛津：牛津大学出版社。

人力资源和社会保障部，2013a，《关于鼓励社会团体、基金会和民办非企业单位建立企业年金有关问题的通知》，http://www.mohrss.gov.cn/gkml/xxgk/201307/t20130722_108204.htm，2013－7－15。

人力资源和社会保障部，2013b，《人力资源社会保障部、财政部关于印发〈城乡养老保险制度衔接暂行办法〉的通知》，http://www.mohrss.gov.cn/gkml/xxgk/201402/t20140228_125006.htm，2014－2－24。

人力资源和社会保障部，2016，《2015年度人力资源和社会保障事业发展统计公报》，http://www.mohrss.gov.cn/SYrlzyhshbzb/dongtaixinwen/buneiyaowen/201605/t20160530_240967.html，2017－9－2。

全国人民代表大会常务委员会，2002，《中华人民共和国采购法》，http://www.people.com.cn/GB/jinji/20020629/764316.html，2002－6－29。

汝信、陆学艺、李培林，2000，《2000年中国社会形势分析与预测》，北京：社会科学文献出版社。

斯科特·拉什，2002，《风险社会与风险文化》，王武龙编译，《马克思主义与现实》第4期。

格里·斯托克，1999，《作为理论的治理：五个论点》，华夏风译，《国际社会科学杂志（中文版）》第1期。

斯泰恩·林根、权赫周、李一清等，2012，《社会福利、有效治理与发展》，《公共行政评论》第4期。

宋宝安，2012，《农村残疾人社会保障与服务体系建设现状与对策》，《残疾人研究》第1期。

宋宝安、李艳艳，2009，《论社会分层与社会福利制度的关系》，《社会保障研究》第1期。

孙炳耀、常宗虎，2002，《中国社会福利理论》，北京：中国社会出版社。

孙洪锋，2006，《论我国社会福利机构绩效评估的问题与对策》，《社会科学家》第S1期。

孙立平，2004，《失衡——断裂社会的运作逻辑》，北京：社会科学文献出版社。

孙伟林，2010，《新概括新论述新要求——十七届五中全会关于社会组织论述学习心得》，《社团管理研究》第12期。

孙莹，2004，《我国特殊困难儿童的福利需求分析及其应有的干预策略》，《青年研究》第1期。

孙莹，2006，《社会工作职业发展的基本要素分析》，载王思斌主编，《社会工作专业化及本土化实践》，北京：社会科学文献出版社。

孙志祥，2007，《美国的社会福利政策及启示》，《社会福利》第3期。

上海市浦东新区人民政府，2005，《关于促进浦东新区社会事业发展的财政扶持意见》，http://www.lawxp.com/statute/s1520008.html，2017-12-26。

上海市浦东新区人民政府，2007，《浦东新区关于政府购买公共服务的实施意见（试行）》，http://pdxq.sh.gov.cn/shpd/InfoOpen/InfoDetail.aspx?Id=191136，2017-12-26。

上海市浦东新区人民政府，2010，《关于"十二五"期间促进浦东新区社会组织发展的财政扶持意见》，http://pudongnews.eastday.com/qxxc/node39/node43/node76/u1ai23099.html，2017-12-26。

商务部，2012，《家庭服务业管理暂行办法》，http://www.gov.cn/gongbao/content/2013/content_2361575.htm，2012-12-18。

邵雷，1988，《在改革中发展社会救济、社会福利、优抚事业》，《经济管理》第10期。

沈洁，1996，《社会福利问题与中国社会福利改革》，《华中师范大学学报（哲学社会科学版）》第5期。

盛若蔚，2006，《第十二次全国民政会议在京举行》，《人民日报》11月25日第1版。

盛婷婷、张海波，2013，《住房保障体系中的廉租房退出机制》，《南京人口管理干部学院学报》第1期。

尚晓援，2001，《"社会福利"与"社会保障"再认识》，《中国社会科学》第3期。

尚晓援、陶传进，2009，《中国儿童福利制度的权利基础及其限度》，《清华大学学报》第2期。

尚晓援、虞捷，2014，《建构"困境儿童"的概念体系》，《社会福利（理论版）》第6期。

深圳市民政局，2016，《深圳市社会工作发展十年报告》，http://mzzt.mca.gov.cn/article/sggzzsn/jlcl/201611/20161100887275.shtml，2016-12-8。

孙中山，2006a，《致郑藻如书》，载《孙中山全集》第一卷，北京：中华书局。

孙中山，2006b，《上李鸿章书》，载《孙中山全集》第一卷，北京：中华书局。

孙中山，2006c，《中国的现在和未来》，载《孙中山全集》第一卷，北京：中华书局。

孙中山，2006d，《中国同盟会总章》，载《孙中山全集》第一卷，北京：中华书局。

孙中山，2006e，《中国同盟会革命方略》，载《孙中山全集》第一卷，北京：中华书局。

孙中山，2006f，《在东京〈民报〉创刊周年庆祝大会的演说》，载《孙中山全集》第一卷，北京：中华书局。

孙中山，2006g，《对外宣言书》，载《孙中山全集》第二卷，北京：中华书局。

孙中山，2006h，《咨参议院辞临时大总统职文》，载《孙中山全集》第二卷，北京：中华书局。

孙中山，2006i，《公布南京府官制》，载《孙中山全集》第二卷，北京：中华书局。

孙中山，2006j，《在南京同盟会会员饯别会的演说》，载《孙中山全集》第二卷，北京：中华书局。

孙中山，2006k，《在上海中国社会党的演说》，载《孙中山全集》第二卷，北京：中华书局。

孙中山，2006l，《内政方针》，载《孙中山全集》第五卷，北京：中华书局。

孙中山，2006m，《国民政府建国大纲》，载《孙中山全集》第五卷，北京：中华书局。

孙中山，2006n，《中国实业如何能发展》，载《孙中山全集》第五卷，北京：中华书局。

孙中山，2006o，《三民主义》，载《孙中山全集》第五卷，北京：中华书局。

孙中山，2006p，《在上海中国国民党本部会议的演说》，载《孙中山全集》第五卷，北京：中华书局。

时正新，2001，《中国社会福利与社会进步报告（2000）》，北京：社会科学文献出版社。

时立荣、徐美美、贾效伟，2011，《建国以来我国社会企业的产生和发展模式》，《东岳论丛》第9期。

史国山，1997，《社会化是中国社会福利事业改革与发展的主题》，《中国民政》第10期。

世界银行、国务院发展研究中心课题组，2013，《2030年的中国：建设现代、和谐、有创造力的高收入社会》，北京：中国财政经济出版社。

T. H. 马歇尔，2008，《公民身份与社会阶级》，载 T. H. 马歇尔、安东尼·吉登斯等著，《公民身份与社会阶级》，郭忠华、刘训练编译，南京：江苏人民出版社。

唐钧，2008，《地震“孤残”的社会保障》，《中国社会保障》第6期。

唐钧，2014，《失能老人护理补贴制度研究》，《江苏社会科学》第2期。

唐钧、沙琳、任振兴，2003，《中国城市贫困与反贫困报告》，北京：华夏出版社。

田凯，2004，《组织外形化：非协调约束下的组织运作》，《社会学研究》第3期。

田晓玲，2011，《美国斯坦福大学经济学教授青木昌彦：制定政策要考虑人们的预期》，《文汇报》7月25日009版。

田毅鹏，2001，《西学东渐与近代中国社会福利思想的勃兴》，《吉林大学社会科学学报》第4期。

田毅鹏，2017，《中国社会福利思想史（第2版）》，北京：中国人民大学出版社。

铁道部，1949，《残废军人及残废军人学校学员乘车优待暂行办法》，载中国残疾人联合会，1996，《中国残疾人事业年鉴（1949～1993）》，北京：华夏出版社。

童星，2011，《关于国家防灾减灾战略的一种构想》，《甘肃社会科学》第6期。

童星、王增文，2010，《农村低保标准及其配套政策研究》，《天津社会科学》第2期。

同雪莉，2014，《高校心理贫困的度量与福利提供》，《教育评论》第11期。

万树，2012，《国民福祉理论与实证研究》，北京：中国财政经济出版社。

万国威，2012，《中国少儿教育福利省际均衡性研究》，《中国人口科学》第1期。

万国威，2014，《我国儿童群体社会福利态度的定量研究》，《南开学报》第4期。

万国威，2015，《中国大陆弱势群体社会福利态度研究》，《公共管理学报》第1期。

万国威、金玲，2015，《中国弱势民众社会福利态度的双层解构》，《人口学刊》第5期。

王爱平，2013，《中国社会福利政策研究》，北京：中国社会出版社。

王春光、李炜，2002，《当代中国社会阶层的主观性建构和客观实在》，《江苏社会科学》第4期。

王晨光，2000，《儿童收养问题探讨——写在新〈收养法〉实施一年之际》，《中国民政》第7期。

王定云、王世雄，2008，《西方国家新公共管理理论综述与实务分析》，上海：上海三联书店。

王久安、张世峰、张齐安，1999，《关于流浪儿童救助保护情况的调查报告》，《民政论坛》第4期。

王晶，2008，《中国农村医疗筹资公平性研究》，《社会学研究》第5期。

王名，2002，《非营利组织管理概论》，北京：人民大学出版社。

王思斌，2004，《当前我国社会保障制度的断裂与弥合》，《中国特色社会主义研究》第3期。

王思斌，2009，《我国适度普惠型社会福利制度的建构》，《北京大学学报（哲学社会科学版）》第3期。

王思斌，2013，《我国社会工作制度建设分析》，《广东工业大学学报》第5期。

王思斌等，1998，《中国社会福利》，香港：中华书局（香港）有限公司。

王素英，2001，《从家庭寄养看中国儿童福利事业发展趋势》，《民政论坛》第2期。

王世军，2004，《从慈善事业到社会福利制度》，《学海》第4期。

王韬，1959，《弢园文录外编·卷一》，汪北平、刘林整理，北京：中华书局。

王子今、刘悦斌、常宗虎，2013，《中国社会福利史》，武汉：武汉大学出版社。

王延中、龙玉其，2013，《社会保障与收入分配：问题、经验与完善机制》，《学术研究》第4期。

王卓祺，2009，《后公民身份与社会权利理论的演进》，载彭华民主编，《西方社会福利理论前沿》，北京：中国社会出版社。

王卓祺、雅伦·霍加，1998，《西方社会政策概念转变及中国福利发展的启示》，《社会学研究》第5期。

王卓祺、彭华民，2009，《社会政策视角的中西社会和谐理论比较研究》，《南开学报》第1期。

王振耀、尚晓援、高华俊，2013，《让儿童优先成为国家战略》，《社会福利（理论版）》第4期。

卫生部、民政部、财政部、公安部、教育部、中国残疾人联合会，2002，《关于进一步加强残疾人康复服务工作的意见》，http://china - laoling. gov. cn/n1561440/n1561790/n1564825/c16309893/content. htm，2017 - 12 - 26。

魏姝，2012，《政策类型理论的批判及其中国经验研究》，《甘肃行政学院学报》第2期。

魏新岗、李德显、周宁丽，2012，《近十二年美国教育社会学的前沿主题与热点领域》，《全球教育展望》第8期。

卫生部、民政部，2010，《关于开展提高农村儿童重大疾病医疗保障水平试点工作的意见》，http：//www. gov. cn/zwgk/2010 - 06/10/content_1624580. htm，2017 - 8 - 28。

文军，2007，《社会工作人才队伍专业化与职业化建设》，《新资本》第1期。

乌尔里希·贝克，2003，《从工业社会到风险社会（上篇）》，王武龙译，《马克思主义与现实》第3期。

乌尔里希·贝克，2004，《世界风险社会》，吴英姿、孙淑敏译，南京：南京大学出版社。

乌尔里希·贝克、安东尼·吉登斯、斯科特·拉什，2001，《自反性现代化：现代社会秩序中的政治、传统与美学》，赵文书译，北京：商务印书馆。

吴桂英，2007，《新型社会福利体系研究》，北京：中国社会出版社。

吴帆、李建民，2012，《家庭发展能力建设的政策路径分析》，《人口研究》第4期。

吴小芳，2013，《农村福利供给变迁研究》，《华中农业大学学报》第2期。

习近平，2013，《中共中央关于全面深化改革若干重大问题的决定》，http：//news. 12371. cn/2013/11/12/ARTI1384256994216543. shtml，2017 - 9 - 1。

肖萍，2012，《基于福利需要视角的城市残疾居民福利体系探讨》，《华东理工大学学报》第6期。

谢俊贵，2010，《失地农民的职业缺失与就业援助——基于调研数据与风险预估》，《湖南师范大学社会科学学报》第4期。

谢俊贵，2012，《从社会协同学的视角看我国智障儿童教育发展的体制缺陷及其优化》，《学前教育研究》第12期。

熊跃根，1999，《论国家、市场与社会福利之间的关系：西方社会政策理念发展及其反思》，《社会学研究》第3期。

熊跃根，2007，《国家力量、社会结构与文化传统——中国、日本和韩国福利范式的理论探索与比较分析》，《江苏社会科学》第4期。

熊跃根，2010，《中国福利体制建构与发展的社会基础：一种比较的观点》，《经济社会体制比较》，第5期。

徐道稳，2009，《社会福利行业与职业标准》，北京：中国社会出版社。

徐恒秋，2007，《瑞典社会福利政策模式的探讨与启示》，《学术界》第4期。

徐麟，2005，《中国慈善事业发展研究》，北京：中国社会出版社。

徐选国、阮海燕，2013，《试论我国适度普惠社会福利与社会工作的互构性发展》，《天府新论》第1期。

徐毅成，2013，《“需求与应得”：中国构建适度普惠型社会的前置导向及整合》，《内蒙古社会科学》第3期。

徐月宾，2002，《社会福利组织的特征》，《社会福利》第4期。

徐月宾、张秀兰，2005，《中国政府在社会福利中的角色重建》，《中国社会科学》第5期。

徐月宾、刘凤芹、张秀兰，2007，《中国农村贫困与农村社会保障制度的重建》，《中国社会科学（英文版）》第4期。

许飞琼，2000，《中国贫困问题研究》，《经济评论》第1期。

许小玲，2012，《政府购买服务：现状、问题域前景——基于内地社会组织的实证研究》，《思想战线》第2期。

许小玲，2013，《需要为本的失独群体综合服务体系构建研究》，《理论导刊》第12期。

许小玲，2014，《社会组织活力激发的新问题及政策思考——基于社会治理的视角》，《内蒙古社会科学》第3期。

许小玲，2015，《多元互动中民办社会工作机构生存逻辑研究》，南京大学博士论文。

许小玲、傅琦，2012，《“适度普惠”型社会福利的实现路径——基于社区层面的探讨》，《理论导刊》第3期。

荀子，2007，《荀子·天论》，载《中华经典藏书·荀子》，安小兰注，北京：中华书局。

雅诺什·科尔奈，2007，《社会主义体制》，张安译，北京：中央编译出版社。

阎新华，1991，《中国职工社会福利扩张及其影响分析》，《当代经济科学》第5期。

杨立雄，2013，《中国残疾人福利制度建构模式：从慈善到社会权利》，《中国人民大学学报》第2期。

杨立雄、李超，2014，《中国社会福利发展指数报告：2010～2012》，北京：人民出版社。

杨菊华、何熠华，2014，《社会转型过程中家庭的变迁与延续》，《人口研究》第2期。

杨敏、郑杭生，2007，《社会实践结构性巨变视野下的改革与和谐》，《社会科学》第1期。

杨敏、郑杭生，2007，《个体安全：关于风险社会的一种反思及研究对策》，《思想战线》第4期。

杨巧赞、王云斌，2014，《中国十大创新社会福利政策》，北京：中国社会出版社。

杨巧赞、郭名，2015，《中国社会福利发展报告》，北京：中国社会出版社。

杨善华、孙飞宇，2005，《作为意义探究的深度访谈》，《社会学研究》第5期。

杨生勇，2010，《当代农村社会支持系统的转型：基于华中J镇农村艾滋孤儿抚育实践的社会学研究》，武汉：湖北人民出版社。

杨生勇、杨洪芹，2013，《“污名”和“去污”：农村艾滋孤儿受损身份的生成和消解》，《中国青年研究》第7期。

杨团，2008，《社会政策与社会保障研究综述》，载中国社会科学院社会学研究所编，《中国社会学年鉴2003～2006》，北京：社会科学文献出版社。

杨团、关信平，2007，《中国社会政策研究》，天津：天津人民出版社。

杨伟民，2008，《论个人福利与国家和社会的责任》，《社会学研究》第1期。

杨伟民，2014，《论国家福利政策的根据》，《中国人民大学学报》第3期。

杨燕绥、肇越、于小东，2004，《员工福利与退休计划》，北京：中信出版社。

杨锃，2011，《日韩两国护理保险制度比较及其启示》，《中国青年政治学院学报》第4期。

姚进忠，2016，《超越福利国家：自由发展观的考量与审思》，《中川学刊》第6期。

姚兆余，2014，《农村社会养老服务：模式、机制与发展路径》，《甘肃社会科学》第1期。

野口定久、罗佳，2012，《日本地域福利与中国社区福利的政策与实践》，《社会福利》第6期。

伊恩·高夫，1995，《福利国家的政治经济学》，古允文译，台湾：巨流图书公司。

易松国，2006，《社会福利社会化的理论与实践》，北京：中国社会科学出版社。

易艳阳，2007，《完善我国社会福利行政体系》，《社会工作》第8期。

余华银、陈春钱、万寿桥，1993，《关于综合社会福利指标体系的重塑》，《财贸研究》第2期。

袁同成，2013，《合法性机制转型与我国政府福利责任承诺变迁》，《学术界》第3期。

岳经纶，2008，《社会政策学视野下的中国社会保障制度建设——从社会身份本位到人类需要本位》，《公共行政评论》第4期。

岳经纶，2010，《建构“社会中国”：中国社会政策的发展与挑战》，《探索与争鸣》第 10 期。

岳经纶、温卓毅，2012，《新公共管理与社会服务：香港的案例》，《公共行政评论》第 3 期。

臧其胜，2011，《社会管理视阈下南通安置型社区建设的内在困境与消解策略》，《南通职业大学学报》第 3 期。

臧其胜，2014a，《标准化：社会工作专业化、职业化的核心表征与必由路径》，《社会工作》第 2 期。

臧其胜，2014b，《证据为本：福利治理的行动准则》，《社会保障研究》第 4 期。

臧其胜，2015a，《政府福利责任的边界：基于华人社区公众福利态度的比较研究》，《南通大学学报》第 5 期。

臧其胜，2015b，《政府福利责任的边界：基于农民工福利态度影响因素的实证研究》，载岳经纶、郭巍青主编，《中国公共政策评论》（第 9 卷），上海：格致出版社。

臧其胜，2016，《政策的肌肤：福利态度研究的国际前沿及其本土意义》，《公共行政评论》第 4 期。

臧其胜，2017，《合法性与能力视角下社会组织活力激发的策略》，《南通大学学报》第 1 期。

曹参，2011，《大学 · 第十章》，载《中华经典藏书 · 大学中庸》，王国轩注，北京：中华书局。

最高法、最高检、公安部、民政部，2014，《关于依法处理监护人侵害未成年人权益行为若干问题的意见》，http：//www. court. gov. cn/fabu - xiangqing - 13398. html，2017 - 8 - 28。

邹农俭，2007，《养老保障 · 居家养老 · 社区支持：养老模式的新选择》，《江苏社会科学》第 4 期。

詹火生，1989，《社会福利理论》，台湾：巨流图书公司。

赵东霞，2012，《论我国适度普惠型社会福利模式的构建》，《桂海论丛》第 6 期。

张佳华，2017，《论社会政策中的“普惠”理念及其实践》，《青年学报》第 1 期。

张建平，2008，《完善住房保障制度的几点思考》，《现代经济》第 2 期。

张建君，2013，《竞争 - 承诺 - 服从：中国企业慈善捐款的动机》，《管理世界》第 9 期。

张军，2009，《社会保障制度的福利文化解析——基于历史和比较的视角》，西南财经大学博士学位论文。

张军、陈亚东，2014，《中国社会保障模式选择的民意基础》，《西北人口》第6期。

张绍华，2010，《关于行业协会“一业一会”的思考》，《社团管理研究》第6期。

张时飞、唐钧，2007，《辽宁、河北两省农村低保制度研究报告》，《东岳论丛》第1期。

张涛，2007，《农民工群体内部分层及其影响：以收入分层为视角》，《青年研究》第6期。

张思锋、唐敏、周淼，2016，《基于我国失能老人生存状况分析的养老照护体系框架研究》，《西安交通大学学报》第2期。

张士昌、陶立明、朱皓，2005，《社会福利思想》，合肥：合肥工业大学出版社。

张世峰，2008，《变革中的中国儿童福利政策》，《社会福利》第11期。

张伟兵，2002，《中国城市社区服务发展方向的反思》，《社会》第7期。

张新华、王文涛，1993，《〈周礼〉等早期文献中反映的社会福利思想》，《中国青年政治学院学报》第6期。

张秀兰、王振耀，2012，《中国社会福利发展报告》，北京：北京师范大学出版社。

张秀兰、徐晓新，2012，《社区：微观组织建设与社会管理——后单位制时代的社会政策视角》，《清华大学学报》第1期。

张秀兰、徐月宾、梅志里，2007，《中国发展型社会政策论纲》，北京：中国劳动社会保障出版社。

浙江省民政厅，2016，《浙江省民政厅关于进一步完善基层儿童福利服务体系建设的通知》，http://www.zjmz.gov.cn/il.htm?a=si&id=8aaf8015545c7e290154a3b80b2f045b，2017-8-28。

甄炳亮、刘建华，2014，《我国养老服务人才队伍建设研究》，《中国民政》第7期。

郑秉文，2002，《试论东亚地区福利国家的“国家中心主义”特征》，《中国社会科学院研究生院学报》第2期。

郑秉文，2003，《福利资本主义模式的变迁与比较——政治经济学的视角》，载考斯塔·艾斯平—安德森著，《福利资本主义的三个世界》，郑秉文译，北京：法律出版社。

郑秉文，2009，《中国社会保险“碎片化制度”危害与“碎片化冲动”探源》，《社会保障研究》第1期。

郑秉文，2013，《中国社会保险经办服务体系的现状、问题及改革思路》，《中国人口科学》第6期。

郑秉文、史寒冰，2002，《试论东亚地区福利国家的“国家中心主义”特征》，《中国社会科学院研究生院学报》第2期。

郑广怀，2012，《安抚型国家的形成——对中国社会福利体制的新制度主义批判》，《二十一世纪》10月号。

郑功成，1997，《论中国传统社会福利制度及其缺陷》，《社会工作》第5期。

郑功成，2001，《中国社会福利发展论纲：从传统福利模式到新型福利福制度》，《社会保障制度》第1期。

郑功成，2007，《中国社会保障改革的新思考》，《社会保障研究》第1期。

郑功成，2008，《中国社会保障改革与发展战略——理念、目标与行动方案》，北京：人民出版社。

郑功成，2011，《中国社会福利改革与发展战略：从照顾弱者到普惠全民》，《中国人民大学学报》第2期。

郑功成，2014，《中国社会保障演进的历史逻辑》，《中国人民大学学报》第1期。

郑功成，2011，《中国社会保障改革与发展战略》（四卷），北京：人民出版社。

郑观应，2013，《盛世危言》，载《郑观应集》，夏东元编译，北京：中华书局。

郑雄飞，2010，《破解“土地换保障”的困境———基于“资源”视角的社会伦理学分析》，《社会学研究》第6期。

政务院，1951，《关于改革学制的决定》，http://www.seac.gov.cn/art/2011/1/17/art_58_106844.html，2017-12-26。

政务院，1954a，《关于经济建设工程民工伤亡抚恤问题的暂行规定》，载中国残疾人联合会，1996，《中国残疾人事业年鉴（1949~1993）》，北京：华夏出版社。

政务院，1954b，《关于民政部门与各有关部门的业务划分问题的通知》，载中国残疾人联合会，1996，《中国残疾人事业年鉴（1949~1993）》，北京：华夏出版社。

刘锡鸿，1980，《英轺私记》，长沙，湖南人民出版社。

中共中央，2004，《中共中央关于加强党的执政能力建设的决定》，北京：人民出版社。

中共中央，2006，《中共中央关于构建社会主义和谐社会若干重大问题的决定》，http：//news. xinhuanet. com/politics/2006 - 10/18/content _ 5218639. htm，2017 - 9 - 1。

中共中央，2013，《中共中央关于全面深化改革若干重大问题的决定》，《人民日报海外版》11 月 16 日。

中共中央，2015a，《中共中央关于制定国民经济和社会发展第十三个五年规划的建议》，http：//www. gov. cn/xinwen/2015 - 11/03/content _ 5004093. htm，2017 - 8 - 28。

中共中央，2015b，《中共中央关于加强党的执政能力建设的决定》，http：//www. people. com. cn/GB/shizheng/1026/2809350. html，2015 - 5 - 27。

中共中央、国务院，2010，《国家中长期人才发展规划纲要（2010 ~ 2020 年）》，http：//cpc. people. com. cn/GB/244800/244853/18135323. html，2017 - 12 - 26。

中共中央文献研究室，2011，《建党以来重要文献选编（1921 ~ 1949）》，北京：中央文献出版社。

中国保监会，2014，《中国保监会关于开展老年人住房反向抵押养老保险试点的指导意见》，http：//www. circ. gov. cn/web/site0/tab5168/info3918962. htm，2014 - 6 - 23。

中国保监会，2015，《中国保监会关于印发〈养老保障管理业务管理办法〉的通知》，http：//www. circ. gov. cn/web/site0/tab5168/info3971138. htm，2015 - 7 - 30。

中国民政编辑部，2015，《部分省市困境儿童福利保障政策亮点及评析》，《中国民政》第 19 期。

中国社会科学院社会学研究所，2008，《中国社会学年鉴 2003 ~ 2006》，北京：社会科学文献出版社。

中国统计学会，2013，《2011 年地区发展与民生指数（DLI）报告》，http：//www. stats. gov. cn/tjsj/zxfb/201302/t20130208_12935. html，2017 - 7 - 30。

中国残疾人联合会，1996，《中国残疾人事业年鉴（1949 ~ 1993）》，北京：华夏出版社。

中国残疾人联合会，2009，《关于在新型农村社会养老保险试点中做好残疾人参保工作的通知》，http：//www. fawuzaixian. com/wenku/view/id/103399，2017 - 12 - 26。

中国残疾人联合会，2016，《2015 年中国残疾人事业发展统计公报》，http：//www. cdpf. org. cn/zcwj/zxwj/201604/t20160401_548009. shtml，2017 - 12 - 26。

中国残疾人联合会、教育部、民政部、人力资源社会保障部等，2010，《关于加快推进残疾人社会保障体系和服务体系建设的指导意见》，http：//www. china. com. cn/policy/txt/2010 -03/13/content_19598228. htm，2017 -12 -26。

中国残疾人联合会、劳动和社会保障部，1998，《关于做好下岗残疾职工基本生活保障和再就业工作的通知》，http：//www. gzdpf. org. cn/article/otherfile/2845. html，2017 -12 -26。

中国人民政治协商会议，1949，《中国人民政治协商会议共同纲领》，http：//www. law -lib. com/law/law_view. asp？id =283576，2017 -12 -26。

钟叔河，1989，《从东方到西方：〈走向世界丛书〉叙论集》，上海：上海人民出版社。

中央组织部、中央政法委、民政部等18个部委和组织，2011，《关于加强社会工作专业人才队伍建设的意见》，http：//www. mca. gov. cn/article/zwgk/fvfg/shgz/201111/20111100197275. shtml，2017 -9 -2。

中央组织部、中央政法委、中央编办、国家发改委、教育部、公安部、民政部等，2012，《社会工作专业人才队伍建设中长期规划（2011 ~2020）》，http：//www. mca. gov. cn/article/zwgk/fvfg/shgz/201204/20120400302330. shtml，2017 -9 -2。

钟涨宝、狄金华，2008，《农村土地流转与农村社会保障体系的完善》，《江苏社会科学》第1期。

周弘，1998，《福利的解析》，上海：远东出版社。

周进萍，2007，《试析中国社会福利体系的目标层次及其整合》，《江苏社会科学》第1期。

周林刚，2008，《社会支持与权能感——以残疾人福利实践为视角》，《西北民族研究》第4期。

周林刚，2011，《残疾人社会保障体系爱与公共服务体系建设研究》，《中国人口科学》第2期。

周沛，2007，《社会福利体系研究》，北京：中国劳动社会保障出版社。

周沛，2008，《社会福利国家和国家社会福利—兼论社会福利体系中的政府责任主体》，《社会科学战线》第2期。

周沛，2014，《积极福利视角下残疾人社会福利政策研究》，《东岳论丛》第5期。

周晓虹，2002，《理想类型与经典社会学的分析范式》，《江海学刊》第2期。

周怡、胡安宁，2014，《有信仰的资本——温州民营企业主慈善捐赠行为研究》，《社会学研究》第1期。

周志凯，2005，《论我国农村老年人社会福利事业》，《社会主义研究》第3期。

住建部，2014，《关于加强老年人家庭及居住区公共设施无障碍改造工作的通知》，http://shfl.mca.gov.cn/article/zcfg/zonghe/201610/20161000887083.shtml，2016－10－28。

住建部、民政部、中国残疾人联合会，1991，《方便残疾人使用的的城市道路和建筑物设计规范》，载中国残疾人联合会，1996，《中国残疾人事业年鉴（1949～1993）》，北京：华夏出版社。

住建部、民政部、中国残疾人联合会，2001，《城市道路和建筑物无障碍设计规范（JGJ50－2001）》，北京：中国建筑工业出版社。

朱剑红，2013，《中国统计学会发布2011年地区发展与民生指数报告》，《中共合肥市委党校学报》第1期。

朱亮、赵瑞雪、寇远涛、鲜国建，2012，《基于CiteSpace II的"共引分析"领域知识图谱分析》，《数字图书馆论坛》第12期。

朱荣科，1998，《社会主义福利经济学论纲》，《学习与探索》第2期。

朱荣科、韩基圣，1992，《社会主义社会福利函数及其变量体系》，《数量经济技术经济研究》第2期。

庄子，2010，《庄子·杂篇·天下》，载《中华大字经典·庄子》，孙通海注，北京：中华书局。

英文文献：

Abrahamson，P.，1994，Welfare Pluralism：Towards a New Consensus for a European Social Policy. *Current Politics and Economics of Europe*，5（1）.

Abrahamson，P.，2005，*Neo-liberalism*，*Welfare Pluralism and Configuration of Social Policies.* http：//www.public-policy.unimelb.edu.au/conference. 2005－10－16.

Adler，N. J. & A. Gunderse，2007，*International Dimensions of Organizational Behavior*（5*th*）. Ohio：Cengage Learnign.

Alcock，P.，M. Margarent & W. Sharon，2003，*The Student's Companion to Social Policy*（2*nd*）. Blackwell Publishing Ltd.

Allardt，E.，1976，Dimensions of Welfare in a Comparative Scandinavian Study. *Acta Sociologica*，19（3）.

Allsop，J.，2003，Health Care. In Alcock，P.，A. Erskine & M. May（eds.），*The Student's Companion to Social Policy*（2*nd*）. Blackwell Publishing Ltd.

Amenta，E.，2003，What We Know about the Development of Social Policy. In Mahoney，J. & D. Rueschemeyer（eds.），2003，*Comparative Historical Analysis in the Social Sciences*. Cambridge University Press.

Andre β, H. J. & T. Heien, 1998, *Explaining Attitudes Towards the Welfare State – Problems of a Current Research Project*. http://eswf. uni-koeln. de/forschung/wme/wme_ap7. pdf. 2013 – 4 – 17.

Andre β, H. J. & T. Heien, 2001, Four Worlds of Welfare State Attitudes? A Comparison of Germany, Norway, and the United States. *European Sociological Review*, 17 (4).

Aoki, M., 2001, *Toward A Comparative Institutional Analysis*, Cambridge, Mass: MIT Press.

Arts, W. & J. Gelissenm, 2001, Welfare States, Solidarity and Justice Principles: Does the Type Really Matter? *Acta Sociologica* 44 (4).

Arts, W. & J. Gelissenm, 2002, Three Worlds of Welfare Capitalism or More? A State-of-the – Art Report. *Journal of European Social Policy*, 12 (2).

Arnstein, S. R., 1969, A Ladder of Citizen Participation. *Journal of the American Institute of planners* 35 (4).

Ascoli, U. & C. Ranci, 2002, Changes in the Welfare Mix: The European Path. In Ascoli, U. & C. Ranci (ed.), *Dilemmas of the Welfare Mix: The New Structure of Welfare in an Era of Privatization*. New York: Kluwer Academic/Plenum.

Aspalter, C., 2001, *Conservative Welfare State Systems in East Asia*. West Port, Conn: Praeger.

Aspalter, C., 2006, The East Asian Welfare Model. *International Journal of Social Welfare* 15 (4).

Aubrey, C. & S. Dahl, 2006, Children's Voices: The Views of Vulnerable Children on Their Service Providers and the Relevance of Services They Receive. *British Journal of Social Work* 36 (1).

Austin, M. J., 2003, The Changing Relationship between Nonprofit Organization and Public Social Service Agencies in the Era of Welfare Reform. *Nonprofit and Voluntary Sector Quarterly* 32 (1).

Stern, M. J. & Axinn, J., 2011, *Social Welfare: A History of the American Response to Need*. Englewood: Prentice Hall.

Bain, J. S., 1968, *Industrial Organization: A Treatise, Industrial Organization* (2*nd*). Chichester: John Wiley & Sons Inc.

Baldock, J., 1999, Culture: The Missing Variable in Understanding Social Policy? *Social Policy & Administration* 33 (4).

Bambra, C., 2007, Going Beyond the Three Worlds of Welfare Capitalism: Regime Theory and Public Health Research. *Journal of Epidemiology and Community Health* 61 (12).

Barrientos, A., 2004, Latin America: Towards a Liberal-informal Welfare Regime. In Gough, I., G. Wood, A. Barrientos, et al. (ed.), *Insecurity and Welfare Regimes in Asia, Africa and Latin America: Social Policy in Development Contexts. Cambridge*, UK; New York: Cambridge University Press.

Barron, J. A., 1967, Access to the Press: A New First Amendment Right. *Harvard Law Review* 80 (8).

Bean, C. & E. Papadakis, 1998, A Comparison of Mass Attitudes Towards the Welfare State in Different Institutional Regimes, 1985 – 1990, *International Journal of Public Opinion Research* 10 (3).

Beasley, C., 1999, *What is Feminism: An Introduction to Feminist Theory.* London; Thousand Oaks; California: Sage.

Beck, U., 1997, *The Reinvention of Politics: Rethinking Modernity in the Global Social Order.* Translated by Mark Ritter. Cambridge, UK: Polity Press.

Beck, W., L. V. D. Maesen, F. Thomese, et al. (ed.), 2001, *Social Quality: A Vision for Europe.* The Hague: Kluwer Law International.

Bell, D., 1976, Forward. in Bell, D., 1976, *The Cultural Contradictions of Capitalism.* New York: Basic Books Inc. Publishers.

Beveridge, W., 1942, *Social Insurance and Allied Services.* London: HMSO.

Blekesaune, M. & J. Quadagno, 2003, Public Attitudes Toward Welfare State Policies: A Comparative Analysis of 24 Nations. *European Sociological Review* 19 (5).

Blomberg, H. & C. Kroll, 1999, Do Structural Contexts Matter? Macro – Sociological Factors and Popular Attitudes Towards Public Welfare Services. *Acta Sociologica* 42 (4).

Boarini, R., A. Johansson & M. M. D' Ercole, 2006, *Alternative Measures of Well – Being.* Paris: OECD.

Borre, O. & M. Goldsmith, 1995, The Scope of Government. In Borre, O. & E. Scarbrough, *The Scope of Government.* New York: Oxford University Press.

Bradshaw, J., 1977, The Concept of Social Need. In Fitzgerald, M., Halmos, P., Muncie, J. & Zeldin, D. (eds.), *Welfare in Action*, London: Routledge & K. Paul in association with the Open University Press.

Bryntse, K., & C. Greve, 2002, Competitive Contracting for Public Services:

A Comparison of Policies and Implementation in Denmark and Sweden. *International Public Management Review* 3 (1).

Bryson, L., 1992, *Welfare and the State: Who Benefits*. New York: St. Martin's Press.

Burchardt, T., J. L. Grand & D. Piachaud, 1999, Social Exclusion in Britain 1991 - 1995. *Social Policy & Administration* 33 (3).

Campbell, D. T. & J. Stanley, 1963, *Experimental and Quasi - Experimental Designs for Research*. Boston: Houghton Mifflin.

Carney, L. S. & C. G. O'Kelly, 1990, Women's Work and Women's Place in the Japanese Economic Miracle. In Ward, K. B. (eds.), *Women Workers and Global Restructuring*. Ithaca; New York: ILR Press, School of Industrial and Labor Relations, Cornell University.

Carpenter, M., B. Freda & S. Speeden, 2007, *Beyond the Workfare State: Labour Markets, Equalities and Human Rights*, Bristol: The Policy Press.

Chen, C., 2005, *The Centrality of Pivotal Points in the Evolution of Scientific Networks*. In Proceedings of the International Conference on Intelligent User Interfaces (IUI 2005). California: San Diego. CA. https://dl.acm.org/citation.cfm?doid=1040830.1040859. 2017-6-22.

Chen, C., 2006, CiteSpace II: Detecting and Visualizing Emerging Trends and Transient Patterns in Scientific Literature. *Journal of the American Society for Information Science and Technology* 57 (3).

Chen, C., 2014, *The CiteSpace Manual* (version = 0.66), http://blog.sciencenet.cn/home.php?mod=space&uid=496649&do=blog&id=782646. 2014-6-30.

Chen, C., F. Ibekwe - SanJuan & J. Hou, 2010, The Structure and Dynamics of Cocitation Clusters: A Multiple - Perspective Cocitation Analysis. *Journal of the American Society for Information Science and Technology* 61 (7).

Chen, H. L., 2013, A Study of Older People with Disability: Evidence from Two Cosmopolitan Cities. *Ageing International* 38 (4).

Chen, H. L., Y. C. Wong & Q. Zeng, 2013, Negotiating Poverty from Mid-life to Pre-old Age: A Longitudinal Study on Social Assistance Recipients in Shanghai. *Asia Pacific Journal of Social Work & Development* 23 (4).

Choi, B. C. K., T. Pang, Lin, V. et al., 2005, Can Scientists and Policy Makers Work Together? *Journal of Epidemiology and community health* 59 (8).

Chung, D. & H. Alphonso, 1993, Confucian Welfare Philosophy and Social Change Technology: An Integrated Approach for International Social Development. *International Social Work* 36 (1).

Clasen, J., 2003, Comparative Social Policy and the European Union. In Baldock, J., N. P. Manning & V. Vickerstaff (ed.), *Social Policy*. Oxford: Oxford University Press.

Cnaan, R. A., 1989, Public Opinion and the Dimensions of the Welfare State. *Social Indicators Research* 21 (3).

Coase, R. H., 1959, The Problem of Social Cost. *The Journal of Law and Economics* 2 (4).

Connell, R. W., 1979, The Concept of Role and What to Do with It. *Australian & New Zealand Journal of Sociology* 15 (3).

Connell, R. W., 1985, Theorising Gender. *Sociology* 19 (2).

Connell, R. W., 1987, *Gender and Power: Society, the Person and Sexual Politics*. Oxford: Polity Press.

Connell, R. W., 2002, *Gender*. Cambridge: Polity Press; Malden: Blackwell Publishers.

Considine, M., S. O'Sullivan & P. Nguyen, 2014, Governance, Boards of Directors and the Impact of Contracting on Not-for-profit Organizations – An Australian Study. *Social Policy & Administration* 48 (2).

Corden, A., E. Robertson & K. Tolley, 1992, *Meeting Needs in an Affluent Society: A Multi-disciplinary Perspective*. Aldershot: Avebury.

Crook, R. C., 2003, *Decentralization and Poverty Reduction in Africa: The Politics of Local – Central Relations*. United Nation Development Programmes.

Culpitt, I., 1992, *Welfare and Citizenship, Beyond the Crisis of the Welfare State?*. London: Sage.

Dale, J. & P. Foster, 1986, *Feminists and State Welfare*. London, Boston & Henley: Routledge & Kegan Paul.

Daly, M., 2003, Governance and Social Policy. *Journal of Social Policy* 32 (1).

David, M. & V. Slyke, 2002, The Public Management Challenges of Contracting with Nonprofits for Social Services. *International Journal of Public Administration* 25 (4).

De Neubourg, C., 2002, The Welfare Pentagon and the Social Management of Risks. In R. Sigg and C. Behrendt (eds). *Social Security in the Global Village*. New Brunswick: Transaction Publishers, 313 – 331.

Dean, H., 2007, Welfare, Identity, and the Life Course. In Baldock, J., N. Manning & S. Vickerstaff (ed.), *Social Policy*. Oxford & New York: Oxford University Press.

Deacon, B., 1993, Developments in East European Social Policy. In Jones, C. (eds.). *New Perspectives on the Welfare State in Europe*. London & New York: Routledge.

Delmar, R., 1986, What is Feminism? In Mitchell, J. & A. Oakley (ed.), *What is Feminism*. New York: Pantheon Books.

Dobrow, M. J., V. Goel & R. E. G. Upshur, 2004, Evidence – Based Health Policy: Context and Utilisation. *Social Science & Medicine* 58 (1).

Doyal, L. & Gough, I., 1991, *A Theory of Human Need*, Basingstoke: Macmillan.

Duffy, K., 1998, *The Human Dignity and Social Exclusion Project—Research Opportunity and Risk: Trends of Social Exclusion in Europe*. Strasbourg: Council of Europe.

Dwyer, P., 2004, *Understanding Social Citizenship*. Bristol: Policy Press.

Ebersohn, L. & I. Eloff, 2006, Identifying Asset-based Trends in Sustainable Programmes Which Support Vulnerable Children. *South African Journal of Education* 26 (3).

Edlund, J., 1999, Trust in Government and Welfare Regimes: Attitudes to Redistribution and Financial Cheating in the USA and Norway. *European Journal of Political Research* 35 (3).

Edwards, J. R., 1987, *Positive Discrimination, Social Justice and Social Policy: Moral Scrutiny of A Policy Practice*, London: Tavistock.

Elliott, D., 1993, Social Work and Social Development: Towards and Integrative Model for Social Work Practice. *International Social Work* 36 (1).

Estes, R. J., 1984, *The Social Progress of Nations*. New York: Praeger Publishers.

Espada, J. C., 1996, *Social Citizenship Rights*. London: Macmillan Press.

Esping – Andersen, G., 1990. *The Three Worlds of Welfare Capitalism*. Cambridge: Polity Press.

Esping – Andersen, G., 1997, Hybrid or Unique? The Japanese Wealfare State between Europe and American. *Journal of European Social Policy* 7 (3).

Esping – Andersen, G., 1999, *Social Foundations of Post – Industrial Economies*. Oxford: Oxford University Press.

Erskine, A., 2003, The Approaches and Methods of Social Policy. In Alcock, P., A. Erskine & M. May (eds.), *The Student's Companion to Social Policy* (2rd).

Oxford: Blackwell.

Erskine, H., 1975, The Polls: Government Role in Welfare. *The Public Opinion Quarterly* 39 (2).

Etzioni, A., 1993, *The Spirit of Community: Rights, Responsibilities and the Communitarian Agenda.* New York: Crown Publishers.

European Foundation of Social Quality, 2006, *Introduction to the Theory of Social Quality.* http: //www. socialquality. nl/site/index. html. 2009 – 1 – 10.

Evers, A., 1988, Shifts in the Welfare Mix: Introducing a New Approach for the Study of Transformations in Welfare and Social Policy. In Evers, A. & H. Wintersberger (ed.), *Shifts in the Welfare Mix: Their Impact on Work, Social Services and Welfare Policies.* Eurosocial, Vienna.

Evers, A., 1993, The Welfare Mix Approach: Understanding the Pluralism of Welfare Systems. In Evers, A. & I. Svetlik (ed.), *Balancing Pluralism: New Welfare Mixes in Care for the Elderly.* Aldershot: Avebury.

Evers, A. & T. Olk, 1996, *Wohlfahrts Pluralismus: Vom Wohlfahrts Staat Zur Wohlfahrts Gesellschaft.* Opladen.

Fabre, C., 1998, Social Citizenship and Social Rights. In Christodoulidis, E. A. (eds.), *Communitarianism and Citizenship*, Aldershot: Ashgate.

Faulks, K., 2000, *Citizenship.* London: Routledge.

Fenger, M., 2006, Shifts in welfare governance: the state, private and non-profit sectors in four European countries. In Henman, P. & M. Fenger (ed.), *Administering Welfare Reform: International Transformations in Welfare Governance.* Bristol: The Policy Press.

Franklin, C., 2000, The Delivery of School Social Work Services. In Meares, P. A., R. O. Washington & B. L. Welsh (eds.). *Social Work Services in Schools.* Boston: Allyn and Bacon.

Freedman, J., 2001, *Feminism.* Buckingham: Open University Press.

Friedman, M., 1962, *Capitalism and Freedom.* Chicago: Chicago University Press.

Fujimura, M., 2000, The Welfare State, Middle Class and The Welfare Society. *Review of Population & Social Policy* 9 (3).

Galbraith, J. K., 1967, *The New Industrial State.* London: Hamish Hamilton.

Gambrill, E., 2006, Evidence – Based Practice and Policy: Choices Ahead. *Research on Social Work Practice* 16 (3).

George, V. & P. Wilding, 1994, *Welfare and Ideology*. New York: Harvester Wheatsheaf.

Gelissen, J., 2000, Popular Support for Institutionalised Solidarity: A Comparison between European Welfare States. *International Journal of Social Welfare* 9 (4).

Gewirth, A., 1982, *Human Rights: Essays on Justification and Applications*. Chicago: University of Chicago Press.

George, V. & P. Wilding, 1985, *Ideology and Social Policy*. London: Routledge.

Gil, D. G., 1992, *Unraveling Social Policy: Theory, Analysis and Political Action Towards Social Equality*. Vermont: Schenman Books.

Gilbert, N., 2000, Welfare Pluralism and Social Policy. In Midgley, J., M. B. Tracy & M. Livermore (eds.), The *Handbook of Social Policy*. Thousand Oaks, CA: Sage.

Gilbert, N., 2002, *Transformation of the Welfare State: The Silent Surrender of Public Responsibility*. New York: Oxford University Press.

Gilbert, N., 2005, *The 'Enabling State?' from Public to Private Responsibility for Social Protection: Pathways and Pitfalls*. In OECD Social, Employment and Migration Working Papers No. 26. www. oecd. org/social/soc/35304720. pdf.

Gilbert, N. & B. Gilbert, 1989, *The Enabling State: Modern Welfare Capitalism in America*. New York: Oxford University Press.

Gilbert, N. & P. Terrell, 2005, *Dimensions of Social Welfare Policy*. Boston: Pearson Allyn and Bacon.

Goffman, E., 1976, *Gender Advertisements*. London: Macmillan.

Goffman, E., 1977, The Arrangement between the Sexes. *Theory and Society* 4 (3).

Goodin, R. E., 1988, *Reasons for Welfare: The Political Theory of the Welfare State*, Princeton: Princeton University Press.

Goodman, R. & P. Ito, 1996, The East Asian Welfare States: Peripatetic Learning, Adaptive Change, and Nation-building. In Esping – Andersen G. (ed.), *Welfare States in Transition: National Adaptations in Global Economies*. London: Sage Publications.

Gordon, D. et al., 2000, *Poverty and Social Exclusion in Britain*. York: Joseph Rowntree Foundation.

Gou, S. & D. L. Huseey, 2004, Nonprobability Sampling in Social Work Research: Dilemmas, Consequences, and Strategies. *Journal of Social Service Research* 30 (3).

Gough, I., 1979, *The Political Economy of the Welfare State*. London: Macmillan.

Gough, I., G. Wood, A. Barrientos, et al., 2004, *Insecurity and Welfare Regimes in Asia, Africa and Latin America: Social Policy in Development Contexts*. Cambridge, Cambridge University Press.

Goulet, L. R. & M. L. Frank, 2002, Organizational Commitment Across Three Sectors: Public, Non-profit., and For-profit. *Public Personnel Management* 31 (2).

Grand, J. L., 1991, The Theory of Government Failure. *British Journal of Political Science* 21 (4).

Gross, A. M., 1993, Shifts in the Welfare Mix and Social Innovation in Welfare Policies: A Case – Study in Israel. In Evers, A. & I. Svetlik (eds.), *Balancing Pluralism: New Welfare Mixes in Care for the Elderly*. Aldershot: Avebury.

Gronbjerg, K. A. & Smith, S. R., 1999, Nonprofits Organizations and Public Policies in the Delivery of Human Services. In Clotfelter, C. T. & Ehrlich, T. (eds.), *Philanthropy and the Nonprofits Sectora Changing America*. Bloomington: Indiana University Press.

Habermas, J., 1976, *Communication and Evolution of the Society*. Translated and with an Introduction by T. McCarthy, Boston: Beacon Press.

Harris, H., 2001, Content Analysis of Secondary Data: A Study of Courage in Managerial Decision Making. *Journal of Business Ethics* 34 (3 – 4).

Harvey, D., 2007, *A Brief History of Neoliberalism*. New York: Oxford University Press.

Hasenfeld, Y. & J. A. Rafferty, 1989, The Determinants of Public Attitudes Toward the Welfare State. *Social Forces* 67 (4).

Hayek, F. A., 1944, *The Road to Serfdom*. London: Routledge & Kegan Paul.

Head, B. W., 2008, Three Lenses of Evidence – Based Policy. *Australian Journal of Public Administration* 67 (1).

Hedegaard, T. F., 2014, The Policy Design Effect: Proximity as a Micro-level Explanation of the Effect of Policy Designs on Social Benefit Attitudes. *Scandinavian Political Studies* 37 (4).

Heien, T. & D. Hofäcker, 1999, *How do Welfare Regimes Influence Attitudes? A Comparison of Five European Countries and the United States* 1985 – 1996, Working Paper No. 9, Bielefeld: ECSR – Workshop. http://eswf.uni-koeln.de/forschung/wme/wme_ap9.pdf. Accessed time: 2013 – 4 – 8.

Herd, P., 2005, Reforming A Breadwinner Welfare State: Gender, Race,

Class, and Social Security Reform. *Social Forces* 83 (4).

Herzberg, F., 1969. *Work and the Nature of Man*. Cleveland, OH: World.

Holliday, I., 2000, Productivist Welfare Capitalism: Social Policy in East Asia. *Political studies* 48 (4).

Holliday, I. & P. Wilding, 2003, *Welfare Capitalism in East Asia: Social Policy in the Tiger Economies*. London: Palgrave Macmillan.

Huber, E., 1996, Options for Social Policy in Latin America: Neoliberal versus Social Democratic Models. In Esping - Andersen G. (eds.), *Welfare States in Transition: National Adaptations in Global Economies*. London: Sage Publications.

Hyde, C., 2000, Feminist Approaches to Social Policy. In Midgley, J., M. B. Tracy & M. Livermore (eds.), *The Handbook of Social Policy*. Thousand Oaks: Sage Publications.

Islam, R., 1995, Rural Institutions and Poverty. In Rodger, van der Hoeven, R. (eds.), *Asia, New Approaches in Poverty Analysis and Policy* - Ⅱ, Geneva: International Institute for Labour Studies, ILO.

Inglehart, R., 1988, The Renaissance of Political Culture. *American Political Science Review* 82 (4).

Jacoby, W. G., 2000, Issue Framing and Public Opinion on Government Spending. *American Journal of Political Science* 44 (4).

Jæger, M. M., 2006, What Makes People Support Public Responsibility for Welfare Provision: Self - Interest or Political Ideology? A Longitudinal Approach. *Acta Sociologica* 49 (3).

Jæger, M. M., 2009, United but Divided: Welfare Regimes and the Level and Variance in Public Support for Redistribution. *European Sociological Review* 25 (6).

Jakobsen, T. G., 2011, Welfare Attitudes and Social Expenditure: Do Regimes Shape Public Opinion? *Social indicators research* 101 (3).

Jeene, M., W. V. Oorschot & W. Uunk, 2013, Popular Criteria for the Welfare Deservingness of Disability Pensioners: The Influence of Structural and Cultural Factors. *Social indicators research* 110 (3).

Jessop, B., 1999, The Changing Governance of Welfare: Recent Trends in its Primary Functions, Scale, and Modes of Coordination. *Social Policy & Administration* 33 (4).

Johnson, N., 1987, *The Welfare State in Transition: The Theory and Practice of Welfare Pluralism*. Brighton, England: Wheatsheaf.

Johnson, N., 1990, Problems for the Mixed Economy of Welfare. In Ware, A. & R. E. Goodin (ed.), *Need and Welfare*. London: Sage.

Johnson, N., 1999, *Mixed Economies of Welfare: A Comparative Perspective*. London; New York: Prentice Hall Europe.

Jones, C., 1990, Hong Kong, Singapore, South Korea and Taiwan: Oikonomic Welfare States. *Government and Opposition* 25 (4).

Jones, C., 1993, *The Pacific Challenge. In Jones, Catherine* 1993, *New Perspectives on the Welfare State in Europe*. London & New York: Routledge.

Joo, J. Y., 1999, Explaining Social Policy Adoption in South Korea: the Cases of the Medical Insurance Law and the Mini-mum Wage Law. *Journal of Social Policy* 28 (3).

Jordan, B., 1996, *A Theory of Poverty and Social Exclusion*. Cambridge, MA: Polity Press.

Katz, M. B., 2001, *The Price of Citizenship, Redefining the American Welfare State*. New York: Metropolitan Books.

Kim, Y. M., 2005, *The Re-examination of East Asian Welfare Regime*. Paper Presented at the Workshop on East Asian Social Policy, Bath: University of Bath, UK. January 13 - 15.

Kimmel, M. S., 2000, *The Gendered Society*. New York: Oxford University Press.

Kulin, J., 2011, *Values and Welfare State Attitudes: The Interplay Between Human Values, Attitudes and Redistributive Institutions Across National Contexts*. UMEÅ University PhD.

Kulin, J., 2012, *Public Support for Redistributive Strategies: The Impact of Personal Values and Institutional Norms*. Working Paper, Ume? University. http: //www. soc. umu. se/digitalAssets/88/88750_nr - 3_2012 - kulin_public-support-for-redistrbutive-strategies. pdf. 2016 - 7 - 29.

Kumlin, S., 2004, *The Personal and the Political: How Personal Welfare State Experiences Affect Political Trust and Ideology*. New York: Palgrave Macmillan.

Kwon, H. J., 1997, Beyond European Welfare Regimes: Comparative Perspectives on East Asian Welfare Systems. *Journal of Social Policy* 26 (4).

Kwon, H. J., 2009, The Reform of the Developmental Welfare State in East Asia. *International Journal of Social Welfare* 18 (1).

Langan, M., 1998, The Contested Concept of Need. In Langan, M. (eds.), *Welfare: Need Right and Risks*. London: Routledge.

Larsen, C. A. , 2006, *The Institutional Logic of Welfare Attitudes: How Welfare Regimes Influence Public Support.* Hampshire: Ashgate Publishing Limited.

Laville, J. L. , 2003, Childcare and Welfare Mix in France. *Annals of Public and Cooorative Economics* 74 (4).

Lee, Y. J. & Y. W. Ku, 2007, East Asian Welfare Regimes: Testing the Hypothesis of the Developmental Welfare State. *Social Policy&Administration* 41 (2).

Lei, J. , 2014, Covering Whoever is Eligible? An Exploratory Study on the Eligibility of the Urban Minimum Living Standard Guarantee in China. *Critical Social Policy* 34 (2).

Leung, J. C. B. , 2003, Social Security Reforms in China: Issues and Prospects. *International Journal of Social Welfare* 12 (2).

Lewis, J. , 1989, Social Policy and the Family: Introduction. In Bulmer, M. , J. Lewis & D. Piachaud (eds.), *The Goals of Social Policy.* London: Unwin Hyman.

Lewis, J. , 1993, *Women and Social Policies in Europe: Work, Family and the State.* Aldershot, Hants: Edward Elgar Publishing Limited.

Lewis, J. , 2006, *Children, Changing Families and Welfare States.* Cheltenham: Northampton.

Liang, K. , 2014, A Descriptive Study of Age Identity among Older Adults in China. *China Journal of Social Work*, 7 (3).

Lin, K. , 1999, *Confucian Welfare Cluster: A Cultural Interpretation of Social Welfare.* Tampere: University of Tampere.

Lipsky, M. & S. Smith, 1990, Nonprofit Organizations, Government and the Welfare State. *Political Science Quarterly*, 104 (4).

Lofland, J. & L. H. Lofland, 1995, *Analyzing Social Settings.* Belmont, CA: Wadsword.

Lopata, H. Z. & B. Thorne, 1978, On the Term 'Sex Roles'. *Signs* 3 (3).

Macarov, D. , 1995, *Social Welfare: Structure and Practice.* Thousand Oaks: Sage.

Marshall, T. H. , 1950, *Citizenship and Social Class and Other Essays.* Cambridge: Cambridge University Press.

Marshall, T. H. , 1963, *Sociology at the Crossroads.* London: Heninemann.

Marshall, T. H. , 1964, *Class, Citizenship and Social Development.* New York: Doubleday & Company.

Marshall, T. H. , 1965, *Class, Citizenship and Social Development.* New York: Anchor Books.

Marshall, T. H. & T. Bottomore, 1992, *Citizenship and Social Class*. London: Pluto Press.

Marston, G., 2012, Welfare Reform in East Asia: Towards Workfare. *Asia Pacific Journal of Social Work and Development* 22 (1).

Maslow, A. H., 1970, *Motivation and Personality*. New York: Harper & Row, Publisher.

Mayntz, R., 2006a, From Government to Governance. *Governance of Integrated Product Policy: In Search of Sustainable Production and Consumption* 1 (32).

Mayntz, R., 2006b, From Government to Governance: Political Steering in Modern Societies. In Scheer, D. & F. Rubik (eds.). *Governance of Integrated Product Policy: In Search of Sustainable Production and Consumption*. Sheffield: Greenleaf Publishing in association with GSE Research.

McAdams, J., 1986, Status Polarization of Social Welfare Attitudes. *Political Behavior* 8 (4).

Meijs, L., 2004, Changing the welfare mix: going from a corporatist to a liberal non-profit regime. *ISTR Sixth International Conference*. Toronto: Ryerson University and York University, Canada., July 11 - 14.

Midgley, J., 1985, Industralization and Welfare: the Case of the Four Little Tigers. *Social Policy and Administration* 20 (3).

Midgley, J., 1994, Defining Social Development: Historical Trends and Conceptual Formulations. *Social Development Issues* 16 (3).

Midgley, J., 1995, Social Development: The Developmental Perspective in Social Welfare. London: Sage.

Midgley, J., 1997, *Social Welfare in Global Context*. Thousand Oaks : Sage Publications .

Midgley, J., 2000, The Institutional Approach to Social Policy. In Midgley, J., M. B. Tracy & M. Livermore, *The Handbook of Social Policy*. Thousand Oaks: Sage Publications.

Musgrave, R. A., 1959, *The Theory of Public Finance: A Study in Public Economy*. New York: Mcgraw - Hill Book Company.

Neubourg, C. D. & C. Weigand, 2000, Christine Social Policy as Social Risk Management. *The European Journal of Social Sciences* 13 (4).

Neuendorf, K. A., 2002, *The Content Analysis Guidebook*. London, Thousand Oaks; Calif. : Sage.

Newman, J., Ca. Glendinning & M. Hughes, 2008, Beyond Modernisation? Social Care and the Transformation of Welfare Governance. *Journal of Social Policy* 37 (4).

North, D. C., 1990, *Institutions, Institutional Change and Economic Performance.* Cambridge: Cambridge University Press.

Oorschot, W. V., 2007, Culture and Social Policy: A Developing Field of Study. *International Journal of Social Welfare* 16 (2).

Oorschot, W. V. & B. Meuleman, 2012, Welfarism and the Multidimensionality of Welfare State Legitimacy: Evidence from the Netherlands 2006. *International Journal of Social Welfare* 21 (1).

Oorschot, W. V., M. Opielka & B. Pfau - Effinger, (eds.), 2008, *Culture and Welfare State: Values and Social Policy in Comparative Perspective.* Cheltenham & Northampton: Edward Elgar Publishing.

Orloff, A. S., 1993, Gender and the Social Rights of Citizenship: The Comparative Analysis of Gender Relations and Welfare State. *American Sociological Review* 58 (3).

Orloff, A., 1996, Gender in the Welfare State. *Annual Review of Sociology* 22.

Oskamp, S. & P. W. Schultz, 2005, *Attitudes and Opinions* (*3rd*). New Jersey: Lawrence Erlbaum Associates.

Parsons, T., 1942, Age and Sex in the Social Structure of the United States. *American Sociological Review* 7 (5).

Parsons, T., 1951, *Social System.* Glencoe, Ⅲ.: Free Press.

Parsons, T., 1956, Family Structure and the Socialization of the Child. In Parsons, T. & R. Bales (eds.), *Family: Socialization and Interaction Process.* London: Routledge.

Parsons, T., 1982, *Talcott Parsons on Institutions and Social Evolution: Selected Writings, Mayhew*, L. H. (eds.), Chicago: University of Chicago Press.

Pascall, G., 1997, *Social Policy: A New Feminist Analysis.* London & New York: Routledge.

Pawson, R., 2006, *Evidence-based policy: A realist perspective.* London; Thousand Oaks: Sage.

Peters, B. G., 1998, Review: Understanding Governance: Policy Networks, Governance, Reflexivity and Accountability. *Public Administration* 76 (2).

Peters, B. G., 2004, 'With a Little Help from Our Friends': Public - Private Partnerships as Institutions and Instruments. In Pierre, J. (eds.), *Partnerships in Urban Governance.* New York: Palgrave Macmillan.

Pfau – Effinger, B., 2005, Culture and Welfare State Policies: Reflections on a Complex Interrelation. *Journal of Social Policy*, 34 (1).

Pierson, P., 1996, The New Politics of the Welfare State. *World Politics* 48 (2).

Pinker, R., 1979, *The Idea of Welfare*. London: Heinemann Educational.

Place, M., J. Reynolds, A. Cousins, er al., 2002, Developing a Resilience Package for Vulnerable Children. *Child and Adolescent Mental Health* 7 (4).

Porter, E., 1991, *Women and Moral Identity*. Sydney: Allen & Unwin.

Powell, M. & A. Barrientos, 2011, An Audit of the Welfare Modelling Business. *Social Policy & Administration*, 45 (1).

Ramesh, M., 2004, *Social Policy in East and Southeast Asia: Education, Health, Housing, and Income Maintenance*. London & New York: Routledge.

Reddin, M., 1969, Universality versus Selectivity. *The Political Quarterly*, 40 (1).

Reich, C. A., 1964, The New Property. *The Yale Law Journal*, 73 (5).

Reich, C. A., 1965, Individual Rights and Social Welfare: The Emerging Legal Issues. *The Yale Law Journal* 74 (4).

Richardson, L. & J. L. Grand, 2002, Outsider and Insider Expertise: the Response of Residents of Deprived Neighbourhoods to an Academic Definition of Social Exclusion. *Social Policy and Administration* 36 (5).

Rodger, J. J., 2000, *From a Welfare State to a Welfare Society: the Changing Context of Social Policy in A Postmodern Era*. New York: St. Martin's Press.

Rodrik, D., 1996, Coordination Failures and Government Policy: A Model with Applications to East Asia and Eastern Europe. *Journal of International Economics* (40) 1.

Roller, E., 1995, The Welfare State: The Equality Dimension. In Borre, O. & E. Scarbrough (eds.), *The Scope of Government* (3rd). Oxford: Oxford University Press.

Rose, N., 1999, *Powers of Freedom: Reframing Political Thought*. Cambridge: Cambridge University Press.

Rose, R., 1986, Common Goals but Different Roles: The State's Contribution to the Welfare Mix. In Rose, R. & R. Shiratori (eds.), *The Welfare State East and West*. Oxford: Oxford University Press.

Rosenau, J. N. & E. O. Czempiel, 1992, *Governance without Government: Order and Change in World Politics*. Cambridge: Cambridge University Press.

Roosma, F., J. Gelissen & W. V. Oorschot, 2013, The Multidimensionality of Welfare State Attitudes: A European Cross – National Study. *Social Indicators Research*,

113 (1).

Rothstein, B., 2001, The Universal Welfare State as a Social Dilemma. *Rationality and Society*, 13 (2).

Rubin, A. & E. Babbie, 1997, *Research Methods for Social Work*. Pacific Grove: Brooks/Cole.

Rubin, G., 1975, The Traffic in Women: Notes on the 'Political Economy' of Sex. In Reire, R. R. (eds.), *Toward an Anthropology of Women*. New York: Monthly Review Press.

Sabbagh, C. & P. Vanhuysse, 2006, Exploring Attitudes towards the Welfare State: Students' Views in Eight Democracies. *Journal of Social Policy*, 35 (4).

Sainsbury, D., 1994, Women's and Men's Social Rights: Gendering Dimensions of Welfare States. In Sainsbury, D. (eds.), *Gendering Welfare States*. London; Thousand Oaks; California: Sage Publications.

Sainsbury, D., 1996, *Gender, Equality, and Welfare State*. Cambridge & New York: Cambridge University Press.

Salamon, L. M., 1995, *Partners in Public Service: Government-nonprofit Relations in the Modern Welfare State*. Baltimore: The Johns Hopkins University Press.

Satchell, M. & S. Pati, 2005, Insurance Gaps Among Vulnerable Children in the United States, 1999 – 2001. *Pediatrics*, 116 (5).

Schram, S. F., 2000, *After Welfare: The Culture of Postindustrial Social Policy*. New York & London: New York University Press.

Schram, S. F., J. Soss, L. Houser, et al., 2010, The Third Level of US Welfare Reform: Governmentality under Neoliberal Paternalism. *Citizenship Studies*, 14 (6).

Settersten, R. A. & J. L. Angel, 2011, *Handbook of Sociology of Aging*. New York: Springer.

Sevä, I. J., 2009, *Welfare State Attitudes in Context Local Contexts and Attitude Formation in Sweden*. Ume? University PhD Thesis.

Sihvo, T. & H. Uusitalo, 1995, Economic Crises and Support for the Welfare State in Finland 1975 – 1993. *Acta Sociologica*, 38 (3).

Sihvo, T. & H. Uusitalo, 1995, Attitudes Towards the Welfare State have Several Dimensions: Evidence from Finland. *International Journal of Social Welfare*, 4 (4).

Smith, G., 1990, *Ideologies, Beliefs and Patterns of Administration in the Organisation of Social Work Practice: A Study with Special Reference to the Concept of Social Need*. West York: British Library.

Silverman, B. & M. Yanowitch, 1997, *New Rich, New Poor, New Russia: Winners and Losers on the Russian Road to Capitalism*. New York: M. E. Sharpe.

Skinner, R. J., 1976, Technological Determinism: A Critique of Convergence Theory. *Comparative Studies in Society and History*, 18 (1).

Solinger, D. J., 2005, Path Dependency Reexamined: Chinese Welfare Policy in the Transition to Unemployment. *Comparative Politics*, 38 (1).

Spicker, P., 1995, *Social Policy: Themes and Approach*. London & New York; Prentice Hall/Harvester Wheatsheaf.

Staerkl, C., S. Svallfors & W. V. Oorschot, 2008, *The Future ESS* 4 *Module on Welfare Attitudes: Stakes, Challenges and Prospects*. http://epp. eurostat. ec. europa. eu/portal/page/portal/conferences/documents/34th _ ceies _ seminar _ documents/34th% 20CEIES% 20Seminar/1. 4% 20% 20C. % 20STAERKE% 20EN. PDF. Accessed time: 2013 -4 -8.

Stepan, M. & A. Müller, 2012, Welfare Governance in China? A Conceptual Discussion of Governing Social Policies and the Applicability of the Concept to Contemporary China. *The Journal of Cambridge Studies*, 7 (4).

Stevens, G. D., M. Seid, R. Mistry, et al., 2006, Disparities in Primary Care for Vulnerable Children: the Influence of Multiple Risk Factors. *Health services research*, 41 (2).

Stiglitz, J. E., 1989, Markets, Market Failures, and Development. *The American Economic Review*, 79 (2).

Sullivan, M., 1994, *Modern Social Policy*. Hemel Hempstead: Harvester Wheatsheaf.

Sumner, A., 2004, *Economic Well-being and Non - Economic Well-being: A Review of the Meaning and Measurement of Poverty*. London: United Nation University World Institute for Development Economics Research.

Sundberg, T., 2014, Attitudes to the Welfare State: A Systematic Review Approach to the Example of Ethnically Diverse Welfare States. *Sociological Research Online*, 19 (1).

Sundberg, T. & P. Taylor - Gooby, 2013, A Systematic Review of Comparative Studies of Attitudes to Social Policy. *Social Policy & Administration*, 47 (4).

Svallfors, S., 1991, The Politics of Welfare Policy in Sweden: Structural Determinants and Attitudinal Cleavages. *British Journal of Sociology*, 42 (4).

Svallfors, S., 1997, Worlds of Welfare and Attitudes to Redistribution: A Comparison of Eight Western Nations. *European Sociological Review*, 13 (3).

Svallfors, S., 2004, Class, Attitudes and the Welfare State: Sweden in Comparative Perspective. *Social Policy & Administration*, 38 (2).

Svallfors, S., 2012a, *Contested Welfare States: Welfare Attitudes in Europe and Beyond*. Stanford: Stanford University Press.

Svallfors, S., 2012b, *Welfare Attitudes in Europe: Topline Results from Round 4 of the European Social Survey*. ESS Topline Results Series – Issue 2. http://www.europeansocialsurvey.org/docs/findings/ESS4_toplines_issue_2_welfare_attitudes_in_europe.pdf. 2016 – 7 – 29.

Tabata, H., 1990, The Japanese Welfare State: Its Structure and Transformation. *Annals of the Institute of Social Science* 32 (1).

Takegawa, S., 2005, Japan's Welfare-state Regime: Welfare Politics, Provider and Regulator. *Development and Society* 34 (2).

Tam, T., 2003, Humanitarian Attitudes and Support of Government Responsibility for Social Welfare. *International Social Work*, 46 (4).

Tang, K. L., 2000a, *Social Welfare Development in East Asia*. New York: St. Martin's Press.

Tang, K. L., 2000b, Asian Crisis, Social Welfare, and Policy Responses: Hong Kong and Korea Compared. *International Journal of Sociology and Social Policy*, 20 (5 – 6).

Taylor – Gooby, P. & J. Dale, 1981, *Social Theory and Social Welfare*. London: Edward Arnold.

Taylor, R., 1977, Measuring Need in the Social Services. In Gilbert, N. & Specht, H. (eds.), *Planning for Social Welfare: Issues, Models and Tasks*. Englewood, Cliffs, NJ: Prentice Hal.

Thompson, R., M. A. Lindsey, D. J. English, et al., 2006, The influence of family environment on mental health need and service use among vulnerable children. *Child Welfare* 86 (5).

Thompson, S., Marks, N., 2008, *Measuring Wellbeing in Policy: Issues and Applications*. http://files.uniteddiversity.com/Measuring.../Measuring wellbeing in policy.pdf. 2008 – 10 – 12.

Tilly, C., 1999, Conclusion: Why Worry about Citizenship? In Hangan, M. & C. Tilly (eds.), *Extending Citizenship, Refiguring State*. Landam, Md.: Rowman & Littlefield Publishers.

Titmuss, R. M., 1963, *Essays on The Welfare State.* London: Unwin University Books.

Titmuss, R. M., 1968, *Commitmment to Welfare.* London: Allen and Unwin Press.

Titmuss, R. M., 1974, *Social Policy: An Introduction.* London: Allen & Unwin.

Townsend, P., 1993, *The International Analysis of Poverty*, New York: Harvester Wheatsheaf.

Triandis, H. C., R. Bontempo, H. Betancourt, et al., 1986, The Measurement of the Etic Aspects of Individualism and Collectivism across Cultures. *Australian Journal of Psychology*, 38 (3).

UNDP, 2007, *Human Development Report* 2007/2008. New York: Palgrave Macmillan.

United Nations, 1989, *The Convention on the Rights of the Child.* http://www.ohchr.org/EN /ProfessionalInterest/Pages/CRC.aspx. 2016 - 07 - 12.

United Nations, 1990a, World Declaration on the Survival, Protection and Development of Children. *Asia - Pacific Journal of Public Health* 4.

United Nations, 1990b, Plan of Action for Implementing the World Declaration on the Survival, Protection and Development of Children in the 1990s. *Asia - Pacific Journal of Public Health* 4.

United Nations, 1990c, Goals for Children and Development in the 1990s. *Asia - Pacific Journal of Public Health* 4.

United Nations, 2002, *A World Fit for Children.* http://daccess - dds - ny.un.org/doc/UNDOC/GEN/N02/481/78/PDF/N0248178.pdf? OpenElement. 2013 - 06 - 10.

UNICEF, 2011, *The State of The World's Children.* http://sowc2015. unicef.org/. 2017 - 08 - 28.

Uusitalo, H., 1984, Comparative Research on the Determinants of the Welfare State: The State of the Art. *European Journal of Political Research*, 12 (4).

Walker, A. & Wong, C. K., 2005, *East Asian Welfare Regimes in Transition: From Confucianism to Globalization.* Bristol: Policy Press.

Walton, R., 1969, Need: A Central Concept. *Social Service Quarterly* 43 (1).

West, C. & D. H. Zimmerman, 1987, Doing Gender. *Gender and Society* 1 (2).

White, G. & R. Goodman, 1998, Welfare Orientalism and the Search for an East Asian Welfare Model. In Goodman, R., H. J. Kwon & G. White (eds.), 1998, *The*

East Asian Welfare Model: Welfare Orientalism and the State. New York & London: Routledge.

Wilson, E., 1977, *Women and the Welfare State*. London: Tavistock.

Wilson, E., 1983, Feminism and Social Policy. In Loney, M., D. Boswell & J. Clarke (eds.), *Social Policy and Social Welfare: A Reader*. Milton Keynes: Open University Press.

Wilensky, H. & C. Lebeaux, 1958, *Industrial Society and Social Welfare: The Impact of Industrialization on Supply and Organization of Social Welfare Services in the United States*. New York: The Free Press.

Wolfenden, J., 1978, *The Future of Voluntary Organizations: Report of the Wolfenden Committee*. London, Croom - Helm.

Wong, C. K., 2003, An Institutional Analysis of Poverty. In Tang, K. L. & Wong C. K. (eds.), *Poverty Monitoring and Alleviation in Asia*. New York: Nova Science Publisher.

Wong, C. K., 2008, Squaring the Welfare Circle of the Hong Kong - Lessons for Governance in Social Policy. *Asian Survey*, 48 (2).

Wong, C. K. & K. L. Chau, 2003, Attitudes towards Social Welfare - Institutional Constraints and Options for Policy Changes. In Lau, S. K., et al. (eds.), *Indicators of Social Development: Hong Kong* 2001. Hong Kong Institute Asia - Pacific Studies, CUHK.

Wong, C. K., Y. T. Wang & P. Y. Kaun, 2009, Social Citizenship Rights and the Welfare Circle Dilemma: Attitudinal Findings of Two Chinese Societies. *Asian Social Work and Policy Review* 3 (1).

Wong, J., 2004, *The Adaptive Developmental State in East Asia*. Journal of East Asian Studies 4 (3).

Wong, K. Y. & C. K. Wong, 1999, The Public Perception of Social Welfare in Hong Kong: Implications for Social Development. *Social Development Issues*, 21 (1).

Wong, K. Y., P. S. Wan & W. K. Law, 2008, High Expectations and a Low Level of Commitment: A Class Perspective of Welfare Attitudes in Hong Kong. *Issues & Studies*, 44 (2).

Wong, K. Y., P. S. Wan & W. K. Law, 2009, Welfare Attitudes and Social Class: the Case of Hong Kong in Comparative Perspective. . *International Journal of Social Welfare*, 18 (2).

Wong, L. & N. Flynn, 2001, *The Market in Chinese Social Policy*. Basingstoke,

Hampshire & New York：Palgrave.

Wu. X. G.，H. Ye & G. G. He，2014，Fertility Decline and Women's Status Improvement in China. *Chinese Sociological Review*，46 (3).

Xu，Y.，2012，Labor Non-governmental Organizations in China：Mobilizing Rural Migrant Workers. *Journal of Industrial Relations*，55 (2).

Young，K.，D. Ashby，A. Boaz，et al.，2002，Social Science and the Evidence – Based Policy Movement. *Social Policy and Society*，1 (3).

后　记

从申请到结项，本项目团队严格执行教育部相关政策规定，完成了以下工作：

完成中国适度普惠社会福利研究设计和调查工作：包括四个城市四类人群的适度普惠社会福利主题的4400多份问卷调查；五个城市20个社会福利机构调查（社会工作机构）；四个城市儿童适度普惠政策实施评估调查；三个社会组织孵化器调查；城乡结合部困境儿童调查等。完成中国适度普惠社会福利数据库的建设工作，完成中国社会福利文献资料库建设工作。

项目团队发表137篇学术论文，其中CSSCI和SSCI论文97篇。另外有博士论文和博士后出站报告11篇，硕士论文33篇。多篇论文被《新华文摘》《中国社会科学文摘》《人大复印资料》等转载。其中人大复印资料全文转载23篇，文摘摘录1篇；新华文摘纸质版全文转载3篇、网刊全文转载3篇、论点摘编3篇。联合国际知名学者出版了三本社会福利专著。研究成果内容包括对中国适度普惠社会福利模式和发展阶段特征的研究，对中国适度普惠社会福利理论创新的研究，对中国适度普惠社会福利制度要素理论与实证研究，对适度普惠社会福利具体制度安排和政策发展的研究；对共享发展的组合普惠社会福利理论、政策和服务的研究。完成项目子课题报告，并提交给民政部门和相关政府部门；通过媒体宣传项目研究成果，推动项目成果转化；培养了多名社会福利研究和服务人才。

组织高端学术研讨会，邀请相关专家对项目发展提出建议，共同研讨中国社会福利的发展。主办中国适度普惠社会福利理论与制度转型主题的学术会议和高水平学术讲座。首席专家召集、主办或承办了八个国际国内学术会议：中国社会福利60年论坛（2009年，西安）、东亚社会福利发展与创新论坛（2010年，哈尔滨）；中国适度普惠福利社会与国际经验研究论坛（2011年，南昌）；第五届华人社会社会福利变迁与社会工作研讨会（2011年，南京）；中国社会福利发展责任：政府与社会组织论坛（2012年，银川）；适度普惠社会福利国际论坛

(2014年，南京)；共享发展的社会福利与社会工作(2017年，上海)、不平衡发展中的社会福利与人民福祉论坛(2018年，南京)。邀请国内外知名学者做客南京大学双社论坛和孙本文社会学论坛，主持17场高水平社会福利主题学术讲座。

阶段性研究成果转化以及主要社会影响：

社会福利政策领域的成果转化以及主要社会影响。与民政部政策研究中心合作完成适度普惠儿童福利试点城市评估，项目的政策建议被民政部相关部门采纳。项目报告得到民政部领导批示。2014年南京大学与南京社会建设委员会联合建立社会建设与社工研究院，彭华民教授担任院长，目前已经安排了三位项目团队中博士生到基层开展社区福利服务，将研究成果直接对接适度普惠社会福利制度，转化为适度普惠社会福利服务。2015年南京大学与江苏省民政厅联合建立研究生工作站，彭华民教授担任站长，建立学术研究成果与转化的制度机制，目前已经开始困境儿童、社区老人服务、贫困群体综合服务三个联合项目的研究和转化工作。2015年推动社会福利机构的发展，彭华民教授带领团队组建了南京市社会工作服务中心，重点开展的困境儿童、流动儿童、贫困儿童的服务。将研究直接转化成落地的福利服务。起草了《南京市十三五社区发展规划》《南京市妇女儿童十三五发展规划》《南京市十三五未成年人保护规划》，设计了困境儿童排查标准，并开展了相对应的服务。其流动儿童服务成果获得民政部首届社会工作项目一等奖。中国社会科学报、新华日报等十多家媒体报道了项目团队成果以及服务，有好的社会影响。

国内学术领域成果以及主要影响。项目首席专家彭华民接受中国社会工作教育协会、中国社会学会社会福利专委会的邀请，多次担任大会主题发言嘉宾。团队成员多次在高端学术会议上发言。彭华民、龚茴茴、刘军强、万国威、杨琨、高丽茹、臧其胜、姚进忠、刘玉兰、冯元等人的论文多次获得民政部优秀论文、中国社会学年会优秀论文一等奖、二等奖，多次获得中国社会工作教育协会优秀论文奖、江苏省社会科学优秀论文奖等。《中国社会科学报》《新华日报》、腾讯新闻等媒体多次报道我们的研究，收到好的社会影响。多篇论文被《新华文摘》《人大复印资料》全文转载。南京大学社会福利研究团队发表的论文是本领域中引用率最高的论文群之一。彭华民与香港社会工作人员协会会长黎永开、香港大学社会工作与行政系主任曾洁雯主编《福利服务》(2015年出版)。

适度普惠社会福利政策倡导推动方面也有成绩。与民政部政策研究中心合作完成适度普惠儿童福利试点城市评估；与民政部社会救助司、英国儿童救助会联合开展社会工作机构研究。项目的政策建议被民政部相关部门采纳。彭华民教授带领团队起草了《南京市十三五社区发展规划》《南京市妇女儿童十三五发展规划》《南京市十三五未成年人保护规划》，设计了困境儿童排查标准，并开展了相对应的服务。流动儿童服务成果获得民政部首届社会工作项目一等奖。

国际社会福利领域的成果以及影响。首席专家彭华民教授接受美国社会工作教育协会、日本社会福利协会、韩国社会福利协会等邀请，多次在国际会议上做中国社会福利主旨发言。彭华民教授与日本社会福利协会会长白泽政和、韩国社会福利协会会长曹兴植联合主编《东亚福利》（2014 年出版），与日本福祉大学平野副校长平野隆之主编《福利社会》（2016 年出版），推动世界认识中国社会福利改革成就，比较社会福利制度转型模式，有较突出的国际影响。

项目执行中因为时间、人力、财力等方面的原因，存在需要在未来继续研究的议题。项目主题是跨学科的，涉及社会学、社会保障、行政管理、财政学等，但项目设计主要是从社会学视角出发研究中国适度普惠社会福利理论与制度，关于适度普惠社会福利制度构建中的政府组织构建、财政能力、人力资源配置、适度普惠福利指标需要更多学科加入，形成联合团队开展深入研究。适度普惠福利接受人群类型多、社会福利政策多、地区经济社会发展类型也多，多个项目组、多个调查地区的协调工作相当困难。解决的方法是首席专家和所在大学承担了更多工作。四个大类群体的问卷调查的抽样框架与实施过程中遇到了许多困难。解决的方法是首席专家带领团队多次讨论和修改，以保证项目的质量。原有设计在调查中不断地修改，增加了许多工作量，一方面拉长了项目实施时间，一方面也使得项目内容完善有了空间。

项目首席专家彭华民负责全书的框架结构和编撰组织工作。《中国适度普惠社会福利理论与制度构建研究》的各章作者如下：

彭华民（南京大学）	第一章　导论
彭华民　姚进忠（集美大学）	第二章　社会福利演进与创新
彭华民　万国威（南开大学）	第三章　中国社会福利研究转型与论争
彭华民	第四章　中国社会福利制度转型
万国威	第五章　福利责任
杨　琨（香港中文大学）	第六章　福利需要
臧其胜（南通大学）	第七章　福利态度
万国威	第八章　福利提供
许小玲（合肥工业大学）	第九章　福利组织
臧其胜	第十章　福利治理
万国威　熊跃根（北京大学）	第十一章　福利体制
刘玉兰（常州大学）	第十二章　适度普惠儿童福利制度构建
袁同成（安徽工业大学）	第十三章　适度普惠老年福利制度构建

周林刚（深圳大学）　第十四章　适度普惠残疾人福利制度构建
关信平（南开大学）　第十五章　适度普惠流动人口福利制度构建
彭华民　第十六章　研究发现与未来议题
王梦怡（南京大学）　参考文献
齐麟（澳大利亚国立大学）　英文摘要和目录翻译
杨　琨

各子课题及调查负责人有：彭华民、韦克难（西南财经大学）、周林刚、曹丽莉（天津师范大学）、高丽茹（南京财经大学）、许小玲、王梦怡。数据库建设由孙睿雯（美国伊利诺伊斯大学）和闫金山（内蒙古科技大学）组织完成。

这个项目对中国来说，是社会福利领域大发展的表现；对我个人来说，是人生一个重大挑战。面对各种艰难困苦，我们终于完成项目报告。我和团队要感谢教育部，感谢对本报告提出建设性意见的民政部救助司、民政部政策中心的领导，感谢江苏省民政厅，感谢南京大学社科处、社会学院，感谢来自不同大学的项目团队成员对我们的大力支持。特别感谢接受项目调查的老人、儿童、残疾人和流动人口。感谢参加项目的学者们和研究生们，非常抱歉，限于篇幅，我不能一一列出你们的名字。

构建组合式普惠型社会福利制度，提升人民福祉，是我们的期盼，也是我们义不容辞的责任。

首席专家　彭华民

2018年7月28日于南京仙林

教育部哲学社會科学研究重大課題攻関項目
成果出版列表

序号	书　名	首席专家
1	《马克思主义基础理论若干重大问题研究》	陈先达
2	《马克思主义理论学科体系建构与建设研究》	张雷声
3	《马克思主义整体性研究》	逄锦聚
4	《改革开放以来马克思主义在中国的发展》	顾钰民
5	《新时期　新探索　新征程 ——当代资本主义国家共产党的理论与实践研究》	聂运麟
6	《坚持马克思主义在意识形态领域指导地位研究》	陈先达
7	《当代资本主义新变化的批判性解读》	唐正东
8	《当代中国人精神生活研究》	童世骏
9	《弘扬与培育民族精神研究》	杨叔子
10	《当代科学哲学的发展趋势》	郭贵春
11	《服务型政府建设规律研究》	朱光磊
12	《地方政府改革与深化行政管理体制改革研究》	沈荣华
13	《面向知识表示与推理的自然语言逻辑》	鞠实儿
14	《当代宗教冲突与对话研究》	张志刚
15	《马克思主义文艺理论中国化研究》	朱立元
16	《历史题材文学创作重大问题研究》	童庆炳
17	《现代中西高校公共艺术教育比较研究》	曾繁仁
18	《西方文论中国化与中国文论建设》	王一川
19	《中华民族音乐文化的国际传播与推广》	王耀华
20	《楚地出土戰國簡册［十四種］》	陈　伟
21	《近代中国的知识与制度转型》	桑　兵
22	《中国抗战在世界反法西斯战争中的历史地位》	胡德坤
23	《近代以来日本对华认识及其行动选择研究》	杨栋梁
24	《京津冀都市圈的崛起与中国经济发展》	周立群
25	《金融市场全球化下的中国监管体系研究》	曹凤岐
26	《中国市场经济发展研究》	刘　伟
27	《全球经济调整中的中国经济增长与宏观调控体系研究》	黄　达
28	《中国特大都市圈与世界制造业中心研究》	李廉水

序号	书　　名	首席专家
29	《中国产业竞争力研究》	赵彦云
30	《东北老工业基地资源型城市发展可持续产业问题研究》	宋冬林
31	《转型时期消费需求升级与产业发展研究》	臧旭恒
32	《中国金融国际化中的风险防范与金融安全研究》	刘锡良
33	《全球新型金融危机与中国的外汇储备战略》	陈雨露
34	《全球金融危机与新常态下的中国产业发展》	段文斌
35	《中国民营经济制度创新与发展》	李维安
36	《中国现代服务经济理论与发展战略研究》	陈　宪
37	《中国转型期的社会风险及公共危机管理研究》	丁烈云
38	《人文社会科学研究成果评价体系研究》	刘大椿
39	《中国工业化、城镇化进程中的农村土地问题研究》	曲福田
40	《中国农村社区建设研究》	项继权
41	《东北老工业基地改造与振兴研究》	程　伟
42	《全面建设小康社会进程中的我国就业发展战略研究》	曾湘泉
43	《自主创新战略与国际竞争力研究》	吴贵生
44	《转轨经济中的反行政性垄断与促进竞争政策研究》	于良春
45	《面向公共服务的电子政务管理体系研究》	孙宝文
46	《产权理论比较与中国产权制度变革》	黄少安
47	《中国企业集团成长与重组研究》	蓝海林
48	《我国资源、环境、人口与经济承载能力研究》	邱　东
49	《“病有所医”——目标、路径与战略选择》	高建民
50	《税收对国民收入分配调控作用研究》	郭庆旺
51	《多党合作与中国共产党执政能力建设研究》	周淑真
52	《规范收入分配秩序研究》	杨灿明
53	《中国社会转型中的政府治理模式研究》	娄成武
54	《中国加入区域经济一体化研究》	黄卫平
55	《金融体制改革和货币问题研究》	王广谦
56	《人民币均衡汇率问题研究》	姜波克
57	《我国土地制度与社会经济协调发展研究》	黄祖辉
58	《南水北调工程与中部地区经济社会可持续发展研究》	杨云彦
59	《产业集聚与区域经济协调发展研究》	王　珺

序号	书　名	首席专家
60	《我国货币政策体系与传导机制研究》	刘　伟
61	《我国民法典体系问题研究》	王利明
62	《中国司法制度的基础理论问题研究》	陈光中
63	《多元化纠纷解决机制与和谐社会的构建》	范　愉
64	《中国和平发展的重大前沿国际法律问题研究》	曾令良
65	《中国法制现代化的理论与实践》	徐显明
66	《农村土地问题立法研究》	陈小君
67	《知识产权制度变革与发展研究》	吴汉东
68	《中国能源安全若干法律与政策问题研究》	黄　进
69	《城乡统筹视角下我国城乡双向商贸流通体系研究》	任保平
70	《产权强度、土地流转与农民权益保护》	罗必良
71	《我国建设用地总量控制与差别化管理政策研究》	欧名豪
72	《矿产资源有偿使用制度与生态补偿机制》	李国平
73	《巨灾风险管理制度创新研究》	卓　志
74	《国有资产法律保护机制研究》	李曙光
75	《中国与全球油气资源重点区域合作研究》	王　震
76	《可持续发展的中国新型农村社会养老保险制度研究》	邓大松
77	《农民工权益保护理论与实践研究》	刘林平
78	《大学生就业创业教育研究》	杨晓慧
79	《新能源与可再生能源法律与政策研究》	李艳芳
80	《中国海外投资的风险防范与管控体系研究》	陈菲琼
81	《生活质量的指标构建与现状评价》	周长城
82	《中国公民人文素质研究》	石亚军
83	《城市化进程中的重大社会问题及其对策研究》	李　强
84	《中国农村与农民问题前沿研究》	徐　勇
85	《西部开发中的人口流动与族际交往研究》	马　戎
86	《现代农业发展战略研究》	周应恒
87	《综合交通运输体系研究——认知与建构》	荣朝和
88	《中国独生子女问题研究》	风笑天
89	《我国粮食安全保障体系研究》	胡小平
90	《我国食品安全风险防控研究》	王　硕

序号	书　名	首席专家
91	《城市新移民问题及其对策研究》	周大鸣
92	《新农村建设与城镇化推进中农村教育布局调整研究》	史宁中
93	《农村公共产品供给与农村和谐社会建设》	王国华
94	《中国大城市户籍制度改革研究》	彭希哲
95	《国家惠农政策的成效评价与完善研究》	邓大才
96	《以民主促进和谐——和谐社会构建中的基层民主政治建设研究》	徐　勇
97	《城市文化与国家治理——当代中国城市建设理论内涵与发展模式建构》	皇甫晓涛
98	《中国边疆治理研究》	周　平
99	《边疆多民族地区构建社会主义和谐社会研究》	张先亮
100	《新疆民族文化、民族心理与社会长治久安》	高静文
101	《中国大众媒介的传播效果与公信力研究》	喻国明
102	《媒介素养：理念、认知、参与》	陆　晔
103	《创新型国家的知识信息服务体系研究》	胡昌平
104	《数字信息资源规划、管理与利用研究》	马费成
105	《新闻传媒发展与建构和谐社会关系研究》	罗以澄
106	《数字传播技术与媒体产业发展研究》	黄升民
107	《互联网等新媒体对社会舆论影响与利用研究》	谢新洲
108	《网络舆论监测与安全研究》	黄永林
109	《中国文化产业发展战略论》	胡惠林
110	《20 世纪中国古代文化经典在域外的传播与影响研究》	张西平
111	《国际传播的理论、现状和发展趋势研究》	吴　飞
112	《教育投入、资源配置与人力资本收益》	闵维方
113	《创新人才与教育创新研究》	林崇德
114	《中国农村教育发展指标体系研究》	袁桂林
115	《高校思想政治理论课程建设研究》	顾海良
116	《网络思想政治教育研究》	张再兴
117	《高校招生考试制度改革研究》	刘海峰
118	《基础教育改革与中国教育学理论重建研究》	叶　澜
119	《我国研究生教育结构调整问题研究》	袁本涛 王传毅
120	《公共财政框架下公共教育财政制度研究》	王善迈

序号	书　名	首席专家
121	《农民工子女问题研究》	袁振国
122	《当代大学生诚信制度建设及加强大学生思想政治工作研究》	黄蓉生
123	《从失衡走向平衡：素质教育课程评价体系研究》	钟启泉 崔允漷
124	《构建城乡一体化的教育体制机制研究》	李　玲
125	《高校思想政治理论课教育教学质量监测体系研究》	张耀灿
126	《处境不利儿童的心理发展现状与教育对策研究》	申继亮
127	《学习过程与机制研究》	莫　雷
128	《青少年心理健康素质调查研究》	沈德立
129	《灾后中小学生心理疏导研究》	林崇德
130	《民族地区教育优先发展研究》	张诗亚
131	《WTO 主要成员贸易政策体系与对策研究》	张汉林
132	《中国和平发展的国际环境分析》	叶自成
133	《冷战时期美国重大外交政策案例研究》	沈志华
134	《新时期中非合作关系研究》	刘鸿武
135	《我国的地缘政治及其战略研究》	倪世雄
136	《中国海洋发展战略研究》	徐祥民
137	《深化医药卫生体制改革研究》	孟庆跃
138	《华侨华人在中国软实力建设中的作用研究》	黄　平
139	《我国地方法制建设理论与实践研究》	葛洪义
140	《城市化理论重构与城市化战略研究》	张鸿雁
141	《境外宗教渗透论》	段德智
142	《中部崛起过程中的新型工业化研究》	陈晓红
143	《农村社会保障制度研究》	赵　曼
144	《中国艺术学学科体系建设研究》	黄会林
145	《人工耳蜗术后儿童康复教育的原理与方法》	黄昭鸣
146	《我国少数民族音乐资源的保护与开发研究》	樊祖荫
147	《中国道德文化的传统理念与现代践行研究》	李建华
148	《低碳经济转型下的中国排放权交易体系》	齐绍洲
149	《中国东北亚战略与政策研究》	刘清才
150	《促进经济发展方式转变的地方财税体制改革研究》	钟晓敏
151	《中国—东盟区域经济一体化》	范祚军

序号	书　名	首席专家
152	《非传统安全合作与中俄关系》	冯绍雷
153	《外资并购与我国产业安全研究》	李善民
154	《近代汉字术语的生成演变与中西日文化互动研究》	冯天瑜
155	《新时期加强社会组织建设研究》	李友梅
156	《民办学校分类管理政策研究》	周海涛
157	《我国城市住房制度改革研究》	高　波
158	《新媒体环境下的危机传播及舆论引导研究》	喻国明
159	《法治国家建设中的司法判例制度研究》	何家弘
160	《中国女性高层次人才发展规律及发展对策研究》	佟　新
161	《国际金融中心法制环境研究》	周仲飞
162	《居民收入占国民收入比重统计指标体系研究》	刘　扬
163	《中国历代边疆治理研究》	程妮娜
164	《性别视角下的中国文学与文化》	乔以钢
165	《我国公共财政风险评估及其防范对策研究》	吴俊培
166	《中国历代民歌史论》	陈书录
167	《大学生村官成长成才机制研究》	马抗美
168	《完善学校突发事件应急管理机制研究》	马怀德
169	《秦简牍整理与研究》	陈　伟
170	《出土简帛与古史再建》	李学勤
171	《民间借贷与非法集资风险防范的法律机制研究》	岳彩申
172	《新时期社会治安防控体系建设研究》	宫志刚
173	《加快发展我国生产服务业研究》	李江帆
174	《基本公共服务均等化研究》	张贤明
175	《职业教育质量评价体系研究》	周志刚
176	《中国大学校长管理专业化研究》	宣　勇
177	《“两型社会”建设标准及指标体系研究》	陈晓红
178	《中国与中亚地区国家关系研究》	潘志平
179	《保障我国海上通道安全研究》	吕　靖
180	《世界主要国家安全体制机制研究》	刘胜湘
181	《中国流动人口的城市逐梦》	杨菊华
182	《建设人口均衡型社会研究》	刘渝琳
183	《农产品流通体系建设的机制创新与政策体系研究》	夏春玉

序号	书　名	首席专家
184	《区域经济一体化中府际合作的法律问题研究》	石佑启
185	《城乡劳动力平等就业研究》	姚先国
186	《20 世纪朱子学研究精华集成——从学术思想史的视角》	乐爱国
187	《拔尖创新人才成长规律与培养模式研究》	林崇德
188	《生态文明制度建设研究》	陈晓红
189	《我国城镇住房保障体系及运行机制研究》	虞晓芬
190	《中国战略性新兴产业国际化战略研究》	汪　涛
191	《证据科学论纲》	张保生
192	《要素成本上升背景下我国外贸中长期发展趋势研究》	黄建忠
193	《中国历代长城研究》	段清波
194	《当代技术哲学的发展趋势研究》	吴国林
195	《20 世纪中国社会思潮研究》	高瑞泉
196	《中国社会保障制度整合与体系完善重大问题研究》	丁建定
197	《民族地区特殊类型贫困与反贫困研究》	李俊杰
198	《扩大消费需求的长效机制研究》	臧旭恒
199	《我国土地出让制度改革及收益共享机制研究》	石晓平
200	《高等学校分类体系及其设置标准研究》	史秋衡
201	《全面加强学校德育体系建设研究》	杜时忠
202	《生态环境公益诉讼机制研究》	颜运秋
203	《科学研究与高等教育深度融合的知识创新体系建设研究》	杜德斌
204	《女性高层次人才成长规律与发展对策研究》	罗瑾琏
205	《岳麓秦简与秦代法律制度研究》	陈松长
206	《民办教育分类管理政策实施跟踪与评估研究》	周海涛
207	《建立城乡统一的建设用地市场研究》	张安录
208	《迈向高质量发展的经济结构转变研究》	郭熙保
209	《中国社会福利理论与制度构建——以适度普惠社会福利制度为例》	彭华民
	……